权威·前沿·原创

皮书系列为
“十二五”“十三五”国家重点图书出版规划项目

中国人力资源市场分析报告（2018）

ANALYSIS REPORT ON CHINA HUMAN RESOURCE MARKET (2018)

余兴安／主　编
田永坡／副主编
中国人事科学研究院／编　著

社会科学文献出版社
SOCIAL SCIENCES ACADEMIC PRESS (CHINA)

图书在版编目（CIP）数据

中国人力资源市场分析报告. 2018 / 中国人事科学研究院编著；余兴安主编. --北京：社会科学文献出版社，2018. 9

（人力资源市场蓝皮书）

ISBN 978-7-5201-3056-1

Ⅰ. ①中… Ⅱ. ①中… ②余… Ⅲ. ①劳动力市场-研究报告-中国 Ⅳ. ①F249. 212

中国版本图书馆 CIP 数据核字（2018）第 155429 号

人力资源市场蓝皮书

中国人力资源市场分析报告（2018）

编　　著 / 中国人事科学研究院

主　　编 / 余兴安

副 主 编 / 田永坡

出 版 人 / 谢寿光

项目统筹 / 宋　静

责任编辑 / 宋　静

出　　版 / 社会科学文献出版社 · 皮书出版分社（010）59367127

地址：北京市北三环中路甲 29 号院华龙大厦　邮编：100029

网址：www. ssap. com. cn

发　　行 / 市场营销中心（010）59367081　59367018

印　　装 / 三河市龙林印务有限公司

规　　格 / 开　本：787mm × 1092mm　1/16

印　张：30. 25　字　数：503 千字

版　　次 / 2018 年 9 月第 1 版　2018 年 9 月第 1 次印刷

书　　号 / ISBN 978-7-5201-3056-1

定　　价 / 128. 00 元

皮书序列号 / PSN B-2018-734-1/1

本书如有印装质量问题，请与读者服务中心（010-59367028）联系

《中国人力资源市场分析报告（2018）》
编　写　组

主　编　余兴安

副主编　田永坡

编撰者　（按姓氏笔画排列）

马　赫　王晓辉　王军宏　三　星　毛　林
付晓薇　司　畅　石丹淅　田永坡　田文娜
刘青田　刘　娜　陈　君　刘当鲁　江　淳
庄　志　朱庆阳　朱心杰　辛　锋　陈　巍
陈　军　李元彬　李阳月　苏永华　吴清军
杨伟国　杨惠贤　杨　亮　杨玉生　余兴安
张　龙　张娅梅　林　彤　郑峰峰　郝建彬
姜允萍　赵　筠　耿　超　郭旭林　莫海兵
聂有诚　夏　鸣　殷邦泽　贾绍勋　彭晓辉
赖德胜　管立军　薛　驰

编　务　王晓辉　柏玉林

主要编撰者简介

余兴安 中国人事科学研究院院长，研究员。历任中国人事科学研究院研究室主任、人事部人才流动开发司副司长、人力资源和社会保障部人力资源市场司副司长、山东省日照市副市长，兼任国际行政科学学会副主席、中国人才研究会常务副会长等。主要从事行政管理体制改革、人事制度改革与人才资源开发等研究。

田永坡 中国人事科学研究院人力资源市场研究室主任，博士，研究员，“万人计划”青年拔尖人才获得者。主要研究领域为教育与劳动力市场、公共就业和劳动力市场政策。先后主持40多项课题研究工作，在《经济研究》等期刊发表论文数篇，出版专著《劳动力市场发展及测量》《工作搜寻与失业研究》，部分成果被《新华文摘》、人大复印报刊资料等全文或者部分摘转。

摘　要

当前，随着人口结构的变化和经济发展阶段的转变，我国的人力资源市场在供给与需求、人力资源供需匹配和劳动者收入等方面发生了一系列变化。本报告以国家统计局、人力资源和社会保障部等部门公布的宏观统计数据，以及相关研究机构和市场主体发布的数据为基础，对这些变化进行了系统分析，主要包括以下几个方面。

第一，人力资源市场供给与需求。对2012～2016年人力资源和社会保障部全国大中型城市人力资源市场的调查数据进行分析，发现近五年我国人力资源市场供需主要呈现以下特征。从人力资源市场供需总体看，近五年来岗位空缺与求职人数比率总体呈上升趋势，且比率都保持在1以上，说明人力资源市场需求大于供给。从求职人员类别看，求职人员中失业人员所占比重五年来都超过50%，外来务工人员的比重均超过30%。从行业需求来看，五年来八成以上的用人需求都集中在制造业、居民服务和其他服务业、批发和零售业、住宿和餐饮业、租赁和商务服务业、建筑业。从用人单位类别看，九成以上的用人需求集中在企业，机关、事业单位的用人需求年平均比重仅为0.67%，其他单位的用人需求年平均比重仅为2.46%。从岗位的技术等级看，在企业中各技术等级岗位空缺与求职人数的比率均大于1，人力资源需求大于供给。

第二，人力资源的供需匹配结果。从全国人力资源供需匹配总体情况看，近几年全国就业形势总体平稳，全国就业总人数基本稳定，并呈逐年缓慢上升态势。分城乡来看，伴随着我国城镇化进程加快，乡村就业者逐渐向城市转移，城镇就业人数逐渐增加，乡村就业人数逐年递减，从2014年开始城镇就业人数超过乡村就业人数。从就业类型来看，城镇就业中，国有单位和集体单位的就业人数在逐渐减少。按三次产业分，第一产业和第二产业就业人员向第三产业转移，已形成“三二一”分布格局。从国民经济行业分就业人数看，在制造业、建筑业、教育业、公共管理和社会组织中就业的城镇劳动者占比较高；从变化情况来看，除了农林牧渔业和采矿业的就业人数平均增长率为负，其他行业的就业人数增长率均为正。近几年全国城镇登记失业人数略有上升，但失业率较为稳定。从分地区人力资源供需匹配情况看，东部、中部、西部地区岗位空缺与求职人数比率近五年来都大于1，说明市场需求略大于市场供给。

第三，劳动者收入。总体来看，城镇单位就业人员的年平均工资稳步上升，但年平均工资增长率逐年下降，2014 年年平均工资增速首次低于10%。分行业来看，行业间年平均工资差距较大，高低倍率接近4，不同行业年平均工资增速也存在一定差异。分单位性质来看，国有单位、股份有限公司和外商投资单位的就业人员平均工资相对较高，其中外商投资单位平均工资最高；而国有单位，集体单位，股份合作单位，港、澳、台商投资单位和外商投资单位的就业人员平均工资增长率相对较高。

第四，人力资源市场发展趋势。综合人口变化、技术进步和经济发展模式的变化趋势，未来人力资源市场的发展将呈现如下趋势。就业两极化更加凸显。就业形态更加多元。劳动力市场将出现更多的自我雇佣、灵活就业与弹性就业。工作时间缩短。随着技术进步和劳动生产率的逐步提高，在未来5~10年，8 小时很可能不再是主流的工作时间配置模式，或许一小时会成为一个基本单位。由于产业或服务的外包、众包及劳动力自身全球范围内流动，劳动力资源全球化配置的范围更广、强度更大。劳动关系灵活化。劳动关系的形态及其调整模式也将发生深刻变化，并呈现市场化、制度化、群体化、国际化特征。教育变革更加迫切。未来劳动力市场需求更加异质化将会对劳动力供给结构产生显著影响。有序有效应对劳动力市场的这些变化，既是教育发展的机会，也是教育的责任。

Abstract

Currently with the changes in population structure and the transition of economic development stage, China's human resources market has undergone a series of changes in respect of supply and demand, matching of human resources supply and demand, and changes in labor income, etc. This book has systematically analyzed and studied the aforesaid changes based on part of macro statistics released by the National Bureau of Statistics and the Ministry of Human Resources and Social Security, as well as the data of relevant research institutions and market entities, mainly including the following aspects:

Ⅰ. Supply and Demand of Human Resources Market

Based on the analysis of the survey data of the human resources market in the large and medium-sized cities by the Ministry of Human Resources and Social Security from 2012 to 2016, the book found that the supply and demand of China's human resources market in the past five years mainly have the following characteristics. From the perspective of the overall supply and demand in the human resources market, the ratio of job vacancies to job seekers has generally increased in the past five years, and remained above 1, indicating that the demand exceeds supply in human resources market. With regard to the category of job seekers, the proportion of those unemployed among job seekers exceeded 50% in the past five years, and the proportion of migrant workers exceeded 30%. In respect of industry demand, more than 80% of the demand for employment in the past five years were concentrated in manufacturing, residential services and other services, wholesale and retail, accommodation and catering, leasing and business services as well as construction industries. From the perspective of employee categories, more than 90% of the employment demands of enterprises were concentrated in enterprises, and the average annual proportion of employment demands of government organs and public institutions was only 0.67% . In addition, the annual average proportion of employment demands of other employers was only 2.46% . With respect to the technical level of positions, the ratio of job vacancies to job seekers in each technical level in the enterprises was greater than 1, and the demand for human resources exceeded supply.

Ⅱ. Human Resources Supply and Demand Matching Results

From the perspective of the overall situation of the matching between human resources supply and demand nationwide, the national employment situation remained stable in recent years, and the total number of employed people nationwide were basically stable and been rising slowly year by year. In respect of urban and rural areas, with the acceleration of urbanization in China, rural workers have gradually shifted to cities, and the urban employment increased while the rural employment decreased year by year. The number of urban employment began to exceed that of rural employment from 2014. From the perspective of employment types, in urban employment, the number of people who were employed by state-owned employers and collective employers gradually decreased. According to the classification of industries, the employment of the primary and secondary industries shifted to the tertiary industry and a "three-two-one" distribution pattern has formed. From the perspective of the number of the employed in the national economy industry, the proportion of urban workers employed in manufacturing, construction, education, public administration and social organizations was relatively high; in respect of changes, except for the average growth rate of the employment number in agriculture, forestry, animal husbandry, fishery and mining, which was negative, the growth rate of employment in other industries was positive. In recent years, the number of the registered urban unemployed nationwide showed a slight increase, but the unemployment rate remained relatively stable at a low level. With regard to the matching of human resources supply and demand by region, the ratio of job vacancies to job seekers in the eastern, central and western areas was higher than 1 in the past five years, indicating that market demand slightly exceeds market supply.

Ⅲ. Income of Workers

The overall average annual wage of urban employees steadily increased, but the average annual wage growth declined year by year. In 2014, the average annual wage growth rate fell below 10% for the first time.

With regard to industries, the average annual wage gap between industries is huge, and the ratio gap between the highest and lowest is close to 4. The annual average wage growth of different industries may also vary. With respect to the nature of institutions, the average wages of employee in state-owned entities, limited liability companies and foreign-invested entities are relatively high, those at foreign-invested entities the highest; while the average wage growth rate of employees in state-owned entities, collective entities, joint-stock cooperative entities, entities invested by Hong Kong, Macao and Taiwan investors as well as foreign-invested entities is relatively high.

Ⅳ. Development Trend of Human Resources market

Taking into account the change trends of population change, technological progress and economic development model, the human resources market indicates a development trend as follows. The polarization of employment becomes more prominent. The employment pattern is more diversified. The labor market will see more self-employment, flexible employment and elastic employment. Working hours are shortened. With the advancement of technology and the gradual improvement of labor productivity, in the next five to ten years, 8 hours is likely to cease to be the mainstream working time allocation mode, and perhaps an hour will become a basic unit. Labor resources allocation is globalized. The global allocation of labor resources will become broader and stronger due to the outsourcing of industry or services, the crowd-sourcing and the global mobility of labor itself. Labor relations are flexible. The form of labor relations and its adjustment mode will also undergo profound changes, and will feature marketization, institutionalization, grouping and internationalization. Educational reform is more urgent. The future labor market demand will become further heterogenic, leading to a significant impact on the labor supply structure. Orderly and effective response to these changes in the labor market is not only an opportunity for educational development but also a responsibility for education.

序 言

人力资源市场统计分析可以反映供求关系、薪酬水平、劳动力流动等多个变量的变化，对劳动者供需双方及相关市场主体参与人力资源市场活动具有重要参考价值。随着我国人口结构发生较大转变、劳动者素质提升以及社会价值多元化发展，劳动力供给变化表现出多样化、加速度的特征。需求方面，中国经济发展正进入以“增速换挡，结构优化，动力转换”为特征的新常态，为适应新常态，实现高质量发展，我国实施了“去产能、去库存、去杠杆、降成本、补短板”五大任务的供给侧结构性改革。经济发展的这些变化必然传导到人力资源供求上来，就业总量、就业结构以及劳动力流动将会发生一系列变化。如何全面反映新形势下人力资源市场的发展态势，及时跟踪人力资源市场供求变化情况，从而为实现人力资源市场的宏观调控、人力资源与经济协同发展等提供数据分析和决策支持，已经成为当前做好人力资源工作的一个重要方面。

与人力资源市场变化相伴随的是，在大数据、云计算、移动互联网等信息技术发展推动下，人力资源市场数据统计与分析的基础已经大大夯实，主要得益于三个方面。一是人力资源和社会保障部、公安部、民政部等部门通过金保工程、公共就业和人才服务、户籍管理等信息化服务所积累的数据。这些数据具有数量巨大、覆盖面广、权威性高等特点，在“放管服”改革、“互联网+人社”等改革中，全国和部分地区正在尝试打通原来各部门、各地区之间的数据“孤岛”，政府部门数据的系统性和一体化正在逐步增强，为人力资源市场监测与分析提供了重要的基础数据支撑。二是人力资源服务机构和相关市场服务主体，借助互联网、云计算、大数据等技术开展人力资源服务所积累的、可用来做人力资源市场分析的海量数据。依托这些数据，一些机构特别是大型人力资源服务机构还发布了自己的分析报告。根据中国人事科学研究院的调查，招聘、劳务派遣、人力资源服务外包、人力资源社会保障事务代理、人力资源管理咨询等业务是当前人力资源服务机构开展“互联网 + 人力资源服务”创新的主要领域，也是当前人力资源市场数据积累和分析的主要途径。三是劳动者和用人主体的求职及雇佣行为形成了大量的可资运用的数据。根据中国互联网络信息中心 2017 年 8 月发布的第 40 次《中国互联网络发展状况统计报告》，截至 2017 年 6 月，中国网民规模达到 7.51 亿，占全球网民总数的 1/5，在其网络活动中，通过互联网获取职业信息、求职和参加培训等，已经成为广大劳动者参与劳动力市场的重要方式，在企业开展的互联网应用中，网络招聘已经成为用人单位招聘员工的一个主要手段。

为充分运用好这些数据，全面了解与分析我国人力资源市场的变化情况，中国人事科学研究院自 2017 年开始组织编写《中国人力资源市场分析报告》（年度报告）。报告以国家统计数据、行业协会以及人力资源服务机构所积累的数据为基础，按年度对我国人力资源市场的供求、结构、流动、薪酬等状况进行全面分析，力图为政府部门科学决策、劳动者求职择业、用人单位的人力资源管理及人力资源服务机构的服务活动提供参考资料。本报告编写工作由中国人事科学研究院组织开展，中国人民大学、北京师范大学等高校，北京人才服务中心、成都人才服务中心等政府公共就业和人才服务机构，万宝盛华、科锐国际等大型人力资源服务企业，中国对外服务工作协会、北京人力资源服务行业协会、上海人才服务行业协会等协会组织，积极参与工作，给予多方支持。

呈现在读者面前的这本报告是从 2018 年起要按年度编写、出版的人力资源市场蓝皮书中的第一本。“初生之物，其形必丑。”虽然编著者已为此付出了辛勤的劳动，但缺点和不足在所难免，离作为一份各方面都令人满意的分析报告显然还有相当长的距离，但我们愿意以此为起点，经过长期不懈努力，使之不断丰富与完善，也恳请广大读者提出宝贵意见。

目　录

Ⅰ　总报告

B.1　中国人力资源市场发展状况分析

………………………………………… 王晓辉　田永坡　刘　娜　郭旭林 / 001

Ⅱ　供求状况

B.2　当前中国劳动力市场主要特征和未来发展趋势

……………………………………………………………… 赖德胜　石丹淅 / 029

B.3　中国劳动力市场网络招聘需求分析…… 杨伟国　莫海兵　管立军 / 041

B.4　新就业：未来劳动世界刻画 ……………………… 郝建彬　吴清军 / 063

B.5　洞察变化　解读中国大陆人才需求…………………………… 司　畅 / 077

B.6　中国制造业劳动力市场供需分析………………… 庄　志　刘肖鲁 / 090

B.7　共享经济平台助力个人"双创"引爆新热点

——中欧－博尔捷招聘指数2017年下半年年度报告

…………………………………………… 夏　鸣　赵　筠　陈　君 / 105

B.8　企业成熟人才职业稳定性现状报告…………………………… 苏永华 / 120

B.9　中国企业管理者能力需求、现状和发展策略 …………… 许　锋 / 150

Ⅲ 薪酬状况

B.10 全国制造业薪酬调查分析
…………………………… 李阳月 张娅梅 姜允萍 郑峰峰 / 162
B.11 汽车、金融、医疗健康和高科技行业薪酬状况分析 …… 付晓薇 / 188
B.12 北京高校毕业生起点薪酬报告
…………… 北京市人才服务中心 北京市毕业生就业服务中心 / 213
B.13 北京市应届毕业生薪酬状况和变动分析 ………………… 耿 超 / 237
B.14 广东省薪酬水平状况分析 ……………………… 田文娜 马 赫 / 253

Ⅳ 区域人力资源市场

B.15 京津冀人力资源跨区域流动配置绩效评估报告
…………………………………………… 刘青田 杨 亮 杨惠贤 / 273
B.16 北京市人力资源市场供求形势分析
…………………………………………… 北京市职业介绍服务中心 / 287
B.17 武汉地区高校毕业生就业暨创业研究 ………………… 王 星 / 293
B.18 武汉高校毕业生就业情况分析 ………………………… 毛 林 / 304
B.19 成都人才供需状况报告 ……………… 江 淳 殷邦泽 薛 驰 / 316
B.20 基于众包模式的西安失业人员就业创业资源整合研究
…………………………………………… 李元彬 彭晓辉 杨玉生 / 323
B.21 昆明市人力资源市场在高校毕业生就业中的作用
分析及发展建议 ………………………………………… 贾诏勋 / 338
B.22 青岛市人才供需情况分析 ………………… 青岛市人才服务中心 / 349
B.23 昆山人力资源市场供求分析 ………………………… 朱心杰 / 355

Ⅴ 人力资源服务

B.24 较大型人力资源服务机构发展状况
——基于中国对外服务工作行业协会会员单位调查的分析
…………………………………………………………… 林 彤 / 367

B.25 我国人力资源大数据调研分析 …………………………… 王军宏 / 374

B.26 上海人力资源服务行业发展情况 ………………………… 朱庆阳 / 394

B.27 山东省人力资源服务业发展状况 ………………………… 张 龙 / 404

B.28 挂牌“新三板”人力资源公司股权融资及盈利概况 …… 陈 巍 / 414

B.29 世界500强人力资源服务公司的经营状况分析 ………… 聂有诚 / 445

皮书数据库阅读使用指南

CONTENTS

I General Report

B.1 Analysis on the Current Development of China's Human Resources Market *Wang Xiaohui, Tian Yongpo, Liu Na and Guo Xulin* / 001

II Analysis on Supply and Demand

B.2 Main Characteristics of Current China's Labor Market and Its Future Development Trend *Lai Desheng, Shi Danzhe* / 029

B.3 Analysis on China's Labor Market Network Recruitment Demand *Yang Weiguo, Mo Haibing and Guan Lijun* / 041

B.4 New Employment: Characterization of Future Labor World *Hao Jianbin, Wu Qingjun* / 063

B.5 Insight into the Changes & Interpretation of Talent Demand in Chinese Mainland *Si Chang* / 077

B.6 Analysis of Supply and Demand in China's Manufacturing Labor Market *Zhuang Zhi, Liu Xiaolu* / 090

B.7 New Hot Spots of Sharing Economic Platform Helping Individuals with "Mass Entrepreneurship and Innovation" *Xia Ming, Zhao Yun and Chen Jun* / 105

B.8 Study on Status Quo of Professional Stability of Mature Talents in Enterprises *Su Yonghua* / 120

B.9 Chinese Enterprise Manager's Ability Requirement, Status Quo and Development Strategy *Xu Feng* / 150

Ⅲ Salary Status

B.10 Manufacturing Salary Survey Analysis Nationwide *Li Yangyue, Zhang Yamei, Jiang Yanping and Zheng Fengfeng* / 162

B.11 Analysis on Salary Status in Automotive, Financial, Medical Health and High-tech Industries *Fu Xiaowei* / 188

B.12 Report of Starting Salary of College Graduates in Beijing *Beijing Talent Service Center, Beijing Graduates Employment Service Center* / 213

B.13 Analysis on Salary Status and Changes of Current Year's Graduates in Beijing *Geng Chao* / 237

B.14 Analysis on Status of Salary Level in Guangdong Province *Tian Wenna, Ma He* / 253

Ⅳ Regional Human Resources Market

B.15 Evaluation Report of Beijing-Tianjin-Hebei Human Resources Cross-regional Flow and Allocation Performance *Liu Qingtian, Yang Liang and Yang Huixian* / 273

B.16 Analysis on Supply and Demand Situation of Human Resources Market in Beijing *Beijing Employment Service Center* / 287

B.17 Study on Employment and Entrepreneurship of College Graduates in Wuhan *Wang Xing* / 293

B.18 Analysis on Employment Situation of College Graduates in Wuhan *Mao Lin* / 304

B.19 Analysis on Supply and Demand Situation of Chengdu Talents *Jiang Chun, Yin Bangze and Xue Chi* / 316

B.20 Study on Integration of Employment and Entrepreneurship Resources of Those Unemployed in Xi'an Based on Crowdsourcing Model *Li Yuanbin, Peng Xiaohui and Yang Yusheng* / 323

B.21 Role Analysis and Development Suggestions of Kunming's Human Resources Market in Employment of College Graduates *Jia Zhaoxun* / 338

B.22 Analysis on Qingdao Talent Market Situation *Qingdao Talent Service Center* / 349

B.23 Analysis on Supply and Demand of Kunshan Human Resources Market *Zhu Xinjie* / 355

V Human Resources Service

B.24 Development Status of Larger Human Resources Service Organizations *Lin Tong* / 367

B.25 Research and Analysis Report of China's Human Resources Big Data *Wang Junhong* / 374

B.26 Development of Shanghai Human Resources Service Industry *Zhu Qingyang* / 394

B.27 Analysis on the Development of Human Resource Service Industry in Shandong Province *Zhang Long* / 404

B.28 Equity Financing and Profit Overview of Human Resources Companies Listed on National Equities Exchange and Quotations *Chen Wei* / 414

B.29 Analysis on Operation Status of the World's Top 500 Human Resources Service Companies *Nie Youcheng* / 445

总 报 告

General Report

B.1 中国人力资源市场发展状况分析

王晓辉　田永坡　刘　娜　郭旭林*

摘　要： 本文使用宏观统计数据和区域调查数据，对我国的人力资源市场状况做了分析，主要包括：第一，从求职人员类别、区域、行业需求、用人单位类别、岗位的技术等级等角度，分析了人力资源市场的需求和供给状况；第二，从城乡、就业类型、产业、区域等角度，对人力资源供需匹配状况做了分析；第三，从行业、单位性质、区域等角度，分析了劳动者收入状况；第四，从单位性质、行业等角度，总结了就业与劳动者收入间相互作用的特点。

关键词： 人力资源市场　供需　收入　就业

* 王晓辉，博士，中国人事科学研究院助理研究员，主要研究领域为人力资源市场；田永坡，博士，中国人事科学研究院人力资源市场研究室主任、研究员，第三批“万人计划”入选者，主要研究领域为劳动力市场、就业、人力资源服务业；刘娜，北京建筑大学副教授，主要研究领域为人力资源管理；郭旭林，中国政法大学研究生，主要研究领域为经济学。

本文以国家统计局、人力资源和社会保障部（以下简称“人社部”）、人力资源服务机构和有关统计部门的数据为基础，从人力资源市场供给与需求、就业与失业和劳动者收入等方面，对近几年我国人力资源市场运行的整体特点，以及不同区域人力资源市场新变化进行宏观分析。

一 中国人力资源市场发展环境分析

（一）经济环境

近年来，我国经济发展步入新常态，开始进入增速换挡期，经济将由过去的高速增长转为中高速增长。我国的经济总量逐步提高，据国家统计局数据，从2012年的51.9万亿元增加到2016年的74.4万亿元，增长了43.1%。从增长速度看，从2011年开始，我国经济增速步入个位数增长，并呈现逐年降低趋势，从2012年的7.7%降到2016年的6.7%。

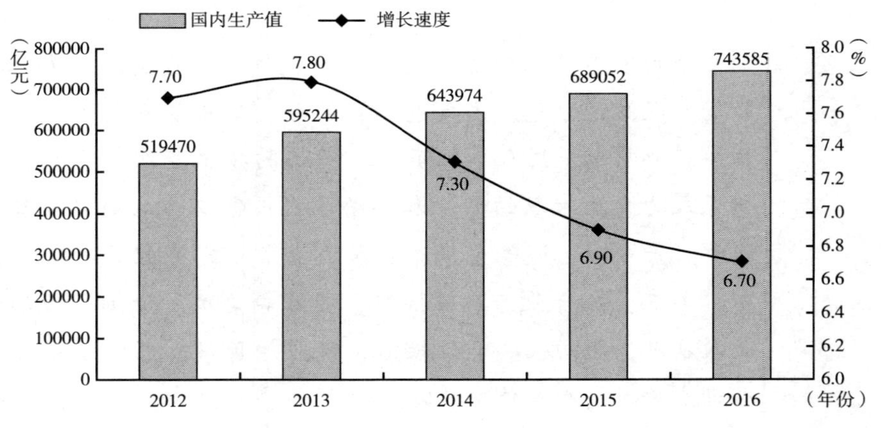

图1 2012～2016年中国GDP和增速

资料来源：2013～2017年《中国统计年鉴》。

随着经济社会发展，我国经济结构调整和产业结构优化，产业结构中第一产业和第二产业在国民经济中的占比逐年下降，而第三产业（服务业）占比稳步提升。据国家统计局数据，我国第三产业增加值占GDP比重在2012年首次超过第二产业，为 45.5%；并于 2015 年首次过半，达到 50.2%；2016 年进一步提高，达 51.6%。

与此同时，我国步入前期刺激政策消化期，推行以“去产能、去库存、去杠杆、降成本、补短板”为主要内容的供给侧结构性改革，“三去一降一补”的实质是促进“结构性改革”和“结构性补短”。促进产业转型升级、化解过剩产能、淘汰落后产能等措施的实施，会带来工作岗位的调整，结构性失业和人才短缺将并存，给经济和社会和谐发展带来一定压力。

（二）技术环境

为转变原有经济增长方式发展驱动力不足的局面，国家实施创新驱动战略，经济发展将从要素驱动、投资驱动转向创新驱动，将更多地依靠人力资本质量和技术进步。创新驱动发展战略持续推进，“大众创业、万众创新”蓬勃发展，经济发展新动能逐渐充足。在当前技术进步中，最典型的是互联网、移动终端、大数据、云计算、O2O（Online to Offline，线上到线下）等信息技术和网络技术的快速发展，使得互联网在生产要素配置中的优化和集成作用将充分发挥出来，人力资源服务开始进入“互联网 +”时代。2015 年 3 月，李克强总理在政府工作报告中首次提出“互联网 +”行动计划，以促进新一代信息技术与现代制造业、生产性服务业等的融合创新发展。

互联网快速发展为人力资源服务业发展既提供了机遇也带来了挑战。根据中国人事科学研究院 2015 年底进行的问卷调查结果，56.1% 的人力资源服务机构认为互联网为业务转型升级提供了好机会；而 33.3% 的人力资源服务机构认为互联网使得市场竞争更加激烈，增加机构发展难度；也有极少数机构（占 3.5%）悲观地认为，人力资源服务业将逐渐消亡。

信息化和互联网对人力资源服务机构的作用多种多样，主要体现在提高经营效率、创新产品和服务模式、加强机构品牌建设。根据中国人事科学研究院的调查结果，71.2% 的机构认为能够提高经营效率，50.6% 的机构认为能创新产品和服务模式，41.8% 的机构认为能加强机构品牌建设。

（三）人力资源状况

受多年严格计划生育政策和平均寿命延长等因素的影响，我国人力资源数量近年来总体呈下降趋势。虽然近期实行了全面放开两孩生育政策，但由于存在人口增长时滞，在较长一个时期内，我国老龄化程度还会继续加深。

第一，我国近年来劳动年龄人口总量和占总人口的比重都出现了下降的趋势。据国家统计局数据，2012～2016 年，中国劳动年龄人口（16～59 岁，含不满 60 周岁，下同）的绝对数量和占总人口的比重都出现了下降的趋势。2016 年，中国劳动年龄人口为 90747 万人，比 2012 年末减少 2980 万人；2016 年占总人口的比重为 65.6%，比 2012 年末下降 3.6 个百分点。

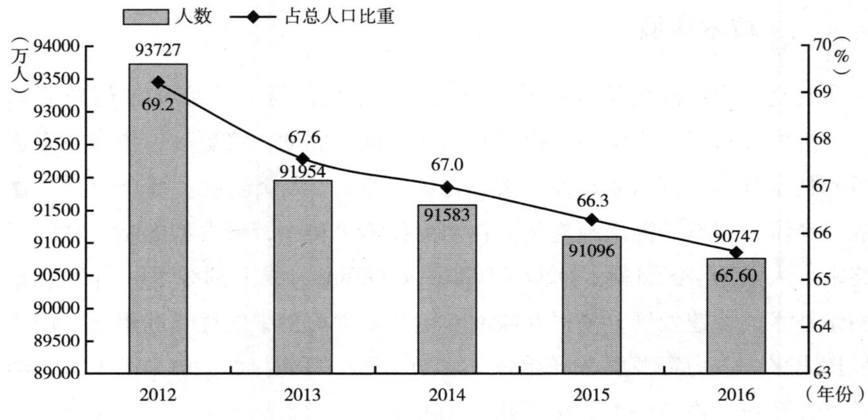

图 2　2012～2016 年我国劳动年龄人口数量与比重

资料来源：2013～2017 年《中国统计年鉴》。

第二，虽然我国人口总量逐年扩大，但老龄人口的规模和占比近年呈上升趋势，人口老龄化程度加深。据国家统计局数据，65 岁及以上人口占比从 2012 年至 2016 年每年约提高 0.3 个百分点，2016 年达 10.8%。

表 1　2012～2016 年中国人口老龄化状况

单位：万人，%

年份	年末总人口	65 岁及以上人口	65 岁及以上人口占比
2012	135404	12728	9.4
2013	136072	13199	9.7
2014	136782	13815	10.1
2015	137462	14386	10.5
2016	138271	15003	10.8

资料来源：2013～2017 年《中国统计年鉴》。

第三，劳动者素质总体不断提高。从人口受教育状况看，普通高等教育毕业生人数逐年提高，从2012年的680万人增加到2016年的765万人，大大改善了劳动者的受教育结构。从人均受教育水平看，也比以前有所提高，据中山大学发布的《中国劳动力动态调查：2015年报告》2014年我国劳动力平均受教育年限为9.28年。

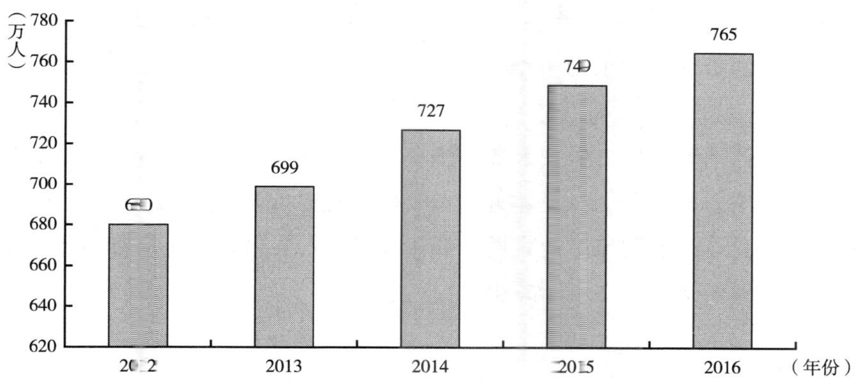

图3　2012～2016年我国普通高等教育毕业生人数

资料来源：2013～2017年《中国统计年鉴》。

第四，劳动力市场流动性不断提高。比如，近年来，我国流动人口和外出农民工总量加大。根据国家统计局数据，我国流动人口从2012年的2.36亿人增加到2016年的2.45亿人，增长了3.8%；外出农民工从2012年的1.63亿人增加到2016年的1.69亿人，增长了3.7%。

二　人力资源市场供给与需求状况分析

由于缺乏全国全口径的人力资源供给需求数据，我们以全国100多个大中型城市的人力资源市场监测数据为代表进行人力资源市场供需状况分析。根据2012～2016年人力资源和社会保障部对人力资源市场的监测数据，我们对全国100多个大中型城市的人力资源市场供需状况进行了分析，结果如下。

（一）人力资源市场供给分析

1. 总体而言，人力资源市场供给人数增速呈现季节性变化，第一季度为正，第四季度为负，但总体环比增速保持不变；人力资源供给人数同比总体呈负增长的特点

2012～2016 年，市场总体求职环比增速基本维持在 0 左右，这说明人力资源市场供给每年基本维持在稳定水平。每年第一季度环比增速平均超过 10%，每年的第四季度出现负增长，幅度也超过 10%，环比增速呈现季节性特点。

市场总体求职同比五年来大致呈现负增长，2014 年第二季度和 2016 年第四季度同比增速都为负，且基本超过 5% 的幅度，没有一季度出现正增长的。这五年市场总体求职同比增速减慢，低于 0，说明求职人数每年都在不断地减少，人力资源供给人数在不断减少。

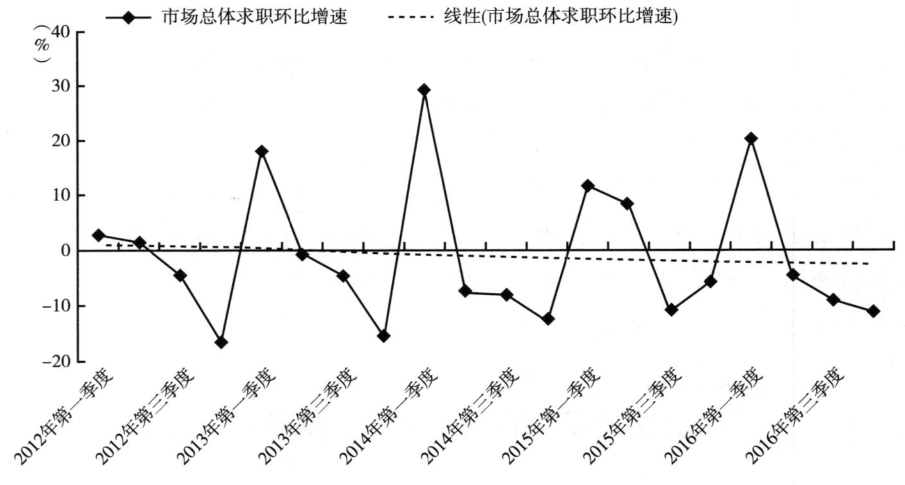

图 4　市场总体求职环比增速变化

2. 分区域，东部地区市场供给人数同比有所减少，2015年四季度后有所回升；中部、西部地区市场供给人数同比均有所增长

2012～2016 年，东部、中部、西部市场总体求职环比增速保持一致的变

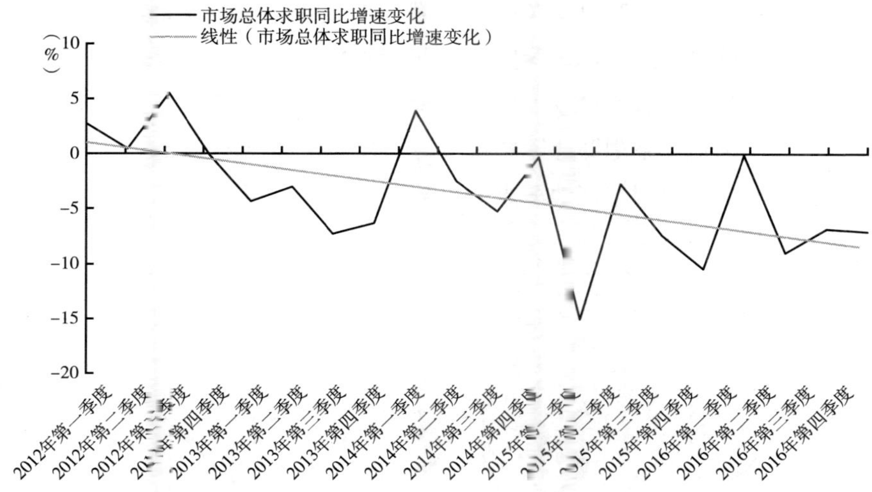

图 5　市场总体求职同比增速变化

化，呈季节性变化的特点，即每年的第一季度达到最高值之后增长速度减慢，直至第四季度降至 20% 左右。其中每年第一季度，除 2014 年外中部地区环比增长最多，从 2012 年的 36.20% 已经增至 2016 年的 62.50%，西部地区环比增长次之，也基本维持在 20% 左右，东部地区环比增长最少，基本维持在 10% 左右。

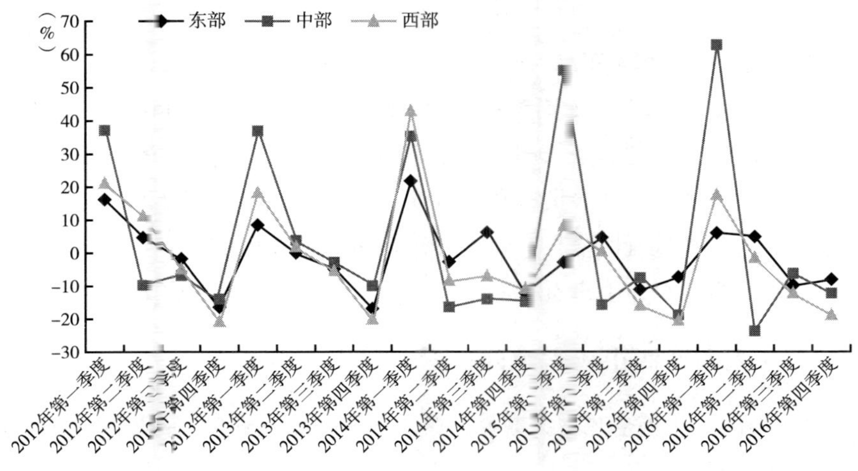

图 6　区域市场求职环比增速变化

与上年同期相比，2012～2014 年西部增长速度最快，中部次之，东部最慢且增速低于 0，这说明中西部市场求职人数比东部市场求职人数增长快，而东部市场求职人数却有所减少。但是 2015～2016 年，东部地区求职人数增长速度高于中西部地区，中部地区增速较为平稳，西部地区求职人数增速最低，且出现负增长，这说明东部地区求职人数与 2015 年之前相比有所增加，而西部地区却有所减少。

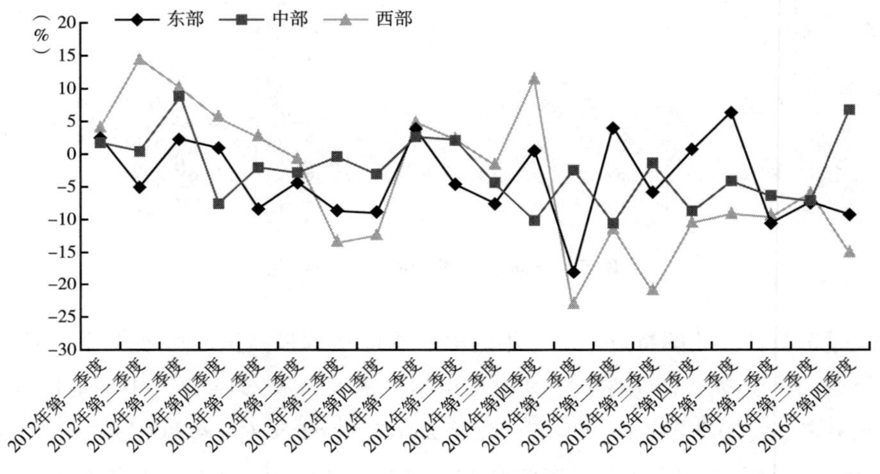

图 7　区域市场求职同比增速变化

3. 五年来进入市场求职的人员中，失业人员基本占五成以上，就业转失业人员下降幅度较大，新成长失业青年基本保持不变，外来务工人员有所增长

2011～2015 年，进入职场求职的人员中，失业人员占比基本超过五成，失业人员包括就业转失业人员，其中就业转失业人员占比五年总体有所下降，而外来务工人员人数有所增长。外来务工人员包括本市农村人员和外埠人员，其中外埠人员占比总体上来看有所提升，而本市农村人员占比略微有所下降。

（二）人力资源市场需求分析

1. 总体而言，人力资源市场需求人数环比增速有所减慢，同比增速也放缓，且同比增速为负

2012～2016 年，人力资源市场需求人数环比增速、同比增速都呈现整体

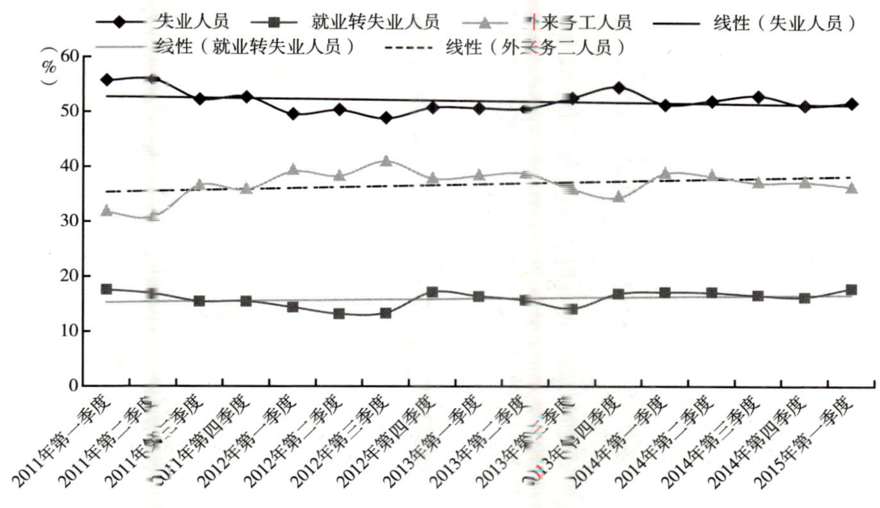

图8　求职人员分类占比情况

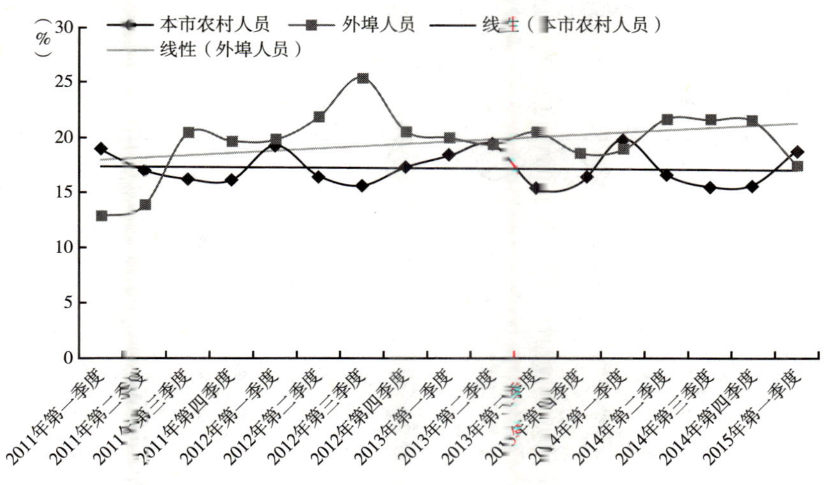

图9　外来务工人员占比情况

减慢特点，其中环比增速出现季节性特点，即每年的第一季度达到最高值之后增速减慢，直至第四季度最低点，最低点小于0，这说明人力资源市场需求在每年的第一季度表现强劲，而第四季度出现疲软状态。人力资源需求同比增速大部分低于0，这说明人力资源需求市场也出现缩小的状况。

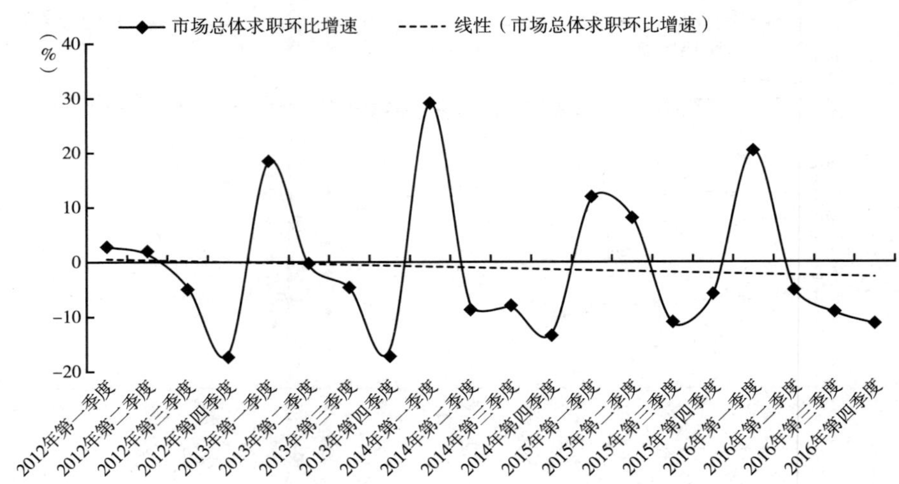

图 10　市场总体需求环比增速变化情况

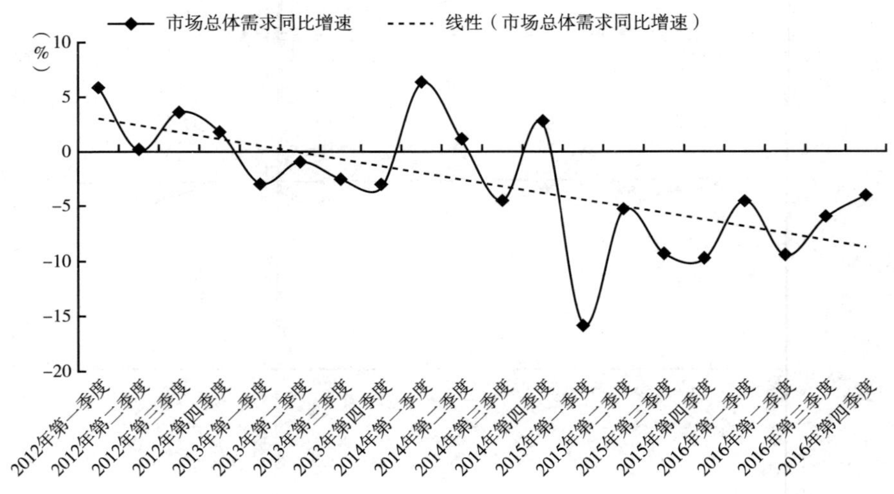

图 11　市场总体需求同比增速变化情况

2. 分区域看，东部地区市场需求人数环比有所减少，中部、西部地区市场需求人数环比均有所增长

2012～2016 年，东部、中部、西部市场总体需求环比增速呈季节性变化的特点，即每年的第一季度达到最高值之后减慢，直至第四季度降至最低点。

从区域市场需求同比增速变化来看，2012～2014 年中西部增长速度比东部快，这说明中西部人才市场需求大于东部地区。但是 2015～2016 年，东部地区市场需求增长速度开始加快，且高于西部地区，中部地区增速较为平稳，西部地区市场需求增速较慢且出现负值，但这说明东部地区人才市场需求与 2015 年之前相比有所增加，而西部地区却较之前有所减少。

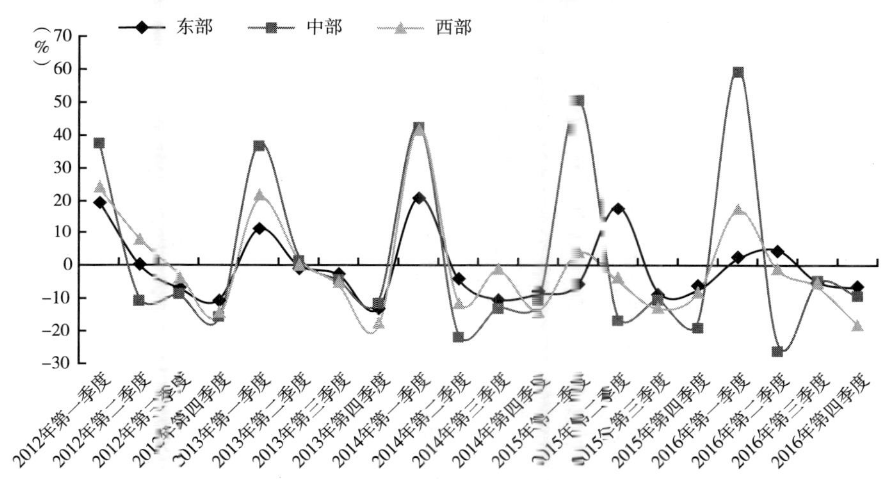

图 12　区域市场需求环比增速变化

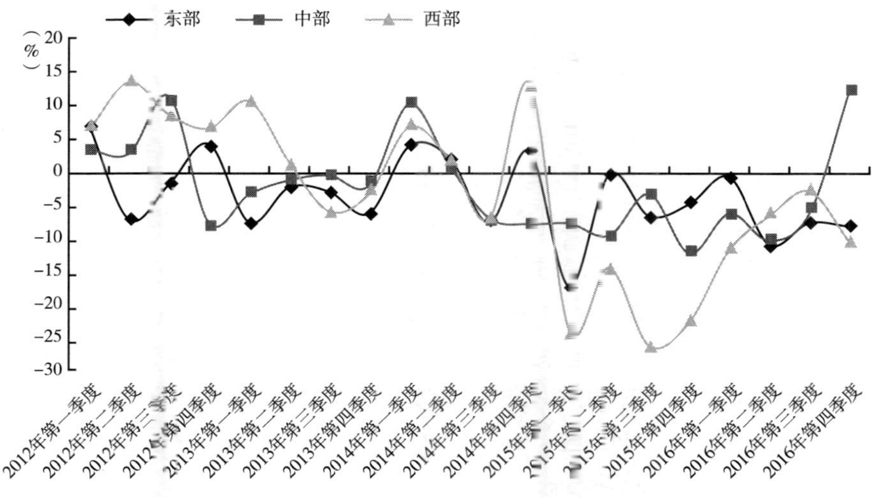

图 13　区域市场需求同比增速变化

3. 对五年来用人单位需求平均占比分析可得，96. 86%的用人需求集中在企业，机关、事业单位的用人需求占比仅为0. 67%，其他单位的用人需求比重为2. 46%

从企业，机关、事业单位和其他单位人力资源需求占比变化情况来看，根据2011 ~2015 年有效统计数据（2011 年第一季度至2013 年第三季度），企业人力资源需求占比均超过96%，且人力资源需求占比呈上升态势；机关、事业单位人力资源需求占比五年来基本保持不变，而其他单位人力资源需求占比有所下降。

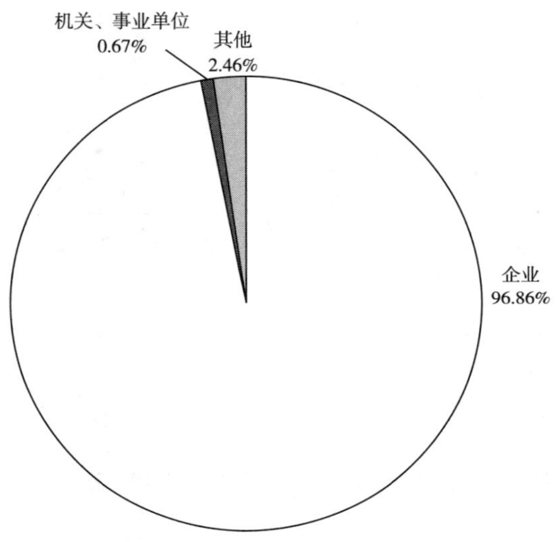

图 14　五年用人单位需求平均占比

4. 市场中，中级、高级技能人员及高级专业人员需求缺口依然较大，其中，技师、高级工程师、高级技能人员的缺口最大

从需求看，从五年平均统计数据可得，对技术等级或职称有明确要求的占总需求人数的56. 23%，其中对技术等级有要求的平均占35. 37%，对职称有要求的平均占20. 26%。主要集中在初级技能人员、中级技能人员和技术员、工程师上。

5. 从行业需求来看，五年来八成以上的用人需求都集中在制造业、批发和零售业、住宿和餐饮业、居民服务和其他服务业、租赁和商务服务业、建筑业；与上年同期和上季度相比，制造业、住宿和餐饮业的用人需求有所减少，居民服务和其他服务业的用人需求有所增长

82. 54%的企业用人需求集中在制造业、批发和零售业、住宿和餐饮业、

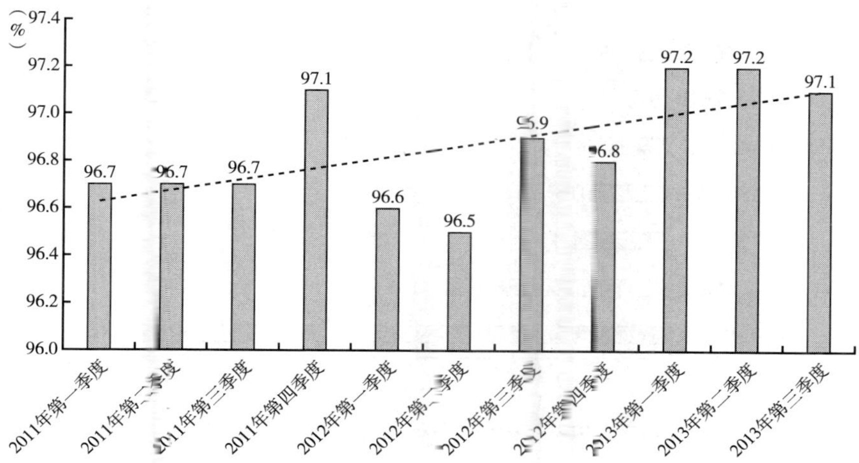

图 15　企业人力资源需求占比

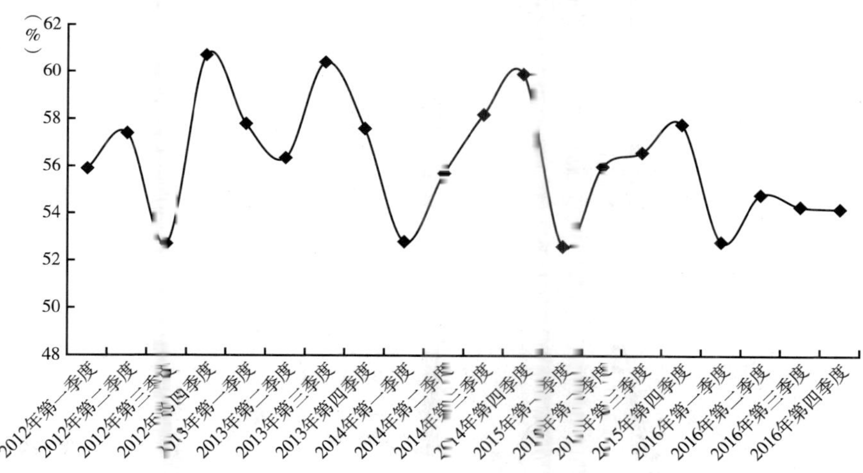

图 16　2012～2016 年市场用人需求对劳动者的技术要求占比

居民服务和其他服务业、租赁和商务服务业、建筑业，以上各行业的用人需求占比分别为 34.8[illegible]%、14.37%、11.83%、10.60%、6.32%、4.80%。

制造业、批发和零售业、住宿和餐饮业、居民服务和其他服务业、租赁和商务服务业、建筑业、交通运输仓储和邮政业、信息传输计算机服务和软件业

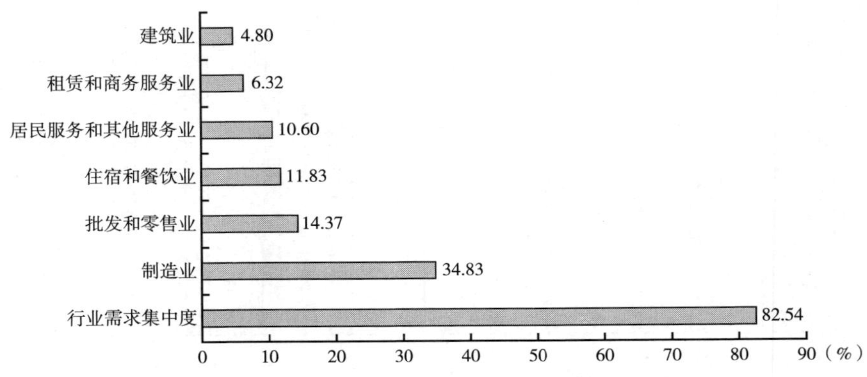

图 17　2012～2016 年各行业用人需求平均占比

等行业人力资源需求占比增速呈季节性变化，在每年第一季度为正，且增长幅度都超过 10%，特别是制造业、租赁和商务服务业幅度波动较大，2014 年第一季度制造业环比增速超过 40%，2016 年第三季度租赁和商务服务业环比增速超过 50%。

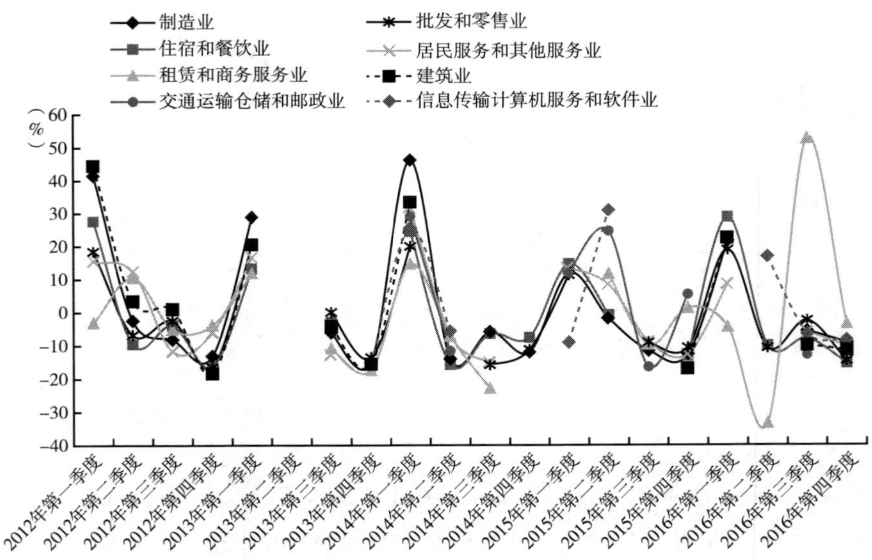

图 18　主要行业需求环比增速变化

三　人力资源市场供需匹配情况

人力资源市场的供需匹配结果表现为就业状况，因此，我们以全国从业人员数据为基础，分析人力资源市场供给与需求匹配状况。

（一）全国就业总体状况

近几年全国就业总人数基本维持稳定。从年末全国就业人员总量看，2012年为76704万人，2013年为76977万人，2014年为77253万人，2015年为77451万人，2016年进一步增加到77603万人。

1. 按城乡分就业状况

分城乡来看，城镇就业人数逐渐增加，乡村就业人数逐年递减。2012年城镇就业人数为37102万人，2013年为38240万人，2014年为39310万人，2015年为40410万人，2016年为41428万人；2012年乡村就业人数为39602万人，2013年为38737万人，2014年为37943万人，2015年为37041万人，2016年为36175万人。到2014年，城乡就业人数比例出现逆转，由原来的乡村就业人数多于城镇发展成城镇超过乡村。伴随着我国城镇化进程加快，乡村就业者逐渐向城市转移。

表2　2012～2016年全国城乡就业人员数量

单位：万人

年份	就业人员	城镇就业人员	乡村就业人员
2012	76704	37102	39602
2013	76977	38240	38737
2014	77253	39310	37943
2015	77451	40410	37041
2016	77603	41428	36175

资料来源：2013～2017年《中国劳动统计年鉴》。

2. 按经济类型分就业状况

从经济类型来看，城镇就业中，国有单位和集体单位的就业人数在逐渐减少，而私营企业、个体就业人员逐年增加，港澳台商及外商投资企业就业人员先增后减。具体来看，国有单位城镇就业人员从 2012 年的 6839 万人降到 2016 年的 6170 万人，集体单位城镇就业人员从 2012 年的 589 万人降到 2016 年的 453 万人，私营企业城镇就业人员从 2012 年的 7557 万人增加到 2016 年的 12083 万人，港澳台商投资单位城镇就业人员从 2012 年的 969 万人增加到 2016 年的 1305 万人，外商投资单位城镇就业人员从 2012 年的 1246 万人增加到 2016 年的 1361 万人，个体城镇就业人员从 2012 年的 5643 万人增加到 2016 年的 8627 万人。可见，随着市场经济改革的不断深化，城镇就业中以国有单位和集体单位为代表的公有制经济占比稍有下降，而以私营企业和个体就业为代表的非公有制经济得到快速发展。

表 3　2012～2016 年主要经济类型的就业人员数量

单位：万人

年份	2012	2013	2014	2015	2016
国有单位城镇就业人员	6839	6365	6312	6208	6170
集体单位城镇就业人员	589	566	537	481	453
私营企业城镇就业人员	7557	8242	9857	11180	12083
港澳台商投资单位城镇就业人员	969	1397	1393	1344	1305
外商投资单位城镇就业人员	1246	1566	1562	1446	1361
个体城镇就业人员	5643	6142	7009	7800	8627

资料来源：2013～2017 年《中国劳动统计年鉴》。

3. 按三次产业分就业状况

按三次产业分，第一产业和第二产业就业人员向第三产业转移，已形成“三二一”分布格局。具体来看，第一产业就业人数逐渐减少，第一产业就业人数占比从 2012 年的 33.6% 下降到 2016 年的 27.7%；第二产业就业人数呈缓慢下降趋势，2012 年第二产业就业人数占比为 30.3%，2016 年下降为 28.8%；第三产业就业人数不断上升，第三产业就业人数占比从 2012 年的 36.1% 上升到 2016 年的 43.5%。这和世界上大部分国家经济结构调整的规律是一致的。

表 4　按三次产业分就业人员人数

单位：万人

年份	就业人员总量	第一产业就业人员	第二产业就业人员	第三产业就业人员
2012	76704	25773	23241	27690
2013	76977	24171	23170	29636
2014	77253	22790	23099	31364
2015	77451	21919	22693	32839
2016	77603	21496	22350	33757

资料来源：2013～2017 年《中国劳动统计年鉴》。

表 5　按三次产业分就业人员所占比重

单位：%

年份	第一产业就业人员	第二产业就业人员	第三产业就业人员
2012	33. 6	30. 3	36. 1
2013	31. 4	30. 1	38. 5
2014	29. 5	29. 9	40. 6
2015	28. 3	29. 3	42. 4
2016	27. 7	28. 8	43. 5

资料来源：2013～2017 年《中国劳动统计年鉴》。

4. 按国民经济行业分就业状况

从国民经济行业分就业人数看，在制造业、建筑业、教育业、公共管理和社会组织中就业的城镇劳动者占比较高；从变化情况来看，除了农林牧渔业和采矿业的就业人数平均增长率为负外，其他行业的就业人数增长率均为正，其中，建筑业，信息传输、计算机服务和软件业，房地产业，租赁和商务服务业的就业人数增加较快，就业人数年平均增长率为 9.5%～15%。

表 6　2012～2016 年分行业城镇就业人数与年均增长率

单位：万人，%

行业	2012 年	2013 年	2014 年	2015 年	2016 年	2011～2014 年年平均增长率
农林牧渔业	338. 9	294. 8	284. 6	270. 0	263. 2	－6. 0
采矿业	631. 0	636. 5	596. 5	545. 8	490. 9	－6. 0
制造业	4262. 2	5257. 9	5243. 1	5068. 7	4893. 8	4. 1

续表

行业	2012年	2013年	2014年	2015年	2016年	2011～2014年年平均增长率
电力、燃气及水的生产和供应业	344.6	404.5	403.7	396	387.6	3.3
建筑业	2010.3	2921.9	2921.2	2796	2724.7	9.6
交通运输、仓储及邮电通信业	667.5	846.2	861.4	854.4	849.5	6.8
信息传输、计算机服务和软件业	222.8	327.3	336.3	349.9	364.1	14.4
批发和零售业	711.8	890.8	888.6	883.3	875	5.8
住宿和餐饮业	265.1	304.4	289.3	276.1	269.7	0.7
金融业	527.8	537.9	566.3	606.8	665.2	6.0
房地产业	273.7	373.7	402.2	417.3	431.7	12.8
租赁和商务服务业	292.3	421.9	449.4	474	488.4	14.8
科学研究、技术服务和地质勘查业	330.7	387.8	408	410.6	419.6	6.3
水利、环境和公共设施管理业	243.8	259.2	269.1	273.3	269.6	2.6
居民服务和其他服务业	62.1	72.3	75.4	75.2	75.4	5.2
教育业	1653.4	1687.2	1727.3	1736.5	1729.2	1.1
卫生、社会保障和社会福利业	719.3	770	810.4	841.6	867	4.8
文化、体育和娱乐业	137.7	147	145.5	149.1	150.8	2.3
公共管理和社会组织	1541.5	1567	1599.3	1637.8	1672.6	2.1

资料来源：2013～2017年《中国劳动统计年鉴》。

（二）全国总体失业状况分析

由于数据的可得性，只能由城镇失业人员的登记情况反映全国总体失业情况。近几年全国城镇登记失业人数略有增加，但失业率较为稳定，一直处于低位。

从城镇登记失业人数看，整体而言，2011～2014年，全国城镇登记失业人数略有上升，2011年为922万人，2012年为917万人，2013年为926万人，2014年为952万人，2015年为966万人，2016年上升到982万人。

从城镇登记失业率看，随着城镇就业人数总体增加，失业率较为稳定，2012～2015年四年内全国城镇登记失业率均维持在4.1%，2016年末城镇登记失业率为4.02%。与世界其他国家相比，这一失业率相对较低，但由于城镇登记失业人数和失业率存在低估，真实的失业率可能高于4.1%。

表 7 2012～2016 年城镇登记失业情况

单位：万人，%

年份	城镇登记失业人数	城镇登记失业率
2012	917	4. 1
2013	926	4. 1
2014	952	4. 1
2015	966	4. 1
2016	982	4. 0

资料来源：2013～2017 年《中国劳动统计年鉴》。

（三）部分城市人力资源市场供求匹配状况分析

根据人力资源和社会保障部对全国 100 多个城市公共就业服务机构登记招聘和登记求职信息的监测数据，我们对人力资源供给与需求匹配进行了分析，结果如下。

1. 人力资源市场供求总体状况

从市场总体来看，近五年来岗位空缺与求职人数比率①总体呈上升趋势，且都保持在 1 以上，说明人力资源市场需求略大于供给。2015 年第一、二季度和 2016 年第一、二季度虽然有所下滑，但都保持在 1. 05 以上，这说明人力资源市场需求仍然大于市场供给，岗位存在空缺。

2. 按地区分人力资源供求匹配状况

分区域来看，东部、中部、西部地区岗位空缺与求职人数比率近五年来都大于 1，说明市场需求略大于市场供给。同时，随着近五年来经济结构的调整，东部、中部、西部地区人力资源市场也发生调整，2012 年第四季度西部地区比率开始大于东中部地区，随着时间的推移，西部地区比率超过东部并继续上升，截至 2016 年第四季度，西部超过东中部地区，这说明西部人力资源市场需求在不断扩张，人才需求在增大。中部地区也呈现与西部同样的特点，近五年来岗位空缺与求职人数比率总体高于东部且有继续上升的趋势，这说明中部地区也出现人力资源市场需求扩张的特点。

① 岗位空缺与求职人数比率 = 需求人数/求职人数，表明市场中每个求职者所对应的岗位空缺数。如 0. 8 表示 10 个求职者竞争 8 个岗位。

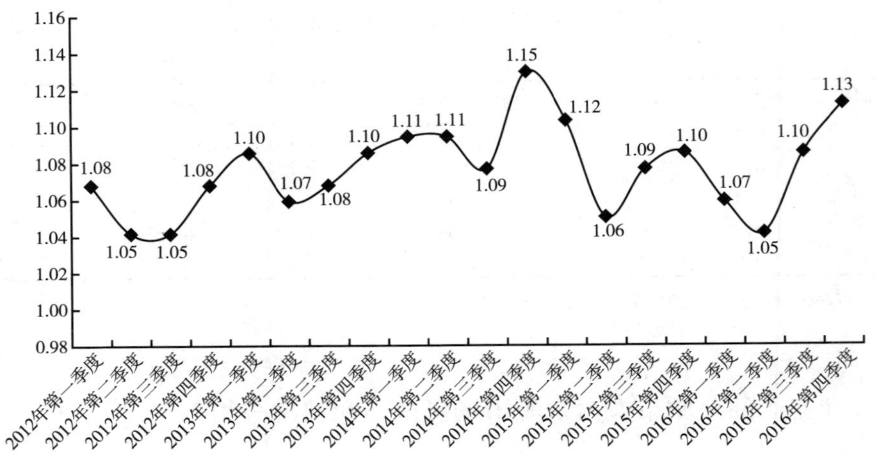

图 19　2012～2016 年岗位空缺与求职人数比率变化情况

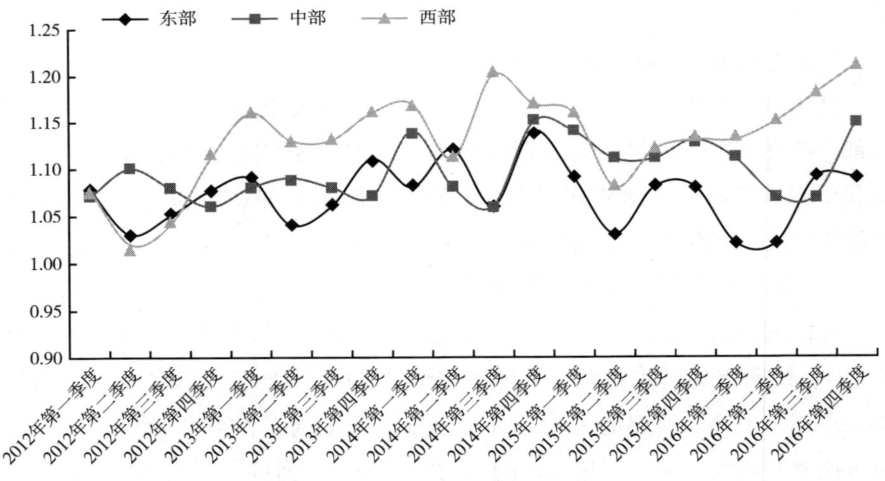

图 20　东部、中部、西部岗位空缺与求职人数比率

从东部、中部、西部地区人力资源市场变化看，人力资源市场岗位空缺和求职人数每个季度都达到 1 以上，这说明在每个季度岗位空缺略高于求职人数。从五年来比率整体状态来看，东部地区略有下降，中西部地区总体有所上升，其中西部上升幅度较大，且未来有可能持续上升，这表明未来一段时间中西部人力资源市场需求将进一步扩大，而东部地区人力资源市场供求变化不大。

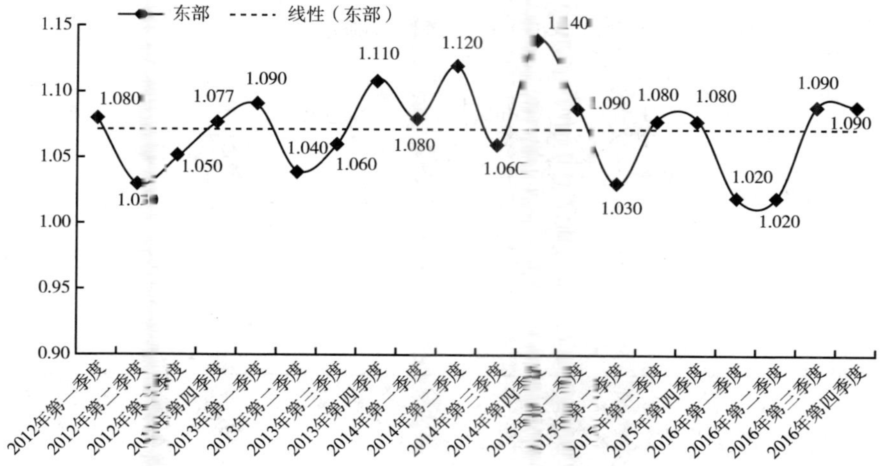

图 21　东部岗位空缺与求职人数比率

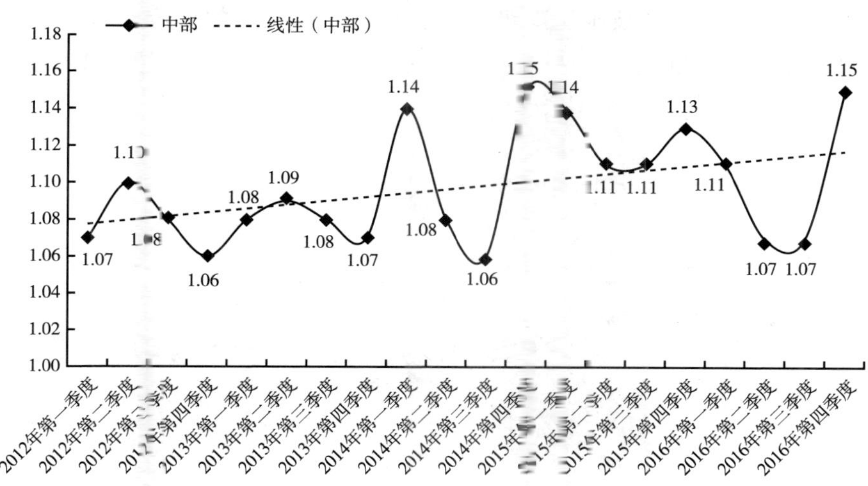

图 22　中部岗位空缺与求职人数比率

3. 按技术等级分人力资源供求匹配状况

从技术等级或职称来看，各技术等级和职称的岗位空缺与求职人数比率均大于1，人力资源需求大于供给。其中，技师、高级工程师、高级技能人员的岗位空缺与求职人数比率较大，五年平均比率分别为2.10、2.11、

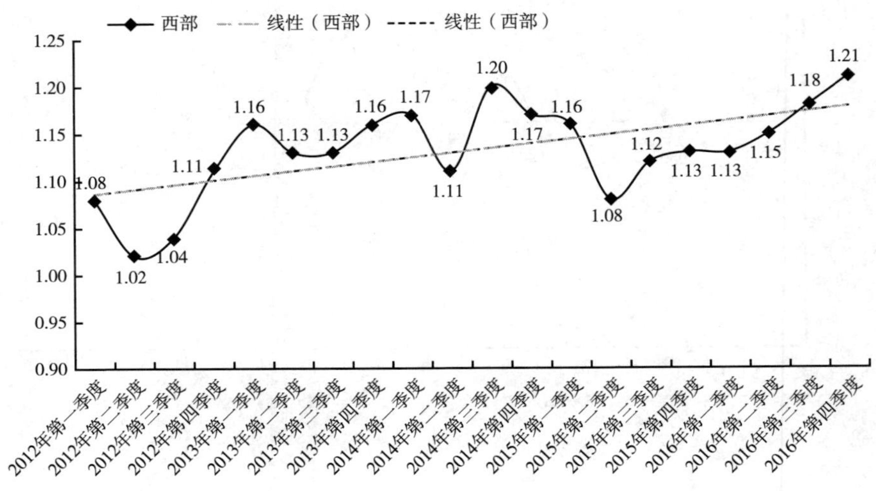

图 23　西部岗位空缺与求职人数比率

2.10。每年每个季度技师、高级技师、高级技能人员的岗位空缺与求职人数比率都在 1.5 以上。在未来一段时间内还有可能持续保持在 1.5 以上，缺口依然较为庞大。

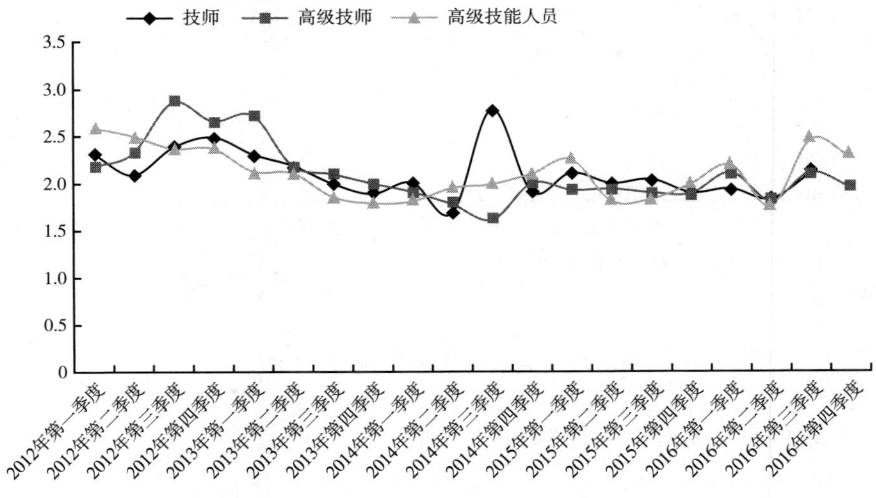

图 24　技能等级岗位空缺与求职人数比率

四 劳动者收入状况

由于工资收入数据可获得性，我们对城镇就业人员平均工资状况做分析。具体分析结果如下。

（一）城镇就业人员平均工资总体状况

总体来看，城镇单位就业人员的平均工资稳步上升，但平均工资增长率呈下降趋势。2012 年我国城镇单位就业人员平均工资为 46769 元，工资增长率为 11.9%；2013 年城镇单位就业人员平均工资为 51483 元，工资增长率为 10.1%；2014 年城镇单位就业人员平均工资为 56360 元，工资增长率为 9.5%；2015 年城镇单位就业人员平均工资为 62029 元，工资增长率为 10.1%；2016 年城镇单位就业人员平均工资为 67569 元，工资增长率为 8.9%。城镇就业人员年平均工资 2016 年比 2012 年约增长了 44.5%。平均工资增速近几年有所下降，2014 年工资增速首次低于 10%，2016 年为 8.9%。

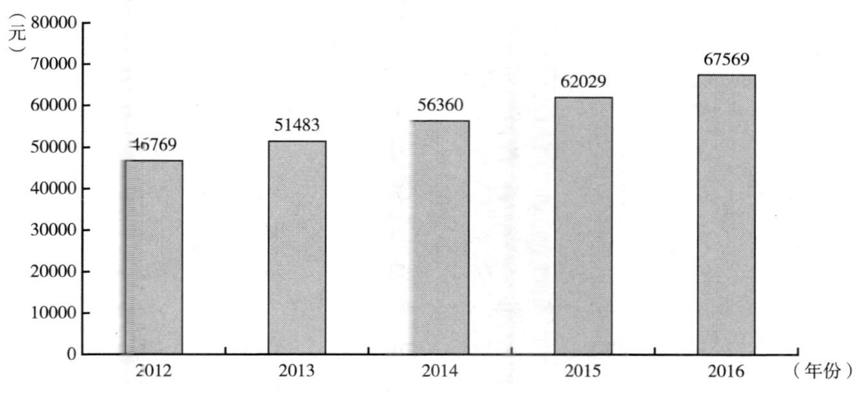

图 25 城镇单位就业人员平均工资

资料来源：2013 ~2017 年《中国统计年鉴》。

（二）按行业分城镇就业人员平均工资状况

分行业来看，行业间年平均工资差距较大，高低倍率接近 4，不同行业年平均工资增速也存在一定差异。具体来说，年平均工资最高的行业是信息传输、计算机服务和软件业，金融业。2016 年，信息传输、计算机服务和软件业从业者年收入达到 122478 元，金融业从业者年收入达到 117418 元；农林牧渔业从业者收入最低，年平均工资仅有 33612 元。最高收入行业的年平均工资相当于收入最低行业的 3.6 倍。

从年平均工资增速看，教育，公共管理和社会组织，卫生、社会保障和社会福利业，信息传输、计算机服务和软件业，水利、环境和公共设施管理业，文化、体育和娱乐业，农林牧渔业的年平均工资增长速度较快，年平均增长率超过 10%。

表 8　按行业分城镇单位就业人员年平均工资

单位：元

年份	2012	2013	2014	2015	2016
农林牧渔业	22687	25820	28356	31947	33612
采矿业	56946	60138	61677	59404	60544
制造业	41650	46431	51369	55324	59470
电力、燃气及水的生产和供应业	58202	67085	73339	78886	83863
建筑业	36483	42072	45804	48886	52082
交通运输、仓储和邮政业	53391	57993	63416	68822	73650
信息传输、计算机服务和软件业	80510	90915	100845	112042	122478
批发和零售业	46340	50308	55838	60328	65061
住宿和餐饮业	31267	34044	37264	40806	43382
金融业	89743	99653	108273	114777	117418
房地产业	46764	51048	55568	60244	65497
租赁和商务服务业	53162	62538	67131	72489	76782
科学研究、技术服务和地质勘查业	69254	76602	82259	89410	96638
水利、环境和公共设施管理业	32343	36123	39198	43528	47750
居民服务和其他服务业	35135	38429	41882	44802	47577
教育	47734	51950	56580	66592	74498
卫生、社会保障和社会福利业	52564	57979	63267	71624	80026
文化、体育和娱乐业	53558	59336	64375	72764	79875
公共管理和社会组织	46074	49259	53110	62323	70959

资料来源：2013 ~ 2017 年《中国统计年鉴》。

（三）按单位性质分城镇单位就业人员平均工资状况

分单位性质来看，国有单位、股份有限公司和外商投资单位的就业人员平均工资相对较高，其中外商投资单位平均工资最高；而国有单位、集体单位、股份合作单位、港澳台商投资单位、外商投资单位的就业人员平均工资增长率相对较高。具体来看，2016 年，国有单位就业人员平均工资为 72538 元，股份有限公司就业人员平均工资为 78285 元，外商投资单位就业人员平均工资为 82902 元。从近几年的平均工资增长率来看，国有单位、集体单位、股份合作单位、港澳台商投资单位、外商投资单位的就业人员平均工资增长率超过 10%；2016 年国有单位就业人员平均工资增长率最高，达到 11.1%。

表 9　按登记注册类型分城镇单位就业人员年平均工资

单位：元

年份	2012	2013	2014	2015	2016
城镇单位	46769	51483	56360	62029	67569
国有单位	48357	52657	57296	65296	72538
集体单位	33784	38905	42742	46607	50527
股份合作单位	43433	48657	54806	60369	65962
联营单位	42083	43973	49078	50733	53455
有限责任公司	41860	46718	50942	54481	58490
股份有限公司	56254	61145	67421	72644	78285
其他单位就业	34694	38306	42224	46945	49759
港澳台商投资单位	44103	49961	55935	62017	67506
外商投资单位	55888	63171	69826	76302	82902

资料来源：2013～2017 年《中国统计年鉴》。

五　人力资源市场变化的特点总结

（一）人力资源市场供给与需求特点

对 2012～2016 年人力资源和社会保障部全国大中型城市人力资源市场的

调查数据进行分析，我们发现近五年我国人力资源市场供需主要呈现以下方面的特征。

1. 从人力资源市场供需总体看

近五年来岗位空缺与求职人数比率总体呈上升趋势，且都保持在1以上，说明人力资源市场需求大于供给。

2. 从求职人员类别看

求职人员中失业人员所占比重五年来都超过50%，外来务工人员的比重均超过30%。2012～2015年，失业人员的求职比重下降，外来务工人员的求职比重有所上升。

3. 从行业需求来看

五年来八成以上的用人需求都集中在制造业、批发和零售业、住宿和餐饮业、居民服务和其他服务业、租赁和商务服务业、建筑业；与上年同期和上季度相比，制造业、住宿和餐饮业的用人需求有所减少，居民服务和其他服务业的用人需求有所增长。82.54%的企业用人需求集中在制造业、批发和零售业、住宿和餐饮业、居民服务和其他服务业、租赁和商务服务业、建筑业，以上各行业的用人需求比重分别为34.83%、14.37%、11.83%、10.60%、6.32%、4.80%。

4. 从用人单位类别看

九成以上的用人需求集中在企业，机关、事业单位的用人需求年平均比重仅为0.67%，其他单位的用人需求年平均比重仅为2.46%。

5. 从岗位的技术等级看

在企业中各技术等级岗位空缺与求职人数比率均大于1，人力资源需求大于供给。对技术等级或职称有明确要求的超过总需求人数的56.23%。其中，高级工程师、技师、高级技师和高级技能人员岗位空缺与求职人数比率较大，需求缺口较大，且未来可能会持续下去。

6. 从全国人力资源供需匹配总体情况看

近几年全国就业形势总体平稳，全国就业总人数基本稳定，并逐年缓慢上升。具体来说，如下。

（1）分城乡来看，伴随着我国城镇化进程加快，乡村就业者逐渐向城市转移，城镇就业人数逐年增加，乡村就业人数逐年递减，2014年开始城镇就业人数超过乡村就业人数。

（2）从就业类型来看，城镇就业中，国有单位和集体单位的就业人数在逐年减少，而私营企业、个体就业人员逐年增加，港澳台商及外商投资企业就业人员先增后减。

（3）按三次产业分，第一产业和第二产业就业人员向第三产业转移，已形成“三二一”分布格局。具体来看，第一产业就业人数逐渐下降，第二产业就业人数呈缓慢下降趋势，第三产业就业人数不断上升。这和世界上大部分国家经济结构调整的规律是一致的。

（4）从国民经济行业分就业人数看，在制造业、建筑业、教育业、公共管理和社会组织中就业的城镇劳动者占比较高；从变化情况来看，除了农林牧渔业和采矿业的就业人数平均增长率为负，其他行业的就业人数增长率均为正，其中，建筑业，信息传输、计算机服务和软件业，房地产业，租赁和商务服务业的就业人数增加较快，就业人数年平均增长率为10%～15%。

（5）近几年全国城镇登记失业人数略有上升，但失业率较为稳定，一直处于低位。全国城镇登记失业率均维持在4.1%，但由于城镇登记失业人数和失业率存在低估，真实的失业率可能高于4.1%。

7. 从分地区人力资源供需匹配情况看

根据人力资源和社会保障部对全国100多个城市公共就业服务机构登记招聘和登记求职信息的监测数据，东部、中部、西部地区岗位空缺与求职人数比率近五年来都大于1，说明市场供给略大于市场需求。同时，东部、中部、中西部地区随着近五年来经济结构的调整，中西部地区比率逐渐超过东部地区，这说明中西部地区出现人力资源市场需求扩张的特点。

（二）劳动者收入特点

总体来看，城镇单位就业人员的年平均工资稳步上升，但年平均工资增长率逐年下降，2014年年平均工资增速首次低于10%。

分行业来看，行业间年平均工资差距较大，高低倍率接近4，不同行业年平均工资增速也存在一定差异。具体来说，年平均工资最高的行业是信息传输、计算机服务和软件业，金融业。农林牧渔业从业者年平均工资最低；从年平均工资增速看，教育，公共管理和社会组织，卫生、社会保障和社会福利业，信息传输、计算机服务和软件业，水利、环境和公共设施管理业，文化、体育和娱乐业，农林牧渔业的年平均工资增长速度较快，年平均增长率超过10%。

分单位性质来看，国有单位、股份有限公司和外商投资单位的就业人员平均工资相对较高，其中，外商投资单位平均工资最高；而国有单位、集体单位、股份合作单位、港澳台商投资单位、外商投资单位的就业人员平均工资增长率相对较高。

（三）就业与劳动者收入间交互特点

随着人力资源市场整合改革的推进，以及市场体系的培育，不同地区人力资源市场日趋完善，人力资源市场在人力资源配置中的决定性作用日益显现。经济发展水平在很大程度上决定了人力资源市场需求，经济结构在一定程度上决定了人力资源配置结构；地区的人力资源数量和质量，决定了人力资源的供给；当地区人力资源需求结构和人力资源供给机构不匹配时，就会通过人力资源市场配置变化，从而形成劳动力价格水平波动和劳动者流动。具体来说。

第一，从单位性质看，国有单位和集体经济单位从业人员近年来逐步向非公经济单位，特别是股份有限公司与外商投资企业流动，除了我国激发了“大众创业、万众创新”精神外，很大的原因是部分非公经济单位平均工资收入水平相对较高，引导了劳动者的流动。

第二，从国民经济行业中从业人员分布看，信息传输、计算机服务和软件业的从业人员增速较快，在很大程度上是该行业具有极具竞争力的平均工资水平，引导了劳动者向该行业流动。

供求状况

Analysis on Supply and Demand

B.2 当前中国劳动力市场主要特征和未来发展趋势

赖德胜　石丹淅*

摘　要： 伴随中国经济发展新常态，中国劳动力市场新态势也正逐步形成。新形势下劳动力市场主要呈现劳动力供给持续减少、结构性失业明显、机器替代人工日益突出、就业形态发生重要变化、劳动关系总体和谐、就业出现极化、创业活动更加活跃等特征。制度与技术是影响中国劳动力市场未来的两大重要因素。就业两极化更加凸显、就业形态更加多元、工作时间缩短、劳动资源配置全球化、劳动关系灵活化、教育变革更加迫切等是中国劳动力市场未来发展主要趋势。

关键词： 经济新常态　机器替代人工　就业极化　创新创业　教育变革

* 赖德胜，经济学博士，教育部长江学者特聘教授，北京师范大学经济与工商管理学院教授，主要研究领域为教育经济学、劳动经济学；石丹淅，管理学博士，三峡大学法学与公共管理学院副教授，主要研究领域为教育经济学。

2014 年 5 月，习近平总书记在考察河南工作时第一次提及“新常态”。同年 7 月 29 日，在党外人士座谈会上，他重申正确认识我国经济发展的阶段性特征，适应新常态。同年 11 月 9 日，在亚太经合组织（APEC）工商领导人峰会上，习近平总书记首次系统阐述了何为经济新常态、新常态的新机遇、如何适应新常态等关键问题。同年 12 月 9 日，在中央经济工作会议上，他又全面阐释了经济发展新常态的主要特征与变化趋势。这些变化表明，中国经济正在向形态更高级、分工更复杂、结构更合理的阶段演化，经济增长速度进入中高速，经济发展方式转向质量驱动型，经济发展动力转换为新动能。伴随经济发展的新常态，中国经济社会也发生着深刻变革，这给中国劳动力市场发展带来新机遇的同时，也提出了新挑战、新要求，中国劳动力市场的新常态正逐步形成。新形势下中国劳动力市场呈现哪些主要特征，劳动力市场未来发展有何新趋势，如何施策应对中国劳动力市场的新变化，教育在劳动力市场发展新趋势中如何协同变革、良性促进。基于历年《中国统计年鉴》《中国劳动统计年鉴》等相关数据和研究成果，本文对上述问题进行了探讨。

一　中国劳动力市场主要特征

就业是民生之本、和谐之源、安国之策。当前，我国就业形势依然十分严峻，就业“三碰头”问题错综复杂，其中，突出表现为大学毕业生就业难、农村劳动力转移就业任务艰巨以及去产能职工就业安置问题。在此形势下，党中央明确指出，就业是最大的民生，稳步推进就业优先发展战略和更加积极的就业政策，较为明显地促进了更高质量就业和更加充分就业的实现。然而，受人口结构、经济发展、技术进步、政策变革、制度调整等内生、外在因素合力影响，新形势下我国劳动力市场呈现以下主要特征。

（一）劳动力供给持续减少

国家统计局发布的 2017 年主要经济社会数据显示，16 ~ 59 周岁的劳动年龄人口为 90199 万人，比 2016 年减少了 548 万人，占总人口的比重为 64.9%。自 2012 年以来，我国劳动年龄人口以每年三四百万人的速度逐年递减，2012 ~ 2017 年共计减少了 2344 万人。劳动力供给持续减少一方面使得人口红利逐渐消失，潜在增长率下降；另一方面使部分地区和行业面临招工难。除受人口结构变化影响外，劳动力供给持续减少还与劳动参与率降低紧密相关。根据北京师范大学劳动力市场研究中心发布的《2016 中国劳动力市场发展报告》，受市场化改革、收入效应、人口结构转变、教育扩展、家庭照料时间变化等因素共同影响，二十多年来，我国劳动参与率呈现稳步下降态势，且女性劳动参与率相对于男性下降更快（见图 1）。具体来看，男性劳动参与率由 1990 年的 84.5% 降至 2014 年的 78.4%，女性劳动参与率则由 1990 年的 72.4% 降至 2014 年的 64%，劳动参与率绝对差距从 1990 年的 12.1 个百分点增加到 2014 年的 14.4 个百分点。

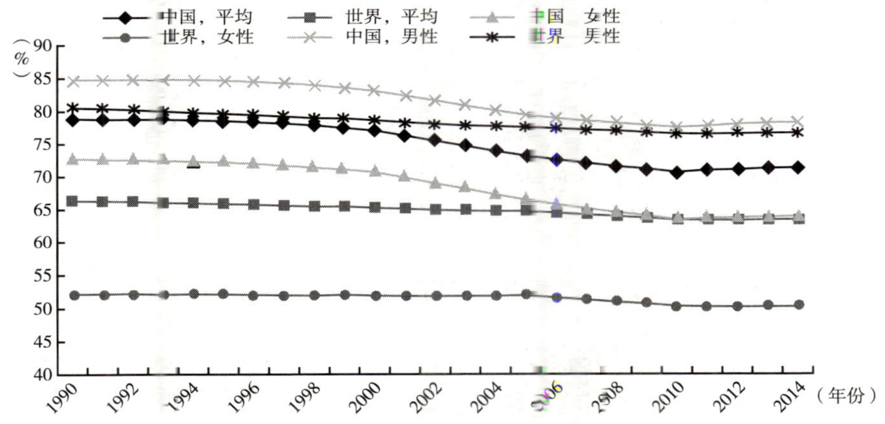

图 1　1990 ~ 2014 年分性别劳动参与率

虽然我国全面二孩政策已放开，但受生育意愿、人口惯性等主要因素影响，一定时间内劳动年龄人口仍会呈现动态减少趋势。如人力资源和社会保障部的预测数据表明，2030 年以后中国劳动年龄人口会出现一个大幅下降的过程，平均以每年 760 万人的速度减少，到 2050 年会由 2030 年的 8.3 亿人降到 7 亿人左右。

（二）结构性失业特征明显

结构性失业是由劳动力市场中的供求结构失衡所引发的，即劳动力市场变化与产业结构的变化不匹配。在现实经济环境中，一国或地区的产业结构又深受该国或地区的投资结构影响，具有显著传导效应。一般来说，资金向哪个行业聚集，哪个行业就能得到快速发展，从而影响一国或地区的产业结构及产业布局。劳动力需求是派生需求，有什么样的产业结构，就有相应的就业结构与其适应。这就意味着，投资结构通过传导效应会间接影响就业结构。在我国，大学毕业生“就业难”与农民工“招工难”并存就是典型的结构性失业问题。当前，50%以上的投资源自制造业、建筑业、房地产业等的强势驱动，其就业人数也出现了明显增长。但另有数据显示，这些产业所吸纳的就业人员的平均受教育年限普遍偏低，多数就业者未取得高中以上学历。这表明，当前这几个获得大量投资的产业仍以吸纳普通劳动力为主，对较高学历水平的就业者辐射效应有限。这在一定程度上也反映出当前中国持续推进经济供给侧结构性改革战略十分及时、必要。投资结构对产业结构的影响通过传导机制给劳动力市场带来的结果就是：一方面，引发了对以农民工为代表的低端劳动力的巨大需求，加速了“民工荒”现象；另一方面，则未对以大学毕业生为代表的较高素质劳动力就业产生明显拉力效应，大学毕业生“就业难”问题未得到缓解。

（三）机器替代人工趋势日益突出

“互联网＋双创＋中国制造2025”催生的“新工业革命”对经济发展及劳动力需求结构产生了显著影响，其中之一即机器替代人工。有研究表明，2005～2012年，我国工业机器人的年均销售增长率达到25%，远远高于世界平均水平。2013年新增工业机器人3.7万台。工业机器人主要应用在汽车、电子电气、工程机械等行业，机器对这些行业中的常规操作型工作或岗位的替代效应明显。此外，“机器换人”对典型地区、特定人群替代趋势更为强势。如2015年深圳国际高新技术成果交易会上，一款名为AGV的搬运机器人，每年能给使用者节省12600元的人力成本，却让3名搬运工、1名运输车司机失去原有岗位。随着数控织机等大批智能生产装备的普及，曾被誉为世界毛织之都的东莞大朗镇近九成工人被机器替代了。

机器替代人工并非中国独有。如有数据显示，从2000年到2010年，美国约有1100万个秘书职位被互联网服务所取代；同一时期，电话接线员减少64%，旅游代理减少46%，会计减少26%。欧洲则有2/3的中产阶级职位成为技术的牺牲品。另外，值得指出的是，机器替代人工并非简单替代所有劳动力，而是基于机器替代人工的成本与收益和劳动技能特点两个主要因素，倾向于替代劳动力市场中具有较高收入的、可重复性的工作。如美国白宫 2016 年的研究显示，机器人取代时薪低于 20 美元岗位的概率为 83%，取代 20～40 美元岗位的概率为 31%，而取代超过 40 美元岗位的仅为 4%。

（四）就业形态发生重要变化

分享经济是指利用互联网等现代信息技术，整合、分享海量的分散化闲置资源，以满足多样需求的经济活动的总和，是信息革命发展到一定阶段后出现的新型经济形态。其因重构体验、重构价值、重构连接，产生新经济、新业态、新趋势、新文化，也为产业升级、创业、就业提供了新动力。《中国共享经济发展年度报告（2018）》显示，2017 年我国提供共享经济服务的服务者人数约为 7000 万人，比 2016 年增加 100 万人；共享经济平台企业员工数约 716 万人，比 2016 年增加 131 万人，占当年城镇新增就业人数的 9.7%，意味着城镇每 100 个新增就业人员中，就有约 10 人是共享经济企业新雇用员工。预计到 2020 年，共享经济领域提供的服务者人数有望超过 1 亿人，全职人员约 2000 万人，分享经济交易规模占 GDP 比重将达 10% 以上。

分享经济对有效对冲经济增速放缓、技术进步带来的就业挤出效应也有显著成效，并深刻影响未来的工作模式、雇佣关系及就业质量。基于大数据手段高效匹配供求信息，网络平台造就了大量新业态，改变了传统工作模式与雇佣关系。如北京大学新媒体研究院调研数据显示，如果将与滴滴开展合作的 4000 多家租赁公司、汽车线下门店、汽车维修保养等服务带动的行业周边也考虑在内，滴滴平台至少已经撬动了 300 万个直接就业机会。智联招聘发布的《2017 年大学生求职指南》报告也证实了上述研判，报告显示，伴随供给侧结构性改革和分享经济发展，新动能促生新业态、打开新空间，IT、通信、电子、互联网行业成为 2017 年应届毕业生期望签约与实际签约领域的双料冠军。

（五）劳动关系总体和谐

劳动关系是最基本、最重要的社会关系之一。构建和谐劳动关系，是建设社会主义和谐社会的重要基础，是增强党的执政基础、巩固党的执政地位的必然要求，是坚持中国特色社会主义道路、贯彻中国特色社会主义理论体系、完善中国特色社会主义制度的重要组成部分。创造性劳动须以和谐劳动关系为基础。历史经验表明，一个国家在发展过程中，劳动关系大多会经历从和谐到不和谐的过程。如果处理得好，劳动关系从不和谐复归和谐，就能比较顺利地进入发达国家行列；否则，就会在相当长时间内处于发展的瓶颈期，甚至陷入中等收入陷阱。党和国家始终重视和谐劳动关系的构建，这为经济社会持续健康发展提供了良好环境。主要体现为：一是劳动关系协调取得新成效；二是集体协商和集体合同制度建设稳步推进；三是劳动争议调解仲裁效能进一步提升。如《2017 年度人力资源和社会保障事业发展统计公报》显示，2017 年全国企业劳动合同签订率达 90% 以上，全国报送人力资源和社会保障部门审查并在有效期内的集体合同累计为 183 万份，覆盖职工 1.6 亿人。2017 年，全国各地劳动人事争议调解仲裁机构共处理争议 166.5 万件，同比下降 6.0%；涉及劳动者 199.1 万人，同比下降 12.4%；涉案金额 416.4 亿元，同比下降 11.8%；办结案件 157.5 万件，同比下降 3.6%。案件调解成功率为 67.9%，仲裁结案率为 95.9%。终局裁决 11.1 万件，占裁决案件数的 33.1%。

（六）就业出现极化现象

就业极化现象主要体现在两个方面，一是部分劳动力过度集中在某些区域或某些行业；二是就业市场两极分化，即认知性、创造性强的高收入工作机会和体力性强的低收入工作机会都会增加，常规性和重复性强的中等收入工作机会将大幅减少。

当前就业极化现象在重点就业群体上体现得更为明显。以女性就业群体为例，研究表明，城乡差异、户籍差异和学历差异的扩大，使得就业女性内部出现“两极化倾向”：一方面，以知识女性、女企业家、女领导干部等高素质女性群体为代表的知识女性在各行各业的发展过程中发挥着重要的作用；另一方面，越来越多的女性集中在技术含量较低、收入水平较低的劳动密集型行业中，且这一现象呈现明显的时序、部门、区域特征，结果导致很多行业出现了较为严重的性别隔离问题。邓肯指数是衡量性别隔离问题的代表性指数，该指数为 0～100，指数越大，说明需要转换行业的人越多，性别隔离程度越大；指数越小，说明需要转换行业的人越少，性别隔离程度越小。《2016 中国劳动力市场发展报告》显示，如果使男女两性劳动力在各个行业的性别分布相同，则有25.56%的男性或女性需要变换目前的行业。

（七）创业活动更加活跃

鼓励“大众创业、万众创新”，已成为当前中国摆脱经济下行压力、尽快适应经济新常态、实现比较充分和高质量就业的重要政策措施之一，也是《“十三五”促进就业规划》重大部署之一。近年来，我国出台了一系列就业创业政策措施以及商事制度安排，涵盖注册登记、税收贷款、创业培训、监督监管等主要环节。这些政策与制度对鼓励大众创业起到明显效果。创业群体越来越多元化，大学生、农民工、失业下岗者、海归人员，以及传统行业的人们都在加入这次创业浪潮。国家工商总局数据显示，2016年，全国新登记市场主体1651.3万户，同比增长11.6%，平均每天新登记4.51万户。全国实有各类市场主体8705.4万户，其中，企业2596.1万户，个体工商户5930万户，农民专业合作社179.4万户。至2016年底，全国个体私营经济从业人员实有3.1亿人，比2015年底增加2782.1万人。其中，第三产业个体私营经济从业人员最多，实有2.3亿人，比2015年底增加2313.4万人，占增加总量的83.2%。商事制度改革、简政放权、财税支持是激发当前市场活力和创造力的主要因素。创业带动就业、提升就业质量、优化就业结构效应日趋明显，技术创新引领创业潮流、新生代创业者主导创新驱动型创业、创业教育体系基本形成等，是当前创业及其带动就业的主要特征。

二　中国劳动力市场未来发展趋势

从根本上来说，制度与技术是影响中国劳动力市场未来的两大重要因素。如我国的《户口登记条例》《劳动合同法》《就业促进法》《劳动争议调解仲裁法》《劳动合同法实施条例》对劳动力市场产生了显著影响，《户口登记条例》诱使劳动力市场产生了长期的制度性分割，而《劳动合同法》等则增强了劳动力市场的稳定性。技术对劳动力市场产生深刻影响主要体现在技术创造工作和技术替代工作两大方面，继而对就业形态、就业管理等产生巨大影响。世界经济论坛主席施瓦布教授2016年所著的《第四次工业革命》一书显示，人类发展史上几次工业革命都对劳动力市场变革产生深刻影响。例如，以蒸汽机为代表的第一次工业革命加速了劳动力向城镇地区或发达区域流动，使更多农民转变为工人和市民，经济结构由农业主导型逐渐演变为工业驱动型。以电力为标志的第二次工业革命催生了大规模生产流水线，并促使工会组织兴起。以电脑、自动化、互联网为标志的第三次工业革命使得机器代替人工趋势加强，大量常规性的工作被替代。以人工智能、机器人、区块链等为标志的第四次工业革命将对我国劳动力市场产生什么影响？本研究认为主要存在以下几方面的影响。

（一）就业两极化更加凸显

随着经济社会不断发展，劳动力市场中常规型和重复性强的中等收入工作机会将大幅减少，而认知性、创造性强的高收入工作机会和体力性强的低收入工作机会都会不断增加，形成 U 形劳动力市场结构。据统计，2015 年中国数字经济创造的就业岗位达 1.13 亿个，预计到 2035 年这个数字可能达到 4.15 亿个；未来，无法被机器大规模取代的人才技能的重要性也越发凸显。波士顿咨询公司（BCG）中国数字经济下就业与人才研究报告显示，中国高技能人才只占整体劳动力市场的 4%，普通技能人才占 20%，更多的则是无技能劳动者。随着新经济的快速发展，未来社会对中高技能人才的需求将变得更加旺盛，而 55% ~77% 的就业岗位因技能含量低在未来被取代。应对就业两极化，构建增长友好型、就业友好型数字经济至关重要。具体而言，一则需要主动适应数字化变革，培育经济增长新动力，通过推动结构性改革强化数字经济与实体经济的深度融合。二则需要重视数字化生产、人工智能等对就业的影响，实施更加积极的就业政策，化解数据经济时代就业风险与挑战。三则需要多元合作，共同营造有利于数字经济发展的内外环境，加强战略对接，共同提升数字化应用水平。

（二）就业形态更加多元

传统就业场域下，劳动关系多为单一雇主模式，大部分劳动力在很长一段时间可能只拥有一个雇主，签订固定的协议。共享经济时代，劳动力市场将出现更多的自我雇用、灵活就业与弹性就业，数字经济就业生态与传统就业生态也将保持并存发展、融合促进的良性互动动态关系。一是拥有更广泛的高技能与高素质的劳动者、数字化人才以及机器智能组成新的就业骨干，其中既有仍依托于传统组织雇佣关系的“传统青年”，亦可在外部第三方共享平台上寻求多元化“零工”的“斜杠青年”（Slash 青年）① 和自主创业者；同时，传统组织也会内生出类似外部平台的灵活就业市场。二是传统就业领域经过数字技术的催化，将派生更多跨界属性的新就业机会。三是为了应对日益复杂、多元、旺盛的客户需求，传统组织也将拓展人力资本的储备方式，借助任务平台外包、外部专家库、竞赛等方式匹配更灵活的用工需求。目前在中国就业市场求职需求量最大的十大行业中，互联网/电子商务、计算机软件、IT 服务（系统/数据/维护）这些与数字经济强相关的行业占了三席。同时，传统行业的大规模数字化转型，产生了大量对既熟悉行业业务、流程，又掌握数字技术行业应用技能的复合型就业人才的需求，因此，以软件/互联网开发/系统集成、互联网产品/运营管理为代表的职业需求也很旺盛。另外，大量互联网企业借助数字技术创造了新的商业模式，并带动就业，包括电子商务平台企业、卖家、平台管理及支撑服务的衍生类就业，以及在提升交易效率、放大需求后间接刺激的上下游产业链就业。

（三）工作时间缩短

信息技术、共享经济、平台就业对劳动力市场产生的变化还体现在对劳动者工作时间的配置方面，进而影响劳动者的就业质量。有研究显示，1870 年以来英国、美国、德国、法国都减少将近一半的工作时间，其中，工业革命爆发地英国的人均年工作时间从 2886 小时下降到 1490 小时，下降幅度将近 50%；第二次工业革命的主要根据地美国和德国的人均年工作时间分别从 2964 小时和 2941 小时下降到 1589 小时和 1563 小时，下降幅度均超过 45%。工作时间的下降与许多因素相关，如一国或地区的政治、经济、文化、社会、法律等，技术进步和劳动生产率的提高，激励劳动者工作积极性和创造性的需要。其中，技术进步和劳动生产率提高是工作时间降低的重要前提。通常而

① 斜杠青年（Slash 青年）是描述当今越来越多的年轻人不再满足“专一职业”这种无聊的生活方式，而是开始选择一种能够拥有多重职业和身份的多元生活的青年群体。

言，一国或地区劳动生产率越高，该国或地区工作时间越短，即工作时间缩短与劳动生产率呈反比关系。换言之，8 个小时仍然可能是现在这个社会 30%、50% 的人工作时间模式，随着技术进步和劳动生产率的逐步提高，在未来五年、十年间，8 小时很可能不再是主流的工作时间配置模式，或许 1 小时会成为一个基本单位。正如马克思所预测的，随着人力时间的经济价值不断提高，实现每个人的自由而全面的发展，工作已经不再是强制性的，而成为一种奢侈品。

（四）劳动资源配置全球化

劳动力资源配置全球化不仅仅表现为全球生产和消费体系里进入更多新人，更会加速全球就业竞争、全球劳资竞争，出现垄断转移、工作转移以及全球资本市场的转换。在劳动力资源配置全球化方面，由于产业或服务的外包、众包及劳动力自身全球范围内流动，其主要体现为，一是全球的生存和消费体系将更多的劳动力吸纳其中。有测算表明，当前全世界大约每 5 个人就有 1 个人在为全球供应链生产，而这个比例在未来只会越来越高。二是劳动力的物理性流动会更加频繁，国际的经济输出会更加频繁。三是我国劳动力能够在国内依靠平台为全世界的机构工作。未来工作将分布在世界各地。因此，劳动力资源配置的全球化会越来越明显。

（五）劳动关系灵活化

改革开放以来，随着所有制结构的多元化和资源配置的市场化，劳动关系的形态及其调整模式也发生了深刻变化，并呈现市场化、制度化、群体化、国际化特征。伴随经济发展的新常态，劳动关系的主体更加多元，劳动关系的分化更加明显，劳动关系的调适更加从容，成为我国劳动关系处在新时代的主要标识。在信息技术和互联网催生的共享经济时代，劳动关系逐渐呈现灵活化的发展态势。当前，我国工会存在两个普遍：普遍建会，普遍入会。互联网信息技术的使用使劳动力市场分为线下固定工作场所劳动力市场和线上网络平台劳动力市场。后者是新经济形态产物，具有新生性，就业具有虚拟化、灵活化、多重化、碎片化等特点。网络平台只是提供服务，网络平台上的雇佣关系是一种新型的、不依靠劳动合同签订的劳动关系。工作弹性、工作薪酬福利等因素都发生了变化。这给新时期行业工会的治理体系与治理能力以及构建和谐劳动关系的方略都带来了新的机遇与挑战。

（六）教育变革更加迫切

未来劳动市场需求更加异质化将会对劳动力供给结构产生显著影响。有序有效应对劳动力市场的这些变化，既是教育发展的机会，也是教育的责任。新时期，在坚持教育自信的同时，我国各级各类教育也需要做出协同调整，才能使得教育和劳动力市场在良性的轨道上相互促进，进而更好地助力我国经济社会高质量发展和社会和谐稳定。具体而言，教育需要做好以下变革，一是继续扩大教育供给。人口红利的逐渐消失要求经济增长必须从要素驱动转到创新驱动。众多国内外研究表明，决定创新的影响因素很多，其中，最重要的途径之一是增加人力资本，创造人力资本红利以替代减少了的人口红利是众多成功跨越中等收入陷阱国家发展的“典型事实”。二是着力提高教育质量。“大众创业、万众创新”已成为国家战略，有效落实这一国家战略既需要打好政策“组合拳”，更需要塑造和提升社会“双创”能力。人与人之间创新创业能力的差别，既有天生因素，也是教育的结果，这就需要我国普通教育、创业教育和职业教育协同系统变革。三是全面推进教育供给侧结构性改革。现在的教育供给与教育需求之间还有很大差距，既体现在数量和规模上，又体现在质量和结构上。应对人们教育需求多元化、个性化和特色化等特点，亟须推进教育供给侧结构性改革，为此，既需要优化教育结构以满足产业迈向中高端，又需要健全教育体制，使市场在人力资本的生产和配置中发挥更大的作用。

参考文献

赖德胜等著《2016 中国劳动力市场发展报告——性别平等化进程中的女性就业》，北京师范大学出版社，2016。

《2050 年劳动年龄人口降至 7 亿》，联合早报网，2016 年 7 月 23 日，http：//www. zaobao. com/finance/china/story20160723 – 644796。

赖德胜等著《2015 中国劳动力市场发展报告——经济新常态背景下的创业与就业》，北京师范大学出版社，2015。

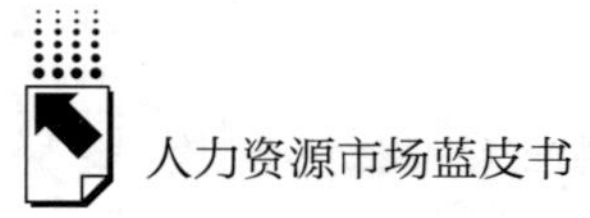

周文斌：《机器人应用对人力资源管理的影响研究》，《南京大学学报》（哲学·人文科学·社会科学版）2017 年第 6 期。

《机器人代替人工　企业三年 50 万工人仅剩下 5 万》，中国新闻网，2014 年 9 月 5 日，http：//finance. chinanews. com/cj/2014/09 –05/6565962. shtml。

李长安：《经济新常态下我国的就业形势与政策选择》，《北京工商大学学报》（社会科学版）2016 年第 6 期。

纪雯雯、赖德胜：《网络平台就业对劳动关系的影响机制与实践分析》，《中国劳动关系学院学报》2016 年第 4 期。

中国劳动经济学会：《网络平台就业并不是影响劳动关系稳定的恶魔》，http：//www. caless. cn/wArticle？ id = 172&oneid = 4&tab = s&twoid = 6。

《深入推进供给侧结构性改革　新动能打开就业新空间》，央视新闻网，2017 年 8 月 20 日，http：//news. cctv. com/2017/08/20/ARTI6mKIVSAj6I3 HtYlmfupq170820. shtml。

《习近平出席全国构建和谐劳动关系先进表彰会并讲话》，中央政府门户网，2011 年 8 月 16 日，http：//www. gov. cn/ldhd/2011 –08/16/content_ 1926777. htm。

赖德胜：《和谐劳动关系助圆中国梦》，《人民日报》2013 年 7 月 5 日。

杨伟国、陈玉杰、张成刚：《职业性别隔离的测度》，《中国人口科学》2010 年第 3 期。

《工商总局举行 2016 年全国市场主体发展等情况发布会》，国务院新闻办公室网站，2017 年 1 月 18 日，http：//www. scio. gov. cn/xwfbh/gbwxwfbh/xwfbh/gszj/Document/1540521/154 0521. htm。

波士顿咨询公司（BCG）：《2035 年中国数字经济将创造 4 亿就业岗位》，http：//money. 163. com/17/0112/05/CAIBSEDU002580S6. html。

《携手构建增长友好型就业友好型数字经济》，新浪网，http：//news. sina. com. cn/o/2017 –07 –09/doc – ifyhweua4468097. shtml。

王静宇：《分享经济最有效监管：尝试政府和平台相互合作模式》，http：//finance. china. com/domestic/11173294/20170519/30543540. html。

赖德胜：《中国劳动力市场的未来》，《财经科学》2017 年第 7 期。

B.3
中国劳动力市场网络招聘需求分析*

杨伟国　莫海兵　管立军**

摘　要： 报告基于网络招聘大数据，从总量、地区、时间、行业、职业、单位性质、单位规模、学历、工作经验要求、薪酬等不同角度来分析中国劳动力市场需求状况。分析认为，目前我国劳动力市场总体上需求仍比较旺盛；从全国范围来看，东部地区需求占总量比重大，达61.5%；从单位性质来看，民营企业需求量最大，占68.99%；从单位规模看，小型单位需求量最大，占73.02%，可见民营企业、中小型企业已经成为我国劳动力市场主要就业渠道。从学历需求来看，我国劳动力市场对高学历人才的需求比重仍比较低。

关键词： 中国　劳动力市场　网络招聘　需求分析

本文聚焦于对全国劳动力市场网络招聘需求开展分析。基于先进的网络数据抓取处理技术，我们对2016年7月到2017年6月国内重要招聘网站发布的

---

* 本文所用数据由佰职研究院提供。在数据采集、整理过程中，先由作者向佰职研究院提出数据需求，佰职研究院技术人员按照要求，通过独创的求职领域全网搜索引擎，对网络招聘信息进行全网搜索，再将深度学习技术、自然语言处理技术和人工智能相结合，对数据进行智能分类和标准化处理，以能进行大数据统计和分析。佰职研究院（www.ibaizhi.com）是国内首家将人工智能和搜索引擎技术应用到宏观就业领域，为解决就业问题提供整体解决方案和数据支撑服务的机构。

** 杨伟国，教授，博士生导师，中国人民大学劳动人事学院院长，中国人民大学中国就业研究所副所长，主要研究领域为战略人力资源审计、人力资源管理、劳动经济理论与政策、人事管理经济学、劳动与雇佣等；莫海兵，中国人民大学劳动人事学院博士生，研究领域为就业创业、职业咨询与指导；管立军，中国人民大学商学院MBA，佰职研究院创始人兼CEO。

招聘需求信息进行归类、整理，并做查重、纠错等相关处理，进而分析全国劳动力市场网络招聘需求情况，可以帮助我们从劳动力需求角度了解我国劳动力市场状况及其结构。

一　主要指标和数据来源

（一）主要指标

本文关于招聘需求量的主要指标分成两大类，一是招聘需求总量，即在对网络招聘需求进行归类整理的基础上，分析统计全国劳动力市场招聘需求总量。二是对劳动力市场招聘需求进行月度、地区、行业、职业、单位性质、单位规模、学历等相关维度分析。

在我们的分析中，地区根据国家行政区域划分标准，选取 31 个省份。东部、中部、西部地区按照国家对不同经济发展层次的标准划分（不含港澳台地区），其中东部地区包括北京、天津、河北、辽宁、上海、江苏、浙江、福建、山东、广东、海南；中部地区包括山西、吉林、黑龙江、安徽、江西、河南、湖北、湖南；西部地区包括内蒙古、广西、重庆、四川、贵州、云南、西藏、陕西、甘肃、青海、宁夏、新疆。东北地区包括辽宁、吉林、黑龙江三省。

对行业的划分，综合各招聘网站的划分标准，进行整理汇总后，按照表 1 进行划分。对职业的划分，也在综合了各招聘网站划分标准的基础上，按照表 2 进行划分。

按单位性质归类，单位分为党政机关、事业单位、国有企业、外资企业、民营企业等 5 种形式。按照单位规模来进行归类，单位划分为小型、中型、大型三类，其中，500 人及以下的归类为小型单位，501 ~ 1000 人的归类为中型单位，1000 人以上的归类为大型单位。

按照学历层次，结合网络招聘信息需求，对学历的要求划分为无要求，高中及中专，高职、高专、大专，本科生，硕士研究生，博士研究生，其他等类别。对工作经验的要求划分为应届毕业生、1 年以内、1 ~ 3 年、3 ~ 5 年、5 ~ 10 年、10 年以上、经验不限。

表 1　行业分类

序号	行业名称	行业简称	序号	行业名称	行业简称
1	互联网、电子商务	互联网	27	礼品、玩具、工艺、美术、收藏品、奢侈品	工艺品
2	软件	IT 软件	28	汽车、摩托车	汽车
3	IT 服务	IT 服务	29	设备、机电、重工业	设备机电
4	电子、半导体、电路	电子电路	30	加工、制造、原料加工、模具	加工制造
5	硬件	IT 硬件	31	仪器、仪表、自动化	仪器仪表
6	通信、电信、网络	电信通信	32	印刷、包装、造纸	印刷包装
7	电信运营	电信运营	33	办公用品	办公用品
8	游戏	游戏	34	医药、生物工程	医药生物
9	基金、证券、期货、投资	证券	35	医疗设备、器械	医疗设备
10	保险	保险	36	航空、航天	航空航天
11	银行	银行	37	交通、运输	交通运输
12	信托、担保、拍卖、典当	信托	38	物流、仓储	物流仓储
13	房地产、建筑、建材、工程	房地产	39	医疗、护理、美容、保健、卫生	医疗护理
14	家居、室内、装潢	家居装饰	40	酒店、餐饮	酒店餐饮
15	物业管理、商业中心	物业商业	41	旅游、度假	旅游
16	咨询、财会、法律、人力资源	咨询人力	42	媒体、出版、影视、文化	媒体出版
17	广告、会展、公关	广告会展	43	娱乐、体育、休闲	娱乐休闲
18	中介	中介	44	能源、矿产、采掘、冶炼	能源矿产
19	检验、检测、认证	检验检测	45	石油、石化、化工	石油化工
20	外包	外包	46	电气、电力、水利	电气电力
21	食品、饮料、烟酒、日化	食品日化	47	环保	环保
22	服饰、纺织、皮革、家具、家电	服饰家电	48	政府、公共事业、非营利	政府
23	贸易、进出口	贸易	49	学术、科研	学术科研
24	零售、批发	零售批发	50	农、林、牧、渔	农林牧渔
25	租赁	租赁	51	跨领域	跨领域
26	教育、培训、院校	教育培训	52	其他	其他

一线城市是指北京、上海、广州、深圳等四个城市。新一线城市是指成都、杭州、武汉、天津、南京、重庆、西安、长沙、青岛、沈阳、大连、厦门、苏州、宁波、无锡等城市。

表 2　职业分类

序号	职业名称	序号	职业名称
1	销售	31	生产管理、运营
2	销售管理	32	电子、电器、半导体、仪器、仪表
3	销售行政、商务	33	汽车
4	客服	34	汽车销售
5	市场	35	机械、制造、维修
6	公关、媒介	36	服装、纺织、皮革、生产
7	广告、会展	37	技工、操作工
8	财务、审计、税务	38	生物、制药、医疗器械
9	人力资源	39	化工
10	行政、后勤、文秘	40	影视、媒体、出版、印刷
11	项目管理、项目协调	41	艺术、设计
12	质量管理、安全防护	42	咨询、顾问、调研、数据
13	高级管理	43	教育、培训
14	软件、互联网、系统集成、开发	44	律师、法务、合规
15	硬件开发	45	翻译、口译、笔译
16	互联网产品、IT 运营	46	商超、酒店、娱乐、服务业
17	IT 质量管理、测试、配置管理	47	旅游、度假、出入境
18	IT 运维、技术支持	48	烹饪、料理、食品
19	IT 管理、项目协调	49	保健、美容、美发、健身
20	电信、通信	50	医院、医疗、护理
21	房地产、经纪、中介	51	社区、居民、家政
22	土木、建筑、装修、市政	52	能源、矿产、地质
23	物业	53	环境、环保
24	银行	54	农、林、牧、渔
25	证券、期货、投资、服务	55	公务员、事业单位、科研
26	保险	56	培训生、储备干部
27	信托、担保、拍卖、典当	57	志愿者、社会工作者
28	采购、贸易	58	兼职、临时
29	交通、运输	59	其他
30	物流、仓储		

（二）薪酬指标

本文关于薪酬（劳动力市场价格）指标的分析主要是计算劳动力市场招聘需求信息中薪酬均值以及分析分地区、行业、职业、学历、单位性质、单位规模、学历等薪酬。在计算薪酬均值时，仅分析网络公布的薪酬数据，且就薪酬数据对需求人数做加权，并对不同工作经验年限要求的薪酬做加权，再对薪酬上下限求算术平均。

本文所赖以分析的数据均来源于2016年7月至2017年6月全国各招聘网站、企业官网以及大学校园发布的招聘职位信息数据，数据覆盖招聘网站32家（包括智联招聘、前程无忧、中华英才等），求职BBS15家（包括应届生求职BBS、高校就业指导中心官网等），企业官网27家（包括招聘量比较大的部分世界500强公司）。所有数据均由佰职研究院提供。

佰职研究院运用机器学习和人工智能技术，对全国74家网站的数据进行汇总、整理，对重复数据进行归一处理，并删除了部分无效数据和异常数据。通过智能相似度匹配算法，去除重复的职位信息，如同一家公司的同一个岗位在多个网站发布，以及同一家公司的同一个岗位在多个网站一段时间的重复发布，此类招聘信息数据只计算一次。使用深度语义解析模型，对虚假的、无效的职位数据进行过滤，如描述过于夸大的职位、信息虚假的职位、遭到大量用户举报的职位等招聘信息数据被删除。此外，在数据整理时，对一个岗位需求人数在30人以上的招聘信息进行了过滤。

二　全国劳动力市场网络招聘需求状况

（一）需求总量

基于佰职研究院的数据，2016年7月至2017年6月，全国劳动力市场网络招聘需求总人数为154712143人。全国劳动力市场网络招聘需求月度需求量如图1所示。从图1中可以发现，在这一年中，有两个招聘高峰时段，即春秋两季，招聘需求旺，需求最多的月份是11月，需求量达到23036926人；在这一年中，有两个招聘低谷，即冬夏两季，需求最少的月份是2月，需求量为5129044人。

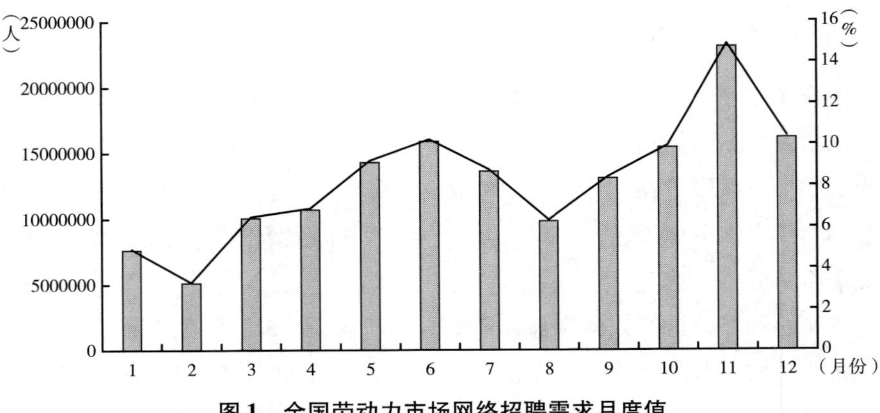

图 1　全国劳动力市场网络招聘需求月度值

（二）分地区需求情况

1. 全国各省份需求情况

2016 年 7 月至 2017 年 6 月，全国各省份（不含港澳台地区，下同）劳动力市场网络招聘需求如图 2 所示。其中，广东需求量居于首位，为 22559458 人；其余依次为江苏、北京、上海、山东、浙江，需求量分别为 14773499 人、12266126 人、9954070 人、9022751 人、8639717 人。需求量最少的 5 个省份为海南、吉林、青海、宁夏、西藏，需求量分别为 858321 人、497641 人、481743 人、373626 人、104839 人。

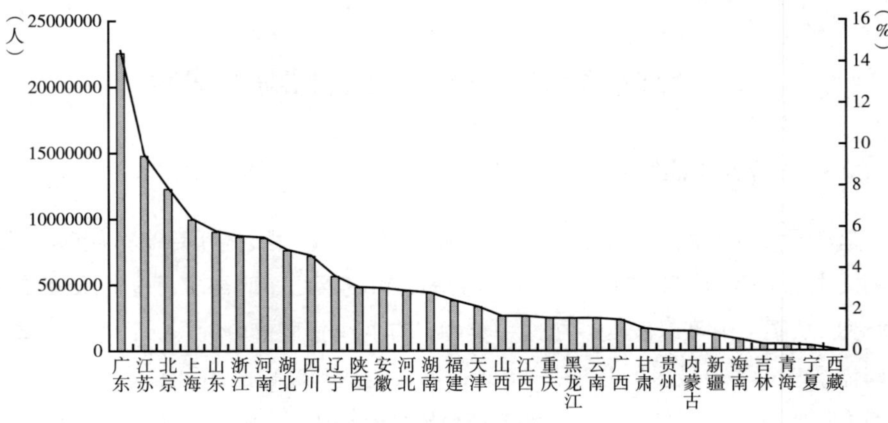

图 2　各省份需求分布

2. 分区域需求情况

2016 年 7 月至 2017 年 6 月，东部地区招聘需求 95347612 人，占总量的 61.6%；中部地区招聘需求 33404529 人，占总量的 21.6%；西部地区招聘需求 25941808 人，占总量的 16.8%。

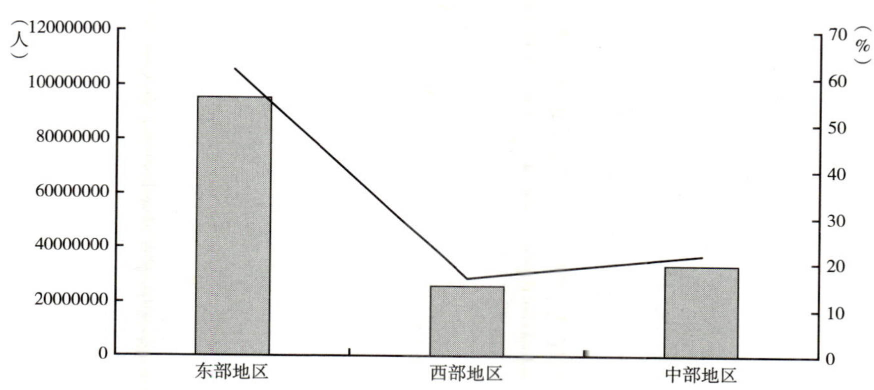

图 3　东、中、西部地区需求分布

2016 年 7 月至 2017 年 6 月，东北地区招聘需求 8585974 人，占全国总量的 5.5%。其中，辽宁招聘需求 5637955 人，黑龙江招聘需求 2450378 人，吉林招聘需求 497641 人。

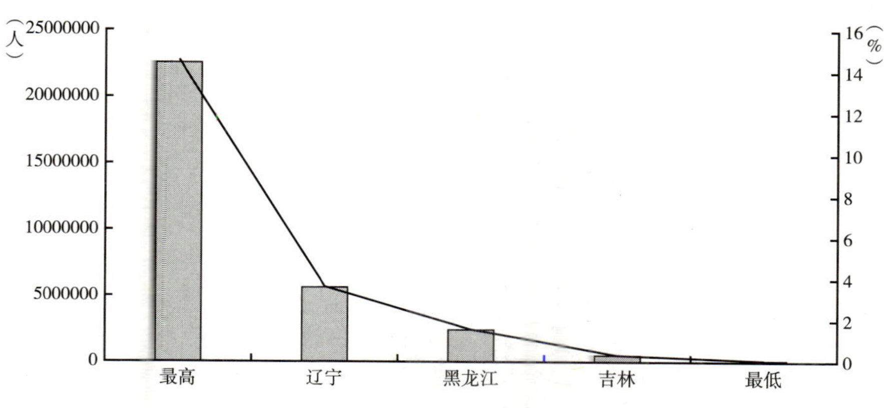

图 4　东北地区需求分布

3. 重点省市需求情况

2016 年 7 月至 2017 年 6 月，一线城市劳动力市场网络招聘需求总量为 71908049 人，占全国总量的 46.5%，其中，北京招聘需求 23210589 人，上海 18835599 人，广州 13916396 人，深圳 15945465 人，占全国总量的比重分别为 15.00%、12.17%、9.00%、10.31%。

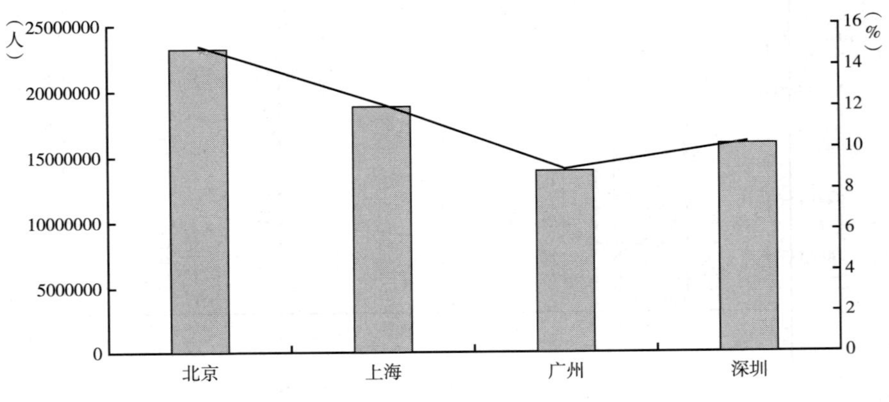

图 5　一线城市需求分布

新一线城市网络招聘需求总量为 82804093 人。各城市需求情况如图 6 所示。

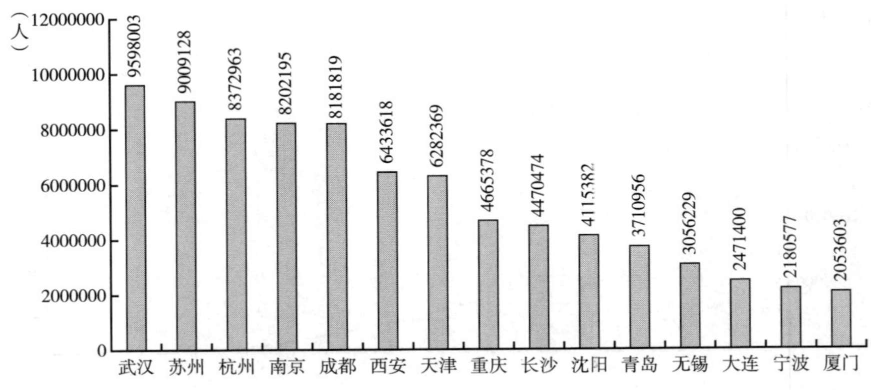

图 6　新一线城市需求分布

（三）分行业需求情况

2016 年 7 月至 2017 年 6 月，全国各行业劳动力市场网络招聘需求总量为 154712143 人，其中互联网行业招聘需求最多，达 15155494 人，占需求总量的 9.80%，其余依次为电子电路、证券、咨询人力、房地产、教育培训、医疗护理、娱乐休闲，前 9 个行业合计占总需求的 45.35%。各行业网络招聘需求分布如图 7 所示。

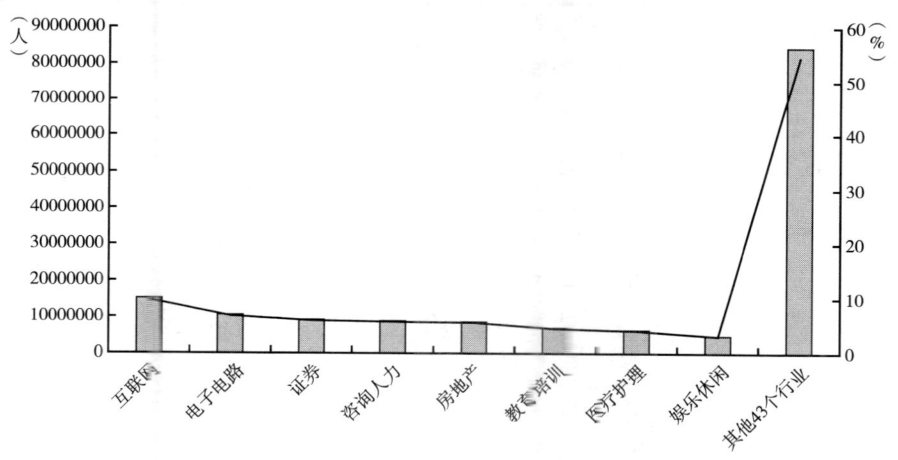

图 7　分行业网络招聘需求分布

（四）分单位性质情况

2016 年 7 月至 2017 年 6 月，全国各性质单位网络招聘需求总量为 154712143 人，其中民营企业需求量最多，为 106737235 人，占需求总量的 68.99%，民营企业成为我国劳动力市场主要就业渠道；其次为国有企业，需求量为 30856181 人，占需求总量的 19.94%；再次为外资企业，需求人数为 16191676 人，占需求总量的 10.47%；接下来依次是事业单位需求 610263 人，党政机关需求 316788 人，占需求总量的比重分别为 0.39%、0.20%（见图 8）。

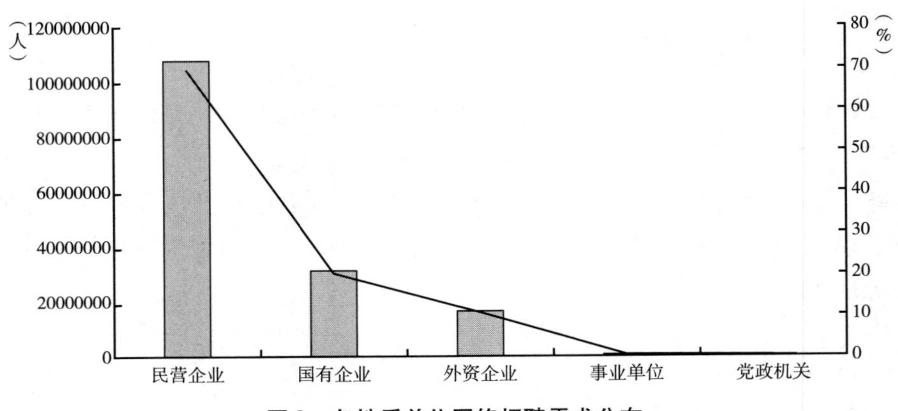

图8　各性质单位网络招聘需求分布

（五）分单位规模情况

2016年7月至2017年6月，小型单位需求112975311人，占需求总量的比重为73.02%；中型单位需求13708319人，占需求总量的比重为8.86%；大型单位需求28028513人，占需求总量的比重为18.12%（见图9）。

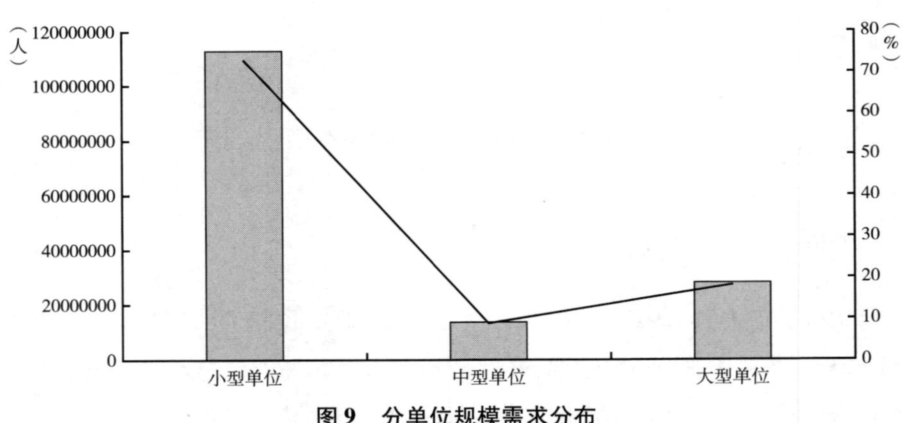

图9　分单位规模需求分布

（六）分职业类型需求情况

2016年7月至2017年6月，全国各职业类型网络招聘需求中，销售需求人数最多，为16991562人；其次为物流、仓储，需求人数9807907人；再次为技工、操作工，需求人数9231074人。需求人数最多的前10种职业如图10所示，需求人数最少的10种职业如图11所示。

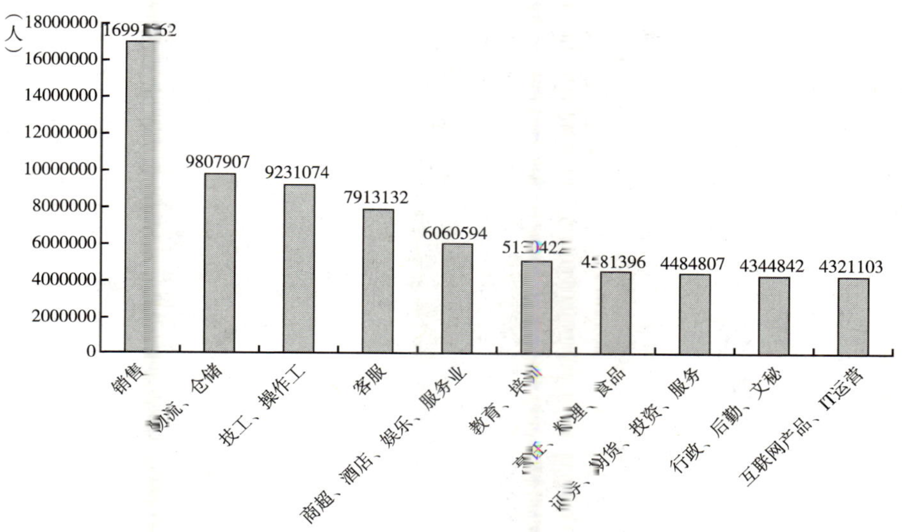

图10 需求人数最多的前10种职业

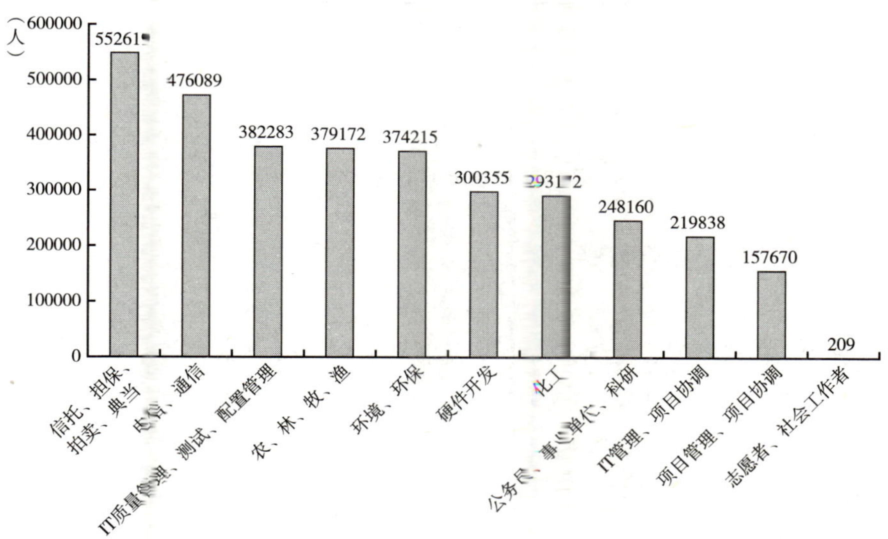

图11 需求人数最少的10种职业

（七）分学历需求情况

1. 分学历需求分布

2016 年 7 月至 2017 年 6 月，全国劳动力市场网络招聘需求中，无学历要求需求人数 65981005 人，高中及中专需求人数 21415976 人，高职、高专、大专需求人数 37611357 人，本科需求人数 13799951 人，硕士研究生需求人数 498347 人，博士研究生需求人数 44118 人，其他需求人数 15361389 人。由图 12 可知，我国劳动力市场对高学历人才的需求仍比较少。

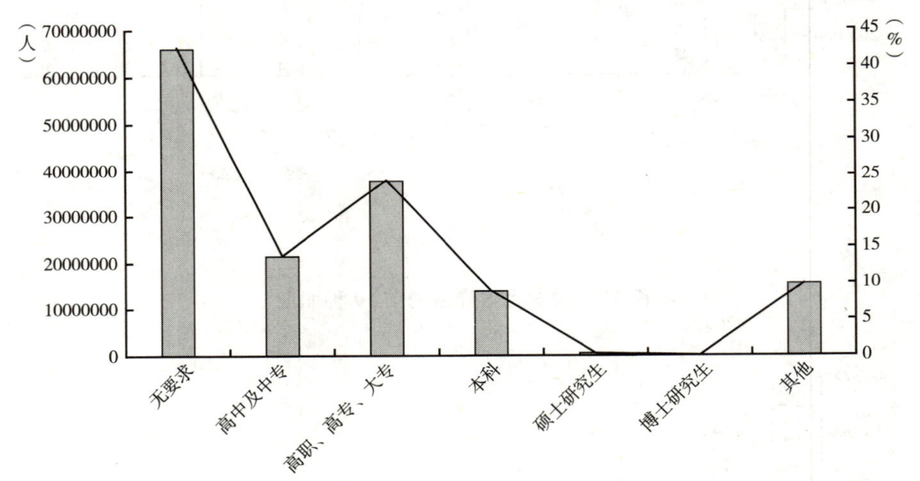

图 12　各学历类型需求分布

2. 各地区分学历需求分布

（1）北京

分学历需求情况，其中，高中及以下需求 998341 人，高职、高专、大专需求 2787095 人，本科需求 1949379 人，硕士研究生需求 117458 人，博士研究生需求 6281 人，各学历所占比重分别为 17.04%、47.57%、33.27%、2.00%、0.11%（见图 13）。

（2）上海

分学历需求情况，高中及以下需求 1199309 人，高职、高专、大专需求

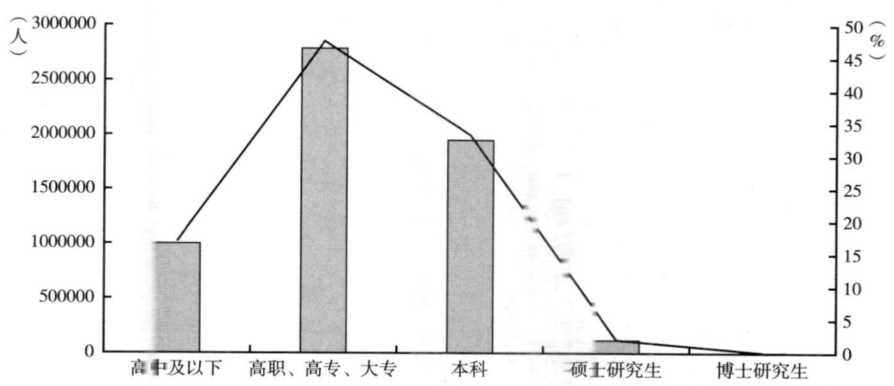

图 13　北京市各学历类型需求分布

2312167 人，本科需求 1300969 人，硕士研究生需求 63101 人，博士研究生需求 4804 人，各学历所占比重分别为 24.57%、47.38%、26.66%、1.29%、0.10%（见图 14）。

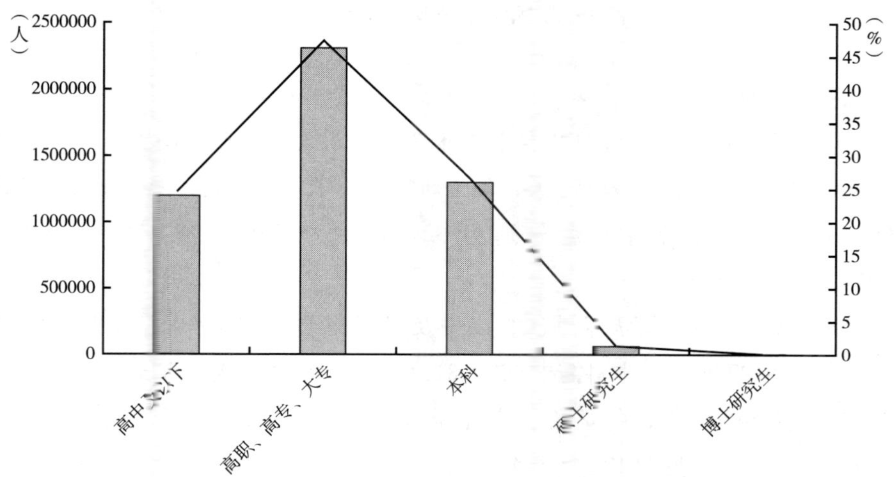

图 14　上海市各学历类型需求分布

（3）广州

分学历需求情况，高中及以下需求 1143[illegible]6 人，高职、高专、大专需求

1637983 人，本科需求 556674 人，硕士研究生需求 18330 人，博士研究生需求 1480 人，各学历所占比重分别为 34.05%、48.78%、16.58%、0.55%、0.04%（见图 15）。

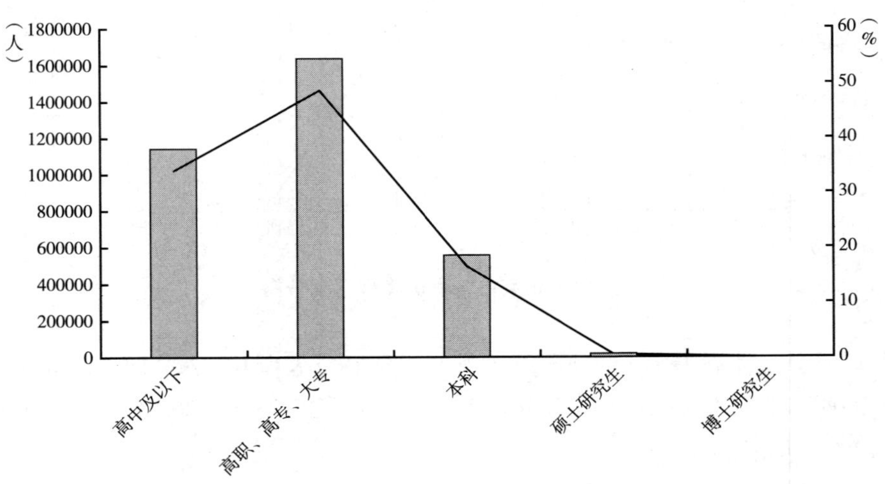

图 15　广州市各学历类型需求分布

（4）深圳

分学历需求情况，高中及以下需求 1402920 人，高职、高专、大专需求 2082460 人，本科需求 791458 人，硕士研究生需求 29794 人，博士研究生需求 1996 人，各学历所占比重分别为 32.56%、48.33%、18.37%、0.69%、0.05%（见图 16）。

新一线城市分学历需求情况，高中及以下需求 4743887 人，高职、高专、大专需求 8819707 人，本科需求 4598481 人，硕士研究生需求 228683 人，博士研究生需求 14561 人，各学历所占比重分别为 25.77%、47.92%、24.98%、1.24%、0.08%（见图 17）。

（八）分工作经验要求需求情况

2016 年 7 月至 2017 年 6 月，网络招聘需求对工作经验要求情况，其中应届毕业生需求 15268414 人，工作经验要求不限 101857214 人，1 年以内 2201352 人，

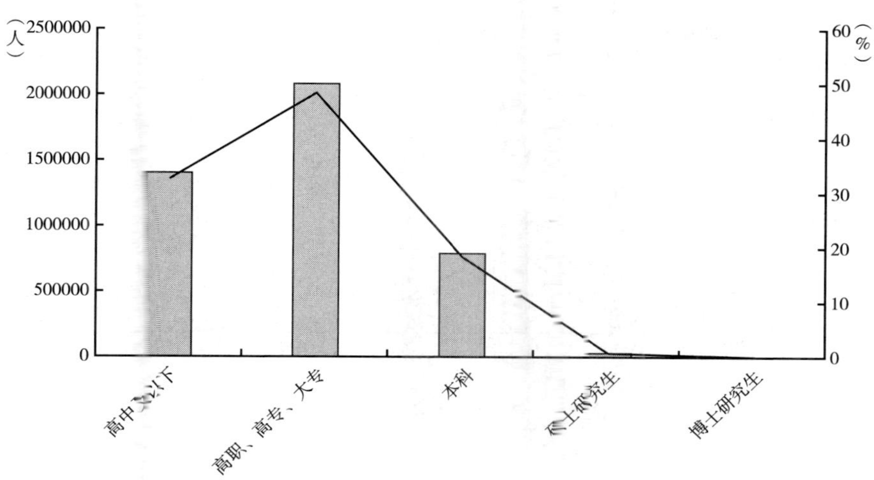

图 16　深圳市各学历类型需求分布

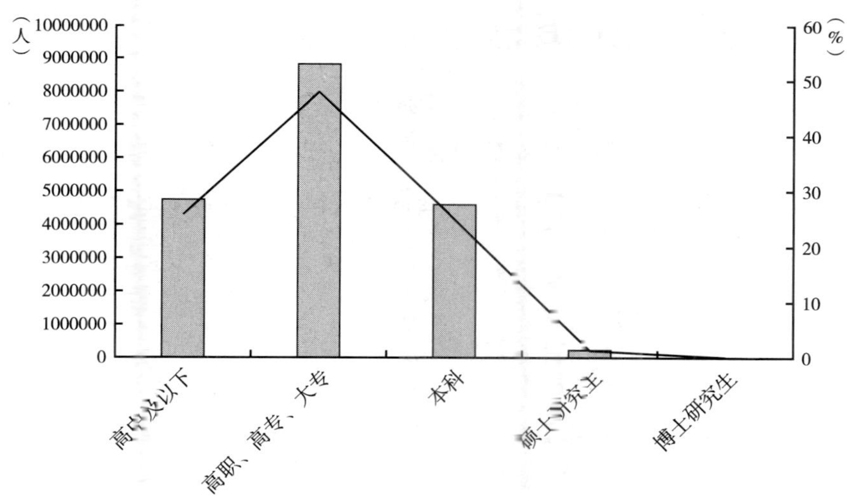

图 17　新一线城市各学历类型需求分布

1～3 年需求 32[illegible]95364 人，3～5 年需求 12548012 人，5～10 年需求 4704278 人，10 年以上需求 605923 人（见图 18）。

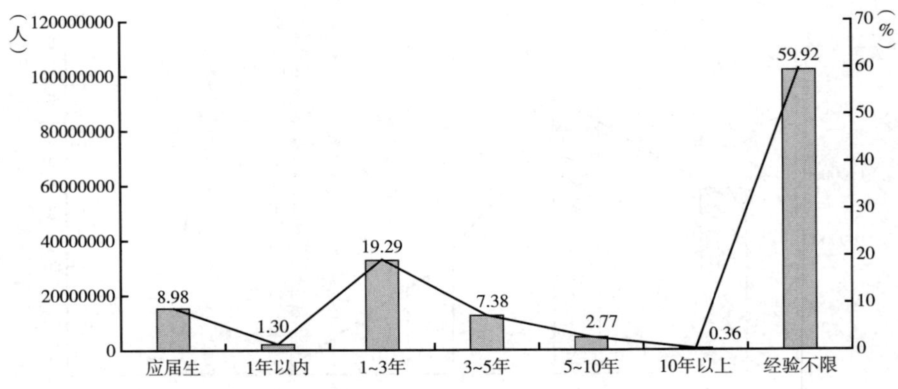

图 18　分工作经验要求需求分布

三　全国劳动力市场薪酬状况

（一）全国劳动力市场网络招聘岗位薪酬均值

2016 年 7 月至 2017 年 6 月，全国所有网络招聘岗位薪酬月均值为 5527 元。我们的计算方法是仅对公布薪酬的岗位进行计算，在计算时对不同工作经验要求的岗位数、不同省份的岗位数进行加权，再计算薪酬上下限的算术平均值。

（二）分地区薪酬

2016 年 7 月至 2017 年 6 月，北京所有岗位薪酬月均值 7042 元，居全国首位。上海所有岗位薪酬月均值 6849 元，居第二位。第 3 ~5 位依次为广东、浙江、江苏，薪酬月均值依次为 5992 元、5693 元、5488 元。位居最后 5 位的分别为吉林、辽宁、宁夏、广西、山西，薪酬月均值依次为 4696 元、4621 元、4608 元、4420 元、4419 元（见表 3）。

（三）分行业薪酬

2016 年 7 月至 2017 年 6 月，银行业所有岗位薪酬月均值 11269 元，居全

表 3　全国各省份网络招聘岗位薪酬月均值分布

单位：元

省　份	薪酬均值	省　份	薪酬均值
北　京	7042	山　东	5003
上　海	6849	江　西	4876
广　东	5992	海　南	4824
浙　江	5693	甘　肃	4821
江　苏	5488	黑龙江	4821
四　川	5417	云　南	4771
湖　北	5417	河　北	4763
西　藏	5375	青　海	4752
重　庆	5367	内蒙古	4727
河　南	5338	陕　西	4710
新　疆	5233	吉　林	4696
福　建	5202	辽　宁	4621
安　徽	5140	宁　夏	4608
湖　南	5119	广　西	4420
天　津	5119	山　西	4419
贵　州	5034		

国各行业首位。保险业所有岗位薪酬月均值 10359 元，居第二位。第 3～5 位分别为信托/担保/拍卖/典当、游戏、基金/证券/期货/投资，薪酬均值分别为 9324 元、9048 元、8739 元。前 10 个行业薪酬月均值如图 19 所示，薪酬月均值排名后 10 位的行业如图 20 所示。

（四）分单位性质薪酬

2016 年 7 月至 2017 年 6 月，国有企业薪酬月均值最高，为 7047 元，其次为外资企业，为 6819 元，再次为民营企业，为 6150 元，第四为事业单位，为 6123 元，最后为党政机关，为 5986 元（见图 21）。

（五）分职业类型薪酬

2016 年 7 月至 2017 年 6 月，全国各职业类型薪酬中，软件、互联网、系统集成、开发等职业薪酬水平最高，月均值为 15198 元；其次为高级管理人

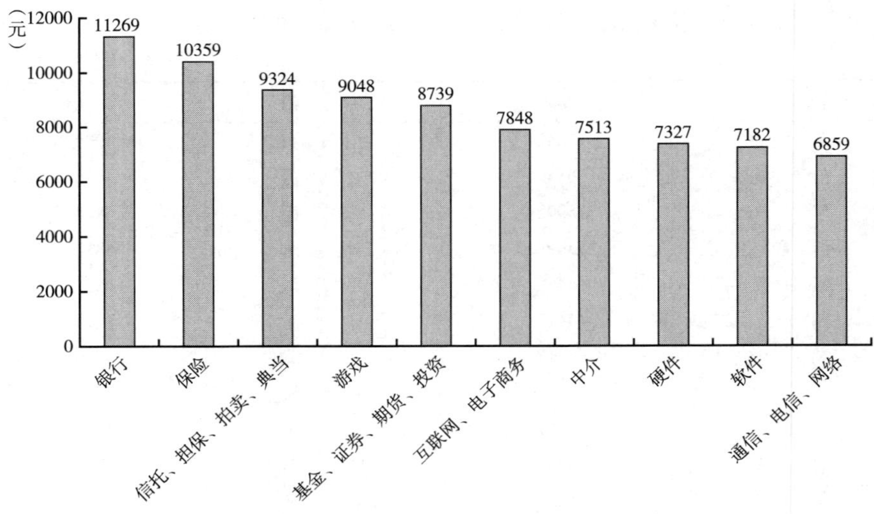

图 19　薪酬月均值排名前 10 的行业

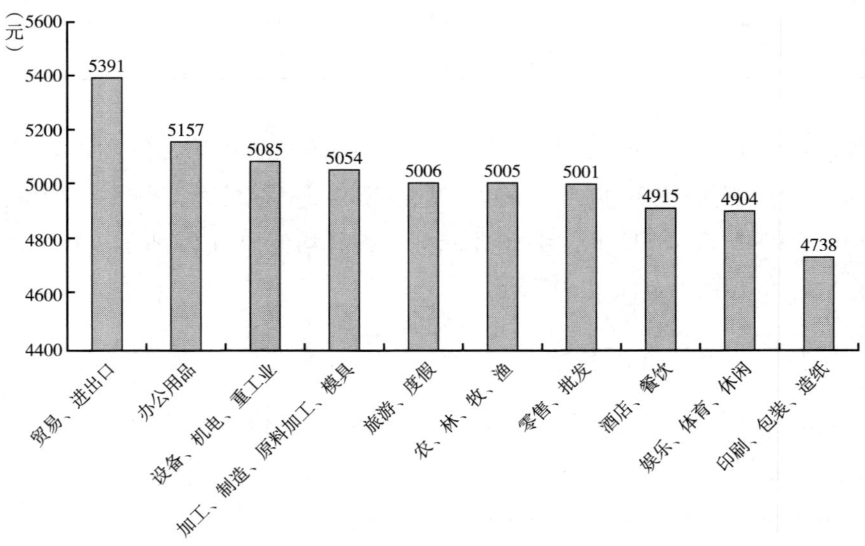

图 20　薪酬月均值排名后 10 的行业

员，月均值为 14972 元；证券、期货、投资、服务居第三位，为 13613 元。薪酬前 10 位职业如图 22 所示，薪酬后 10 位职业如图 23 所示。

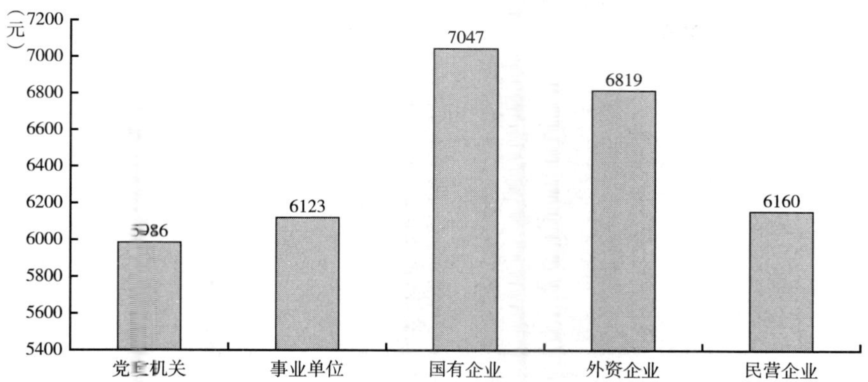

图 21　不同性质单位薪酬月均值

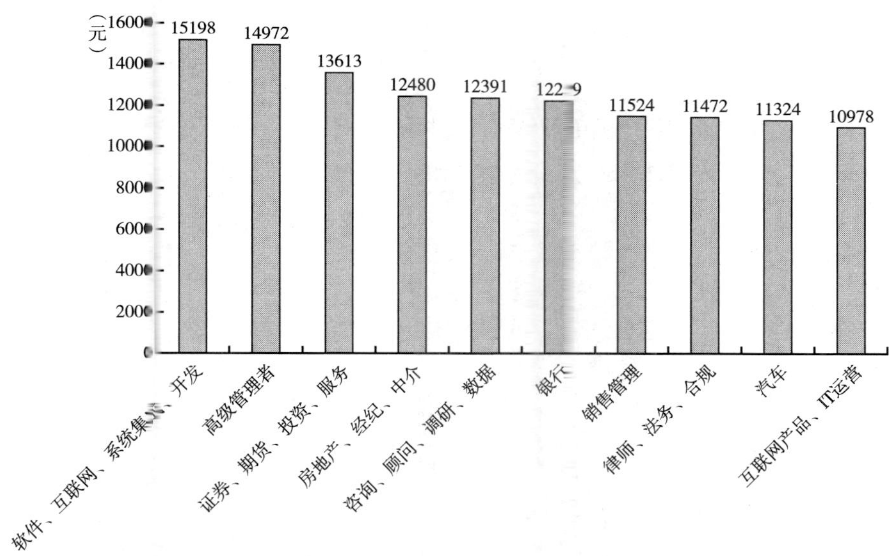

图 22　薪酬前 10 位职业分布

2016 年 7 月至 2017 年 6 月，各学历薪酬情况（对学历无要求的岗位排除在外，对各学历需求人数以及不同工作年限薪酬月均值做加权，再对薪酬上限和下限做算术平均），其中高中及以下薪酬月均值 5075 元，属最低水平；高

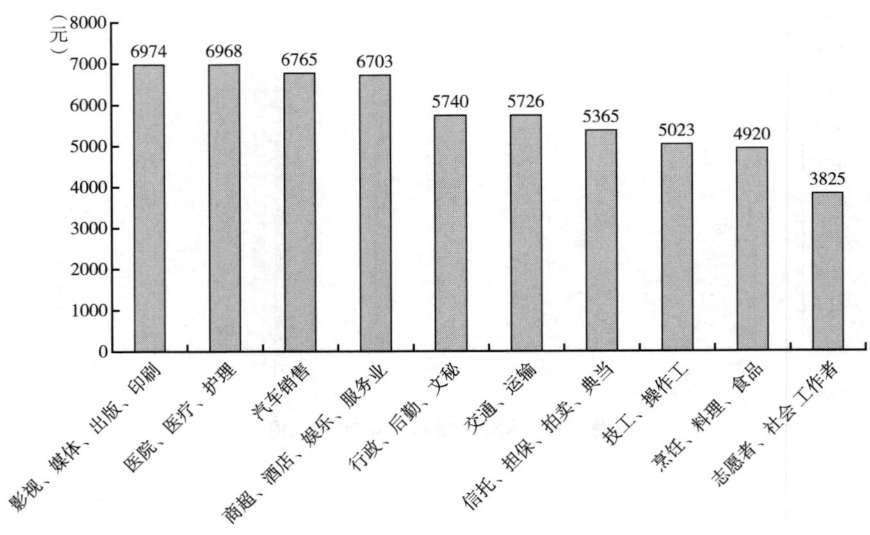

图 23　薪酬后 10 位职业分布

职、高专、大专薪酬月均值 7708 元，本科 11847 元，硕士研究生 16629 元；博士研究生薪酬均值 21159 元，为最高水平（见图 24）。

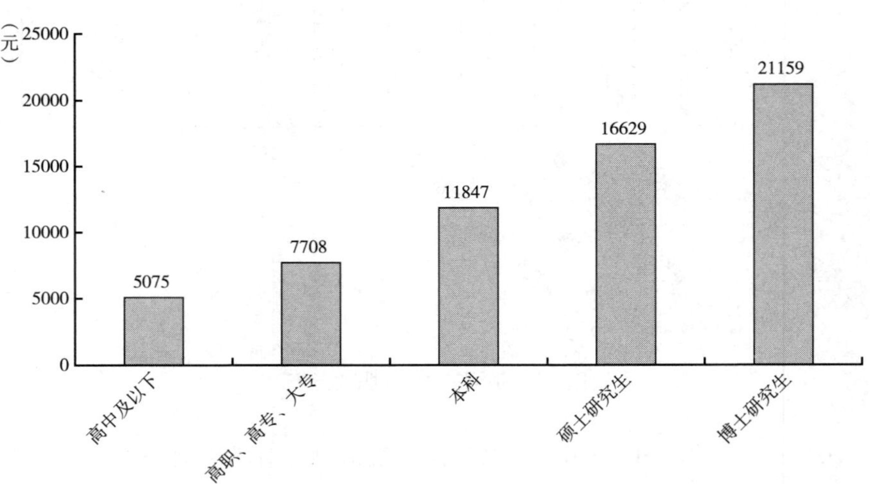

图 24　分学历薪酬分布

四　结论和需要进一步研究的议题

本报告依据的数据来自国内重要招聘网站、求职论坛、重点高校就业信息网站、重点企业职业信息平台等网络公开资源。随着互联网的发展，发布数据的平台不断增多，平台的开放性越来越强，从网络获取全国就业市场招聘信息的渠道更为广泛，收集到的数据更为完整，进行全国劳动力市场的大数据分析有了可能。但同时，我们也要看到，在数据发布平台增多、数据可获得性提高的同时，数据变得更为庞大和杂乱，对数据的处理变得更为复杂，数据的准确性还有待进一步提高。在收集整理全国劳动力市场数据的时候，我们不仅要从数据的完整性、数据的覆盖面着手，让大数据更加接近整体，同时还要进一步提高数据的准确性，要运用现代科学技术，去重去错，让数据更加接近真实状况。

2016 年 7 月至 2017 年 6 月，全国劳动力市场网络招聘需求人数超过 15471 万人。与全国 41428 万人的城镇就业人员（2016 年末统计）以及全国 77603 万人就业人员（2016 年末统计）相比，全国劳动力市场需求仍比较旺盛。但相关分析仍有待进一步细化，如需求人数中，有多少属于劳动力市场新增岗位数，有多少属于劳动力市场职业、行业转换导致的空缺数。目前，我们仍缺乏相关数据来分析全国劳动力市场的流量和增量，在网络招聘需求和经济增长（比如 GDP）之间建立一种强因果关系的努力仍面临困难。依据数据，我们仅仅可以谨慎地认为，目前我国劳动力市场流动率比较高。新增就业数据，可以用应届毕业生招聘数据作为补充。但有关应届毕业生招聘的详细需求情况，也有待完善。网络数据各式各样，部分数据并不完整，从而导致数据分析时产生差异。如在分析薪酬时，根据不同的分析角度，薪酬有一定差距。按照岗位所属地区来计算，薪酬月均值为 5527 元；按照行业来计算，薪酬月均值则为 6417 元；按照单位性质来计算，薪酬月均值则为 6547 元。薪酬差距由统计分析的岗位不同造成，如按照行业统计薪酬月均值时，把没有工作经验要求的岗位排除在外，这可能是薪酬月均值增高的重要原因。因为在汇总、整理数据时，网络公布的招聘数据不规则，没有工作经验要求的岗位没有公布薪酬，不包含此部分内容，导致无法统计造成。此外，对市场岗位的特性也有待做进一步细化分析，如岗位对人员的素质要求、年龄要求、性别要求等因素，因缺乏相关数据，未能对劳动力市场做更为精确的描述和分析。

经济发展形式的多样化，尤其是平台型经济的发展，导致就业形式的多样化，给劳动力市场分析带来新的挑战。随着知识经济、网络经济的不断发展，以及科技进步带来的空间之间快速的联系、位移，办公方式、办公手段的科技化，劳动力就业形式也在发生深刻的变化，多家雇用和自雇用、专职和兼职相结合的就业形式变得越来越普遍，使得劳动力市场分析需要考量更多的因素。

B.4
新就业：未来劳动世界刻画

郝建彬　吴清军*

摘　要： 当前，数字经济、人工智能、共享经济正加速全球经济重构。体验经济、服务经济将成为各国经济的主流。产业调整，将使传统岗位汰换，新产业、新岗位、新工作涌现。到 2020 年，中国经济增长也由“效率改善型”向“创新驱动型”转变。就业从“生产经济”下“标准化”向“消费经济、服务经济”下“个性化、多样化”转型。95 后、00 后将成为就业的主力人群，年轻人对就业的取向将呈现“自由、灵活、创意、体验”的特点。“数据”成为新的生产要素，“大平台 + 小前端”成为新的组织模式，平台型就业成为泛在工作方式。

关键词： 数字经济　新就业　平台型就业　组织重构

当前，人类正站在信息革命的十字路口。技术颠覆与社会经济、地缘政治以及人口学因素共同作用，创造出未来 5 年劳动力市场的强劲风暴。先前毫无关联的领域，比如人工智能和机器学习、机器人、纳米科技、3D 打印以及基因学和生物技术，都变得互为支撑、互相促进。在这种技术革命发生的同时，在更广阔的范围中，社会经济、地缘政治以及人口学方面也都有所发展。未来的世界，体验经济、服务经济将成为各国经济的主流。随着产业的调整和新产业的诞生，很多职业会经历重大转型。很多旧产业的岗位将会被汰换，伴随而

---

* 郝建彬，硕士，研究员，阿里研究院学术委员会秘书长兼就业研究中心主任，主要研究领域为网络创业与就业、电子商务与产业转型升级；吴清军，博士，中国人民大学劳动人事学院副教授，主要研究领域为共享经济、平台用工、劳动关系理论。

来的是新产业职位、工作的涌现。大部分产业中，不管是新职位还是旧职位，这些改革都会改变职位所需的技术，并转变人们的工作地点与方式，进而催生新的管理挑战和监管挑战。

到2020年，中国经济增长也将由“效率改善型”向“创新驱动型”转变。就业也相应从“生产经济”下“标准化”向“消费经济、服务经济”下“个性化、多样化”转型。就业组织方，也从“有限数量的公司”到“无限的从业者”转型；从业者，从工业经济下“千人一面”到“千人千面”转变。年龄结构，95后、00后将成为就业的主力人群，年轻人对于就业的取向将更加“自由、灵活、创意、体验”，而不仅仅定位于“谋生”。就业关注点也将会从“充分就业”转向“多样、灵活、自主”。

一　新就业的缘起

（一）数字革命带来新经济浮现

施瓦布在《第四次工业革命》一书中指出，我们正面临一场深刻的系统性革命。之所以如此下结论，他认为以信息技术和数字化为特征的第四次工业革命具有以往历史变革不同的特征。

第一，速度。和前几次工业革命不同，第四次工业革命呈现指数级而非线性的发展速度，这是因为我们目前生活在一个高度互联、包罗万象的世界，而且新技术也在不断催生更新、更强的技术。

第二，广度和深度。第四次工业革命建立在数字革命的基础之上，结合了各种各样的技术，这些技术正给我们的经济、商业、社会和个人带来前所未有的改变。它不仅改变着我们所做的事情和做事的方式，甚至在改变人类自身。

第三，系统性影响。第四次工业革命包含了国家、公司、行业之间以及整个社会所有体系的变革。并且，不同学科和发现成果之间的协同与整合变得更为普遍，不同技术相伴相生，催生出许多以前只能在科幻小说中才能看到的有形创新成果。

表 1 技术进步驱动因素的影响

驱动因素	显著性	时间跨度	定义
移动互联网和云技术	34%	2015～2017 年	移动互联网已在公共场所、商业中应用，促使出现了更多提供高效服务和增加工人生产力的机会；云计算，计算能力的零成本输入，快速普及互联网为基础的服务模型
计算能力和大数据进步	26%	2015～2017 年	技术进步要求在原有系统上增加能力，厘清创新产品产生的海量数据
物联网	14%	2015～2017 年	在工业设备和日常用品中使用 RFID、传感网等会产生大量数据，产生新模式，对系统进行重新设计
众包、共享经济和 P2P	12%	—	公司、个人可以通过共享平台完成之前只能通过大规模机构完成的事情
人工智能和机器学习	7%	2008～2012 年	让机器自动化完成以往认为不可能或不实用的知识工作者任务
先进制造和 3D 打印技术	6%	2015～2017 年	对全球供应链和产品网络有着深远影响，预示着新一波生产力的到来

资料来源：世界经济论坛《工作的未来》，2016。

（二）新经济的浮现

新经济是互联网与传统经济发生的化学反应。传统经济的场景：以厂商为中心、大规模生产同质化商品、广播式的大众营销、被动的消费。如果说工业经济在试图解决规模化的供给、需求的经济性问题，新经济则试图让碎片化的供给、需求的经济性成为可能，这在原有工业经济下是不可能、不经济的，传统经济是“以生产为中心”，而新经济是“以用户为中心”（用户真正做主），载体手段是“互联网＋”，实现方式是“数据驱动、生态协同”，通过将“原子”世界“比特化”（在线化），将线下的一个个行业“搬家”到线上，在这个过程中实现了几个维度的“重构”，一是供需重构，产销融合；二是供应链的整合，供应链被打散再造；三是商业模式创新，激发了新的需求和产品再造。

1. 新基础设施（云＋网＋端）

新基础设施可以概括为“云、网、端”三部分。“云”是指云计算、大数据基础设施。生产率的进一步提升，商业模式的创新，都有赖于对数据的利用

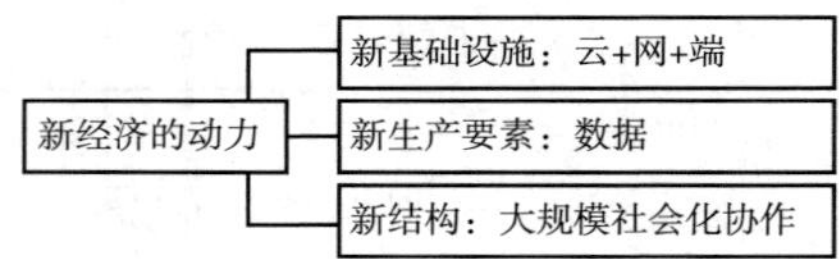

图 1　新经济的动力：三大源泉

资料来源：阿里研究院，2015。

能力，而云计算、大数据基础设施将为用户像用水、用电一样，便捷、低成本地使用计算资源打开方便之门。

2. 新生产要素：数据

从生产要素来看，数据将逐渐成为与土地、资本和劳动力同等重要甚至更为重要的生产要素。数据作为一种无形的、富于其他要素中的非独立要素，通过优化劳动力、资本等要素的结构和配置施加对生产力的影响。人类在信息技术上的不断突破，其本质都是在松绑数据的这种依附，最大限度地释放数据的流动和使用，并最终提升经济社会运行的效率。

3. 新结构：大规模社会化协作

新基础设施在各经济单元中的普遍安装，对协同效益产生了直接影响：信息成本大幅降低，在减少市场交易费用的同时，也降低了企业组织监督与管理的成本。这两方面共同作用的结果改变了组织结构的约束条件，从而改变了企业分工协同的多样化过程和形式。

网络协同、众包合作、组合式创新让大规模协作成为可能，同时对企业边界、生产组织体系、劳动雇佣关系产生强烈冲击。

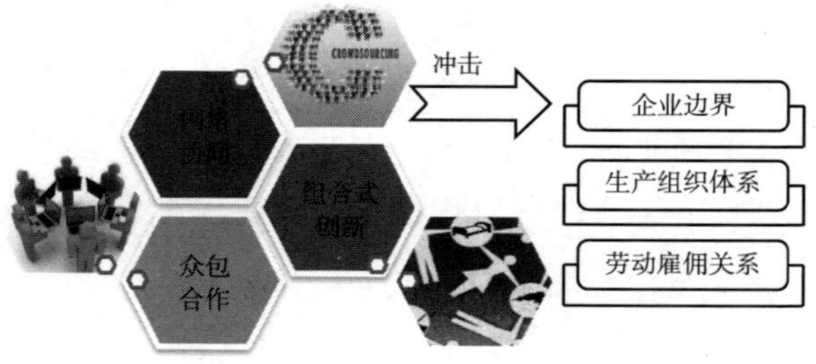

图 2　大规模协作：网络协同、众包合作、组合式创新

资料来源：阿里研究院，2015。

（三）新经济带来组织重构

从科层制走向平台化。在传统大工业生产时代，科层制组织作为最能配合企业大规模生产的最佳组织形态被广泛采用。科层制企业组织本质上来自福特主义兴起带来的僵硬的、固定行动的机器设计，具有工作职责专门化、管理权力等级化、行政规章制度化以及非人格化四大基本特征。但是在互联网时代，生产者与消费者之间的距离被进一步拉近，信息的流通和充分的市场竞争使得企业面对的是“复杂、多样”的消费者群体。

表 2　工业 – IT – DT 时代的“技术 – 经济”范式对比

	工业时代	第一次信息革命：IT 时代	第二次信息革命：DT 时代
代表性基础设施	电力、交通网络等	数据中心、数字通信网络开始发育	云计算、互联网、智能终端等
投入要素	资本、劳动力、土地等	“信息”开始体现价值	“数据”成为核心要素
代表性产业	汽车、钢铁、能源等	IT 产业，以及被 IT 化的各行业	DT 产业，被 DT 化的各产业，数据驱动的产业融合
核心商业主体	大企业主导，追求纵向一体化	大企业主导，由 IT 技术支撑起供应链协同	平台主导
新经济形态	规模经济，以产品为价值载体	范围经济，以服务和解决方案为价值载体	平台经济 + 共享经济
商业模式	B2C	大规模定制为最高形态	C2B
组织模式	泰勒制	传统金字塔体系受到冲击，各类管理理念盛行	云端制（大平台 + 小前端）
文化惯习	命令与控制	泰勒制松动	开放、分享、透明、责任

一是组织方式：平台化。“平台 + 多元应用”结构（或大平台 + 小前端），在不同企业中得以碎片化呈现，即不同程度的“后台标准化、统一化、模块化”与不同程度的“前台个性化”之间的组合。平台在这一体系中扮演了基础服务商、资源调度者的角色，如淘宝网向平台上的商家所提供的“信用体系、用户体系、商品体系、交易流程、计算能力、服务标准”等服务。而垂直市场、垂直应用或企业内部的前端员工与团队，则创造了灵活多样的产品和服务。这在很大程度上是因为，集成了技术模块或封装了商业流程模块的平台，

使平台上的协作得以简化。“大平台 + 小前端”的体系运转，呈现很强的灵活性，小前端走向小微化，乃至个人化，让无数具有“工匠精神”的小 C，其创意、创造、创新能力得到充分施展。

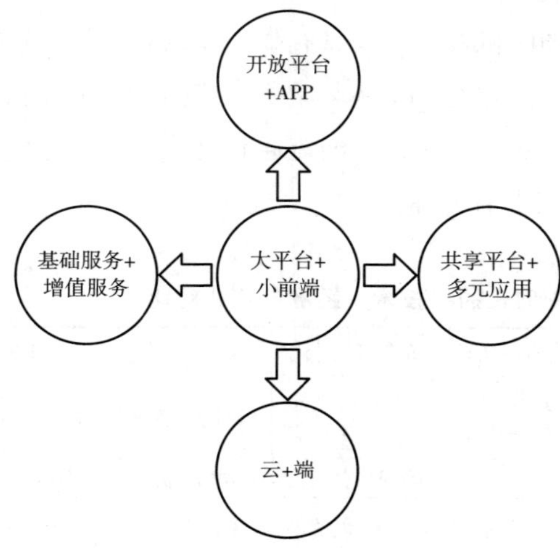

图 3　小前端、大平台、富生态示意

资料来源：阿里研究院，2014。

【案例】韩都衣舍：平台 + 小组制

韩都衣舍从 2006 年集团成立初的 300 万元销售额到 2015 年的 12.6 亿元，10 年时间实现了近 400 倍的裂变式增长。短短 10 年就培育出 31 个服装品牌，实现年开发服装产品超过 3 万款，成为全球年开发款数最多的服装企业之一。

韩都衣舍采取“基于产品小组制的单品全程运营体系”（IOSSP）组织。这样的弹性组织实现了对产品在设计、生产和流通销售中各个环节进行全程数据化跟踪，实现了针对每一款商品的精细化运营，是韩都衣舍的核心竞争力。每个小组内部自成一个比较完善的体系，作为基本的业务单元，各小组之间既互相支持、互相配合又存在一定的竞争关系，在最小的业务单元上实现了“责、权、利”的相对统一。韩都衣舍赋予了员工充分的参与权，有助于调动员工积极性，让员工充分发挥作用去全程监督与管理一个单品。

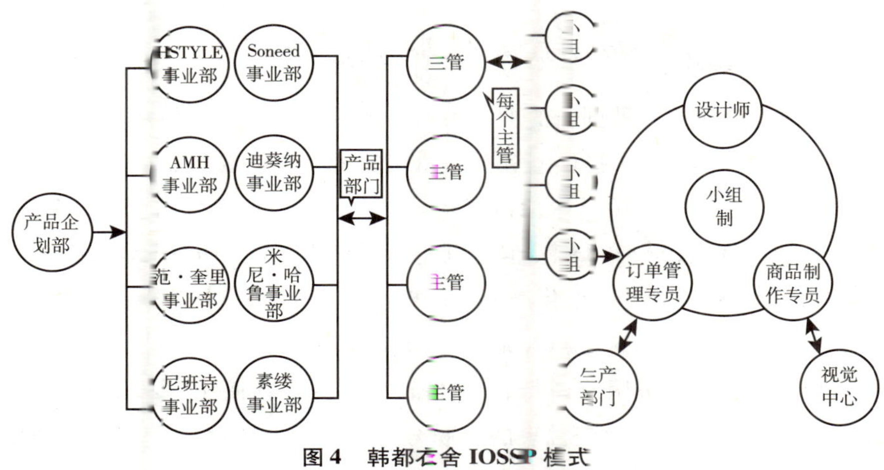

图4　韩都衣舍 IOSSP 模式

二是雇佣方式：弹性化。信息经济下，企业面临的竞争环境愈发激烈，市场需求出现个性化、多样化的趋势，这就要求企业组织必须以柔性化的结构来应对当前的动态环境，尤其是要改变人力资源管理模式，发展出人力资源弹性雇佣模式。这一模式的内涵可总结为工作地点弹性化、工作时间弹性化、工作内容弹性化、雇佣期限弹性化等四个方面。弹性化的人力资源雇佣模式有利于雇员灵活安排个人时间，有利于组织根据客观环境灵活调整人力资源策略，也有利于促进就业，为社会经济带来积极影响。

二　新就业观察与发现

（一）传统工作岗位在消失

在工业时代的早期，新技术应用大幅提高了劳动生产率，也一并改变了手工业时代工作的性质，雇佣劳动大量出现，流水线生产大量应用。然而，互联网时代带来的“新就业”呈现与传统就业完全不同的特点。大量以提供服务、智力产品为主要产出的企业并不要求其员工在固定工作场所开展工作，而是允许他们利用技术手段进行远程办公。在这种新的工作方式下，从业者和工作岗位的关系不再像传统产业模式下那样紧密结合，劳动报酬、工作时间和工作地点等内容的限定呈现更加灵活性和碎片化的特征。

（二）“1099经济”与创新劳动模式

硅谷创业公司的一种创新的劳动模式。1099 经济下，当你从这些公司中预定了一项服务，那个来提供服务并获得报酬的人不需要像正式员工一样报税，取而代之的是来自 1099 个承包商合同文件。这 1099 个公司里最著名的例子是汽车供应商如 Uber 和 Lyft，但这里还有很多其他的：Homejoy（家政领域的 Uber），Handy（手机租借服务），Postmates（在线按需快递服务），TaskRabbit（跑腿界的 Uber），DoorDash（外卖送餐服务）等。

简单来说，在经济困难时期，初创企业想要脱颖而出，不得不压缩开销。1099 合同工的模式比报税表的全职合约模式显著地降低了企业的花费，因为公司只需支付工人在提供服务那部分时间的钱，而不需要承担他们花费在午饭、闲聊和假期上的钱。因此，这些合同工也没有医疗福利和失业保险、工伤赔偿或者退休计划等福利。1099 经济使初创公司可以承担更低的花费和更少的责任，这就是 1099 经济能够快速发展的原因，但隐含新型劳动关系风险。

（三）互联网创业就业在增加

“互联网 +”带来的新经济为创新创业提供了更大的空间和高效途径，随着信息技术和互联网的迅猛发展，越来越多的创业者通过互联网开展创业活动。以互联网为载体的平台创业模式开始大力发展，为创业者挖掘商业机会提供了一个信息获取和沟通展示的平台，缩减了创业成本。

互联网给劳动力市场带来了更多的灵活性，互联网方式打破了劳动力的地理束缚。同时互联网通过改变对劳动需求的种类对整体就业有负面效应，这种负面效应在低技能员工身上可以体现出来，这些劳动者不能有效使用新技术，而这些信息密集岗位正在被更新的技术发明所取代。在美国，有学者研究在工作的岗位结构上，47% 的工作岗位正在面临被计算机化、互联网化替代。

但是大量实证研究都显示，互联网对就业的正面作用要大于其负面作用，有学者分行业进行研究表明互联网的应用（以宽带使用率衡量）对就业产生积极影响，也有学者通过研究美国各州的就业面板数据得出互联网对就业产生积极影响。美国的历史数据显示，每增长 10 亿美元的税收，核心的网络公司会增加 2329 个工作岗位，而非核心互联网公司则增加 1199 个工作岗位，大约是前者的一半。所以，互联网公司增加工作机会的能力远超传统企业①。

（四）平台型就业在浮现

各种互联网平台的出现，更是进一步推动这种趋势的发展，自由工作者群体规模日益扩大。在这个过程中，作为互动媒介并提供工作岗位的企业被称为平台型企业，早期的平台型企业有阿里巴巴、京东、亚马逊等；之后随着共享经济的兴起，Airbnb、Uber、滴滴等平台型企业陆续出现。与前期企业所不同的是，共享经济下的平台型企业不再单纯以买卖的方式进行交易往来，而是通过有偿分享私人资源而实现双赢，这种电子商务模式在实现个性化资源再利用的同时，也缔造了一种全新的工作模式——P2P 工作模式。在 P2P 工作模式中，平台型企业就是经济共享的平台，员工即为平台的一方使用者，员工对资源仍享有所有权，不再固定地与公司形成法律化雇佣关系，可以灵活安排自己的工作时间、工作地点，甚至选择是否工作。因此单从这点来看，P2P 工作模式更像是平台型就业者与用户建立联系的一种手段，为工业革命以来的传统雇佣关系带来颠覆性的革新。其优势在于自由、高效、低成本的工作模式增强了就业者的参与积极性。

三　未来的工作模式特征与发展建议

在信息和数字技术的推动下，未来的经济将进入全新的模式，即像目前很多学者所认为的那样，进入一种共享经济的形态。

（一）劳动力市场重塑

杰里米·里夫金（Jeremy Rifkin）在《零边际成本社会》一书中描述了未来经济发展的形态，即一种物联网、合作共享的新经济形态。协同共享的经济形态正在演变，有可能进一步降低边际成本，使之接近零。在这种协同共享的

① 中国人民大学劳动人事学院课题组、阿里研究院：《工作行为变革云上行——互联网经济对就业和用工行为的影响报告》，http：//www. aliresearch. com/blog/article/detail/id/20382. html。

经济形态中，工作将变得更加灵活，传统以雇用为基础的工作和就业模式将会发生巨大的改变，而灵活就业或按需工作在整个劳动力市场的比重将会越来越大。原来的生产，大多是以商品市场为向导来指导我们的生产，但是现在不一样了，是按照订单式的生产，所有工作的开端都直接来源于需求端。

（二）新就业四个显著特征

根据摩根大通研究院提出的“劳动型平台”概念和 Harris 与 Krueger 提出的“独立工人”概念，新就业与传统就业不同。

1. 工作与职业的边界模糊

互联网技术打破了职业和工作之间的界限。在传统的就业模式中，职业和工作是不可分割的，在正规部门就业，工作需要获得职业资格的准入与职业身份。

2. 工作与雇用的分离

但在共享经济下，通过互联网平台，工作和雇用并不是必然的关系，并且非雇用工作成为共享经济的主要就业形式。从业者可以自主决定是否上线运营，并决定自己的工作时间、工作强度和工作收入等，在工作中，拥有较高的工作自主性。

3. 劳动力供给与需求的即时对接

在这种模式下，劳动力不需要在劳动力市场中搜寻工作，强大的后台技术运算能够使需求和供给实现即时的点对点对接，从而使平台从业者找工作的成本为零，大幅降低了整个劳动力市场上工作搜寻与工作匹配的交易成本。

4. 无差别的就业机会

从就业的角度看，平台的开放性和包容性为就业者提供了公平的、无差别的就业机会（学历、年龄、性别、是否专职）。

（三）新就业的四大趋势

1. 平台型就业浮现，自然人成为市场的主体

“平台式就业”已经成为基本就业景观。传统的就业方式下，员工受雇于特定企业，通过企业与市场进行价值交换；而平台方式下，自然人通过虚拟账号就可以成为平台的服务方，与市场消费者连接，实现个人的市场价值。

社长致辞

蓦然回首，皮书的专业化历程已经走过了二十年。20年来从一个出版社的学术产品名称到媒体热词再到智库成果研创及传播平台，皮书以专业化为主线，进行了系列化、市场化、品牌化、数字化、国际化、平台化的运作，实现了跨越式的发展。特别是在党的十八大以后，以习近平总书记为核心的党中央高度重视新型智库建设，皮书也迎来了长足的发展，总品种达到600余种，经过专业评审机制、淘汰机制遴选，目前，每年稳定出版近400个品种。“皮书”已经成为中国新型智库建设的抓手，成为国际国内社会各界快速、便捷地了解真实中国的最佳窗口。

20年孜孜以求，“皮书”始终将自己的研究视野与经济社会发展中的前沿热点问题紧密相连。600个研究领域，3万多位分布于800余个研究机构的专家学者参与了研创写作。皮书数据库中共收录了15万篇专业报告，50余万张数据图表，合计30亿字，每年报告下载量近80万次。皮书为中国学术与社会发展实践的结合提供了一个激荡智力、传播思想的入口，皮书作者们用学术的话语、客观翔实的数据谱写出了中国故事壮丽的篇章。

20年跬步千里，“皮书”始终将自己的发展与时代赋予的使命与责任紧紧相连。每年百余场新闻发布会，10万余次中外媒体报道，中、英、俄、日、韩等12个语种共同出版。皮书所具有的凝聚力正在形成一种无形的力量，吸引着社会各界关注中国的发展，参与中国的发展，它是我们向世界传递中国声音、总结中国经验、争取中国国际话语权最主要的平台。

皮书这一系列成就的取得，得益于中国改革开放的伟大时代，离不开来自中国社会科学院、新闻出版广电总局、全国哲学社会科学规划办公室等主管部门的大力支持和帮助，也离不开皮书研创者和出版者的共同努力。他们与皮书的故事创造了皮书的历史，他们对皮书的拳拳之心将继续谱写皮书的未来！

现在，“皮书”品牌已经进入了快速成长的青壮年时期。全方位进行规范化管理，树立中国的学术出版标准；不断提升皮书的内容质量和影响力，搭建起中国智库产品和智库建设的交流服务平台和国际传播平台；发布各类皮书指数，并使之成为中国指数，让中国智库的声音响彻世界舞台，为人类的发展做出中国的贡献——这是皮书未来发展的图景。作为“皮书”这个概念的提出者，“皮书”从一般图书到系列图书和品牌图书，最终成为智库研究和社会科学应用对策研究的知识服务和成果推广平台这整个过程的操盘者，我相信，这也是每一位皮书人执着追求的目标。

“当代中国正经历着我国历史上最为广泛而深刻的社会变革，也正在进行着人类历史上最为宏大而独特的实践创新。这种前无古人的伟大实践，必将给理论创造、学术繁荣提供强大动力和广阔空间。”

在这个需要思想而且一定能够产生思想的时代，皮书的研创出版一定能创造出新的更大的辉煌！

社会科学文献出版社社长

中国社会学会秘书长

2017年11月

社会科学文献出版社简介

社会科学文献出版社（以下简称“社科文献出版社”）成立于1985年，是直属于中国社会科学院的人文社会科学学术出版机构。成立至今，社科文献出版社始终依托中国社会科学院和国内外人文社会科学界丰厚的学术出版和专家学者资源，坚持“创社科经典，出传世文献”的出版理念、“权威、前沿、原创”的产品定位以及学术成果和智库成果出版的专业化、数字化、国际化、市场化的经营道路。

社科文献出版社是中国新闻出版业转型与文化体制改革的先行者。积极探索文化体制改革的先进方向和现代企业经营决策机制，社科文献出版社先后荣获“全国文化体制改革工作先进单位”、中国出版政府奖·先进出版单位奖，中国社会科学院先进集体、全国科普工作先进集体等荣誉称号。多人次荣获“第十届韬奋出版奖”“全国新闻出版行业领军人才”“数字出版先进人物”“北京市新闻出版广电行业领军人才”等称号。

社科文献出版社是中国人文社会科学学术出版的大社名社，也是以皮书为代表的智库成果出版的专业强社。年出版图书2000余种，其中皮书400余种，出版新书字数5.5亿字，承印与发行中国社科院院属期刊72种，先后创立了皮书系列、列国志、中国史话、社科文献学术译库、社科文献学术文库、甲骨文书系等一大批既有学术影响又有市场价值的品牌，确立了在社会学、近代史、苏东问题研究等专业学科及领域出版的领先地位。图书多次荣获中国出版政府奖、“三个一百”原创图书出版工程、“五个‘一’工程奖”、“大众喜爱的50种图书”等奖项，在中央国家机关“强素质·做表率”读书活动中，入选图书品种数位居各大出版社之首。

社科文献出版社是中国学术出版规范与标准的倡议者与制定者，代表全国50多家出版社发起实施学术著作出版规范的倡议，承担学术著作规范国家标准的起草工作，率先编撰完成《皮书手册》对皮书品牌进行规范化管理，并在此基础上推出中国版芝加哥手册——《社科文献出版社学术出版手册》。

社科文献出版社是中国数字出版的引领者，拥有皮书数据库、列国志数据库、“一带一路”数据库、减贫数据库、集刊数据库等4大产品线11个数据库产品，机构用户达1300余家，海外用户百余家，荣获“数字出版转型示范单位”“新闻出版标准化先进单位”“专业数字内容资源知识服务模式试点企业标准化示范单位”等称号。

社科文献出版社是中国学术出版走出去的践行者。社科文献出版社海外图书出版与学术合作业务遍及全球40余个国家和地区，并于2016年成立俄罗斯分社，累计输出图书500余种，涉及近20个语种，累计获得国家社科基金中华学术外译项目资助76种、“丝路书香工程”项目资助60种、中国图书对外推广计划项目资助71种以及经典中国国际出版工程资助28种，被五部委联合认定为“2015-2016年度国家文化出口重点企业”。

如今，社科文献出版社完全靠自身积累拥有固定资产3.6亿元，年收入3亿元，设置了七大出版分社、六大专业部门，成立了皮书研究院和博士后科研工作站，培养了一支近400人的高素质与高效率的编辑、出版、营销和国际推广队伍，为未来成为学术出版的大社、名社、强社，成为文化体制改革与文化企业转型发展的排头兵奠定了坚实的基础。

宏观经济类

经济蓝皮书

2018 年中国经济形势分析与预测

李平 / 主编　2017 年 1 月出版　定价：89.00 元

◆　本书为总理基金项目，由著名经济学家李扬领衔，联合中国社会科学院等数十家科研机构、国家部委和高等院校的专家共同撰写，系统分析了 2017 年的中国经济形势并预测 2018 年中国经济运行情况。

城市蓝皮书

中国城市发展报告 No.11

潘家华　单菁菁 / 主编　2018 年 9 月出版　估价：99.00 元

◆　本书是由中国社会科学院城市发展与环境研究中心编著的，多角度、全方位地立体展示了中国城市的发展状况，并对中国城市的未来发展提出了许多建议。该书有强烈的时代感，对中国城市发展实践有重要的参考价值。

人口与劳动绿皮书

中国人口与劳动问题报告 No.19

张车伟 / 主编　2018 年 10 月出版　估价：99.00 元

◆　本书为中国社会科学院人口与劳动经济研究所主编的年度报告，对当前中国人口与劳动形势做了比较全面和系统的深入讨论，为研究中国人口与劳动问题提供了一个专业性的视角。

中国省域竞争力蓝皮书

中国省域经济综合竞争力发展报告（2017 ~ 2018）

李建平　李闽榕　高燕京 / 主编　2018 年 5 月出版　估价：198.00 元

◆　本书融多学科的理论为一体，深入追踪研究了省域经济发展与中国国家竞争力的内在关系，为提升中国省域经济综合竞争力提供有价值的决策依据。

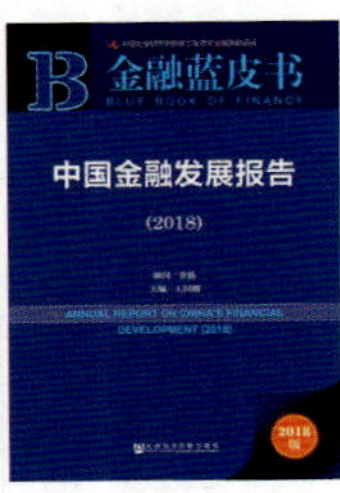

金融蓝皮书

中国金融发展报告（2018）

王国刚 / 主编　2018 年 6 月出版　估价：99.00 元

◆　本书由中国社会科学院金融研究所组织编写，概括和分析了 2017 年中国金融发展和运行中的各方面情况，研讨和评论了 2017 年发生的主要金融事件，有利于读者了解掌握 2017 年中国的金融状况，把握 2018 年中国金融的走势。

区域经济类

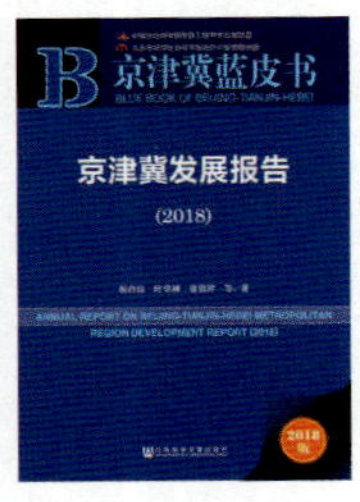

京津冀蓝皮书

京津冀发展报告（2018）

祝合良　叶堂林　张贵祥 / 等著　2018 年 6 月出版　估价：99.00 元

◆　本书遵循问题导向与目标导向相结合、统计数据分析与大数据分析相结合、纵向分析和长期监测与结构分析和综合监测相结合等原则，对京津冀协同发展新形势与新进展进行测度与评价。

社 会 政 法 类

社会蓝皮书

2018 年中国社会形势分析与预测

李培林　陈光金　张翼 / 主编　2017 年 12 月出版　定价：89.00 元

◆　本书由中国社会科学院社会学研究所组织研究机构专家、高校学者和政府研究人员撰写，聚焦当下社会热点，对 2017 年中国社会发展的各个方面内容进行了权威解读，同时对 2018 年社会形势发展趋势进行了预测。

法治蓝皮书

中国法治发展报告 No.16（2018）

李林　田禾 / 主编　2018 年 3 月出版　定价：128.00 元

◆　本年度法治蓝皮书回顾总结了 2017 年度中国法治发展取得的成就和存在的不足，对中国政府、司法、检务透明度进行了跟踪调研，并对 2018 年中国法治发展形势进行了预测和展望。

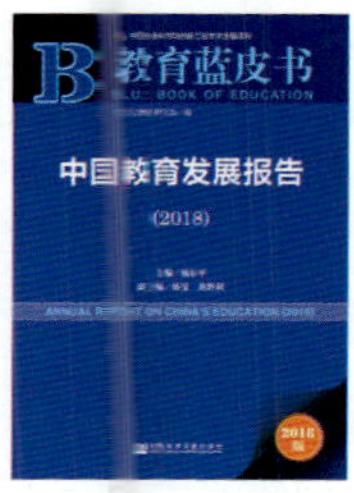

教育蓝皮书

中国教育发展报告（2018）

杨东平 / 主编　2018 年 3 月出版　定价：89.00 元

◆　本书重点关注了 2017 年教育领域的热点，资料翔实，分析有据，既有专题研究，又有实践案例，从多角度对 2017 年教育改革和实践进行了分析和研究。

社会体制蓝皮书

中国社会体制改革报告 No.6（2018）

龚维斌 / 主编　2018 年 3 月出版　定价：98.00 元

◆　本书由国家行政学院社会治理研究中心和北京师范大学中国社会管理研究院共同组织编写，主要对 2017 年社会体制改革情况进行回顾和总结，对 2018 年的改革走向进行分析，提出相关政策建议。

社会心态蓝皮书

中国社会心态研究报告（2018）

王俊秀　杨宜音 / 主编　2018 年 12 月出版　估价：99.00 元

◆　本书是中国社会科学院社会学研究所社会心理研究中心“社会心态蓝皮书课题组”的年度研究成果，运用社会心理学、社会学、经济学、传播学等多种学科的方法进行了调查和研究，对于目前中国社会心态状况有较广泛和深入的揭示。

华侨华人蓝皮书

华侨华人研究报告（2018）

贾益民 / 主编　2017 年 12 月出版　估价：139.00 元

◆　本书关注华侨华人生产与生活的方方面面。华侨华人是中国建设 21 世纪海上丝绸之路的重要中介者、推动者和参与者。本书旨在全面调研华侨华人，提供最新涉侨动态、理论研究成果和政策建议。

民族发展蓝皮书

中国民族发展报告（2018）

王延中 / 主编　2018 年 10 月出版　估价：188.00 元

◆　本书从民族学人类学视角，研究近年来少数民族和民族地区的发展情况，展示民族地区经济、政治、文化、社会和生态文明“五位一体”建设取得的辉煌成就和面临的困难挑战，为深刻理解中央民族工作会议精神、加快民族地区全面建成小康社会进程提供了实证材料。

产业经济类

房地产蓝皮书

中国房地产发展报告 No.15（2018）

李春华　王业强 / 主编　2018 年 5 月出版　估价：99.00 元

◆　2018 年《房地产蓝皮书》持续追踪中国房地产市场最新动态，深度剖析市场热点，展望 2018 年发展趋势，积极谋划应对策略。对 2017 年房地产市场的发展态势进行全面、综合的分析。

新能源汽车蓝皮书

中国新能源汽车产业发展报告（2018）

中国汽车技术研究中心　日产（中国）投资有限公司

东风汽车有限公司 / 编著　2018 年 8 月出版　估价：99.00 元

◆　本书对中国 2017 年新能源汽车产业发展进行了全面系统的分析，并介绍了国外的发展经验。有助于相关机构、行业和社会公众等了解中国新能源汽车产业发展的最新动态，为政府部门出台新能源汽车产业相关政策法规、企业制定相关战略规划，提供必要的借鉴和参考。

行业及其他类

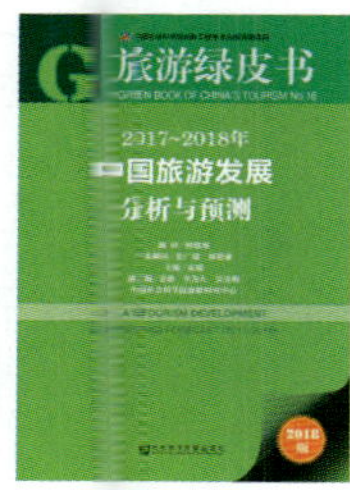

旅游绿皮书

2017 ~ 2018 年中国旅游发展分析与预测

中国社会科学院旅游研究中心 / 编　2018 年 1 月出版　定价：99.00 元

◆　本书从政策、产业、市场、社会等多个角度勾画出 2017 年中国旅游发展全貌，剖析了其中的热点和核心问题，并就未来发展作出预测。

民营医院蓝皮书

中国民营医院发展报告（2018）

薛晓林 / 主编　2018 年 11 月出版　估价：99.00 元

◆　本书在梳理国家对社会办医的各种利好政策的前提下，对我国民营医疗发展现状、我国民营医院竞争力进行了分析，并结合我国医疗体制改革对民营医院的发展趋势、发展策略、战略规划等方面进行了预估。

会展蓝皮书

中外会展业动态评估研究报告（2018）

张敏 / 主编　2018 年 12 月出版　估价：99.00 元

◆　本书回顾了 2017 年的会展业发展动态，结合“供给侧改革”、“互联网 +”、“绿色经济”的新形势分析了我国展会的行业现状，并介绍了国外的发展经验，有助于行业和社会了解最新的展会业动态。

中国上市公司蓝皮书

中国上市公司发展报告（2018）

张平　王宏淼 / 主编　2018 年 9 月出版　估价：99.00 元

◆　本书由中国社会科学院上市公司研究中心组织编写的，着力于全面、真实、客观反映当前中国上市公司财务状况和价值评估的综合性年度报告。本书详尽分析了 2017 年中国上市公司情况，特别是现实中暴露出的制度性、基础性问题，并对资本市场改革进行了探讨。

工业和信息化蓝皮书

人工智能发展报告（2017 ~ 2018）

尹丽波 / 主编　2018 年 6 月出版　估价：99.00 元

◆　本书国家工业信息安全发展研究中心在对 2017 年全球人工智能技术和产业进行全面跟踪研究基础上形成的研究报告。该报告内容翔实、视角独特，具有较强的产业发展前瞻性和预测性，可为相关主管部门、行业协会、企业等全面了解人工智能发展形势以及进行科学决策提供参考。

国际问题与全球治理类

世界经济黄皮书

2018年世界经济形势分析与预测

张宇燕 / 主编　2018年1月出版　定价：99.00元

◆　本书由中国社会科学院世界经济与政治研究所的研究团队撰写，分总论、国别与地区、专题、热点、世界经济统计与预测等五个部分，对2018年世界经济形势进行了分析。

国际城市蓝皮书

国际城市发展报告（2018）

屠启宇 / 主编　2018年2月出版　定价：89.00元

◆　本书作者以上海社会科学院从事国际城市研究的学者团队为核心，汇集同济大学、华东师范大学、复旦大学、上海交通大学、南京大学、浙江大学相关城市研究专业学者。立足动态跟踪介绍国际城市发展时间中，最新出现的重大战略、重大理念、重大项目、重大报告和最佳案例。

非洲黄皮书

非洲发展报告 No.20（2017～2018）

张宏明 / 主编　2018年7月出版　估价：99.00元

◆　本书是由中国社会科学院西亚非洲研究所组织编撰的非洲形势年度报告，比较全面、系统地分析了2017年非洲政治形势和热点问题，探讨了非洲经济形势和市场走向，剖析了大国对非洲关系的新动向。此外，还介绍了国内非洲研究的新成果。

国别类

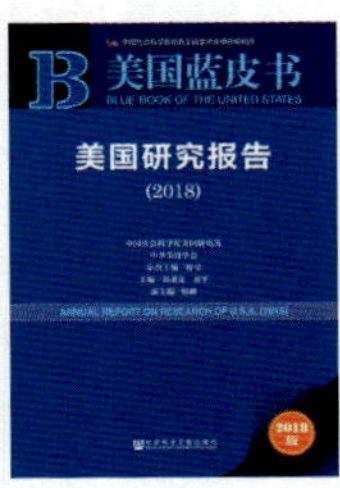

美国蓝皮书

美国研究报告（2018）

郑秉文　黄平 / 主编　2018 年 5 月出版　估价：99.00 元

◆　本书是由中国社会科学院美国研究所主持完成的研究成果，它回顾了美国 2017 年的经济、政治形势与外交战略，对美国内政外交发生的重大事件及重要政策进行了较为全面的回顾和梳理。

德国蓝皮书

德国发展报告（2018）

郑春荣 / 主编　2018 年 6 月出版　估价：99.00 元

◆　本报告由同济大学德国研究所组织编撰，由该领域的专家学者对德国的政治、经济、社会文化、外交等方面的形势发展情况，进行全面的阐述与分析。

俄罗斯黄皮书

俄罗斯发展报告（2018）

李永全 / 编著　2018 年 6 月出版　估价：99.00 元

◆　本书系统介绍了 2017 年俄罗斯经济政治情况，并对 2016 年该地区发生的焦点、热点问题进行了分析与回顾；在此基础上，对该地区 2018 年的发展前景进行了预测。

文化传媒类

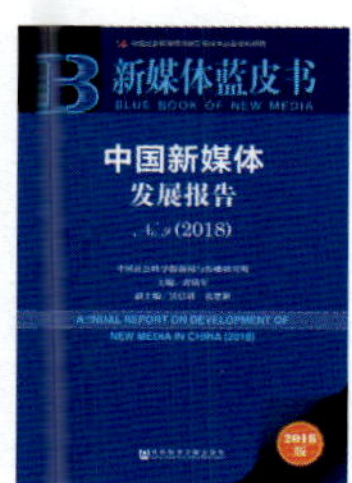

新媒体蓝皮书

中国新媒体发展报告 No.9（2018）

唐绪军 / 主编　2018 年 6 月出版　估价：99.00 元

◆　本书是由中国社会科学院新闻与传播研究所组织编写的关于新媒体发展的最新年度报告，旨在全面分析中国新媒体的发展现状，解读新媒体的发展趋势，探析新媒体的深刻影响。

移动互联网蓝皮书

中国移动互联网发展报告（2018）

余清楚 / 主编　2018 年 6 月出版　估价：99.00 元

◆　本书着眼于对 2017 年度中国移动互联网的发展情况做深入解析，对未来发展趋势进行预测，力求从不同视角、不同层面全面剖析中国移动互联网发展的现状、年度突破及热点趋势等。

文化蓝皮书

中国文化消费需求景气评价报告（2018）

王亚南 / 主编　2018 年 3 月出版　定价：99.00 元

◆　本书首创全国文化发展量化检测评价体系，也是至今全国唯一的文化民生量化检测评价体系，对于检验全国及各地 " 以人民为中心 " 的文化发展具有首创意义。

地方发展类

北京蓝皮书

北京经济发展报告（2017 ~ 2018）

杨松 / 主编　2018 年 6 月出版　估价：99.00 元

◆　本书对 2017 年北京市经济发展的整体形势进行了系统性的分析与回顾，并对 2018 年经济形势走势进行了预测与研判，聚焦北京市经济社会发展中的全局性、战略性和关键领域的重点问题，运用定量和定性分析相结合的方法，对北京市经济社会发展的现状、问题、成因进行了深入分析，提出了可操作性的对策建议。

温州蓝皮书

2018 年温州经济社会形势分析与预测

蒋儒标　王春光　金浩 / 主编　2018 年 6 月出版　估价：99.00 元

◆　本书是中共温州市委党校和中国社会科学院社会学研究所合作推出的第十一本温州蓝皮书，由来自党校、政府部门、科研机构、高校的专家、学者共同撰写的 2017 年温州区域发展形势的最新研究成果。

黑龙江蓝皮书

黑龙江社会发展报告（2018）

王爱丽 / 主编　2018 年 1 月出版　定价：89.00 元

◆　本书以千份随机抽样问卷调查和专题研究为依据，运用社会学理论框架和分析方法，从专家和学者的独特视角，对 2017 年黑龙江省关系民生的问题进行广泛的调研与分析，并对 2017 年黑龙江省诸多社会热点和焦点问题进行了有益的探索。这些研究不仅可以为政府部门更加全面深入了解省情、科学制定决策提供智力支持，同时也可以为广大读者认识、了解、关注黑龙江社会发展提供理性思考。

宏观经济类

城市蓝皮书
中国城市发展报告（No.11）
著(编)者：潘家华 单菁菁
2018年9月出版 / 估价：99.00元
PSN B-2007-091-1/1

城乡一体化蓝皮书
中国城乡一体化发展报告（2018）
著(编)者：付崇兰
2018年[illegible]月出版 / 估价：99.00元
PSN B-2011-226-1/2

城镇化蓝皮书
中国新型城镇化健康发展报告（2018）
著(编)者：张占斌
2018年8月出版 / 估价：99.00元
PSN B-2014-396-1/1

创新蓝皮书
创新型国家建设报告（2018～2019）
著(编)者：詹正茂
2018年12月出版 / 估价：99.00元
PSN B-2009-140-1/1

低碳发展蓝皮书
中国低碳发展报告（2018）
著(编)者：张希良 齐晔
2018年[illegible]月出版 / 估价：99.00元
PSN B-2011-223-1/1

低碳经济蓝皮书
中国低碳经济发展报告（2018）
著(编)者：薛进军 赵忠秀
2018年[illegible]月出版 / 估价：99.00元
PSN B-2011-194-1/1

发展和改革蓝皮书
中国经济发展和体制改革报告No.9
著(编)者：邹东涛 王再文
2018年[illegible]月出版 / 估价：99.00元
PSN B-2008-122-1/1

国家创新蓝皮书
中国创新发展报告（2017）
著(编)者：陈劲　2018年5月出版 / 估价：99.00元
PSN B-2014-370-1/1

金融蓝皮书
中国金融发展报告（2018）
著(编)者：王国刚
2018年6月出版 / 估价：99.00元
PSN B-2004-031-1/7

经济蓝皮书
2018年中国经济形势分析与预测
著(编)者：李平　2017年12月出版 / 定价：89.00元
PSN B-1996-001-1/1

经济蓝皮书春季号
2018年中国经济前景分析
著(编)者：李扬　2018年5月出版 / 估价：99.00元
PSN B-1999-008-1/1

经济蓝皮书夏季号
中国经济增长报告（2017～2018）
著(编)者：李扬　2018年9月出版 / 估价：99.00元
PSN B-2010-176-1/1

农村绿皮书
中国农村经济形势分析与预测（2017～2018）
著(编)者：魏后凯 黄秉信
2018年4月出版 / 定价：99.00元
PSN G-1998-003-1/1

人口与劳动绿皮书
中国人口与劳动问题报告No.19
著(编)者：张车伟　2018年11月出版 / 估价：99.00元
PSN G-2000-012-1/1

新型城镇化蓝皮书
新型城镇化发展报告（2017）
著(编)者：李伟 宋敏
2018年3月出版 / 定价：98.00元
PSN B-2005-038-1/1

中国省域竞争力蓝皮书
中国省域经济综合竞争力发展报告（2016～2017）
著(编)者：李建平 李闽榕
2018年2月出版 / 定价：198.00元
PSN B-2007-088-1/1

中小城市绿皮书
中国中小城市发展报告（2018）
著(编)者：中国城市经济学会中小城市经济发展委员会
中国城镇化促进会中小城市发展委员会
《中国中小城市发展报告》编纂委员会
中小城市发展战略研究院
2018年11月出版 / 估价：128.00元
PSN G-2010-161-1/1

区域经济类

东北蓝皮书
中国东北地区发展报告（2018）
著(编)者：姜晓秋　2018年11月出版 / 估价：99.00元
PSN B-2006-067-1/1

金融蓝皮书
中国金融中心发展报告（2017~2018）
著(编)者：王力 黄育华　2018年11月出版 / 估价：99.00元
PSN B-2011-186-6/7

京津冀蓝皮书
京津冀发展报告（2018）
著(编)者：祝合良 叶堂林 张贵祥
2018年6月出版 / 估价：99.00元
PSN B-2012-262-1/1

西北蓝皮书
中国西北发展报告（2018）
著(编)者：王福生 马廷旭 董秋生
2018年1月出版 / 定价：99.00元
PSN B-2012-261-1/1

西部蓝皮书
中国西部发展报告（2018）
著(编)者：璋勇 任保平　2018年8月出版 / 估价：99.00元
PSN B-2005-039-1/1

长江经济带产业蓝皮书
长江经济带产业发展报告（2018）
著(编)者：吴传清　2018年11月出版 / 估价：128.00元
PSN B-2017-666-1/1

长江经济带蓝皮书
长江经济带发展报告（2017~2018）
著(编)者：王振　2018年11月出版 / 估价：99.00元
PSN B-2016-575-1/1

长江中游城市群蓝皮书
长江中游城市群新型城镇化与产业协同发展报告（2018）
著(编)者：杨刚强　2018年11月出版 / 估价：99.00元
PSN B-2016-578-1/1

长三角蓝皮书
2017年创新融合发展的长三角
著(编)者：刘飞跃　2018年5月出版 / 估价：99.00元
PSN B-2005-038-1/1

长株潭城市群蓝皮书
长株潭城市群发展报告（2017）
著(编)者：张萍 朱有志　2018年6月出版 / 估价：99.00元
PSN B-2008-109-1/1

特色小镇蓝皮书
特色小镇智慧运营报告（2018）：顶层设计与智慧架构标准
著(编)者：陈劲　2018年1月出版 / 定价：79.00元
PSN B-2018-692-1/1

中部竞争力蓝皮书
中国中部经济社会竞争力报告（2018）
著(编)者：教育部人文社会科学重点研究基地南昌大学中国中部经济社会发展研究中心
2018年12月出版 / 估价：99.00元
PSN B-2012-276-1/1

中部蓝皮书
中国中部地区发展报告（2018）
著(编)者：宋亚平　2018年12月出版 / 估价：99.00元
PSN B-2007-089-1/1

区域蓝皮书
中国区域经济发展报告（2017~2018）
著(编)者：赵弘　2018年5月出版 / 估价：99.00元
PSN B-2004-034-1/1

中三角蓝皮书
长江中游城市群发展报告（2018）
著(编)者：秦尊文　2018年9月出版 / 估价：99.00元
PSN B-2014-417-1/1

中原蓝皮书
中原经济区发展报告（2018）
著(编)者：李英杰　2018年6月出版 / 估价：99.00元
PSN B-2011-192-1/1

珠三角流通蓝皮书
珠三角商圈发展研究报告（2018）
著(编)者：王先庆 林至颖　2018年7月出版 / 估价：99.00元
PSN B-2012-292-1/1

社会政法类

北京蓝皮书
中国社区发展报告（2017~2018）
著(编)者：于燕燕　2018年9月出版 / 估价：99.00元
PSN B-2007-083-5/8

殡葬绿皮书
中国殡葬事业发展报告（2017~2018）
著(编)者：李伯森　2018年6月出版 / 估价：158.00元
PSN G-2010-180-1/1

城市管理蓝皮书
中国城市管理报告（2017-2018）
著(编)者：刘林 刘承水　2018年5月出版 / 估价：158.00元
PSN B-2013-336-1/1

城市生活质量蓝皮书
中国城市生活质量报告（2017）
著(编)者：张连城 张平 杨春学 郎丽华
2017年12月出版 / 定价：89.00元
PSN B-2013-326-1/1

城市政府能力蓝皮书
中国城市政府公共服务能力评估报告（2018）
著(编)者：何艳玲　2018年5月出版 / 估价：99.00元
PSN B-2013-338-1/1

创业蓝皮书
中国创业发展研究报告（2017～2018）
著(编)者：黄群慧 赵卫星 钟宏武
2018年11月出版 / 估价：99.00元
PSN B-2016-577-1/1

慈善蓝皮书
中国慈善发展报告（2018）
著(编)者：杨团　2018年6月出版 / 估价：99.00元
PSN B-2009-142-1/1

党建蓝皮书
党的建设研究报告No.2（2018）
著(编)者：崔建民 陈东平　2018年6月出版 / 估价：99.00元
PSN B-2016-523-1/1

地方法治蓝皮书
中国地方法治发展报告No.3（2018）
著(编)者：李林 田禾　2018年6月出版 / 估价：118.00元
PSN B-2015-442-1/1

电子政务蓝皮书
中国电子政务发展报告（2018）
著(编)者：李季　2018年8月出版 / 估价：99.00元
PSN B-2003-022-1/1

儿童蓝皮书
中国儿童参与状况报告（2017）
著(编)者：苑立新　2017年12月出版 / 定价：89.00元
PSN B-2017-682-1/1

法治蓝皮书
中国法治发展报告No.16（2018）
著(编)者：李林 田禾　2018年3月出版 / 定价：128.00元
PSN B-2004-027-1/3

法治蓝皮书
中国法院信息化发展报告 No.2（2018）
著(编)者：李林 田禾　2018年2月出版 / 定价：118.00元
PSN B-2017-604-3/3

法治政府蓝皮书
中国法治政府发展报告（2017）
著(编)者：中国政法大学法治政府研究院
2018年3月出版 / 定价：158.00元
PSN B-2015-502-1/2

法治政府蓝皮书
中国法治政府评估报告（2018）
著(编)者：中国政法大学法治政府研究院
2018年9月出版 / 估价：168.00元
PSN B-2016-576-2/2

反腐倡廉蓝皮书
中国反腐倡廉建设报告 No.8
著(编)者：张英伟　2018年12月出版 / 估价：99.00元
PSN B-2012-259-1/1

扶贫蓝皮书
中国扶贫开发报告（2018）
著(编)者：李培林 魏后凯　2018年12月出版 / 估价：128.00元
PSN B-2016-599-1/1

妇女发展蓝皮书
中国妇女发展报告 No.6
著(编)者：王金玲　2018年9月出版 / 估价：158.00元
PSN B-2006-069-1/1

妇女教育蓝皮书
中国妇女教育发展报告 No.3
著(编)者：张李玺　2018年10月出版 / 估价：99.00元
PSN B-2008-121-1/1

妇女绿皮书
2018年：中国性别平等与妇女发展报告
著(编)者：谭琳　2018年12月出版 / 估价：99.00元
PSN G-2006-073-1/1

公共安全蓝皮书
中国城市公共安全发展报告（2017～2018）
著(编)者：黄育华 杨文明 赵建辉
2018年6月出版 / 估价：99.00元
PSN B-2017-628-1/1

公共服务蓝皮书
中国城市基本公共服务力评价（2018）
著(编)者：钟君 刘志昌 吴正杲
2018年12月出版 / 估价：99.00元
PSN B-2011-214-1/1

公民科学素质蓝皮书
中国公民科学素质报告（2017～2018）
著(编)者：李群 陈雄 马宗文
2017年12月出版 / 定价：89.00元
PSN B-2014-379-1/1

公益蓝皮书
中国公益慈善发展报告（2016）
著(编)者：朱健刚 胡小军　2018年6月出版 / 估价：99.00元
PSN B-2012-283-1/1

国际人才蓝皮书
中国国际移民报告（2018）
著(编)者：王辉耀　2018年6月出版 / 估价：99.00元
PSN B-2012-304-3/4

国际人才蓝皮书
中国留学发展报告（2018）No.7
著(编)者：王辉耀 苗绿　2018年12月出版 / 估价：99.00元
PSN B-2012-244-2/4

海洋社会蓝皮书
中国海洋社会发展报告（2017）
著(编)者：崔凤 宋宁而　2018年3月出版 / 定价：99.00元
PSN B-2015-478-1/1

行政改革蓝皮书
中国行政体制改革报告No.7（2018）
著(编)者：魏礼群　2018年6月出版 / 估价：99.00元
PSN B-2011-231-1/1

华侨华人蓝皮书
华侨华人研究报告（2017）
著(编)者：张禹东 庄国土　2017年12月出版 / 定价：148.00元
PSN B-2011-204-1/1

互联网与国家治理蓝皮书
互联网与国家治理发展报告（2017）
著(编)者：张志安　2018年1月出版 / 定价：98.00元
PSN B-2017-671-1/1

环境管理蓝皮书
中国环境管理发展报告（2017）
著(编)者：李金惠　2017年12月出版 / 定价：98.00元
PSN B-2017-678-1/1

环境竞争力绿皮书
中国省域环境竞争力发展报告（2018）
著(编)者：李建平 李闽榕 王金南
2018年11月出版 / 估价：198.00元
PSN G-2010-165-1/1

环境绿皮书
中国环境发展报告（2017~2018）
著(编)者：李波　2018年6月出版 / 估价：99.00元
PSN G-2006-048-1/1

家庭蓝皮书
中国“创建幸福家庭活动”评估报告（2018）
著(编)者：国务院发展研究中心“创建幸福家庭活动评估”课题组
2018年12月出版 / 估价：99.00元
PSN B-2015-508-1/1

健康城市蓝皮书
中国健康城市建设研究报告（2018）
著(编)者：王鸿春 盛继洪　2018年12月出版 / 估价：99.00元
PSN B-2016-564-2/2

健康中国蓝皮书
社区首诊与健康中国分析报告（2018）
著(编)者：高和荣 杨叔禹 姜杰
2018年6月出版 / 估价：99.00元
PSN B-2017-611-1/1

教师蓝皮书
中国中小学教师发展报告（2017）
著(编)者：曾晓东 鱼霞
2018年6月出版 / 估价：99.00元
PSN B-2012-289-1/1

教育扶贫蓝皮书
中国教育扶贫报告（2018）
著(编)者：司树杰 王文静 李兴洲
2018年12月出版 / 估价：99.00元
PSN B-2016-590-1/1

教育蓝皮书
中国教育发展报告（2018）
著(编)者：杨东平　2018年3月出版 / 定价：89.00元
PSN B-2006-047-1/1

金融法治建设蓝皮书
中国金融法治建设年度报告（2015~2016）
著(编)者：朱小黄　2018年6月出版 / 估价：99.00元
PSN B-2017-633-1/1

京津冀教育蓝皮书
京津冀教育发展研究报告（2017~2018）
著(编)者：方中雄　2018年6月出版 / 估价：99.00元
PSN B-2017-608-1/1

就业蓝皮书
2018年中国本科生就业报告
著(编)者：麦可思研究院　2018年6月出版 / 估价：99.00元
PSN B-2009-146-1/2

就业蓝皮书
2018年中国高职高专生就业报告
著(编)者：麦可思研究院　2018年6月出版 / 估价：99.00元
PSN B-2015-472-2/2

科学教育蓝皮书
中国科学教育发展报告（2018）
著(编)者：王康友　2018年10月出版 / 估价：99.00元
PSN B-2015-487-1/1

劳动保障蓝皮书
中国劳动保障发展报告（2018）
著(编)者：刘燕斌　2018年9月出版 / 估价：158.00元
PSN B-2014-415-1/1

老龄蓝皮书
中国老年宜居环境发展报告（2017）
著(编)者：党俊武 周燕珉　2018年6月出版 / 估价：99.00元
PSN B-2013-320-1/1

连片特困区蓝皮书
中国连片特困区发展报告（2017~2018）
著(编)者：游俊 冷志明 丁建军
2018年6月出版 / 估价：99.00元
PSN B-2013-321-1/1

流动儿童蓝皮书
中国流动儿童教育发展报告（2017）
著(编)者：杨东平　2018年6月出版 / 估价：99.00元
PSN B-2017-600-1/1

民调蓝皮书
中国民生调查报告（2018）
著(编)者：谢耘耕　2018年12月出版 / 估价：99.00元
PSN B-2014-398-1/1

民族发展蓝皮书
中国民族发展报告（2018）
著(编)者：王延中　2018年10月出版 / 估价：188.00元
PSN B-2006-070-1/1

女性生活蓝皮书
中国女性生活状况报告No.12（2018）
著(编)者：高博燕　2018年7月出版 / 估价：99.00元
PSN B-2006-071-1/1

汽车社会蓝皮书
中国汽车社会发展报告（2017～2018）
著(编)者：王俊秀　　2018年6月出版 / 估价：99.00元
PSN B-2011-224-1/1

青年蓝皮书
中国青年发展报告（2018）No.3
著(编)者：廉思　　2018年6月出版 / 估价：99.00元
PSN B-2013-333-1/1

青少年蓝皮书
中国未成年人互联网运用报告（2017～2018）
著(编)者：季为民 李文革 沈杰
2018年11月出版 / 估价：99.00元
PSN B-2010-156-1/1

人权蓝皮书
中国人权事业发展报告No.8（2018）
著(编)者：李君如　　2018年9月出版 / 估价：99.00元
PSN B-2011-215-1/1

社会保障绿皮书
中国社会保障发展报告No.9（2018）
著(编)者：王延中　　2018年6月出版 / 估价：99.00元
PSN G-2001-014-1/1

社会风险评估蓝皮书
风险评估与危机预警报告（2017～2018）
著(编)者：唐钧　　2018年8月出版 / 估价：99.00元
PSN B-2012-293-1/1

社会工作蓝皮书
中国社会工作发展报告（2016~2017）
著(编)者：民政部社会工作研究中心
2018年8月出版 / 估价：99.00元
PSN B-2009-141-1/1

社会管理蓝皮书
中国社会管理创新报告No.6
著(编)者：连玉明　　2018年11月出版 / 估价：99.00元
PSN B-2012-300-1/1

社会蓝皮书
2018年中国社会形势分析与预测
著(编)者：李培林 陈光金 张翼
2017年12月出版 / 定价：89.00元
PSN B-1998-002-1/1

社会体制蓝皮书
中国社会体制改革报告No.6（2018）
著(编)者：龚维斌　　2018年3月出版 / 定价：98.00元
PSN B-2013-330-1/1

社会心态蓝皮书
中国社会心态研究报告（2018）
著(编)者：王俊秀　　2018年12月出版 / 估价：99.00元
PSN B-2011-199-1/1

社会组织蓝皮书
中国社会组织报告（2017-2018）
著(编)者：黄晓勇　　2018年6月出版 / 估价：99.00元
PSN B-2008-118-1/2

社会组织蓝皮书
中国社会组织评估发展报告（2018）
著(编)者：徐家良　　2018年12月出版 / 估价：99.00元
PSN B-2013-366-2/2

生态城市绿皮书
中国生态城市建设发展报告（2018）
著(编)者：刘举科 孙伟平 胡文臻
2018年9月出版 / 估价：158.00元
PSN G-2012-269-1/1

生态文明绿皮书
中国省域生态文明建设评价报告（ECI 2018）
著(编)者：严耕　　2018年12月出版 / 估价：99.00元
PSN G-2010-170-1/1

退休生活蓝皮书
中国城市居民退休生活质量指数报告（2017）
著(编)者：杨一帆　　2018年6月出版 / 估价：99.00元
PSN B-2017-618-1/1

危机管理蓝皮书
中国危机管理报告（2018）
著(编)者：文学国 范正青
2018年8月出版 / 估价：99.00元
PSN B-2010-171-1/1

学会蓝皮书
2018年中国学会发展报告
著(编)者：麦可思研究院　　2018年12月出版 / 估价：99.00元
PSN B-2016-597-1/1

医改蓝皮书
中国医药卫生体制改革报告（2017～2018）
著(编)者：文学国 房志武
2018年11月出版 / 估价：99.00元
PSN B-2014-432-1/1

应急管理蓝皮书
中国应急管理报告（2018）
著(编)者：宋英华　　2018年9月出版 / 估价：99.00元
PSN B-2016-562-1/1

政府绩效评估蓝皮书
中国地方政府绩效评估报告 No.2
著(编)者：贠杰　　2018年12月出版 / 估价：99.00元
PSN B-2017-672-1/1

政治参与蓝皮书
中国政治参与报告（2018）
著(编)者：房宁　　2018年8月出版 / 估价：128.00元
PSN B-2011-200-1/1

政治文化蓝皮书
中国政治文化报告（2018）
著(编)者：邢元敏 魏大鹏 龚克
2018年8月出版 / 估价：128.00元
PSN B-2017-615-1/1

中国传统村落蓝皮书
中国传统村落保护现状报告（2018）
著(编)者：胡彬彬 李向军 王晓波
2018年12月出版 / 估价：99.00元
PSN B-2017-663-1/1

中国农村妇女发展蓝皮书
农村流动女性城市生活发展报告（2018）
著(编)者：谢丽华　2018年12月出版 / 估价：99.00元
PSN B-2014-434-1/1

宗教蓝皮书
中国宗教报告（2017）
著(编)者：邱永辉　2018年8月出版 / 估价：99.00元
PSN B-2008-117-1/1

产业经济类

保健蓝皮书
中国保健服务产业发展报告 No.2
著(编)者：中国保健协会　中共中央党校
2018年7月出版 / 估价：198.00元
PSN B-2012-272-3/3

保健蓝皮书
中国保健食品产业发展报告 No.2
著(编)者：中国保健协会
中国社会科学院食品药品产业发展与监管研究中心
2018年8月出版 / 估价：198.00元
PSN B-2012-271-2/3

保健蓝皮书
中国保健用品产业发展报告 No.2
著(编)者：中国保健协会
国务院国有资产监督管理委员会研究中心
2018年6月出版 / 估价：198.00元
PSN B-2012-270-1/3

保险蓝皮书
中国保险业竞争力报告（2018）
著(编)者：保监会　2018年12月出版 / 估价：99.00元
PSN B-2013-311-1/1

冰雪蓝皮书
中国冰上运动产业发展报告（2018）
著(编)者：孙承华 杨占武 刘戈 张鸿俊
2018年9月出版 / 估价：99.00元
PSN B-2017-648-3/3

冰雪蓝皮书
中国滑雪产业发展报告（2018）
著(编)者：孙承华 伍斌 魏庆华 张鸿俊
2018年9月出版 / 估价：99.00元
PSN B-2016-559-1/3

餐饮产业蓝皮书
中国餐饮产业发展报告（2018）
著(编)者：邢颖
2018年6月出版 / 估价：99.00元
PSN B-2009-151-1/1

茶业蓝皮书
中国茶产业发展报告（2018）
著(编)者：杨江帆 李闽榕
2018年10月出版 / 估价：99.00元
PSN B-2010-164-1/1

产业安全蓝皮书
中国文化产业安全报告（2018）
著(编)者：北京印刷学院文化产业安全研究院
2018年12月出版 / 估价：99.00元
PSN B-2014-378-12/14

产业安全蓝皮书
中国新媒体产业安全报告（2016～2017）
著(编)者：肖丽　2018年6月出版 / 估价：99.00元
PSN B-2015-500-14/14

产业安全蓝皮书
中国出版传媒产业安全报告（2017～2018）
著(编)者：北京印刷学院文化产业安全研究院
2018年6月出版 / 估价：99.00元
PSN B-2014-384-13/14

产业蓝皮书
中国产业竞争力报告（2018）No.8
著(编)者：张其仔　2018年12月出版 / 估价：168.00元
PSN B-2010-175-1/1

动力电池蓝皮书
中国新能源汽车动力电池产业发展报告（2018）
著(编)者：中国汽车技术研究中心
2018年8月出版 / 估价：99.00元
PSN B-2017-639-1/1

杜仲产业绿皮书
中国杜仲橡胶资源与产业发展报告（2017～2018）
著(编)者：杜红岩 胡文臻 俞锐
2018年6月出版 / 估价：99.00元
PSN G-2013-350-1/1

房地产蓝皮书
中国房地产发展报告No.15（2018）
著(编)者：李春华 王业强
2018年5月出版 / 估价：99.00元
PSN B-2004-028-1/1

服务外包蓝皮书
中国服务外包产业发展报告（2017～2018）
著(编)者：王晓红 刘德军
2018年6月出版 / 估价：99.00元
PSN B-2013-331-2/2

服务外包蓝皮书
中国服务外包竞争力报告（2017～2018）
著(编)者：刘春生 王力 黄育华
2018年12月出版 / 估价：99.00元
PSN B-2011-216-1/2

工业和信息化蓝皮书
世界信息技术产业发展报告（2017～2018）
著(编)者：尹丽波　　2018年6月出版 / 估价：99.00元
PSN B-2015-449-2/6

工业和信息化蓝皮书
战略性新兴产业发展报告（2017～2018）
著(编)者：尹丽波　　2018年6月出版 / 估价：99.00元
PSN B-2015-450-3/6

海洋经济蓝皮书
中国海洋经济发展报告（2015～2018）
著(编)者：殷克东 高金田 方胜民
2018年3月出版 / 定价：128.00元
PSN B-2018-697-1/1

康养蓝皮书
中国康养产业发展报告（2017）
著(编)者：何莽　　2017年12月出版 / 定价：88.00元
PSN B-2017-685-1/1

客车蓝皮书
中国客车产业发展报告（2017～2018）
著(编)者：姚蔚　　2018年10月出版 / 估价：99.00元
PSN B-2013-361-1/1

流通蓝皮书
中国商业发展报告（2018～2019）
著(编)者：王雪峰 林诗慧
2018年7月出版 / 估价：99.00元
PSN B-2009-152-1/2

能源蓝皮书
中国能源发展报告（2018）
著(编)者：崔民选 王军生 陈义和
2018年12月出版 / 估价：99.00元
PSN B-2006-049-1/1

农产品流通蓝皮书
中国农产品流通产业发展报告（2017）
著(编)者：贾敬敦 张东科 张玉玺 张鹏毅 周伟
2018年6月出版 / 估价：99.00元
PSN B-2012-288-1/1

汽车工业蓝皮书
中国汽车工业发展年度报告（2018）
著(编)者：中国汽车工业协会
中国汽车技术研究中心
丰田汽车公司
2018年[illegible]月出版 / 估价：168.00元
PSN B-2015-463-1/2

汽车工业蓝皮书
中国汽车零部件产业发展报告（2017～2018）
著(编)者：中国汽车工业协会
中国汽车工程研究院深圳市沃特玛电池有限公司
2018年9月出版 / 估价：99.00元
PSN B-2016-515-2/2

汽车蓝皮书
中国汽车产业发展报告（2018）
著(编)者：中国汽车工程学会
大众汽车集团（中国）
2018年[illegible]月出版 / 估价：99.00元
PSN B-2008-124-1/1

世界茶业蓝皮书
世界茶业发展报告（2018）
著(编)者：李闽榕 冯廷佺
2018年5月出版 / 估价：168.00元
PSN B-2017-619-1/1

世界能源蓝皮书
世界能源发展报告（2018）
著(编)者：黄晓勇　　2018年6月出版 / 估价：168.00元
PSN B-2013-349-1/1

石油蓝皮书
中国石油产业发展报告（2018）
著(编)者：中国石油化工集团公司经济技术研究院
中国国际石油化工联合有限责任公司
中国社会科学院数量经济与技术经济研究所
2018年2月出版 / 定价：98.00元
PSN B-2018-690-1/1

体育蓝皮书
国家体育产业基地发展报告（2016～2017）
著(编)者：李颖川　　2018年6月出版 / 估价：168.00元
PSN B-2017-609-5/5

体育蓝皮书
中国体育产业发展报告（2018）
著(编)者：阮伟 钟秉枢
2018年12月出版 / 估价：99.00元
PSN B-2010-179-1/5

文化金融蓝皮书
中国文化金融发展报告（2018）
著(编)者：杨涛 金巍
2018年6月出版 / 估价：99.00元
PSN B-2017-610-1/1

新能源汽车蓝皮书
中国新能源汽车产业发展报告（2018）
著(编)者：中国汽车技术研究中心
日产（中国）投资有限公司
东风汽车有限公司
2018年8月出版 / 估价：99.00元
PSN B-2013-347-1/1

薏仁米产业蓝皮书
中国薏仁米产业发展报告No.2（2018）
著(编)者：李发耀 石明 秦礼康
2018年8月出版 / 估价：99.00元
PSN B-2017-645-1/1

邮轮绿皮书
中国邮轮产业发展报告（2018）
著(编)者：汪泓　　2018年10月出版 / 估价：99.00元
PSN G-2014-419-1/1

智能养老蓝皮书
中国智能养老产业发展报告（2018）
著(编)者：朱勇　　2018年10月出版 / 估价：99.00元
PSN B-2015-488-1/1

中国节能汽车蓝皮书
中国节能汽车发展报告（2017～2018）
著(编)者：中国汽车工程研究院股份有限公司
2018年9月出版 / 估价：99.00元
PSN B-2016-565-1/1

中国陶瓷产业蓝皮书
中国陶瓷产业发展报告（2018）
著(编)者：左和平 黄速建
2018年10月出版 / 估价：99.00元
PSN B-2016-573-1/1

装备制造业蓝皮书
中国装备制造业发展报告（2018）
著(编)者：徐东华
2018年12月出版 / 估价：118.00元
PSN B-2015-505-1/1

行业及其他类

"三农"互联网金融蓝皮书
中国"三农"互联网金融发展报告（2018）
著(编)者：李勇坚 王弢
2018年8月出版 / 估价：99.00元
PSN B-2016-560-1/1

SUV蓝皮书
中国SUV市场发展报告（2017~2018）
著(编)者：靳军 2018年9月出版 / 估价：99.00元
PSN B-2016-571-1/1

冰雪蓝皮书
中国冬季奥运会发展报告（2018）
著(编)者：孙承华 伍斌 魏庆华 张鸿俊
2018年9月出版 / 估价：99.00元
PSN B-2017-647-2/3

彩票蓝皮书
中国彩票发展报告（2018）
著(编)者：益彩基金 2018年6月出版 / 估价：99.00元
PSN B-2015-462-1/1

测绘地理信息蓝皮书
测绘地理信息供给侧结构性改革研究报告（2018）
著(编)者：库热西・买合苏提
2018年12月出版 / 估价：168.00元
PSN B-2009-145-1/1

产权市场蓝皮书
中国产权市场发展报告（2017）
著(编)者：曹和平
2018年5月出版 / 估价：99.00元
PSN B-2009-147-1/1

城投蓝皮书
中国城投行业发展报告（2018）
著(编)者：华景斌
2018年11月出版 / 估价：300.00元
PSN B-2016-514-1/1

城市轨道交通蓝皮书
中国城市轨道交通运营发展报告（2017~2018）
著(编)者：崔学忠 贾文峥
2018年3月出版 / 定价：89.00元
PSN B-2018-694-1/1

大数据蓝皮书
中国大数据发展报告（No.2）
著(编)者：连玉明 2018年5月出版 / 估价：99.00元
PSN B-2017-620-1/1

大数据应用蓝皮书
中国大数据应用发展报告No.2（2018）
著(编)者：陈军君 2018年8月出版 / 估价：99.00元
PSN B-2017-644-1/1

对外投资与风险蓝皮书
中国对外直接投资与国家风险报告（2018）
著(编)者：中债资信评估有限责任公司
中国社会科学院世界经济与政治研究所
2018年6月出版 / 估价：189.00元
PSN B-2017-606-1/1

工业和信息化蓝皮书
人工智能发展报告（2017~2018）
著(编)者：尹丽波 2018年6月出版 / 估价：99.00元
PSN B-2015-448-1/6

工业和信息化蓝皮书
世界智慧城市发展报告（2017~2018）
著(编)者：尹丽波 2018年6月出版 / 估价：99.00元
PSN B-2017-624-6/6

工业和信息化蓝皮书
世界网络安全发展报告（2017~2018）
著(编)者：尹丽波 2018年6月出版 / 估价：99.00元
PSN B-2015-452-5/6

工业和信息化蓝皮书
世界信息化发展报告（2017~2018）
著(编)者：尹丽波 2018年6月出版 / 估价：99.00元
PSN B-2015-451-4/6

工业设计蓝皮书
中国工业设计发展报告（2018）
著(编)者：王晓红 于炜 张立群 2018年9月出版 / 估价：168.00元
PSN B-2014-420-1/1

公共关系蓝皮书
中国公共关系发展报告（2017）
著(编)者：柳斌杰 2018年1月出版 / 定价：89.00元
PSN B-2016-579-1/1

公共关系蓝皮书
中国公共关系发展报告（2018）
著(编)者：柳斌杰　　2018年11月出版 / 估价：99.00元
PSN B-2016-579-1/1

管理蓝皮书
中国管理发展报告（2018）
著(编)者：张晓东　　2018年10月出版 / 估价：99.00元
PSN B-2014-416-1/1

轨道交通蓝皮书
中国轨道交通行业发展报告（2017）
著(编)者：仲建华 李闽榕
2017年12月出版 / 定价：98.00元
PSN B-2017-674-1/1

海关发展蓝皮书
中国海关发展前沿报告（2018）
著(编)者：干春晖　　2018年6月出版 / 估价：99.00元
PSN B-2017-616-1/1

互联网医疗蓝皮书
中国互联网健康医疗发展报告（2018）
著(编)者：芮晓武　　2018年6月出版 / 估价：99.00元
PSN B-2016-567-1/1

黄金市场蓝皮书
中国商业银行黄金业务发展报告（2017～2018）
著(编)者：平安银行　　2018年6月出版 / 估价：99.00元
PSN B-2016-524-1/1

会展蓝皮书
中外会展业动态评估研究报告（2018）
著(编)者：张敏 任中峰 聂鑫焱 牛盼强
2018年12月出版 / 估价：99.00元
PSN B-2013-327-1/1

基金会蓝皮书
中国基金会发展报告（2017~2018）
著(编)者：中国基金会发展报告课题组
2018年6月出版 / 估价：99.00元
PSN B-2013-368-1/1

基金会绿皮书
中国基金会发展独立研究报告（2018）
著(编)者：基金会中心网　　中央民族大学基金会研究中心
2018年6月出版 / 估价：99.00元
PSN G-2011-213-1/1

基金会透明度蓝皮书
中国基金会透明度发展研究报告（2018）
著(编)者：基金会中心网
清华大学廉政与治理研究中心
2018年9月出版 / 估价：99.00元
PSN B-2013-339-1/1

建筑装饰蓝皮书
中国建筑装饰行业发展报告（2018）
著(编)者：葛道顺 刘晓一
2018年10月出版 / 估价：198.00元
PSN B-2016-553-1/1

金融监管蓝皮书
中国金融监管报告（2018）
著(编)者：胡滨　　2018年3月出版 / 定价：98.00元
PSN B-2012-281-1/1

金融蓝皮书
中国互联网金融行业分析与评估（2018～2019）
著(编)者：黄国平 伍旭川　　2018年12月出版 / 估价：99.00元
PSN B-2016-585-7/7

金融科技蓝皮书
中国金融科技发展报告（2018）
著(编)者：李扬 孙国峰　　2018年10月出版 / 估价：99.00元
PSN B-2014-374-1/1

金融信息服务蓝皮书
中国金融信息服务发展报告（2018）
著(编)者：李平　　2018年5月出版 / 估价：99.00元
PSN B-2017-621-1/1

金蜜蜂企业社会责任蓝皮书
金蜜蜂中国企业社会责任报告研究（2017）
著(编)者：殷格非 于志宏 管竹笋
2018年1月出版 / 定价：99.00元
PSN B-2018-693-1/1

京津冀金融蓝皮书
京津冀金融发展报告（2018）
著(编)者：王爱俭 王璟怡　　2018年10月出版 / 估价：99.00元
PSN B-2016-527-1/1

科普蓝皮书
国家科普能力发展报告（2018）
著(编)者：王康友　　2018年5月出版 / 估价：138.00元
PSN B-2017-632-4/4

科普蓝皮书
中国基层科普发展报告（2017～2018）
著(编)者：赵立新 陈玲　　2018年9月出版 / 估价：99.00元
PSN B-2016-568-3/4

科普蓝皮书
中国科普基础设施发展报告（2017～2018）
著(编)者：任福君　　2018年6月出版 / 估价：99.00元
PSN B-2010-174-1/3

科普蓝皮书
中国科普人才发展报告（2017～2018）
著(编)者：郑念 任嵘嵘　　2018年7月出版 / 估价：99.00元
PSN B-2016-512-2/4

科普能力蓝皮书
中国科普能力评价报告（2018～2019）
著(编)者：李富强 李群　　2018年8月出版 / 估价：99.00元
PSN B-2016-555-1/1

临空经济蓝皮书
中国临空经济发展报告（2018）
著(编)者：连玉明　　2018年9月出版 / 估价：99.00元
PSN B-2014-421-1/1

旅游安全蓝皮书
中国旅游安全报告（2018）
著(编)者：郑向敏 谢朝武　2018年5月出版 / 估价：158.00元
PSN B-2012-280-1/1

旅游绿皮书
2017～2018年中国旅游发展分析与预测
著(编)者：宋瑞　2018年1月出版 / 定价：99.00元
PSN G-2002-018-1/1

煤炭蓝皮书
中国煤炭工业发展报告（2018）
著(编)者：岳福斌　2018年12月出版 / 估价：99.00元
PSN B-2008-123-1/1

民营企业社会责任蓝皮书
中国民营企业社会责任报告（2018）
著(编)者：中华全国工商业联合会
2018年12月出版 / 估价：99.00元
PSN B-2015-510-1/1

民营医院蓝皮书
中国民营医院发展报告（2017）
著(编)者：薛晓林　2017年12月出版 / 定价：89.00元
PSN B-2012-299-1/1

闽商蓝皮书
闽商发展报告（2018）
著(编)者：李闽榕 王日根 林琛
2018年12月出版 / 估价：99.00元
PSN B-2012-298-1/1

农业应对气候变化蓝皮书
中国农业气象灾害及其灾损评估报告（No.3）
著(编)者：矫梅燕　2018年6月出版 / 估价：118.00元
PSN B-2014-413-1/1

品牌蓝皮书
中国品牌战略发展报告（2018）
著(编)者：汪同三　2018年10月出版 / 估价：99.00元
PSN B-2016-580-1/1

企业扶贫蓝皮书
中国企业扶贫研究报告（2018）
著(编)者：钟宏武　2018年12月出版 / 估价：99.00元
PSN B-2016-593-1/1

企业公益蓝皮书
中国企业公益研究报告（2018）
著(编)者：钟宏武 汪杰 黄晓娟
2018年12月出版 / 估价：99.00元
PSN B-2015-501-1/1

企业国际化蓝皮书
中国企业全球化报告（2018）
著(编)者：王辉耀 苗绿　2018年11月出版 / 估价：99.00元
PSN B-2014-427-1/1

企业蓝皮书
中国企业绿色发展报告No.2（2018）
著(编)者：李红玉 朱光辉
2018年8月出版 / 估价：99.00元
PSN B-2015-481-2/2

企业社会责任蓝皮书
中资企业海外社会责任研究报告（2017～2018）
著(编)者：钟宏武 叶柳红 张蒽
2018年6月出版 / 估价：99.00元
PSN B-2017-603-2/2

企业社会责任蓝皮书
中国企业社会责任研究报告（2018）
著(编)者：黄群慧 钟宏武 张蒽 汪杰
2018年11月出版 / 估价：99.00元
PSN B-2009-149-1/2

汽车安全蓝皮书
中国汽车安全发展报告（2018）
著(编)者：中国汽车技术研究中心
2018年8月出版 / 估价：99.00元
PSN B-2014-385-1/1

汽车电子商务蓝皮书
中国汽车电子商务发展报告（2018）
著(编)者：中华全国工商业联合会汽车经销商商会
北方工业大学
北京易观智库网络科技有限公司
2018年10月出版 / 估价：158.00元
PSN B-2015-485-1/1

汽车知识产权蓝皮书
中国汽车产业知识产权发展报告（2018）
著(编)者：中国汽车工程研究院股份有限公司
中国汽车工程学会
重庆长安汽车股份有限公司
2018年12月出版 / 估价：99.00元
PSN B-2016-594-1/1

青少年体育蓝皮书
中国青少年体育发展报告（2017）
著(编)者：刘扶民 杨桦　2018年6月出版 / 估价：99.00元
PSN B-2015-482-1/1

区块链蓝皮书
中国区块链发展报告（2018）
著(编)者：李伟　2018年9月出版 / 估价：99.00元
PSN B-2017-649-1/1

群众体育蓝皮书
中国群众体育发展报告（2017）
著(编)者：刘国永 戴健　2018年5月出版 / 估价：99.00元
PSN B-2014-411-1/3

群众体育蓝皮书
中国社会体育指导员发展报告（2018）
著(编)者：刘国永 王欢　2018年6月出版 / 估价：99.00元
PSN B-2016-520-3/3

人力资源蓝皮书
中国人力资源发展报告（2018）
著(编)者：余兴安　2018年11月出版 / 估价：99.00元
PSN B-2012-287-1/1

融资租赁蓝皮书
中国融资租赁业发展报告（2017～2018）
著(编)者：李光荣 王力　2018年8月出版 / 估价：99.00元
PSN B-2015-443-1/1

商会蓝皮书
中国商会发展报告No.5（2017）
著(编)者：王钦敏　2018年7月出版 / 估价：99.00元
PSN B-2008-125-1/1

商务中心区蓝皮书
中国商务中心区发展报告No.4（2017~2018）
著(编)者：李国红 单菁菁　2018年9月出版 / 估价：99.00元
PSN B-2015-444-1/1

设计产业蓝皮书
中国创新设计发展报告（2018）
著(编)者：王晓红 张立群 于炜
2018年11月出版 / 估价：99.00元
PSN B-2016-581-2/2

社会责任管理蓝皮书
中国上市公司社会责任能力成熟度报告No.4（2018）
著(编)者：肖红军 王晓光 李伟阳
2018年12月出版 / 估价：99.00元
PSN B-2015-507-2/2

社会责任管理蓝皮书
中国企业公众透明度报告No.4（2017~2018）
著(编)者：黄速建 熊梦 王晓光 肖红军
2018年6月出版 / 估价：99.00元
PSN B-2015-440-1/2

食品药品蓝皮书
食品药品安全与监管政策研究报告（2016~2017）
著(编)者：唐民皓　2018年6月出版 / 估价：99.00元
PSN B-2009-129-1/1

输血服务蓝皮书
中国输血行业发展报告（2018）
著(编)者：孙俊　2018年12月出版 / 估价：99.00元
PSN B-2016-582-1/1

水利风景区蓝皮书
中国水利风景区发展报告（2018）
著(编)者：董建文 兰思仁
2018年10月出版 / 估价：99.00元
PSN B-2015-480-1/1

数字经济蓝皮书
全球数字经济竞争力发展报告（2017）
著(编)者：王振　2017年12月出版 / 定价：79.00元
PSN B-2017-673-1/1

私募市场蓝皮书
中国私募股权市场发展报告（2017~2018）
著(编)者：曹和平　2018年12月出版 / 估价：99.00元
PSN B-2010-162-1/1

碳排放权交易蓝皮书
中国碳排放权交易报告（2018）
著(编)者：孙永平　2018年11月出版 / 估价：99.00元
PSN B-2017-652-1/1

碳市场蓝皮书
中国碳市场报告（2018）
著(编)者：定金彪　2018年11月出版 / 估价：99.00元
PSN B-2014-430-1/1

体育蓝皮书
中国公共体育服务发展报告（2018）
著(编)者：戴健　2018年12月出版 / 估价：99.00元
PSN B-2013-367-2/5

土地市场蓝皮书
中国农村土地市场发展报告（2017~2018）
著(编)者：李光荣　2018年6月出版 / 估价：99.00元
PSN B-2016-526-1/1

土地整治蓝皮书
中国土地整治发展研究报告（No.5）
著(编)者：国土资源部土地整治中心
2018年7月出版 / 估价：99.00元
PSN B-2014-401-1/1

土地政策蓝皮书
中国土地政策研究报告（2018）
著(编)者：高延利 张建平 吴次芳
2018年1月出版 / 定价：98.00元
PSN B-2015-506-1/1

网络空间安全蓝皮书
中国网络空间安全发展报告（2018）
著(编)者：惠志斌 覃庆玲
2018年11月出版 / 估价：99.00元
PSN B-2015-466-1/1

文化志愿服务蓝皮书
中国文化志愿服务发展报告（2018）
著(编)者：张永新 良警宇　2018年11月出版 / 估价：128.00元
PSN B-2016-596-1/1

西部金融蓝皮书
中国西部金融发展报告（2017~2018）
著(编)者：李忠民　2018年8月出版 / 估价：99.00元
PSN B-2010-160-1/1

协会商会蓝皮书
中国行业协会商会发展报告（2017）
著(编)者：景朝阳 李勇　2018年6月出版 / 估价：99.00元
PSN B-2015-461-1/1

新三板蓝皮书
中国新三板市场发展报告（2018）
著(编)者：王力　2018年8月出版 / 估价：99.00元
PSN B-2016-533-1/1

信托市场蓝皮书
中国信托业市场报告（2017~2018）
著(编)者：用益金融信托研究院
2018年6月出版 / 估价：198.00元
PSN B-2014-371-1/1

信息化蓝皮书
中国信息化形势分析与预测（2017~2018）
著(编)者：周宏仁　2018年8月出版 / 估价：99.00元
PSN B-2010-168-1/1

信用蓝皮书
中国信用发展报告（2017~2018）
著(编)者：章政 田侃　2018年6月出版 / 估价：99.00元
PSN B-2013-328-1/1

休闲绿皮书
2017～2018年中国休闲发展报告
著(编)者：宋瑞　2018年7月出版 / 估价：99.00元
PSN G-2010-158-1/1

休闲体育蓝皮书
中国休闲体育发展报告（2017～2018）
著(编)者：李相如 钟秉枢
2018年10月出版 / 估价：99.00元
PSN B-2016-516-1/1

养老金融蓝皮书
中国养老金融发展报告（2018）
著(编)者：董克用 姚余栋
2018年9月出版 / 估价：99.00元
PSN B-2016-583-1/1

遥感监测绿皮书
中国可持续发展遥感监测报告（2017）
著(编)者：顾行发 汪克强 潘教峰 李闽榕 徐东华 王琦安
2018年6月出版 / 估价：298.00元
PSN B-2017-629-1/1

药品流通蓝皮书
中国药品流通行业发展报告（2018）
著(编)者：佘鲁林 温再兴
2018年7月出版 / 估价：198.00元
PSN B-2014-429-1/1

医疗器械蓝皮书
中国医疗器械行业发展报告（2018）
著(编)者：王宝亭 耿鸿武
2018年10月出版 / 估价：99.00元
PSN B-2017-661-1/1

医院蓝皮书
中国医院竞争力报告（2017~2018）
著(编)者：庄一强　2018年3月出版 / 定价：108.00元
PSN B-2016-528-1/1

瑜伽蓝皮书
中国瑜伽业发展报告（2017~2018）
著(编)者：张永建 徐华锋 朱泰余
2018年6月出版 / 估价：198.00元
PSN B-2017-625-1/1

债券市场蓝皮书
中国债券市场发展报告（2017～2018）
著(编)者：杨农　2018年10月出版 / 估价：99.00元
PSN B-2016-572-1/1

志愿服务蓝皮书
中国志愿服务发展报告（2018）
著(编)者：中国志愿服务联合会
2018年11月出版 / 估价：99.00元
PSN B-2017-664-1/1

中国上市公司蓝皮书
中国上市公司发展报告（2018）
著(编)者：张鹏 张平 黄胤英
2018年9月出版 / 估价：99.00元
PSN B-2014-414-1/1

中国新三板蓝皮书
中国新三板创新与发展报告（2018）
著(编)者：刘平安 闻召林
2018年8月出版 / 估价：158.00元
PSN B-2017-638-1/1

中国汽车品牌蓝皮书
中国乘用车品牌发展报告（2017）
著(编)者：《中国汽车报》社有限公司
博世（中国）投资有限公司
中国汽车技术研究中心数据资源中心
2018年1月出版 / 定价：89.00元
PSN B-2017-679-1/1

中医文化蓝皮书
北京中医药文化传播发展报告（2018）
著(编)者：毛嘉陵　2018年6月出版 / 估价：99.00元
PSN B-2015-468-1/2

中医文化蓝皮书
中国中医药文化传播发展报告（2018）
著(编)者：毛嘉陵　2018年7月出版 / 估价：99.00元
PSN B-2016-584-2/2

中医药蓝皮书
北京中医药知识产权发展报告No.2
著(编)者：汪洪 屠志涛　2018年6月出版 / 估价：168.00元
PSN B-2017-602-1/1

资本市场蓝皮书
中国场外交易市场发展报告（2016～2017）
著(编)者：高峦　2018年6月出版 / 估价：99.00元
PSN B-2009-153-1/1

资产管理蓝皮书
中国资产管理行业发展报告（2018）
著(编)者：郑智　2018年7月出版 / 估价：99.00元
PSN B-2014-407-2/2

资产证券化蓝皮书
中国资产证券化发展报告（2018）
著(编)者：沈炳熙 曹彤 李哲平
2018年4月出版 / 定价：98.00元
PSN B-2017-660-1/1

自贸区蓝皮书
中国自贸区发展报告（2018）
著(编)者：王力 黄育华
2018年6月出版 / 估价：99.00元
PSN B-2016-558-1/1

国际问题与全球治理类

“一带一路”跨境通道蓝皮书
“一带一路”跨境通道建设研究报（2017～2018）
著(编)者：余鑫 张秋生　　2018年1月出版 / 定价：89.00元
PSN B-2016-557-1/1

“一带一路”蓝皮书
“一带一路”建设发展报告（2018）
著(编)者：李永全　　2018年3月出版 / 定价：98.00元
PSN B-2016-552-1/1

“一带一路”投资安全蓝皮书
中国“一带一路”投资与安全研究报告（2018）
著(编)者：邹统钎 梁昊光　　2018年4月出版 / 定价：98.00元
PSN B-2017-612-1/1

“一带一路”文化交流蓝皮书
中阿文化交流发展报告（2017）
著(编)者：王辉　　2017年12月出版 / 定价：89.00元
PSN B-2017-655-1/1

G20国家创新竞争力黄皮书
二十国集团（G20）国家创新竞争力发展报告（2017～2018）
著(编)者：李建平 李闽榕 赵新力 周天勇
2018年7月出版 / 估价：168.00元
PSN Y-2011-229-1/1

阿拉伯黄皮书
阿拉伯发展报告（2016～2017）
著(编)者：罗林　　2018年6月出版 / 估价：99.00元
PSN Y-2014-381-1/1

北部湾蓝皮书
泛北部湾合作发展报告（2017～2018）
著(编)者：吕余生　　2018年12月出版 / 估价：99.00元
PSN B-2008-114-1/1

北极蓝皮书
北极地区发展报告（2017）
著(编)者：刘惠荣　　2018年7月出版 / 估价：99.00元
PSN B-2017-634-1/1

大洋洲蓝皮书
大洋洲发展报告（2017～2018）
著(编)者：喻常森　　2018年10月出版 / 估价：99.00元
PSN B-2013-341-1/1

东北亚区域合作蓝皮书
2017年“一带一路”倡议与东北亚区域合作
著(编)者：刘亚政 金美花
2018年5月出版 / 估价：99.00元
PSN B-2017-631-1/1

东盟黄皮书
东盟发展报告（2017）
著(编)者：杨静林 庄国土　2018年6月出版 / 估价：99.00元
PSN Y-2012-303-1/1

东南亚蓝皮书
东南亚地区发展报告（2017～2018）
著(编)者：王勤　　2018年12月出版 / 估价：99.00元
PSN B-2012-240-1/1

非洲黄皮书
非洲发展报告No.20（2017～2018）
著(编)者：张宏明　　2018年7月出版 / 估价：99.00元
PSN Y-2012-239-1/1

非传统安全蓝皮书
中国非传统安全研究报告（2017～2018）
著(编)者：潇枫 罗中枢　　2018年8月出版 / 估价：99.00元
PSN B-2012-273-1/1

国际安全蓝皮书
中国国际安全研究报告（2018）
著(编)者：刘慧　　2018年7月出版 / 估价：99.00元
PSN B-2016-521-1/1

国际城市蓝皮书
国际城市发展报告（2018）
著(编)者：屠启宇　　2018年2月出版 / 定价：89.00元
PSN B-2012-260-1/1

国际形势黄皮书
全球政治与安全报告（2018）
著(编)者：张宇燕　　2018年1月出版 / 定价：99.00元
PSN Y-2001-016-1/1

公共外交蓝皮书
中国公共外交发展报告（2018）
著(编)者：赵启正 雷蔚真　　2018年6月出版 / 估价：99.00元
PSN B-2015-457-1/1

海丝蓝皮书
21世纪海上丝绸之路研究报告（2017）
著(编)者：华侨大学海上丝绸之路研究院
2017年12月出版 / 定价：89.00元
PSN B-2017-684-1/1

金砖国家黄皮书
金砖国家综合创新竞争力发展报告（2018）
著(编)者：赵新力 李闽榕 黄茂兴
2018年8月出版 / 估价：128.00元
PSN Y-2017-643-1/1

拉美黄皮书
拉丁美洲和加勒比发展报告（2017～2018）
著(编)者：袁东振　　2018年6月出版 / 估价：99.00元
PSN Y-1999-007-1/1

澜湄合作蓝皮书
澜沧江-湄公河合作发展报告（2018）
著(编)者：刘稚　　2018年9月出版 / 估价：99.00元
PSN B-2011-196-1/1

欧洲蓝皮书
欧洲发展报告（2017～2018）
著(编)者：黄平 周弘 程卫东
2018年6月出版 / 估价：99.00元
PSN B-1999-009-1/1

葡语国家蓝皮书
葡语国家发展报告（2016～2017）
著(编)者：王成安 张敏 刘金兰
2018年6月出版 / 估价：99.00元
PSN B-2015-503-1/2

葡语国家蓝皮书
中国与葡语国家关系发展报告·巴西（2016）
著(编)者：张曙光
2018年8月出版 / 估价：99.00元
PSN B-2016-563-2/2

气候变化绿皮书
应对气候变化报告（2018）
著(编)者：王伟光 郑国光
2018年11月出版 / 估价：99.00元
PSN G-2009-144-1/1

全球环境竞争力绿皮书
全球环境竞争力报告（2018）
著(编)者：李建平 李闽榕 王金南
2018年12月出版 / 估价：198.00元
PSN G-2013-363-1/1

全球信息社会蓝皮书
全球信息社会发展报告（2018）
著(编)者：丁波涛 唐涛　2018年10月出版 / 估价：99.00元
PSN B-2017-665-1/1

日本经济蓝皮书
日本经济与中日经贸关系研究报告（2018）
著(编)者：张季风　2018年6月出版 / 估价：99.00元
PSN B-2008-102-1/1

上海合作组织黄皮书
上海合作组织发展报告（2018）
著(编)者：李进峰　2018年6月出版 / 估价：99.00元
PSN Y-2009-130-1/1

世界创新竞争力黄皮书
世界创新竞争力发展报告（2017）
著(编)者：李建平 李闽榕 赵新力
2018年6月出版 / 估价：168.00元
PSN Y-2013-318-1/1

世界经济黄皮书
2018年世界经济形势分析与预测
著(编)者：张宇燕　2018年1月出版 / 定价：99.00元
PSN Y-1999-006-1/1

世界能源互联互通蓝皮书
世界能源清洁发展与互联互通评估报告（2017）：欧洲篇
著(编)者：国网能源研究院
2018年1月出版 / 定价：128.00元
PSN B-2018-695-1/1

丝绸之路蓝皮书
丝绸之路经济带发展报告（2018）
著(编)者：任宗哲 白宽犁 谷孟宾
2018年1月出版 / 定价：89.00元
PSN B-2014-410-1/1

新兴经济体蓝皮书
金砖国家发展报告（2018）
著(编)者：林跃勤 周文
2018年8月出版 / 估价：99.00元
PSN B-2011-195-1/1

亚太蓝皮书
亚太地区发展报告（2018）
著(编)者：李向阳　2018年5月出版 / 估价：99.00元
PSN B-2001-015-1/1

印度洋地区蓝皮书
印度洋地区发展报告（2018）
著(编)者：汪戎　2018年6月出版 / 估价：99.00元
PSN B-2013-334-1/1

印度尼西亚经济蓝皮书
印度尼西亚经济发展报告（2017）：增长与机会
著(编)者：左志刚　2017年11月出版 / 定价：89.00元
PSN B-2017-675-1/1

渝新欧蓝皮书
渝新欧沿线国家发展报告（2018）
著(编)者：杨柏 黄森
2018年6月出版 / 估价：99.00元
PSN B-2017-626-1/1

中阿蓝皮书
中国-阿拉伯国家经贸发展报告（2018）
著(编)者：张廉 段庆林 王林聪 杨巧红
2018年12月出版 / 估价：99.00元
PSN B-2016-598-1/1

中东黄皮书
中东发展报告No.20（2017～2018）
著(编)者：杨光　2018年10月出版 / 估价：99.00元
PSN Y-1998-004-1/1

中亚黄皮书
中亚国家发展报告（2018）
著(编)者：孙力
2018年3月出版 / 定价：98.00元
PSN Y-2012-238-1/1

国别类

澳大利亚蓝皮书
澳大利亚发展报告（2017-2018）
著(编)者：孙有中 韩锋　2018年12月出版 / 估价：99.00元
PSN B-2016-587-1/1

巴西黄皮书
巴西发展报告（2017）
著(编)者：刘国枝　2018年5月出版 / 估价：99.00元
PSN Y-2017-614-1/1

德国蓝皮书
德国发展报告（2018）
著(编)者：郑春荣　2018年6月出版 / 估价：99.00元
PSN B-2012-278-1/1

俄罗斯黄皮书
俄罗斯发展报告（2018）
著(编)者：李永全　2018年6月出版 / 估价：99.00元
PSN Y-2006-061-1/1

韩国蓝皮书
韩国发展报告（2017）
著(编)者：牛林杰 刘宝全　2018年6月出版 / 估价：99.00元
PSN B-2010-155-1/1

加拿大蓝皮书
加拿大发展报告（2018）
著(编)者：唐小松　2018年9月出版 / 估价：99.00元
PSN B-2014-389-1/1

美国蓝皮书
美国研究报告（2018）
著(编)者：郑秉文 黄平　2018年5月出版 / 估价：99.00元
PSN B-2011-210-1/1

缅甸蓝皮书
缅甸国情报告（2017）
著(编)者：祝湘辉
2017年11月出版 / 定价：98.00元
PSN B-2013-343-1/1

日本蓝皮书
日本研究报告（2018）
著(编)者：杨伯江　2018年4月出版 / 定价：99.00元
PSN B-2002-020-1/1

土耳其蓝皮书
土耳其发展报告（2018）
著(编)者：郭长刚 刘义　2018年9月出版 / 估价：99.00元
PSN B-2014-412-1/1

伊朗蓝皮书
伊朗发展报告（2017～2018）
著(编)者：冀开运　2018年10月 / 估价：99.00元
PSN B-2016-574-1/1

以色列蓝皮书
以色列发展报告（2018）
著(编)者：张倩红　2018年8月出版 / 估价：99.00元
PSN B-2015-483-1/1

印度蓝皮书
印度国情报告（2017）
著(编)者：吕昭义　2018年6月出版 / 估价：99.00元
PSN B-2012-241-1/1

英国蓝皮书
英国发展报告（2017～2018）
著(编)者：王展鹏　2018年12月出版 / 估价：99.00元
PSN B-2015-486-1/1

越南蓝皮书
越南国情报告（2018）
著(编)者：谢林城　2018年11月出版 / 估价：99.00元
PSN B-2006-056-1/1

泰国蓝皮书
泰国研究报告（2018）
著(编)者：庄国土 张禹东　刘文正
2018年10月出版 / 估价：99.00元
PSN B-2016-556-1/1

文化传媒类

“三农”舆情蓝皮书
中国“三农”网络舆情报告（2017～2018）
著(编)者：农业部信息中心
2018年6月出版 / 估价：99.00元
PSN B-2017-640-1/1

传媒竞争力蓝皮书
中国传媒国际竞争力研究报告（2018）
著(编)者：李本乾 刘强 王大可
2018年8月出版 / 估价：99.00元
PSN B-2013-356-1/1

传媒蓝皮书
中国传媒产业发展报告（2018）
著(编)者：崔保国
2018年5月出版 / 估价：99.00元
PSN B-2005-035-1/1

传媒投资蓝皮书
中国传媒投资发展报告（2018）
著(编)者：张向东 谭云明
2018年6月出版 / 估价：148.00元
PSN B-2015-474-1/1

非物质文化遗产蓝皮书
中国非物质文化遗产发展报告（2018）
著(编)者：陈平　2018年6月出版 / 估价：128.00元
PSN B-2015-469-1/2

非物质文化遗产蓝皮书
中国非物质文化遗产保护发展报告（2018）
著(编)者：宋俊华　2018年10月出版 / 估价：128.00元
PSN B-2016-586-2/2

广电蓝皮书
中国广播电影电视发展报告（2018）
著(编)者：国家新闻出版广电总局发展研究中心
2018年7月出版 / 估价：99.00元
PSN B-2006-072-1/1

广告主蓝皮书
中国广告主营销传播趋势报告No.9
著(编)者：黄升民 杜国清 邵华冬 等
2018年10月出版 / 估价：158.00元
PSN B-2005-041-1/1

国际传播蓝皮书
中国国际传播发展报告（2018）
著(编)者：胡正荣 李继东 姬德强
2018年12月出版 / 估价：99.00元
PSN B-2014-408-1/1

国家形象蓝皮书
中国国家形象传播报告（2017）
著(编)者：张昆　2018年6月出版 / 估价：128.00元
PSN B-2017-605-1/1

互联网治理蓝皮书
中国网络社会治理研究报告（2018）
著(编)者：罗昕 支庭荣
2018年9月出版 / 估价：118.00元
PSN B-2017-653-1/1

纪录片蓝皮书
中国纪录片发展报告（2018）
著(编)者：何苏六　2018年10月出版 / 估价：99.00元
PSN B-2011-222-1/1

科学传播蓝皮书
中国科学传播报告（2016~2017）
著(编)者：詹正茂　2018年6月出版 / 估价：99.00元
PSN B-2008-120-1/1

两岸创意经济蓝皮书
两岸创意经济研究报告（2018）
著(编)者：罗昌智 董泽平
2018年10月出版 / 估价：99.00元
PSN B-2014-437-1/1

媒介与女性蓝皮书
中国媒介与女性发展报告（2017～2018）
著(编)者：刘利群　2018年5月出版 / 估价：99.00元
PSN B-2013-345-1/1

媒体融合蓝皮书
中国媒体融合发展报告（2017～2018）
著(编)者：梅宁华 支庭荣
2017年12月出版 / 定价：98.00元
PSN B-2015-479-1/1

全球传媒蓝皮书
全球传媒发展报告（2017～2018）
著(编)者：胡正荣 李继东　2018年6月出版 / 估价：99.00元
PSN B-2012-237-1/1

少数民族非遗蓝皮书
中国少数民族非物质文化遗产发展报告（2018）
著(编)者：肖远平（彝） 柴立（满）
2018年10月出版 / 估价：118.00元
PSN B-2015-467-1/1

视听新媒体蓝皮书
中国视听新媒体发展报告（2018）
著(编)者：国家新闻出版广电总局发展研究中心
2018年7月出版 / 估价：118.00元
PSN B-2011-184-1/1

数字娱乐产业蓝皮书
中国动画产业发展报告（2018）
著(编)者：孙立军 孙平 牛兴侦
2018年10月出版 / 估价：99.00元
PSN B-2011-198-1/2

数字娱乐产业蓝皮书
中国游戏产业发展报告（2018）
著(编)者：孙立军 刘跃军　2018年10月出版 / 估价：99.00元
PSN B-2017-662-2/2

网络视听蓝皮书
中国互联网视听行业发展报告（2018）
著(编)者：陈鹏　2018年2月出版 / 定价：148.00元
PSN B-2018-688-1/1

文化创新蓝皮书
中国文化创新报告（2017·No.8）
著(编)者：傅才武　2018年6月出版 / 估价：99.00元
PSN B-2009-143-1/1

文化建设蓝皮书
中国文化发展报告（2018）
著(编)者：江畅 孙伟平 戴茂堂
2018年5月出版 / 估价：99.00元
PSN B-2014-392-1/1

文化科技蓝皮书
文化科技创新发展报告（2018）
著(编)者：于平 李凤亮　2018年10月出版 / 估价：99.00元
PSN B-2013-342-1/1

文化蓝皮书
中国公共文化服务发展报告（2017~2018）
著(编)者：刘新成 张永新 张旭
2018年12月出版 / 估价：99.00元
PSN B-2007-093-2/10

文化蓝皮书
中国少数民族文化发展报告（2017～2018）
著(编)者：武翠英 张晓明 任乌晶
2018年9月出版 / 估价：99.00元
PSN B-2013-369-9/10

文化蓝皮书
中国文化产业供需协调检测报告（2018）
著(编)者：王亚南　2018年3月出版 / 定价：99.00元
PSN B-2013-323-8/10

文化蓝皮书
中国文化消费需求景气评价报告（2018）
著(编)者：王亚南 2018年3月出版 / 定价：99.00元
PSN B-2011-236-4/10

文化蓝皮书
中国公共文化投入增长测评报告（2018）
著(编)者：王亚南 2018年3月出版 / 定价：99.00元
PSN B-2014-435-10/10

文化品牌蓝皮书
中国文化品牌发展报告（2018）
著(编)者：欧阳友权 2018年5月出版 / 估价：99.00元
PSN B-2012-277-1/1

文化遗产蓝皮书
中国文化遗产事业发展报告（2017~2018）
著(编)者：苏杨 张颖岚 卓杰 白海峰 陈晨 陈叙图
2018年8月出版 / 估价：99.00元
PSN B-2008-119-1/1

文学蓝皮书
中国文情报告（2017~2018）
著(编)者：白烨 2018年5月出版 / 估价：99.00元
PSN B-2011-221-1/1

新媒体蓝皮书
中国新媒体发展报告No.9（2018）
著(编)者：唐绪军 2018年7月出版 / 估价：99.00元
PSN B-2010-169-1/1

新媒体社会责任蓝皮书
中国新媒体社会责任研究报告（2018）
著(编)者：钟瑛 2018年12月出版 / 估价：99.00元
PSN B-2014-423-1/1

移动互联网蓝皮书
中国移动互联网发展报告（2018）
著(编)者：余清楚 2018年6月出版 / 估价：99.00元
PSN B-2012-282-1/1

影视蓝皮书
中国影视产业发展报告（2018）
著(编)者：司若 陈鹏 陈锐
2018年6月出版 / 估价：99.00元
PSN B-2016-529-1/1

舆情蓝皮书
中国社会舆情与危机管理报告（2018）
著(编)者：谢耘耕
2018年9月出版 / 估价：138.00元
PSN B-2011-235-1/1

中国大运河蓝皮书
中国大运河发展报告（2018）
著(编)者：吴欣 2018年2月出版 / 估价：128.00元
PSN B-2018-691-1/1

地方发展类-经济

澳门蓝皮书
澳门经济社会发展报告（2017~2018）
著(编)者：吴志良 郝雨凡
2018年7月出版 / 估价：99.00元
PSN B-2009-138-1/1

澳门绿皮书
澳门旅游休闲发展报告（2017~2018）
著(编)者：郝雨凡 林广志
2018年5月出版 / 估价：99.00元
PSN G-2017-617-1/1

北京蓝皮书
北京经济发展报告（2017~2018）
著(编)者：杨松 2018年6月出版 / 估价：99.00元
PSN B-2006-054-2/8

北京旅游绿皮书
北京旅游发展报告（2018）
著(编)者：北京旅游学会
2018年7月出版 / 估价：99.00元
PSN G-2012-301-1/1

北京体育蓝皮书
北京体育产业发展报告（2017~2018）
著(编)者：钟秉枢 陈杰 杨铁黎
2018年9月出版 / 估价：99.00元
PSN B-2015-475-1/1

滨海金融蓝皮书
滨海新区金融发展报告（2017）
著(编)者：王爱俭 李向前 2018年4月出版 / 估价：99.00元
PSN B-2014-424-1/1

城乡一体化蓝皮书
北京城乡一体化发展报告（2017~2018）
著(编)者：吴宝新 张宝秀 黄序
2018年5月出版 / 估价：99.00元
PSN B-2012-258-2/2

非公有制企业社会责任蓝皮书
北京非公有制企业社会责任报告（2018）
著(编)者：宋贵伦 冯培
2018年6月出版 / 估价：99.00元
PSN B-2017-613-1/1

福建旅游蓝皮书
福建省旅游产业发展现状研究（2017~2018）
著(编)者：陈敏华 黄远水　2018年12月出版 / 估价：128.00元
PSN B-2016-591-1/1

福建自贸区蓝皮书
中国（福建）自由贸易试验区发展报告（2017~2018）
著(编)者：黄茂兴　2018年6月出版 / 估价：118.00元
PSN B-2016-531-1/1

甘肃蓝皮书
甘肃经济发展分析与预测（2018）
著(编)者：安文华 罗哲　2018年1月出版 / 定价：99.00元
PSN B-2013-312-1/6

甘肃蓝皮书
甘肃商贸流通发展报告（2018）
著(编)者：张应华 王福生 王晓芳
2018年1月出版 / 定价：99.00元
PSN B-2016-522-6/6

甘肃蓝皮书
甘肃县域和农村发展报告（2018）
著(编)者：包东红 朱智文 王建兵
2018年1月出版 / 定价：99.00元
PSN B-2013-316-5/6

甘肃农业科技绿皮书
甘肃农业科技发展研究报告（2018）
著(编)者：魏胜文 乔德华 张东伟
2018年12月出版 / 估价：198.00元
PSN B-2016-592-1/1

甘肃气象保障蓝皮书
甘肃农业对气候变化的适应与风险评估报告（No.1）
著(编)者：鲍文中 周广胜
2017年12月出版 / 定价：108.00元
PSN B-2017-677-1/1

巩义蓝皮书
巩义经济社会发展报告（2018）
著(编)者：丁同民 朱军　2018年6月出版 / 估价：99.00元
PSN B-2016-532-1/1

广东外经贸蓝皮书
广东对外经济贸易发展研究报告（2017~2018）
著(编)者：陈万灵　2018年6月出版 / 估价：99.00元
PSN B-2012-286-1/1

广西北部湾经济区蓝皮书
广西北部湾经济区开放开发报告（2017~2018）
著(编)者：广西壮族自治区北部湾经济区和东盟开放合作办公室
广西社会科学院
广西北部湾发展研究院
2018年5月出版 / 估价：99.00元
PSN B-2010-181-1/1

广州蓝皮书
广州城市国际化发展报告（2018）
著(编)者：张跃国　2018年8月出版 / 估价：99.00元
PSN B-2012-246-11/14

广州蓝皮书
中国广州城市建设与管理发展报告（2018）
著(编)者：张其学 陈小钢 王宏伟　2018年8月出版 / 估价：99.00元
PSN B-2007-087-4/14

广州蓝皮书
广州创新型城市发展报告（2018）
著(编)者：尹涛　2018年6月出版 / 估价：99.00元
PSN B-2012-247-12/14

广州蓝皮书
广州经济发展报告（2018）
著(编)者：张跃国 尹涛　2018年7月出版 / 估价：99.00元
PSN B-2005-040-1/14

广州蓝皮书
2018年中国广州经济形势分析与预测
著(编)者：魏明海 谢博能 李华
2018年6月出版 / 估价：99.00元
PSN B-2011-185-9/14

广州蓝皮书
中国广州科技创新发展报告（2018）
著(编)者：于欣伟 陈爽 邓佑满　2018年8月出版 / 估价：99.00元
PSN B-2006-065-2/14

广州蓝皮书
广州农村发展报告（2018）
著(编)者：朱名宏　2018年7月出版 / 估价：99.00元
PSN B-2010-167-8/14

广州蓝皮书
广州汽车产业发展报告（2018）
著(编)者：杨再高 冯兴亚　2018年7月出版 / 估价：99.00元
PSN B-2006-066-3/14

广州蓝皮书
广州商贸业发展报告（2018）
著(编)者：张跃国 陈杰 荀振英
2018年7月出版 / 估价：99.00元
PSN B-2012-245-10/14

贵阳蓝皮书
贵阳城市创新发展报告No.3（白云篇）
著(编)者：连玉明　2018年5月出版 / 估价：99.00元
PSN B-2015-491-3/10

贵阳蓝皮书
贵阳城市创新发展报告No.3（观山湖篇）
著(编)者：连玉明　2018年5月出版 / 估价：99.00元
PSN B-2015-497-9/10

贵阳蓝皮书
贵阳城市创新发展报告No.3（花溪篇）
著(编)者：连玉明　2018年5月出版 / 估价：99.00元
PSN B-2015-490-2/10

贵阳蓝皮书
贵阳城市创新发展报告No.3（开阳篇）
著(编)者：连玉明　2018年5月出版 / 估价：99.00元
PSN B-2015-492-4/10

贵阳蓝皮书
贵阳城市创新发展报告No.3（南明篇）
著(编)者：连玉明　2018年5月出版 / 估价：99.00元
PSN B-2015-496-8/10

贵阳蓝皮书
贵阳城市创新发展报告No.3（清镇篇）
著(编)者：连玉明　2018年5月出版 / 估价：99.00元
PSN B-2015-489-1/10

贵阳蓝皮书
贵阳城市创新发展报告No.3（乌当篇）
著(编)者：连玉明　　2018年5月出版 / 估价：99.00元
PSN B-2015-495-7/10

贵阳蓝皮书
贵阳城市创新发展报告No.3（息烽篇）
著(编)者：连玉明　　2018年5月出版 / 估价：99.00元
PSN B-2015-493-5/10

贵阳蓝皮书
贵阳城市创新发展报告No.3（修文篇）
著(编)者：连玉明　　2018年5月出版 / 估价：99.00元
PSN B-2015-494-6/10

贵阳蓝皮书
贵阳城市创新发展报告No.3（云岩篇）
著(编)者：连玉明　　2018年5月出版 / 估价：99.00元
PSN B-2015-498-10/10

贵州房地产蓝皮书
贵州房地产发展报告No.5（2018）
著(编)者：武廷方　　2018年7月出版 / 估价：99.00元
PSN B-2014-426-1/1

贵州蓝皮书
贵州册亨经济社会发展报告（2018）
著(编)者：黄德林　　2018年6月出版 / 估价：99.00元
PSN B-2016-525-8/9

贵州蓝皮书
贵州地理标志产业发展报告（2018）
著(编)者：李发耀 黄其松　　2018年8月出版 / 估价：99.00元
PSN B-2017-646-10/10

贵州蓝皮书
贵安新区发展报告（2017~2018）
著(编)者：马长青 吴大华　　2018年6月出版 / 估价：99.00元
PSN B-2015-459-4/10

贵州蓝皮书
贵州国家级开放创新平台发展报告（2017~2018）
著(编)者：申晓庆 吴大华 季泓
2018年11月出版 / 估价：99.00元
PSN B-2016-518-7/10

贵州蓝皮书
贵州国有企业社会责任发展报告（2017~2018）
著(编)者：郭丽　　2018年12月出版 / 估价：99.00元
PSN B-2015-511-6/10

贵州蓝皮书
贵州民航业发展报告（2017）
著(编)者：申振东 吴大华　　2018年6月出版 / 估价：99.00元
PSN B-2015-471-5/10

贵州蓝皮书
贵州民营经济发展报告（2017）
著(编)者：杨静 吴大华　　2018年6月出版 / 估价：99.00元
PSN B-2016-530-9/9

杭州都市圈蓝皮书
杭州都市圈发展报告（2018）
著(编)者：洪庆华 沈翔　　2018年4月出版 / 定价：98.00元
PSN B-2012-302-1/1

河北经济蓝皮书
河北省经济发展报告（2018）
著(编)者：马树强 金浩 张贵　　2018年6月出版 / 估价：99.00元
PSN B-2014-380-1/1

河北蓝皮书
河北经济社会发展报告（2018）
著(编)者：康振海　　2018年1月出版 / 定价：99.00元
PSN B-2014-372-1/3

河北蓝皮书
京津冀协同发展报告（2018）
著(编)者：陈璐　　2017年12月出版 / 定价：79.00元
PSN B-2017-601-2/3

河南经济蓝皮书
2018年河南经济形势分析与预测
著(编)者：王世炎　　2018年3月出版 / 定价：89.00元
PSN B-2007-086-1/1

河南蓝皮书
河南城市发展报告（2018）
著(编)者：张占仓 王建国　　2018年5月出版 / 估价：99.00元
PSN B-2009-131-3/9

河南蓝皮书
河南工业发展报告（2018）
著(编)者：张占仓　　2018年5月出版 / 估价：99.00元
PSN B-2013-317-5/9

河南蓝皮书
河南金融发展报告（2018）
著(编)者：喻新安 谷建全
2018年6月出版 / 估价：99.00元
PSN B-2014-390-7/9

河南蓝皮书
河南经济发展报告（2018）
著(编)者：张占仓 完世伟
2018年3月出版 / 估价：99.00元
PSN B-2010-157-4/9

河南蓝皮书
河南能源发展报告（2018）
著(编)者：国网河南省电力公司经济技术研究院
河南省社会科学院
2018年6月出版 / 估价：99.00元
PSN B-2017-607-9/9

河南商务蓝皮书
河南商务发展报告（2018）
著(编)者：焦锦淼 穆荣国　　2018年5月出版 / 估价：99.00元
PSN B-2014-399-1/1

河南双创蓝皮书
河南创新创业发展报告（2018）
著(编)者：喻新安 杨雪梅
2018年8月出版 / 估价：99.00元
PSN B-2017-641-1/1

黑龙江蓝皮书
黑龙江经济发展报告（2018）
著(编)者：朱宇　　2018年1月出版 / 定价：89.00元
PSN B-2011-190-2/2

湖南城市蓝皮书
区域城市群整合
著(编)者：童中贤 韩未名　　2018年12月出版 / 估价：99.00元
PSN B-2006-064-1/1

湖南蓝皮书
湖南城乡一体化发展报告（2018）
著(编)者：陈文胜 王文强 陆福兴
2018年8月出版 / 估价：99.00元
PSN B-2015-477-8/8

湖南蓝皮书
2018年湖南电子政务发展报告
著(编)者：梁志峰　　2018年5月出版 / 估价：128.00元
PSN B-2014-394-6/8

湖南蓝皮书
2018年湖南经济发展报告
著(编)者：卞鹰　　2018年5月出版 / 估价：128.00元
PSN B-2011-207-2/8

湖南蓝皮书
2016年湖南经济展望
著(编)者：梁志峰　　2018年5月出版 / 估价：128.00元
PSN B-2011-206-1/8

湖南蓝皮书
2018年湖南县域经济社会发展报告
著(编)者：梁志峰　　2018年5月出版 / 估价：128.00元
PSN B-2014-395-7/8

湖南县域绿皮书
湖南县域发展报告（No.5）
著(编)者：袁准 周小毛 黎仁寅
2018年6月出版 / 估价：99.00元
PSN G-2012-274-1/1

沪港蓝皮书
沪港发展报告（2018）
著(编)者：尤安山　　2018年9月出版 / 估价：99.00元
PSN B-2013-362-1/1

吉林蓝皮书
2018年吉林经济社会形势分析与预测
著(编)者：邵汉明　　2017年12月出版 / 定价：89.00元
PSN B-2013-319-1/1

吉林省城市竞争力蓝皮书
吉林省城市竞争力报告（2017~2018）
著(编)者：崔岳春 张磊
2018年3月出版 / 定价：89.00元
PSN B-2016-513-1/1

济源蓝皮书
济源经济社会发展报告（2018）
著(编)者：喻新安　　2018年6月出版 / 估价：99.00元
PSN B-2014-387-1/1

江苏蓝皮书
2018年江苏经济发展分析与展望
著(编)者：王庆五 吴先满
2018年7月出版 / 估价：128.00元
PSN B-2017-635-1/3

江西蓝皮书
江西经济社会发展报告（2018）
著(编)者：陈石俊 龚建文　　2018年10月出版 / 估价：128.00元
PSN B-2015-484-1/2

江西蓝皮书
江西设区市发展报告（2018）
著(编)者：姜玮 梁勇
2018年10月出版 / 估价：99.00元
PSN B-2016-517-2/2

经济特区蓝皮书
中国经济特区发展报告（2017）
著(编)者：陶一桃　　2018年1月出版 / 估价：99.00元
PSN B-2009-139-1/1

辽宁蓝皮书
2018年辽宁经济社会形势分析与预测
著(编)者：梁启东 魏红江　　2018年6月出版 / 估价：99.00元
PSN B-2006-053-1/1

民族经济蓝皮书
中国民族地区经济发展报告（2018）
著(编)者：李曦辉　　2018年7月出版 / 估价：99.00元
PSN B-2017-630-1/1

南宁蓝皮书
南宁经济发展报告（2018）
著(编)者：胡建华　　2018年9月出版 / 估价：99.00元
PSN B-2016-569-2/3

内蒙古蓝皮书
内蒙古精准扶贫研究报告（2018）
著(编)者：张志华　　2018年1月出版 / 定价：89.00元
PSN B-2017-681-2/2

浦东新区蓝皮书
上海浦东经济发展报告（2018）
著(编)者：周小平 徐美芳
2018年1月出版 / 定价：89.00元
PSN B-2011-225-1/1

青海蓝皮书
2018年青海经济社会形势分析与预测
著(编)者：陈玮　　2018年1月出版 / 定价：98.00元
PSN B-2012-275-1/2

青海科技绿皮书
青海科技发展报告（2017）
著(编)者：青海省科学技术信息研究所
2018年3月出版 / 定价：98.00元
PSN G-2018-701-1/1

山东蓝皮书
山东经济形势分析与预测（2018）
著(编)者：李广杰　　2018年7月出版 / 估价：99.00元
PSN B-2014-404-1/5

山东蓝皮书
山东省普惠金融发展报告（2018）
著(编)者：齐鲁财富网
2018年9月出版 / 估价：99.00元
PSN B2017-676-5/5

山西蓝皮书
山西资源型经济转型发展报告（2018）
著(编)者：李志强　　2018年7月出版 / 估价：99.00元
PSN B-2011-197-1/1

陕西蓝皮书
陕西经济发展报告（2018）
著(编)者：任宗哲 白宽犁 裴成荣
2018年1月出版 / 定价：89.00元
PSN B-2009-135-1/6

陕西蓝皮书
陕西精准脱贫研究报告（2018）
著(编)者：任宗哲 白宽犁 王建康
2018年4月出版 / 定价：89.00元
PSN B-2017-623-6/6

上海蓝皮书
上海经济发展报告（2018）
著(编)者：沈开艳　　2018年2月出版 / 定价：89.00元
PSN B-2005-057-1/7

上海蓝皮书
上海资源环境发展报告（2018）
著(编)者：周冯琦 胡静　　2018年2月出版 / 定价：89.00元
PSN B-2006-060-4/7

上海蓝皮书
上海奉贤经济发展分析与研判（2017～2018）
著(编)者：张兆安 朱平芳　　2018年3月出版 / 定价：99.00元
PSN B-2018-698-8/8

上饶蓝皮书
上饶发展报告（2016～2017）
著(编)者：廖其志　　2018年6月出版 / 估价：128.00元
PSN B-2014-377-1/1

深圳蓝皮书
深圳经济发展报告（2018）
著(编)者：张骁儒　　2018年6月出版 / 估价：99.00元
PSN B-2008-112-3/7

四川蓝皮书
四川城镇化发展报告（2018）
著(编)者：侯水平 陈炜　　2018年6月出版 / 估价：99.00元
PSN B-2015-456-7/7

四川蓝皮书
2018年四川经济形势分析与预测
著(编)者：杨钢　　2018年1月出版 / 定价：158.00元
PSN B-2007-098-2/7

四川蓝皮书
四川企业社会责任研究报告（2017～2018）
著(编)者：侯水平 盛毅　　2018年5月出版 / 估价：99.00元
PSN B-2014-386-4/7

四川蓝皮书
四川生态建设报告（2018）
著(编)者：李晟之　　2018年5月出版 / 估价：99.00元
PSN B-2015-455-6/7

四川蓝皮书
四川特色小镇发展报告（2017）
著(编)者：吴志强　　2017年11月出版 / 定价：89.00元
PSN B-2017-670-8/8

体育蓝皮书
上海体育产业发展报告（2017~2018）
著(编)者：张林 黄海燕
2018年10月出版 / 估价：99.00元
PSN B-2015-454-4/5

体育蓝皮书
长三角地区体育产业发展报（2017～2018）
著(编)者：张林　　2018年6月出版 / 估价：99.00元
PSN B-2015-453-3/5

天津金融蓝皮书
天津金融发展报告（2018）
著(编)者：王爱俭 孔德昌
2018年5月出版 / 估价：99.00元
PSN B-2014-418-1/1

图们江区域合作蓝皮书
图们江区域合作发展报告（2018）
著(编)者：李铁　　2018年6月出版 / 估价：99.00元
PSN B-2015-464-1/1

温州蓝皮书
2018年温州经济社会形势分析与预测
著(编)者：蒋儒标 王春光 金浩
2018年5月出版 / 估价：99.00元
PSN B-2008-105-1/1

西咸新区蓝皮书
西咸新区发展报告（2018）
著(编)者：李扬 王军
2018年6月出版 / 估价：99.00元
PSN B-2016-534-1/1

修武蓝皮书
修武经济社会发展报告（2018）
著(编)者：张占仓 袁凯声
2018年1[illegible]月出版 / 估价：99.00元
PSN B-2017-651-1/1

偃师蓝皮书
偃师经济社会发展报告（2018）
著(编)者：张占仓 袁凯声 何武周
2018年7月出版 / 估价：99.00元
PSN B-2017-627-1/1

扬州蓝皮书
扬州经济社会发展报告（2018）
著(编)者：陈扬
2018年12月出版 / 估价：108.00元
PSN B-2011-191-1/1

长垣蓝皮书
长垣经济社会发展报告（2018）
著(编)者：张占仓 袁凯声 秦保建
2018年10月出版 / 估价：99.00元
PSN B-2017-654-1/1

遵义蓝皮书
遵义发展报告（2018）
著(编)者：邓彦 曾征 龚永育
2018年9月出版 / 估价：99.00元
PSN B-2014-433-1/1

地方发展类-社会

安徽蓝皮书
安徽社会发展报告（2018）
著(编)者：程桦　　2018年6月出版 / 估价：99.00元
PSN B-2013-325-1/1

安徽社会建设蓝皮书
安徽社会建设分析报告（2017~2018）
著(编)者：黄家海 蔡宪
2018年11月出版 / 估价：99.00元
PSN B-2013-322-1/1

北京蓝皮书
北京公共服务发展报告（2017~2018）
著(编)者：施昌奎　　2018年6月出版 / 估价：99.00元
PSN B-2008-103-7/8

北京蓝皮书
北京社会发展报告（2017~2018）
著(编)者：李伟东
2018年7月出版 / 估价：99.00元
PSN B-2006-055-3/8

北京蓝皮书
北京社会治理发展报告（2017~2018）
著(编)者：殷星辰　　2018年7月出版 / 估价：99.00元
PSN B-2014-391-8/8

北京律师蓝皮书
北京律师发展报告 No.4（2018）
著(编)者：王隽　　2018年12月出版 / 估价：99.00元
PSN B-2011-217-1/1

北京人才蓝皮书
北京人才发展报告（2018）
著(编)者：敏华　　2018年12月出版 / 估价：128.00元
PSN B-2011-201-1/1

北京社会心态蓝皮书
北京社会心态分析报告（2017~2018）
北京市社会心理服务促进中心
2018年10月出版 / 估价：99.00元
PSN B-2014-422-1/1

北京社会组织管理蓝皮书
北京社会组织发展与管理（2018）
著(编)者：黄江松
2018年6月出版 / 估价：99.00元
PSN B-2015-446-1/1

北京养老产业蓝皮书
北京居家养老发展报告（2018）
著(编)者：陆杰华 周明明
2018年8月出版 / 估价：99.00元
PSN B-2015-465-1/1

法治蓝皮书
四川依法治省年度报告No.4（2018）
著(编)者：李林 杨天宗 田禾
2018年3月出版 / 定价：118.00元
PSN B-2015-447-2/3

福建妇女发展蓝皮书
福建省妇女发展报告（2018）
著(编)者：刘群英　　2018年11月出版 / 估价：99.00元
PSN B-2011-220-1/1

甘肃蓝皮书
甘肃社会发展分析与预测（2018）
著(编)者：安文华 谢增虎 包晓霞
2018年1月出版 / 定价：99.00元
PSN B-2013-313-2/6

广东蓝皮书
广东全面深化改革研究报告（2018）
著(编)者：周林生 涂成林
2018年12月出版 / 估价：99.00元
PSN B-2015-504-3/3

广东蓝皮书
广东社会工作发展报告（2018）
著(编)者：罗观翠　　2018年6月出版 / 估价：99.00元
PSN B-2014-402-2/3

广州蓝皮书
广州青年发展报告（2018）
著(编)者：徐柳 张强
2018年8月出版 / 估价：99.00元
PSN B-2013-352-13/14

广州蓝皮书
广州社会保障发展报告（2018）
著(编)者：张跃国　　2018年8月出版 / 估价：99.00元
PSN B-2014-425-14/14

广州蓝皮书
2018年中国广州社会形势分析与预测
著(编)者：张强 郭志勇 何镜清
2018年6月出版 / 估价：99.00元
PSN B-2008-110-5/14

贵州蓝皮书
贵州法治发展报告（2018）
著(编)者：吴大华　　2018年5月出版 / 估价：99.00元
PSN B-2012-254-2/10

贵州蓝皮书
贵州人才发展报告（2017）
著(编)者：于杰 吴大华
2018年9月出版 / 估价：99.00元
PSN B-2014-382-3/10

贵州蓝皮书
贵州社会发展报告（2018）
著(编)者：王兴骥　　2018年6月出版 / 估价：99.00元
PSN B-2010-166-1/10

杭州蓝皮书
杭州妇女发展报告（2018）
著(编)者：魏颖
2018年10月出版 / 估价：99.00元
PSN B-2014-403-1/1

河北蓝皮书
河北法治发展报告（2018）
著(编)者：康振海　　2018年6月出版 / 估价：99.00元
PSN B-2017-[illegible]22-3/3

河北食品药品安全蓝皮书
河北食品药品安全研究报告（2018）
著(编)者：丁锦霞
2018年10月出版 / 估价：99.00元
PSN B-2015-473-1/1

河南蓝皮书
河南法治发展报告（2018）
著(编)者：张林海　　2018年7月出版 / 估价：99.00元
PSN B-2014-376-6/9

河南蓝皮书
2018年河南社会形势分析与预测
著(编)者：牛苏林　　2018年5月出版 / 估价：99.00元
PSN B-2005-043-1/9

河南民办教育蓝皮书
河南民办教育发展报告（2018）
著(编)者：胡大白　　2018年9月出版 / 估价：99.00元
PSN B-2017-642-1/1

黑龙江蓝皮书
黑龙江社会发展报告（2018）
著(编)者：王爱丽　　2018年1月出版 / 定价：89.00元
PSN B-2011-189-1/2

湖南蓝皮书
2018年湖南两型社会与生态文明建设报告
著(编)者：卞鹰　　2018年5月出版 / 估价：128.00元
PSN B-2011-208-3/8

湖南蓝皮书
2018年湖南社会发展报告
著(编)者：卞鹰　　2018年5月出版 / 估价：128.00元
PSN B-2014-393-5/8

健康城市蓝皮书
北京健康城市建设研究报告（2018）
著(编)者：王鸿春 盛继洪
2018年9月出版 / 估价：99.00元
PSN B-2015-460-1/2

江苏法治蓝皮书
江苏法治发展报告No.6（2017）
著(编)者：蔡道通 龚廷泰
2018年8月出版 / 估价：99.00元
PSN B-2012-290-1/1

江苏蓝皮书
2018年江苏社会发展分析与展望
著(编)者：王庆五 刘旺洪
2018年8月出版 / 估价：128.00元
PSN B-2017-636-2/3

民族教育蓝皮书
中国民族教育发展报告（2017·内蒙古卷）
著(编)者：陈中永
2017年12月出版 / 定价：198.00元
PSN B-2017-669-1/1

南宁蓝皮书
南宁法治发展报告（2018）
著(编)者：杨维超　　2018年12月出版 / 估价：99.00元
PSN B-2015-509-1/3

南宁蓝皮书
南宁社会发展报告（2018）
著(编)者：胡建华　　2018年10月出版 / 估价：99.00元
PSN B-2016-570-3/3

内蒙古蓝皮书
内蒙古反腐倡廉建设报告 No.2
著(编)者：张志华　　2018年6月出版 / 估价：99.00元
PSN B-2013-365-1/1

青海蓝皮书
2018年青海人才发展报告
著(编)者：王宇燕　　2018年9月出版 / 估价：99.00元
PSN B-2017-650-2/2

青海生态文明建设蓝皮书
青海生态文明建设报告（2018）
著(编)者：张西明 高华　　2018年12月出版 / 估价：99.00元
PSN B-2016-595-1/1

人口与健康蓝皮书
深圳人口与健康发展报告（2018）
著(编)者：陆杰华 傅崇辉
2018年11月出版 / 估价：99.00元
PSN B-2011-228-1/1

山东蓝皮书
山东社会形势分析与预测（2018）
著(编)者：李善峰　　2018年6月出版 / 估价：99.00元
PSN B-2014-405-2/5

陕西蓝皮书
陕西社会发展报告（2018）
著(编)者：任宗哲 白宽犁 牛昉
2018年1月出版 / 定价：89.00元
PSN B-2009-136-2/6

上海蓝皮书
上海法治发展报告（2018）
著(编)者：叶必丰　　2018年9月出版 / 估价：99.00元
PSN B-2012-296-6/7

上海蓝皮书
上海社会发展报告（2018）
著(编)者：杨雄 周海旺
2018年2月出版 / 定价：89.00元
PSN B-2006-058-2/7

社会建设蓝皮书
2018年北京社会建设分析报告
著(编)者：宋贵伦 冯虹 2018年9月出版 / 估价：99.00元
PSN B-2010-173-1/1

深圳蓝皮书
深圳法治发展报告（2018）
著(编)者：张骁儒 2018年6月出版 / 估价：99.00元
PSN B-2015-470-6/7

深圳蓝皮书
深圳劳动关系发展报告（2018）
著(编)者：汤庭芬 2018年8月出版 / 估价：99.00元
PSN B-2007-097-2/7

深圳蓝皮书
深圳社会治理与发展报告（2018）
著(编)者：张骁儒 2018年6月出版 / 估价：99.00元
PSN B-2008-113-4/7

生态安全绿皮书
甘肃国家生态安全屏障建设发展报告（2018）
著(编)者：刘举科 喜文华
2018年10月出版 / 估价：99.00元
PSN G-2017-659-1/1

顺义社会建设蓝皮书
北京市顺义区社会建设发展报告（2018）
著(编)者：王学武 2018年9月出版 / 估价：99.00元
PSN B-2017-658-1/1

四川蓝皮书
四川法治发展报告（2018）
著(编)者：郑泰安 2018年6月出版 / 估价：99.00元
PSN B-2015-441-5/7

四川蓝皮书
四川社会发展报告（2018）
著(编)者：李羚 2018年6月出版 / 估价：99.00元
PSN B-2008-127-3/7

四川社会工作与管理蓝皮书
四川省社会工作人力资源发展报告（2017）
著(编)者：边慧敏 2017年12月出版 / 定价：89.00元
PSN B-2017-683-1/1

云南社会治理蓝皮书
云南社会治理年度报告（2017）
著(编)者：晏雄 韩全芳
2018年5月出版 / 估价：99.00元
PSN B-2017-667-1/1

地方发展类-文化

北京传媒蓝皮书
北京新闻出版广电发展报告（2017～2018）
著(编)者：王志 2018年11月出版 / 估价：99.00元
PSN B-2016-588-1/1

北京蓝皮书
北京文化发展报告（2017～2018）
著(编)者：李建盛 2018年5月出版 / 估价：99.00元
PSN B-2007-082-4/8

创意城市蓝皮书
北京文化创意产业发展报告（2018）
著(编)者：郭万超 张京成 2018年12月出版 / 估价：99.00元
PSN B-2012-263-1/7

创意城市蓝皮书
天津文化创意产业发展报告（2017～2018）
著(编)者：谢思全 2018年6月出版 / 估价：99.00元
PSN B-2016-536-7/7

创意城市蓝皮书
武汉文化创意产业发展报告（2018）
著(编)者：黄永林 陈汉桥 2018年12月出版 / 估价：99.00元
PSN B-2013-354-4/7

创意上海蓝皮书
上海文化创意产业发展报告（2017～2018）
著(编)者：王慧敏 王兴全 2018年8月出版 / 估价：99.00元
PSN B-2016-561-1/1

非物质文化遗产蓝皮书
广州市非物质文化遗产保护发展报告（2018）
著(编)者：宋俊华 2018年12月出版 / 估价：99.00元
PSN B-2016-589-1/1

甘肃蓝皮书
甘肃文化发展分析与预测（2018）
著(编)者：马廷旭 戚晓萍 2018年1月出版 / 定价：99.00元
PSN B-2013-314-3/6

甘肃蓝皮书
甘肃舆情分析与预测（2018）
著(编)者：王俊莲 张谦元 2018年1月出版 / 定价：99.00元
PSN B-2013-315-4/6

广州蓝皮书
中国广州文化发展报告（2018）
著(编)者：屈哨兵 陆志强 2018年6月出版 / 估价：99.00元
PSN B-2009-134-7/14

广州蓝皮书
广州文化创意产业发展报告（2018）
著(编)者：徐咏虹 2018年7月出版 / 估价：99.00元
PSN B-2008-111-6/14

海淀蓝皮书
海淀区文化和科技融合发展报告（2018）
著(编)者：陈名杰 孟景伟 2018年5月出版 / 估价：99.00元
PSN B-2013-329-1/1

河南蓝皮书
河南文化发展报告（2018）
著(编)者：卫绍生　2018年7月出版 / 估价：99.00元
PSN B-2008-106-2/9

湖北文化产业蓝皮书
湖北省文化产业发展报告（2018）
著(编)者：黄晓华　2018年9月出版 / 估价：99.00元
PSN B-2017-555-1/1

湖北文化蓝皮书
湖北文化发展报告（2017~2018）
著(编)者：湖北大学高等人文研究院
中华文化发展湖北省协同创新中心
2018年10月出版 / 估价：99.00元
PSN B-2016-566-1/1

江苏蓝皮书
2018年江苏文化发展分析与展望
著(编)者：王庆五 樊和平　2018年9月出版 / 估价：128.00元
PSN B-2017-637-3/3

江西文化蓝皮书
江西非物质文化遗产发展报告（2018）
著(编)者：张圣才 傅安平　2018年12月出版 / 估价：128.00元
PSN B-2015-499-1/1

洛阳蓝皮书
洛阳文化发展报告（2018）
著(编)者：刘福兴 陈启明　2018年7月出版 / 估价：99.00元
PSN B-2015-476-1/1

南京蓝皮书
南京文化发展报告（2018）
著(编)者：中共南京市委宣传部
2018年12月出版 / 估价：99.00元
PSN B-2014-439-1/1

宁波文化蓝皮书
宁波"一人一艺"全民艺术普及发展报告（2017）
著(编)者：李爱琴　2018年11月出版 / 估价：128.00元
PSN B-2017-668-1/1

山东蓝皮书
山东文化发展报告（2018）
著(编)者：涂可国　2018年5月出版 / 估价：99.00元
PSN B-2014-406-3/5

陕西蓝皮书
陕西文化发展报告（2018）
著(编)者：任宗哲 白宽犁 王长寿
2018年1月出版 / 定价：89.00元
PSN B-2009-137-3/6

上海蓝皮书
上海传媒发展报告（2018）
著(编)者：强荧 焦雨虹　2018年2月出版 / 定价：89.00元
PSN B-2012-295-5/7

上海蓝皮书
上海文学发展报告（2018）
著(编)者：陈圣来　2018年6月出版 / 估价：99.00元
PSN B-2012-297-7/7

上海蓝皮书
上海文化发展报告（2018）
著(编)者：荣跃明　2018年6月出版 / 估价：99.00元
PSN B-2006-059-3/7

深圳蓝皮书
深圳文化发展报告（2018）
著(编)者：张骁儒　2018年7月出版 / 估价：99.00元
PSN B-2016-554-7/7

四川蓝皮书
四川文化产业发展报告（2018）
著(编)者：向宝云 张立伟　2018年6月出版 / 估价：99.00元
PSN B-2006-074-1/7

郑州蓝皮书
2018年郑州文化发展报告
著(编)者：王哲　2018年9月出版 / 估价：99.00元
PSN B-2008-107-1/1

✤ 皮书起源 ✤

"皮书"起源于十七、十八世纪的英国，主要指官方或社会组织正式发表的重要文件或报告，多以"白皮书"命名。在中国，"皮书"这一概念被社会广泛接受，并被成功运作、发展成为一种全新的出版形态，则源于中国社会科学院社会科学文献出版社。

✤ 皮书定义 ✤

皮书是对中国与世界发展状况和热点问题进行年度监测，以专业的角度、专家的视野和实证研究方法，针对某一领域或区域现状与发展态势展开分析和预测，具备原创性、实证性、专业性、连续性、前沿性、时效性等特点的公开出版物，由一系列权威研究报告组成。

✤ 皮书作者 ✤

皮书系列的作者以中国社会科学院、著名高校、地方社会科学院的研究人员为主，多为国内一流研究机构的权威专家学者，他们的看法和观点代表了学界对中国与世界的现实和未来最高水平的解读与分析。

✤ 皮书荣誉 ✤

皮书系列已成为社会科学文献出版社的著名图书品牌和中国社会科学院的知名学术品牌。2016 年，皮书系列正式列入"十三五"国家重点出版规划项目；2013~2018 年，重点皮书列入中国社会科学院承担的国家哲学社会科学创新工程项目；2018 年，59 种院外皮书使用"中国社会科学院创新工程学术出版项目"标识。

中国皮书网

（网址：www.pishu.cn）

发布皮书研创资讯，传播皮书精彩内容
引领皮书出版潮流，打造皮书服务平台

栏目设置

关于皮书：何谓皮书、皮书分类、皮书大事记、皮书荣誉、
皮书出版第一人、皮书编辑部

最新资讯：通知公告、新闻动态、媒体聚焦、网站专题、视频直播、下载专区

皮书研创：皮书规范、皮书选题、皮书出版、皮书研究、研创团队

皮书评奖评价：指标体系、皮书评价、皮书评奖

互动专区：皮书说、社科数托邦、皮书微博、留言板

所获荣誉

2008 年、2011 年，中国皮书网均在全国新闻出版业网站荣誉评选中获得“最具商业价值网站”称号；

2012 年，获得“出版业网站百强”称号。

网库合一

2014 年，中国皮书网与皮书数据库端口合一，实现资源共享。

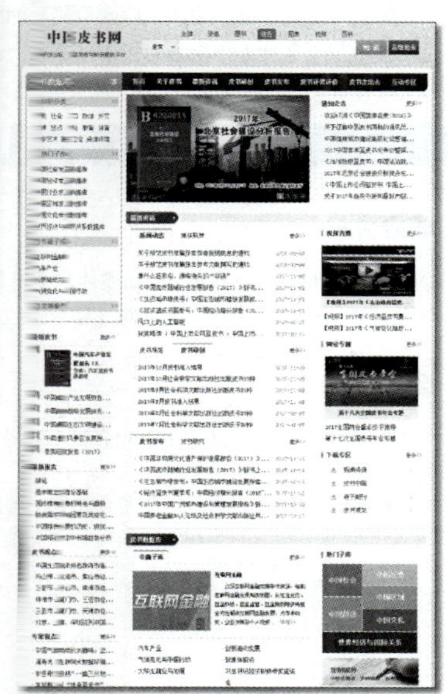

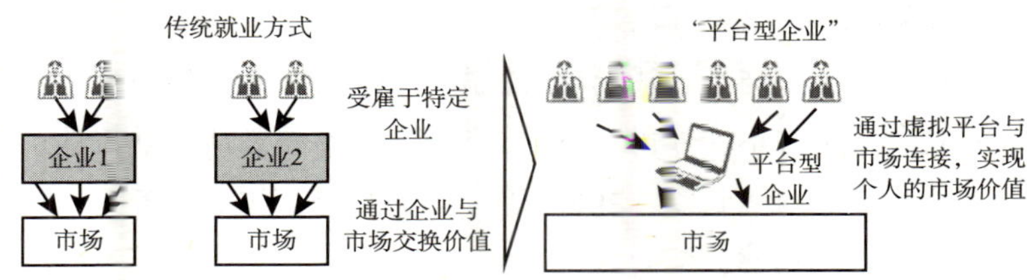

图5 BCG 传统就业方式与平台型就业

资料来源：BCG《互联网时代的就业重构》，2015。

2. “创业式就业”成为一种显著的“就业”方式

“互联网＋”带来的新经济，为创新创业提供了更大的空间和高效途径。随着信息技术和互联网的迅猛发展，互联网成为年轻人创业的首选。淘宝、天猫正成为千万年轻人创业的三角地，服务5亿在线消费者，实现4.8万亿元大市场，创造超过3600万个就业机会。

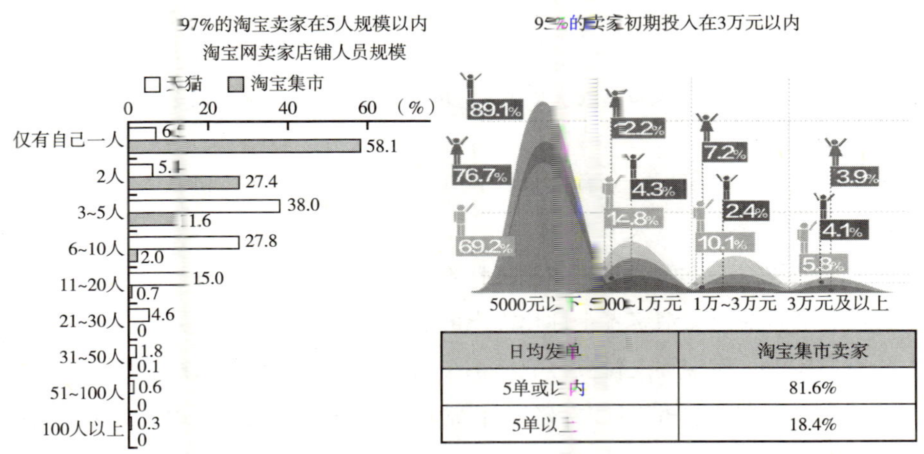

日均发单	淘宝集市卖家
5单或以内	81.6%
5单以上	18.4%

图6 淘宝网店人员及开店投入

资料来源：《谁在开网店》《2012年网商发展报告》。

3. 灵活化就业普遍存在，“家庭与工作”关系得以更好平衡

当前，中国也正在进入新的“零工经济”时代。网红、创二代、自媒体、威客、麻豆、兼职开网店、专车司机、快递自由人等自由职业层出不穷，传统的“8小时工作”正在变成“U盘式就业、分时就业、秒就业”。

4. 分工细化带来新兴职业层出不穷

在互联网的长尾效应下，基于对大数据的分享和交换，特色生意、服务越来越多；职业种类也在不断分化，360 行已经远远不能概括其丰富性了。如网络模特、网络摄影、叫醒服务、道歉服务、告白服务、失恋服务……这背后创造了无数小众、长尾的就业机会。

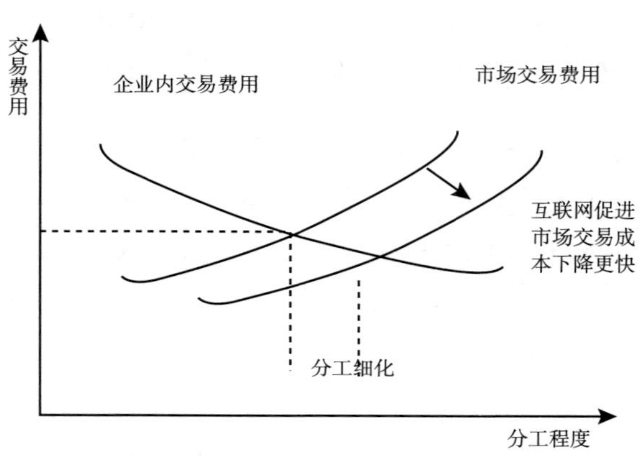

图 7　互联网技术进步带来市场交易成本降低及分工细化

市场范围：大市场才会有大分工，互联网和云计算支撑起一个广度与深度达到历史新高峰的全球大市场。

交易费用：一方面，互联网和云计算正在大幅降低企业间的交易费用；另一方面，通过对海量消费者个性化需求的满足，正在创造新的专业化价值。

交易技术：淘宝、支付宝等交易系统与交易机制，都可以被视为广义上的交易技术，正是这种可以同时服务数亿消费者、低成本地开展远程交易、高度发达的交易系统，才能支撑起高度复杂的分工。

资产专用性：与工业时代企业的资产专用性不同，平台以“平台共享”的方式，在云计算中心的“初始固定投入”与 APP、垂直应用、增值业务等“边际投入”之间，进行一种超出企业资产专用性边界的社会化分工。

（四）促进新就业发展的几点建议

新就业对社会管理和现有法规体系提出了新的挑战。为了促进新就业的可持续发展，建议如下。

1. 制定全国网络创业就业发展规划，在全社会倡导新经济下就业的新理念

国家政策应该对网络就业寄予更多包容和鼓励，加强网络就业正面宣传，引导更多民众通过网络途径实现就业。在国家政策层面上，鼓励促进分时就业、灵活就业以及创业等新形态就业的发展。

2. 重新定义就业的概念，促进新形态就业方式的发展

政府和社会应重新审视就业概念的界定，接纳新的就业形式，促进多种不同形态的就业模式共同发展。在国家政策层面上，应该尽快依据形势的变化而发展就业的概念，把非雇用、非正规、灵活的以及创业等工作形式都包含到就业的形态中，促进多形态就业方式的共同发展。

3. 完善社会保障体系，建立社会化大保障系统

探索建立一套符合新经济发展的保障体系，如网络就业保障金，引入第三方专业机构加入平台提供在线保障服务等社会化的大保障体系。

参考文献

波士顿咨询公司：《互联网时代的就业重构》，http：//www.bcg.com.cn/cn/newsandpublications/publications/reports/report20150812001.html。

国家信息中心信息化研究部、中国互联网协会分享经济工作委员会：《中国分享经济发展报告 2016》，http：//www.sic.gov.cn/News/86/5011.htm。

国家信息中心信息化研究部：《全球信息社会发展报告 2016》，http：//www.sic.gov.cn/News/250/6354.htm。

〔美〕杰里米·里夫金：《零边际成本社会：一个物联网、合作共赢的新经济时代》，赛迪研究院专家组译，中信出版社，2014。

〔美〕埃尔文·罗斯：《共享经济：市场设计及其应用》，傅帅雄译，机械工业出版社，2016。

〔美〕埃里克·布莱恩约弗森、安德鲁·麦卡菲：《第二次机器革命》，蒋永军译，中信出版社，2014。

〔德〕克劳斯·施瓦布：《第四次工业革命》，李菁译，中信出版社，2016。

〔美〕克雷格·兰伯特：《无偿：共享经济时代如何重新定义工作?》，孟波、李琳译，广东人民出版社，2016。

〔美〕马丁·福特：《机器人时代》，王吉美、牛筱萌译，中信出版社，2015。

A. Landier, D. Szomoru, D. Thesmar, 2016, "Working in the Ondemand Economy: An Analysis of Uber Driver-Partners in France", working paper.

Frank Levy, Richard J. Murnane, 2004, *The New Division of Labor: How Computers Are Creating the Next Job Market*, Princeton University Press.

Guy Standing, 2011, *The Precariat – The new Dangerous Class*, Bloomsbury.

H. Jonathan, A. Krueger, "An Analysis of the Labor Market for Uber's Driver-Partners in the United States", Working Paper.

Seth D. Harris, Alan B. Krueger, 2015, "A Proposal for Modernizing Labor Laws for Twenty-First-Century Work: The 'Independent Worker'", Working Paper, http://www.hamiltonproject.org/papers/modernizing_labor_laws_for_twenty_first_century_work_independent_worker/.

World Economic Forum, 2016, The Future of Jobs, Employment, Skills and Workforce Strategy for the Fourth Industrial Revolution, https://cn.weforum.org/.

B.5

洞察变化　解读中国大陆人才需求

司　畅*

摘　要： 人才作为人力资源中最富有竞争力的一部分，是经济发展中最关键、最具活力的因素。人才需求与经济发展是相辅相成的。本报告将结合2011–2016年度万宝盛华集团雇佣前景调查与人才短缺调查结果，总结人才需求特点、人才短缺的职位特点、驱动因素与应对策略。

关键词： 人才需求　人才短缺　雇佣前景调查　技能革命

"人力"作为实现经济发展的一种重要资源，在过去30年，连同技术和全球化力量给中国带来了重大经济效益，缔造了中国高速经济增长，使中国一跃成为世界第二大经济体。人才作为人力资源中最富有竞争力的一部分，是经济发展中最关键、最具活力的因素。人才需求与经济发展是相辅相成的。下面将结合2011~2016年万宝盛华集团雇佣前景调查与人才短缺调查结果，总结人才需求特点、人才短缺的职位特点、驱动因素与应对策略。

万宝盛华集团雇佣前景调查是每个季度都会进行一次，以调查下一季度雇主增加还是减少员工方面的意向。该调查是基于对全球59000多家各类企业的访问，已有超过50年的历史。中国大陆地区是2005年第二季度参加该调查的，受访对象为中国大陆地区4200多家各类企业的人力资源负责人。万宝盛华集团人才短缺调查，覆盖全球44个国家或地区，其中1900多家企业样本来自中国大陆，已连续开展11次，主要目的在于了解当前的人才市场中，填补

* 司畅，万宝盛华集团，主要研究领域为国内雇用趋势变化及人才短缺问题。

职位空缺的困难程度、难以填补的职位、人才短缺的原因及应对人才短缺的策略。

一　人才需求特点

20 世纪 90 年代，东南沿海制造业的快速发展，助长了区域经济的人才需求，吸引了大量的人口迁入，引得全国出现“孔雀东南飞”的人才流动现象。后来，随着产业转移至二、三线新锐城市，人才回流，支撑国家区域化发展。多年快速增长之后，中国经济增速正在逐渐放缓。近几年，产能过剩，人口红利逐渐消失，生产型投资和劳动密集型出口制造业日渐式微，中国进入经济波动时期。国家统计局最新数据显示，2016 年中国 GDP 增速为 6.7%，为 1990 年以来增速最慢的一年。

万宝盛华集团雇佣前景调查发现，人才需求与经济增速从快到慢的步调基本一致。从 2011 年开始，人才需求趋于放缓，中国大陆净雇佣前景指数逐步下滑，2016 年第三季度的净雇佣前景指数从 2011 年第一季度的 38% 下滑至 2%，呈现自 2005 年第二季度参与调查以来最低迷态势。净雇佣前景指数从两位数下降至个位数，这一趋势基本与 GDP 的增速相吻合。

经济增长虽然放缓，但中国政府不懈进行结构性改革，提升与增强中国经济在全球的地位。万宝盛华集团发布的 2016 年第四季度雇佣前景调查结果发现：自 2016 年第三季度最低落的雇佣预期后，中国大陆地区雇主的招募计划出现反弹。中国大陆地区的净雇佣前景指数为 +5%（季节性调整之后），与上年同期持平；季度间相比，净雇佣前景指数上升了 3 个百分点。

从 2016 年中国大陆人才需求的整体来看，主要呈现以下一些特点。

（一）不确定性预期增加

日益紧张的地缘政治局势使雇佣的不确定预期增加。万宝盛华集团雇佣前景调查显示，2016 年第一季度至第四季度，对预期员工数量变化表示不知道的中国大陆受访雇主比例，占到四至五成。全球贸易保护主义升温与国际的贸易摩擦频发或使全球交易量萎缩，对一些行业与企业的发展造成限制和打击。物流出口、批发零售贸易业的发展表现较为明显。万宝盛华集团 2016 年第四

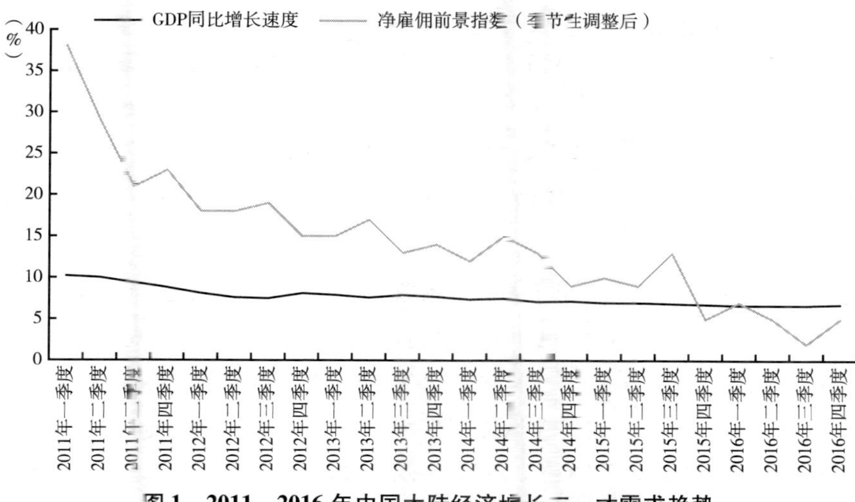

图1　2011～2016年中国大陆经济增长与人才需求趋势

注：净雇佣前景指数是指所有接受调查的企业中，期望在下季度增加员工人数的雇主比例与期望减少员工人数的雇主比例之差。季节性调整是统计学上的一种数据处理方法。这一调整可去除一年中因季节性因素影响而产生的波动，如天气变化、公共节假日等。排除季节性因素的影响使得劳动力市场趋势分析更准确。

资料来源　中华人民共和国国家统计局，万宝盛华集团雇佣前景调查。

季度雇佣前景调查发现，与2015年同期相比，运输及公用事业与批发及零售业净雇佣前景指数均下降了3个百分点。两大行业的雇佣预期在一定程度上受到了国际贸易环境的影响。

表1　中国大陆2016年一至四季度净雇佣前景指数

单位：%，百分点

时间	增加	减少	维持不变	不知道	净雇佣前景指数	季节性调整指数
2016年一季度	10	3	44	43	7	7
2016年二季度	8	3	43	46	5	5
2016年三季度	3	1	41	55	2	2
2016年四季度	7	2	52	39	5	5

资料来源：万宝盛华集团雇佣前景调查。

（二）北、广、深人才需求凸显

经季度性调整后，参与万宝盛华集团雇佣前景调查的4个区域和5个城市中，北京的雇主雇佣前景表现较为积极，其中2016年第一季度净雇佣前景指数为+10%（季节性调整之后），高于其他城市和区域。这一表现得益于“京津冀一体化”“一带一路”国家重要经济发展战略的持续推进。2016年北京的基础设施投资为投资增长的主要支撑力量，包括保障性住房建设和棚户区改造工程等固定资产投资，对投资增长的贡献近五成，相应地带动了当地的人才需求。

广州2016年第三季度净雇佣前景指数为+4%，高于其他城市和区域。这和广州加速往高端制造业转型、向价值链的上游迈进有直接关联。据广州统计局公布的信息，2016年一至三季度，汽车制造业、电子信息制造业投资分别增长32.1%和26.5%。这些领域投资的增长，保证了广州当地稳定的人才需求。深圳2016年第四季度雇佣预期最强劲，净雇佣前景指数为+8%（季节性调整之后），季度间与年度间相比，分别增加了6个百分点与2个百分点。深港通的启动促进了深圳的经济发展。此外，深圳在打造“一带一路”枢纽城市上拥有得天独厚的优势，深圳作为中国的智能制造中心、众多高科技公司的总部聚集地，产业结构与“一带一路”沿线国家互补性强，加之深圳地处粤港澳大湾区核心，拥有世界第三大集装箱港口、中国大陆第四大航空港的物流优势，得天独厚的条件加码了当地的经济发展，不断为就业市场注入新的活力。

表2　2016年中国大陆9个地区雇佣前景指数

单位：%

地　区	2016年一季度	2016年二季度	2016年三季度	2016年四季度
华北区	8	4	1	7
北　京	10	7	1	7
华南区	6	6	2	6
广　州	9	6	4	7
深　圳	7	5	2	8
华东区	6	4	1	4
上　海	6	4	1	4
华中/华西区	7	3	2	3
成　都	5	3	2	2

注：净雇佣前景指数是季节性调整后的数据；华北区包括北京、天津、大连、青岛；华东区包括上海、南京、苏州、杭州；华南区包括广州、深圳、厦门、长沙；华中及华西区包括成都、重庆、西安、武汉。

资料来源：万宝盛华集团雇佣前景调查。

（三）服务业与运输及公用事业较活跃

纵观2016年六大行业的雇佣前景，服务业、运输及公用事业表现较为强劲。随着产业的结构化调整，中国对第三产业投资的增加，服务业吸纳就业的潜力将越来越大。随着移动互联网经济的快速发展与信息产业的升级，推动经济增长的新动力正在孕育，新的经营业态与商业模式，还有新产品的出现，将刺激电子商务、物流快递、信息消费等服务领域的发展。同时，物联网、云计算、大数据、人工智能等新一代信息技术的升级与应用，将刺激新的职位需求。较其他行业，2016年服务业连续四个季度雇佣预期最乐观，第四季度净雇佣前景指数（经季节性调整后）为+8%，与上年同期相比相对稳定，较上一季度提高了4个百分点。

运输及公用事业的职位需求增长主要来自政府对运输及公用设施的投资与海外高铁项目的增加。国家发展改革委、交通运输部联合印发的《交通基础设施重大工程建设三年行动计划》指出，2016～2018年，拟重点推进铁路、公路、水路、机场、城市轨道交通项目303项，涉及项目总投资约4.7万亿元，其中2016年、2017年、2018年分别为2.1万亿元、1.3万亿元和1.3万亿元。这一行动计划，带动了运输及公用事业的发展，促进了该行业的用人需求。

表3　2016年中国大陆六大行业雇佣前景指数

单位：%

行业	2016年一季度	2016年二季度	2016年三季度	2016年四季度
金融、保险及房地产	2	4	-1	5
制造业	5	3	2	4
矿业及建筑业	5	1	2	4
服务业	9	6	4	8
运输及公用事业	8	5	3	6
批发及零售业	8	6	2	5

注：净雇佣前景指数是季节性调整后的数据。

资料来源：万宝盛华集团雇佣前景调查。

（四）制造业与矿业及建筑业较低迷

2011～2016年，制造业与矿业及建筑业的净雇佣前景指数下降趋势明显，并创新低。其中，制造业2016年第三季度净雇佣前景指数仅为1%，而矿业及建筑业2016年第二季度净雇佣指数则为0。

表4　中国大陆制造业2011～2016年净雇佣前景指数

单位：%

年份	一季度	二季度	三季度	四季度
2011	33	31	18	25
2012	18	20	17	15
2013	14	18	12	14
2014	13	16	13	9
2015	9	8	12	4
2016	5	4	1	4

资料来源：万宝盛华集团雇佣前景调查。

2016年第四季度参与调查的六大行业中，制造业与矿业及建筑业雇主的招募预期最弱，均为+4%（季节性调整之后）。矿业及建筑业的雇主预期较上年同期下降了3个百分点。制造业员工人数的降低与已成趋势的自动化与智能化生产直接关联，机器换人潮已席卷中国的各个制造业领域。尤其是广东和江浙地区，机器人在生产线上的应用，削减了成千上万的一线员工需求。

以钢铁、煤炭和石油等为中心的大型国有企业出现了裁员现象，甚至有个别企业出炉了万人规模的裁员计划。如果供给侧改革进展加快，据相关机构估算，仅钢铁和煤炭业将有上百万人需要转岗。同时，受国家宏观政策趋紧影响，房地产开发投资减缓，先进施工技术工艺和设备的引进与应用等因素的影响，使得建筑业用工人数减少。

表5　中国大陆矿业及建筑业2011～2016年净雇佣前景指数

单位：%

年份	一季度	二季度	三季度	四季度
2011	33	21	24	18
2012	12	7	16	12
2013	3	11	5	2
2014	12	21	6	10
2015	8	3	12	6
2016	5	0	3	4

资料来源：万宝盛华集团雇佣前景调查。

二　人才短缺职位特点

整体而言，人才需求放缓与人才供给增加使中国大陆人才短缺的局面得到缓解。万宝盛华集团2016年度人才短缺调查显示，中国大陆地区10%的企业面临人才短缺困扰。这一比例创2006年调查以来最低。其中，52%的雇主表示难以填补空缺的主要原因为缺乏有经验的候选人。

人才供给方面，多渠道供给增加。以高校毕业生为主的就业群体的数量持续增加，根据人力资源和社会保障部的数据，2016年中国高校应届毕业生人数攀升至前所未有的765万人，创下历史新高；政府与企业在专业技能培训与职业教育方面的推进，促进了专业技术人才供应数量的不断增加；作为世界上经济增长速度最快的国家之一，随着人才引进政策法规的不断完善，中国吸引了越来越多的海归与外籍人才流入国内人才市场。这些因素缓解了中国大陆的人才短缺局面。

然而，经济发展趋势决定了人才需求的结构。工业化、城市化、全球化与信息化四大力量推动，使中国进入一个新的发展阶段。数字技术的日新月异，职位技能需求的变化，使人才需求正在从量变到质变，许多低技能的日常工作职位日益减少，曾经有需求的一些技能正迅速被淘汰，接踵而至的是新一批技术人才的需求不断涌现。

从万宝盛华集团2011～2016年发布的中国大陆雇主最难找到合适员工的五大职位来看，技术人员、销售代表一直位列前五，始终未得到缓解。关键技术人才的供应近几年始终是中国经济增长面临的最大商业挑战。

表6　2011～2016年中国大陆雇主最难找到合适员工的五大职位
（按填补难度排列）

年份	2011	2012	2013	2014	2015	2016
1	工人	技术人员	技术人员	技术工匠	技术人员	销售代表
2	技术人员	销售代表	销售代表	销售代表	销售代表	技术人员
3	销售代表	工人	管理层/高级管理人员	销售经理	销售经理	管理层/高级管理人员

续表

年份	2011	2012	2013	2014	2015	2016
4	管理层/高级管理人员	管理层/高级管理人员	销售经理	技术人员	管理层/高级管理人员	工程师
5	生产作业操作工/机器操作人员	工程师	生产作业操作工/机器操作人员	工程师	工人	技术工匠

注：技术工匠的种类很广，这些工匠必须有特殊的技能，这些技能需要通过一段时间的实际操作才能获得。技术工匠包括：烘焙师、厨师、电工、木工、焊工、泥瓦工/砖匠、管道工、水暖工、橱柜制造工、石匠、皮匠等，这类职位大多与建筑行业相关。技术人员通常与工程/技术、生产/运营或维修保养类职位相关。

资料来源：万宝盛华集团人才短缺调查。

（一）工人短缺程度降低

万宝盛华集团人才短缺调查显示，曾位列2011年中国大陆雇主最难找到合适员工第一的工人（主要以体力劳动为主），2015年下滑至第五位，2016年则退出前五。造成这一现象的主要原因为工人需求数量的减少。中国正从中国制造向着中国创造、中国智造转型，自动化与智能化生产已成趋势，各大企业积极布局机器人在生产线上的应用，靠劳力的岗位需求数量减少。除此之外，由于工资上涨和人口结构变化而转移出中国的制造业企业，相应地带走了部分就业机会，转移的动向主要为劳动力成本比中国低的东南亚地区，包括印度、越南、柬埔寨等地。

（二）技术人员持续短缺

人才需求此消彼长。从2011年至2016年来看，技术人员（尤其是生产、操作及维护技术人员）历经数年，一直位列中国大陆雇主最难找到合适员工的前五位，始终未得到缓解。

随着越来越多的传统企业进行数控化、信息化和智能化改造，更多体力岗位被机器人替代，工业机器人应用技术人才缺口不断增加。同时，智能装备在操作、调试、维护、维修和改造方面，也有着大量的机电复合型技术人才需求，尤其是具备较强的分析问题、解决问题能力的专业技术人才。

（三）管理人才短缺程度上升

人才短缺调查结果显示，在中国大陆雇主最难找到合适员工的前五大职位中，管理层/高级管理人员从 2014 年淡出到 2015 年又重新进入第四位，到 2016 年上升至第三位。该职位的人才短缺程度始终未得到缓解，并有加剧趋势。这与中国经济全球化发展、中国企业崛起、谋求全球价值链的地位有着直接关联。

一方面，随着越来越多的中国企业国际化，增强了其对国际人才的需求。中国已成为世界第三大对外投资国。相关数据显示，2016 年前 7 个月，中国境内投资者对全球 156 个国家和地区的 5465 家境外企业进行了非金融类直接投资。另一方面，国内企业的产业转型升级，增加了对创新型人才的需求。2016 年上半年，各类型海外并购活动均有所增长，并创新高，交易数量较 2015 年全年高出 29%。这些境外投资增长直接带动了中国企业的国际化人才需求。具备国际化思维，能够帮助企业完成海外并购和投资交易的人才成为热需。

三　五大关键力量影响人才需求

人才需求与职位技能需求，主要受五种关键力量——地缘政治风险加剧、投资步伐放缓、自动化技术应用、数字经济与绿色经济驱动。

（一）力量一：地缘政治风险加剧

现阶段国内经济结构和外部环境的复杂程度远远超过 30 年前。全球地缘政治风险加剧，英国脱欧与美国大选等多重地缘政治因素叠加，使全球增长的不确定因素增加，世界经济复苏艰难。全球贸易失衡和汇率等问题相互交织，对中国政府的宏观调控政策以及企业的战略决策构成新的挑战。雇主很难对未来的投资及人员需求做出决定，相应呈现谨慎与保守的雇佣预期。尤其是具有全球化服务网络的跨国企业，表现尤为谨慎，直到全球市场趋势变得明朗，才会做出大胆且明确的决定。

（二）力量二：投资步伐放缓

中国的“一带一路”倡议是相关中国企业扩张战略的关键组成部分。特别是公路、高速铁路、数据网络、旅游业等领域的基础设施开发，为企业带来了投资机遇，增加了该领域的人才需求。

然而，整体而言，全球经济增长与世界贸易增长乏力，全球特别是亚洲地区外国直接投资（FDI）流入量大幅下滑。虽然中国仍是全球对外资最具吸引力的目的地之一，但流入规模在全球占比中出现下降。中国商务部发布的2016年全国吸收外资数据显示，1～12月，东盟对华实际投入外资金额67.3亿美元，同比下降14.3%。“一带一路”沿线国家对华实际投入外资金额70.6亿美元，同比下降16.5%。长江经济带区域新设立外商投资企业11677家，同比下降2.5%，实际使用外资610.6亿美元，同比下降1.5%。因投资增长的放缓，较前几年，国内企业批量性的人才需求也在减少。

（三）力量三：自动化技术应用

从全球范围来看，自动化是工作岗位流失的主要原因之一。当前，中国正处于一个历史性转型拐点上。主要靠低成本、劳动密集型制造业和出口驱动的快速增长时代正接近尾声，中国经济正在向中国智造转变，制造业的人才需求正从量变向质变演绎。外资持续向资本和技术密集型产业以及高附加值领域倾斜，并继续从劳动密集型产业转移出去。商务部发布的2016年全国吸收外资数据显示，高技术制造业实际使用外资598.1亿元，同比增长2.5%。

自动化和人工智能的发展，在创造新工作岗位的同时，也在消除很多工作岗位。世界经济论坛发布的《未来就业报告》显示，作为所谓第四次产业革命的一部分，数百万人工岗位被自动化取代。到2020年，自动化将抢去500万岗位。这一现象也正在中国上演。机器人取代人工，缩减了低技能员工数量，而且还将持续改变组织结构与职位技能要求。

（四）力量四：数字经济

数字技术——以云计算、大数据、物联网、智能终端等为基础的新业态蓬勃发展，快速渗透至各个领域，如远程医疗健康、金融、运输和物流、酒店业等领域，催生了与日俱增的数字人才需求。具备创新，能应对技术变革速度的数据分析与数据挖掘类的人才已成为热需。在商业模式的营销创新上，大型企业发展速度虽有所放缓，但它们的投资热情依旧不减。随着它们对新商业模式电子商务与数字营销领域的逐步渗入，提高用户交互体验的消费品营销与用户数据分析等岗位需求也在不断增加。

除了数字人才需求数量的增加外，数字经济强劲的上升势头，使高科技产品的产品周期不断缩短，市场对数字人才的创新和学习能力提出了更高的要求，以在较短的时间内，开发新产品，赢得市场先机。

（五）力量五：绿色经济

转变增长模式已成为中国的发展主旨。新技术和创新、绿色经济发展导向将在未来数年塑造中国的商业前景。绿色经济提倡的是一种在保持一定经济增长的前提下，不对环境和资源带来危害。火电、钢铁、水泥、电解铝、煤炭、冶金、化工、石化、建材、造纸、制药、纺织、制革和采矿业等对大气、水、土壤自然生活环境造成污染的行业，正在面临调控，优化重组，而且调控力度还将继续加大。钢铁、煤炭和石油等行业大型国有企业已出现裁员现象。

相应地，随着国家对环境治理的重视与加强，环保行业发展迅速，近年来，并购重组增加，产业规模不断扩大。根据环保部规划院测算，“十三五”期间，环保总投资或将超过 17 万亿元。投资增加无疑会增加环保岗位的人才需求。

四　应对策略

五大关键力量的共同作用，将使中国人才的供需矛盾日益加剧。一方面是如何应对不断增加的人才供应；另一方面是如何解决充足下的短缺，企业所需人才和实际供给不匹配之间的结构性矛盾。万宝盛华集团 2016 年度人才短缺调查显示，企业难以填补空缺的主要原因为缺乏有经验者与合适的候选人。其中 52% 的中国大陆雇主表示缺乏有经验者是招聘员工面临的最显著障碍。政府和雇主们已经意识到这一问题。政府正在通过促进经济增长、鼓励实体经济发展、扩大就业、增加教育与职业培训投资等方式，缓解这一矛盾。

应对人才短缺，中国雇主最常用的策略为“提供更高的薪资”“提高现有员工技能”。应对变幻莫测的市场，大多数企业倾向于招募有经验的能快速上手的人才填补空缺，快速把握商业机会。而提供更高的薪资吸引员工不失为简单、快速有效的策略之一。然而，这种方式将使热门人才的流动变得更加频繁，薪资上涨的速度加快，企业的经营成本增加。

每种行业都有自己产品或服务的更替速度，企业已经意识到在这背后是无止境的技能进步，这使得员工的创新能力、员工技能的再培训在他们的工作中变得十分重要。因此，提高现有员工技能，挖掘现有人才的潜力，增加可用人才的总量，是企业乐于采取的措施。企业的做法主要表现为熟悉企业文化与价值观的现有员工提供额外的员工培训与发展，提高他们的硬性技能如任务相关的资格认证、IT 技能、语言应用/数字计算能力，以及软性技能如专业精神、积极性、人际交往能力、灵活性/适应能力。

然而，解决人才矛盾，并非不可能，但这些远远不够。无论是政府还是企业，都需要采取全面而富有远见的战略途径进行人才管理，包括从规划、招聘一直到培训、发展以及备用，需要建立一个可持续的人才库，进行开发与利用。

对于职场上的个人而言，需要主动赶上竞争的步伐。社会的快速发展、科学技术的无止境更新升级，使一个职业从热门沦为冷门的速度和产品的生命周期变化一样快，一度生命期有三年的技能现在或许只有六个月甚至更短。对于个人，意味着无止境的技能进步，这使得自身技能的更新和维持变得十分重要。因此，个人应主动关注职场动态变化，不断地进行技能的重建和再培训，从而适应职场的风云变幻。

参考文献

中华人民共和国国家统计局：《中华人民共和国 2016 年国民经济和社会发展统计公报》，http：//www. stats. gov. cn/tjsj/zxfb/201702/t20170228_ 1467424. html。

中华人民共和国国家统计局：《国家数据》，http：//data. stats. gov. cn/easyquery. htm？ cn = B01。

万宝盛华集团：《雇佣前景调查》，http：//www. manpower. com. cn/Employment_

Outlook_ Survey. html。

广州市统计局：《2016 年 1 ~ 3 季度广州市经济运行情况》，http：//www. gzstats. gov. cn/tjfx/gztjfx/201610/t20161025_ 24722. html。

《〈交通基础设施重大工程建设三年行动计划〉印发》，http：//www. chinahighway. com/news/2016/1018172. php。

万宝盛华集团：《2016 年人才短缺调查报告》，http：//www. manpower. com. cn/Research_ Report. html。

政策研究司：《2016 年二季度新闻发布会答问实录》，http：//www. mohrss. gov. cn/gkml/xxgk/201607/t20160726_ 244236. html。

商务部对外投资和经济合作司：《2016 年 1 ~ 7 月我国非金融类对外直接投资简明统计》，http：//www. mofcom. gov. cn/article/tongjiziliao/dgzz/201608/20160801383063. shtml。

普华永道：《2016 年上半年中国企业并购年中回顾与前瞻》，http：//www. pwccn. com/zh/services/deals – m – and – a/publications/ma – 2016 – mid – year – review – outlook. html。

商务部外资司：《2016 年 1 ~ 12 月全国吸收外商直接投资情况》，http：//www. mofcom. gov. cn/article/tongjiziliao/v/201702/20170202509536. shtml。

商务部新闻办公室：《商务部外资司负责人谈 1 – 12 月我国吸收外资情况》，http：//www. mofcom. gov. cn/article/ae/ag/201701/20170102501364. shtml。

World Economic Forum，The Future of Jobs，http：//www3. weforum. org/docs/WEF_ Future_ of_ Jobs. pdf。

环保部规划财务司司长赵华林：《环境新政下环境市场的转型、发展与难题》，http：//sc. stock. cnfol. com/gppdgdzx/20150528/20853376. shtml。

B.6
中国制造业劳动力市场供需分析

庄 志　刘肖鲁*

摘　要： 当前中国“用工荒”和“招工难”愈演愈烈，本文对中国制造业的分析发现，每年8月消费电子产品的集中上市、房价高企的“挤出效应”、服务业对劳动力的“抢夺”、洪涝灾害、地区间薪资水平差别缩小及制造业向中西部地区转移等因素都加重了劳动力市场的“缺工”。为缓解和解决这一难题，本文提出如下建议：国家加快推进户籍制度改革，加大对职业教育的投入；地方主管部门加大引导和监管力度，规范企业用工；用工企业提前筹划招聘，建立合理的留人机制。

关键词： 制造业　劳动力市场　用工荒

一　报告分析的基本对象和数据来源

（一）分析的基本对象

本报告分析的基本对象是中国制造业劳动力的供给与需求的变化。按照《国民经济行业分类》，制造业共包括31个大类、175个中类、532个小类，涉

---

* 庄志，北大国际EMBA，英格玛人力资源集团创始人、董事长兼总裁，主要研究领域为企业战略规划、组织运营创新、企业文化建设和企业社会责任实施；刘肖鲁，华中科技大学MBA，英格玛人力资源集团助理副总裁，主要研究领域为人力资源管理、企业管理咨询及项目管理。

及类目较多。本文主要从宏观角度分析制造业作为一个产业的劳动力供给与需求的变化，不涉及中观或微观的细分行业和企业分析。

（二）数据来源

本报告分析的数据来源主要有三个：一是国家统计局公布的数据；二是各类研发机构发布的研究报告提供的数据；三是英格玛研究发展中心调查研究所得一手数据。所有数据的截止日期为2016年12月31日。

二 全国主要制造业集聚地普遍“缺工”严重

刘易斯拐点来临后的中国，人口红利逐渐消失，“用工荒”和“招工难”愈演愈烈，变为常态。中国经济进入新常态的背景下，随着产业的转型升级和制造业的转移，劳动力市场的波动加大，劳动力供需的结构性矛盾愈发凸显。2016年劳动力市场的“用工荒”似乎与往年有所不同，除了春节后劳动力市场迎来一波招聘高峰外，整个2016年上半年劳动力市场的“用工荒”现象较往年有所缓解，但依然严重。更让人意想不到的是，从2016年8月开始，全国劳动力市场“缺工”现象突然爆发，而制造业的“缺工”现象更为严重。

制造业“用工荒”是常态。根据分类信息网站58同城的报告数据，2016年，北京用工缺口达到52%，上海求职者缺口为44%，广州求职者缺口为28%，成都求职者缺口为7%。其中制造业用工缺口占比最大。而广州市人力资源市场服务中心春节后发布的一项调查报告显示，2016年的异地务工人员返岗比例较2015年（93.88%）下降了0.26个百分点，节后广州企业需补员18.91万人，相较2015年需增加2.5万人。招工难主要体现在制造业和餐饮业等行业。

2016年8月开始，制造业“用工荒”突然爆发。从长三角来看，8月长三角劳动力市场突然爆发，劳务中介返费涨势惊人。8月上旬，某劳务公司推出的一则信息引起了广泛的热议：渠道送人方（劳务中介）输送超出1000人（在职满30天）的奖励宝马525一辆，输送超过800人（在职满30天）的奖励奥迪A6一辆，直到奖励五菱面包车一辆和苹果电脑一台。上海、苏州、无锡、常熟、吴江等大多数苹果产业链配套大型电子企业返费破千元，进入8月下旬，某互联网人力资源企业的招聘系统“上海某工厂招聘订单”最高返费已经达到4600元/人（在职满30天）。

从珠三角来看，2016年8月珠三角劳动力市场也异常火爆。例如，东莞某苹果配套电子企业从上半年略显保守的招聘开始全面放开；深圳某日系柔性线路板电子的劳动力薪资开始上升；此外，深圳某台湾大型电子企业、东莞某大型内资手机生产商等用工大户也大量在市场上“抢人”。珠三角区域劳动力市场招聘价格也“水涨船高”，“缺工”氛围弥漫。

从英格玛研发中心对全国主要制造业城市代表性企业定期监测的情况来看，合肥、郑州、重庆、成都、武汉等城市从2016年8月开始“缺工”现象也变得严重。如郑州某台资苹果手机代工厂商、合肥某大型内资面板生产商等大型企业进入劳动力市场全面“抢人”，劳动中介招聘返费也在2016年上半年温和的基础上突然飙升。

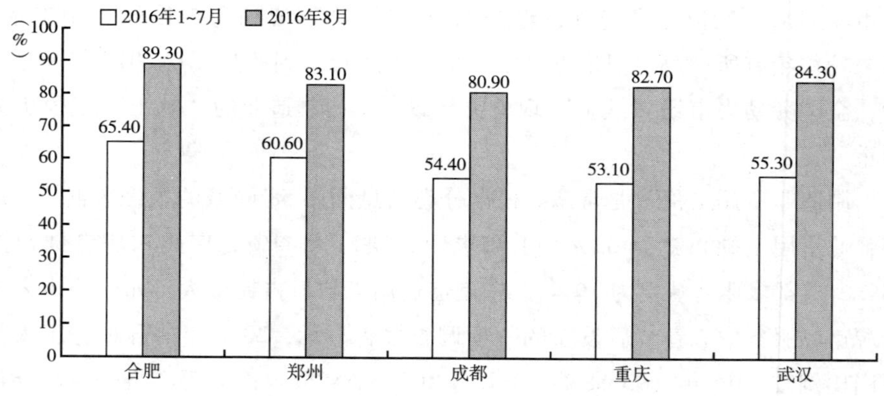

图1　全国主要制造业城市缺工比例变化情况

资料来源：英格玛研发中心。

2016年8月全国范围的“缺工”突然爆发让制造业用工企业和人力资源公司措手不及。一时间，用工企业发现市场几乎无人可招。严重的“缺工”使得正常的补人达成率受到极大的冲击，给企业正常生产和订单的达成造成不小的压力。

三 “缺工”背后的原因

（一）人口红利逐渐消失是根本原因

刘易斯拐点是指劳动力从过剩向短缺的转折点，意味着劳动力将会越来越稀缺。从新生婴儿出生情况可以大致推演出未来一段时间内劳动力的总供给情况。如图2所示，1981～1990年我国新生儿出生数量呈现总体向上的趋势，到1990年达到顶峰，为2621万人；1990～1999年，新生儿出生数量呈现波动下滑的趋势，1999年降到谷底，为1149万人。在经过1999～2001年短期的上升之后，从2001年至2016年，我国新生儿总体呈现平稳趋势，平均保持在1600万人的水平。由此，80后人口总数是1.14亿人，90后是0.83亿人，00后是0.67亿人。准确地讲，90后人口总数比80后少37%，00后又比90后少24%。按照这个下降速度，80后退休时，补充进来的20后劳动力总数很可能不足1/3。

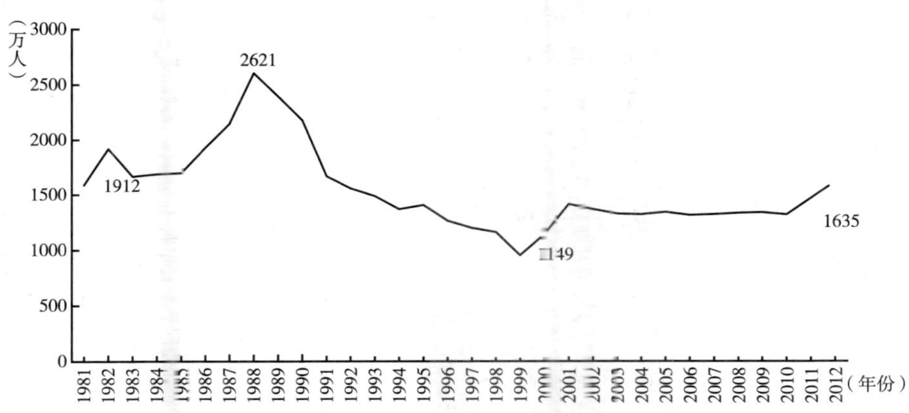

图2 1981～2012年新生婴儿出生情况

资料来源：美格玛研究发展中心《2014中国蓝领供应白皮书》。

人口生育水平的下降和老龄化现象加剧从根源上遏制了我国的劳动力的供应，加上普通高校的扩招，中等职业教育招生难度增加，流入市场的劳动力出现了连年下降的趋势。据《2014中国蓝领供应白皮书》数据，自2013年开始，我国新增蓝领数量呈急剧下滑的态势，预计在2023年时，蓝领新增量出现负增长。因此，愈演愈烈的用工荒并不是短期因素导致的。

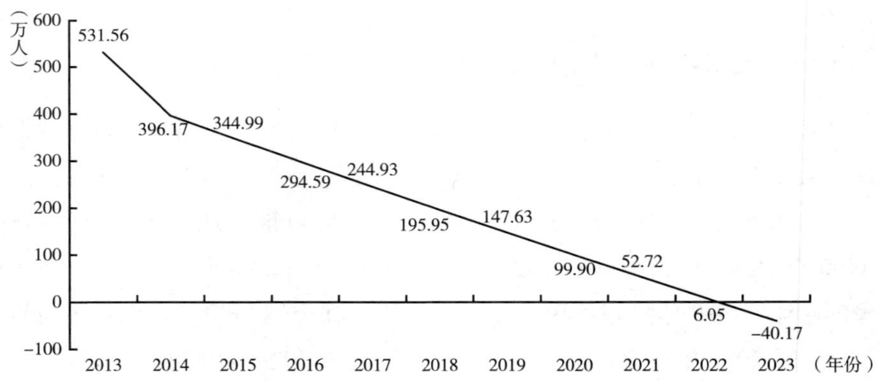

图3 2013～2023年蓝领新增量预测

资料来源：英格玛研究发展中心《2014中国蓝领供应白皮书》。

此外，农民工总量增速减缓，劳动年龄人口减少是长期的趋势。根据《2015年全国农民工监测调查报告》数据：2015年中国农民工总量2.7747亿人，比上年增加352万人，增长1.3%。不难看出，农民工数量总量虽然在增长，但是增速却持续下降，农民工正从无限供给向有限供给转变，不再是取之不尽的蓄水池。

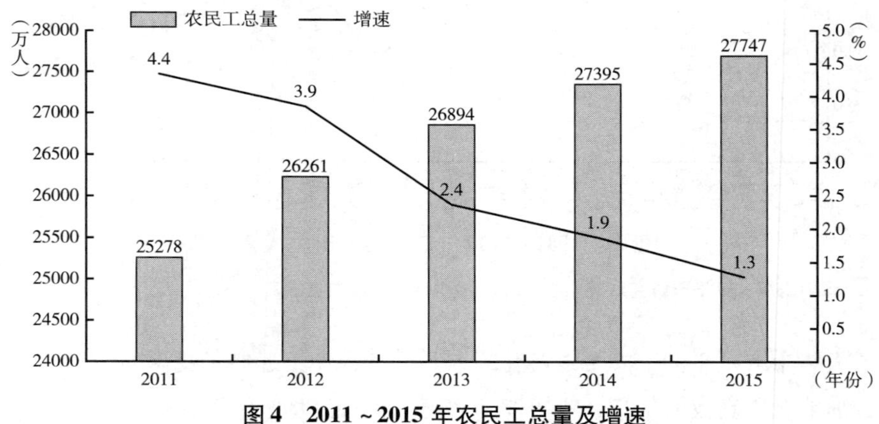

图4 2011～2015年农民工总量及增速

资料来源：国家统计局《2015年全国农民工监测调查报告》。

（二）8月传统旺季与以苹果为代表的消费电子产品迎来旺季叠加

暑期本身是制造业用工的传统旺季，此外，又与消费电子产品新品旺季叠加。下半年是全球电子产品消费旺季，手机市场将迎来一波产销高潮。由于大环境致产业链企业整体订单不景气，支撑2016年8月高峰招聘季的，主要是苹果系、小米系等产品的订单。典型的代表是iphone7在2016年9月中旬向零售市场铺货。因此，苹果产业链企业订单大增，抢人情况明显。根据市场上了解到的情况，苹果手机代工厂商及其他苹果产业链相关企业对劳动力的需求激增，市场上甚至出现了江苏淮安某台资苹果手机代工厂商从异地劳动力市场批量调人的情况。传统旺季与消费电子产品迎来的旺季叠加对市场劳动力的需求大增是“缺工”现象在2016年8月出现爆发的最直接原因。

（三）高企的房价对劳动力的“挤出效应”

从2015年下半年开始至2016年上半年，全国房地产市场火爆，房地产销售、房地产投资和开发商土地购置面积增速均大幅上涨，地产建设规模扩大，需要大量的农民工，很多工人转移至建筑业。

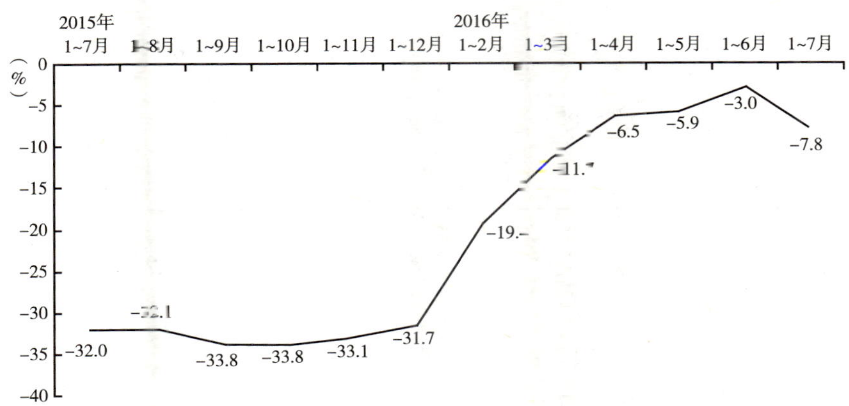

图5 全国房地产开发企业土地购置面积增速

资料来源：国家统计局。

2016年9月19日，国家统计局公布了《2016年8月份70个大中城市住宅销售价格变动情况》。数据显示，70个大中城市房价整体仍呈上扬态势，且

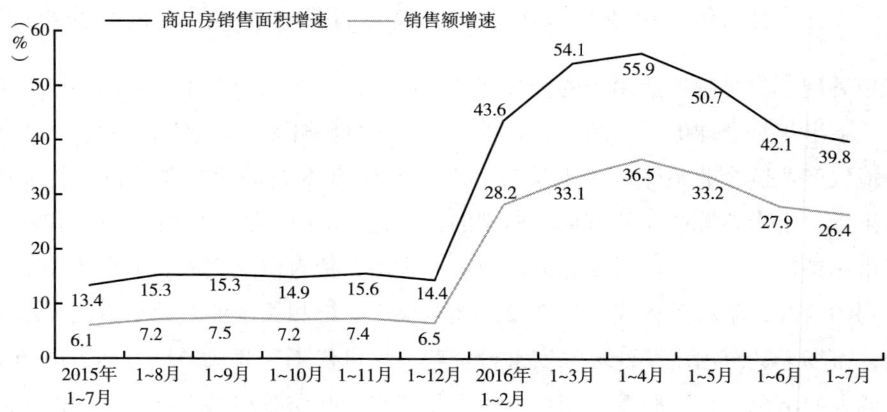

图6　全国商品房销售面积及销售额增速

资料来源：国家统计局。

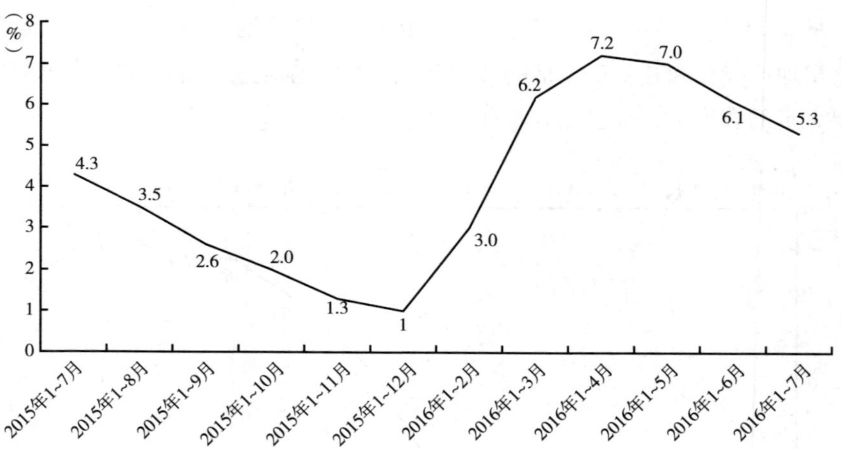

图7　全国房地产开发投资增速

资料来源：国家统计局。

房价上涨的城市数量明显增加，上涨的城市由7月的51个增至64个；且各类城市的环比增幅均有扩大，一、二、三线城市新建商品住宅价格指数环比增幅分别为3.4%、1.7%和0.6%；8月，郑州房价增幅达5.6%，领涨全国。紧随其后的是上海、无锡、合肥、福州，同时，南京、厦门、北京、石家庄和天津增幅也较大，以上热门城市占据8月环比增幅的前十位。在17个同比涨幅超过10%的城市中，厦门与合肥上涨幅度超过40%，上涨幅度赶超四个一线城市。

以二线城市中涨幅较快的苏州为例，根据英格玛研发中心最新调研报告，房价太高是定居苏州最主要的困难点，占68.4%，对苏州落户制度不太了解占16.8%，外地人难以融入当地占13.7%。

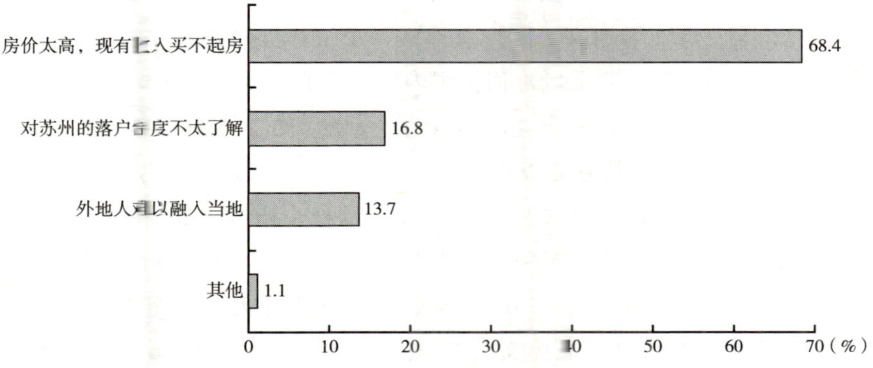

图8　在苏农民工定居苏州的主要困难点

资料来源：英格玛研发中心。

越来越高的房价显然增加了劳动力实现在城市定居梦想的难度，对劳动力的“挤出效应”愈发明显。以每月3500元的收入水平计算，苏州新建住宅每平方米按照20000元左右的成交均价计算，在苏蓝领即使一年不吃不喝，也只能买2个多平方米，光靠打工的工资想要定居苏州几乎不可能。侯昕雯是江西人，来苏州打工已经8年了，她说：“我在苏州工作8年了，和老公也攒了一点钱，周末还做一些小生意，但是一年时间房价居然涨了这么多，原本考虑买个二手房的计划现在也泡汤了，可能会考虑回老家买房，那边便宜不少。”

在上海，根据《2015年上海市国民经济和社会发展统计公报》，至2015年末，全市常住人口总数为2415.27万人。其中，户籍常住人口1433.62万人，外来常住人口981.65万人，同比下降1.5%。也就是说，相比2014年996.42万人的外来常住人口，2015年上海有将近15万外来人口净流出，15年来首次出现了外来常住人口负增长。上海的高房价产生的“挤出效应”是一些低端制造业和产业从业人员离开上海的重要原因。从全国看，高企的房价在全国主要城市间对劳动力的“挤出效应”愈发明显。

（四）服务业成新经济增长点，对制造业劳动力的分流明显

除了制造业对劳动力的吸纳强劲外，服务业对劳动力的吸纳作用也表现得越来越强。根据国家统计局公布的《国民经济和社会发展统计公报》，2013年，第一产业增加值占国内生产总值的比重为10.0%，第二产业增加值占比为43.9%，第三产业增加值占比为46.1%，第三产业增加值占比首次超过第二产业；2015年，第一产业增加值占国内生产总值的比重为9.0%，第二产业增加值占比为40.5%，第三产业增加值占比为50.5%，首次突破50%。

中国的服务业正在迅速地发展壮大，并吸纳了大量的劳动力就业。国家统计局公布数据显示，2015年末服务业从业人员稳步增加，成为吸纳就业的主阵地。2013～2015年，中国服务业就业人员年均增长5.8%，比全部就业人员年均增长高出5.5个百分点。2015年末，服务业就业人员占全部就业人员的比重为42.4%，比2012年末提高6.3个百分点，比第一产业和第二产业分别高出14.0个和13.2个百分点。服务业成为拉动社会就业总量上升的主要力量。

1. 传统型服务业对制造业劳动力的“分流”

以苏州房地产中介这一传统型服务业为例，从2015年上半年至2016年苏州楼市火爆，房地产销售环节产业链对就业吸纳力加强。2016年上半年，在楼市暖市政策推动下，楼市销售火爆，苏州市房地产开发始终保持快速增长的高位运行态势。伴随着楼市火爆，链家、房多多、好屋等各类传统和互联网房地产中介机构遍地开花，获得蓬勃发展，营销团队数量不断增加，对就业的吸纳力不断加强。根据智联招聘春节后在线招聘数据的统计分析，2016年春季80后、90后白领的跳槽意愿持续上升，在政策推动下，房地产和互联网行业的白领跳槽最为频繁，租赁服务位居春季十大高薪行业的榜首，平均薪资高达12750元。特别是在年后二手房市场疯狂的背景下，中介行业成为快速捞金的新选择。例如，龚德龙原先一直在制造型企业打工，这次离职，他准备尝试下服务业的工作，他说：“现在房子卖这么好，价格这么高，我看好多房地产中介生意很红火，我头脑还算灵活，性格也比较外向，我想试试做房地产中介工

作，看能不能多赚点钱。”

根据英格玛研发中心对人才市场房地产中介机构招聘的监测，2016 年上半年，房地产中介机构在人才市场设摊招聘的频次同比增加 54%，招聘人数同比增加 43%，两者均有大幅度增长。而原先在人才市场设摊招聘的企业主要以制造型企业为主。

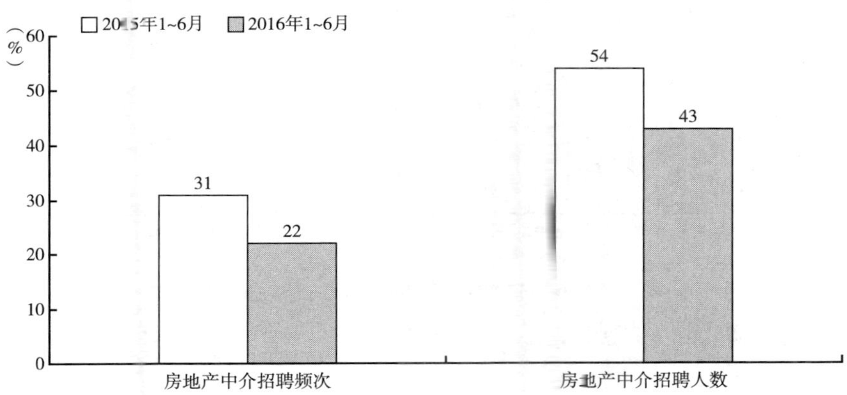

图 9　房地产中介人才市场招聘频次和招聘人数同比变化情况

资料来源：英格玛研发中心。

2. 新型服务业对制造业劳动力的“抢夺”

除了传统型服务业，和互联网发展密切相关的新型服务业对劳动力的分流影响也越来越明显。互联网时代，特别是移动互联技术的普及，互联网技术打破了时间和地域对原有企业组织架构中职场人的限制，劳动力市场也随着进行调整，正在经历前所未有的结构性变革。在互联网的冲击下，自由职业市场蓬勃发展。

以滴滴和优步等为代表的共享经济正改变着人们的就业方式。根据英格玛研发中心 2016 年 6 月针对蓝领求职者的调研数据，知道网约车的蓝领占 76.3%，同比上升 32 个百分点；使用过网约车的蓝领占 34.5%，同比上升 15.3 个百分点；听说网约车赚钱有尝试意向的占 12.4%，同比上升 10 个百分点；周围朋友有全职做网约车生意的占比为 6%，同比上升 5 个百分点。闫志军是安徽歙县人，外出打工，他说：“我住的地方有几个朋友买了二手车，在做网约车，收入比在厂里要高至少一倍，我现在也准备借点钱买个车，做网约车了，钱多人还自由，这个真的不错，现在好像也合法了。”

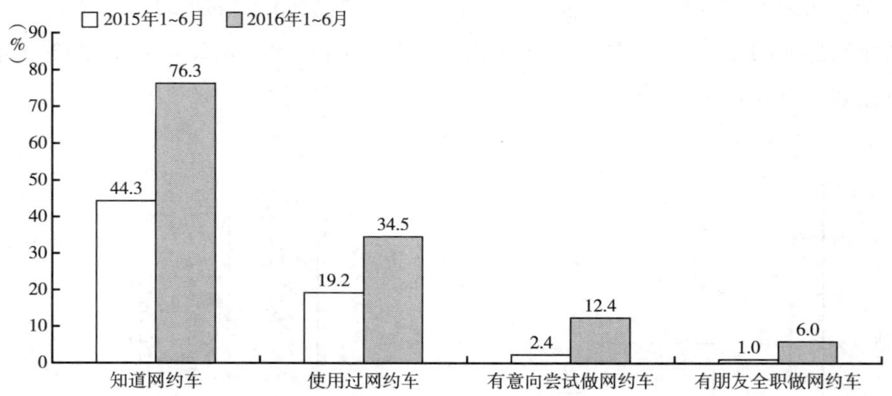

图 10　蓝领求职者对网约车的认知

资料来源：英格玛研发中心。

（五）洪灾致劳动力回流和分流

自 2016 年 6 月 30 日以来，长江中下游沿江地区及江淮、西南东部等地出现入汛以来最强降雨过程，给部分地区造成严重洪涝灾害。截至 7 月 3 日，全国已有 26 省（区、市）1192 县遭受洪涝灾害，农作物受灾面积为 2942 千公顷，受灾人口 3282 万人，倒塌房屋 5. 6 万间。严重的洪灾使得百废待兴，原先出来至东中部沿海打工的劳动力部分回流，同时也影响了原本劳动力的正常流出，整体减少了市场劳动力的供应。何斌是我们调研长期跟踪的对象，他的老家在湖北黄冈，在这次洪灾中损失很大，在电话采访中他说：“我这个时候原本应该在外地继续打工，但是家里遭灾，现在房子需要重建，家人生活也需要安排，所以我 2016 年需要把这些事情处理完，2017 年才能外出打工。”

（六）地区间薪资水平差别缩小致使劳动力流动发生变化

国家统计局的数据显示，2015 年外出农民工为 16884 万人，比上年增加 63 万人，增长 0. 4%，这是 2009 年以来的最低增速。其中，跨省流动农民工为 7745 万人，比上年减少 122 万人，下降 1. 5%。跨省农民工数量减少，与一些中西部地区的农民工收入和沿海差距缩小有关。

根据梳理，截至 2016 年 3 月，全国最低工资标准的平均值为 1592 元。总体看，随着我国中西部地区经济的快速发展，我国地区工资分配关系得到进一步调整和改善，地区间工资差距呈现逐步缩小的趋势。

从综合薪资水平看，随着地区经济发展差距和工资差异水平的逐渐缩小，以及发达地区消费水平的不断提高与制造业等基础行业收入增长滞后的矛盾，考虑到剔除生活成本、交通成本等之后的“性价比”，劳动力实际的综合薪资水平差距已没有原先那么大。越来越多的打工者更倾向于在本地就业，人口更多在省内往地级市流动。也就是说，劳动力不像以前一样都愿意去外地打工了。

（七）中西部地区大量承接制造业转移，人口流出减少

20 世纪 90 年代末期，东部沿海地区的一些产业已经在逐步向湖南、湖北和重庆等中西部地区转移。随着用工、土地等成本的增加，产业从东部地区向中西部地区转移的步伐也在不断加快。自 2000 年国家实施西部大开发以来，中西部地区逐渐崛起。在产业转移进程中，从东部沿海转移到中西部地区的产业多是在这里被淘汰的低附加值劳动密集型产业，且以核心制造环节与上下游配套企业同步转移为主。

在产业转移的过程中，各地对劳动力资源的需求都急剧增加，纷纷通过加大吸引劳动力资源的政策力度和加强社会保障等民生改善措施，吸引更多劳动力就地就业、创业和致富。随着产业的转移，东部沿海地区大批劳动力的回流，对沿海地区的劳动力转移和用工需求形成“挤压”和“截流”。

产业转移使中国告别了单向的人口流动，人口流动呈现回流和分散的新特征。劳动力总量的下降以及产业转移带来的分散和回流效应使得东部沿海地区劳动力的供应减少。

因此，2016 年“用工荒”愈演愈烈及 8 月劳动力市场突然迎来爆发背后的原因有很多，直接导火索是由传统旺季与以苹果为代表的消费电子产品迎来旺季叠加导致用工需求突增，而房地产火爆后产业链用工需求的上升及高房价对劳动力的“挤出效应”、服务业的崛起对制造业劳动力的分流、洪灾致劳动力回流和分流、地区间薪资水平差别缩小使劳动力流出减少和中西部地区大量

承接制造业转移导致人口流出减少更是加剧了“用工荒”的程度。此外，从宏观上看，刘易斯拐点下劳动力供应减少，人口红利逐渐消失是根本原因。

四 对策和建议

（一）国家层面应加快推进户籍制度改革，加大对职业教育的投入

国家层面应加快小城镇建设和推进户籍制度改革。加快小城镇建设有助于释放农村劳动力，促使农村劳动力向小城镇和城市流动，能够在一定程度上增加劳动力的供应量。推进户籍制度改革可以加强经济要素的自由流动，促进经济的可持续发展，有利于形成全国统一的劳动力及人才市场，“城市开放”将促进劳动力、人才的自由流动。

此外，国家层面应加大对职业教育的投入以提高劳动者素质。尽管人口红利正在消退，但以人力资本积累为代表的人口红利的潜力仍然非常大。为避免人口红利枯竭对经济增长产生负面影响，应通过提高效率、提升劳动力素质等手段来充分挖掘人口红利。加大对职业教育的投入对于就业率、劳动生产率与收入，乃至对一个国家的人力资本水平提高具有积极作用。

（二）地方行业主管部门应加强引导，加大监管力度，规范企业用工

地方行业主管部门应做好企业用工保障引导服务，为辖区重点产业企业搭建便利高效的招工服务平台并提供相关资源。同时，为企业提供行业和用工分析研判动态，不定期发布针对不同行业类型企业用工的监测数据和参考信息，以便企业能够有效地了解劳动力供需状况，提前做好招聘筹划。

此外，近期劳动力市场火爆，企业招聘困难，招聘成本高企。违法用工的情况极易发生，建议政府行业主管部门可以开展免费法规政策培训并定期组织企业人事干部/专员劳动保障法律法规及政策培训班缓解用工矛盾，降低企业违法成本。特别是对劳动密集型企业、劳动争议高发行业密切关注、重点引导，以个别约谈、定期走访和检查等形式，深入宣传劳动保障法律法规，督促帮助企业整改，降低企业违法成本。此外，建议地方行业主管部门密切关注劳

动力市场的走势和对企业订单持久度的摸排，防止因劳动力短时间的大量流动而出现群体性事件，维护和谐劳动关系的稳定。

（三）用工企业应该提前筹划招聘，建立符合90后员工需求的留人机制

首先，2016年上半年“用工荒”的缓和，使得部分用工量较大的企业在招聘计划的筹划方面没有给予足够的重视，很难应对突然爆发的“用工荒”。建议用工企业在做好年度招聘计划的同时，针对企业自身订单波动情况、淡旺季，结合劳动力市场本身特有的波动因素，制订更为详细的季节性、阶段性的招聘计划。

其次，企业需要设置并增加招募补贴，以应对劳动力紧缺时招聘的回旋余地，保证生产、订单交期和品质不受影响。当市场招聘成本高企时，不设置及增加招募补贴将影响到劳动力的正常补给。因此，企业必须在招募补贴和设置金额方面进行筹划和预算，将压力完全向下游供应商传导无助于企业劳动力供给的稳定。

再次，企业在用工模式方面应加速转变。比如，将用工进行外包。员工招募、培训、离职等各个方面，均由外包供应商负责，企业无须在外包项目整个选育用留和生产环节投入过多的精力。而外包供应商通过对产品产量和品质来向企业结算费用。外包能够有效降低成本和减少损耗，大幅度提升效率和品质。在招聘困难的时期，外包的用工模式对企业招聘的压力和生产的稳定性有着非常明显的好处。

最后，在目前市场招聘难的情况下，留住人才是应对劳动力短缺的有效方法。从长远来看，降低员工离职率，提高员工忠诚度才是企业应当修炼的用人之道。在劳动力供给总量萎缩的大背景下，企业高离职率问题更不容忽视。新生代不会被动地接受企业强加的用工条件和工作任务，企业不能以对待上一代劳动力的方式来管理90后。因此，企业要主动探索新的管理方式，最大限度地留人。

参考文献

国家统计局：《2015年农民工监测调查报告》，http：//www.stats.gov.cn/tjsj/zxfb/

201604/t20160428_ 1349713. html。

国家统计局：《2016 年 1 ~7 月全国房地产开发投资和销售情况》，http：//www. stats. gov. cn/tjsj/zxfb/201608/t20160812_ 1387696. html。

《2015 年上海市国民经济和社会发展统计公报》，http：//www. shanghai. gov. cn/nw2/nw2314/nw2318/nw26434/u21aw1109178. html。

国家统计局：《2015 年国民经济和社会发展统计公报》，http：//www. stats. gov. cn/tjsj/zxfb/201602/t20160229_ 1323991. html。

B.7

共享经济平台助力个人“双创”引爆新热点

——中欧－博尔捷招聘指数2017年下半年年度报告

夏鸣　赵筠　陈君*

摘　要：　本文对2017年下半年主要城市招聘研究进行了分析，发现中国主要城市的招聘需求呈现下降趋势，房地产行业招聘需求下滑凸显。在招聘需求总体下降口，指数也显示出金领员工增幅明显，京沪招聘需求依然领先国内其他城市，民营企业招聘需求领先国企外企，中等规模企业招聘需求最旺等特征。与以往不同，本次招聘指数显示灵活用工需求增加显著，自由择业者成为招聘需求不可忽视的选择形式。由此可以看出共享经济发展对招聘行业的影响，未来趋势值得关注。

关键词：　招聘需求　灵活用工　共享经济

本研究主要以“中欧－博尔捷招聘指数”的数据内容为基础进行分析，该指数由博尔捷人才研究院与《中欧商业评论》于2010年共同推出。本次招聘指数研究使用的数据采集于北京、上海等11个大中城市近5000家企业（含人才服务中介机构），涉及国有、民营、外资等不同性质及不同用人规模的企

* 夏鸣，研究生，上海博尔捷企业集团有限公司副总裁、人才研究院院长，研究方向为人力资源开发与人力资源服务产业发展；赵筠，博士后，苏州医孚网络科技股份有限公司总裁，研究方向为战略人力资源管理、人才发展与组织变革；陈君，硕士，上海博尔捷企业集团有限公司战略投资经理兼总裁助理。

业，涵盖新能源、IT 及互联网、批发零售、电子信息、医疗医药、物流、金融、汽车、教育、房地产等 13 个行业及金领、白领、蓝灰领三种员工类型。数据采集主要采取线上线下相结合的方式，线上主要通过网络调研、E－mail、多媒体平台（QQ、微信等渠道）发放电子调查问卷，线下主要来自博尔捷人力资源集团及其各地分支机构、各地方人才市场、中欧国际工商学院、长江商学院与南京大学校友企业，部分人力资源行业协会企业的问卷调研，此外，辅之以电话采访方式对调查问卷填写内容进行详细补充、确认，累计发放调查问卷（含电子版）13000 份，实际回收有效问卷 6380 份，按照外企、国企、民企等企业性质、属性特征，对样本结果进行数理统计分析。

一　2017 年下半年预期招聘需求呈现下降趋势

2017 年下半年“中欧－博尔捷招聘指数”显示，全国综合招聘指数为 +1.2%，较 2017 年上半年需求有所下降。与 2016 年下半年以来招聘指数走势不同，2017 年下半年预期招聘指数一改以往上行走势，整体招聘走势转降，与 2016 年下半年（+1.19%）相比，上升 0.84%（见图 1）。

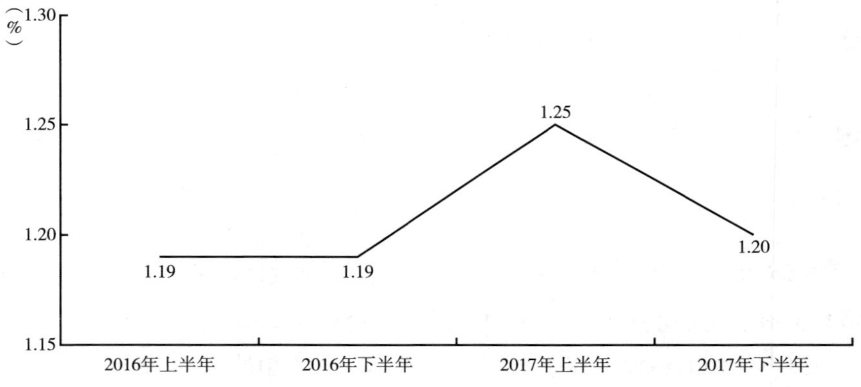

图 1　中欧－博尔捷招聘指数走势

2017 年下半年预期招聘指数出现上述变化，与国家大力推进共享经济、创新创业，改进政府服务，推进国内经济转型及产业升级等多重影响有关。从区域来看，全国四大区域的预期招聘需求均出现增长缓慢上升趋势，招聘指数按从大到小排列，依次为：长三角（+1.31%）、珠三角（+1.22%）、环渤海（+1.15%）、西南（+1.14%）（见图2）。

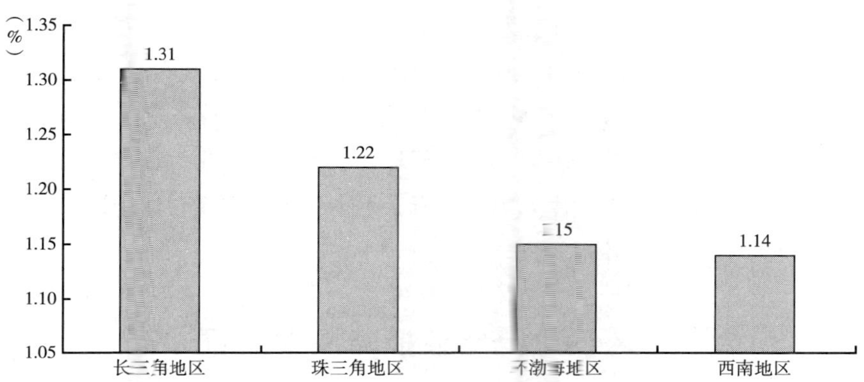

图2　2017年下半年四大区域招聘指数排行

本次研究选择的国内11个样本城市中，北京、上海预期招聘指数位居前列，其他城市需求各有高低（见图3）。

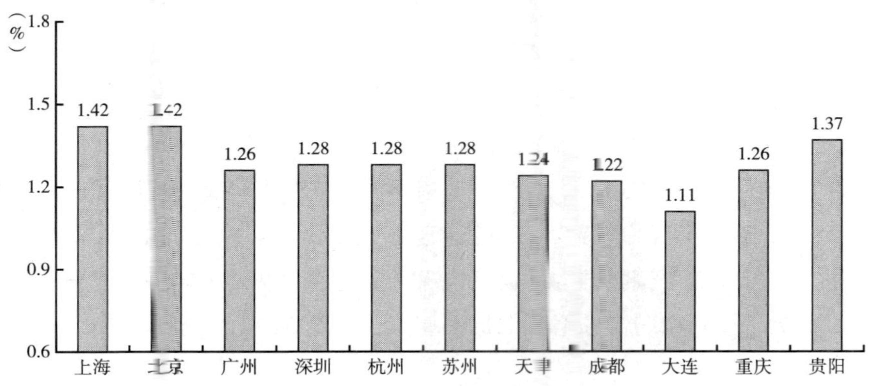

图3　2017年下半年各城市预期招聘需求排行榜

从行业类型来看，2017年下半年13个行业预期招聘指数均显示增长。其中，物流快递、IT互联网、教育招聘需求最旺，批发零售及人才服务行业招聘需求最低。与上半年相比，13个行业环比均出现下降；与2016年同期相比，各行业需求均有增加，物流行业招聘需求增长最大，增幅超过11.25%。

从员工类型来看，2017年下半年11大城市金领、白领、蓝灰领预期招聘指数均显示有所降低。与上年同期相比，各大城市中金领、白领、蓝灰领的招聘需求均下降；与上半年相比，各大城市环比增幅总体呈现下降趋势。

从企业性质来看，2017年上半年国有企业、民营企业、外资企业预期招聘指数均有所下降。与2016年同期相比，除民营企业招聘需求上升外，国有企业、外资企业预期招聘需求增幅均有下降；与上半年相比，预期招聘需求环比增幅呈下降趋势。从企业用人规模分析，下半年不同规模企业预期招聘指数及环比均呈下降趋势且降幅较大。

二　房地产行业招聘需求下滑

2017年下半年各行业招聘指数总体保持增长，招聘需求增幅明显下降。在13大行业中招聘需求增长最高的行业为物流快递、互联网及IT和文创传媒，预期增幅分别为1.78%、1.74%、1.54%。以往长期位居前列的房地产行业风光不再；人才服务、批发零售业预期招聘指数靠后。

与上年同期相比，7个行业的预期招聘需求呈增势，增幅平缓，其中，物流快递、汽车业增幅最高；房地产行业需求增幅下降最为明显，同比降幅达6.96%。与上半年相比，13个行业招聘需求环比出现下降，人才服务、汽车业、物流快递下降最大，降幅最大达46.85%。

综合同比、环比数据，房地产行业招聘需求双双下降，环比降幅明显。数据显示，房地产行业经过持续多年的稳定增长发展，在国家、地区宏观政策的影响下，该行业需要调整结构。物流快递行业也成为预期招聘需求增长较快的行业，成为下半年招聘需求增长的最大亮点（见图4）。

三　行业招聘需求金领员工增幅明显

2017年下半年13大行业不同层次员工的招聘指数显示：金领、白领、蓝灰领预期招聘指数均显示增长，与上年同期、上半年相比，各行业同比、环比增减不一。从整体需求来看，物流快递、教育、互联网及IT等行业不

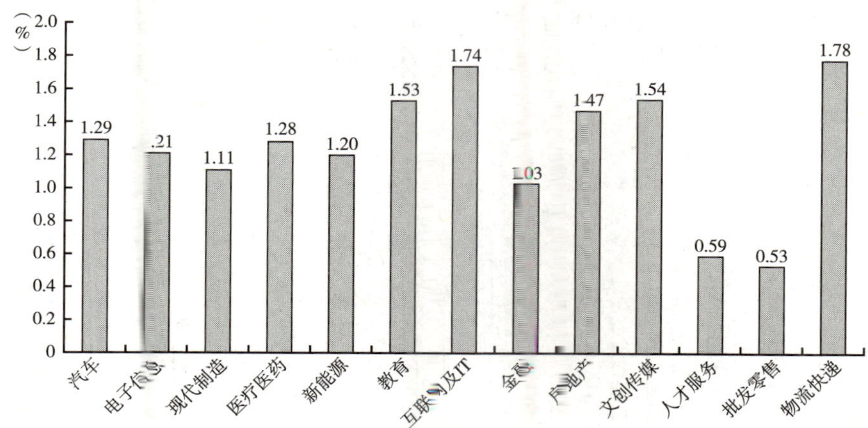

图4　2017年下半年各行业预期招聘需求增长率排行榜

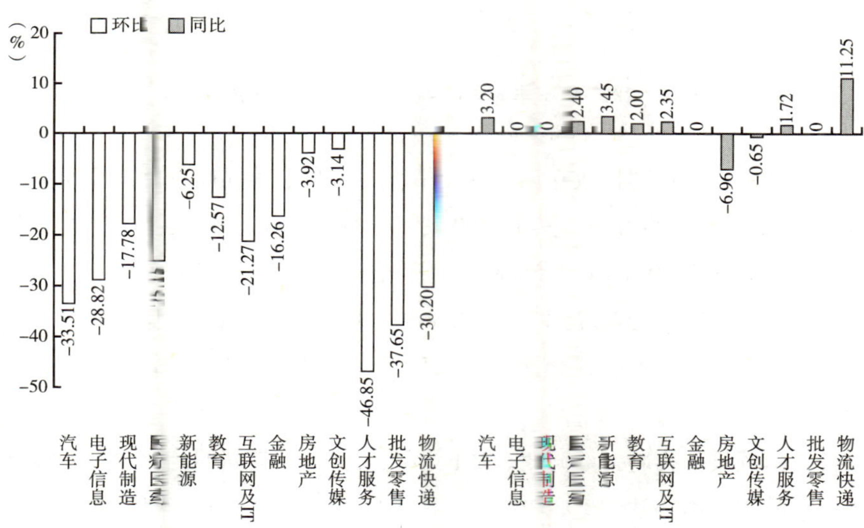

图5　2017年下半年各行业预期招聘需求排行榜及同比、环比情况

同员工需求靠前。白领员工预期招聘指数最高，蓝灰领员工其次，金领员工预期招聘需求较低。金领方面，教育、互联网及IT、金融行业预期招聘指数靠前，分别为0.74%、0.91%和0.68%；白领方面，互联网及IT招聘指数以1.4%领先各行业。蓝灰领方面，物流快递、汽车和互联网及IT预期表现最好，招聘指数分别为 1.34%、1.18% 和 1.08%。新能源业尽管招聘需求强劲，因受增长基数低影响，整体预期招聘指数仍然处于靠后位置（见图 6）。

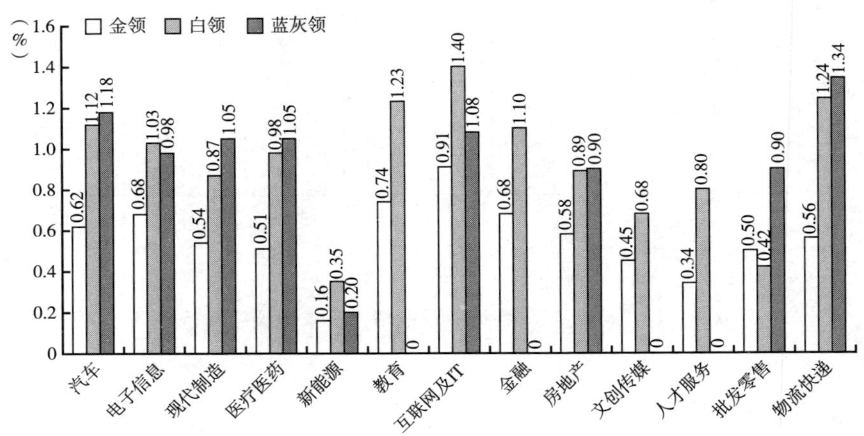

图 6　2017 年下半年各行业不同层次员工招聘指数

行业金领员工招聘指数同比、环比情况为：与上年同期相比，预期招聘需求显示有 12 个行业均下降，其中降幅最大的行业有文创传媒行业和人才服务行业，降幅分别为 70.97% 和 55.84%；新能源行业招聘需求略有上浮。与上半年相比，人才服务行业环比下降 72.36%，降幅最大；除批发零售业金领招聘需求降幅最低外，其余的金融、电子信息、物流快递等 11 个大行业环比均有明显下降。

行业白领员工招聘指数同比、环比情况为：与上年同期相比，批发零售行业预期招聘需求增幅达到 10.53%，互联网及 IT、金融、人才服务业等 3 个行业预期招聘需求略有增长，同比增幅在 0～5% 之间；现代制造业保持平稳。与上半年相比，13 个行业均呈现下降趋势，批发零售行业预期招聘需求降幅最大，降幅为 70.21%，金融行业预期招聘降幅最小，降幅为 12.7%，其他行业环比均呈下降趋势，环比降幅各有不同。

行业蓝灰领员工招聘指数同比、环比情况为：金融、人才服务、教育、文创传媒等行业以白领员工为主，在蓝灰领领域中招聘需求不旺。与上年同期相

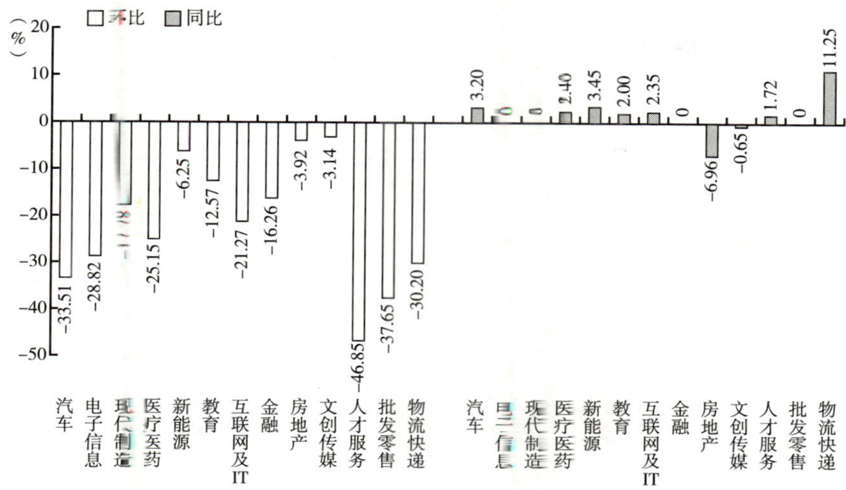

图7　2017年下半年各行业金领员工预期招聘需求环比、同比情况

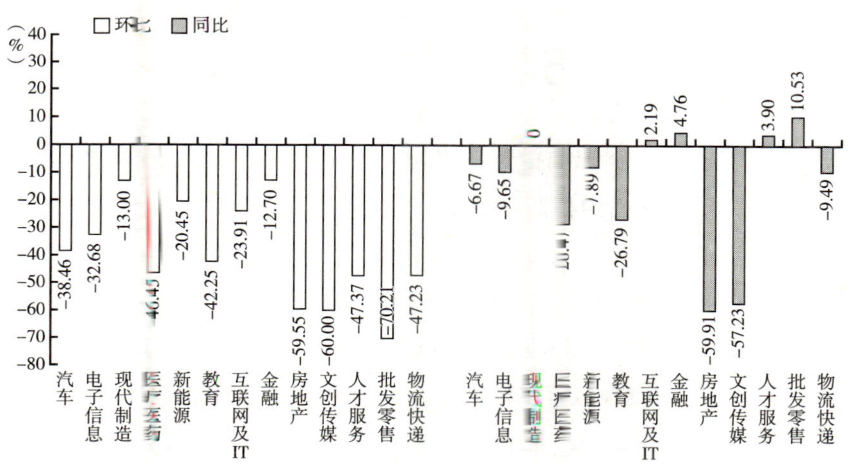

图8　2017年下半年各行业白领员工预期招聘需求环比、同比情况

比，另8个行业预期招聘需求均有下浮，房地产、医疗医药行业分别以45.45%、28.57%的降幅位列前两位。与上半年相比，房地产行业预期招聘需求下降54.77%，成为蓝灰领员工预期招聘需求下降幅度最大的行业，汽车行业、互联网及IT等行业环比降幅在4.00%～40.00%。

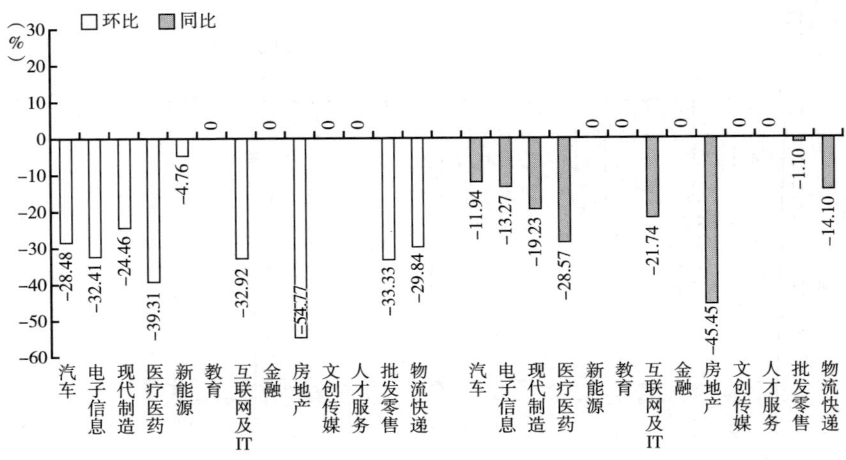

图 9　2017 年下半年各行业蓝灰领员工预期招聘需求同比、环比情况

四　京沪招聘需求领先各大城市

2017 年下半年 11 大城市的预期招聘指数同时显示，各大城市招聘需求保持增长，北京、上海预期招聘指数以 1.42%、1.42% 领先各大城市；贵阳、深圳、杭州、苏州、广州、重庆、天津、成都、大连依次列 3～11 位，招聘指数增幅在1.11%～1.37%。与上年同期相比，3 个城市预期招聘需求增长，8 个城市预期招聘需求没有增长或略有降幅，上海、重庆、贵阳均有增长，增幅在 0.71%～0.8%，其余城市降幅在 0～0.8%。与上半年相比，11 个城市预期招聘需求环比均呈下降，降幅最大为杭州、苏州（3.76%），降幅最小为上海（0.70%）。

综合分析同比、环比数据，2017 年下半年的招聘需求均有所下降，一线城市招聘需求明显高于二线城市，京沪两市优于广深；总体显示北上广深等城市招聘需求更旺。数据显示，在国家推动“大众创业、万众创新”的形势下，产业升级、经济转型对上述城市产生了显著影响；京沪两地招聘需求遥遥领先于其他城市，与其在全国所处的特殊地位不无关系。

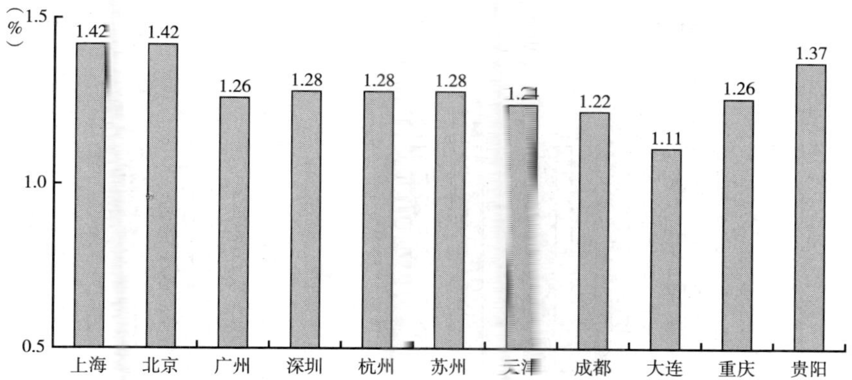

图 10 2017 年下半年 11 大城市预期招聘需求增长率

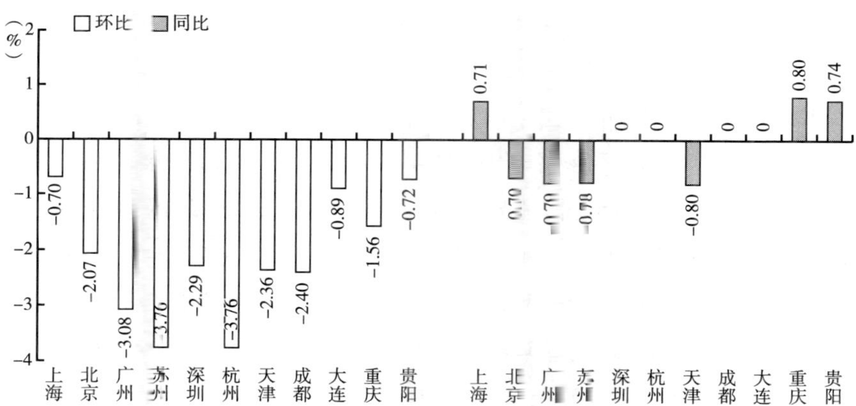

图 11 2017 年下半年 11 大城市预期招聘需求排行榜及同比、环比情况

2017 年下半年 11 大城市不同层次员工的招聘指数显示：从整体需求来看，金领员工预期招聘需求明显走低，预期招聘需求位列三大类员工末位，白领员工预期招聘需求较高，蓝灰领其次。在金领方面，京沪广深等招聘指数领先各城市，大连、成都、天津、重庆、贵阳位次靠后；白领方面，上海、北京、苏州等招聘指数较高，天津、大连、重庆较低；蓝灰领方面，广州、天津、苏州招聘指数最高，大连、贵阳最低。具体数据如图 12 所示。

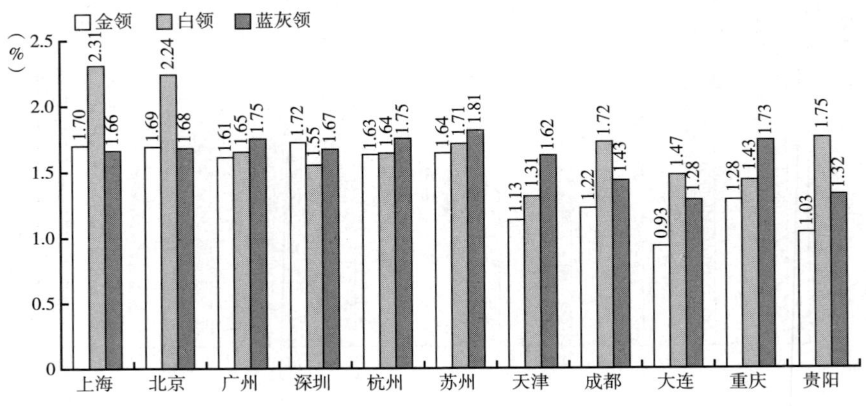

图 12　2017 年下半年 11 大城市不同层次员工招聘指数

城市金领员工招聘指数同比、环比情况为：与上年同期相比，各城市预期招聘需求保持平稳增长，杭州、广州、上海等城市招聘需求最高，杭州增幅最大为 150. 85% 。与上半年相比，11 大城市招聘需求呈现下降趋势，其中大连、深圳招聘需求大幅下降，降幅为 42. 47% 和 25. 58% ，天津降幅最小。城市白领员工招聘指数同比、环比情况为：与上年同期相比，城市白领员工预期招聘需求呈现增长势头；增幅最大的为上海和北京，分别为 29. 34% 和 17. 16% ，但天津和上年同期相比有所下降，降幅为 0. 85% 。与上半年相比，11 大城市预期招聘需求均下降，环比降幅幅均在 6. 49% ~25. 45% ，广州降幅最大，为 25. 45% ，贵阳次之。城市蓝灰领员工招聘指数同比、环比情况为：与上年同期相比，除贵阳以外，10 大城市蓝灰领招聘需求均有增长，深圳、重庆增幅最大，增幅为 47. 79% 、41. 8% ；与上半年相比，11 大城市蓝灰领员工预期招聘需求稳定上升，增幅为 1. 19% ~1. 42% 。具体数据如图 13、图 14、图 15 所示。

2017 年下半年招聘数据还显示：随着我国共享经济时代的到来，2017 年下半年自由职业者群体会呈现上升趋势。各大城市都出现金领员工、白领员工、蓝灰领员工灵活用工需求。金领层次员工的兼职主要来源于高校、科研院所、各大知名企业等；白领层次员工的兼职主要来源于科教文卫等专业领域；蓝灰领层次员工的兼职主要来源于社会及学生群体。

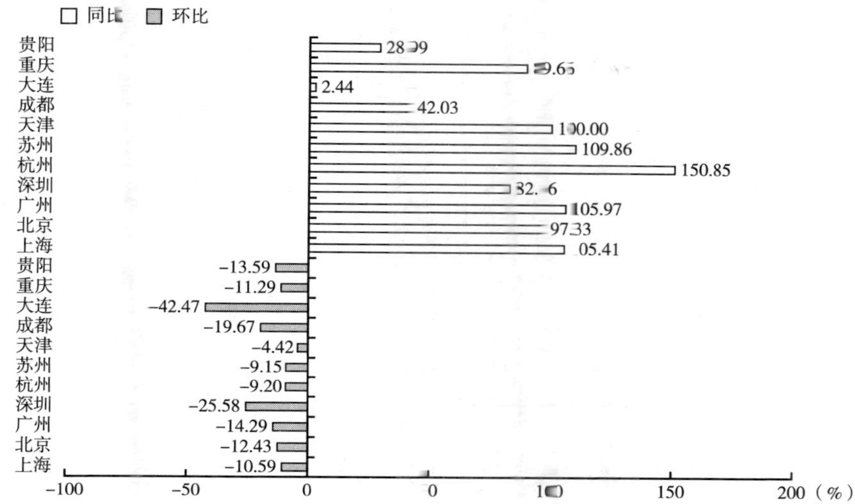

图 13　2017 年下半年各城市金领员工预期招聘需求环比、同比情况

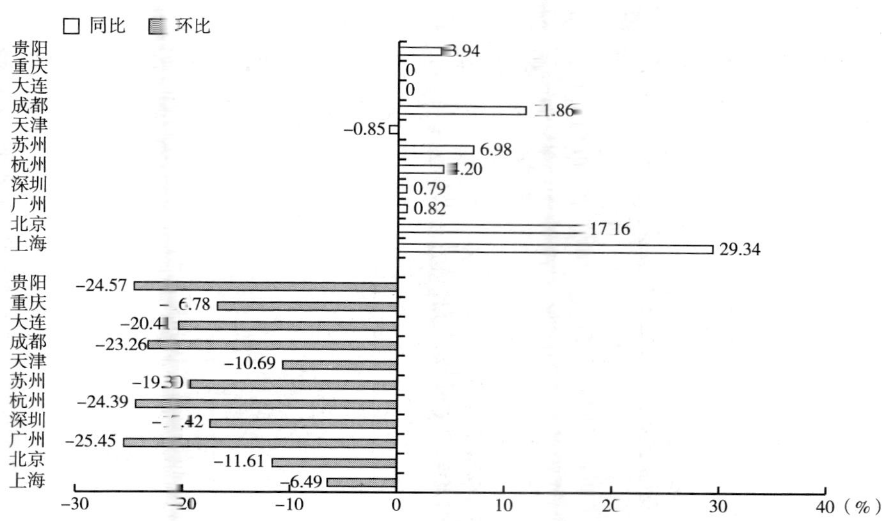

图 14　2017 年下半年各城市白领员工预期招聘需求环比、同比情况

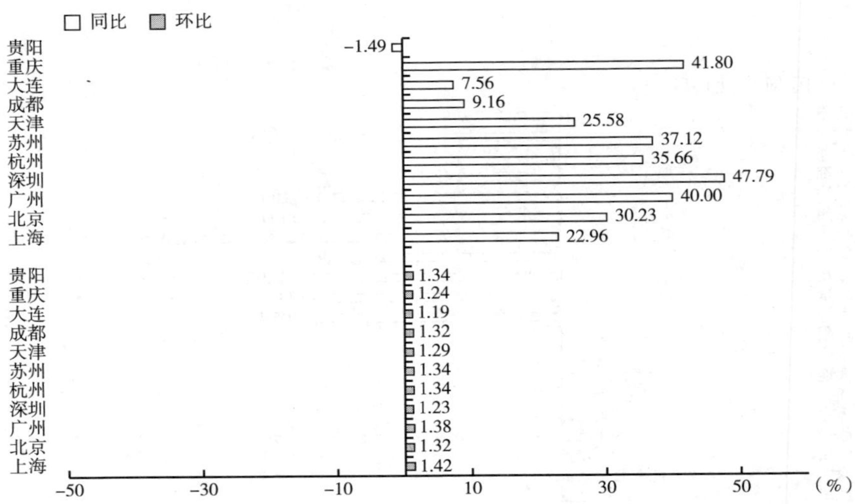

图 15　2017 年下半年各城市蓝灰领员工预期招聘需求同比、环比情况

五　民营企业招聘需求高于国企外企

2017 年下半年不同性质企业的招聘指数显示：不同性质企业的招聘指数均呈现增长态势，国有、民营和外资企业招聘指数增长分别为 1.22%、1.42%、0.87%，民营企业招聘需求较国有、外资企业增长更快，招聘需求更

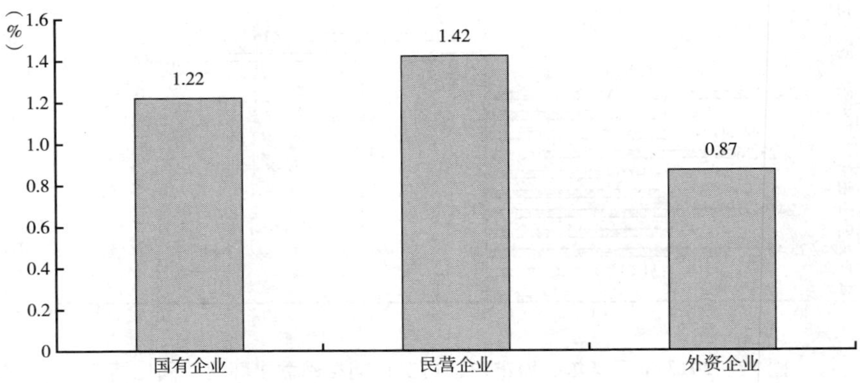

图 16　2017 年下半年不同性质企业预期招聘指数增长情况

活跃。与上年同期相比，不同性质企业的招聘需求有增有降，外资企业招聘需求下降 11.22%；民营招聘同期增长 13.60%。与上半年同期相比，国有、民营、外资企业预期招聘需求均下降，降幅最大为外资企业达到 27.50%；国有企业环比降幅低于民营企业、外资企业。数据更多地反映出近年来我国民营企业因其用工方式的灵活性、人才市场供应的流动性保持了较高的招聘需求，国有企业受国家产业政策的影响及传统用人方式的影响，招聘需求总体较平稳。

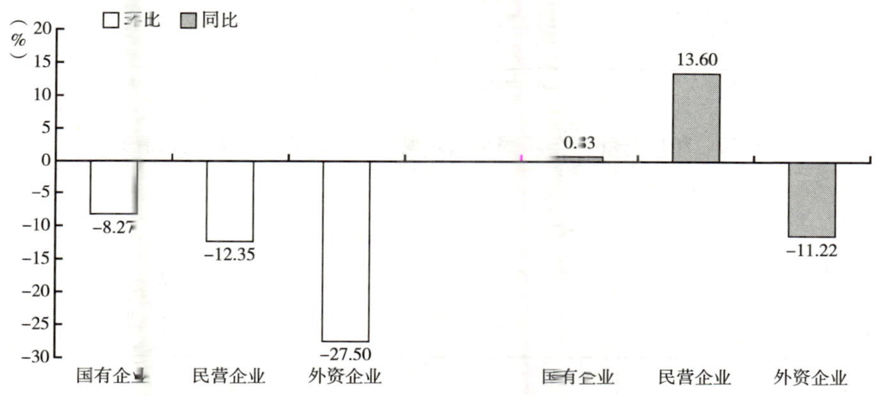

图 17　2017 年下半年不同性质企业预期招聘需求环比、同比情况

六　中等规模企业招聘需求最高

2017 年下半年不同用人规模企业的招聘指数显示：501～1000 人的企业招聘指数最高（+1.28%），1000 人以上的企业招聘指数最低（+1.20%）。与上年同期相比，不同规模的企业的预期招聘需求均有增有降，招聘需求增幅最大的为 501～1000 人的企业，100 人及以下的企业增幅下降 -3.28%。与上半年相比，各类规模企业招聘需求预期同比也出现下降，总体降幅为 10.57%～32.63%。中小企业招聘需求低于规模企业，招聘需求的降幅较大，反映出中小企业发展面临的困难和问题依然需要解决。

综上所述，2017 年下半年共享经济会对招聘市场产生较大的影响。

首先，共享经济在高度机械化、纪律化、标准化的社会化大生产外，给了供求双方更自由选择、更自由供给、更个性定制的可能性，从而在一定程度上

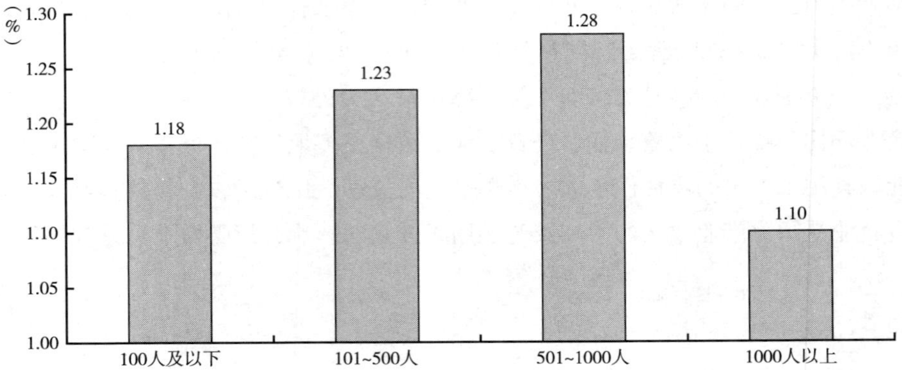

图 18　2017 年下半年不同用人规模企业预期招聘指数增长情况

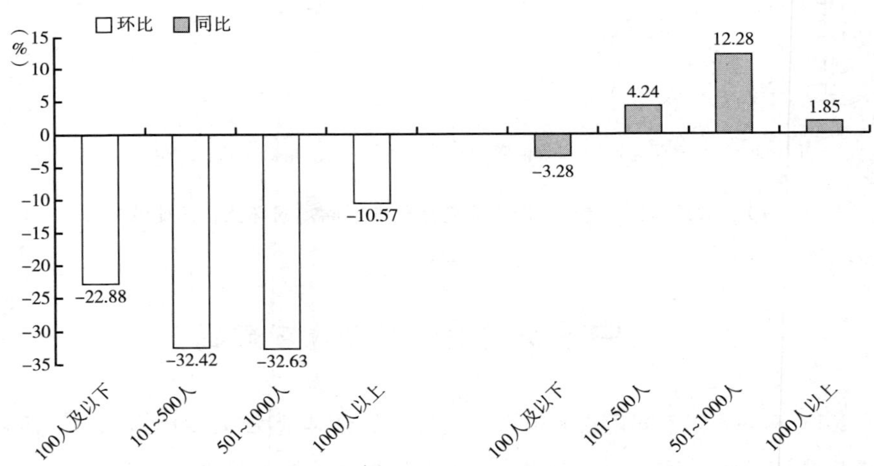

图 19　2017 年下半年不同用人规模企业招聘指数环比、同比情况

使共享经济具有了“自由人”的联合意味。

其次，共享经济时代，在技能、人脉、服务上拥有一技之长的人，都可以通过互联网平台、智客平台等，寻找到与之相配的工作，人们可以根据自己所擅长的来自由支配自己要在什么时间什么场所做什么样的事情，根据自己的兴趣所在，制定目标，完成工作。

再次，在未来，全职工作不一定再是你的身份标签，或者唯一的收入来源。在日新月异的互联网时代，当工作变成一种分配时间、置换资源的方式，共享经济已经改变了雇佣方式和劳动关系。通过这些共享经济平台，你可以灵活地交换时间、技能和金钱，找到最适合自己的生活方式，甚至还可以从中交到不同圈子的朋友，获得新的技能和职业机会。面对充满不确定性的未来，共享经济还能提供多元化的职业道路，抵御潜在的失业风险。

最后，自我雇佣将成为未来中国工作的主要形式。未来经济一定是共享型的，互联网的存在逻辑是优化社会运行，让一切商业和工作模式的损耗降到最低。互联网配置资源的核心方式是共享和分享，它配置资源的效率大大超过市场。这是一个充满不确定性的时代，人人都在变化中寻找机遇。不需要固定的办公室，没有规定工作内容的合同，工作时间灵活可变，只要你拥有经验、技能，拥有一部手机便能为你带来收入。在美国，不在特定场所工作的人们已经占到整个美国工作人口的1/3，并且每年以10%的速度增长着。共享经济这种“自由人”的联合形式，属于协同共享，它或许将会在很长时间里与传统商业模式共存，两者也存在一定的协作关系，虽然共享经济现在仍然是星星之火，但是必将成为改变经济格局的一个重要力量。

B.8
企业成熟人才职业稳定性现状报告

苏永华*

摘　要： 本文对具有三年及以上工作经验的成熟人才的职业稳定性现状进行了调研，对影响他们职业稳定性的原因进行了探寻，从而提出方向性解决对策，以期帮助企业在保留人才时做到“有的放矢”。本文对企业成熟人才职业稳定性的分析包括参与调研的企业和员工情况、成熟人才职业稳定性情况、成熟人才职业稳定性的影响因素、成熟人才职业稳定性测评现状等四个方面。

关键词： 成熟人才　职业稳定性　人才保留

在经济全球化的背景下，人才作为一种生产要素在国家和地区间的流动日益频繁，人才争夺战也在这样的背景下愈演愈烈。在创新驱动发展的国家战略要求下，中国企业面临着转型升级的压力，人才储备不足、核心人才流失严重成为制约企业发展的重要因素。在这样的背景下，成熟人才的职业稳定性成为企业管理者们关注的热点问题。

为此，诺姆四达研究院开展了“企业成熟人才职业稳定性现状”调研。此次调研采用问卷调查的方式，调研内容主要是具有三年及以上工作经验的成熟人才的职业稳定性现状，探寻影响他们职业稳定性的原因，从而提出有效解决对策，以期帮助企业在保留人才时做到“有的放矢”。本文对企业成熟人才职业稳定性的分析包括参与调研的企业和员工情况、成熟人才职业稳定性情况、

---

* 苏永华，博士，教授，诺姆四达集团董事长、总裁，主要研究领域为组织管理心理学、人才评价与选拔、领导心理学与领导力发展、企业人力资源管理体系构建。

成熟人才职业稳定性的影响因素、成熟人才职业稳定性测评现状等四个方面。

此次分析的数据周期为2014年9～11月。通过现场填写、电话、网络等方式进行问卷收集。问卷分为企业问卷和员工问卷两类。企业问卷的调研对象为企业的HR或具有团队管理职责的人员。此次调研抽取企业样本问卷400份，经过严格筛选，最终获得有效问卷354份，有效问卷回收率为88.5%。员工问卷的调研对象为具有三年及以上工作经验的成熟人才。此次调研随机抽取员工样本问卷510份，经过严格筛选，最终获得有效问卷464份，有效问卷回收率为90.98%。

一　参与调研的企业和员工情况

（一）参与调研的企业情况

1. 企业所属行业与性质

参与本次调研的企业分布在各行业。企业数量排在前三位的行业分别是贸易/消费/制造/营运行业（24.29%）、计算机/互联网/通信/电子行业（15.25%）、服务业（12.43%）。

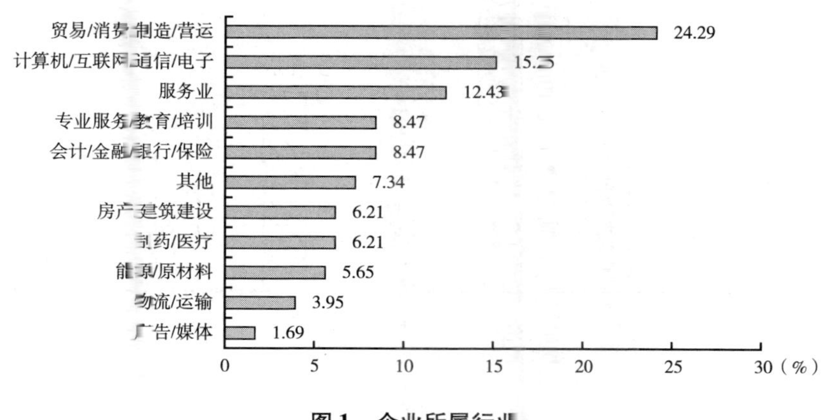

图1　企业所属行业

超过六成（62.71%）的企业为民营企业，国有企业、外资企业和合资企业分别占20.34%、10.73%和5.08%。

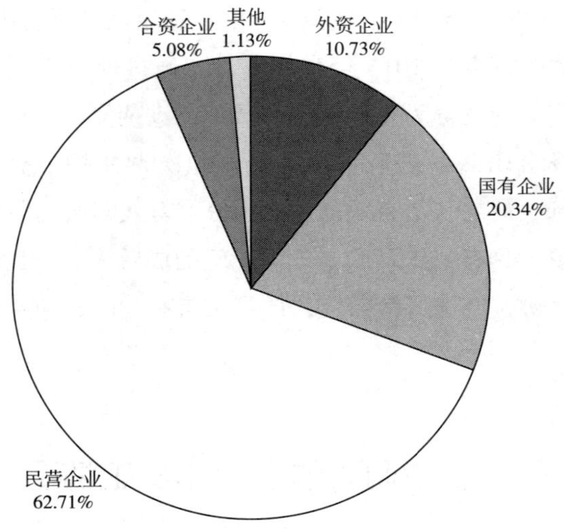

图 2　企业性质分布情况

2. 企业规模与所在区域

参与本次调研的企业规模不同，企业规模在 101 ~ 500 人（24.86%）、1001 ~3000 人（18.08%）和 501 ~1000 人（16.38%）的企业数量排在前三位。

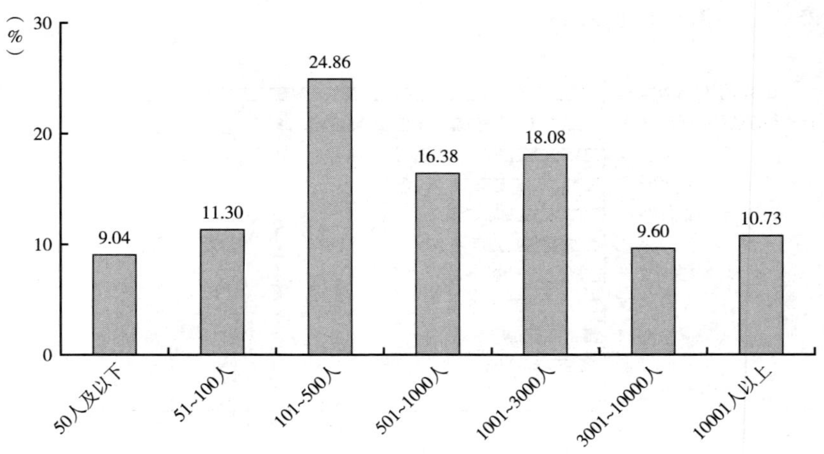

图 3　企业规模分布情况

这些企业主要来自华东（33.90%）、华南（26.55%）以及华北地区（22.03%），这些地区是中国经济发展最迅速及活跃的区域。

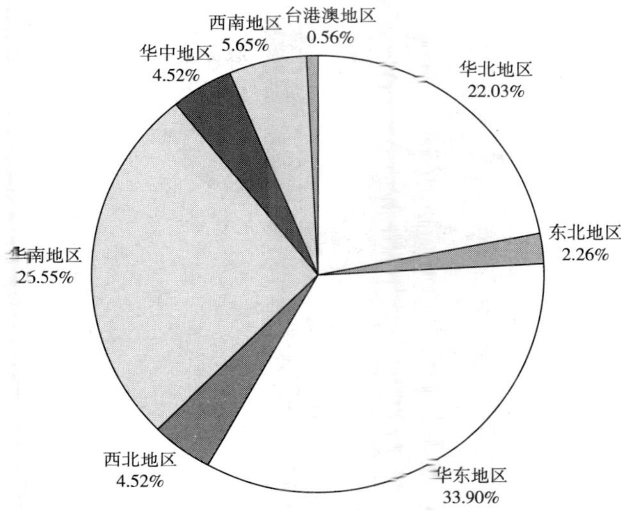

图 4　企业所在区域分布情况

3. 企业答题者的职位与任职年限

参与本次调研的企业中，近七成（69.49%）答题者的职位为 HR 主管以上级别。近一半（48.59%）答题者在目前所在企业的任职年限为三年以上，对企业人力资源管理的情况较为熟悉。

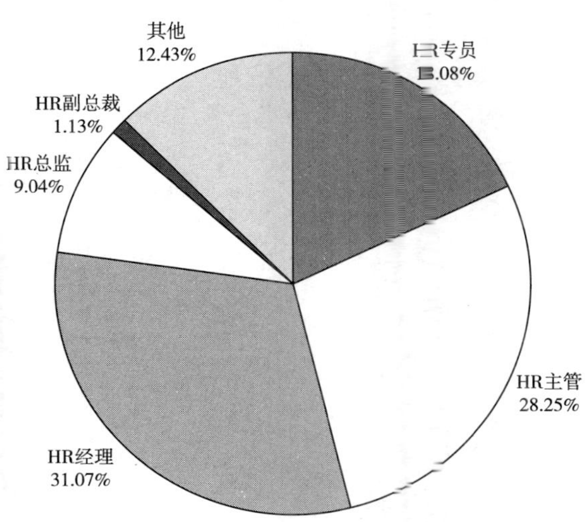

图 5　企业答题者职位分布情况

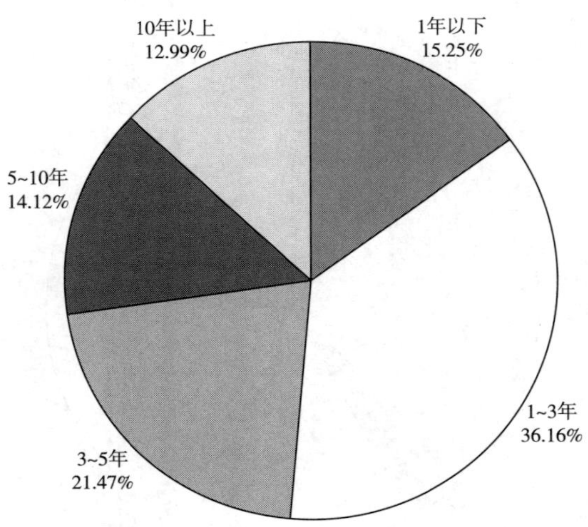

图6　企业答题者任职年限分布情况

（二）参与调研的员工情况

1. 性别与年龄

参与本次调研的员工中，男性占35.34%，女性占64.66%。近九成（90.08%）的员工年龄在21～40岁之间，该年龄段的员工是目前劳动力市场上的主力军。

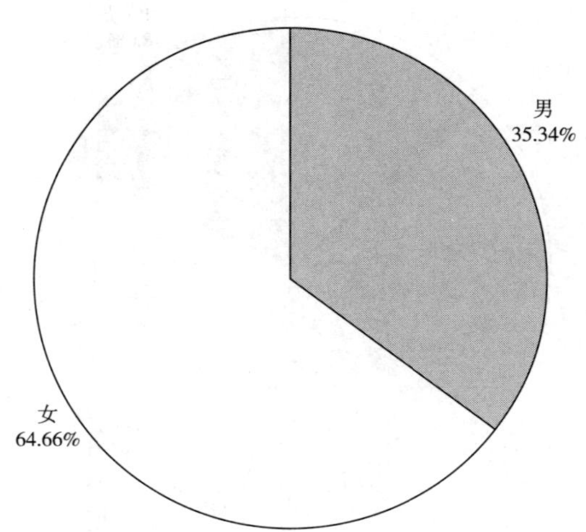

图7　员工性别分布情况

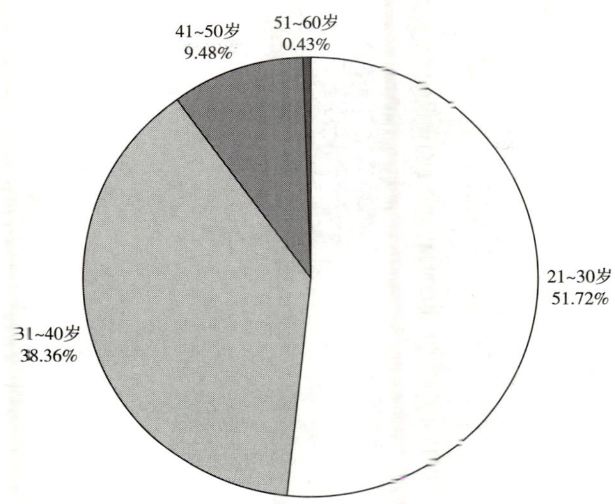

图 8　参与调研的员工年龄分布情况

2. 婚姻状况与学历

参与本次调研的员工中，六成（60.34%）为已婚者。超过八成（81.90%）的员工为本科及以上学历。

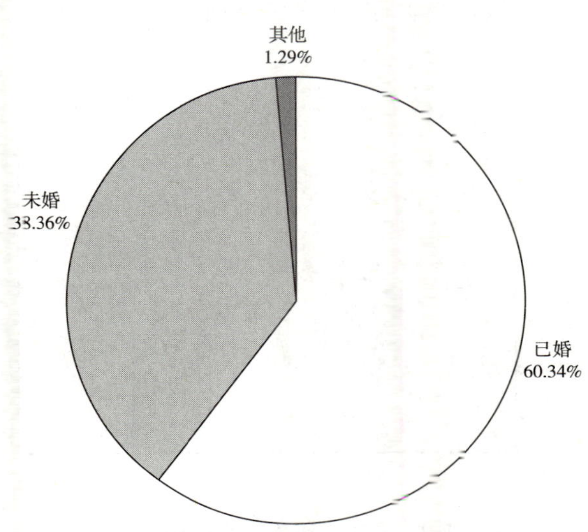

图 9　参与调研的员工婚姻状况分布情况

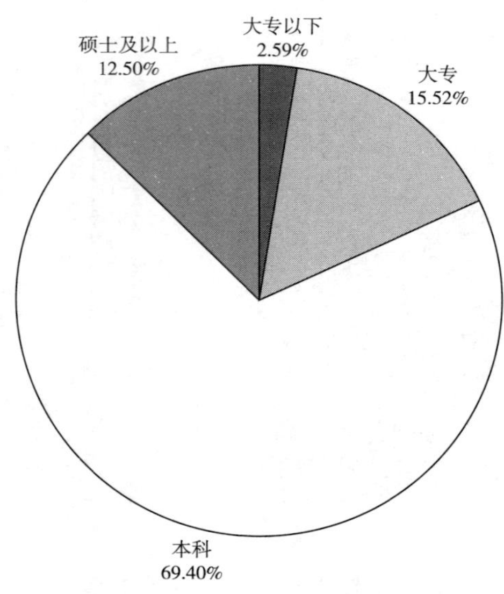

图 10　参与调研的员工学历状况

3. 工作总年限及在现企业工作年限

参与本次调研的员工中，超过七成（71.99%）员工的工作总年限在5年以上。近五成（49.57%）的员工在目前就职企业的工作年限在3年以上。

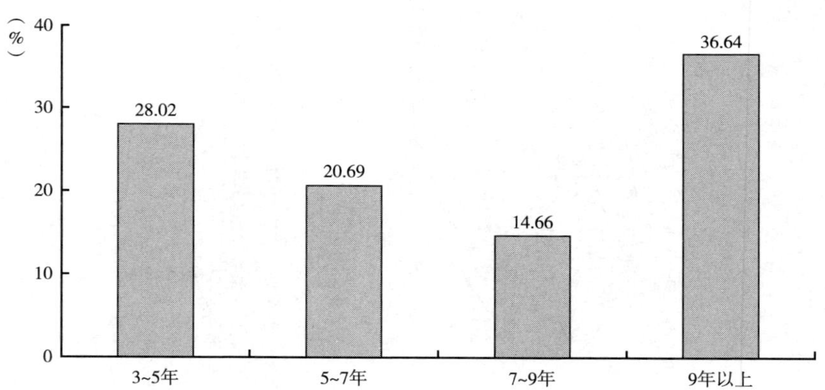

图 11　员工工作总年限分布情况

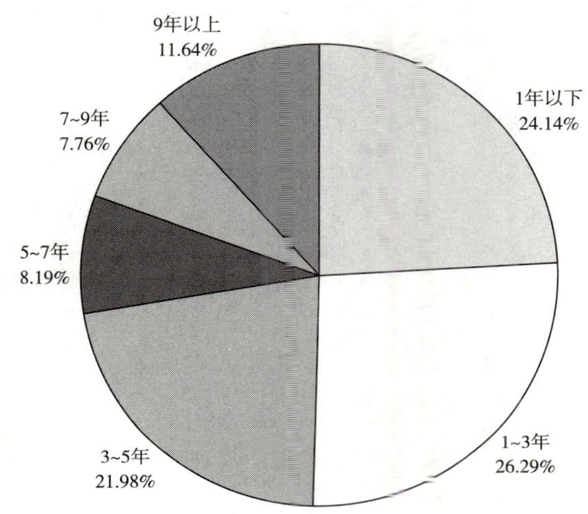

图 12　员工在现工作企业的工作年限分布情况

4. 所在企业的性质与所属行业

参与本次调研的员工来自不同的行业，其中人数排名前三的分别是贸易/消费/制造/营运行业（19.83%）、计算机/互联网/通信/电子行业（17.24%）和会计/金融/银行/保险行业（12.50%）。超过一半（55.17%）的员工来自民营企业。

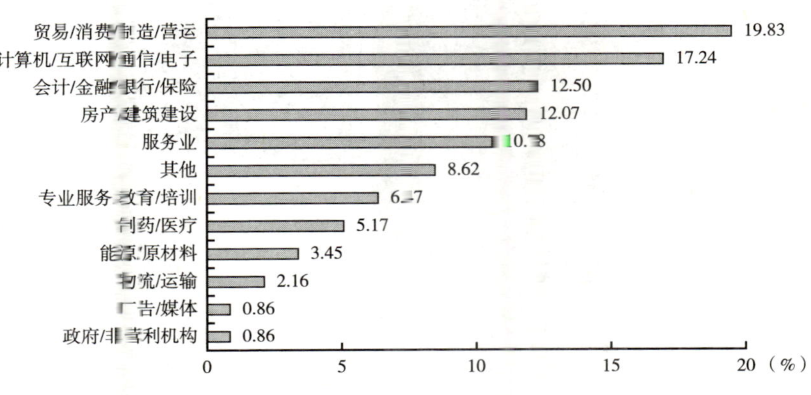

图 13　员工所属行业分布情况

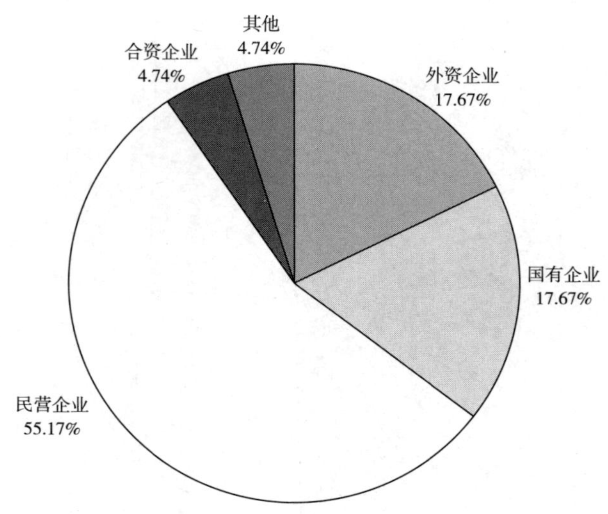

图 14　员工所在企业性质分布情况

5. 工作岗位层级

参与本次调研的员工中，超过七成（74. 57%）员工的工作层级为主管及以上级别的。

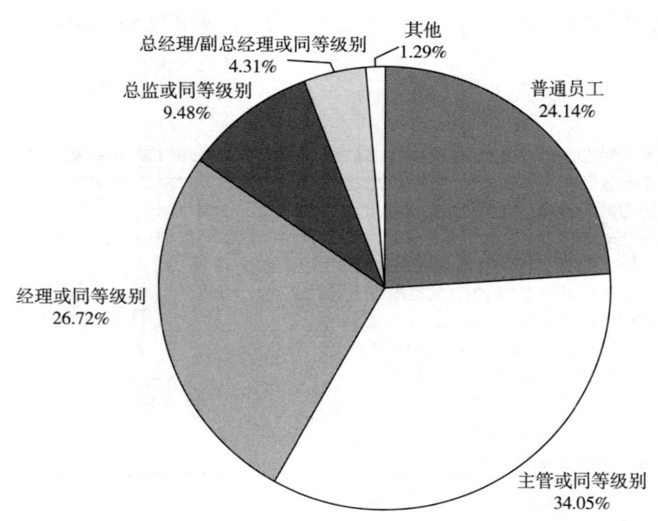

图 15　员工工作岗位层级分布情况

二　成熟人才职业稳定性情况

（一）从企业角度分析

1. 成熟人才的主动离职率

参与本次调研的企业中，超过 1/3 的企业在 2013 年的员工离职率为 20% 以上，即每五个员工当中至少会有一人离职。还有 6.21% 的企业表示在 2013 年的员工离职率达到 50% 以上。

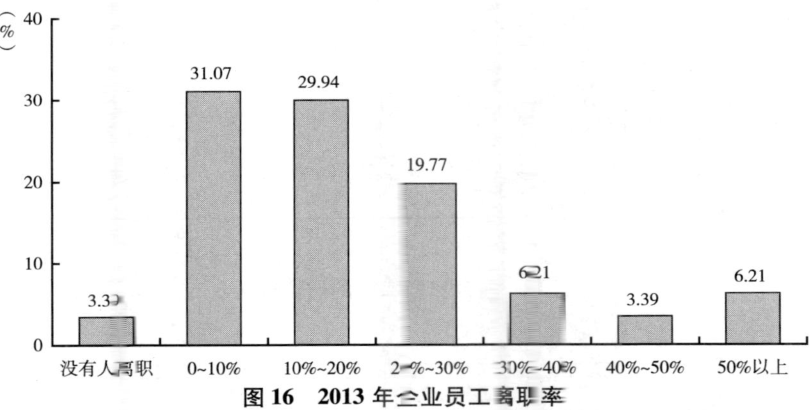

图 16　2013 年企业员工离职率

2. 成熟人才的平均工作年限

此次调查中，超过八成（82.46%）的企业表示本企业员工的平均工作年限不超过 5 年。

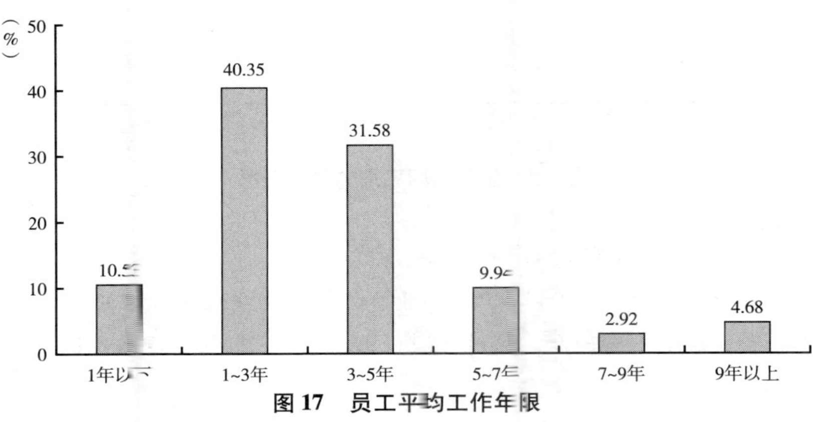

图 17　员工平均工作年限

3. 成熟人才主动离职率最高与最低的岗位

此次调查中，企业认为的离职率最低的三个岗位分别是财务会计类岗位（22.22%）、行政文秘类岗位（16.37%）和技术研发类岗位（10.53%）。离职率最高的三个岗位分别是销售类岗位（29.24%）、生产制造类岗位（19.30%）和客户服务类岗位（11.70%）。

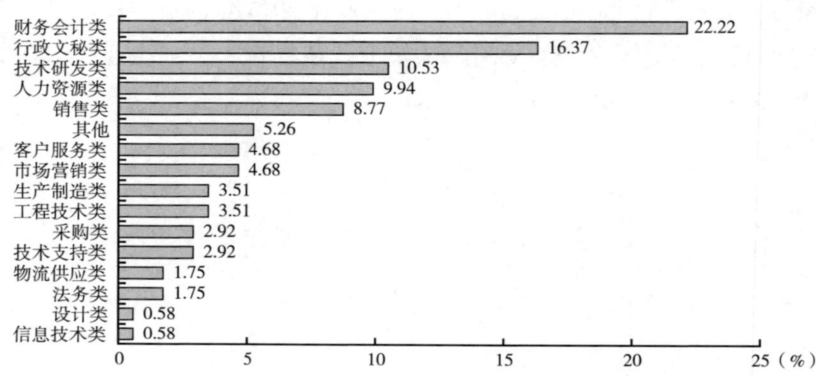

图 18 主动离职率低的岗位情况

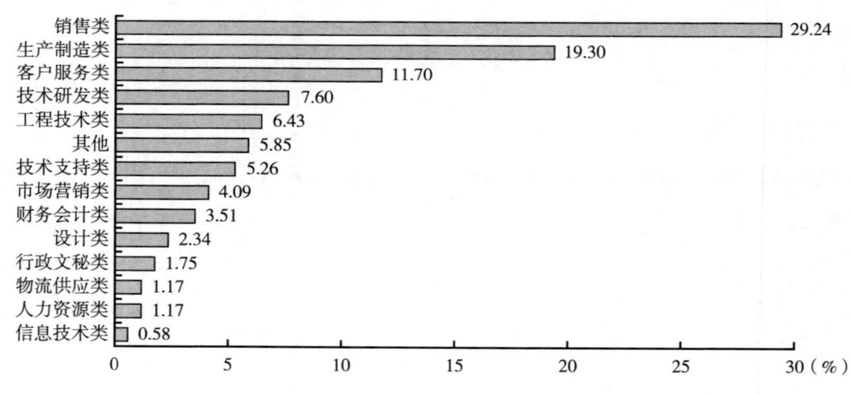

图 19 主动离职率高的岗位情况

4. 成熟人才主动离职率最高与最低的层级

此次调研中，近1/3（30.99%）的企业表示经理或同等级别员工的主动离职率在各层级员工中最低。超过九成（90.64%）的企业表示普通员工的主动离职率在各层级员工中最高。

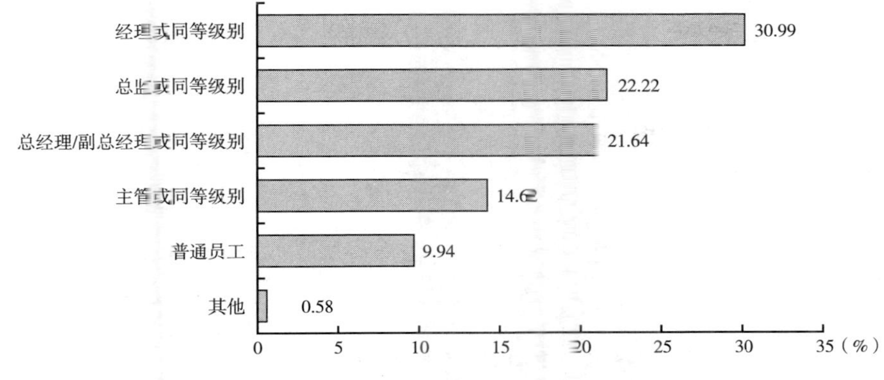

图 20　主动离职率最低的层级

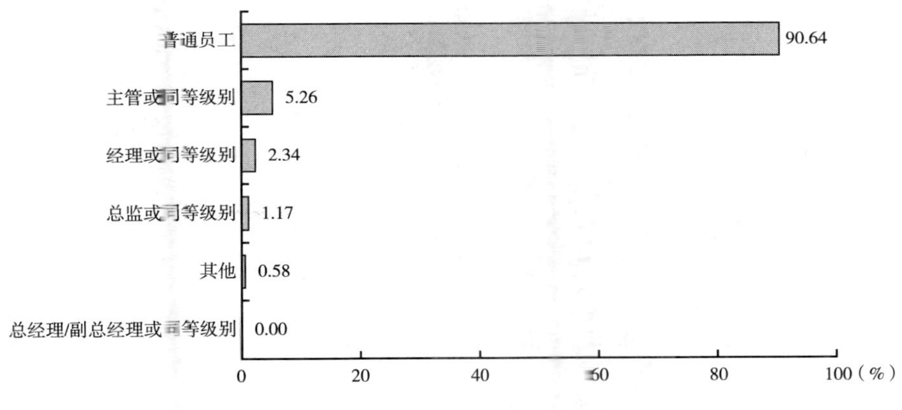

图 21　主动离职率最高的层级

5. 成熟人才主动离职率最高与最低的司龄段

此次调研中，超过一半（56.73%）的企业认为，工作时间不满 1 年的员工离职率最高。超过 1/3（36.26%）的企业认为司龄在 7 年以上的员工的主动离职率最低。

6. 职业稳定性的时间标志

此次调研中，超过一半的企业（54.80%）认为成熟人才在同一家企业能够工作满 3 年就是稳定性较高的表现。

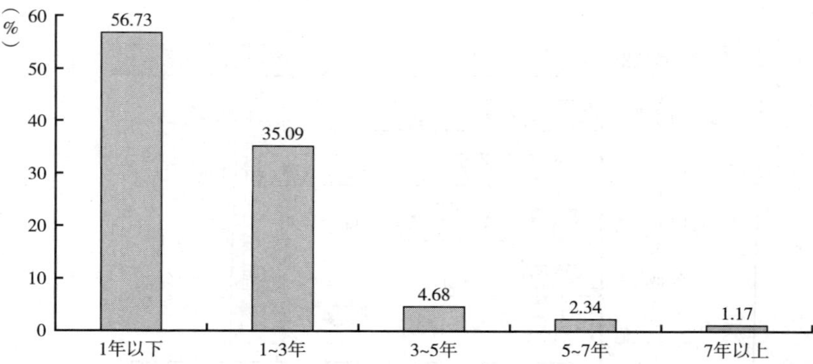

图 22　主动离职率最高司龄段情况

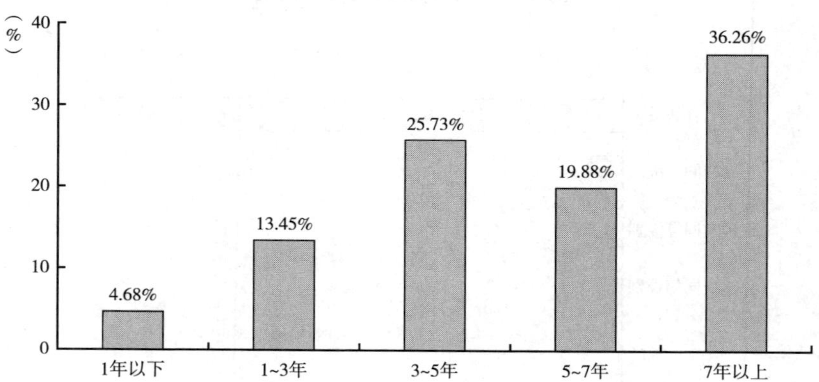

图 23　主动离职率最低司龄段情况

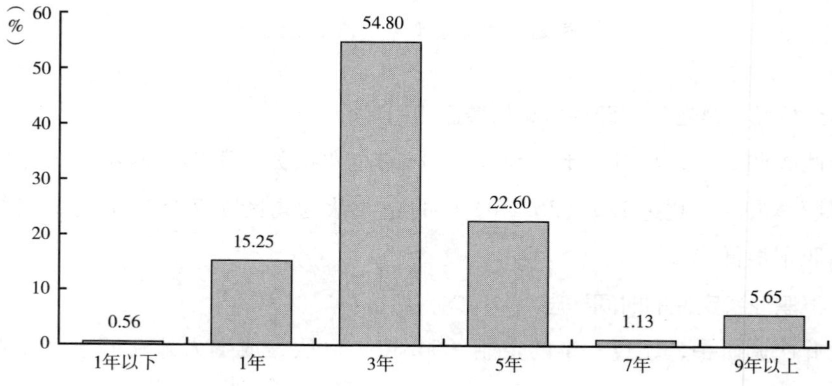

图 24　企业认为的职业稳定性的时间标志

（二）从员工角度分析

1. 成熟人才主动离职的次数

此次调研中，超过八成（83.62%）的员工表示曾经主动离职过，近三成（29.31%）的员工表示曾经主动离职过三次以上。

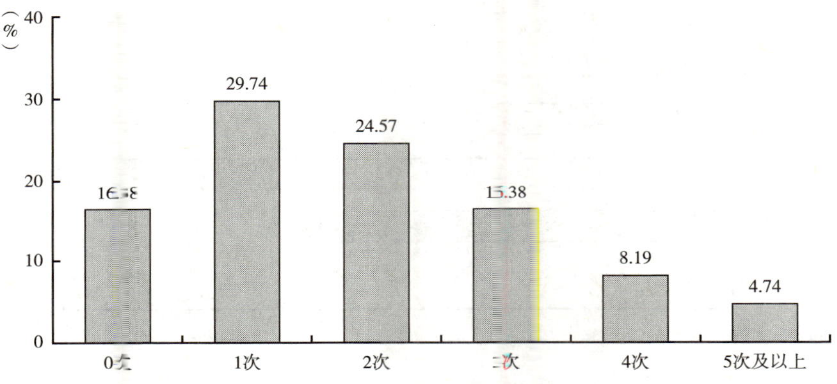

图 25　员工主动离职次数

2. 成熟人才主动换工作的时间间隔

此次调研中，超过八成（83.51%）的员工表示在同一家企业工作不到五年就会主动换工作。

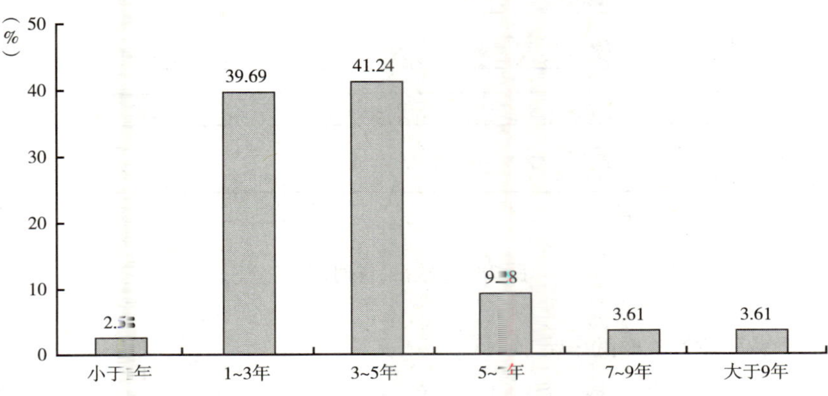

图 26　成熟人才主动换工作的时间间隔情况

3. 成熟人才在企业最长和最短的工作年限

此次调研中，近四成（38.66%）的员工表示，他们在一家企业工作的最长时间为3～5年这一范围。近三成（28.87%）员工表示，他们在一家企业工作的最短时间为1～6个月这一范围。

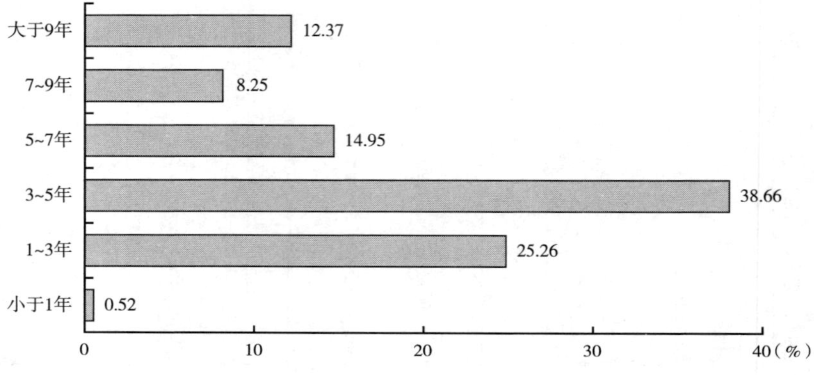

图27　最长工作时间情况

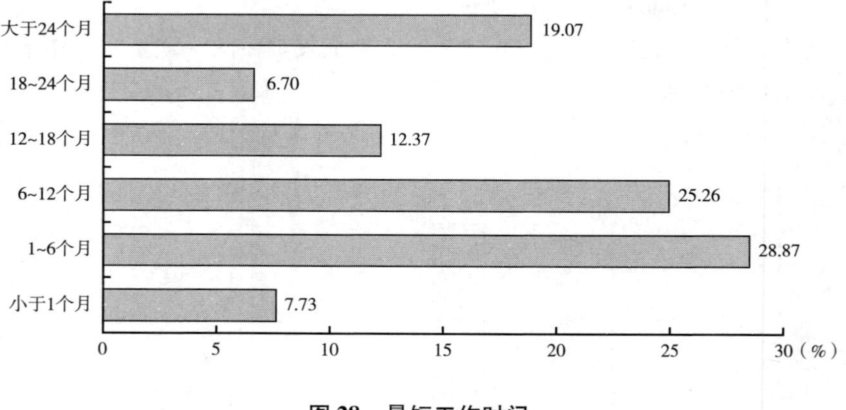

图28　最短工作时间

4. 职业稳定性的时间表示

此次调研中，近六成（59.91%）的员工认为成熟人才在同一家企业能够工作3年以上就是稳定性较高的表现。

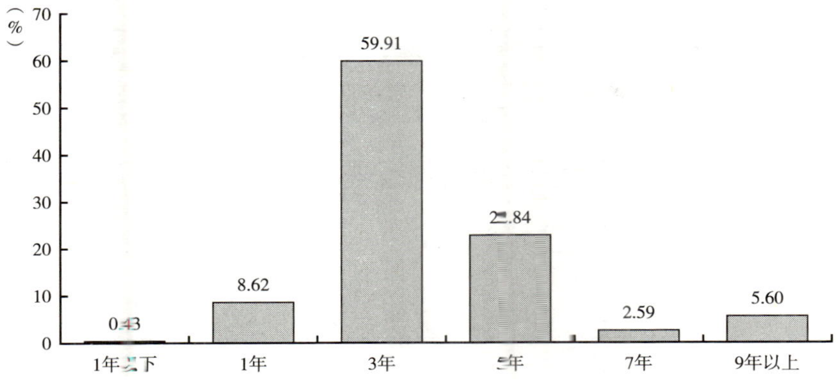

图29　员工认为的职业稳定性的时间标志

三　成熟人才职业稳定性的影响因素

职业稳定性是员工愿意在某一组织持续工作的一种状态，这种状态本身难以进行评估和测量，需要通过一些可观察的行为进行评估和测量。此次调查通过主动离职这一行为来观察和评估职业稳定性以及探寻职业稳定的影响因素。

（一）成熟人才主动离职的影响因素

1. 从企业角度看成熟人才主动离职的影响因素

此次调查中，超过九成（95.48%）的企业认为企业因素（例如，薪酬福利、培训、晋升、工作地点、组织氛围等与企业相关的因素）对成熟人才主动离职会产生影响。超过六成的企业（60.45%）认为劳动力市场因素（例如，外部的工作机会、劳动力供求状况等劳动力市场因素）对成熟人才主动离职会产生影响。超过一半的企业（56.50%）认为个人心理因素（例如，坚韧、乐观等心理特点）对成熟人才主动离职会产生影响。

参与调查的企业还对各种影响因素对成熟人才离职行为产生影响的比重进行了评价，它们认为企业因素所产生的影响占到所有因素对成熟人才离职产生的影响的42.46%，劳动力市场因素所产生的影响占20.33%，个人心理因素所产生的影响占18.12%。

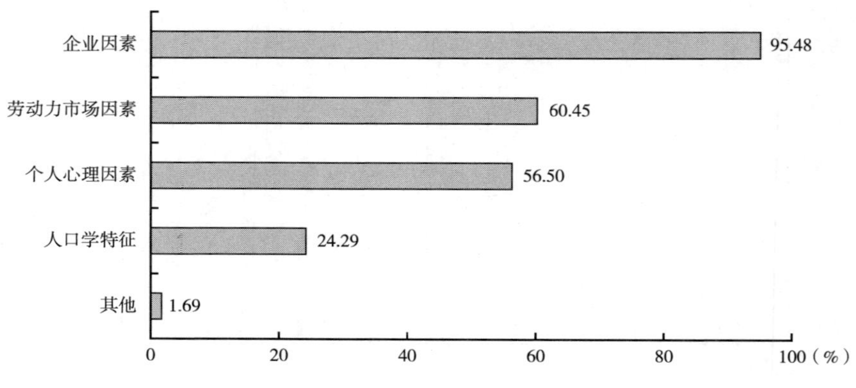

图 30　影响因素——企业角度

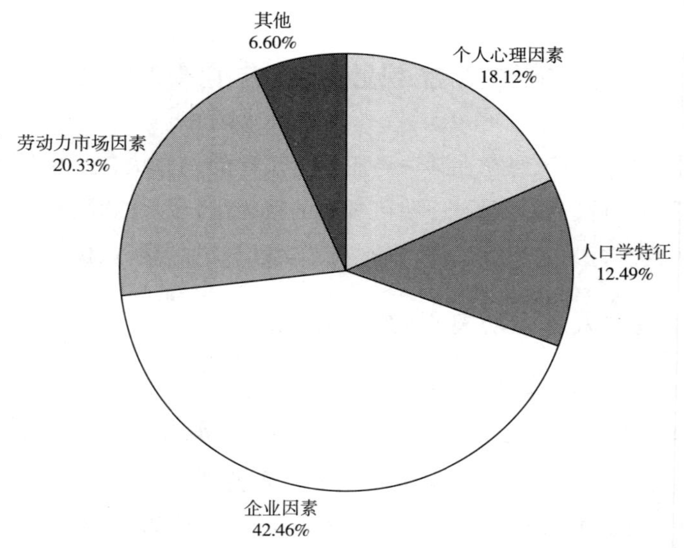

图 31　影响程度——企业角度

2. 从员工角度看成熟人才主动离职的影响因素

此次调查中，超过九成（97.41%）的员工认为企业因素（例如，薪酬福利、培训、晋升、工作地点、组织氛围等与企业相关的因素）对成熟人才主动离职会产生影响。近六成（58.19%）的员工认为个人心理因素（例如，坚韧、乐观等心理特点）对成熟人才主动离职会产生影响。超过一半（56.90%）的员工认为劳动力市场因素（例如，外部的工作机会、劳动力供求状况等劳动力市场因素）对成熟人才主动离职会产生影响。

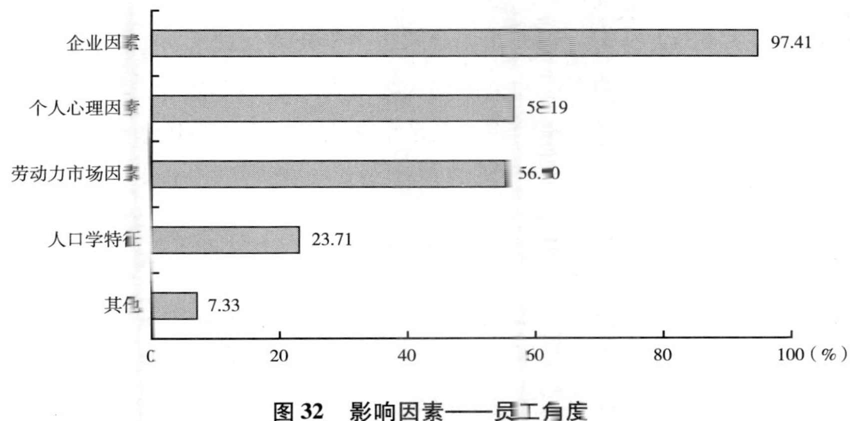

图 32　影响因素——员工角度

参与调查的员工还对各种影响因素对成熟人才离职行为产生影响的比重进行了评价，他们认为企业因素所产生的影响占到所有因素对成熟人才离职产生的影响的 46. 82%，劳动力市场因素所产生的影响占 18. 18%，个人心理因素所产生的影响占 18. 18%。

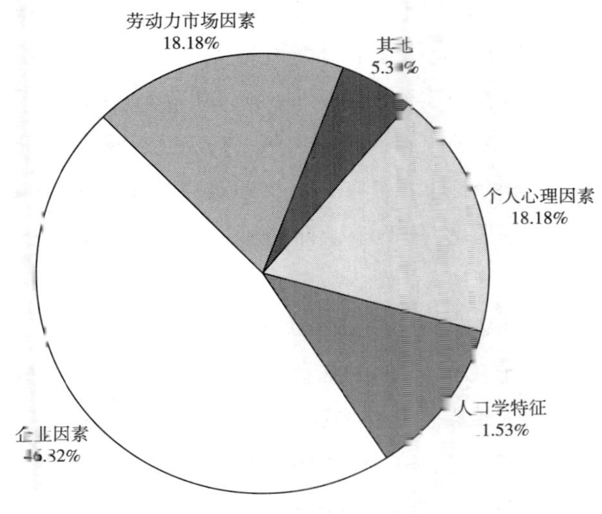

图 33　影响程度——员工角度

3. 两种角度对比看成熟人才主动离职的影响因素

此次调查中，企业和员工对于成熟人才主动离职影响因素的看法基本一致。首先，企业因素是成熟人才主动离职的重要影响因素，超过九成的企业和员工都认为企业因素会对成熟人才主动离职产生影响。其次，个人心理因素开始受到重视，超过一半的企业和员工都认为个人心理因素会对成熟人才主动离职产生影响。最后，超过一半的企业和员工认为劳动力市场因素也会对成熟人才主动离职产生影响。

（二）影响成熟人才主动离职的企业因素

此次调查将影响成熟人才主动离职的企业因素分为 46 个细分因素，由企业和员工对这些细分因素对成熟人才主动离职的影响程度分别进行评价，得分越高表示该细分因素对成熟人才主动离职的影响越大，每个细分因素的最高得分为 5 分，表示该细分因素的影响“非常重要”，最低得分为 1 分，表示该细分因素的影响“非常不重要”。

1. 从企业角度看影响成熟人才主动离职的企业因素

从企业角度看，排在前 10 位的细分因素分类如下：薪酬方面的细分因素有 4 个，分别为工资低于市场上的公平水平（4.02 分），报酬增长速度缓慢（4.00 分），企业的薪酬缺乏内部公平性（3.92 分），企业的报酬增长幅度小（3.82 分）；绩效评估方面的相关细分因素有 2 个，分别为付出没有得到相应回报（4.15 分），绩效没有得到正确评估（3.80 分）；上级领导方面的因素有 2 个，分别为不认同上级的领导风格（3.99 分），上级领导处事不公平（3.90 分）；价值感获得方面的细分因素有 1 个，即难以从工作中获取成就感（3.94 分）；晋升方面的细分因素有 1 个，即企业没有为其提供公平的晋升机会（3.81 分）。

2. 从员工角度看影响成熟人才主动离职的企业因素

从员工角度看，排在前 10 位的细分因素分类如下：价值感获得方面的细分因素有 4 个，分别为难以从工作中获取成就感（4.19 分），工作涉及了有违自己良心的事情（4.13 分），在企业中受到了歧视（4.05 分），没有在企业中获得应有的尊重（3.88 分）；薪酬方面的细分因素有 2 个，分别为报酬增长速度太过缓慢（3.88 分），工资低于市场上的平均水平（3.86 分）；个人健康方

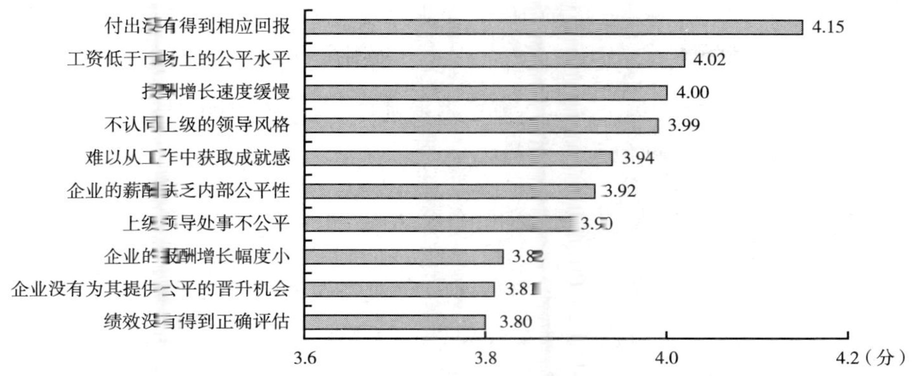

图34　影响离职的企业因素——企业角度

面的细分因素有1个，即健康出现了问题（4.17分）；上级领导方面的细分因素有1个，即不认同上级的领导风格（4.03分）；绩效评估方面的细分因素有1个，即付出没有得到相应回报（3.97分）；组织氛围方面的细分因素有1个，即与组织的氛围不匹配（3.86分）。

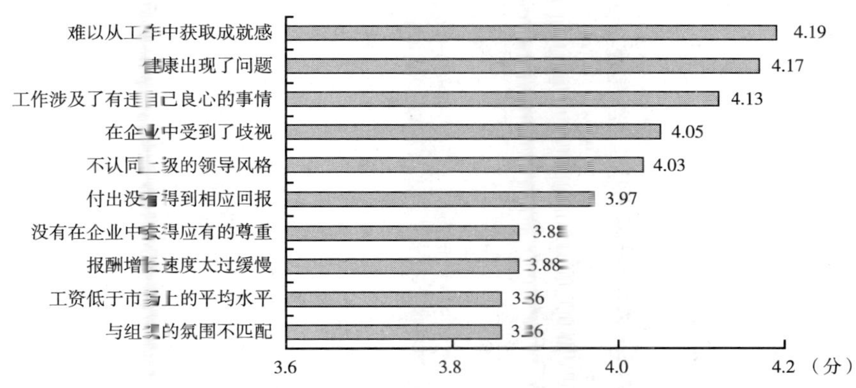

图35　影响离职的企业因素——员工角度

3. 两种角度对比看影响成熟人才主动离职的企业因素

此次调查中，企业和员工对影响成熟人才主动离职的企业因素的看法存在一定的差别。企业认为薪酬对成熟人才主动离职的影响更大，企业评出的前10位企业因素当中，有4个因素都与薪酬相关。与此同时，员工评出的前10位企业因素当中，只有2个与薪酬相关。员工认为价值感获得对成熟人才主动离职的影响更大，员工评出的前10位企业因素当中，有4个因素都与价值感获得有关，与此同时，企业评出的前10位企业因素当中，只有1个因素与价值感获得有关。另外，员工将个人健康因素排在第二位，但是，个人健康因素未进入企业评出的前10位企业因素。

（三）影响成熟人才主动离职的个人心理因素

此次调查将影响成熟人才主动离职的个人心理因素分为11个细分因素，由企业和员工对这些细分因素对成熟人才主动离职的影响程度分别进行评价，得分越高表示该细分因素对成熟人才主动离职的影响越大，每个细分因素的最高得分为5分，表示该细分因素的影响“非常重要”，最低得分为1分，表示该细分因素的影响“非常不重要”。

1. 从企业角度看影响成熟人才主动离职的个人心理因素

从企业角度看，排在前3位的细分因素分别是心态消极（员工难以发现事物的积极一面，心态较为消极，3.71分）、心态浮躁（员工的心态浮躁，做事情眼高手低，3.71分）、适应性差（员工的适应能力较差，难以快速适应环境，3.67分）。

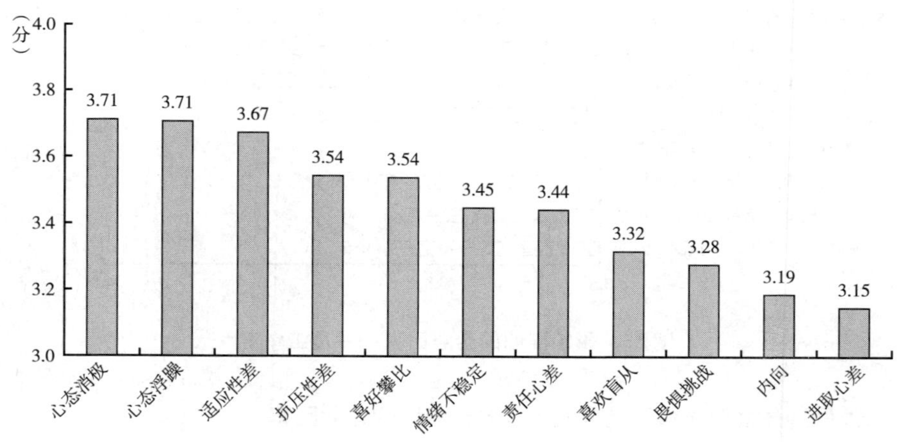

图36　影响离职的个人心理因素角度——企业角度

2. 从员工角度看影响成熟人才主动离职的个人心理因素

从员工角度看，排在前3位的细分因素分别是心态浮躁（员工的心态浮躁，做事情眼高手低，3.85 分）、心态消极（员工难以发现事物的积极一面，心态较为消极，3.79 分）、适应性差（员工的适应能力较差，难以快速适应环境，3.74 分）。

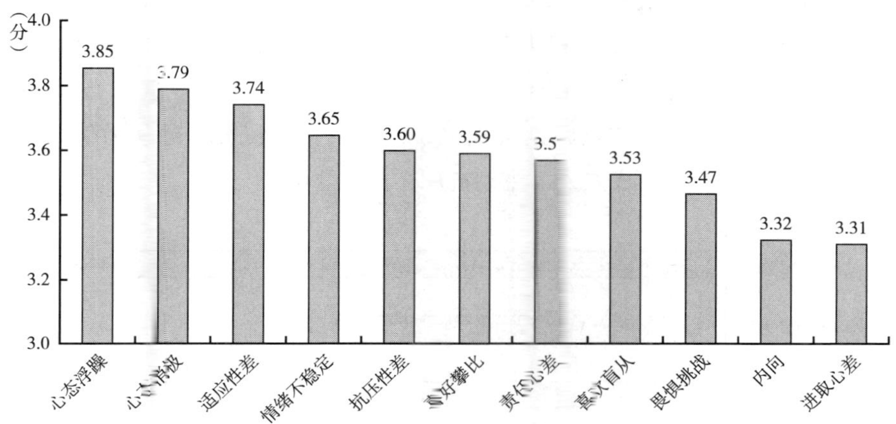

图 37　影响离职的个人心理因素角度——员工角度

3. 两种角度对比看影响成熟人才主动离职的个人心理因素

此次调查中，企业和员工对影响成熟人才主动离职的个人心理因素的看法基本一致。心态浮躁、心态消极、适应性差成为导致成熟人才主动离职的三大个人心理因素。

（四）85后员工与85前员工对主动离职影响因素的看法对比

此次参与调查的员工中，以 21～40 岁的员工为主，占总样本的 90.09%。这一年龄段的员工是劳动力市场上的主力军，他们的出生日期在 1974～1993 年之间，以 1985 年为划分线，将其根据出生年份划分为两类，85 后员工与 85 前员工，本报告将对这两个群体进行对比分析。

1. 两代员工对主动离职影响因素的看法对比

85 后员工中，超过九成（97.50%）的员工认为企业因素（例如，薪酬福利、培训、晋升、工作地点、组织氛围等与企业相关的因素）对成熟人才主动离职会产生影响。近六成（59.17%）的员工认为劳动力市场因素（例如，外部的工作机会、劳动力供求状况等劳动力市场因素）对成熟人才主动离职会产生影响。近六成（58.33%）的员工认为个人心理因素（例如，坚韧、乐观等心理特点）对成熟人才主动离职会产生影响。

85 前员工中，超过九成（97.75%）的员工认为企业因素（例如，薪酬福利、培训、晋升、工作地点、组织氛围等与企业相关的因素）对成熟人才主动离职会产生影响。近六成（59.55%）的员工认为个人心理因素（例如，坚韧、乐观等心理特点）对成熟人才主动离职会产生影响。近六成的员工（58.43%）认为劳动力市场因素（例如，外部的工作机会、劳动力供求状况等劳动力市场因素）对成熟人才主动离职会产生影响。

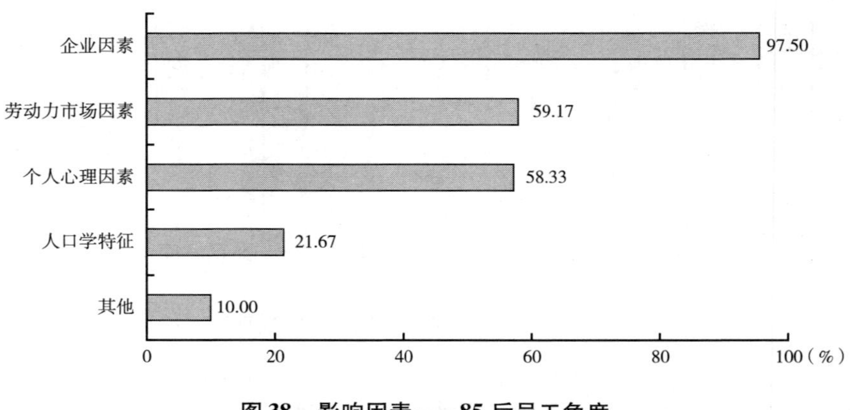

图 38　影响因素——85 后员工角度

两代员工对主动离职影响因素的看法基本相同，都认为企业因素、个人心理因素和劳动力市场因素会对成熟人才主动离职产生影响。

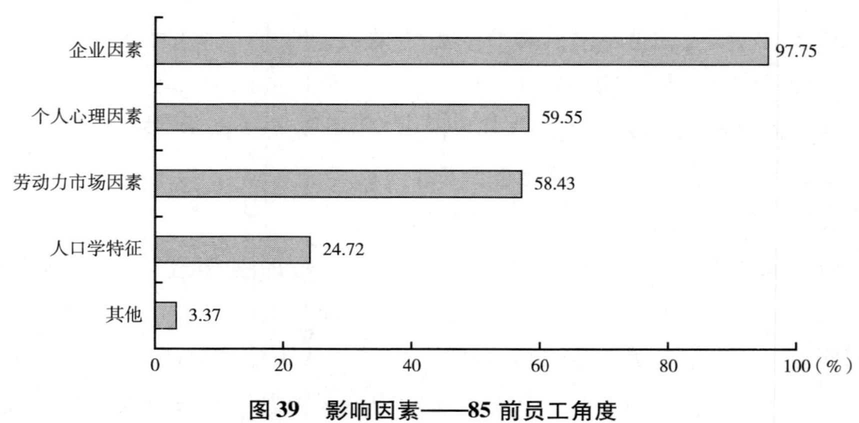

图 39　影响因素——85 前员工角度

2. 两代员工对影响主动离职的企业因素看法对比

从85后员工角度看，排在前10位的细分因素分类如下：价值感获得方面的细分因素有3个，分别为难以从工作中获取成就感（4.18分），工作涉及了有违自己良心的事情（4.17分），在企业中受到了歧视（4.04分）；薪酬方面的细分因素有3个，分别为报酬增长速度太过缓慢（4.01分），工资低于市场上的平均水平（3.96分），企业的薪酬缺乏内部公平性（3.93分）；个人健康方面的细分因素有1个，即健康出现了问题（4.24分）；绩效评估方面的细分因素有1个，即付出没有得到相应回报（4.04分）；上级领导方面的细分因素有1个，即不认同上级的领导风格（3.95分）；组织氛围方面的细分因素有1个，即与组织的氛围不匹配（3.91分）。

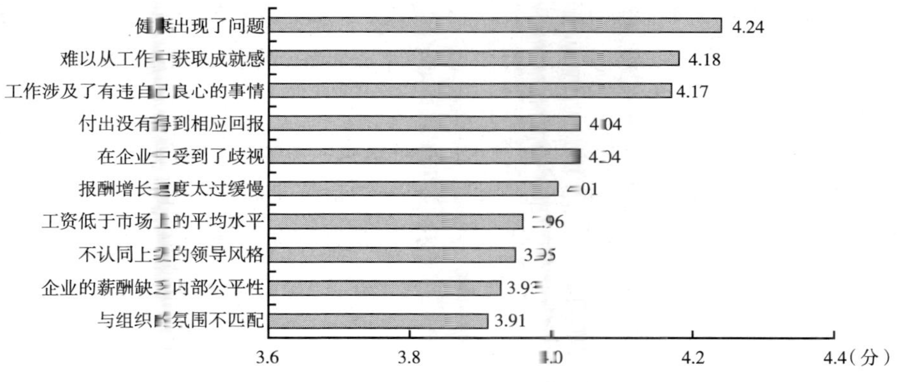

图40 影响离职的个人心理因素角度——85后员工角度

从85前员工角度看，排在前10位的细分因素分类如下：薪酬方面的细分因素有4个，分别为工资低于市场上的平均水平（4.48分），报酬增长速度太过缓慢（4.47分），企业的分配方式缺乏公平性（4.45分），企业的薪酬缺乏内部公平性（4.44分）；价值感获得方面的细分因素有2个，分别为：难以从工作中获取成就感（4.54分），没有在企业中获得应有的尊重（4.46分）；绩效评估方面的细分因素有2个，分别为付出没有得到相应回报（4.51分），绩效没有得到正确评估（4.46分）；工作安全感方面的细分因素有1个，即难以从企业中获得工作安全感（4.48分）；工作生活平衡方面的细分因素有1个，即工作与生活发生了冲突（4.46分）。

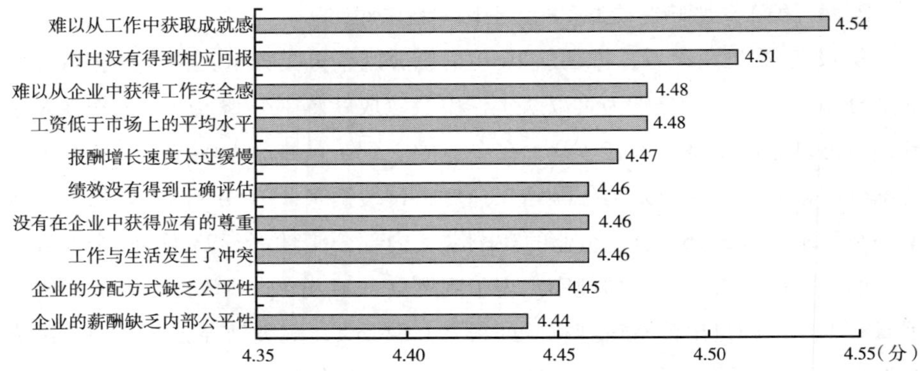

图 41　影响离职的个人心理因素——85 前员工角度

两代员工都将薪酬和价值感获得作为影响主动离职的重要因素，但是，相比之下，85 后员工更偏重于价值感获得，而 85 前员工更偏重于薪酬的获得。

3. 两代员工对影响主动离职的个人心理因素看法对比

从 85 后员工角度看，排在前 3 位的细分因素分别是：心态浮躁（员工的心态浮躁，做事情眼高手低，3. 95 分）、心态消极（员工难以发现事物的积极一面，心态较为消极，3. 90 分）、适应性差（员工的适应能力较差，难以快速适应环境，3. 82 分）。

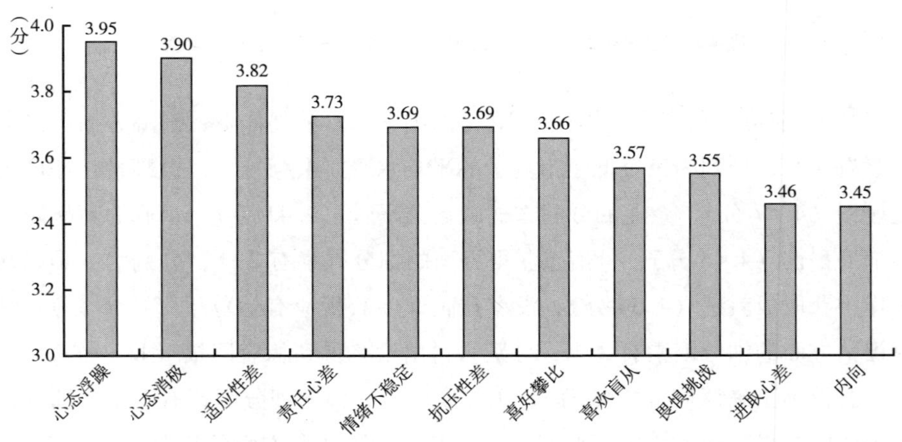

图 42　影响离职的个人心理因素——85 后员工角度

从85前员工角度看，排在前3位的细分因素分别是心态浮躁（员工的心态浮躁，做事情眼高手低，3.70分）、适应性差（员工的适应能力较差，难以快速适应环境，3.65分）、心态消极（员工难以发现事物的积极一面，心态较为消极，3.63分）。

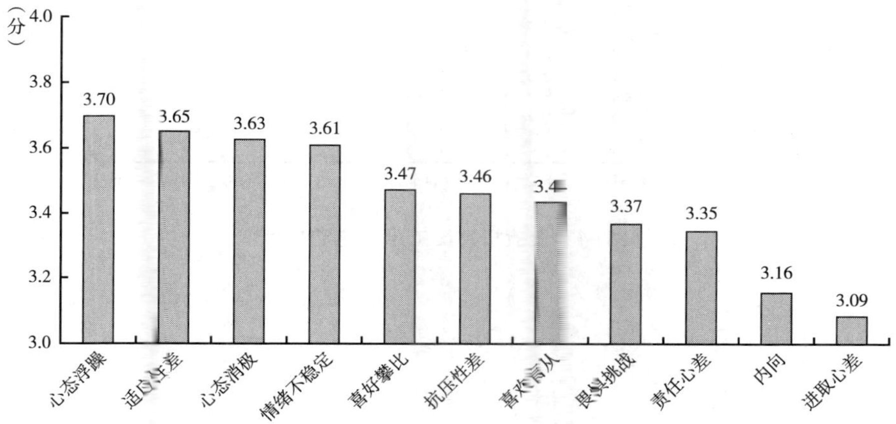

图43　影响离职的个人心理因素——85前员工角度

85后与85前对个人心理影响细分因素的看法基本一致。心态浮躁、适应性差、心态消极这三个因素排在前三位。

四　成熟人才职业稳定性测评现状

（一）企业招聘的情况

1. 企业招聘平均花费时间

此次调研中，超过六成（61.02%）的企业在一个岗位招聘上，需要花费1-3个月的时间。

2. 企业招聘平均成本

此次调研中，超过四成（40.11%）的企业在一个岗位上的平均招聘成本（包括购买招聘网站账号、购买测评账号、购买中介服务等费用）为4000元以上。

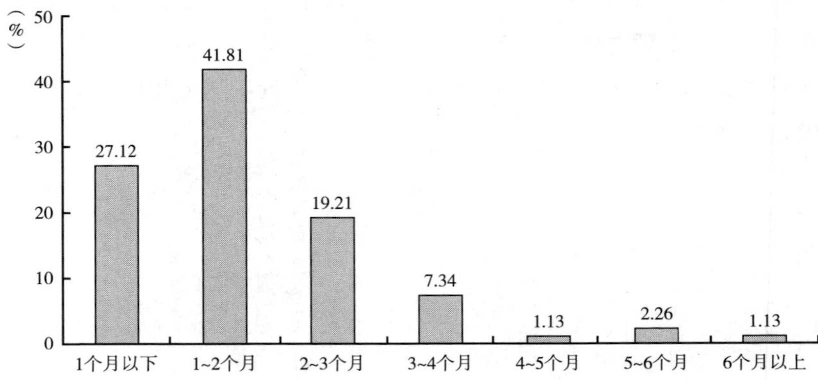

图 44　企业招聘员工平均花费时间

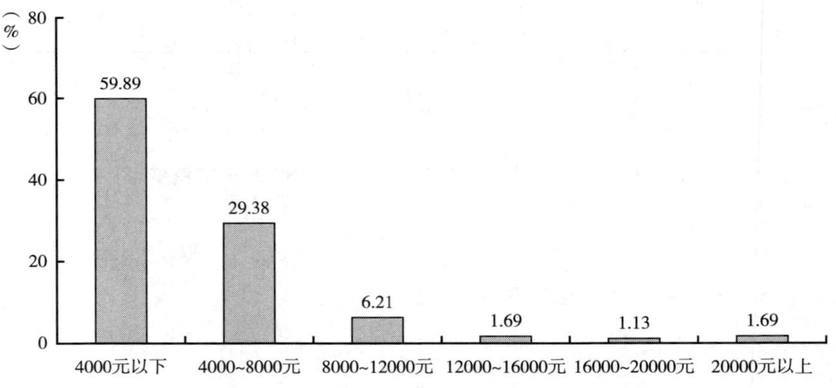

图 45　企业招聘员工平均成本

3. 企业招聘员工难易程度

此次调研中，超过 1/3（38.42%）的企业表示招聘到合适的员工并不容易。

（二）企业招聘对职业稳定性的测评情况

1. 企业招聘时对职业稳定性的看法

此次调研中，超过七成（72.88%）的企业已经将员工职业稳定性作为招聘时的重要考虑因素。

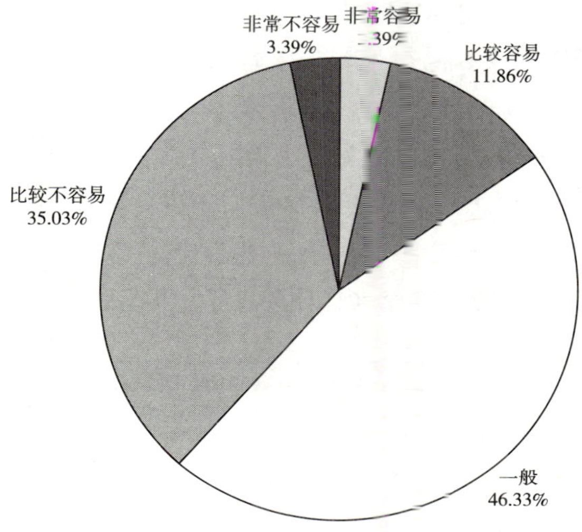

图 46　企业招聘员工难易程度

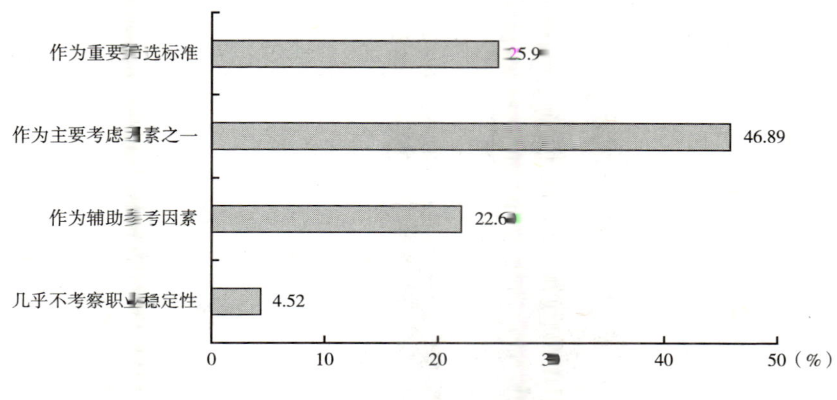

图 47　企业招聘时对职业稳定性的看法

2. 企业采用的职业稳定性测评方式

目前，面试是企业测评职业稳定性的主要方式，超过六成（64. 50%）的企业采用这种测评方法。

（三）企业对职业稳定性测评方法的看法

1. 现有职业稳定性测评方法的效果

只有 1/4 左右（28. 40%）的企业认为现有测评职业稳定性方法的效果好。

2. 现有职业稳定性测评方法的不足

超过六成（62.81%）的企业认为现有测评方法主要依靠主观判断，缺乏客观评价标准，是影响测评效果的主要因素。

3. 企业对职业稳定性测评量表的态度

过半数的企业（53.67%）表示会考虑使用一套科学有效的职业稳定性测评量表。还有超过四成（43.5%）的企业持观望态度，表示短期内不会使用。只有2.82%的企业明确表示不会考虑使用。

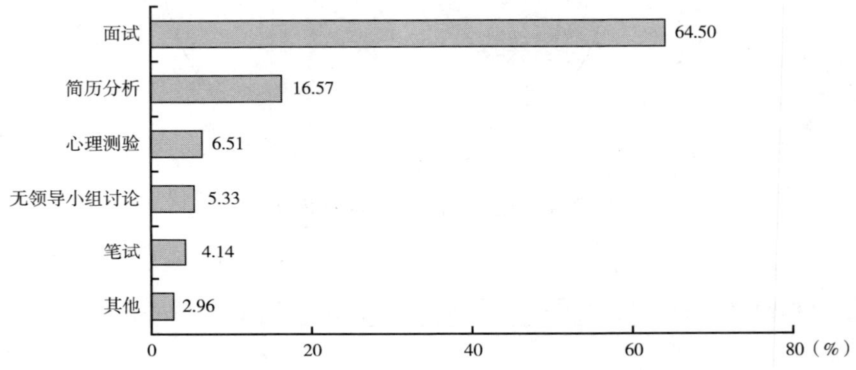

图48　职业稳定性测评方法

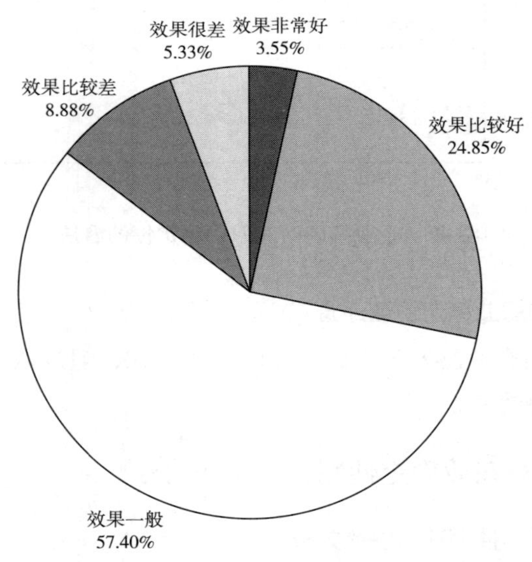

图49　现有职业稳定性测评方法的效果

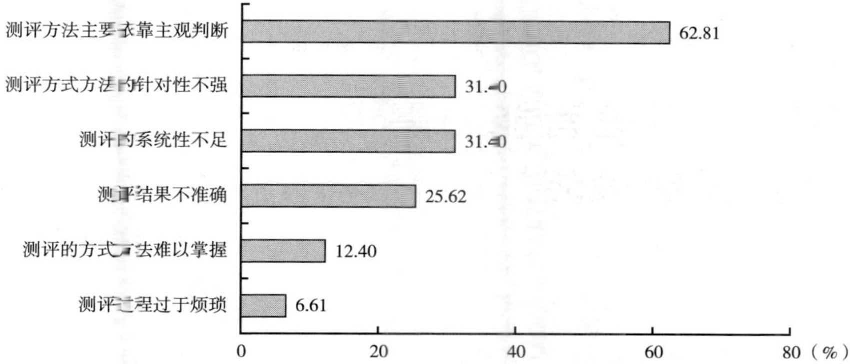

图 50　现有职业稳定性测评方法的不足

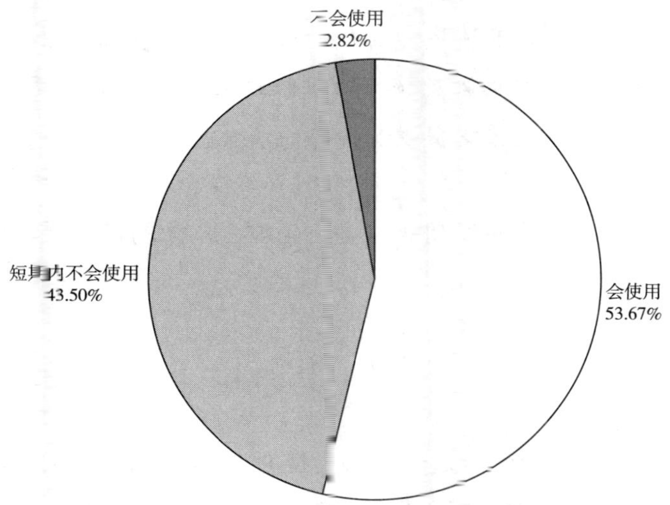

图 51　企业对职业稳定性测评量表的态度

B.9
中国企业管理者能力需求、现状和发展策略

许　锋*

摘　要： 本文通过对19个行业的172家企业的领导者进行了调研，收集了1978份调研数据，同时对倍智数据库中来自18个行业721家企业的领导者共58040个测评数据进行了分析，指出了VUCA时代下领导者面临的最大挑战，提炼出中国企业高绩效的领导者画像及领导力进阶过程中的关键特质，为企业的领导力发展策略提供有价值的参考。

关键词： 领导力　高绩效团队　企业管理　人才测评　人才培养

引　言

在VUCA时代下，领导力对于企业发展的重要性比以往任何时代都更加突显。本文希望通过对大量中国企业领导者的领导力数据的分析，提炼出中国企业高绩效的领导者画像，并为企业的领导力发展策略提供有价值的参考。

本文的研究成果基于1978份调研数据（来自19个行业172家企业的领导者，调研执行时间为2016年4～12月）与58040个领导者测评数据（来自倍智数据库2016年的管理人员数据，18个行业721家企业的领导者）。

经过近20年的高速经济发展，中国企业进入一个更艰巨、更有挑战的发

---

* 许锋，博士，广东倍智测聘网络科技股份有限公司创始人兼CEO，主要研究领域为人力资本工作和咨询。

展时期，大多数企业发现领导者越来越不适应企业发展的需要，这是因为过往大多数企业是按照贡献来选拔领导者的，但这些领导者将比过往面临更加复杂的情况、更加多变的内外部环境，这时候需要他们具备面向未来的领导力素质。

过去的领导者注重高效的执行、结果的达成，而随着经济形势越来越不确定，VUCA 的环境对各行各业都有越来越大的影响，这就需要领导者具备更加多元的领导力素质。

本文通过以下几个方面对 VUCA 时代下的领导力进行研究：①首先我们研究在这个时代下领导者面临的最大的挑战是什么，了解领导者面临的挑战能帮助我们更好地理解中国领导者们的准备度；②研究了优秀企业与一般企业中的领导者有着什么样的差异，从中提取出对企业发展至关重要的领导力要素；③研究一个领导者从低层级往高层级发展时面临着什么样的变化和转型，在这个过程中什么特质能帮助他们成功转型；④越来越多的企业意识到领导力培养的重要性，然而企业的领导力项目常常效果不佳，我们将通过对标杆企业的研究来总结领导力项目的成功因素是什么。

一　VUCA 时代下领导者面临什么样的挑战

领导力不是独立存在的，领导力需要在情境中发挥作用，研究企业领导者面临的挑战能帮我们更清晰地定义情境，从而更准确地定义这个时代需要怎样的领导力。图 1 表明，中国企业的领导者认为制定长远战略是他们面临的最大的挑战，其次是外部市场分析，而他们认为较小的挑战是帮助他人成长和引进新人才。

制定长远战略成为中国企业领导者面临的第一位的挑战，这可能与两方面的原因有关：一是在不确定的经济形势下制定长远战略的难度比传统工业经济时代大得多，VUCA 时代与传统工业经济时代的一个显著差异在于 VUCA 时代信息的不对称性几乎不存在，过去靠某一个信息不对称来进行战略的制定与执行就可能带领企业获得商业成功，而现在信息是充分共享的，这导致任何一个战略和商业模式都很容易被复制，市场竞争越发激烈，市场环境也瞬息万变，这时候要想制定长远的战略对领导者而言本身就比以往更加困难；二是中国社

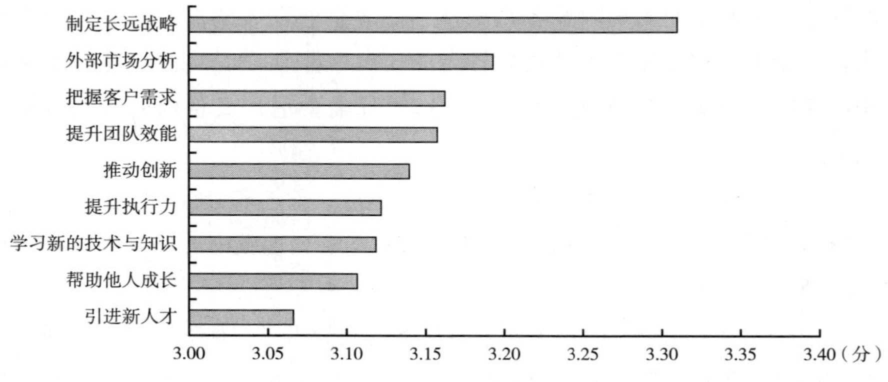

图1　领导者对以上项目挑战程度的评分

会价值观的影响，中国人更擅长去攻城略地取得业绩，快速行动去完成明确的任务，而不是制定策略去应对不确定的环境，这导致中国企业的领导者更多的时候是等上级来决策，而不是去制定战略。外部市场分析成为排名第二的挑战也是可以想象的，随着中国经济的高速发展，中国出现一批中产阶级，中产阶级具备一定的经济实力，这会促使中国市场的客户群体出现越来越多的个性化需求，会让抱着工业经济时代批量生产规模效应观念的企业越来越难以赢得市场上客户的青睐。

在团队管理和人才培养的几项挑战的评分上呈现了比较有意思的结果，中国企业的领导者在职业化的过程中已经可以很好地理解人才的价值，他们认为在帮助他人成长和引进新人才上的挑战不大，对于个体员工的培养与发展已经比较得心应手。然而在提升团队效能上，他们认为挑战较大，这也与时代的变化有关，过往工业经济时代，各个岗位的职责和分工是明确的，岗位上需要什么样的人，应该如何培养也有固定的模式，这时候只要领导者投入一定的精力按照成熟的方法进行反馈和技能传递就可以满足企业对人才的要求。而在VUCA时代，企业的业务形态并不会非常固定，岗位的职责和需要什么样的人不会那么明确，同时也没有成熟的可借鉴的模式，这时候团队整体效能提升就显得尤为重要了，每个人都可能有短板，但是如何打造一个可以相互信任、相互支持、相互补位的团队成了企业人才是否有竞争力的关键。这对领导者也提出了更高的要求，不仅仅是对个体进行培养和发展，更要营造好的团队氛围，让每个人在其中都可以自由地发挥自己的优势，同时又需要领导者传递愿景，让每个人在发挥自己优势的同时又能往共同的愿景和方向努力，形成真正的团队优势。

二　优秀企业的领导者画像

我们将数据库中企业按照近三年（截至2015年底）的营收增长水平分为两组，一组是高增长组，近三年都保持两位数的营收增长；其他的企业为低增长组。分析这两组企业的中高层领导者领导力数据，结果显示，高增长组企业的领导者的九项领导力要素明显高出低增长组，具体内容是商业洞察力、创新与变革、做出复杂决策、工作重心管理、流程管理、塑造高绩效团队、有效沟通、自我驱动和抗压能力。

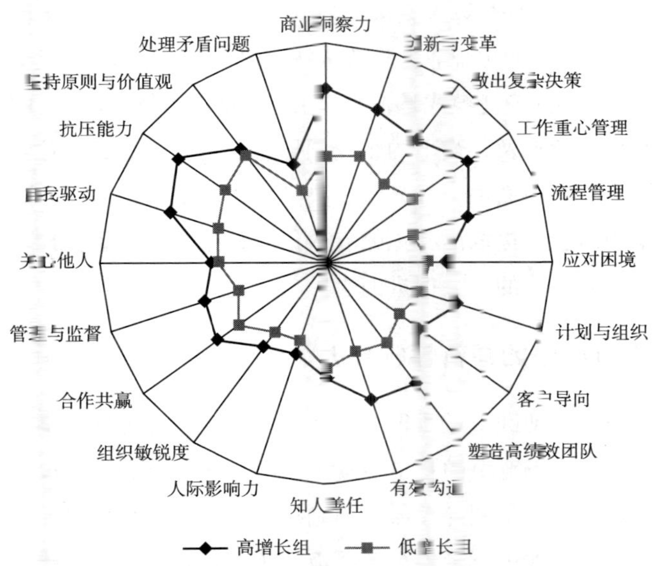

图2　企业管理者在20项领导力上的得分

这九项领导力要素可以分为四组：商业洞察力、创新与变革和做出复杂决策是战略性领导力；工作重心管理和流程管理是经营性领导力；为企业提供人才支撑、塑造高绩效团队和有效沟通属于团队领导力；自我驱动和抗压能力描述的是领导者的自我领导力。这四组领导力综合作用，形成了一个在VUCA时代下优秀企业领导者的画像。

（一）变革性的战略性领导力

在 VUCA 时代下，战略性领导力的核心是变革，固守原有的成功模式必然不可持续，可能不同行业的影响程度不同，但变革是一个大趋势，VUCA 将会越来越深刻地影响各个行业的发展。在这种情况下，优秀企业的领导者需要具备以下三项领导力要素。

商业洞察力指的是领导者需要时刻保持敏感，密切关注外部环境的变化，快速捕捉到市场的新动向、技术的新浪潮，积极地思考这些变化和趋势对企业的盈利意味着什么。

创新与变革则要求领导者需要以全新的视角来看待市场环境和技术的变化，创造性地思考新的盈利模式和增长点，特别是在数字时代，今天商业成功的新机遇在于数据与算法，数据与算法意味着企业与客户之间的互动变得更加定量和精确，领导者能否将自身的传统业务与数字技术相结合，根据数据去调整经营策略和产品组合，形成新的商业模式是企业未来是否能取得持续增长的关键。

随着数字技术的普及，当下的企业领导者获得的信息比过往任何时代都要多，信息的增多具有两面性，一方面，决策可用的信息增多了；另一方面，决策需要从大量的信息中提取出真正的有效信息，这会让具备做出复杂决策能力的领导者成为企业增值的一大促进因素。

（二）不可或缺的经营性领导力

战略性领导力能帮助企业取得先机，而经营性领导力能帮助企业快速建立规模优势，从而在市场竞争中打击后续出现的大量复制者，形成进入门槛。

工作重心管理讲的是领导者需要明确战略落地的过程中自己的工作重心在哪，而不是事无巨细地进行管理，各层级的领导者各司其职才能快速地进行战略的落地。否则就会出现管理重心下沉的现象，把握方向的高层做着上传下达的事情，上传下达的中层做着具体执行的事情，基层变成等待指令、没有主观能动性的操作者。

流程管理则要求企业的管理从依靠人转变为依靠机制，依靠人的管理是不稳定不可控的，人走了或者人疏忽了就会导致运作效率下降，而建立规范的流程则可以保证人在与不在运作流程都平稳运行的状态。

（三）至关重要的团队领导力

团队领导力的强弱关系到企业的战略是否有一个高效的团队来执行和落地，没有优秀的团队和人才来支撑的战略必然会是空谈。

塑造高绩效团队指的是领导必须以团队的视角来进行人才发展，如何打造建立和传递愿景，如何发挥每个人的主观能动性，如何进行人员搭配，如何增强团队的信任感都是领导者必须考虑的问题。

有效沟通则不仅仅是指团队内部的沟通，在变化的战略下，部门间的职责将不会那么固定和明确，这时候横向部门间的沟通将显得尤为重要。

（四）强大的自我领导力

在 VUCA 时代下，企业的领导者面临的压力较之以往要大得多，需要面对来自内外部的各种压力，在这种情况下，领导者自身的内心驱动力和抗压能力成为领导者能力的发动机。人的动力来源分为内源性动力和外源性动力，VUCA 时代下的领导者更加需要内源性领导力，做事的动机来自对于事业的热爱，而不是外部的激励，具有自我驱动的领导者会自觉自发地去做对组织有利的事情，主动积极地思考业务的持续发展问题。

抗压能力则是反映了领导者在面对逆境时候的心态，逆境时能否保持稳健的心态，用合适的方式处理危机，并稳定军心，对企业的持续稳定增长起到重要的作用。

持续增长企业的领导者在这四个方面的九项领导力都显著高于一般企业，这四个方面综合起来形成中国企业 VUCA 时代下高绩效领导者的画像。而不同的行业因为行业属性的差异和受到 VUCA 影响的程度不同，高绩效的领导者在这九项领导力的水平上会存在一些差异（见表 1）。

①互联网/游戏/软件、房地产/建筑行业的领导者水平较高，具备 4 项优势领导力且无明显短板。

②汽车行业的领导者水平优劣势分化明显，在所有行业中具备最多的 5 项优势，但也存在明显的短板，有 3 项不足。

③金融、消费品、电子/通信/硬件行业的领导者水平较为均衡，大部分领导力处于中等，有少量的优势与不足。

④机械/制造行业的领导者水平较弱，具有 2 项优势和 4 项不足。

表1　七大行业的管理者在九项领导力上的水平

行业	商业洞察力	做出复杂决策	创新与变革	工作重心管理	流程管理	自我驱动	有效沟通	抗压能力	塑造高绩效团队
互联网/游戏/软件	+	+	+	+	○	○	○	○	○
金融	+	○	-	○	+	○	○	○	-
消费品	+	○	-	+	○	○	+	+	-
房地产/建筑	○	○	○	+	+	○	○	+	+
电子/通信/硬件	○	+	○	○	○	-	-	+	-
机械/制造	○	○	-	+	-	-	-	+	○
汽车	-	+	-	+	+	○	+	+	-

注：+表示优势，○表示中等，-表示不足。

三　领导力进阶过程中的成功要素

美国领导力大师拉姆查兰在他的《领导阶梯》一书中提到一个重要的观点：优秀的领导者优秀的原因绝对不是继续做职业生涯早期让他们成功的那些事情，领导者从个体贡献者成为企业最高领导者一般需要经过六次转型，每次转型都需要发展新的能力，并放弃以前承担的一些职责。

图3展示了一个领导者从基层主管到高层领导者的过程中，在九项关键领导力上的差异，从图3中我们可以看到相对基层到中层的转型，中层向高层转型的挑战更大，所需提升的领导力更多。

①当领导者从基层晋升至中层时，需要发展的领导力是“商业洞察力”、“做出复杂决策”和“工作重心管理”。

②当领导者从中层晋升至高层时，几乎所有的领导力均需要提升，其中最紧迫的是“商业洞察力”、“工作重心管理”、“自我驱动”、“抗压能力”和“塑造高绩效团队”五个方面领导力。

从个人的角度来看，任何一个人在领导层级往上升的过程中都需要付出很多的努力来提升和改变自己，而如何帮助领导者在往上晋升过程中更平稳地转型则是企业需要思考的问题。

要想提升领导者向上晋升的成功率，企业一是要选对人，挑选更容易在更高级管理岗位上成功的人；二是发展人，帮助现存的领导者发展出他们需要的

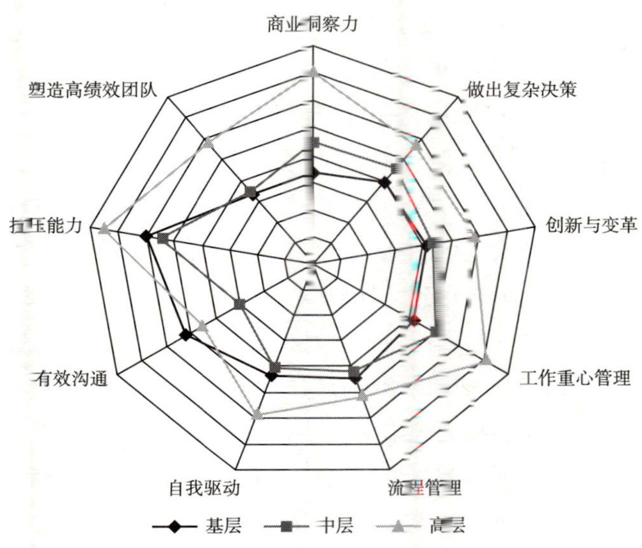

图 3　不同层级管理者在九大关键领导力上的水平

能力。这两个方法分别解决了领导者增量与存量的问题，双管齐下才能帮助企业打造能适应变革环境的领导者队伍。

领导者向上不断晋升时需要学习新的技能、形成新的行为方式，而在这个过程中领导者的心理特质起到了至关重要的作用，这是因为行为方式的改变是自身与外界不断交互后产生的结果，而心理特质是个体内心固有的行为模式，行为的改变对原有的模式会不断形成冲击，而个体原有的心理特质如果与行为改变的要求天生比较吻合时，这种改变带来的冲击会小很多，这也意味着其领导力进阶过程中产生的外界要求与自身的矛盾会小很多，进阶将会更加容易。

我们通过分析标杆企业领导者性格测评的数据，提炼出从基层晋升到高层的助力因子。助力因子代表层级越高、分数越高的性格因素，如果领导者在这些因素上有更高的分数，那么他们在晋升到更高层级的管理岗位时能更好地胜任工作。数据显示，层级越高，有五个性格特质的分数越高，分别是精确、竞争、独立、抱负、活力，说明更善于发现潜在问题和风险、有说服力和指挥能力、坚持独立思考、有野心且精力充沛的领导者能够更好地驾驭层级的转变。

精确：根据事实及数据做决策，善于发现潜在的问题和风险。

竞争：喜欢竞争，有说服力，喜欢指挥别人。

独立：对自己的想法有信心，倾向于采用自己的方式。

抱负：有抱负，追求成功，有目标感。

活力：精力充沛，节奏快，喜欢参与很多事情。

同时因为在经济快速发展的前提下，企业会加快领导者的培养速度，而领导者面临的挑战比以往更大，大多数的领导者在没有做好准备的时候被提拔到更高层级的岗位，这会大大增加他们产生管理脱轨的风险，这就像高速行驶的列车更容易脱轨。我们分析得到，导致领导者脱轨风险最主要的因素有三个：谨慎、苛求、依赖顺从。这表明谨言慎行，行事保守，同时因为业绩的巨大压力对下属要求非常严格却又难以给予有效的培养和指导，不敢冒险对上级的指示过度依赖这些特点将会极大地阻碍领导者向上晋级。

谨慎：不愿意改变或者难以合理地把握机会，害怕得到负面的评价。

苛求：做事认真尽责、追求完美，对他人表现过于挑剔。

依赖顺从：迫切希望讨好他人，依靠他人的支持，不愿意独立采取行动。

企业培养成功领导者不仅仅是开展领导力发展项目来帮助现有的领导者成功，容易被大多数企业忽视的是如何选择有潜力的领导者，这会让后续的培养更加容易。

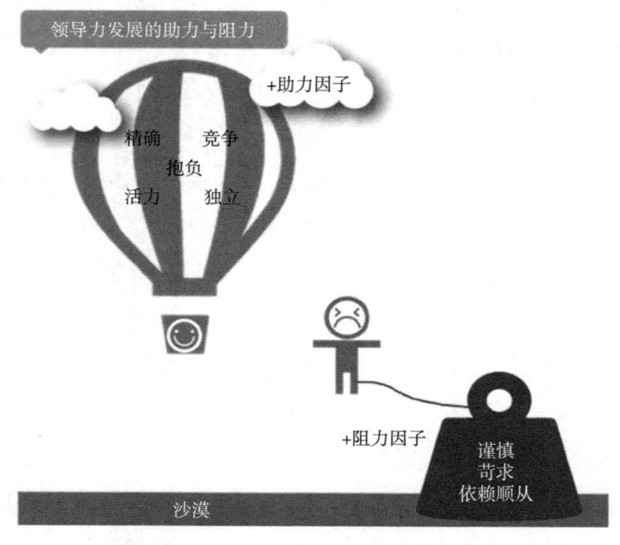

图 4　领导力发展的助力与阻力因子

四　有效的领导力发展策略

选择对的人，领导力的发展将会变得更加容易。然而这并不意味着大多数企业都可以将发展项目做好。我们的调研结果表明：近60%的领导者认为使用过的领导力发展项目的整体效果一般。为什么企业开展的领导力发展项目花费不少，效果却并不尽如人意？调研发现主要有三个原因：一是领导者认为培训内容总是与实际工作和管理面对的问题不相符；二是领导者没有足够机会来应用所学；三是项目结束后没有得到持续的跟踪和反馈，不知道自己的调整和改变是否有效。

现在企业开展的培训并没有针对性地培养领导者，以看病作为比喻，想要治好病，必须找到病根，找不到原因乱吃药，怎么可能治好病呢？正如著名心理学家安德斯·艾利克森博士提出的“刻意练习”法则，不断重复只是“天真的练习”，无法带来进步，“正确的练习”需要有导师、有目标、有反馈。

在一项国外的研究中，数据显示，98%的参与者认为测评是“重要或非常重要”的发展工具，近一半的参与者（49%）认为测评为“单一最重要的”的发展工具。这一比例远远高于他们对其他方法重要性的认同：培训（27%），导师辅导（7%）或技能项目（5%）。本次调研结果也印证了测评的重要性，使用了具有反馈功能的领导力提升方式（比如，性格测评+解读/360评估+反馈等）的领导者对培训效果的评分显著高于使用其他方式的评分。

忽略领导者现状，单纯地通过培训给他们输送领导力的知识，他们在实际工作和管理中有没有用到、用得对不对，他们并不知道。想要真正得到进步，需要通过测评结果提供反馈来准确地分辨出领导者在哪些方面存在不足，以及为什么存在这些不足，根据短板设定具体的目标引导领导者提升能力。否则，领导者自身或者企业也难以搞清楚领导者在哪些方面还需要提高，领导者离目标还有多远。

具有反馈功能的领导力提升方式可以在培训前通过测评帮助领导者找到自己的优劣势，根据3A人才发展理论，人首先要认识到自己的不足（Awareness），然后再接受自己的不足（Accept），才能真正激发学习意愿，迈开步子，做出改变（Action）。根据培训前测评的结果，帮助领导者选择培养的侧重点，而不是盲目参加培训，学一些和实际工作、管理面对的问题不相符的课程。

著名的“721”理论认为，70%的领导力提升来自工作中的实践，把学到的知识应用到工作中，边实践边学习边总结，在实践中不断调整，形成可靠的经验与技能。由此可见，实践在领导力提升中有重要作用。领导者通过测评结果得到反馈之后，知道了自己做得好和做得不好的地方，针对不足进行培训，实践就是很好的一种培训方式，因为纸上谈兵是没办法把得到的反馈转化成能力的，只有在实际工作中践行，才能真正地掌握，甚至碰壁了、跌倒了，才能深刻地反省这样做不行。

实践类的领导力提升方式（如轮岗/行动学习等）能够受到领导者的好评，虽然有道理，但是，没有足够机会来应用所学也是困扰领导者的最大障碍之一，因此，有条件的企业可以尽量为领导者提供实践机会；另外，也可以通过行动学习，让领导者在高度模拟的管理或者商业活动中应用所学，在实践中不断进步。一项研究表明，某国有银行在集中培训中使用了行动学习、课堂讲授、经验分享、案例分析等手段帮助其中层管理人员提升领导力，在后续跟踪结果和反映评价中，行动学习被提及的次数和其应用效果远高于其他培训方式，有的学员对其他讲授课程的内容已经记不清楚，但对行动学习的内容有深刻印象，有的学员甚至能够应用行动学习工具在业绩和个人及团队发展中，并取得不俗的效果。

企业为领导者提供的各种测评培训、实践机会并不够。我们不能忘记领导者们认为最有效的领导力提升方式——技能传递类（内部导师），好导师是走向成功的关键之一，找一位经验丰富的导师来观察自己并提供反馈，这比单凭自己的力量练习要好得多。

在企业里面，没有谁比上级更适合作为导师，他们是过来人，对下属的工作和下属本身都比较了解。因此，企业可以建立辅导机制，让领导者的上级担当一个导师的角色，以自身的经验向他们言传身教，尤其是要帮助新晋领导者完成角色过渡，把 coaching 和 mentoring 融合应用，既在能力发展上给予帮助，帮助他们发展在新层级上需要的优势能力，也要在心理上施予支持，缓解他们在角色转换时面对的巨大压力。

许多标杆企业都非常看重导师制，国内某互联网标杆企业在帮助领导者提升领导力的时候，会要求其导师和本人一起解读测评结果，并且一对一地辅导反馈；某外资快消标杆企业，80%的领导者有接受内部导师辅导方式来提升领导力的经验。标杆企业的实践也很好地印证了上级言传身教能够有效帮助领导者克服领导力提升过程中的障碍。

企业需要反思过往无法落地的领导力提升方式，并思考如何选择有效的、合适的领导力发展项目。巧用人才测评，帮助企业和领导者了解其自身的长处和不足，寻求有针对性的、适合他们的领导力提升项目。施行靶向诊断，精准培养，才能提高培训的效能；多提供机会帮助领导者在实践中应用学到的知识、修正不足的地方，进一步形成良性循环；设立上级辅导机制，最大限度地发挥上级在领导力提升中的作用。

参考文献

〔美〕拉姆·查兰、〔美〕斯蒂芬·德罗特、〔美〕詹姆斯·诺埃尔：《领导梯队》，徐中、林嵩、雷静译，机械工业出版社，2014。

〔美〕安德斯·艾利克森、〔美〕罗伯特·普尔：《刻意练习》，王正林译，机械工业出版社，2016。

Lombardo，M. M.，Eichinger，R. W.，*The Career Architect Development Planner*，3rd Ed，Minneapolis，MN：Lominger Limited，2000.

薪酬状况

Salary Status

B.10
全国制造业薪酬调查分析

李阳月　张娅梅　姜允萍　郑峰峰*

摘　要： 制造业作为国民经济的支柱产业，其发展与人才的关系更加密切。近年来，制造业发展的外部环境相对稳定，企业对于人才的薪资进一步调整，一线工人为调薪占比最大的群体，而高管的调薪比重更高；根据级别高低不同，职位级别越低，固定工资在整体薪资福利结构中的占比越高；非一线管理群体中，高级管理层薪酬是基层管理层的5倍左右，而技术层级之间的差距相对较小；社保、体检、食宿及各种文娱活动依然是主要福利内容。本文在全面梳理制造业企业各层级薪

* 李阳月，学士，广东智通人才连锁股份有限公司副总裁，长期从事人力资源服务业实践和人力资源服务业发展研究；张娅梅，MBA，广东智通人才连锁股份有限公司网聘事业部副总经理，长期从事招聘行业和招聘数据的研究；姜允萍，大专学历，广东智通人才连锁股份有限公司集团总监，企业培训师，长期从事人力资源服务业实践和人力资源服务业发展研究；郑峰峰，学士，广东智通人才连锁股份有限公司项目经理，长期从事人力资源服务行业的市场研究、调查与分析。

资、福利的基础上，为制造业企业的用人、留人在薪酬福利方面给予有效的参考与指导。

关键词： 制造业　薪酬调查　薪酬指导

制造业是国家经济发展的支柱，是支撑国家不断前进的最坚实基础，2014年，制造业工业增加值在GDP中的占比达到35.85%，是主要产业中占比最高的。

中国是世界第一制造大国，但是中国制造业仍然大而不强。实施《中国制造2025》的目的就是系统地把社会各方面的力量动员起来，把社会各方面的资源整合起来，共同推进，把中国由"制造大国"变成"制造强国"。制造强国的发展与制造业人才的发展息息相关，结合《中国制造2025》的发展纲要，广东智通人才连锁股份有限公司（简称"智通人才"）对以东莞为核心的制造业城市进行了薪酬调研，以帮助制造业企业在转型过程中制定合适的薪酬方案，助力制造业的转型升级。

制造业涵盖的行业种类较多，不同的企业规模、文化、组织结构、薪酬架构等要素都会导致薪酬的差异，而在当今制造业行业内薪酬是企业重要的保密信息之一，一些企业在招聘时常常因为薪酬低于市场值而错失合适人才，或者因为薪酬高于市场值而可能增加人力资源成本。因此，企业需要及时了解不同企业规模的薪酬福利信息，通过这些信息来制定并调整公司自身的薪酬福利政策，用最合适的投入，吸引、激励和保留优秀的人才。

本次调研时间为2016年6~9月，通过现场填写、电话访谈、网络调查等方式进行调查信息的收集。问卷调查对象为制造业企业的HR或管理人员。本次调查参与的制造业企业达到1500家，旨在为企业薪酬政策的制定和调整提供专业准确的参考依据。

本次参加调研企业以全国制造业企业为主，其中东莞的企业占到30.4%，江门、佛山、南昌分别占15.8%、15.0%和14.7%；民营企业占73.2%，外商独资企业、中外合资企业、国内合资企业分别占14.9%、5.0%、3.8%；电器制造业占29.1%，纺织服装业占23.9%，模具业占16.4%，电子（微电子）制造业占14.2%。

一　参与调查企业情况分析

（一）企业性质及分布分析

本次调查的1500家企业中，民营企业最多，占调查企业总量的73.2%；从企业所在行业看，电器制造业企业居多（29.1%），其次是纺织服装业（23.9%）和模具业（16.4%）；从企业是否上市情况来看，87.4%的企业尚未上市，国内A股上市企业和新三板挂牌企业分别占5.7%和4.1%。

1. 企业性质与行业分析

民营企业作为制造业的主力之一，在本次调研对象中占据多数，为73.2%，其次是外商独资企业，占14.9%；从调查企业的行业分布来看，电器制造业和纺织服装业企业占半数以上（53.0%），模具业和电子（微电子）制造业企业分别占16.4%和14.2%。

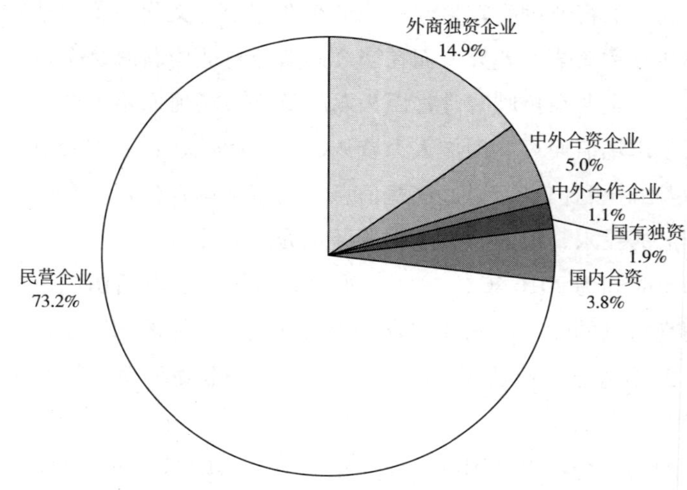

图1　根据公司性质分企业占比

2. 企业所在区域与上市情况分析

参加调研企业以制造业企业为主，而其中以珠三角的企业居多，有七成以

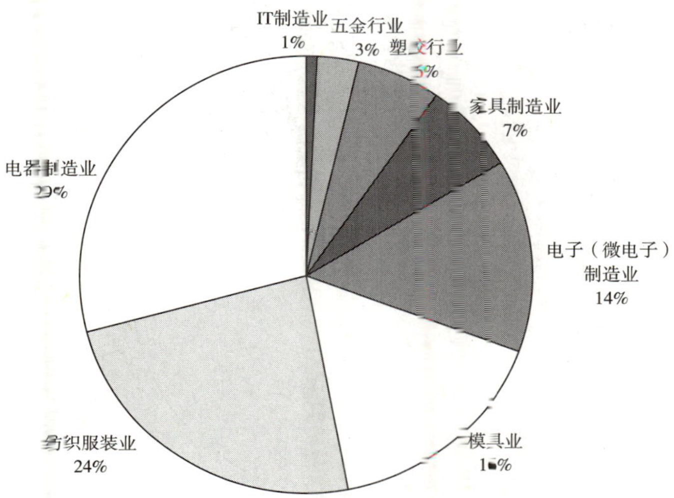

图 2　根据行业门类分企业占比

上企业为珠三角企业，其中东莞企业占到 30.4%，江门、佛山、南昌分别占 15.8%、15.0%和 14.7%；此外从企业上市情况来看，绝大多数企业都属于未上市企业（约 87%），国内上市企业约占 9%，其中，A 股上市企业约占 6%，B 股上市企业约占 1%，H 股上市企业约占 2%，此外还有约 4%的企业为新三板上市企业。

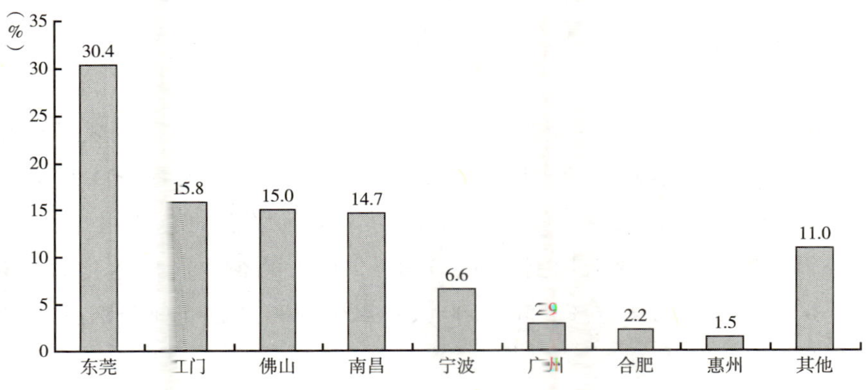

图 3　调查企业区域分布

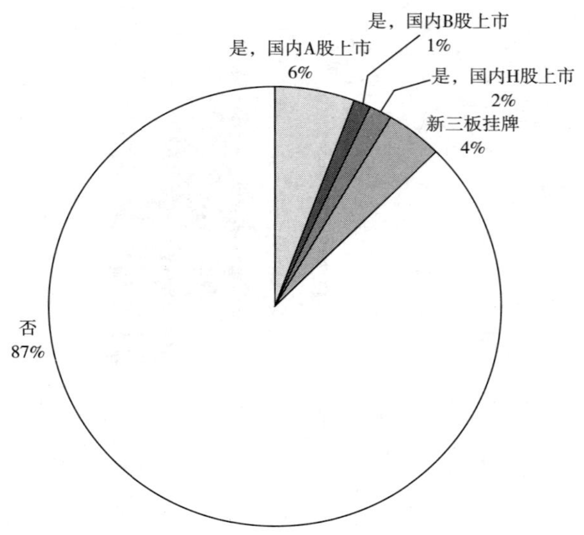

图4　调查企业上市分布情况

（二）企业规模与发展分析

本次参与调查的制造业企业中，规模以上企业约占五成，其中营业规模5亿元以上企业占13.2%，5000万～1亿元的企业占17.9%；从企业发展时间看，有五成以上被调查企业为10年以上的老企业，其中公司成立时长15年以上的企业占33.0%；从企业人员规模看，中小型企业占据多数，其中400人以下的企业占72.6%，100人以下的企业占25.5%。

1. 企业规模分析

规模以上企业是制造业企业的核心力量，在本次调查中，营业规模1亿～5亿元的企业占比最高，达到31.1%，紧随其后的是1000万～5000万元的企业，占23.8%，5000万～1亿元的企业和5亿元以上的企业占比分别为17.9%和13.2%。在员工规模方面，100～200人的企业占比达到25.5%，200～400人的企业占21.6%，50～100人和400～800人的企业分别占16.7%和14.7%。

2. 企业发展分析

在参与调查企业中，具有10年以上发展时间的企业超过五成，企业发展

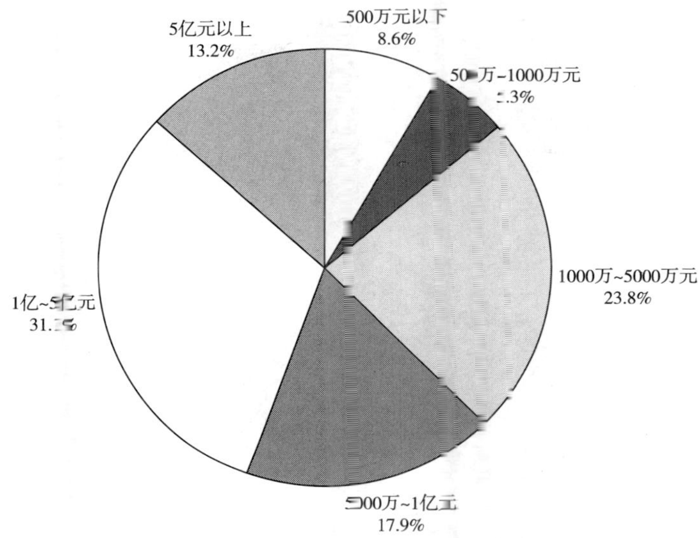

图 5　调查企业营业规模分布情况

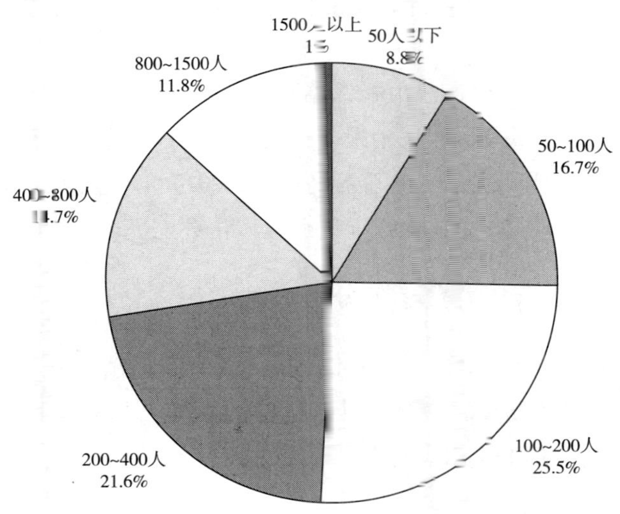

图 6　调查企业员工规模分布情况

超过 15 年的企业占 33.0%，11 ~ 15 年的企业占 2[illegible].6%，6 ~ 10 年的企业占 22.7%，而 5 年及以下的企业占比不足两成。

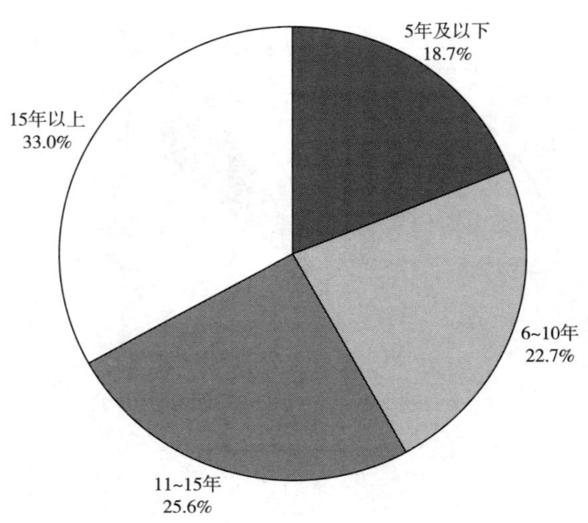

图7　调查企业发展阶段分布情况

二　宏观经济环境与社会就业情况分析

2015 年，我国国内生产总值持续增长至 676708 亿元，基本达到 7% 增长率的预期目标，同年的全国居民消费价格同比上涨，整体宏观经济环境在缓慢复苏与发展。而受国际经济环境不景气影响，2015 年度全国工业品出厂价格同比呈现下降趋势，同时中国制造业采购经理指数也呈现萎缩的经济趋势。

（一）经济增长与消费指数分析

2015 年，国内生产总值，按可比价格计算，同比增长 6.9%，基本达到 7% 的预期目标；全国居民消费价格同比增长 1.4%。相对恢复的经济环境给制造业提供了一个相对稳定的发展环境。

（二）社会就业情况分析

近年来，我国城镇登记失业率一直维持在 4% 左右，远低于 7% 的警戒线，保持在一个相对稳定、安全的阶段；由此可见，国内的社会就业情况相对稳定，未有明显的波动和变化。

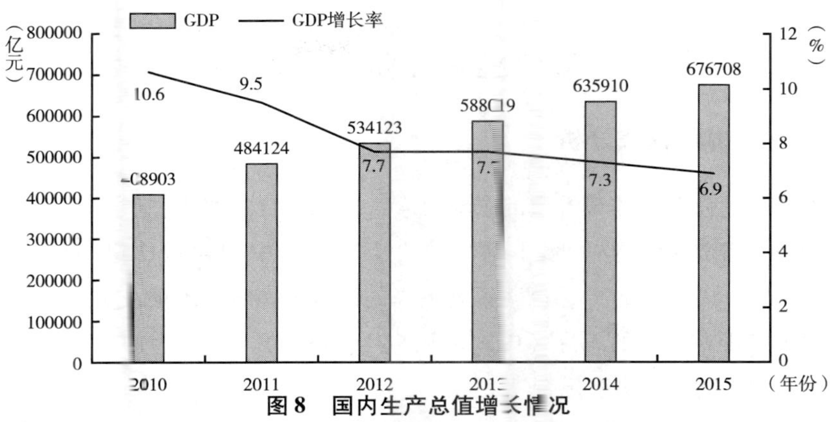

图8　国内生产总值增长情况

资料来源：以上宏观数据均来自国家统计局、人力资源和社会保障部等官方网站。

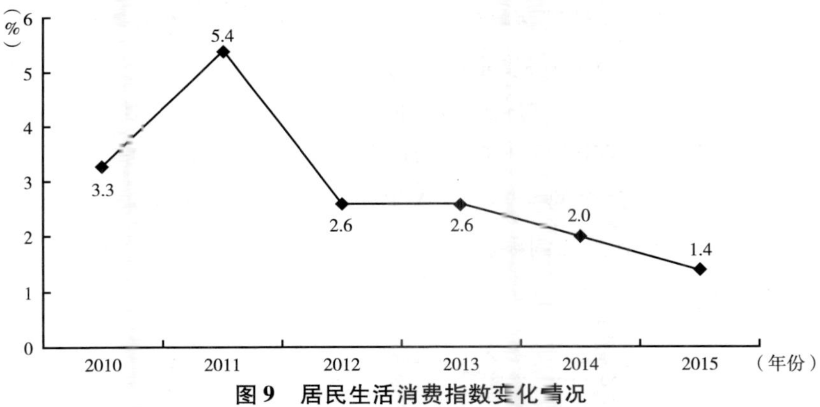

图9　居民生活消费指数变化情况

资料来源：以上宏观数据均来自国家统计局、人力资源和社会保障部等官方网站。

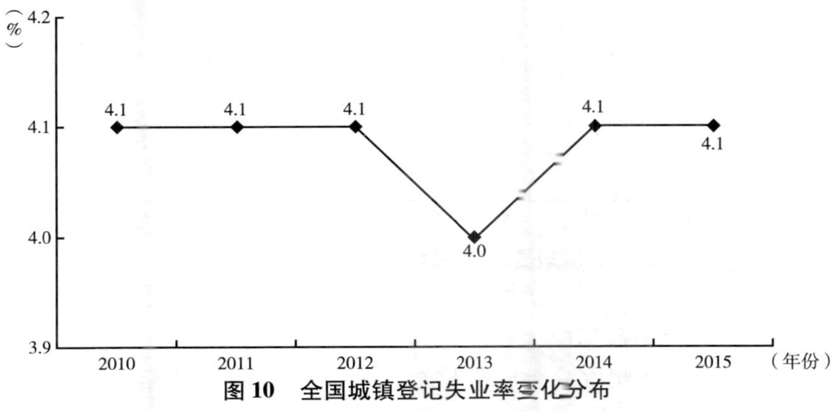

图10　全国城镇登记失业率变化分布

资料来源：以上宏观数据均来自国家统计局、人力资源和社会保障部等官方网站。

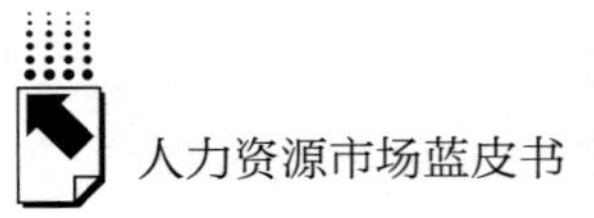

三　制造业企业薪酬调查分析

（一）薪酬调整分析

薪酬作为就业群体最看重的求职要素，对于人员的留用有着至关重要的影响。2015 年制造业企业调薪平均次数为 1 次，其中调薪占比最高的人群为“一线工人”（占 59.6%），调薪幅度最高的群体为高级管理层人员，而调薪的时间主要集中在每年的 3 月（19%）和 5 月（18%）。

1. 调薪幅度与时间分析

根据调研数据，制造业企业各层级的薪酬调整幅度都有不同程度变化，2015 年，高级管理层人员调薪幅度最高，为 9.3%，销售人员调薪幅度最低，为 7.2%，2016 年预计调薪幅度最高的为专业技术人员，为 9.0%，综合对比两年的调薪幅度，一线工人调薪幅度下降最大，2016 年预计调薪增幅比 2015 年下降 2 个百分点。对于调薪时间，2015 年，制造业企业一般选择在 1 月、3 月和 5 月调薪，调薪最多的为 3 月，占 19%。2016 年度预计调薪最多的月份仍然是 3 月，1 月和 5 月的调薪选择占比降低。

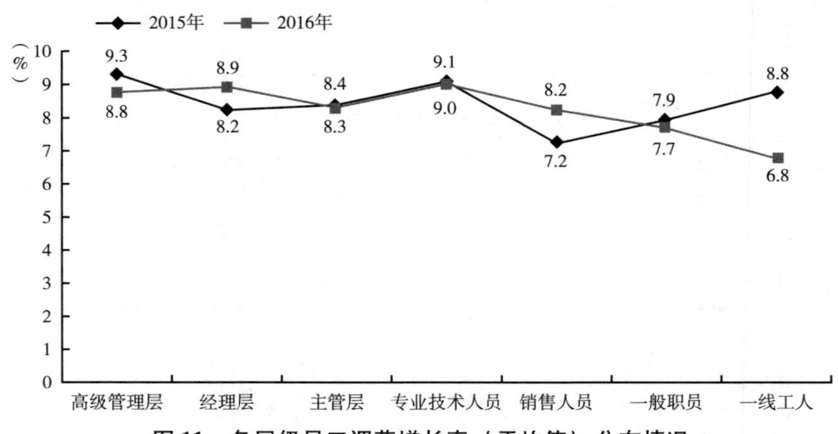

图 11　各层级员工调薪增长率（平均值）分布情况

2. 调薪频次与群体分析

一年一次的调薪频次成为制造业绝大多数企业共同认可的调薪频次，相对不同层级的调薪，2015 年的一线工人平均调薪频次（1.1 次）要高于高级管

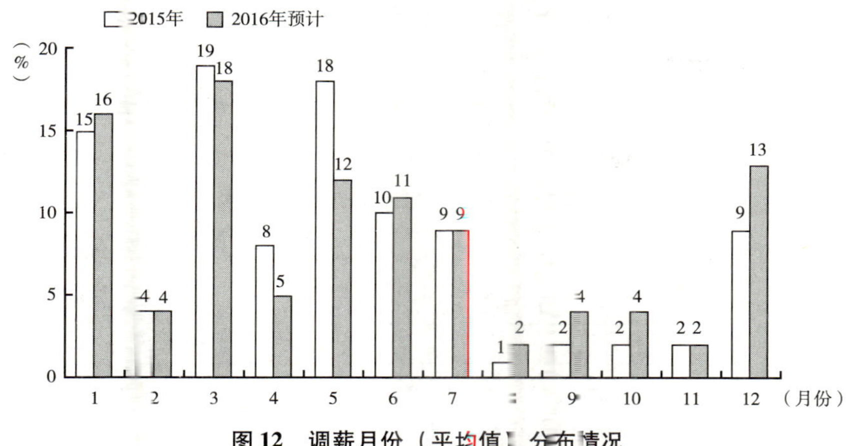

图 12　调薪月份（平均值）分布情况

理层人员的平均调薪频次（1 次），2016 年预计调薪次数中，高级管理层和专业技术人员的调薪次数有所增加，平均值提高到 1.1 次；对于不同层级的调薪群体，一线工人的调薪占比最高，为 59.6%，最低是高级管理层的调薪占比，为 43.7%，2015 年预计调薪占比最高的是销售人员，为 52.8%。

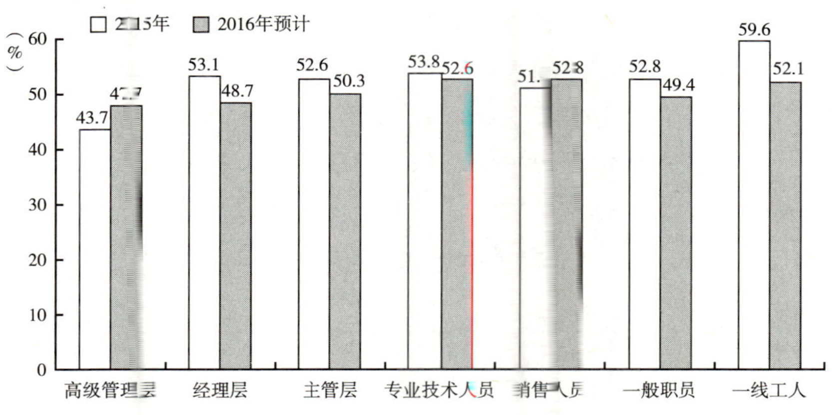

图 13　各层级员工调薪占比（平均值）对比情况

（二）层级薪酬福利分析

1. 管理层级薪酬福利分析

2015 年，年固定工资占比最高的是专员，为 8[illegible].6%，占比最低的为高级管理层，为 75.5%；在可量化福利指标一项，占比最高的为助理层（11.0%），占比最低的为高级管理层（5.5%）；从调查显示的数据可以看出，企业人员的层级越高，变动薪资的占比越高，高级管理层变动薪资占比为 18.6%，是助理层级（比例为 8.1%）的 2.3 倍。

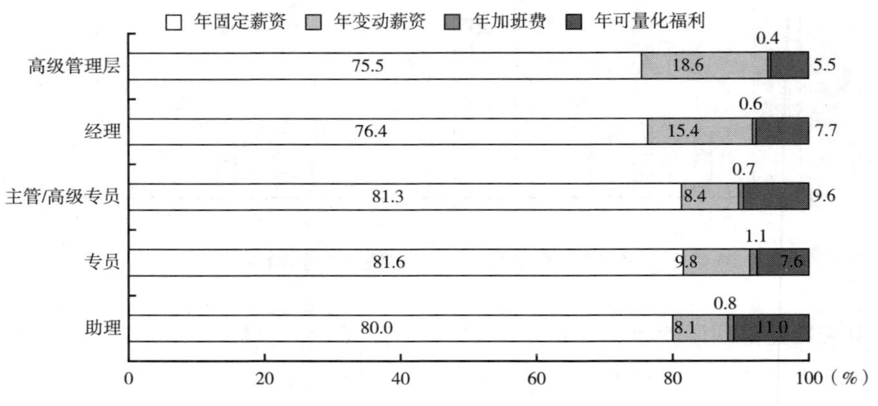

图 14　管理职能－员工薪资福利结构分布

2. 技术层级薪酬福利分析

2015 年技术职能员工的年固定薪资占年薪资福利总额的比重维持在 72.2% ~86.1%，其中工程师层级人员此项占比最高，而初级工程师层级人员此项占比最低；在可量化福利指标一项，初级工程师层级人员的占比最高，为 18.9%；而在年变动薪资一项中，高级工程师层级人员的占比为 13.1%，技术员层级人员占比为 8.6%。

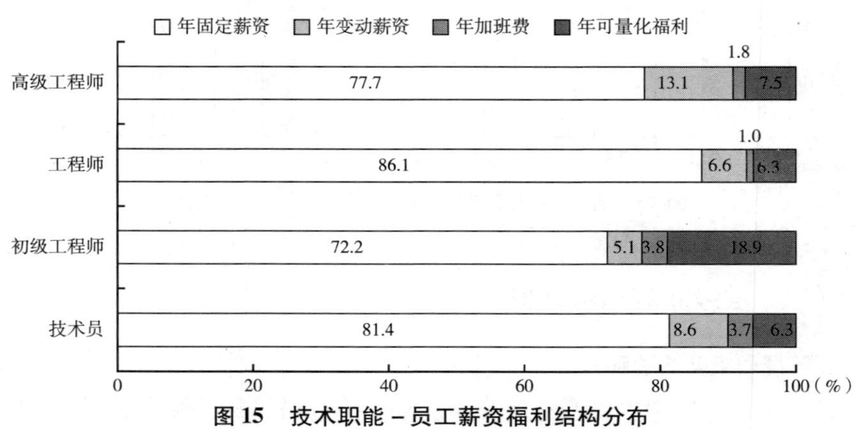

图 15　技术职能－员工薪资福利结构分布

3. 一线工人薪酬福利分析

2015 年一线工人层级员工的年固定薪资占薪资福利总额的比重在 71.2% ~78.8% 之间，其中一线作业层级员工此项占比最高，为 78.8%；在可量化福利指标一项，线长/工段长/队长层级员工占比最高，为 12.8%；而加班费的占比多少，随着员工级别不同有较为明显差异，线长/工段长/队长层级员工的加班费占比为 13.7%，是一线作业层级员工（比例为 5.8%）的 2.4 倍。

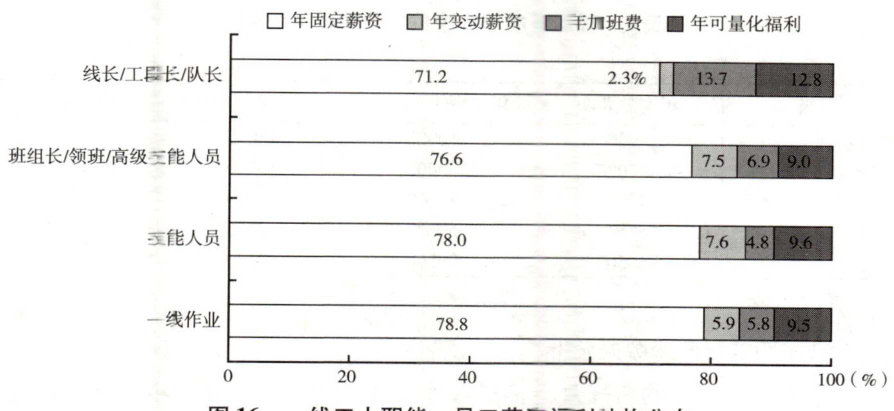

图 16　一线工人职能－员工薪资福利结构分布

（三）层次薪酬数据分析

1. 管理层薪酬数据分析

年度薪酬的多少根据职位的高低而不同。高级管理层的年度总薪酬为

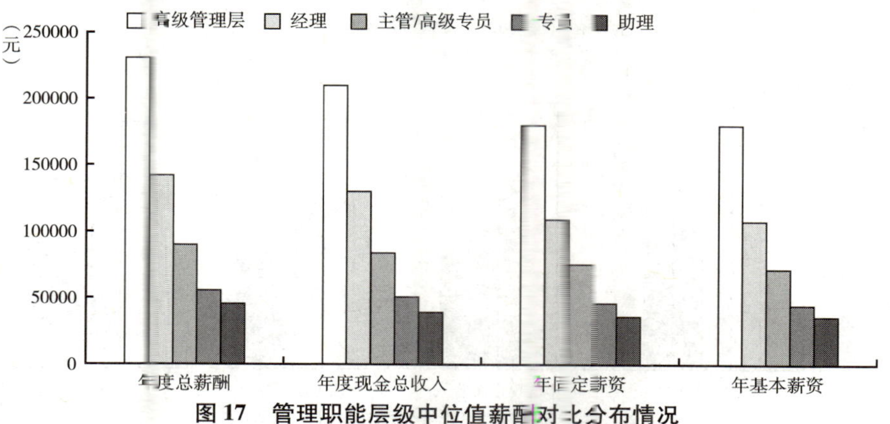

图 17　管理职能层级中位值薪酬对比分布情况

230800 元，是最低的助理年度总薪酬（45500 元）的 5 倍多，是专员年度总薪酬（55546 元）的 4 倍多，另外经理级别的年度总薪酬（142000 元）是主管级别的 1.58 倍。此外，高级管理层的年度现金总收入是助理级的 5.35 倍，年固定薪资、年基本薪资则是助理级的 5 倍左右；而经理级别的年度现金总收入是主管级别的 1.55 倍，年固定薪资是主管级别的 1.44 倍，年基本薪资是主管级别的 1.5 倍。

表 1　管理职能层级中位值薪酬数据对比

单位：元

层级	年度总薪酬	年度现金总收入	年固定薪资	年基本薪资
高级管理层	230800	210000	180000	180000
经理	142000	130000	109100	108000
主管/高级专员	90000	84000	75600	72000
专员	55546	50670	46100	44700
助理	45500	39260	36200	36000

2. 技术职能层薪酬数据分析

技术职能层人员的薪资差距相对管理层的差距要小很多，根据调查数据，高级工程师的年度总薪酬为 128000 元，为技术员（年度总薪酬为 54000 元）的 2.4 倍，远低于管理职能层人员的 5 倍差距，另外工程师与初级工程师的年度总薪酬相差不大；而在年度现金总收入、年固定薪资、年基本薪资三个指标上，高级工程师的薪酬皆为技术员薪酬的 2.2 倍，其中初级工程师和技术员的薪酬数据相差较小。

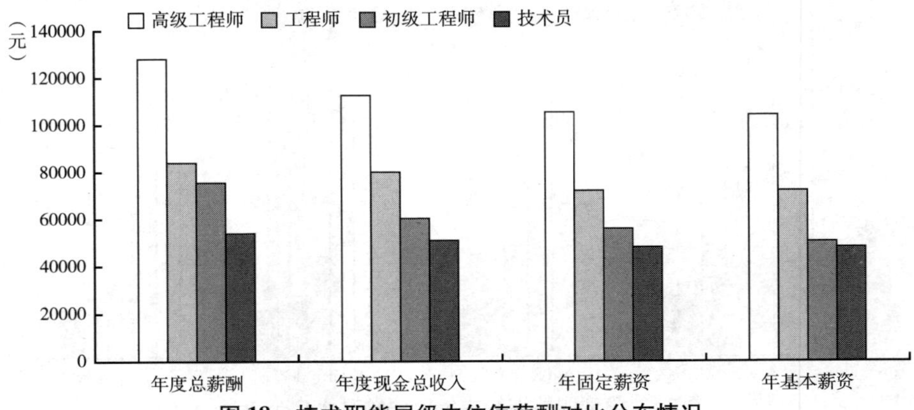

图 18　技术职能层级中位值薪酬对比分布情况

表2　技术职能层级中位值薪酬数据

单位：元

层级	年度总薪酬	年度现金总收入	年固定薪资	年基本薪资
高级工程师	128000	112500	105250	104000
工程师	84000	80000	72000	72000
初级工程师	75601	60300	55848	50400
技术员	54000	50900	48000	48000

3. 一线工人职能层薪酬数据分析

一线工人职能层级人员的高低岗位之间的年度总薪酬差距相比管理层级与技术层级是差距最小的，从调查数据可以看出，线长/工段长/队长的年度总薪酬为69597元，为一线作业人员（年度总薪酬为49102元）的1.4倍，比班组长/领班/高级技能人员的年度总薪酬仅高出2.7%；此外，在年固定薪资、年基本薪资两个指标上，班组长/领班/高级技能人员的薪资略高于线长/工段长/队长人员，高出3%和4%，由此可以看出，线长/工段长/队长人员的浮动薪酬要明显高于班组长/领班/高级技能人员。

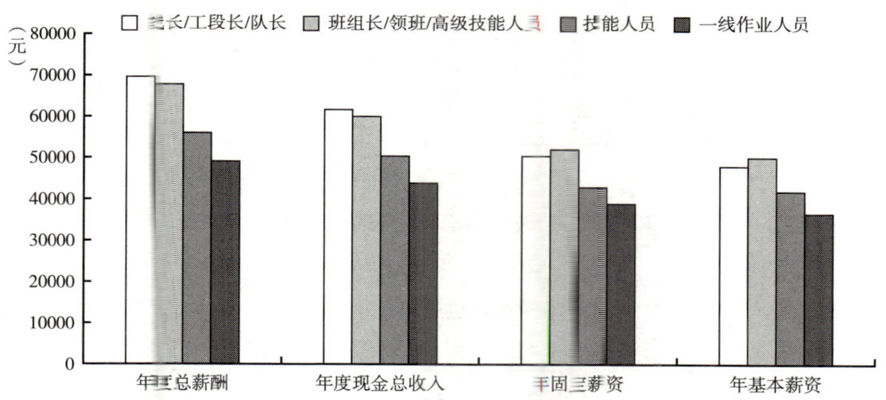

图19　一线工人职能层中位值薪酬对比分布情况

表3　一线工人职能层中位值薪酬数据

单位：元

层级	年度总薪酬	年度现金总收入	年固定薪资	年基本薪资
线长/工段长/队长	69597	61642	50400	48000
班组长/领班/高级技能人员	67784	60000	52000	50120
技能人员	56000	50400	42950	42000
一线作业人员	49102	43920	39000	36640

4. 应届毕业生起薪数据分析

应届毕业生作为职场中的新嫩，入职之初，更多的还是根据学历的高低获得不同的薪资待遇，其中，博士学历的应届毕业生平均薪资最高，为6449元/月，其次为硕士、本科学历的应届毕业生，其起薪为5302元/月、3606元/月，而大专学历的应届毕业生起薪最低，为3019元/月，不足博士学历应届毕业生的1/2。

从不同岗位类别来看，研发技术类岗位的应届毕业生起薪明显要高于其他岗位，以本科学历层级的数据为代表，研发技术类岗位的起薪为3953元/月，比营销类岗位的起薪高出403元，比职能类岗位的起薪高出421元，比生产物流类、质量类岗位的起薪高出487元。

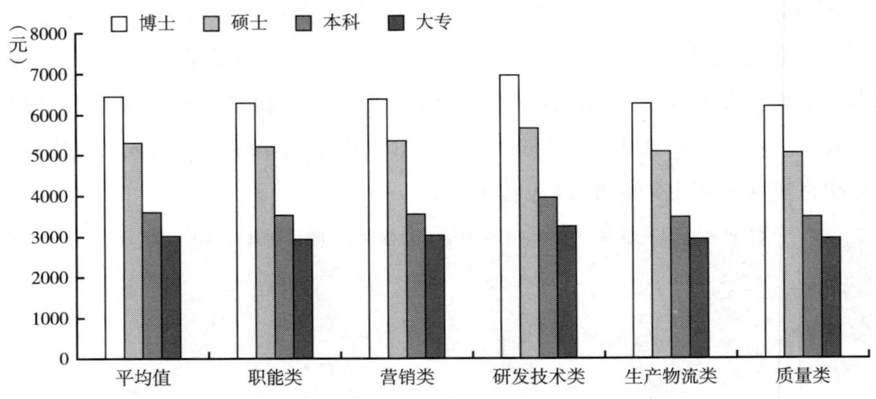

图20　不同岗位应届毕业生起薪数据对比分析

表4　不同岗位应届毕业生起薪数据

单位：元/月

学历层次	平均值	职能类	营销类	研发技术类	生产物流类	质量类
博　士	6449	6283	6375	6945	6249	6174
硕　士	5302	5201	5348	5655	5064	5027
本　科	3606	3532	3550	3953	3466	3466
大　专	3019	2938	3027	3242	2926	2935

（四）员工流动性分析

制造业的一线作业员工流失，一直是困扰企业正常生产的重要因素，同时一线作业人员的主动离职率也是众多层级人员中最高的。从调查显示的数据来看，一线工人20.5%的主动离职率比行业整体平均离职率（18.1%）高出2.4个百分点；其次是专业技术人员，其主动离职率为14.7%，再次是一般职员和销售人员，其主动离职率分别为13.8%和13.1%，而经理层及以上的管理层级人员的主动离职率最低，仅为6.2%。由此可见，作为制造业“制造”主体人员层级，一线工人和专业技术人员流动性最高，也是制造业企业常年招聘需求的主要劳务群体。

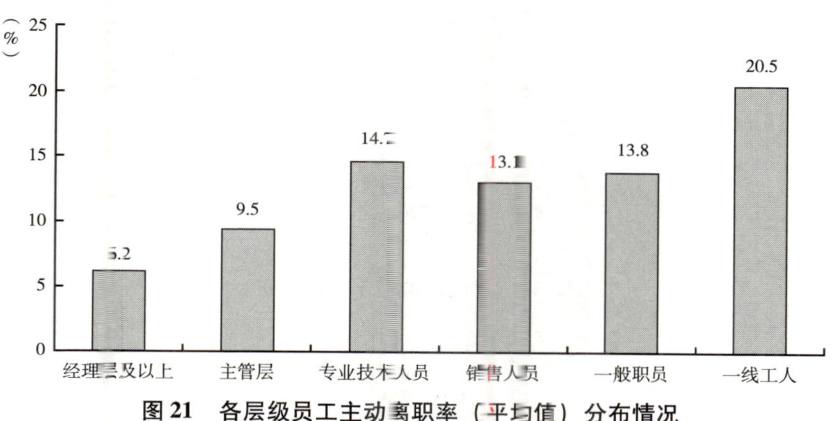

图21　各层级员工主动离职率（平均值）分布情况

四　制造业企业福利调查分析

（一）基本福利策略分析

1. 社保缴纳情况分析

①根据调查数据，74%的制造业企业对于社保缴纳的操作都是按照“所有员工同一基数进行缴纳”，仅有14%的企业“以每个员工上一年度个人收入为依据”进行缴纳；而对于社保缴纳的基数标准，以上一年度个人月平均总现金收入为基数（含浮动奖金、加班费）、以上一年度个人月基本工资为基数、以上一年度个人月固定工资为基数（含固定津贴、固定奖金）分别占10.8%、33.3%和16.4%。由此可以看出，制造业企业为员工购买社保已成为一种惯例，但是在购买额度上则是尽可能地谨慎选择相对较低的缴纳标准。

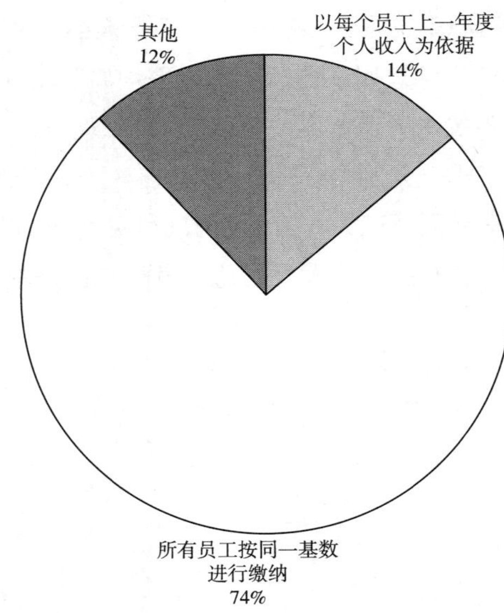

图 22　社保缴纳操作方式分布

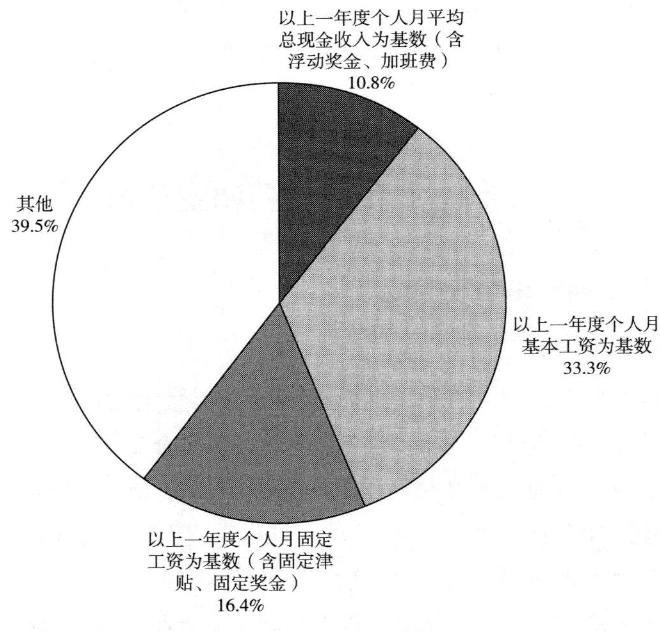

图 23　社保缴纳基数标准分布

②根据调查数据，制造业企业社保缴纳基数（额度）的平均值为4849元，比之50分位值的2408元要高出1倍有余；此外公积金的缴纳（比例）平均值为19.7%，比50分位值的缴纳比例高出9.7个百分点。综合对比前面各层级薪酬可以发现，高层级高薪酬对社保缴纳额度的平均值有着直接影响。

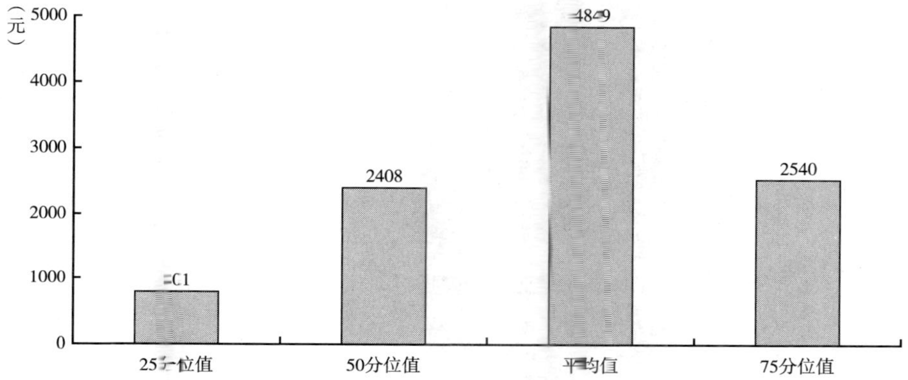

图24　社保缴纳基数平均水平分布

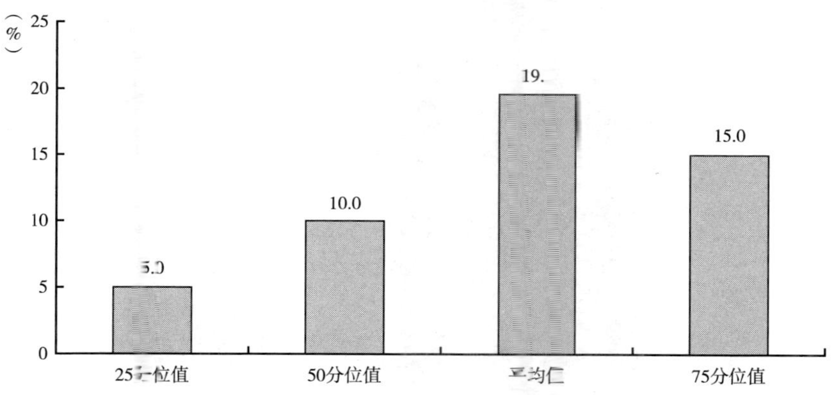

图25　住房公积金公司缴纳比例分布

2. 员工体检情况分析

体检作为制造业企业为员工提供的一项必备福利，绝大多数企业安排体检的频次为一年一次，占88.7%，而其中全部岗位人员都定期体检的占到调查企业的42.5%，仅限部分岗位定期体检的占34.8%；此外，制造业企业支付员工体检费用的平均值为243元，比50分位值要高出43元。

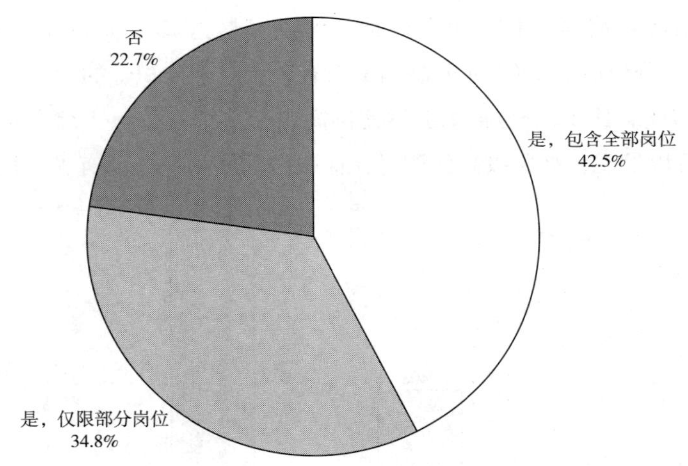

图 26　企业是否安排定期体检情况

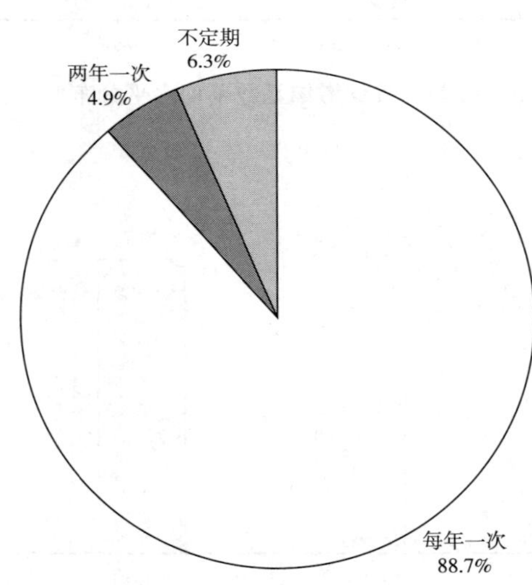

图 27　企业安排体检的频率分布

3. 现有福利设施分析

在众多福利津贴中，职位津贴、节假日津贴、工龄津贴和生日津贴是众多制造业企业设置率最高的福利项目，其占比分别为 16. 1%、14. 8%、14. 1% 和 14%；其次是膳食津贴、高温津贴、通信津贴，其占比分别为 13. 4%、12. 8% 和 12. 1%。

而在福利设施的设置上，宿舍、食堂是制造业企业首选提供的福利设施，调查数据显示，“提供宿舍”和“职工食堂”的占比分别为27.5%和26.9%；其次提供的福利设施为“健身/运动场”“职工浴室”，其占比分别为14.9%和11.7%；此外为了更好地吸引人才加入，有不少制造业企业建立“夫妻房”，提供“免费班车”等。

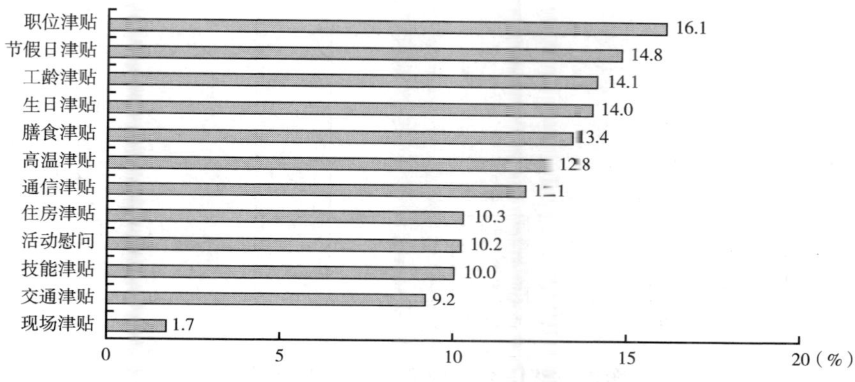

图28　福利津贴项目比例分布

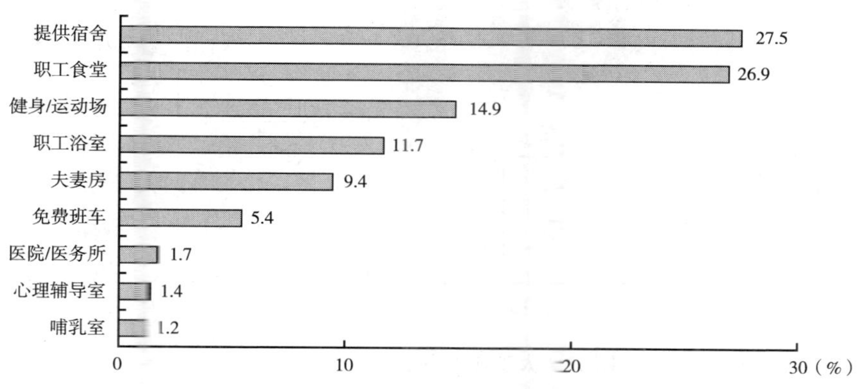

图29　福利设施内容比例分布

（二）人工成本效能分析

1. 成本分析

调查数据显示，2015年，本次参与调查的制造业企业的人均营业收入的平均值超过 65 万元，是 50 分位值的 3.7 倍；而人工成本占营收的比重为 18.8%，且在 2016 年的预期中还有所下降，下降幅度为 1 个百分点。由此可见，人工成本依然是制造业企业的重要支出项目，同时企业也在不断地加强对人工成本的控制。

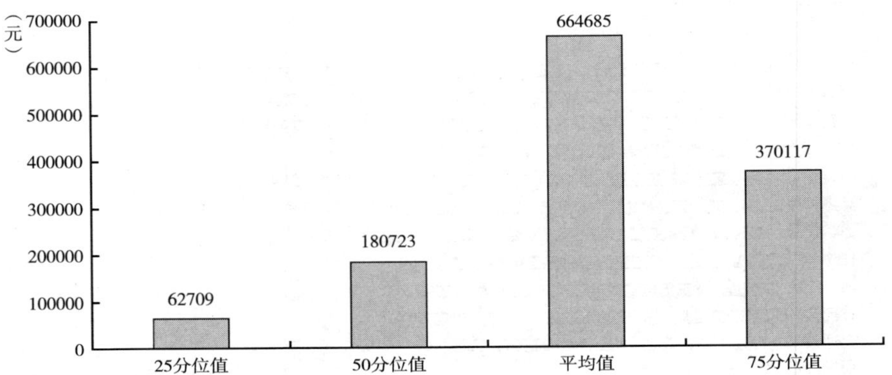

图 30　2015 年人均营业收入数据分布

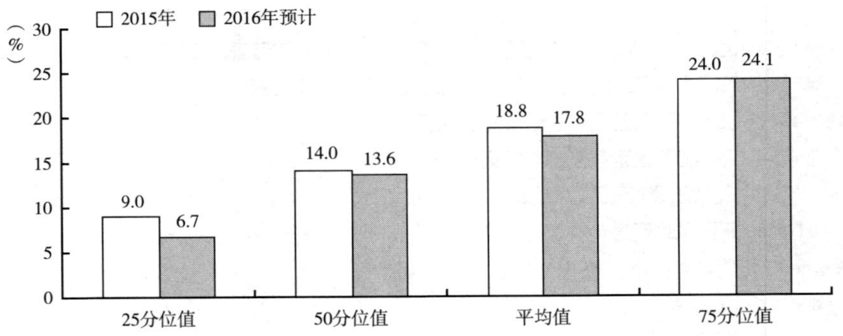

图 31　人工成本占营收的比重分布

2. 培训预算分析

培训学习是企业人员技能、知识不断提升的重要途径，因此制造业企业愿意花费一定成本进行员工培训。调查数据显示，2016 年，对于高级管理层人员的培训经费预算达到 23612 元/人，技术层级人员培训经费预算有 13751 元/人，而一线工人也有每年 4997 元/人的培训预算。

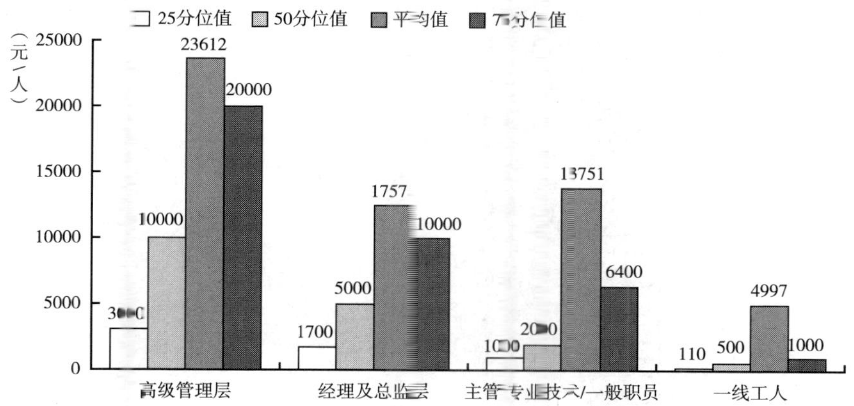

图 32　2016 年各层级员工人均培训预算情况分布

3. 人员配置分析

在制造业各行业企业中，一线工人占企业人员构成的绝对比例，根据调查数据，纺织服装业的一线员工占比最高，为 73.61%，而模具业一线工人占比最低，为 45.10%，其他行业的此项占比都在五成以上。

4. 加班情况分析

①“工时制”作为制造业企业的普遍薪资计算形式，超过七成的人员都采用综合工时制，而对于非工时制的采用，一线工人群体居多，其占比为 36.9%；其中，按月度计算的综合工时制的企业占调查企业的五成左右，而按年度计算的综合工时制企业占比为一成半左右。另外，加班作为制造业企业的普遍现象，并以一线工人加班最为明显。调查数据显示，一线工人加班时长在 10 小时以上/周的占比为 50.3%，分别是管理层和技术层人员的 3 倍和 2.8 倍；特别是在 20 小时/周的加班时长上，一线工人分别是管理层和技术层人员的 4.7 倍和 8 倍。

②对于加班的补偿，主要通过加班费和补休两种形式进行，对于一线工人则以支付加班费为主，占调查企业的 83.5%，而管理、技术人员则以补休居多；而对于加班费的额度计算，半数以上被调查的制造业企业都是按劳动合同约定的劳动者本人所在岗位相对应的工资标准为基数进行加班费计算，其中一线工人所占的比重最高，为 66.7%；此外对于加班费的倍数计算，除了法定假日的硬性规定外，标准工作日加班按工资的 150% 计算支付成为基层人员的

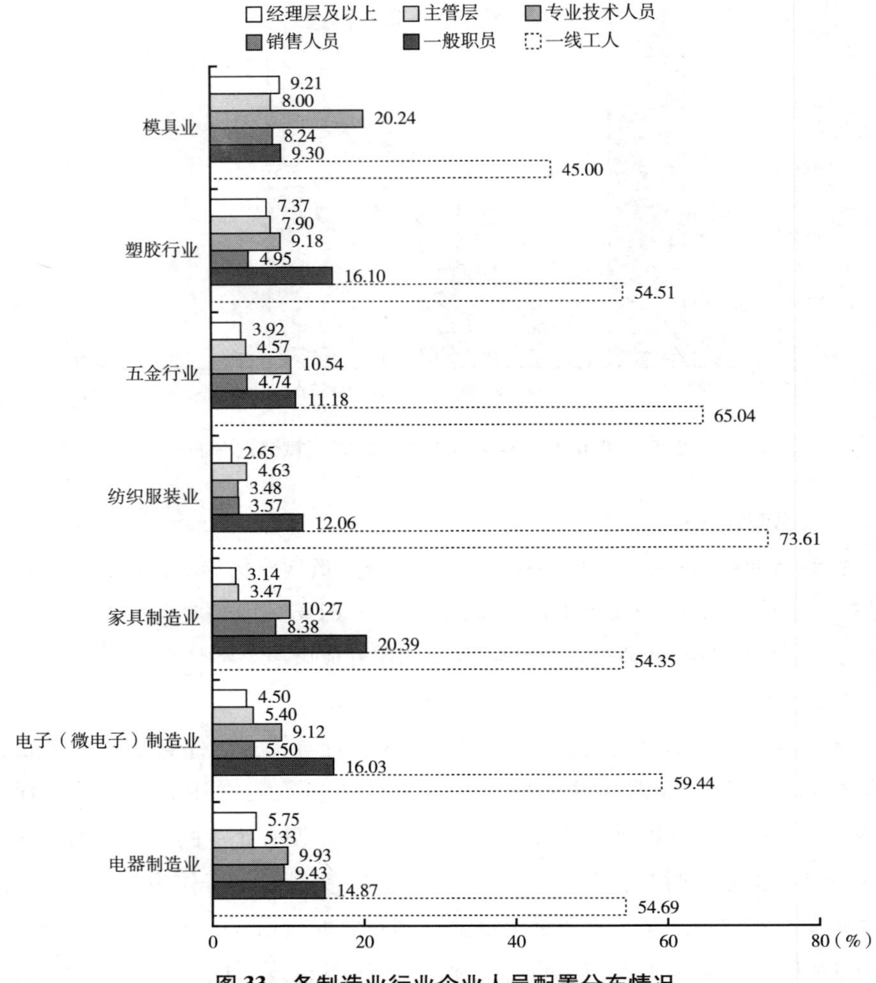

图 33　各制造业行业企业人员配置分布情况

通用做法，而休息日的加班费为工资的 150% ~200%；最后在加班费用的结算发放方面，基本上都是按月进行发放，一线工人、研发技术人员、管理人员的结算时间按月发放的比重分别为 93.3%、83.5% 和 71.8%。

5. 上班打卡及周末休息分析

日常上班打卡，六成以上的制造业企业都要求员工每天打 4 次卡，一线工人管理尤为严格，其打卡比重为 66.7%；而每天打 1 次卡最多群体为管理人，其占比为 3.1%，是一线工人的 2 倍。而在日常的周末休息方面，单休是大多

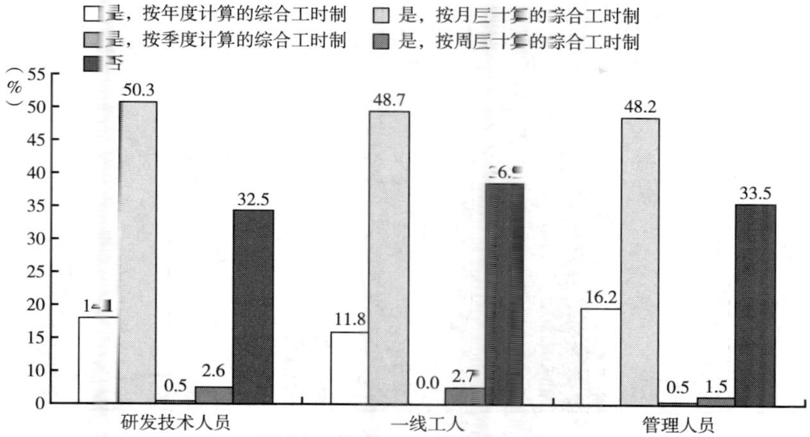

图 34 综合工时制情况分布

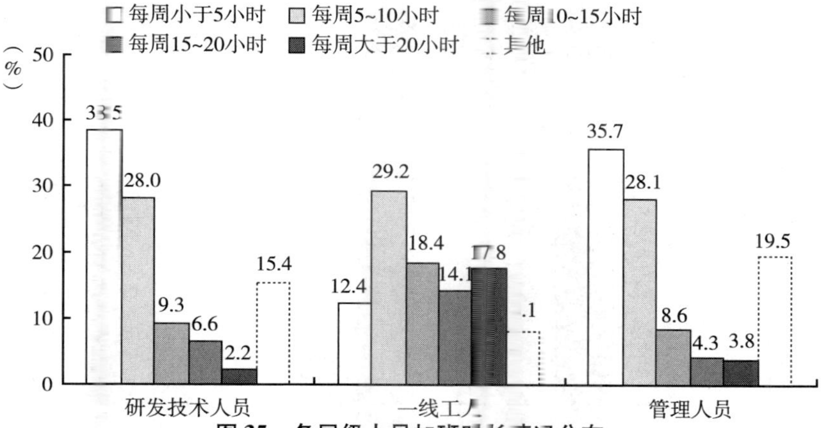

图 35 各层级人员加班时长情况分布

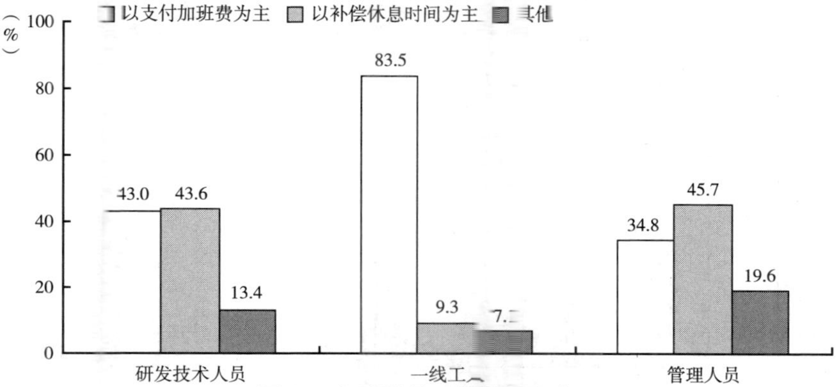

图 36 加班补偿政策情况分布

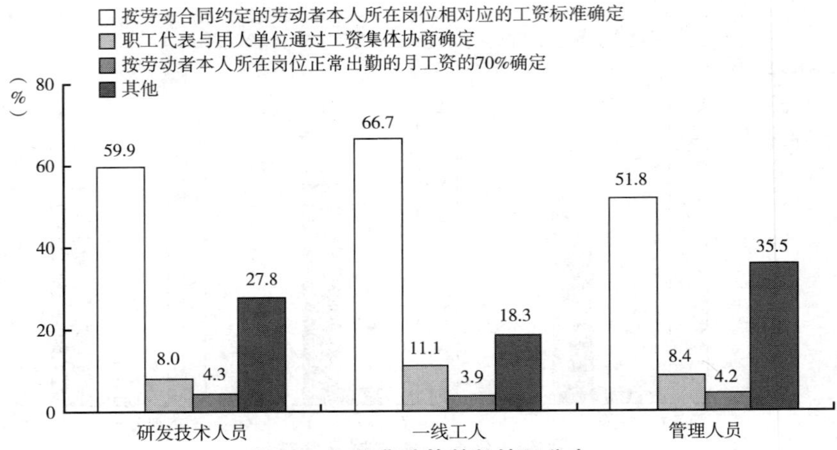

图 37　加班费计算基数情况分布

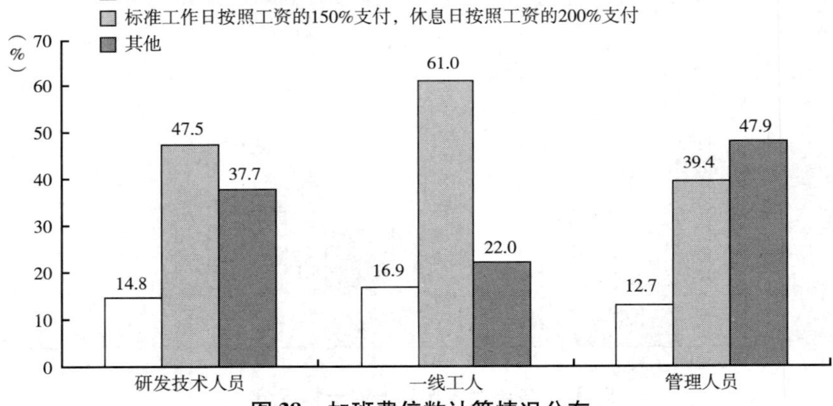

图 38　加班费倍数计算情况分布

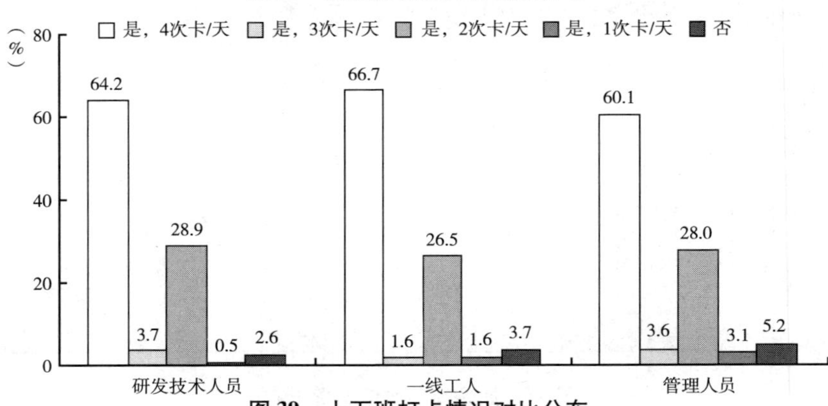

图 39　上下班打卡情况对比分布

数被调查企业的选择，其中一线工人的单休比重高达 77.8%，比研发技术人员和管理人员分别高出 15.2 个百分点和 17 个百分点。

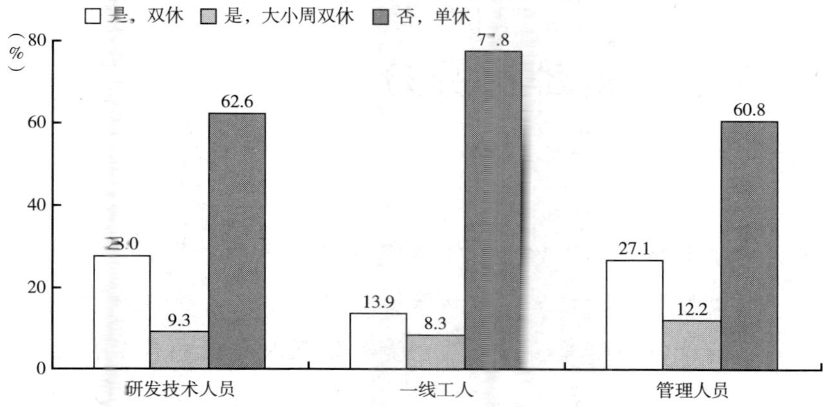

图 40　周末双休情况对比分布

B.11
汽车、金融、医疗健康和高科技行业薪酬状况分析

付晓薇 *

摘　要：　了解行业的关键人才缺口、获取的来源、薪酬等状况，可以更好地帮助企业吸引和保留关键人才，为制定人才战略提供有价值的参考。本文结合资深顾问对行业的理解，选取了几大重点热门行业，在丰富调研的基础上，对行业人才发展趋势及薪酬趋势进行了深入分析和总结。

关键词：　人才缺口　热门岗位　薪酬趋势

本研究以近 3000 家企业（70% 外资，30% 本土）及科锐国际信息库中的 4 万余名中高级管理及专业候选人薪资数据为基础，分析人力资源重点行业的整体人才发展趋势，以及由此产生的人才需求及来源，并列出重要职位薪酬数据。行业上，选取了汽车、金融、医疗健康和高科技四个重点行业。

汽车作为制造业的重要产业，对国民经济发展具有重要的战略意义，我国亦是世界第一的汽车产销大国，汽车行业的飞速发展也促进了行业人才需求的增长。金融业在国民经济中处于牵一发而动全身的地位，关系到经济发展和社会稳定，起着对经济的反映、监督作用。金融业涵盖银行业、保险业、证券业以及时下火热的互联网金融，了解这些金融细分领域的人才需求及趋势，对于金融行业的人力资源从业者来说，具有很强的指导意义。2016 年 10

* 付晓薇，硕士，科锐国际调研经理，主要研究领域为社会学、发展学、人才市场发展及人才吸引。

月，国务院颁布《“健康中国2030”规划纲要》，“健康中国”成为国家优先发展的战略。整个医疗健康产业市场容量剧增，未来5~10年，中国将迎来医疗健康改革的质变。中国已经成为新药研发的大国，精准医疗也越来越处于领先地位，医疗行业的飞速发展，也带来医疗人才需求的热度上升（在医疗健康行业章节里，我们会从医药、器械设备、医疗服务以及个体化医疗等领域展开人才分析）。科技创新的重要性已日益成为人们的共识，万物互联、智能化网络化已经渗透到人们生活的方方面面。高科技行业的人才竞争也更为白热化。我们将从信息与通信技术、网络安全、人工智能、互联网等细分板块展开分析。

本文涉及的薪酬数据为基本年薪，是指年度整体的现金收入，即年度底薪+年度固定部分奖金，以人民币1000元为单位。以科锐国际信息库为例，在分析中，25分位值表示有25%的数据小于此数值，反映科锐国际信息库的较低端水平；50分位值（中位值）表示有50%的数据小于此数值，反映科锐国际信息库的中等水平；75分位值表示有75%的数据小于此数值，反映科锐国际信息库的较高端水平。一线城市为北京、上海、广州、深圳；二线城市为省会及热点城市，如天津、苏州、杭州、重庆、成都。

一　汽车行业

（一）汽车行业趋势

2016年我国汽车市场发展整体呈现良好态势，细分市场热度转移，传统汽车领域销量下滑，新兴市场发展空间广阔，无论是企业进入的数量还是投资规模继续扩大。在国家政策支持下，绿色节能成了汽车市场的时尚，诸多国内资本争相进入新能源汽车领域。互联网造车潮热度提升，“互联网+”的概念渗透到汽车营销、售后服务的各个方面，越来越多其他领域的企业也在跨界涌入汽车市场。汽车产业与电子信息产业结合更加紧密，汽车开始向电子化、智能化方向发展。汽车后市场规模逐渐扩大，汽车金融及租赁行业发展迅速，但仍处于发展的初级阶段，随着行业不断规范和政策的完善，汽车行业发展前景广阔。

（二）整车及配件

1. 发展趋势

传统汽车销量萎缩，新兴市场竞争激烈，跨界企业纷纷进入汽车领域，并通过不同品牌策略弥补在汽车行业知名度的缺陷。借新能源汽车、车联网和智能驾驶的热度，零部件行业切入新能源汽车整车制造以及车联网和智能驾驶核心零部件的生产。零部件电子化和智能化水平不断提高，零部件轻量化、环保化成为未来发展趋势。

2. 人才缺口及薪酬表现

人才缺口主要包括 CEO（汽车事业部）、新能源三电（电池、电机、电控）、整车设计造型、汽车品牌设计运营、产品规划、用户体验及数字营销类等方面的人才；紧缺人才主要来源于原有传统外资汽车公司的成熟人才、海外人才，以及互联网公司人才。

2016 年汽车行业薪酬整体呈偏稳并向上的趋势，自然涨幅在 10% 以内，涨幅比较大的有整车和配件领域的三电、研发、汽车造型岗位、电子电气领域。而与之相应的销售、供应链和生产制造领域呈现下行趋势。

表 1　汽车行业 – 整车及配件领域薪酬

职位名称	工作年限	一线城市			二线城市		
		25 分位值	中位值	75 分位值	25 分位值	中位值	75 分位值
整车销售及市场							
区域总经理	15 +	1200	1800	2500	800	1200	2000
全国销售总监	15 +	1000	1500	1800	400	600	800
大区销售经理	10 +	500	700	900	450	560	750
经销商网络总监	10 +	500	600	900	400	500	700
大客户经理/批售经理	5 +	200	320	450	120	200	250
全国市场总监	12 +	750	1000	1200	600	750	850
大区市场经理	8 +	450	600	700	300	500	600
产品规划总监	10 +	750	1000	1200	600	750	850
售后总监	15 +	600	800	1200	400	500	700
配件销售及市场							
销售副总	15 +	800	1000	1800	500	700	1000
OEM 销售总监	10 +	600	800	1200	500	650	800
IAM 销售总监	10 +	450	700	900	400	600	800
市场总监	10 +	600	900	1500	400	600	800

续表

职位名称	工作年限	一线城市			二线城市		
		25 分位值	中位值	75 分位值	25 分位值	中位值	75 分位值
研发							
研发总监/研究院院长	15 +	800	1200	2000	800	1200	2000
新能源研发总工	15 +	1200	1800	3000	1000	1800	3000
造型总监/总工	10 +	800	1000	1500	500	800	1200
电子电器总监/总工	15 +	800	1000	1500	800	1000	1200
内外饰总监/总工	15 +	550	750	950	450	500	650
整车集成总监/总工	15 +	600	800	1000	500	600	700
动力总成总监/总工	15 +	550	750	950	450	500	650
项目总监	8 +	450	700	1000	300	600	800
供应链							
供应链总监	15 +	600	800	1200	500	700	800
供应商质量总监	12 +	550	750	1100	400	520	800
物流总监	10 +	500	600	900	350	450	700
采购总监	12 +	600	800	1200	420	550	850
生产/运营							
工厂(总)经理	15 +	800	1200	1500	600	1000	1200
制造/规划总监	15 +	800	1000	1500	600	800	1200
运营经理	8 +	400	600	800	300	450	600
工程管理经理	7 +	250	400	600	150	300	500
质量总监	15 +	450	600	800	300	380	600
精益生产/可持续改善专家	7 +	250	500	900	150	400	600

表 2 汽车行业－新能源薪酬

职位名称	工作年限	一线城市			二线城市		
		25 分位值	中位值	75 分位值	25 分位值	中位值	75 分位值
新能源研发总工	15 +	1200	1800	3000	1000	1800	3000
电驱动系统总监	10 +	700	1100	1500	600	1000	1300
电驱动软件开发经理	5 +	300	450	800	250	350	500
电驱动硬件设计经理	5 +	250	400	600	250	300	450
动力电池总监	10 +	700	1100	1500	600	1000	1300
BMS 开发经理	8 +	450	600	700	400	500	600
电控系统总监	10 +	700	1100	1500	600	1000	1300
电机设计经理	8 +	450	600	[illegible]	400	500	600
高压动力系统安全专家	10 +	300	400	[illegible]	250	350	500
四驱系统专家	15 +	700	900	1100	700	900	1100
车身轻量化专家	15 +	800	1000	1200	800	1000	1200

（三）车联网

1. 发展趋势

中国车联网正面临着全产业的爆发性发展机会，受政策扶植力度加大、市场需求旺盛、行业基础坚实等因素推动，近年来，全国共有数十个车联网产业基地诞生，投资金额达数百亿元，北京、武汉、深圳、上海等城市都重金投入，欲打造全国最大的产业基地。内外资整车厂、一级供应商、互联网企业也加大车联网发展力度，如戴姆勒、福特、北汽、哈曼、大陆汽车电子、百度等。

2. 人才缺口及薪酬表现

紧缺人才缺口主要来自车联网产品技术总监、产品经理、软硬件开发师、架构师、平台工程师等职位人才，这些热门人才主要来自一些互联网企业和一些传统软件企业，以及整车厂、一级供应商等传统硬件行业。新的企业涌入也导致对人才的争夺更为激烈，在车联网领域，研发岗位都有不错的涨薪表现，跳槽涨幅可达到20%，薪酬已不再是吸引人才的唯一手段，企业更多地用股票期权等长期激励方式吸引高端职位人才。

表 3　汽车行业 – 车联网薪酬

职位名称	工作年限	一线城市			二线城市		
		25 分位值	中位值	75 分位值	25 分位值	中位值	75 分位值
副总裁	18 +	800	1500	1800	700	1000	1200
技术总监	12 +	700	1000	1200	500	800	1000
高级经理	10 +	500	800	1000	400	700	800
架构师	10 +	500	700	1000	400	500	650
平台工程师	8 +	300	500	800	300	400	600
高级软件工程师	6 +	300	400	600	200	350	500
高级硬件工程师	6 +	300	400	600	200	350	450
高级系统工程师	8 +	300	500	600	250	400	500
项目经理	8 +	300	500	700	300	400	500

（四）智能驾驶

1. 发展趋势

外资和内资，传统车企和互联网车企，都在积极布局智能驾驶领域，汽车的智能化改变了汽车的定义，汽车成为移动的智能化空间，汽车的电子和软件部分替代了传统机械和电气部分，成为汽车的核心。此变化趋势，需要大量技术专家型人才。而国内智能驾驶人才极少，只有百度、360 等公司因提前布局该领域而有了少量专精人才。实力雄厚的后来者，如乐视、和谐富腾、蔚来等，把目光直接瞄准了国外。

2. 人才缺口及薪酬表现

在智能驾驶领域，高级驾驶辅助系统（ADAS）作为自动驾驶的前提技术，人才缺口极大。从人才来源来看，外资领先供应商在国内已经储备了大批 ADAS 初级、中级技术人员，但高级专家依然聚集在德美总部，国内企业需要放眼至全球去获取，如美国、德国、新加坡、日本、韩国等市场；同时，因传统汽车电子的研发人员较易转型智能驾驶技术，其他行业的算法工程师也易跨入智能驾驶领域，国内企业也可对这方面人才进行培养。

智能驾驶作为新兴领域，相关人才缺乏，厂商之间争夺激烈，也促使这部分领域的人才薪酬涨幅明显。

表 4　汽车行业－智能驾驶领域薪酬

职位名称	工作年限	一线城市			二线城市		
		25 分位值	中位值	75 分位值	25 分位值	中位值	75 分位值
ADAS 技术总监	12 +	800	12[illegible]0	1500	500	800	1000
ADAS 部门高级经理	10 +	500	8[illegible]0	1[illegible]00	200	500	800
ADAS 系统开发经理	6 +	300	5[illegible]0	500	250	400	500
ADAS 软件开发经理	6 +	300	5[illegible]0	500	250	400	500
ADAS 测试经理	8 +	300	5[illegible]0	500	250	400	500
ADAS 算法经理	6 +	350	5[illegible]0	550	300	450	550
ADAS 项目经理	8 +	300	5[illegible]0	500	250	400	500

（五）汽车金融及租赁

1. 发展趋势

汽车金融市场近年来保持高速增长态势，市场规模已超过 7000 亿元，年增长速度超过 30%。一方面，由于居民购买力不断增强，用车需求增加；80 后、90 后作为购车主力军对按揭贷款等汽车金融模式接受度提高。另一方面，央行和银监会对拓宽汽车金融公司的融资渠道提供了不同程度的政策支持，法律法规环境也进一步完善，这些因素共同驱动了汽车金融市场的发展。但与发达国家相比，中国汽车金融市场仍处于发展初期阶段，有较大上升空间，目前虽吸引了各方力量参与竞争，但仍然缺乏核心竞争力，如何通过创新模式提升竞争力成为未来汽车金融行业必然面临的课题。

2016 年，汽车租赁行业同样发展迅速。罗兰贝格数据显示，预计到 2018 年，汽车租赁行业市场规模将攀升至 580 亿元。从发展的驱动因素来看，经济发展、人均可支配收入的不断上升刺激了更多的用车需求；城市限购政策、高昂的养车成本和用车费用，使个人汽车租赁需求大幅提升；公车改革、跨国企业轻资产等也为汽车租赁市场创造了强有力的需求支撑；相关政策法规的陆续出台为汽车租赁行业提供了政策支持。

目前，汽车租赁市场参与者众多，市场高度分散，激烈的竞争导致整个行业利润率较低，同时缺乏统一的行业规范，这些成为制约当前汽车租赁行业发展的主要障碍。未来随着汽车租赁市场的成熟，企业集中度必然随之提升，资金实力弱、车队规模小的中小企业，或将在未来的竞争中出局。

2. 人才缺口及薪酬表现

在汽车金融市场中，销售、风控和信贷审批是主要的人才需求领域。从人才来源来看，汽车金融人才主要来自银行的消费金融领域，以及整车公司的销售、IT 电子行业的销售领域。

汽车租赁市场主要人才缺口是一些营销、运营和风控职位的人才。从人才来源来看，汽车租赁人才主要是汽车租赁行业、具有整车公司或汽车金融公司背景、消费金融领域方面的人才。

表 5　汽车行业－汽车金融及租赁市场薪酬

职位名称	工作年限	一线城市			二线城市		
		25 分位值	中位值	75 分位值	25 分位值	中位值	75 分位值
汽车金融销售及市场							
全国销售总监	15 +	800	1000	1200	700	900	1100
大区销售经理	10 +	400	600	800	400	500	700
小区销售经理	5 +	200	350	400	200	340	390
市场总监	15 +	700	800	1000	600	700	900
市场经理	7 +	300	350	450	250	300	400
产品总监	12 +	700	800	1000	600	700	900
产品经理	6 +	300	350	450	250	300	400

续表

职位名称	工作年限	一线城市			二线城市		
		25 分位值	中位值	75 分位值	25 分位值	中位值	75 分位值
汽车租赁产品							
市场总监	12 +	400	500	[illegible]50	350	400	500
销售总监	10 +	300	500	[illegible]00	250	450	600
汽车经销商集团							
4S 店总经理	10 +	500	600	[illegible]00	400	500	600

二　金融

（一）金融行业趋势

2016～2017 年，由于经济结构、产业结构、发展模式发生了巨大变化，金融行业从粗放型的增长模式向更加注重质量、效率的集约型的增长模式转变，这促使监管压力和合规成本不断增加。与此同时，宏观经济下行、利率自由化、影子银行出现、市场化改革、互联网金融崛起导致金融市场准入门槛降低，民间资本和实体经济纷纷进入金融市场等因素给传统金融机构带来巨大压力。大型金融集团迎来跨界合作经营潮和内部重组潮，银行、证券、基金、信托、保险等不同形式的金融业态保持合作，众多金融科技企业发展迅猛。

（二）银行

1. 发展趋势

作为金融行业的龙头，银行业首当其冲受到不断下滑的经济形势影响，加之新兴金融产品领域的创新发展，银行业开始面临转型。众多银行开始从吸储贷款业务转向投行业务。伴随新技术的不断涌现，银行网点将逐步减少，银行或将转型成为集电子化、智能化、休闲化于一体的销售中心。未来银行业发展方向为借助声誉、资金、客户与数字资源优势与外部平台合作实现智慧金融。

2. 人才缺口及薪酬表现

人才缺口主要是一些具有投行背景或互联网金融背景的人才，这些人才主

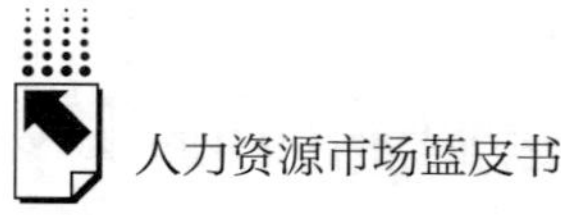

要来自银行同业和证券基金公司。关键职位包括投行部总经理、投行部室经理、资产管理部总经理、资产管理产品经理等。

银行传统领域薪酬有降低趋势，但投行、资管、互联网金融等新领域薪酬有所增长，涨幅在30%左右。

表6　金融行业－外资银行薪酬

职位名称	工作年限	一线城市			二线城市		
		25分位值	中位值	75分位值	25分位值	中位值	75分位值
企业银行业务领域							
现金产品管理副总裁	15+	750	1200	1500	630	1000	1200
现金销售副总裁	10+	750	1500	1800	600	1300	1500
信贷风险管理副总裁	10+	700	1400	1600	600	1200	1350
贸易融资产品管理副总裁	10+	750	1200	1500	600	1000	1200
贸易融资销售副总裁	10+	750	1500	1700	630	1275	1450
客户经理副总裁	10+	600	900	1200	360	540	720
交易员副总裁	10+	1200	1500	1700	750	950	1050
个人银行业务领域							
信用风险按揭副总裁	10+	450	640	800	270	380	500
产品管理/市场副总裁	10+	450	640	800	270	380	500
客户关系副总裁	10+	450	640	800	270	380	500
财富管理销售副总裁	10+	450	640	800	270	380	500
交易员副总裁	10+	1000	1200	1350	650	750	850
投资银行与全球市场交易前台领域							
企业财务副总裁	10+	900	1050	1200	550	650	750
企业财务总监	10+	1050	1200	1350	630	720	800
企业财务管理总监	10+	1500	1650	1800	900	1000	1100
债务资本市场副总裁	10+	1000	1600	2000	600	950	1200
债务资本市场总监	10+	2000	2800	4000	1200	1700	2400
债务资本市场管理总监	10+	2800	4000	6000	1680	2400	3600
股票研究副总裁	10+	2000	2400	3000	1200	1500	1800
股票研究总监	10+	1800	2200	2800	1000	1300	1700
股票研究管理总监	10+	4000	6000	10000	2400	3600	6000
股票研究分析师	5+	1100	1450	1800	880	1200	1500
中台、后台与财务会计领域							
运营副总裁	10+	670	900	1100	400	500	650
财务管控副总裁助理	5+	370	520	750	220	320	450
内审副总裁助理	5+	450	600	750	270	360	450
管理报告副总裁助理	5+	225	300	450	140	180	270
合规副总裁	10+	600	750	900	350	450	550
市场风险副总裁	10+	600	750	900	350	450	550

表 7　金融行业 – 本土银行薪酬

职位名称	工作年限	一线城市			二线城市		
		25 分位值	中位值	75 分位值	25 分位值	中位值	75 分位值
企业银行业务领域							
行长	15 +	6000	8000	[illegible]000	5000	7000	8500
分行行长	15 +	3000	4500	5000	2500	3800	5100
公司业务部经理	10 +	800	1000	1500	600	800	1000
支行行长	10 +	1500	2000	3000	1200	1700	2550
高级客户经理	10 +	500	600	800	450	500	700
客户经理	5 +	250	350	400	200	300	350
私人银行业务领域							
私人银行总经理	15 +	1500	2000	3000	1200	1700	2550
私人银行副总经理	10 +	1000	1500	2500	850	1300	2000
支行行长	10 +	800	1000	1200	600	800	1000
客户经理	5 +	400	500	600	300	400	500
财富经理	10 +	400	500	600	300	400	500
投资银行与全球市场交易前台领域							
投行部总经理	15 +	1500	2000	3000	1275	1700	2550
投行部副总经理	10 +	1000	1500	2500	850	1300	2200
投行部室经理	8 +	800	1000	1200	680	850	1050
投行专员	5 +	300	500	800	200	300	500
金融同业部总经理	15 +	1500	2000	3000	1275	1700	2550
金融同业部副总经理	10 +	1000	1500	2500	850	1200	2100
金融同业部室经理	8 +	800	1000	1200	680	850	1050
金融同业部产品经理	5 +	300	500	800	200	300	500
资产管理部总经理	15 +	1500	2000	3000	1275	1700	2500
资产管理部副总经理	10 +	1000	1500	2500	850	1200	2100
资产管理部室经理	8 +	800	1000	1200	680	850	1050
资产管理部产品经理	5 +	300	500	800	200	300	500
中台、后台与财务会计领域							
运营副总裁	10 +	525	675	900	300	460	660
财务管控副总裁助理	5 +	230	380	600	160	260	310
内审副总裁助理	5 +	300	450	600	210	450	560
合规副总裁	10 +	450	600	750	280	500	700
市场风险副总裁	10 +	450	600	750	310	460	660

（三）证券基金

1. 发展趋势

随着债券市场持续升温，一级发行、二级交易投资均维持热度，银行给证券、公募、市场注入大量资金。与此同时，债市上显现的违约问题让监管政策不断收紧。股权投资成为热点，除去主流股权市场的参与机构，更多的保险系、证券、公募、信托及金控集团参与股权投资，国有机构显现资金实力，成为强有力的配资方和投资方。随着三行一会对证券基金的监管进一步收紧，相应领域出现人才缺口。

2. 人才缺口及薪酬表现

人才缺口主要是风险控制、监管、合规领域人才，人才主要来源于证券基金同业者、四大会计师事务所和各大律师事务所。证券基金领域关键职位包括股权投资总监、债券投资总监、风控总监、法务总监、投资银行总监团队等。

从薪酬来看，证券基金领域与2015年相比有所回落，主要表现在与市场挂钩的奖金发放额度降低，降幅在30%左右。

表8 金融行业－证券基金薪酬

职位名称	工作年限	一线城市		
		25分位值	中位值	75分位值
证券行业研究员	3+	300	600	800
量化策略研究员	3~5	300	600	800
基金经理	3~5	1500	2500	4000
基金产品经理	3~5	600	1000	1300
风控总监	5~8	800	1200	1800
债券投资总监	8~10	3000	4000	10000

（四）保险

1. 发展趋势

在政策支持和科技发展双重推动下，中国保险市场迅速增长，保险业即将迎来黄金发展期，各路资本对保险行业争相布局，目前有超过200家公司排队等候拿保险牌照。随着越来越多新兴保险公司的筹备和成立，大量传统老牌公司的人员势必向新兴公司流动，人才争夺战即将打响。

2. 人才缺口及薪酬表现

主要人才缺口包括高级管理、两核、产品、精算、销售等方面的职能人才，人才来源主要是已经成立的保险公司。关键职位包括高级管理、两核、产品、精算、销售等方面的职位。

保险领域因新老公司人才竞争激烈，薪酬整体呈上涨趋势，跳槽的涨幅通常为30%，个别紧缺岗位甚至可高达50%。

表9　金融行业－保险薪酬

职位名称	工作年限	一线城市		
		25分位值	中位值	75分位值
人寿保险				
总经理	15 +	[illegible]	4500	6000
个险部部门长	10 +	[illegible]	800	1000
个险部处室经理	6 +	[illegible]	350	500
银保部部门长	10 +	[illegible]	900	1200
银保部处室经理	6 +	[illegible]	400	550
团险部部门长	10 +	[illegible]	700	1000
团险部处室经理	6 +	[illegible]	350	550
总精算师	15 +	[illegible]	1600	2300
精算部部门长	10 +	[illegible]	850	1200
精算部定价处室经理	6 +	[illegible]	500	550
精算部评估处室经理	6 +	400	500	550
精算部风险处室经理	6 +	300	350	450
精算部产品管理处室经理	6 +	300	400	450
核保部部门长	10 +	500	750	850
核保部门处室经理	6 +	250	350	450
财产保险				
核保部部门长	10 +	500	700	900
核保部处室经理	6 +	250	300	370
理赔部部门长	10 +	450	650	800
理赔部部门经理	6 +	250	300	370
渠道业务部门长（重客/车商/经代）	10 +	400	700	800
渠道业务处室经理（重客/车商/经代）	6 +	300	350	400
总精算师	12 +	550	700	1000
精算部定价处室经理	6 +	300	350	450
精算部准备金处室经理	6 +	300	350	450
风险管理部处室经理	6 +	350	450	500
再保部部门长	10 +	600	800	1200
再保部处室经理	6 +	350	450	550
保险系投资				
一级市场投资部部门总经理	10 +	1200	1600	2300
一级市场投资部部门处室经理	6 +	600	800	1000
二级市场投资部部门总经理	10 +	1000	1500	2000
二级市场投资部处室经理	6 +	600	1000	1500
风险法务合规部门长	10 +	800	1300	1800
风险法务合规处室经理	6 +	500	700	1000
信用评级部门负责人	10 +	600	800	1200
信用评级处室经理	6 +	500	650	900
机构/渠道销售部门负责人	10 +	1000	1300	1800
机构/渠道销售部门处室经理	6 +	600	800	1000

（五）互联网金融

1. 发展趋势

2016 年政府监管政策收紧导致行业洗牌，大型互联网金融机构兼并重组、扩张区域版图，或将进入寡头时代。由于大量个人线上消费需求未被满足，互联网巨头、银行以及各大传统行业纷纷进入消费金融领域。在业务模式转型、资金重组、投资人撤资等压力下，P2P 将会迎来行业最艰苦的一年，或将进行细分化、垂直化转型。互联网保险仍然是众多风投以及 BAT 巨头进入抢占市场的热门项目。另外各大巨头纷纷进行比特币和区块链金融科技项目筹建。2016 年，在互联网金融行业，民营公司仍然是主要的招聘角色，大型巨头采取收购并购业务的方式进行生态闭环打造，成长型公司以融资的方式拓展新业务，众多创业型企业融资失败而倒闭裁员。

2. 人才缺口及薪酬表现

人才主要缺口是一些有互联网或金融行业背景、5 年以上工作经验的垂直化成熟人才，具有较高业绩能力和行业理解力的人才。这些人才主要来自金融行业互联网金融业务板块，或知名互联网金融公司。关键职位包括产品负责人、技术总监、架构师等。

由于互联网金融行业进入洗牌期，薪酬涨幅趋于平缓，跳槽涨幅正常为 30% 左右，远低于前两年的水平。

表 10　金融行业 – 互联网金融薪酬

职位名称	工作年限	一线城市		
		25 分位值	中位值	75 分位值
技术类				
技术总监	10 +	700	950	1200
移动开发部部门长	10 +	500	700	1000
项目管理经理	5 +	300	400	500
架构师	5 +	500	750	1000
测试部部门长	10 +	500	600	1200
测试经理	5 +	250	350	450
系统运维部部门长	10 +	400	600	800
系统运维经理	5 +	250	350	450
移动开发部部门长	10 +	600	800	1200

续表

职位名称	工作年限	一线城市		
		25 分位值	中位值	75 分位值
移动开发经理	5 +	370	500	600
信息安全部部门长	10 +	400	600	800
信息安全经理	5 +	200	300	400
互联网类				
产品负责人	10 +	500	850	1200
产品经理	5 +	300	400	500
运营总监	10 +	500	1000	1500
运营经理	3 +	200	300	400
网络营销负责人	8 +	500	800	1300
网络营销经理	5 +	250	350	450
商务合作部门负责人	8 +	400	600	800
商务合作经理	5 +	200	300	400
投资系统类				
投资交易业务系统运维	5 +	300	450	600
客服系统运维	5 +	250	350	500

三　医疗健康

（一）行业趋势

2017 年，中国大健康市场仍维持两位数的增长，发展空间巨大，庞大的人口基数、经济发展、城镇化加快、老龄化加速、医保覆盖率提高是驱动增长的引擎，但受创新、成本、合规、“走出去”等因素影响，关键人才缺口进一步扩大。

1. 监管更严

“药品医疗器械评审批制度”首度写入政府工作报告。国家食品药品监督管理总局加强了审评的监管：积极推进审评审批制度改革，推进仿制药质量疗效一致性评价，提高中成药质量标准，积极推进中药注射剂安全性再评价工作。严查数据造假。

人才缺口主要是一些专业的临床研究人员、研发项目管理人员和药品器械注册人员。人才主要来自一些海内外优秀医药和 CRO 公司。

2. 互联网渗透

传统的医药及器械公司通过互联网连接医院、医生、病患、医药公司，各机构正在积极探索成功模式。

互联网渗透带来的人才缺口主要是一些数字营销人才。而这些营销人才主要来源于同类公司、快消及互联网公司。同时新兴的互联网医疗公司正在快速发展自身产品团队，以形成盈利闭环。

由此带来同时兼备互联网及医药、医院经验的人才缺口，人才主要来源于医药公司及其他互联网公司。

3. 精准医疗力争突围

目前，测序技术成熟，成本降低。但对基因检测公司来说，针对特定靶点，开发合适的干预策略是成功的关键，而针对特定人群的行之有效的产品设计和推广成为重中之重。目前肿瘤、辅助生殖胚胎植入前检测等市场已具雏形，未来会有几家公司脱颖而出。

4. 人才缺口及薪酬表现

人才缺口主要是产品总监（如肿瘤）和营销人才，他们来自产品设计和营销都成熟的医药公司。医疗健康行业整体保持常规增长，关键职位跳槽后薪酬涨幅平均在20%以上。

表11　医疗健康行业－医药薪酬

职位名称	工作年限	一线城市			二线城市		
		25分位值	中位值	75分位值	25分位值	中位值	75分位值
高层管理							
总经理	15+	3220	3340	4015	2415	2540	2670
副总经理	10+	1580	1730	1950	1185	1300	1460
营销副总裁	15+	1935	2480	2910	1530	2035	2490
事业部总监	10+	1405	1600	1700	1050	1245	1300
医学事务及研发							
研发总监	15+	1050	1500	2200	780	985	1480
研发经理	7+	330	405	570	245	305	355
医学经理	7+	435	525	600	325	380	430
注册总监	10+	820	870	920	400	450	560
注册经理	7+	370	490	745	280	370	500
医学联络官	4+	220	270	370	190	210	265
化学工艺合成总监	10+	670	905	1340	505	675	1000

续表

职位名称	工作年限	一线城市			二线城市		
		25 分位值	中位值	75 分位值	25 分位值	中位值	75 分位值
生产/运营							
工厂经理/厂长	15 +	680	940	375[illegible]	450	750	1100
生产总监	10 +	580	750	100[illegible]	365	600	875
生产经理	8 +	315	340	475	260	315	370
精益生产经理	8 +	420	530	685	315	340	475
项目经理	7 +	300	440	660	235	370	445
运营经理	7 +	370	500	780	284	370	580
质量总监	10 +	560	720	[illegible]050	410	545	800
质量经理	7 +	390	440	520	250	355	440
质保经理	5 +	385	[illegible]05	810	290	375	605
质检经理	5 +	570	[illegible]45	1100	420	560	830
验证经理	5 +	300	[illegible]55	420	210	255	305
质量体系与合规经理	8 +	420	[illegible]70	52[illegible]	300	360	420
工程经理	8 +	470	[illegible]60	63[illegible]	310	400	470
维修经理	8 +	420	[illegible]70	52[illegible]	300	360	420
环境安全健康经理	8 +	430	[illegible]80	53[illegible]	320	380	430
市场/营销							
市场总监	10 +	805	1050	157[illegible]	560	790	1180
市场经理	7 +	650	760	89[illegible]	405	530	700
产品经理	7 +	360	400	48[illegible]	200	285	440
公关经理	7 +	340	360	37[illegible]	250	265	285
销售							
销售总监	10 +	850	[illegible]220	16[illegible]	760	1050	1360
大区经理	7 +	550	700	8[illegible]	470	600	740
商务经理	7 +	410	480	5[illegible]5	400	435	460
区域经理	5 +	413	530	6[illegible]	335	460	580
销售效率优化总监	15 +	700	925	12[illegible]	675	900	1115
销售效率优化经理	7 +	315	390	5[illegible]	290	370	550
培训经理	7 +	240	420	5[illegible]	230	400	490
销售培训总监	15 +	740	910	12[illegible]0	735	790	1110
大客户总监	10 +	700	[illegible]000	12[illegible]0	585	875	940
大客户经理	7 +	340	450	5[illegible]5	320	400	480
区域市场经理	6 +	325	415	5[illegible]5	300	380	460
通路行销经理	6 +	575	640	6[illegible]5	500	600	640
OTC 销售总监	10 +	1055	[illegible]655	22[illegible]5	880	1055	1655

续表

职位名称	工作年限	一线城市			二线城市		
		25 分位值	中位值	75 分位值	25 分位值	中位值	75 分位值
OTC 销售经理	7 +	605	720	860	550	685	770
招商经理	6 +	380	507	640	340	465	595
市场准入总监	15 +	1000	1300	1500	750	850	950
市场准入经理	7 +	430	600	800	400	500	600
合规总监	15 +	880	1200	1500	550	650	720
合规经理	5 +	400	550	750	280	350	420

（二）医药及器械板块

1. 发展趋势

（1）价格降低

政府通过价格谈判等方法降低药品价格，首批涉及肿瘤、病毒性肝炎等领域。药企纷纷降价，这将促进药品销量增长，但利润空间也随之缩小。

人才缺口主要是市场准入部门、政府事务部门和药物经济学家。这些人才来自其他优秀医药公司和高校研究机构等。

（2）销售效率和合规

借助高价专利产品轻松获取高额利润的时代已不再。人力成本及推广费用高导致盈利难，因此销售效率成为企业关心的问题。同时，合规在过去三年也受到了前所未有的重视。

人才缺口主要是销售效率专业人才和合规人才。这些人才来自合规体系完善的公司、审计事务所等。

（3）产品线优化

从跨国企业来看，过往的“发现 - 研究 - 开发 - 上市 - 推广”形成“重磅炸弹”的流程越来越困难。新药研发风险大，投资高，周期长。这导致公司之间的并购及产品转让越来越频繁。

2. 人才缺口及薪酬表现

从人才缺口来看，战略规划和业务拓展人才将更为重要，他们熟悉财务和医药，既能协助公司进行战略规划，又能协助公司与产品的并购。这些人才主要来源于同类公司、咨询公司和投资公司等。

中国制药与器械公司加快进入海外市场的步伐，产品满足海外市场要求、适应海外市场相关法规。研发管理、海外注册的人才非常抢手。

人才缺口主要是海外有成功制剂及器械注册经验的研发管理人员和注册申报人员。人才多来自有成功出口经验的公司和咨询公司（如 CRO）等。

从薪酬来看，整体保持常规增长，一些创新型领域和具有新技术应用能力的人才薪酬涨幅甚至翻倍。

表 12　医疗健康行业－器械设备薪酬

职位名称	工作年限	一线城市			二线城市		
		25 分位值	中位值	75 分位值	25 分位值	中位值	75 分位值
高层管理							
总经理	15 +	2100	3200	4000	1500	2200	2600
事业部总监	12 +	1260	1600	1850	720	850	900
研发							
研发总监	15 +	820	1500	2550	650	1000	1560
研发经理	10 +	450	700	1240	375	450	905
项目经理	8 +	300	610	850	225	520	680
生产/运营							
质量法规经理	8 +	480	820	1350	305	550	765
研发首席工程师	5 +	450	600	750	375	500	610
工厂厂长	15 +	480	980	1530	320	600	1020
生产经理	8 +	270	560	900	180	375	725
工程经理	8 +	460	600	950	325	520	720
质量经理	7 +	400	600	900	300	450	650
供应链经理	7 +	430	670	1020	320	450	680
市场							
市场总监	12 +	860	1120	1370	520	640	730
市场经理	8 +	570	760	880	290	455	620
产品经理	6 +	335	420	510	210	260	310
销售							
销售总监	12 +	725	1150	1650	550	750	820
大区经理	7 +	485	710	960	430	510	655
地区经理	5 +	300	370	430	240	310	400
大区商务经理	7 +	350	460	515	345	455	510
销售效率优化总监	15 +	670	890	1[illegible]70	645	870	1060
销售效率优化经理	7 +	400	535	600	275	350	505

续表

职位名称	工作年限	一线城市			二线城市		
		25 分位值	中位值	75 分位值	25 分位值	中位值	75 分位值
销售培训总监	15 +	715	890	1185	635	750	800
培训经理	7 +	340	400	460	300	360	400
市场准入总监	15 +	1055	1230	1400	730	820	920
市场准入经理	7 +	380	530	640	320	480	570
合规总监	15 +	880	1180	1470	535	620	715
合规经理	5 +	355	550	770	250	315	400

表 13 医疗健康行业 – 医疗服务薪酬

职位名称	工作年限	一线城市			二线城市		
		25 分位值	中位值	75 分位值	25 分位值	中位值	75 分位值
高层管理							
首席执行官	18 +	1850	2600	2770	1330	1400	1500
首席运营官	18 +	1420	1540	1670	1030	1133	1290
首席医务官	15 +	1500	1650	1850	1120	1240	1390
副总裁	10 +	1340	1580	1610	1004	1185	1205
运营管理							
诊所总监	12 +	525	660	795	455	580	705
诊所经理	8 +	310	370	450	225	320	400
市场/营销							
市场总监	12 +	780	885	1060	625	660	695
市场经理	8 +	435	600	660	230	400	535
公关总监	12 +	530	755	810	430	580	615
公关经理	7 +	425	545	620	245	260	270
医疗投资总监	12 +	865	1175	1430	460	720	1020
业务拓展总监	12 +	750	855	970	580	630	660
业务拓展经理	7 +	410	460	530	220	265	310
医务							
医务总监	10 +	700	850	1050	420	540	690
医务经理	7 +	450	500	605	200	310	405
护理总监	10 +	640	680	710	304	485	505
护理经理	7 +	240	280	310	195	225	250

表 14　医疗健康行业 - 个体化医疗薪酬

职位名称	工作年限	一线城市			二线城市		
		25 分位值	中位值	75 分位值	25 分位值	中位值	75 分位值
高层管理							
首席执行官	15 +	2650	2870	3220	2100	2370	2550
首席运营官	12 +	1480	1780	2150	1005	1200	1400
研发/技术							
首席技术官	12 +	1200	1560	2200	750	900	1370
研发总监	10 +	750	1000	1450	630	750	950
生物信息学主任	7 +	700	940	1330	620	720	1030
医学检验中心主任	10 +	560	840	1200	450	540	720
技术应用总监	7 +	420	570	710	305	370	480
医学							
首席医学官	15 +	1000	1450	1830	780	930	1305
医学经理	8 +	350	405	520	300	370	410
市场/营销							
市场总监	10 +	670	1050	1470	560	640	770
市场经理	7 +	410	680	800	330	430	540
产品总监	10 +	705	1015	1240	540	650	765
商务拓展总监	10 +	715	970	1125	540	630	750
销售							
销售总监	12 +	800	1030	1330	520	650	730
大区经理	7 +	405	520	620	350	410	520
区域经理	5 +	260	330	410	220	290	360

四　高科技

（一）行业趋势

万物互联、智能化、移动化、消费升级带动了云计算、大数据、网络安全、人工智能、企业级服务等领域的持续火热，并促使这些领域形成巨头领跑的阶梯形行业格局。以直播、网络自制剧为代表的泛娱乐领域成为新的增长点。以 VR/AR 为代表的智能硬件虽然在 2016 年迎来爆发型增长，但整个生态链仍然需要较长时间完善及升级。

（二）信息与通信技术板块

1. 发展趋势

行业发展空间广阔，当前市场规模超过 3 万亿元，未来将由高速成长转入中高速成长，并从第二平台向以云计算、移动化、大数据和社交为代表的第三平台技术加速演进。区域与行业市场差异化凸显，中国品牌及标准的影响越来越大。

2. 人才缺口及薪酬表现

人才缺口主要包括云计算、大数据、视频、SDN/NFV、物联网、运营商数字转型等领域的人才。人才主要来自传统科技公司与互联网公司。

2016～2017 年高科技行业整体薪酬保持常规增长，其中，信息与通信技术领域关键职位跳槽后薪酬涨幅在 25% 以上，特别是公有云领域和 SDN/NFV 等领域热门且稀缺人才，涨幅可达 35% 以上。

表 15　高科技行业 – 信息与通信技术薪酬

职位名称	工作年限	一线城市			二线城市		
		25 分位值	中位值	75 分位值	25 分位值	中位值	75 分位值
软件							
首席技术官	15 +	960	1400	1600	540	640	865
首席信息官	15 +	840	1260	1370	315	470	630
研发总监	10 +	800	1000	1200	265	400	550
程序开发工程师	5 +	260	330	500	150	220	300
数据处理分析工程师	5 +	270	410	690	130	200	250
嵌入式软件工程师	5 +	210	300	536	105	168	210
软件总监	10 +	800	1000	1200	280	380	540
软件经理	8 +	520	660	880	210	300	350
软件工程师	5 +	260	420	630	150	220	300
系统工程师	5 +	270	380	560	150	220	300
项目总监	10 +	840	945	1050	630	800	840
项目经理	8 +	630	740	840	550	630	670
系统架构设计师	5 +	430	650	920	200	220	380
技术支持工程师	5 +	315	520	730	130	180	260
测试工程师	5 +	260	310	520	130	210	300
大数据专家	8 +	330	770	1660	220	550	1100
云计算架构师	10 +	500	800	1300	350	600	800
SDN/NFV 解决方案架构师	10 +	600	900	1500	400	600	900

续表

职位名称	工作年限	一线城市			二线城市		
		25 分位值	中位值	75 分位值	25 分位值	中位值	75 分位值
视频解决方案架构师	8 +	550	750	950	450	560	750
视频高级营销经理	8 +	400	600	800	350	500	700
智慧城市解决方案架构师	10 +	500	600	800	400	550	800
IOT 解决方案架构师	8 +	500	700	900	460	650	850
云平台规划师	10 +	650	860	1050	550	600	800
硬件							
产品总监	10 +	680	900	1200	420	640	750
硬件总监	10 +	560	690	890	430	540	650
产品经理	7 +	350	530	720	210	370	420
架构设计师	5 +	430	700	975	320	450	540
硬件经理	7 +	340	590	760	220	325	430
存储方案工程师	5 +	325	490	575	220	315	435
底层软件经理	7 +	300	454	556	220	325	440
机械工程师	5 +	280	441	551	200	300	400
散热开发工程师	5 +	300	441	567	225	380	430

（三）网络安全板块

1. 发展趋势

随着物联网、云计算、大数据等新技术的应用，数据和用户信息泄露、各类联网终端的网络攻击等安全问题日益突出。无论是传统服务商，还是 BAT、360 等互联网领军企业，都在加大对网络安全领域的布局，特别是加大对云安全、大数据安全、物联网安全领域的投入。

2. 人才缺口及薪酬表现

人才缺口主要是漏洞挖掘、渗透测试、云安全、物联网安全、安全认证领域的技术人才。人才主要来自传统安全服务公司，领先互联网公司，跨国软件、芯片公司，安全领域的独角兽公司等。

在网络安全领域，漏洞挖掘、系统安全、云安全和大数据安全方向职位薪酬呈上涨趋势，安全咨询和安全运维等方向增长缓慢。安全领域已经结束了人才由传统公司向互联网公司流动的高峰，已很少有早期跳槽翻倍的现象。

表16　高科技行业－网络安全薪酬

职位名称	工作年限	一线城市		
		25分位值	中位值	75分位值
安全实验室主任	15+	1000	6000	10000+
网络安全首席专家	15+	1300	3000	5000
安全架构师	10+	800	1500	2000
安全解决方案架构师	8+	500	800	1500
高级安全顾问	6+	450	700	1200
漏洞挖掘研究员	5+	500	600	1300
渗透测试高级工程师	4+	300	400	1200
逆向分析工程师	3+	200	300	500
病毒分析工程师	2+	150	200	300
安全运维工程师	2+	120	200	300

（四）人工智能板块

1. 发展趋势

人工智能已经进入市场爆发期，未来将在自然语音处理、无人驾驶、智能家居、智能医疗等领域得到广泛应用。谷歌、亚马逊、苹果等海外巨头早已在人工智能领域进行积累及推进，在国内，以BAT为代表的互联网领军企业也逐渐展开人工智能布局，成立AI实验室及研究院，与知名高校及科研院所展开合作，并吸纳大量相关领域拥有博士学位的科技人才。

2. 人才缺口及薪酬表现

人才缺口主要是自然语言处理、深度学习、机器视觉领域的研究及应用人才，人才主要来自知名高校、科研院所，以及美国、新加坡等海外领先公司及独角兽公司。

人工智能领域，NLP、计算机视觉、深度学习等方向薪资涨幅最大。人才储备主要在几家跨国公司和TOP高校，人才薪资已经在高点，人才流动的吸引力更多来自职位前景。薪资仅是其考虑的因素之一。

（五）互联网板块

1. 发展趋势

在经历了O2O、互联网金融商业模式及规则的洗牌和调整后，加上受整

表 17　高科技行业 – 人工智能薪酬

职位名称	工作年限	一线城市		
		25 分位值	中位值	75 分位值
AI 实验室负责人	15 +	1000	6000	10000 +
AI 首席科学家	15 +	1000	6000	10000 +
深度学习专家	7	1500	3000	4000
计算机视觉专家	7	1500	3000	4000
自然语言处理专家	7	1500	3000	4000
AI 开源平台开发专家	7	1000	2500	3000
AI 产品经理	5	500	800	1500
数据分析科学家	2	600	800	1500
人工智能高级研究员	应届 Ph. D	300	500	800
产品开发工程师	3	300	500	800

体经济环境的影响，2016 年资本市场对互联网的投资态度由高涨转为谨慎，创业的环境由热趋冷，人才开始呈现从创业公司向大公司回流的趋势。但同时互联网领域也出现新的增长驱动。

（1）云服务

众多互联网新兴创业公司的出现，迫切需要降低成本，提升效率；另外，政府、企业期待获得弹性 IT 能力，优化资源配置，使购买云服务的热情高涨。我国云服务市场增速连续几年保持在 65% 左右，BAT、京东等巨头均已参与竞争，行业梯队初步显现。

人才缺口主要是云架构师、解决方案专家等，主要来自传统领先云服务提供商。

（2）SaaS 企业级服务

在资本寒冬中，业务模式更容易获得现金流的 SaaS 企业级服务领域表现一枝独秀，多家 SaaS 互联网企业获得巨额融资，有望成为下一个风口，预计市场容量激增至万亿元级别。

人才缺口主要是开发工程师、架构师、企业级销售经理等，这些关键人才主要来自传统 IT 公司和互联网公司等。

（3）泛娱乐

消费升级以及全民娱乐的新潮，刺激“直播”在 2016 年跻身移动互联网的浪尖。此外随着互联网公司大力布局影视制作、发行领域，进军内容制作领域，网络自制剧收视节节攀升，泛娱乐成为新的增长点。

人才缺口包括内容制作、运营等岗位，主要来自一些传统影视和娱乐公司。

（4）智能硬件

VR/AR 智能硬件在 2016 年受到资本和媒体的热捧，但未来更广泛的发展及普及仍需要依赖平台、内容、技术等整个生态链的完善与升级。

人才缺口主要集中在人工智能算法相关岗位，人才主要来自几家有技术储备的行业领先公司。

2. 薪酬表现

互联网的总体薪酬涨幅从 2016 年下半年开始进入一个相对平稳的正常涨幅区间：一、二线互联网公司，公司内正常涨幅是 10% ~15%，跳槽的情况下正常涨幅是 20% ~30%。一些急缺的岗位，跳槽涨幅会高达 50% 以上，甚至 100%，如 Hadoop、算法类岗位。

表 18　高科技行业 – 互联网薪酬

职位名称	工作年限	一线城市			二线城市		
		25 分位值	中位值	75 分位值	25 分位值	中位值	75 分位值
首席技术官	10 +	1200	1800	—	800	1200	1500
技术总监	8 +	800	1200	1500	550	750	1000
产品总监	6 +	600	800	1200	400	650	800
市场总监	8 +	450	750	1000	300	450	600
运营总监	8 +	600	900	1200	240	300	360
运营经理	5 +	300	600	800	150	250	300
UED 总监	8 +	600	800	1200	350	560	700
销售总监	8 +	450	800	1000	360	550	680
大客户经理	5 +	300	500	600	250	360	500
渠道销售经理	5 +	300	400	500	160	280	350
JAVA 架构师	5 +	280	360	520	180	260	320
IOS/安卓开发工程师	3 +	210	300	420	150	210	260
PHP 软件工程师	3 +	180	310	415	122	205	245
产品经理	3 +	180	280	400	125	185	250
产品运营经理	3 +	180	280	400	125	185	250
算法工程师	3 +	390	500	620	210	280	400
数据挖掘工程师	3 +	300	420	560	210	280	360
Hadoop 工程师	3 +	300	420	560	210	280	360
用户界面/用户体验工程师	3 +	180	280	400	125	185	250

B.12 北京高校毕业生起点薪酬报告

北京市人才服务中心　北京市毕业生就业服务中心*

摘　要： 本文基于对用人单位新进毕业生起点薪酬的调查数据，以企业、毕业生、高校和政府就业服务部门实际需求为出发点，通过系统分析不同类型毕业生起点薪酬的水平和趋势，比较重点行业新进毕业生的起点薪酬情况，剖析了北京高校毕业生在起点薪酬方面的新特点，就"京津冀协同发展""大众创业"等热点问题进行了专题研究，为政府部门决策、毕业生求职和用人单位招聘提供参考。

关键词： 高校毕业生　用人单位　起点薪酬

一　前言

北京作为全国政治、经济、文化中心，高等教育资源集中，高校毕业生规模位居全国前列。近年来，北京高校毕业生就业人数不断增加，就业压力较大，就业结构性矛盾突出，给用人单位、毕业生和高校都带来极大影响，对政府提供就业公共服务也提出更高要求。研究北京市高校毕业生起点薪酬的水平、结构和关系，对研究全国高校毕业生起点薪酬具有十分重要的导向和示范作用。

2016 年北京高校毕业生起点薪酬研究，针对就业地点在北京市范围内的

---

* 执笔人吴晓玲、钱诚。

高校毕业生开展了问卷调查。问卷发放总量为11000份，回收10320份，回收率为93.82%，其中有效问卷9893份，问卷有效率为95.86%。

二 核心概念

北京高校毕业生，特指毕业院校被列入国家统一招生计划的普通高等学校、科研机构，且就业所在地在北京市范围内的应届毕业生。本文以北京地区高校毕业生为主要统计对象。

用人单位，指在北京市登记注册的国有、民营和外资企业，不含中央在京国家机关和北京市属机关事业单位。

学历，指全日制普通专科（含高职）、本科、硕士和博士研究生学历，不含成人自考、夜校、函授、在职、继续教育和特殊教育等学历类型。

起点薪酬，指毕业生初次就业转正后一年的月平均工资。

三 2016年北京高校毕业生起点薪酬基本情况

（一）2016年北京高校毕业生样本就业结构

性别与来源情况：样本中男性、女性毕业生分别占总量的53.29%、46.71%。北京、河北、其他地区在京就业高校毕业生分别占26.58%、15.09%、58.33%。

学历情况：样本中，专科、本科、硕士和博士学历毕业生占比分别为12.12%、42.83%、42.03%和3.02%。

专业情况：样本基本涵盖了教育部学科专业分类的所有专业，其中，工学专业毕业生占比最高，达到43.59%。

学校情况：样本中普通本科院校毕业生占比最高，为35.1%。

行业门类：毕业生样本基本涵盖所有国民经济行业门类，具体情况如下。

单位性质情况：样本中在国有企业任职的毕业生占比最高，约为42.27%。

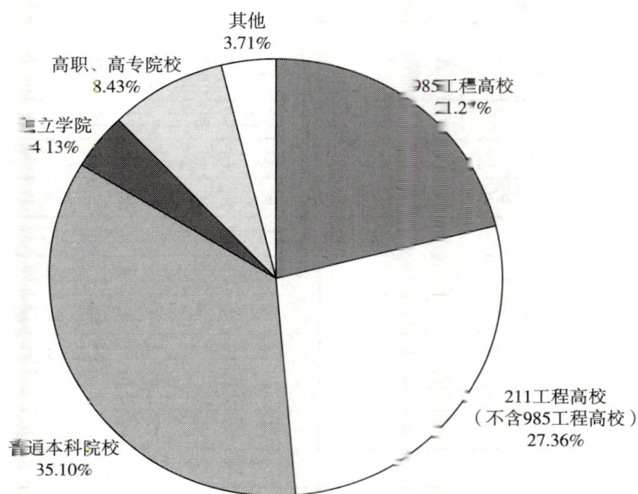

图1　2016年北京高校毕业生薪酬调查样本院校类型分布

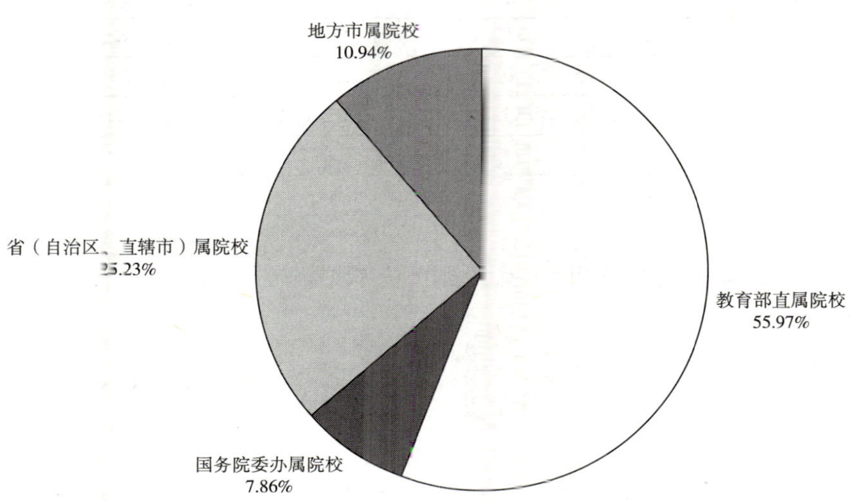

图2　2016年北京高校毕业生薪酬调查样本院校归属分布

表1　2016年北京高校毕业生薪酬调查样本就业行业分布

单位：%

行业名称	样本占比
农、林、牧、渔业	3.03
采矿业	0.66
制造业	17.82
电力、热力、燃气及水生产和供应业	5.75
建筑业	10.23
批发和零售业	3.79
交通运输、仓储和邮政业	2.9
住宿和餐饮业	1.38
信息传输、软件和信息技术服务业	20.93
金融业	10.47
房地产业	2.48
租赁和商业服务业	2.88
科学研究和技术服务业	5.13
水利、环境和公共设施管理业	1.41
居民服务、修理和其他服务业	1.58
教育	2.62
卫生和社会工作	2.6
文化、体育和娱乐业	2.5
公共管理、社会保障和社会组织	1.63
国际组织	0.21

（二）北京高校毕业生起点薪酬基本情况

1. 起点薪酬水平

根据2016年调查问卷统计结果，近八年来毕业的北京高校毕业生起点薪酬平均为5879元，中位数为5000元。

其中，2012～2016年北京高校毕业生月均起点薪酬水平为5902元，中位数是5000元。

2016年北京高校毕业生月均起点薪酬为6887元。

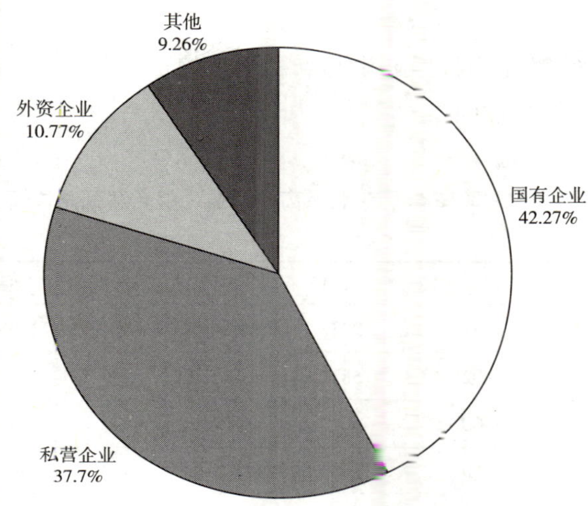

图3　2016年北京高校毕业生薪酬调查样本企业单位所有制性质分布

表2　2010～2016年北京高校毕业生薪酬调查样本起点薪酬总体情况

单位：元

指标		数值
均值		5879.34
中值		5000.00
众数		5000
最小值		1000
最大值		30000
百分位数	10	2582.00
	20	3000.00
	25	3400.00
百分位数	30	3600.00
	40	4000.00
	50	5000.00
	60	5500.00
	70	6500.00
	75	7000.00
	80	8000.00
	90	10000.00

2. 起点薪酬分布

2012～2016 年北京高校毕业生起点薪酬呈偏正态分布，意味着多数毕业生起点薪酬位于平均值以下。

表 3　2012～2016 年历年北京高校毕业生起点薪酬总体情况

单位：元

年份		2012～2016	2016	2015	2014	2013	2012
样本量		8831	2332	2424	1814	1158	1103
均　值		5902.46	6887.35	6127.99	5596.71	4972.94	4803.23
中　值		5000.00	6000.00	5000.00	4800.00	4000.00	4000.00
极小值		1260	1560	1720	1560	1400	1260
极大值		30000	30000	30000	30000	27000	30000
百分位数	10	2600.00	3000.00	2800.00	2600.00	2500.00	2200.00
	20	3000.00	3600.00	3200.00	3000.00	3000.00	2800.00
	25	3500.00	4000.00	3500.00	3300.00	3000.00	3000.00
	30	3651.20	4040.80	3837.50	3500.00	3300.00	3000.00
	40	4000.00	5000.00	4500.00	4000.00	3868.00	3500.00
	50	5000.00	6000.00	5000.00	4800.00	4000.00	4000.00
	60	5600.00	6500.00	6000.00	5300.00	5000.00	4800.00
	70	6500.00	8000.00	7000.00	6000.00	5430.00	5000.00
	75	7000.00	9000.00	7500.00	7000.00	6000.00	5500.00
	80	8000.00	10000.00	8000.00	8000.00	6000.00	6000.00
	90	10000.00	13000.00	11000.00	10000.00	8000.00	8000.00

2016 年北京高校毕业生的起点薪酬样本中，起点薪酬处于 6000 元以下的毕业生比例为 56.86%。

3. 起点薪酬结构

与 2015 年样本调查的情况对比，北京高校毕业生的起点薪酬结构相对稳定，基本工资、绩效工资、年终奖等薪酬单元是起点薪酬的主体。

在用人单位提供的福利项目中，带薪休假和体检是较为普遍的福利形式。

在薪酬结构中，奖金和福利比重较小。

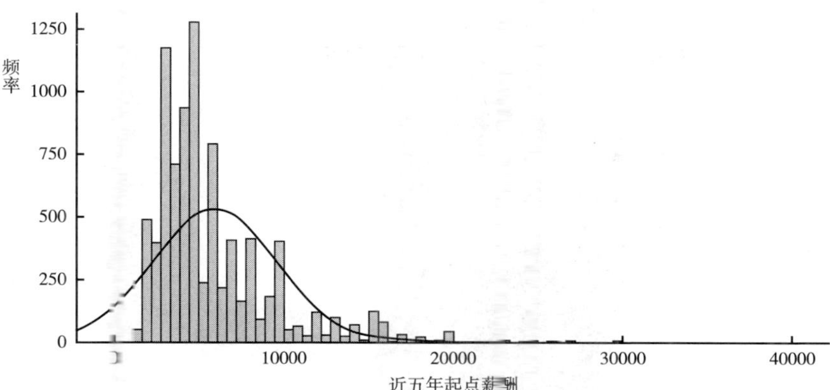

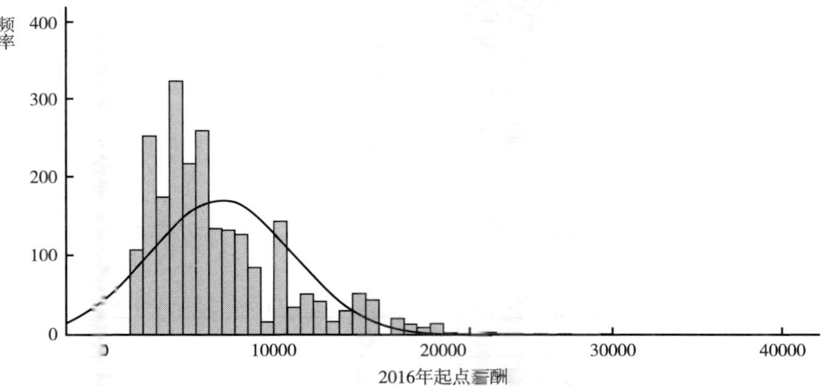

图 4　近五年和 2016 年北京高校毕业生起点薪酬分布直方图

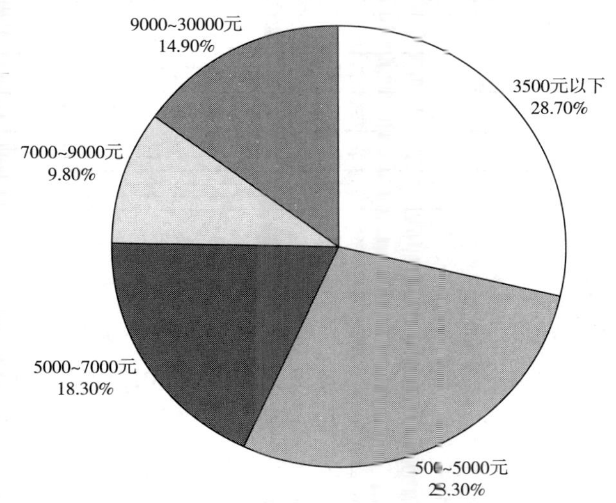

图 5　2012 ~ 2016 年北京高校毕业生平均起点薪酬分布情况

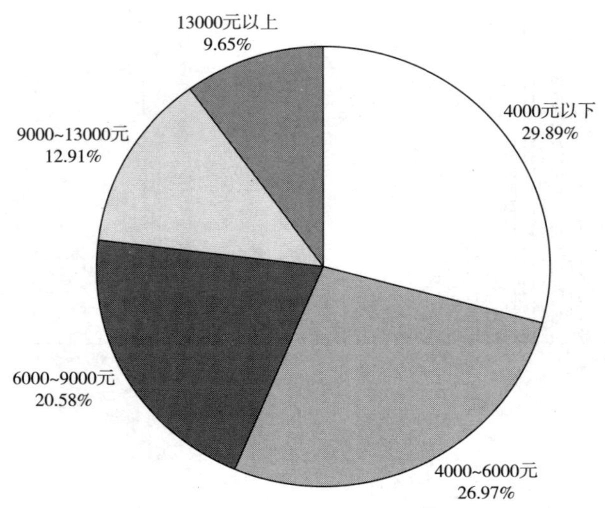

图 6　2016 年北京高校毕业生样本调查起点薪酬分布情况

表 4　2016 年北京高校毕业生薪酬调查样本薪酬结构情况

单位：%

薪酬单元	样本占比
基本工资	96.74
绩效工资	72.22
加班费	39.53
年终奖	57.40
津补贴	48.65
股权激励	5.50
其他	3.88

4. 起点薪酬趋势

样本数据显示，近五年来，北京高校毕业生起点薪酬呈现逐年上升趋势，2012～2016 年年均增速达到 9.4%，略低于 2012～2015 年北京市在岗职工社会平均工资年均增幅（9.8%）。以 2012 年为基数（2012 年 = 100），2013～2016 年的工资指数分别为 103.53、116.52、127.58 和 143.39，对比同期北京市消费价格指数，超过物价增速。

表 5　2016 年北京高校毕业生薪酬调查福利情况

单位：%

福利名称	样本占比
带薪休假	77.90
商业保险	43.65
企业年金	30.52
货币补贴（含通信、餐饮、交通、住宿等）	55.95
实物补贴	22.64
住房	17.20
培训	53.21
体检	72.32
其他	2.17

表 6　2016 年北京高校毕业生薪酬调查奖金福利比重情况

单位：%

选项	占比
20%（含）以下	56.18
20%~30%（含）	24.72
30%~40%（含）	9.44
40%~50%（含）	4.73
50%以上	4.92

5. 起点薪酬差距

近五年来，北京高校毕业生起点薪酬差距呈逐年缩小态势，毕业生起点薪酬最高值和最低值相对稳定，最高值稳定在 10000 元左右，最低值稳定在 1500 元左右，但平均值变化较为明显，呈现集中趋势。以最高值与平均值的倍数为比较对象，北京高校毕业生起点薪酬倍数关系从 2012 年的 6.25 倍逐年缩小到 2016 年的 4.36 倍。分行业看，毕业生起点薪酬差距略有扩大，2012 年毕业生起点薪酬最高的金融业（6833 元）是最低的教育行业（3087 元）的 2.21 倍，2016 年起点薪酬最高的行业仍然是金融业（10066 元），是起点薪酬最低的批发零售业（3837 元）的 2.62 倍。

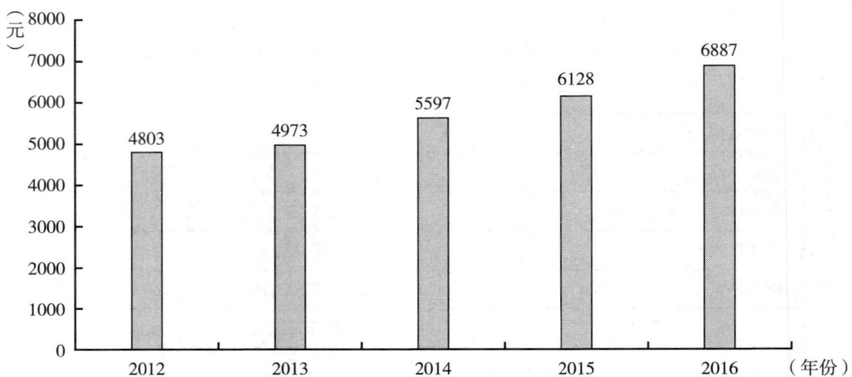

图 7　2012～2016 年北京高校毕业生调查样本起点薪酬水平变化情况

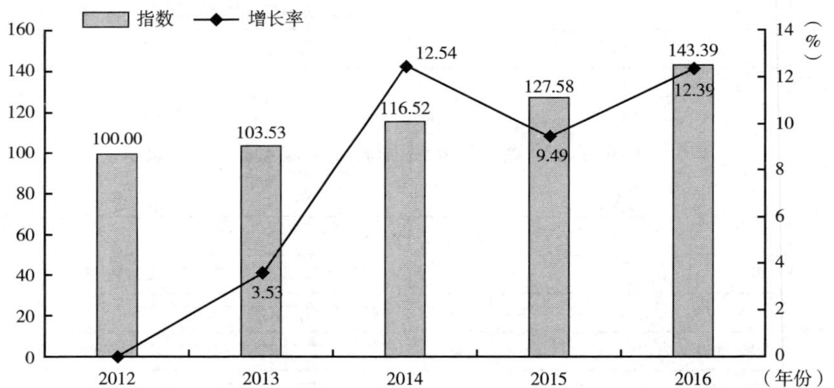

图 8　2012～2016 年北京高校毕业生调查样本起点薪酬增长率及指数变化

注：2012 年 =100。

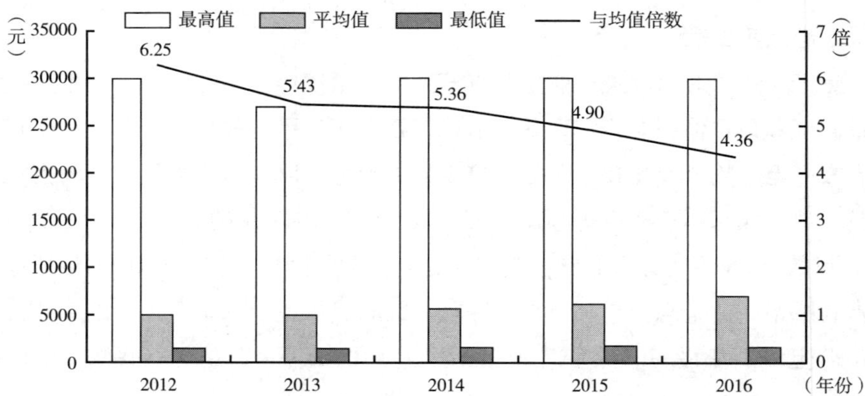

图 9　2012～2016 年北京高校毕业生调查样本起点薪酬关系及差距变化

（三）北京高校毕业生起点薪酬主要特点

1. 医学、教育等行业女性毕业生起点薪酬高于男性，国有企业起点薪酬性别差距小

北京高校毕业生起点薪酬水平存在性别差异。总体看，男性毕业生起点薪酬高于女性。不同专业毕业生起点薪酬的性别差异情况有所不同，历史学、哲学等专业中男性毕业生起点薪酬较高，医学专业女性毕业生起点薪酬高于男性。金融业、国际组织及采矿业等多数行业男性毕业生起点薪酬显著高于女性，教育、租赁和商业服务业等行业女性毕业生起点薪酬高于男性。

2. 起点薪酬与学历呈正比，高学历毕业生起点薪酬优势更加明显

从近五年的情况看，硕士和博士学历毕业生起点薪酬与专科毕业生起点薪酬差距不断扩大，从2012 年相差3922 元扩大到2016 年的9525 元。近五年来，本科、硕士和博士毕业生的年均增速分别为3.4%、9.3%和13.3%。

3. 工学专业毕业生起点薪酬最高，医学专业毕业生起点薪酬最低

2016 年，工学、法学、理学、经济学和文学等专业毕业生起点薪酬处于各专业前列，农学和医学毕业生起点薪酬最低。工学、法学、经济学等专业毕业生起点薪酬增速较快，医学、哲学等专业增速较慢。

4. 985工程和211工程院校毕业生起点薪酬水平高、增速快

2016 年，北京重点院校高校毕业生起点薪酬处于领先地位，其中，985 工程和211 工程高校毕业生起点薪酬明显高于普通院校毕业生。

5. 国务院部委主管院校毕业生起点薪酬水平高，教育部直属院校毕业生起点薪酬增速快

2016 年，隶属国务院部委的高校毕业生起点薪酬水平明显高于其他单位主管的高校。近五年来，教育部直属院校毕业生起点薪酬增速最快，年均增速达到10.67%。

6. IT和金融行业新进毕业生起点薪酬最高，采矿、住宿餐饮等行业毕业生起薪波动较大

2016 年北京高校毕业生起点薪酬的行业分布与北京市在岗职工行业工资分布趋同，排名前三的行业分别是信息传输、软件和信息技术服务，金融业，科学研究和技术服务业，起点薪酬水平分别是10066 元、7045 元和6416 元，

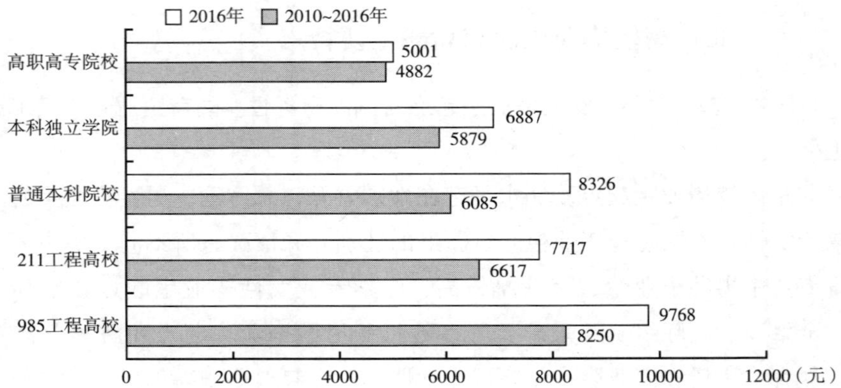

图 10 2016 年和 2010 ~ 2016 年北京高校毕业生样本分院校类型起点薪酬水平差异

注：2010 ~ 2016 年数值为 2010 ~ 2016 年起点薪酬平均值。下同。

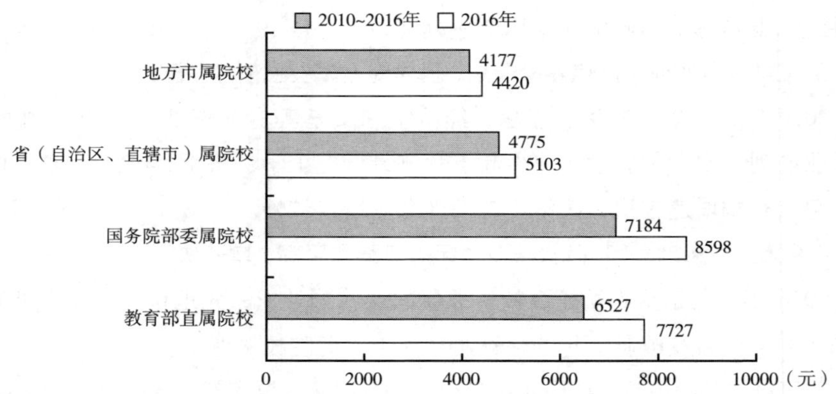

图 11 2016 年和 2010 ~ 2016 年北京高校毕业生样本分院校归属起点薪酬水平差异

起点薪酬排名后两位的行业是住宿餐饮业和建筑业，薪酬水平分别是 3963 元和 3837 元，毕业生行业间的薪酬差距为 2. 62 倍。

近五年来，居民服务、修理和其他服务业在所有行业中起点薪酬增速最快，年均增速 12. 8% 。

7. 进入外资企业的毕业生起点薪酬在水平和增速方面具有明显优势

按用人单位的所有制形式，进入外资企业的高校毕业生起点薪酬最高，2016 年和近五年的水平分别是 9941 元和 9132 元。

动态比较　近五年来，国有企业、私营企业和外资企业新进毕业生起点薪酬的增速分别是 4.94%、7.89% 和 8.78%。

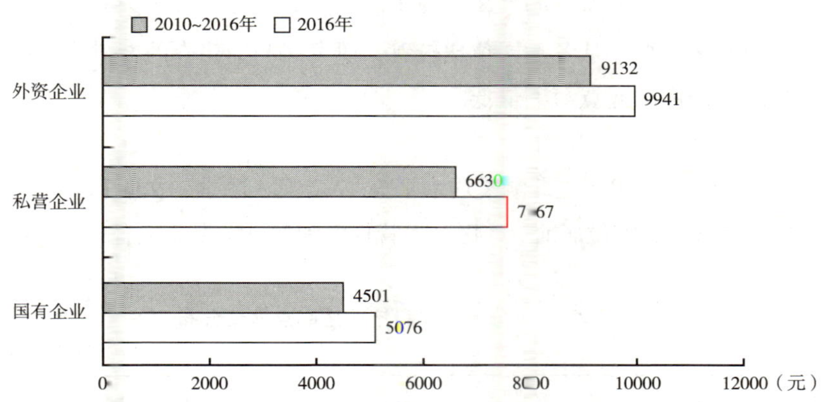

图 12　2016 年和 2010～2016 年北京高校毕业生分所有制起点薪酬水平差异

8. 研发、技术岗毕业生起薪高于管理、销售和生产岗

在企业的主要岗位中，研发岗的毕业生起点薪酬优势显著。纵向来看，研发岗和技术岗的毕业生起点薪酬增速快，年均增速分别为 11.92% 和 10.75%，生产岗薪酬水平较为稳定。

表 7　2012～2016 年北京高校毕业生样本分岗位类型起点薪酬水平差异

单位：元

岗位类型	2012 年	2013 年	2014 年	2015 年	2016 年	总体
管理岗	4700	4579	4801	4934	5103	5093
技术岗	4842	5185	5744	6472	7286	6131
研发岗	5835	7463	8114	8463	9156	8283
销售岗	4805	3984	4560	4908	5318	4748
生产岗	4040	3929	3625	4107	3808	3814

（四）2016年分学历的毕业生起点薪酬比较

1. 专科毕业生的起点薪酬

2016 年专科毕业生起点薪酬平均为 3406 元。其中，文学专业的专科毕业生起点薪酬水平最高，经济学专业的水平最低。分行业情况看，文化、体育和娱乐业的专科毕业生起点薪酬最高，居民服务、修理和其他服务业最低。分所有制情况看，进入私营企业的专科毕业生起点薪酬最高，进入国有企业的专科毕业生起点薪酬较低。从各类岗位比较看，研发岗和销售岗的专科毕业生起点薪酬较高，生产岗的起点薪酬最低。

2. 本科毕业生的起点薪酬

2016 年本科毕业生起点薪酬平均水平为 4762 元，法学、文学和经济学专业的本科毕业生起点薪酬位居前三，医学、管理学和教育学专业位居最后三位。

表 8　2016 年分专业本科毕业生起点薪酬分布

单位：元

学科专业	均值	极小值	25 分位值	中值	75 分位值	极大值
经济学	4922	1760	4000	4500	5980	16000
法　学	5234	1760	4000	5000	5750	12000
教育学	4506	2500	3700	4500	5000	8000
文　学	5085	1750	3785	5000	6500	10000
理　学	4916	1760	3140	4500	6000	12000
工　学	4913	1720	3200	4000	6000	20000
医　学	3940	1760	3200	4000	5000	6000
管理学	4245	1560	3350	4000	5000	10000

本科毕业生中，信息传输、软件和信息技术服务业起点薪酬最高，水平为 6304 元。交通运输、仓储和邮政业，住宿和餐饮业，建筑业起点薪酬位居后三，分别为 3403 元、3589 元和 3707 元。

表 9　2016 年分行业本科毕业生起点薪酬分布

单位：元

行业	均值	极小值	25 分位值	中值	75 分位值	极大值
农、林、牧、渔业	4248	1760	3250	4250	5500	6000
采矿业	4500	4500	4500	4500	4500	4500
制造业	3920	1720	3200	3800	4450	8500
电力、热力、燃气及水生产和供应业	4112	1760	3000	3770	4500	16000
建筑业	3707	1750	2800	3000	4000	15000

续表

行业	均值	极小值	25 分位值	中值	75 分位值	极大值
批发和零售业	4636	2000	3000	4400	5700	9500
交通运输、仓储和邮政业	3403	1760	2500	3350	4325	5500
住宿和餐饮业	3589	1800	2000	3300	4000	6300
信息传输、软件和信息技术服务业	6304	1600	4500	6000	7000	20000
金融业	5143	1760	4000	4800	6000	10000
房地产业	4058	2000	3000	3500	5000	10000
租赁和商业服务业	4012	1560	3300	4058	4058	7500
科学研究和技术服务业	4471	1760	3550	4000	4850	9000
水利、环境和公共设施业	4063	2500	3125	4375	5000	5000
居民服务、修理和其他服务业	3834	1900	3000	3800	4000	8000
教育	4285	1760	2750	4600	6000	7000
卫生和社会工作	4015	1760	3050	4000	4750	10000
文化、体育和娱乐业	5019	3000	4000	5000	6000	8000
公共管理、社会保障和社会组织	4169	3000	3300	3800	4500	7000

所有制方面，进入外资企业的本科毕业生起点薪酬最高，为 6097 元。

表 10　2016 年分所有制本科毕业生起点薪酬分布

单位：元

单位性质	均值	极小值	25 分位值	中值	75 分位值	极大值
国有企业	3959	1720	3000	3800	4400	15000
私营企业	5192	1760	3800	4500	6000	20000
外资企业	6097	1760	4000	5500	7000	20000

本科毕业生中，研发岗起点薪酬最高，生产岗起点薪酬最低。

表 11　2016 年分岗位本科毕业生起点薪酬分布

单位：元

岗位类型	均值	极小值	25 分位值	中值	75 分位值	极大值
管理岗	4150	1600	3000	4000	5000	12000
技术岗	5002	1720	3500	4500	6000	20000
研发岗	6209	2000	4000	5500	7000	20000
销售岗	4778	1800	3500	4230	5500	16000
生产岗	3701	1760	2500	3500	5000	7600

3. 硕士毕业生的起点薪酬

在北京高校毕业生调查样本中，硕士毕业生样本量规模较大，起点薪酬水平也较高，2016 年的均值高达 8635 元。按专业排序，剔除掉样本量较小的哲学、历史学、教育学、农学和军事学，工学专业硕士研究生起点薪酬最高，医学硕士研究生起点薪酬最低。

表 12　2016 年分专业硕士毕业生起点薪酬分布

单位：元

学科专业	均值	极小值	25 分位值	中值	75 分位值	极大值
经济学	7319	2600	5493	7300	9000	23333
法　学	7995	3000	6000	8000	9000	15000
文　学	6929	1760	5000	6500	9000	14000
理　学	8956	2300	6000	7800	11300	23000
工　学	9408	1760	6000	8000	12500	30000
医　学	4464	1760	2200	4000	7200	8200
管理学	7259	2000	6000	7060	8100	15000

行业层面，信息传输、软件和信息技术服务业（6304 元），金融业（5143 元），文化、体育和娱乐业（5019 元），科学研究和技术服务业（4471 元）的硕士毕业生起点薪酬位居前四位。

表 13　2016 年分行业硕士毕业生起点薪酬分布

单位：元

行业	均值	极小值	25 分位值	中值	75 分位值	极大值
农、林、牧、渔业	4248	1760	3250	4250	5500	6000
制造业	3920	1720	3200	3800	4450	8500
电力、热力、燃气及水生产和供应业	4112	1760	3000	3770	4500	16000
建筑业	3707	1750	2800	3000	4000	15000
交通运输、仓储和邮政业	3403	1760	2300	3350	4325	5500
信息传输、软件和信息技术服务业	6304	1600	4500	6000	7000	20000
金融业	5143	1760	4000	4800	6000	10000
房地产业	4058	2000	3000	3500	5000	10000
租赁和商业服务业	4012	1560	3800	4058	4058	7500
科学研究和技术服务业	4471	1760	3650	4000	4850	9000
水利、环境和公共设施业	4063	2500	3125	4375	5000	5000

续表

行业	均值	极小值	25 分位值	中值	75 分位值	极大值
教育	4285	1760	2750	4600	6000	7000
卫生和社会工作	4015	1760	3350	4000	4750	10000
文化、体育和娱乐业	5019	3000	4000	5000	6000	8000
公共管理、社会保障和社会组织	4169	3000	3300	3800	4500	7000

硕士毕业生中，进入外企的起点薪酬最高，接近 13000 元。

表 14　2016 年分所有制硕士毕业生起点薪酬分布

单位：元

单位性质	均值	极小值	25 分位值	中值	75 分位值	极大值
国有企业	6210	1760	4700	5000	7300	13200
私营企业	9329	1760	6000	8100	12000	23000
外资企业	12291	3000	8200	12500	15000	30000

按岗位起点薪酬高低排序，依次是研发岗、技术岗、销售岗、生产岗和管理岗。

表 15　2016 年分岗位硕士毕业生起点薪酬分布

单位：元

岗位类型	均值	极小值	25 分位值	中值	75 分位值	极大值
管理岗	6714	2000	5000	5500	8000	20000
技术岗	8873	1760	5500	8000	12000	30000
研发岗	9561	1760	6100	8300	12500	24000
销售岗	6887	3000	4750	6500	8820	15000
生产岗	6736	5000	5000	6000	8000	10000

4. 博士毕业生的起点薪酬

2016 年，工学、经济学博士起薪过万元，研发岗、技术岗和管理岗的博士起点薪酬过万元。

表 16　2016 年分专业博士毕业生起点薪酬

单位：元

专业	均值	极小值	25 分位值	中值	75 分位值	极大值
经济学	10400	4000	10000	10000	12000	16000
理　学	9392	3500	7500	9000	10000	20000
工　学	15686	3600	10000	17000	19500	30000
管理学	8150	7000	7000	8150	9300	9300

四　北京重点行业毕业生起点薪酬分析

2016 年是北京市“十三五”开局之年，针对北京市“十三五”规划提出的产业布局，重点研究北京市支柱行业和重点发展行业的起点薪酬水平，为用人单位招聘毕业生和制定薪酬策略提供数据服务。结合北京市产业结构现状，本报告基于 2016 年的薪酬调查，重点分析金融业、信息技术服务业、商务服务业、高端制造业、科学技术服务业、文化创意产业等 6 个行业的毕业生起点薪酬。

（一）金融业的起点薪酬

近年来，随着全球经济逐步复苏及北京市金融中心地位的不断强化，国内外金融人才逐步向北京集聚，金融行业整体薪酬水平的高位和高增长带动了毕业生起点薪酬。

根据 2016 年北京高校毕业生起点薪酬调查，表 17 提供了近五年金融业北京高校毕业生起点薪酬的分布及变化情况。

表 17　2012～2016 年金融业新入职毕业生起点薪酬分布及变化情况

单位：元

年份	极小值	25 分位值	中值	75 分位值	极大值	均值
2012	1000	3000	4500	6000	30000	5145
2013	1500	3550	5000	6000	20000	5250
2014	1560	3500	5000	7000	15000	5330
2015	1720	4000	6000	7500	20000	5998
2016	1760	5000	7300	9000	16000	7045

（二）信息技术服务业的起点薪酬

信息技术服务业发展日新月异，已成为全球技术革命的引擎和新的经济增长点。首都北京一直以来是国内乃至全球领先的 IT 产业高地，以中关村科技园、一批重点高校和 IT 企业为代表的信息技术服务机构，在新一轮技术革命中发挥了重要作用。

表 18　2012～2016 年信息技术服务业新入职毕业生起点薪酬分布及变化情况

单位：元

年份	极小值	25 分位值	中值	75 分位值	极大值	均值
2012	1260	4000	5500	8670	20000	6833
2013	1400	4500	6000	10000	27000	7698
2014	1560	5700	10000	11500	20000	9000
2015	1720	6000	9000	12500	30000	9615
2016	1600	6000	10000	13000	30000	10066

（三）商务服务业的起点薪酬

北京作为全国经济中心，在总部经济、知识经济、会展经济等方面具有得天独厚的优势，作为生产性服务业的重要组成部分，商务服务业具有能耗低、附加值高和人才集中度高等特点，在首都经济增长、吸纳就业和缴纳利税等方面，贡献度越来越高，也成为北京“十三五”期间重点发展的行业。

表 19　2012～2016 年商务服务业新入职毕业生起点薪酬分布及变化情况

单位：元

年份	极小值	25 分位值	中值	75 分位值	极大值	均值
2012	2000	3000	3250	4700	20000	4349
2013	2200	3000	3600	5000	6800	4095
2014	2958	3500	5500	7100	15000	5677
2015	2661	3500	4775	6500	23000	5741
2016	1560	4058	4072	6500	23333	5847

（四）高端制造业的起点薪酬

随着北京“建设国际一流的和谐宜居之都”目标的提出，在疏解非首都功能、治理空气污染、能源紧缺等“大城市病”的要求下，高消耗产业将进一步得到调整清理，传统制造业将逐步退出北京市产业布局，与此同时，北京市将围绕高端制造业，重点发展智能制造、新能源、新材料、航空航天以及生物医药等高端制造业。

表 20　2012～2016 年高端制造业新入职毕业生起点薪酬分布及变化情况

单位：元

年份	极小值	25 分位值	中值	75 分位值	极大值	均值
2012	1260	3000	4000	5000	14000	4478
2013	1400	3210	4600	6000	16000	4949
2014	1560	3500	5000	6000	14600	5096
2015	1720	4000	5000	6900	15000	5523
2016	1720	3800	5000	6671	14000	5177

（五）科学技术服务业的起点薪酬

北京市“十三五”规划纲要提出，要深入实施创新驱动发展战略，使北京作为全国科技创新中心的引领示范和辐射带动作用明显增强，提出 2020 年研究与试验发展经费支出占地区生产总值的比重保持在 6% 左右，形成“高精尖”经济结构，使北京成为具有全球影响力的科技创新中心。

表 21　2012～2016 年科学技术服务业新入职毕业生起点薪酬分布及变化情况

单位：元

年份	极小值	25 分位值	中值	75 分位值	极大值	均值
2012	2500	3000	4800	6200	25000	5611
2013	1700	3500	5000	6500	11000	5039
2014	2000	4000	5500	7200	25000	6137
2015	1720	4000	5000	6200	22000	5883
2016	1760	4000	5645	7500	23667	6416

（六）文化创意产业的起点薪酬

2013 年，北京市发布《文化创意产业提升规划（2014～2020）》，提出构建“3+3+X”的文化创意产业体系，包括发展文化艺术、广播影视和新闻出版等三大传统文化行业；发展广告会展、艺术品交易和设计服务等新兴优势行业；发展文化科技融合、文化金融融合、文化与其他领域融合的融合业态。

表 22　2012～2016 年文化创意产业新入职毕业生起点薪酬分布及变化情况

单位：元

年份	极小值	25 分位值	中值	75 分位值	极大值	均值
2012	2000	4250	5500	7500	12000	5792
2013	2000	3500	4500	5500	12000	5321
2014	1560	3500	4750	8000	12000	5687
2015	1720	4400	5000	6100	10000	5585
2016	2000	4400	5500	6500	20000	5772

五　北京高校毕业生起点薪酬重点问题分析

（一）“京津冀协同发展”与毕业生起点薪酬

党中央国务院于 2014 年 2 月提出“京津冀协同发展”战略，2015 年底，《北京市国民经济和社会发展第十三个五年规划纲要》对京津冀协同发展做出了更具体的要求。京津冀协同发展对未来五年北京市高校毕业生就业、企业用人需求以及教育资源配置等将产生深远影响。

1. 就业机会多是选择在北京就业的首要原因

根据调查，约有 68.88% 的毕业生提出选择在北京就业的主要原因是就业机会多。

2. 近半数被访者不愿“离开北京就业”

关于北京高校毕业生换工作时的离京意愿，有 46.62% 的毕业生表示不会离开北京。

3. 超过半数毕业生不愿意到“津冀地区”就业

据调查，53.28%的受访者表示不愿意去天津和河北就业。

4. 住房、交通等生活成本高是首要压力

在北京工作面临诸多生存压力，“住房、交通等生活成本高”为首要压力（84.31%），其次是“人口过多、交通拥堵”（74.35%）。

5. 三成毕业生认为疏解非首都功能对就业收入有积极影响

有38.48%的高校毕业生认为疏解非首都功能对就业和收入有积极影响。

6. 战略性新兴产业是毕业生关注最多的行业

在涉及“工作生活中，您会关注下列哪些产业的发展”的问题中，51.27%的毕业生关注“战略性新兴产业”。

（二）“大众创业”与毕业生起点薪酬

为配合北京市支持高校毕业生创业创新的各项扶持政策，本报告从毕业生起点薪酬、创业意愿及动因等角度，对毕业生开展了相关问卷调查。

1. 近四成毕业生受访者考虑过创业

创业意愿是毕业生创业的先决条件，约有38.6%的毕业生被访者表示“考虑过创业”。

2. 服务业和IT业受潜在创业者关注

住宿餐饮业，信息传输、软件和信息技术服务业，文化、体育和娱乐业成为有创业意愿的高校毕业生关注较多的行业。

3. 收入因素并非创业首要动因

在问及“您考虑创业的主要原因”时，“工作更灵活自由”占比最高，达到64.39%。

4. 多数受访者提出北京是创业首选地

在创业地点的选择方面，超过70%的毕业生被访者表示，创业的首选地点是北京。

5. 税费减免和创业补贴政策受关注度高

针对“如果在北京创业，您希望本地政府部门提供哪些优惠政策或措施”，税费减免、创业补贴和贷款支持是最受潜在创业者关注的政策。

（三）影响北京高校毕业生就业和薪酬的因素

1. 初次就业考虑发展前景的毕业生最多

2016 年，北京高校毕业生初次就业时会考虑经济、社会、文化及个人等因素，其中，“行业发展前景好”（59.65%）“与自己专业对口”（48.53%）和“个人发展机会多”（48.35%）是最受毕业生认可的三个主要原因。

2. 职业技能在起点薪酬影响因素中排名第一

在对“您认为影响起点薪酬的主要因素”的回答中，“职业技能”、“专业符合社会需要”和“学校知名度”是被访者认为影响起点薪酬最重要的三个因素。

3. 企业盈利水平是决定薪酬增长的首因

对于影响起点薪酬增长的主要因素，在受访的毕业生看来，企业收入水平、行业景气程度和个人工作努力程度分列前三位。

4. 非正式渠道是受访者了解薪酬的主要途径

问卷调查发现，北京高校毕业生获取起点薪酬信息的主要途径排名依次是：社会关系圈信息（70.08%）、新闻媒体报道（43.91%）和咨询公司报告（34.18%）。

5. 职业资格认证是毕业生自我投资的重要方式

人力资本投资是促进毕业生薪酬增长的重要方式，在受访的毕业生中，职业资格认证、外语等级证书和企业内部培训等成为认可度较高的人力资本投资方式。

参考文献

北京市统计局：《北京统计年鉴 2015》，中国统计出版社，2015。

人力资源和社会保障部：《中国劳动统计年鉴》，中国劳动社会保障出版社，2010。

北京市人力资源和社会保障局：《北京市劳动力指导价位与企业人工成本信息 2015》，2016。

北京市人民政府：《北京市国民经济和社会发展第十三个五年规划纲要》。

北京市人力资源和社会保障局、北京市发展改革委员会：《北京市“十三五”时期人力资源和社会保障发展规划》。

北京市统计局、国家统计局北京调查队：《2016 年北京高校学生创新创业及就业意愿调查》。

曾湘泉等：《变革中的就业环境与中国大学生就业调研报告》，中国人民大学出版社，2003。

中国人力资源开发网和《大学生就业》杂志社：《关注大学生就业调查报告》，2015。

共青团中央、北京大学公共政策研究所：《2006 年中国大学生就业状况调查》，2006。

B.13 北京市应届毕业生薪酬状况和变动分析

耿　超*

摘　要： 薪酬是企业吸引和保留人才的有效武器，也是影响应届毕业生选择人生第一份工作的重要因素。本文以北京外企的样本数据为基础，对2011～2016年北京地区应届毕业生的起薪和薪酬变动进行了系统分析，为企业和应届毕业生提供相应参考。

关键词： 应届毕业生　薪酬分析　北京

为了更好地了解每年国内应届毕业生薪酬状况，中瑞方胜基于FESCO真实的样本数据进行了长时间跟踪调研和客观分析。本文重点分析北京地区应届毕业生的薪酬数据。

一　研究方法及样本情况

（一）值定义

1. 分位值

分位值代表该数值对应的在同一个自变量对应的因变量集合中所处的位置。如中位（或50分位）代表该数值在某一个自变量对应的因变量集合中处于中间位置。本报告主要应用到25分位、50分位（即中位）、75分位

---

* 耿超，硕士，中瑞方胜咨询事业部项目总监，中级经济师，主要研究领域为战略管控、组织及人力资源领域的管理咨询。

等。

25 分位值：表示有 25% 的数据小于此数值，反映市场的较低端水平。

50 分位值（中位值）：表示有 50% 的数据小于此数值，反映市场的中等水平。

75 分位值：表示有 75% 的数据小于此数值，反映市场的较高端水平。

2. 平均值

所有数据的平均值，反映市场的平均水平。

3. 平均薪酬

本文中的薪酬除非特别说明均指人民币月薪。

（二）属性定义

1. 企业性质分类

本文根据样本情况和综合分析，将企业性质分为民企、国企、合资、外企及非营利机构五大类。其中，民企包括所有非公有制企业；国企包括国家对其资本拥有所有权或者控制权的企业；合资包括中外合资经营的企业；外企包括企业全部资本均为外商拥有的企业；非营利机构指不以营利为目的的机构，主要为政府部门、行业协会及其他公共服务机构等。

2. 毕业学校性质分类

本文将样本信息的毕业学校性质分为研究所，985 工程，211 工程，海外院校，第一批本科，第二、三批本科，成人教育，大专，民办院校，高中，中专，职业技术学校 12 大类。其中，211 工程指 211 院校中除 985 工程外的院校，第一批本科指国家重点，不包括省重点院校。

3. 学科门类

根据国家专业分类标准，本文样本信息主要分为 13 个学科门类：法学、工学、管理学、教育学、经济学、理学、历史学、农学、文学、医学、艺术学、哲学、职业技术教育。

4. 行业分类

本文样本所含行业分为 19 个大的类别，分别为咨询、医疗、研究、消费品、文化/传媒、通信、汽车、农业、能源、贸易、金融、教育、建材/建筑/工程、机械及自动化、化工、服务、房地产、电子、IT（见表 1）。

表1 行业定义及分类

行业	定义	分类
咨询	指为别人提供帮助并收取费用的专业性服务	本文中主要分为信息咨询、工程咨询、管理/投资咨询、教育咨询及其他
医疗	医药行业从运营情况来看主要分为医药工业和医药商业两大类	本文中具体将医疗行业细分为研发/制药、医疗器械及医疗行业服务。其中，行业服务包括销售、技术服务、管理服务等
研究	指不以生产为目的的理论及技术研究，从业人员大部分为研究生学历以上的高级知识分子	本文中该行业包括农业基因技术、医学、生物科学、高科技产业等研究内容
消费品	产品经过包装成一个个独立的小单元来进行销售，更加注重包装、品牌化以及大众化对这个类别的影响	本文中的消费品包括快速消费品中的包装食品、个人卫生用品、烟草及酒类和饮料，还包括服装服饰的生产和销售
文化/传媒	文化/传媒就是传媒业当中的一个延伸领域，用现代的传播手段，通过传媒来进行文化的传播和不同文化之间的交流	本文中主要分为新闻业、出版业、广播、电视、电影业、体育业及广告业几类
通信	本文中通信仅指电信业，指利用电子技术在不同的地点之间传递信息	本文将通信行业细分为通信产品生产（设备、系统）、技术研发及技术服务三类
汽车	所有生产和销售各类汽车如乘用车、商用车及其零部件等汽车产品的企业总和	本行业包括汽车生产、零部件生产、汽车销售、技术开发及技术服务几类
农业	本文中指广义农业的概念，即包括种植业、林业、畜牧业、渔业、副业五种产业形式	本文中包括农业育种、农产品生产及畜牧业中的屠宰业内容
能源	指为人类提供能量的天然物质。它包括煤、石油、天然气、水能等，也包括太阳能、风能、生物质能、地热能、海洋能、核能等新能源	本文中除包括定义中的能源类别外，还包括采矿业
贸易	主要指经营品种、范围基本相同的商品生产者和商品经营者形成的以专业化经营为特征的贸易主体群体	本文专指纯贸易行业，具体产品种类繁多，包括所有以销售为主营业务的商家主体
金融	经营货币信用业务的行业，它包括银行业、保险业、信托业、证券业和租赁业	本文中除上述分类外，还包括投资财务公司
教育	知识传递过程中所产生的经济行为	本文中包含小学教育、中学教育、大学教育，同时也包含民营教育
建材/建筑/工程	建筑业是专门从事土木工程、房屋建设和设备安装以及工程勘察设计工作的行业；建材是建筑材料；此处工程除建筑工程外还包括其他工业领域的工程设计及施工，如电工、矿业等	本文中包含建材行业、建筑行业、工程设计及施工行业等

续表

行业	定义	分类
机械及自动化	本文此行业专指机械设备的制造行业	本文所含分类为普通机械制造、专业设备制造、交通运输设备制造、电器机械及器材制造、仪器仪表及文化办公用品机械制造
化工	指利用化学反应改变物质结构、成分、形态来生产化学产品的行业。本报告中主要指化工三大分类中的基础化工行业	本文中包括化肥、有机品、无机品、精细与专用化学品、农药、日用化学品、塑料制品以及橡胶制品
服务	指利用设备、工具、场所、信息或技能等为社会提供劳务、服务的业务	本文中本行业包括法律与财务服务、租赁业、人力资源服务、旅行社及相关服务、安全保护服务、办公服务、专业化设计服务、技术服务、物流、公共服务公关及其他
房地产	在依法取得国有土地使用权的土地上进行基础设施、房屋建设的行为	本文除包括房地产开发行业外,还包括房屋销售、租赁及物业管理等
电子	研制和生产电子设备及各种电子元件、器件、仪器、仪表的工业	本文中包括三大类细分行业:投资类(仪器及电子专用设备)、消费类(电视机、录像机、录音机)、电子元器件产品及专用材料
IT	本文中的 IT 行业专指计算机行业	本文分为三大类八小类:硬件、软件(基础软件、应用软件、游戏、娱乐、网站制作、广告发布)、服务(IT 管理咨询、IT 服务外包)

（三）样本情况

1. 样本概况

本文研究样本涵盖 2011 ~2016 年应届毕业生及其近几年的跟踪数据 100 多万条，数据来源为中瑞方胜金融服务外包（北京）有限公司母公司 FESCO 的数据库。

数据内容包括性别、年龄、企业名称、行业、行业细分、企业性质、投资来源地、地域划分、专业、专业分类、专业细分、毕业院校、学校性质、毕业时间、参加工作时间及每年的薪酬数据等内容，本文内容总应用数据量为 1004187 条，其中 2016 年的数据最多，占 22.4%（见表 2）。

2. 企业性质占比

样本中外资企业数据最多，有 45 万多条，占 45.2%；非营利机构数据最少，仅有 1 万多条（见表 3）。

表 2　各年数据量

单位：条，%

年份	数据量	占比	年份	数据量	占比
2011	99660	9.9	2014	180069	17.9
2012	126015	12.5	2015	201381	20.1
2013	171649	17.1	2016	225413	22.4

表 3　企业性质数据量

单位：条，%

性质	外资	民营	国企	合资	非营利机构
数据量	454249	250340	14[illegible]08[illegible]	139366	16151
占比	45.2	24.9	1[illegible].3	13.9	1.6

3. 行业占比

样本中 IT、金融、医疗、通信等行业数据较多，其中 IT 行业有 30 多万条，占 30.7%（见表 4）。

表 4　行业数据量

单位：条，%

行业	数据量	占比	行业	数据量	占比
IT	308931	30.8	电子	60467	6.0
金融	148100	14.7	机械及自动化	58001	5.8
医疗	109705	10.9	汽车	52561	5.2
通信	71750	7.1	咨询	51011	5.1
服务	61455	6.1	其他	82206	8.2

4. 毕业学校性质占比

样本中第二、三批本科，211 工程，985 工程，第一批本科类学校数据较多，总占比为 73.2%；其中，第二、三批本科数据有 25 万多条，占 25.6%，占比最大（见表 5）。

5. 学科门类占比

样本中工学、管理学、文学、经济学等学科门类的数据较多，总占比为 79.8%；其中学科门类为工学的数据有 [illegible]2 万多条，占 32.6%（见表 6）。

表5　毕业学校数据量

单位：条，%

毕业学校类型	数据量	占比	毕业学校类型	数据量	占比
第二、三批本科	256252	25.6	民办院校	59830	6.0
211 工程	180810	18.0	研究所	48224	4.8
985 工程	169585	16.9	海外	36788	3.7
第一批本科	127911	12.7	其他	24040	2.4
职业技术学校	100747	10.0			

表6　学科门类数据量

单位：条，%

学科门类	数据量	占比	学科门类	数据量	占比
工学	326087	32.6	理学	79290	7.9
管理学	201690	20.1	医学	52226	5.2
文学	154433	15.3	法学	50167	5.0
经济学	119029	11.8	其他	21265	2.1

二　整体及历年薪酬追踪分析

（一）所在行业与薪酬

1. 行业平均薪酬

统计数据显示，行业背景是薪酬差异的主要因素之一。样本中 IT、通信、研究、医疗、咨询等行业的平均薪酬较高，其中 IT 行业最高，为 11018.9 元；19 个行业中贸易行业平均薪酬最低，为 5374.1 元（见表 7）。

2. 行业平均薪酬前瞻

行业发展受国际环境、政策、人口、资源、收入等多重因素的影响，不同行业在不同城市的发展也不尽相同，表 7 统计分析了 19 个行业的平均薪酬数据，整体来看，行业薪酬最高和最低的差距在 1 倍左右。

根据“十三五”规划，未来制造业、战略性新兴产业、服务业、文化产业等会有良好的政策环境，未来各行业薪酬差距有可能会进一步拉大。

表7 各行业2011～2016年平均薪酬排名

单位：元

行业	平均薪酬	排名	行业	平均薪酬	排名
IT	11018.9	1	电子	7677.3	11
通信	11001.7	2	服务	7483.2	12
研究	10989.1	3	建材/建筑/工程	7318.1	13
医疗	10738.4	4	金融	6617.1	14
咨询	9781.6	5	消费品	6421.2	15
能源	9760.3	6	教育	6309.1	16
房地产	9375.7	7	文化/传媒	5883.1	17
汽车	9061.4	8	农业	5739.1	18
机械及自动化	8905.9	9	贸易	5374.1	19
化工	7889.2	10			

（二）企业性质与薪酬

1. 不同性质企业平均薪酬

统计数据显示，企业性质对平均薪酬也有直接影响。样本中外企、民企的员工平均薪酬较高，其中外企的员工薪酬最高，为10232.1元；国企员工的平均薪酬最低，为5408.9元（见表8）。

表8 不同性质企业2011～2016年平均薪酬排名

单位：元

企业性质	平均薪酬	排名	企业性质	平均薪酬	排名
外企	10232.1	1	非营利机构	6092.7	4
民企	9561.2	2	国企	5408.9	5
合资	8762.1	3			

2. 不同性质企业平均薪酬前瞻

外企对员工的要求相对较高，也愿意支付更高的薪酬，但随着中国综合国力的提升，非外资企业的营利能力以及薪酬水平也在不断提高，尤其是一些民企为了引进人才，非常愿意支付远高于市场水平的薪酬；对于国企，由于中央限薪令的颁布，薪酬增幅不大，继续处于较低水平。

（三）投资来源地与薪酬

1. 不同投资来源地平均薪酬

统计数据显示，投资来源地为瑞典的企业给毕业生的薪酬较高，近几年的平均薪酬超过 1.2 万元，日本和韩国投资的企业提供的平均薪酬偏低，平均薪酬未超过 8000 元（见表 9）。

表 9　不同投资来源地 2011～2016 年平均薪酬排名

单位：元

投资来源地	平均薪酬	排名	投资来源地	平均薪酬	排名
瑞典	12650.3	1	德国	9209.2	6
美国	11105.8	2	新加坡	8603.4	7
英国	10982.3	3	法国	8091.4	8
瑞士	9981.4	4	日本	7901.3	9
台港澳	9706.4	5	韩国	6981.6	10

2. 不同投资来源地平均薪酬前瞻

综合近几年的薪酬数据来看，欧美国家在华投资企业给付的平均薪酬一直高于其他投资来源地企业，日韩投资企业给付的平均薪酬一直处于低位，这可能与企业的经营管理风格和企业文化有关，预计未来几年仍将呈现这种趋势。

（四）历年整体入职薪酬

1. 应届毕业生入职平均薪酬

统计数据显示，自 2011 年以来，应届毕业生入职平均薪酬震荡上行。其中 2014 年出现了明显下滑。因样本中外企员工数据较多，故历年平均薪酬比同期北京市社会平均工资普遍偏高，如图 1 所示。

2. 应届毕业生入职平均薪酬前瞻

从近几年数据来看，通常 GDP 增长会带动下年度应届毕业生平均薪酬的增长；在中央供给侧结构性改革的大背景下，2017 年国内经济仍会稳定增长，预计 2017 年应届毕业生入职平均薪酬会温和小幅增长。

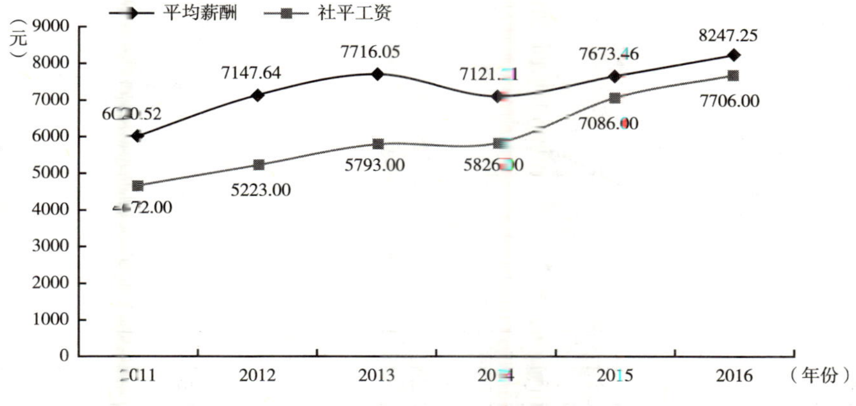

图 1　历年应届毕业生平均薪酬

（五）所在行业入职薪酬

1. 典型行业入职平均薪酬

统计数据显示，自 2011 年以来，典型行业应届毕业生入职平均薪酬差距有扩大的趋势，其中从 2014 年开始出现了较明显的分化。薪酬水平较高的行业中，IT 行业涨幅比较明显，年均涨幅超过 10%，教育和文化/传媒行业整体水平仍较低，如图 2 所示。

2. 典型行业入职平均薪酬前瞻

随着全球经济一体化的深化，百度、腾讯、阿里巴巴等一批高科技企业的规模和盈利水平得以迅速提高，从而带动了整个 IT 行业平均薪酬的增长。预计未来 IT 行业薪酬增幅仍会领跑，同时随着国家对文化/传媒及教育等行业的重视，这两个行业的薪酬水平也会相应提高，但与 IT 行业的差距仍会较大。

（六）学科门类入职薪酬

1. 典型学科入职平均薪酬

统计数据显示，自 2011 年以来，典型学科应届毕业生入职平均薪酬差距也有扩大的趋势，其中 2014 年也出现了较明显的分化。薪酬水平较高的学科中，医学类涨幅比较明显，年均涨幅超过 10%，如图 3 所示。

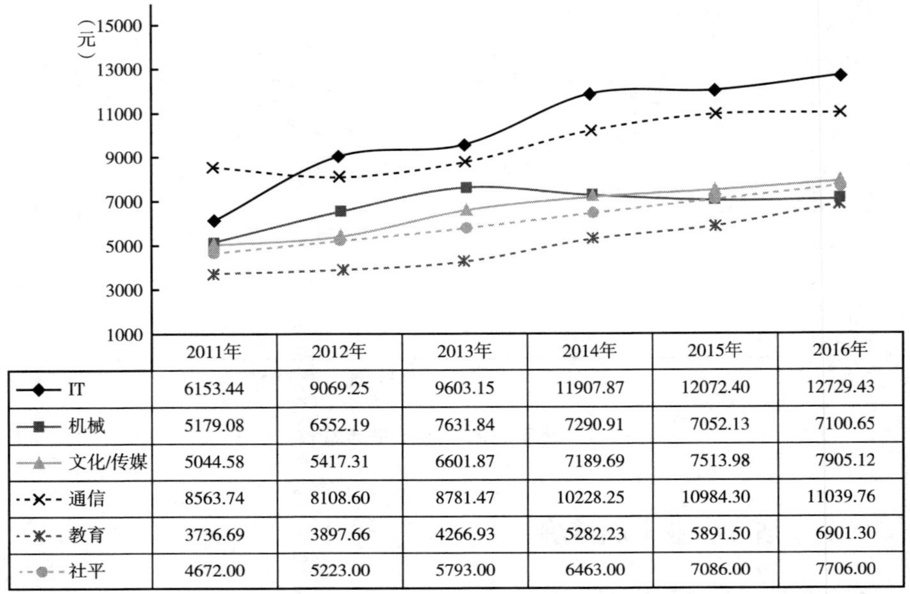

	2011年	2012年	2013年	2014年	2015年	2016年
IT	6153.44	9069.25	9603.15	11907.87	12072.40	12729.43
机械	5179.08	6552.19	7631.84	7290.91	7052.13	7100.65
文化/传媒	5044.58	5417.31	6601.87	7189.69	7513.98	7905.12
通信	8563.74	8108.60	8781.47	10228.25	10984.30	11039.76
教育	3736.69	3897.66	4266.93	5282.23	5891.50	6901.30
社平	4672.00	5223.00	5793.00	6463.00	7086.00	7706.00

图 2　历年典型行业应届毕业生平均薪酬

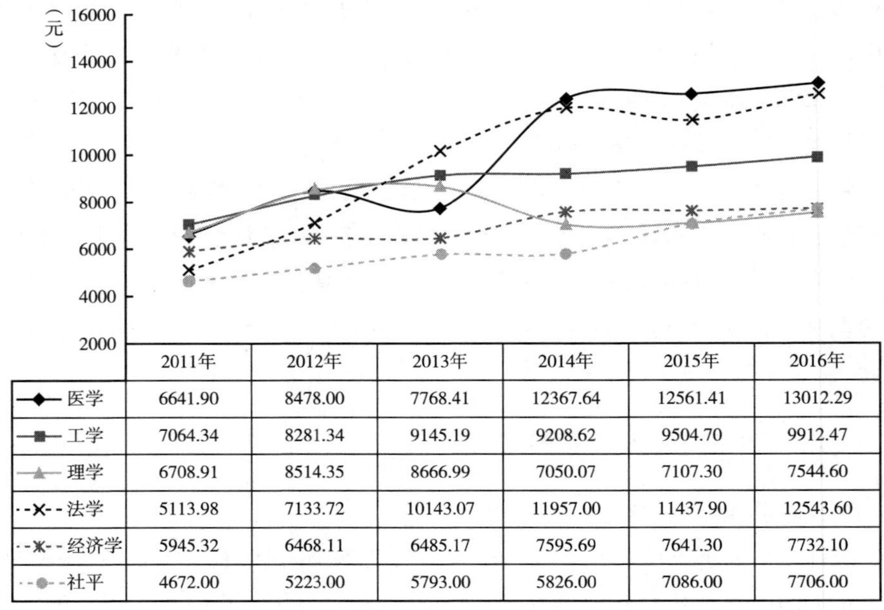

	2011年	2012年	2013年	2014年	2015年	2016年
医学	6641.90	8478.00	7768.41	12367.64	12561.41	13012.29
工学	7064.34	8281.34	9145.19	9208.62	9504.70	9912.47
理学	6708.91	8514.35	8666.99	7050.07	7107.30	7544.60
法学	5113.98	7133.72	10143.07	11957.00	11437.90	12543.60
经济学	5945.32	6468.11	6485.17	7595.69	7641.30	7732.10
社平	4672.00	5223.00	5793.00	5826.00	7086.00	7706.00

图 3　历年典型学科应届毕业生平均薪酬

2. 典型学科入职平均薪酬前瞻

总体来看，经济学类整体水平虽然仍相对较低，但一直处于上涨通道中，预计 2017 年仍将上涨；值得注意的是，理学类薪酬水平有下降的趋势，预计 2017 年将持平。未来，各学科的差距仍将呈现明显分化的状态。

（七）不同毕业学校应届毕业生入职薪酬

1. 不同学校类型应届毕业生入职平均薪酬

统计数据显示，自 2011 年以来，不同学校类型应届毕业生入职平均薪酬差距同样有扩大的趋势，其中 2014 年也同样出现了较明显的分化。薪酬水平较高的类型中，研究所和海外院校涨幅比较明显，年均涨幅超过 10%，如图 4 所示。

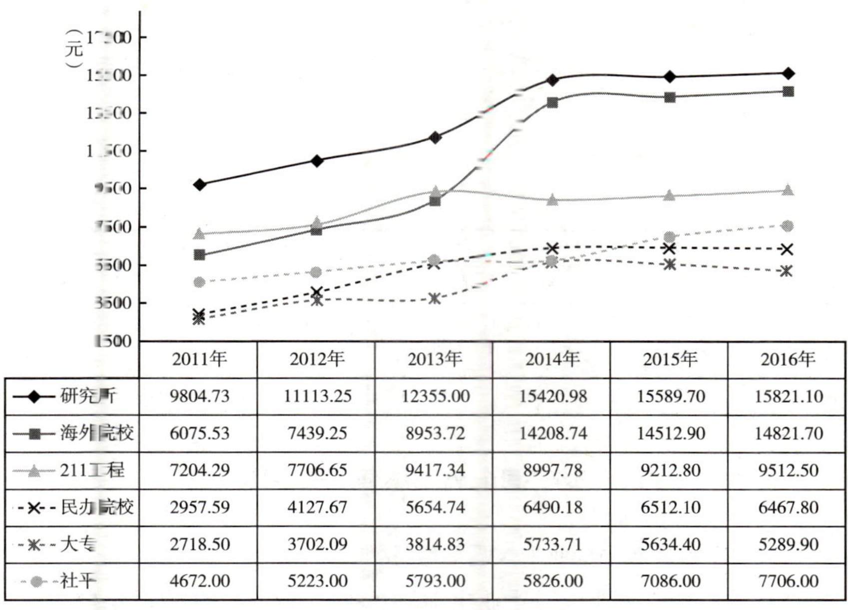

	2011年	2012年	2013年	2014年	2015年	2016年
研究所	9804.73	11113.25	12355.00	15420.98	15589.70	15821.10
海外院校	6075.53	7439.25	8953.72	14208.74	14512.90	14821.70
211工程	7204.29	7706.65	9417.34	8997.78	9212.80	9512.50
民办院校	2957.59	4127.67	5654.74	6490.18	6512.10	6467.80
大专	2718.50	3702.09	3814.83	5733.71	5634.40	5289.90
社平	4672.00	5223.00	5793.00	5826.00	7086.00	7706.00

图 4　历年不同学校类型应届毕业生平均薪酬

2. 不同学校类型应届毕业生入职平均薪酬前瞻

总体来看，大专和民办院校应届毕业生的整体入职薪酬水平虽然相对较低，但一直平稳上涨，预计 2017 年仍将小幅上涨；值得注意的是，211 工程类应届毕业生的薪酬水平在 2014 年有小幅下降。未来，随着人才供求的平衡化、结构化、层级化格局形成，各学校类型应届毕业生入职薪酬差距仍将呈现明显分化的状态。

（八）不同企业性质应届毕业生入职薪酬

1. 不同企业性质应届毕业生入职平均薪酬

统计数据显示，自 2011 年以来，各种类型企业应届毕业生薪酬涨幅除合资企业涨幅较大外相差不大。值得注意的是，外资和民企 2014 年的平均薪酬水平有所下降，如图 5 所示。

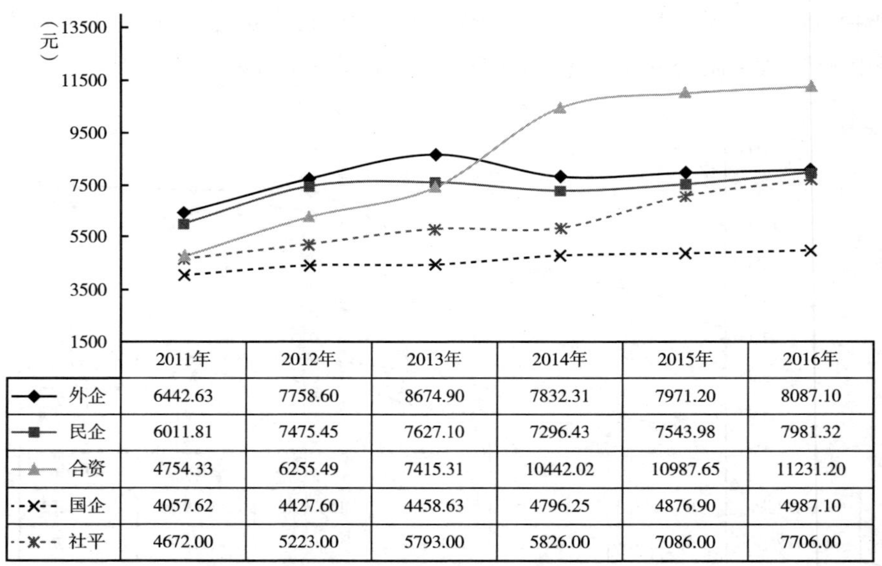

	2011年	2012年	2013年	2014年	2015年	2016年
外企	6442.63	7758.60	8674.90	7832.31	7971.20	8087.10
民企	6011.81	7475.45	7627.10	7296.43	7543.98	7981.32
合资	4754.33	6255.49	7415.31	10442.02	10987.65	11231.20
国企	4057.62	4427.60	4458.63	4796.25	4876.90	4987.10
社平	4672.00	5223.00	5793.00	5826.00	7086.00	7706.00

图 5　历年不同企业性质应届毕业生平均薪酬

2. 不同企业性质应届毕业生入职平均薪酬前瞻

总体来看，合资企业应届毕业生薪酬水平从 2014 年开始增幅较大，外资和民企紧随其后。值得注意的是，国企的应届毕业生入职薪酬历年均为最低，预计 2017 年这种趋势仍将保持不变。

（九）不同行业薪酬追踪

1. 不同行业应届毕业生历年平均薪酬变化

统计数据显示，随着应届毕业生工作经验的增长，薪酬差距有逐年增大的趋势；其中，通信行业增幅明显，年均增长率接近10%，机械行业增幅较低，如图6所示。

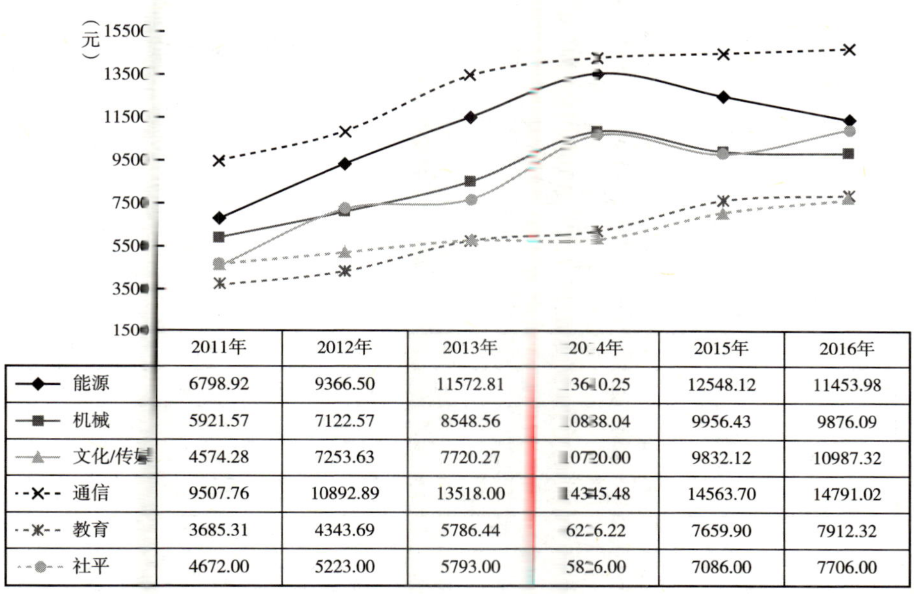

	2011年	2012年	2013年	2014年	2015年	2016年
能源	6798.92	9366.50	11572.81	13610.25	12548.12	11453.98
机械	5921.57	7122.57	8548.56	10838.04	9956.43	9876.09
文化/传媒	4574.28	7253.63	7720.27	10720.00	9832.12	10987.32
通信	9507.76	10892.89	13518.00	14345.48	14563.70	14791.02
教育	3685.31	4343.69	5786.44	6226.22	7659.90	7912.32
社平	4672.00	5223.00	5793.00	5826.00	7086.00	7706.00

图6　不同学科应届毕业生平均薪酬变化

2. 不同行业薪酬追踪前瞻

总体来看，随着我国经济结构调整步伐的加快，传统行业面临极大的转型升级挑战，新兴行业则迎来了很好的机遇，对于应届毕业生来说，选对了行业入职对未来几年薪酬水平的提升有关键影响。

（十）不同学科门类薪酬追踪

1. 不同学科应届毕业生历年平均薪酬变化

统计数据显示，随着应届毕业生工作经验的增长，不同学科背景的员工，其薪酬增长率的差距并不特别明显；值得注意的是，医学和法学学科的应届毕业生近几年的薪酬年均增幅领先，如图7所示。

2. 不同学科薪酬追踪前瞻

总体来看，同一届毕业生入职企业几年后，薪酬均有一定幅度的增长，但增幅差距并不明显，这可能是由于应届毕业生所学学科与其最终就职企业无直接关联。

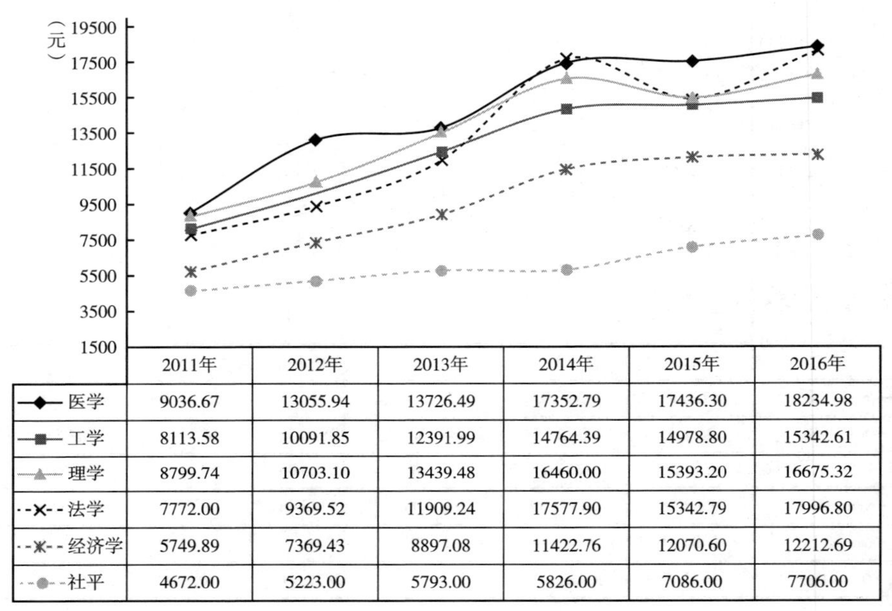

	2011年	2012年	2013年	2014年	2015年	2016年
医学	9036.67	13055.94	13726.49	17352.79	17436.30	18234.98
工学	8113.58	10091.85	12391.99	14764.39	14978.80	15342.61
理学	8799.74	10703.10	13439.48	16460.00	15393.20	16675.32
法学	7772.00	9369.52	11909.24	17577.90	15342.79	17996.80
经济学	5749.89	7369.43	8897.08	11422.76	12070.60	12212.69
社平	4672.00	5223.00	5793.00	5826.00	7086.00	7706.00

图 7　不同学科应届毕业生平均薪酬变化

（十一）不同毕业学校薪酬追踪

1. 不同学校类型应届毕业生历年平均薪酬变化

统计数据显示，随着应届毕业生工作经验的增长，不同学校背景的员工薪酬差距并无特别明显的变化；值得注意的是，大专学历的应届毕业生近几年的薪酬增速较快，年增超过 15%，如图 8 所示。

2. 不同学校类型薪酬追踪前瞻

总体来看，同一届毕业生入职企业后的几年，由于经验的增长以及行业整体薪酬水平的增长，不同类型学校应届毕业生的平均薪酬的增速差异不大，主要差异还在于薪酬起点水平上。从数据可以看出，在北京地区，学历和薪酬起点的正相关性比较明显。

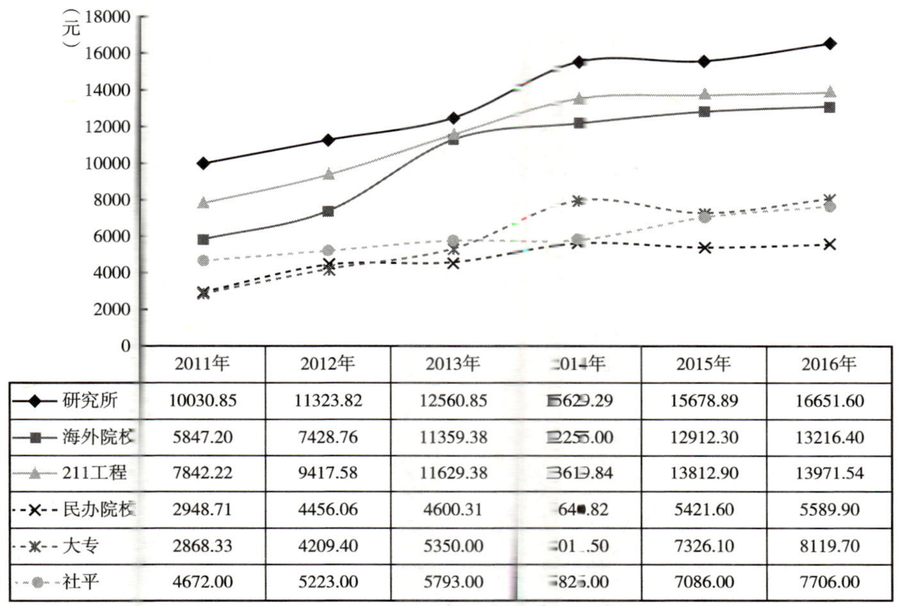

	2011年	2012年	2013年	2014年	2015年	2016年
研究所	10030.85	11323.82	12560.85	15629.29	15678.89	16651.60
海外院校	5847.20	7428.76	11359.38	12255.00	12912.30	13216.40
211工程	7842.22	9417.58	11629.38	13619.84	13812.90	13971.54
民办院校	2948.71	4456.06	4600.31	[illegible]	5421.60	5589.90
大专	2868.33	4209.40	5350.00	[illegible]	7326.10	8119.70
社平	4672.00	5223.00	5793.00	5825.00	7086.00	7706.00

图 8　不同学校类型应届毕业生平均薪酬变化

（十二）不同企业性质薪酬追踪

1. 不同企业性质应届毕业生历年平均薪酬变化

统计数据显示，随着应届毕业生工作经验的增长，不同企业性质员工的薪酬差距有缩小的趋势；值得注意的是，2011届应届毕业生在国企的近几年的薪酬水平在2014年增速最快，随后转为放缓，而入职外企的薪酬增长一直较稳定，如图9所示。

2. 不同企业性质应届毕业生薪酬追踪前瞻

总体来看，外资企业和合资企业应届毕业生薪酬水平的增长相对稳定有序，这可能与薪酬管理水平较高有关。国企的薪酬管理受政策影响较大，在个别年份会有波动。

未来，外资企业和国企应届毕业生的薪酬水平及增幅仍然差距明显，预计2011届应届毕业生在国企入职的，其2017年的薪酬增幅仍会低于其他企业性质的增幅。

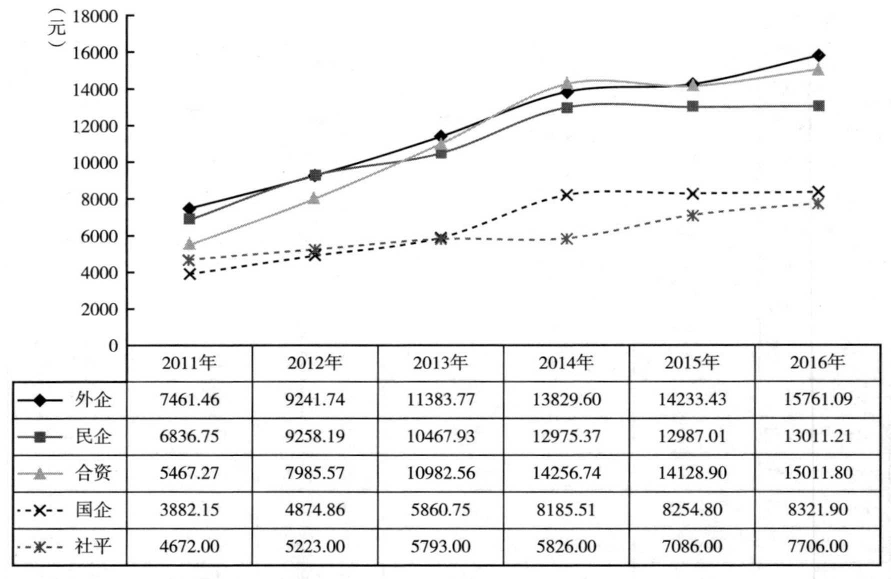

	2011年	2012年	2013年	2014年	2015年	2016年
外企	7461.46	9241.74	11383.77	13829.60	14233.43	15761.09
民企	6836.75	9258.19	10467.93	12975.37	12987.01	13011.21
合资	5467.27	7985.57	10982.56	14256.74	14128.90	15011.80
国企	3882.15	4874.86	5860.75	8185.51	8254.80	8321.90
社平	4672.00	5223.00	5793.00	5826.00	7086.00	7706.00

图 9　不同企业性质应届毕业生平均薪酬变化

三　研究结论

应届毕业生平均薪酬的增长与中国 GDP 的增长正相关，2017 年应届毕业生的入职薪酬将随着 GDP 增长而继续增长。我们把应届毕业生薪酬数据在企业性质、行业、学科等维度进行对比后发现，平均增长率差距不大，差距较大的主要是不同学历层次的应届毕业生薪酬起点。

所在行业、学校背景、企业性质等因素对薪酬的影响在增大，但不同学科背景的应届毕业生平均薪酬差异不太明显。值得注意的是，法学、医学学科及合资企业等类别的应届毕业生近几年的平均薪酬出现了较快增长的势头，国企的应届毕业生薪酬在 2014 年快速增长后进入平缓增长期。

B.14

广东省薪酬水平状况分析

田文娜　马赫*

摘　要： 一家企业所支付的薪酬水平高低无疑会直接影响企业在市场上吸引和留住人才之能力的强弱，进而影响企业在行业中的竞争力。本文通过对广东省薪酬数据进行分析与研究，发现：①广东省高收入群体的薪酬水平的增长较快，中低收入群体的薪酬水平增长相对缓慢，收入差距出现扩大的趋势；②不同行业的薪酬水平分布不均衡，传统行业的薪酬水平相对较低；③薪酬水平与企业规模、学历、工龄呈正比，影响作用明显；④劳务派遣用工的薪酬水平与合同制员工的差距不断缩小。

关键词： 薪酬水平　薪酬结构　广东

广东作为国内经济改革的试验田，享受各种政策的先行先试，加上广东地处珠江入海口、毗邻香港的区位优势，吸引了发达国家的企业来此投资设厂，广东的经济工作重心从最初的“三来一补”逐渐发展为承接国外制造产业的转移。现代工业的高薪吸引了大批的中西部地区的外来务工人员来广东进行现代化建设，广东也由此创造了连续30年经济快速增长的神话。但是受国内其他地区经济的快速崛起、新一代劳动力就业观念的改变、劳动人口的减少、薪资与物价距离造成的压力等因素影响，“千军万马齐聚”的广东也不得不面临“如何把人才留在广东”的考验。

* 田文娜，硕士，广州市南方人力资源评价中心有限公司高级管理咨询顾问，主要研究领域为薪酬与绩效管理、薪酬数据分析；马赫，学士，广州市南方人力资源评价中心有限公司总经理，主要研究领域为组织管理、薪酬与绩效管理等。

在人力资源管理的模块中，薪酬管理是企业与员工的重要经济纽带，员工对企业的依赖绝大程度上是经济依赖。企业的薪酬管理体系作为保护和提升员工工作热情和敬业度最有效的激励手段，无疑是人力资源管理中不可或缺的一部分。一个科学的薪酬福利管理体系必须满足三个基本原则：①外在竞争性，企业员工的收入水平依据战略要求来选择具有竞争性的还是稳定性的薪酬水准；②内部公平性，企业员工的薪酬收入高低差距的相对公平性；③战略文化特性，根据企业发展战略订立的薪酬福利政策。内部公平性和战略文化特性与企业自身的使命、愿景和价值观息息相关，可根据企业自身定位进行确定，而外在竞争性除与企业采用的薪酬福利战略相关外，市场上行业间的薪酬水准也是影响企业薪酬福利外部竞争性的重要因素。如果企业自身的薪酬福利水平低于市场水准、行业水准，同时又没有与之相配合的措施如较高的福利、便利的工作条件、有吸引力的培训机会等，就很难避免员工流失，直接或间接地影响企业的经济效益和发展目标，因此，企业对能够准确反映市场水准、行业水准的外部薪酬福利数据十分渴求。

本文旨在通过对大量薪酬数据的分析与研究，一方面为企业提供外部参考数据，使企业更好地掌握自身的薪酬方案在人才竞争中的优劣势；另一方面为应聘者提供相对客观的薪酬水平数据，帮助应聘者了解企业的薪酬支付水平，以便做出更好的职业选择。

一　研究对象

本文的研究对象为广东省薪酬水平，文中提到的薪酬均指月度薪酬，包括四部分——基本工资、绩效工资、津补贴以及加班加点工资，各项薪酬构成的定义如下。

1. 基本工资

指按照劳动合同中约定的、与劳动者本人岗位相对应的、发放周期和发放水平相对固定的工资报酬。如标准工资、基础工资、岗位工资等，包括其他不与绩效考核结果挂钩的工资项目。

2. 绩效工资

指劳动者根据所在企业的经济效益、集体或本人绩效或实际表现获得的浮动性工资报酬。包括按月度、季度、半年、全年考核发放的奖金或奖金性质的绩效工资，还包括销售提成、项目奖金、特别奖励、技术交易奖酬金等工资项目。

3. 津补贴

包括劳动者因特殊或额外的劳动消耗等获得的各项生产性津贴，如艰苦岗位津贴、夜班津贴、倒班津贴等工资项目；还包括企业从福利费用中支付的劳动者个人的各种现金补贴，如各种交通补助、各种住房提租补贴、各种通信工具补助、住宅电话补助、劳动者不休假的补贴等工资项目。

4. 加班加点工资

指按照国家和本地区有关法规政策，由企业支付的加班工资和加点工资，是调查期内劳动者因超时劳动而获得的劳动报酬。

二　样本分布

本研究中 2015 年的企业样本量共计 15[illegible]53 份，员工样本量共计 1721734 份；2014 年的企业样本量共计 8916 份，员工样本量共计 1352456 份。企业和员工样本的详细分布情况见下文。

（一）企业样本分布

以《国民经济行业分类》（GB/T4754－2011）的划分标准，将参与薪酬数据调查的企业分为 18 个行业大类，其中制造业的样本占比最大，无论是 2014 年还是 2015 年，样本量占比均超过 50%。采矿业、科学研究和技术服务业、水利环境和公共设施管理业、卫生和社会工作 4 个行业的样本量占比相对较小，2014 年和 2015 年的占比均不足 1%，但是行业下的企业样本量均已超过 20 份（按照薪酬数据调查的惯例，样本点的样本量不少于 7 份）。

本研究的企业样本以中小型企业为主，2015 年和 2014 年的中小型企业的样本量占比为 70%～80%；大型、小型以及微型企业的占比相对较小。企业规模的划分以国家统计局发布的《关于印发统计上大中小微型企业划分办法的通知》（国统字〔2011〕75 号）为标准，但该通知中对部分行业没有明确的规模划分标准，例如，金融业、教育业及卫生和社会工作行业等，这部分行业下的企业占比不超过 5%。

表1　企业样本的行业分布

单位：份，%

行业	样本量		百分比	
	2015 年	2014 年	2015 年	2014 年
农、林、牧、渔业	369	158	2.44	1.77
采矿业	75	25	0.49	0.28
制造业	8121	5182	53.59	58.12
电力、热力、燃气及水生产和供应业	309	164	2.04	1.84
建筑业	493	231	3.25	2.59
批发和零售业	1666	760	10.99	8.52
交通运输、仓储和邮政业	471	318	3.11	3.57
住宿和餐饮业	1143	826	7.54	9.26
信息传输、软件和信息技术服务业	260	128	1.72	1.44
金融业	200	72	1.32	0.81
房地产业	329	163	2.17	1.83
租赁和商务服务业	372	232	2.45	2.60
科学研究和技术服务业	74	59	0.49	0.66
水利环境和公共设施管理业	73	22	0.48	0.25
居民服务、修理和其他服务业	714	379	4.71	4.25
教育	193	60	1.27	0.67
卫生和社会工作	80	47	0.53	0.53
文化、体育和娱乐业	211	90	1.39	1.01
总　计	15153	8916	100.00	100.00

表2　企业样本的规模分布

单位：份，%

企业规模	样本量		百分比	
	2015 年	2014 年	2015 年	2014 年
大型企业	877	702	5.79	7.87
中型企业	3404	2707	22.46	30.36
小型企业	7574	4422	49.98	49.60
微型企业	2819	904	18.60	10.14
无企业规模标准	479	181	3.16	2.03
总　计	15153	8916	100.00	100.00

（二）员工样本分布

本研究涉及的员工以高中、中专或技校及以下学历的居多，占比超过75%，大学专科及以上的相对较少，这一样本分布情况符合员工学历的实际分布情况。

表3　员工样本的学历分布

单位：份，%

学历	样本量		百分比	
	2015年	2014年	2015年	2014年
研究生（含博士、硕士）	9057	7334	0.53	0.54
大学本科	140961	105704	8.19	7.82
大学专科	229241	166835	13.31	12.34
高中、中专或技校	548532	444468	31.86	32.86
初中及以下	793943	628115	46.11	46.44
总　计	1721734	1352456	100.00	100.00

在参与薪酬数据调查的员工中，工龄11年及以上的样本量占比最高，2014年和2015年的样本量占比分别为35.04%和36.82%；工龄1年及以下的样本量占比最低，2014年和2015年的样本量占比分别为10.23%和12.82%。

表4　员工样本的工龄分布

单位：份，%

工龄	样本量		百分比	
	2015年	2014年	2015年	2014年
1年及以下	220685	138325	12.82	10.23
2～3年	276915	256273	16.08	18.95
4～5年	228678	184754	13.28	13.66
6～10年	361571	299183	21.00	22.12
11年及以上	633885	473915	36.82	35.04
总　计	1721734	1352456	100.00	100.00

在参与薪酬数据调查的员工中，合同制用工是最主要的用工形式，占比超过98%，劳务派遣用工的占比较少，不足2%。

表 5　员工样本的用工形式分布

单位：份，%

用工形式	样本量		百分比	
	2015 年	2014 年	2015 年	2014 年
合同制度用工	1687836	1328879	98.03	98.26
劳务派遣用工	33898	23577	1.97	1.74
总　计	1721734	1352456	100.00	100.00

三　分析指标

本研究中的分析指标包括薪酬水平的平均数、高位数、中位数和低位数，详细定义如下。

1. 平均数：抽样数据的算术平均数

该指标用来反映市场的平均水平，但易受极端数据的影响。

2. 高位数：将抽样数据由低到高排序，数列中后5%的数据的算术平均数

该指标用来反映市场的高端水平。

3. 中位数：将抽样数据由低到高排序，数列中处于中间位置的数值

该指标用来反映市场的中等水平。

4. 低位数：将抽样数据由低到高排序，数列中前5%的数据的算术平均数

该指标用来反映市场的较低水平。

四　广东省薪酬水平情况分析

（一）广东省薪酬水平概况

广东省 2015 年的薪酬水平为 4331 元，同比增长 8%；高位数为 15758 元，同比增长 18%；中位数为 3517 元，同比增长 5%；低位数为 1540 元，同比增长 5%。

（二）不同行业薪酬水平状况

18 个行业中薪酬平均水平最高的行业是金融业，2015 年的平均薪酬达到

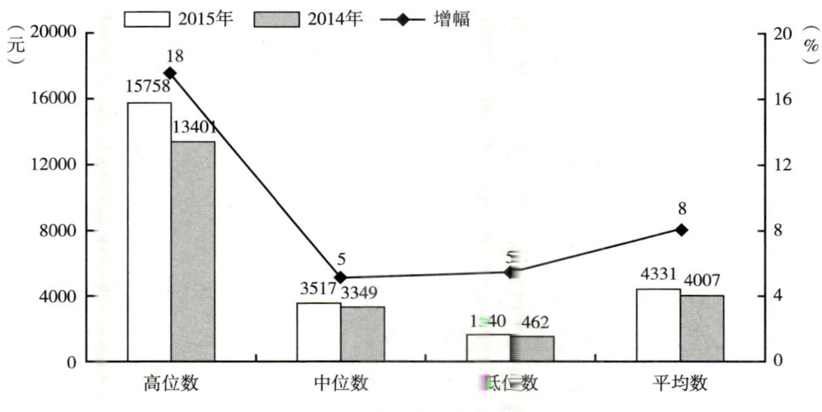

图 1　广东省薪酬水平概况

12246 元，同比增长 52%；薪酬水平最低的行业是住宿和餐饮业，2015 年的平均薪酬为 3177 元，同比增长 2%。值得注意的是，教育行业 2015 年的平均薪酬水平同比下降 12%，成为降幅最大的行业。

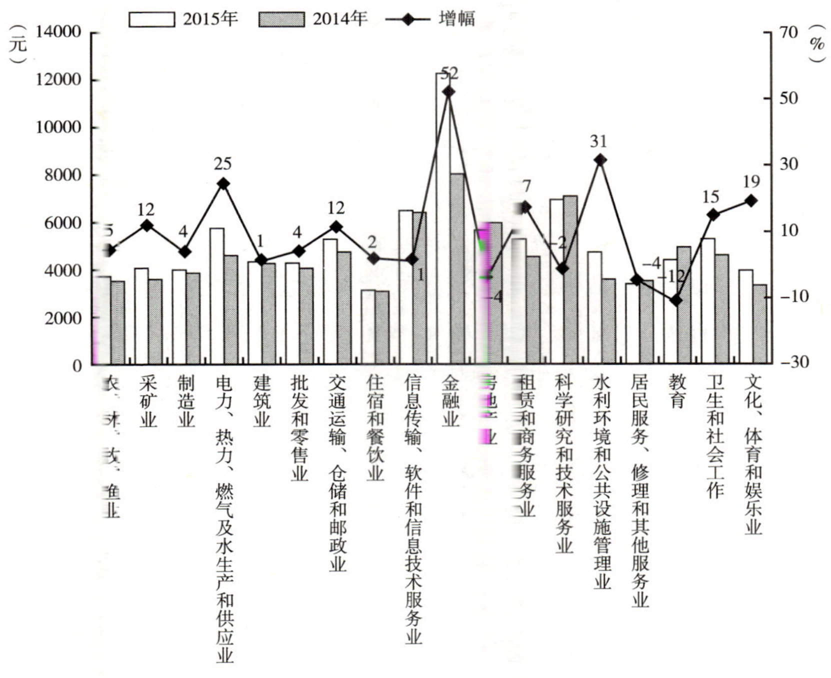

图 2　广东省不同行业的平均薪酬状况

在高位数中，金融业遥遥领先，达到 48597 元，同比增长 33%；居民服务、修理和其他服务业行业最低，为 10841 元，同比下降 15%。与 2014 年相比，高位数增幅最大的行业是租赁和商务服务业，同比增长 79%；信息传输、软件和信息技术服务业成为 2015 年薪酬高位数降幅最大的行业，同比下降 25%。

在中位数中，金融业同样占据行业首位，达到 9351 元，同比增长 62%；住宿和餐饮业位居行业末位，为 2600 元，同比增长 4%。与 2014 年相比，金融业的增幅最高，而教育行业成为降幅最大的行业，同比下降 17%。

在低位数中，金融业最高，达到 2440 元，同比增长 26%；批发和零售业最低，为 1376 元，同比增长 3%。与 2014 年相比，低位数增幅最高的为采矿业，同比增长 27%；卫生和社会工作行业的降幅最大，同比下降 22%。

（三）不同企业规模薪酬水平状况

企业规模越大，员工的平均薪酬水平越高，增幅越大。大型企业 2015 年的平均薪酬水平达到 4912 元，同比增长 9%；微型企业 2015 年的薪酬水平为 3082 元，同比下降 1%。

在高位数中，大型企业仍然领先，达到 16164 元，且同比增长 14%，增幅明显高于其他规模的企业；微型企业虽然高位数相对较低，但也出现正向增长，增幅为 1%，而小型企业的高位数虽高于微型企业，但是出现下降，降幅为 1%。

不同规模企业薪酬中位数的变化趋势基本与平均数一致，即随着企业规模的扩大，薪酬水平中位数不断升高，且同比增幅也不断增加。大型企业薪酬水平中位数达到 4110 元，同比增长 9%，是不同企业规模中中位数水平最高且增幅最大的；微型企业薪酬水平中位数为 2625 元，同比增长 1%，是不同企业规模中水平最低且增幅最小的。

在低位数中，企业规模越大，薪酬水平低位数越高，而增长幅度与企业规模间未发现显著关系。大型企业的薪酬水平低位数达到 1912 元，是不同企业规模中水平最高的，微型企业薪酬水平低位数为 1311 元，是不同企业规模中水平最低的。从低位数的增长幅度来看，大型企业的薪酬水平低位数同比增长 10%，增幅最大；中型企业的薪酬水平低位数同比增长 5%，增幅最小；小型和微型企业的薪酬水平低位数的增长幅度基本相同。

表 6　广东省不同行业的薪酬水平状况

单位：元，%

行业	高位数			中位数			低位数			平均数		
	2015 年	2014 年	增幅	2015 年	2014 年	增幅	2015 年	2014 年	增幅	2015 年	2014 年	增幅
农、林、牧、渔业	13696	11112	23	3002	2957	2	1390	1406	-1	3728	3563	5
采矿业	9377	8268	13	4655	3360	39	1807	1419	27	4080	3633	12
制造业	12217	12004	2	3504	3345	5	1576	1489	6	4030	3890	4
电力、热力、燃气及水生产和供应业	17650	16224	9	4672	3564	31	1388	1156	20	5759	4603	25
建筑业	15723	15462	2	3369	3438	-2	1580	1464	8	4366	4314	1
批发和零售业	17108	15461	11	3220	3234	0	1376	1333	3	4259	4078	4
交通运输、仓储和邮政业	17196	13311	29	4669	4354	7	1492	1572	-5	5316	4749	12
住宿和餐饮业	10971	10594	4	2600	2508	4	1403	1371	2	3177	3113	2
信息传输、软件和信息技术服务业	21964	29263	-25	5144	4728	9	1966	1963	0	6534	6452	1
金融业	[illegible]	[illegible]	22	9351	5777	62	2440	1939	26	12246	8032	52
房地产业	28400	30277	-6	3663	3519	4	1471	1626	-10	5729	5993	-4
租赁和商务服务业	29435	16429	79	3641	3616	1	1570	1550	1	5308	4538	17
科学研究和技术服务业	29988	26096	15	4800	4992	-4	1575	1920	-18	6979	7126	-2
水利环境和公共设施管理业	19787	11069	79	3299	3218	3	1763	1508	17	4757	3618	31
居民服务、修理和其他服务业	10841	12759	-15	2803	2839	-1	1527	1388	10	3416	3564	-4
教育	12519	11907	5	3651	4408	-17	1545	1588	-3	4396	4979	-12
卫生和社会工作	21136	12611	68	3708	3866	-4	1495	1909	-22	5289	4617	15
文化、体育和娱乐业	16322	10502	55	2935	2593	13	1401	1295	8	3949	3321	19

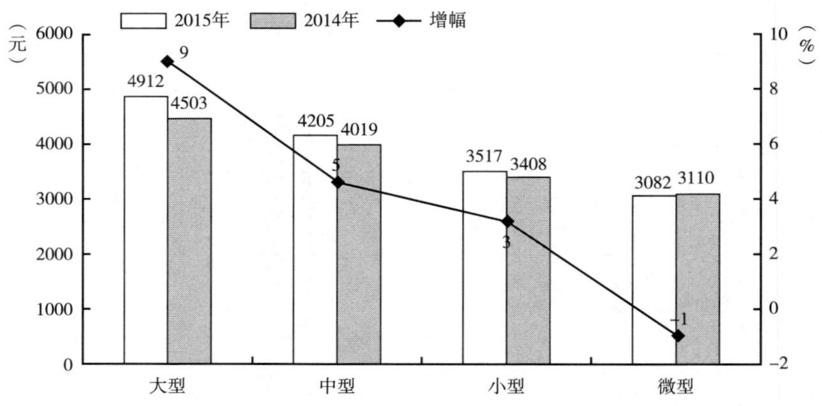

图3　不同企业规模平均薪酬

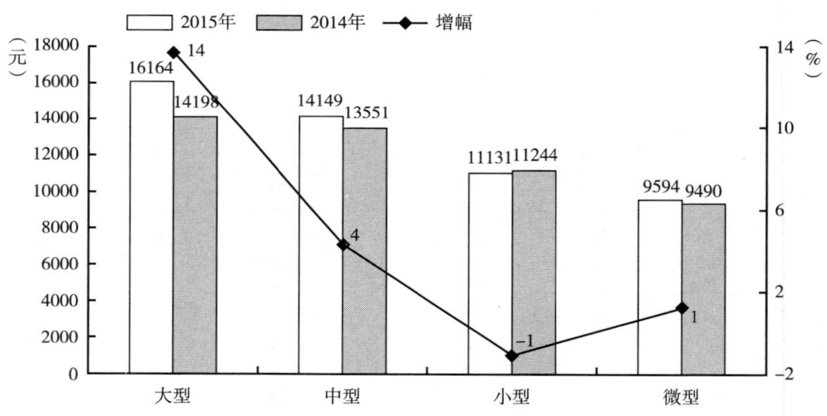

图4　不同企业规模薪酬高位数

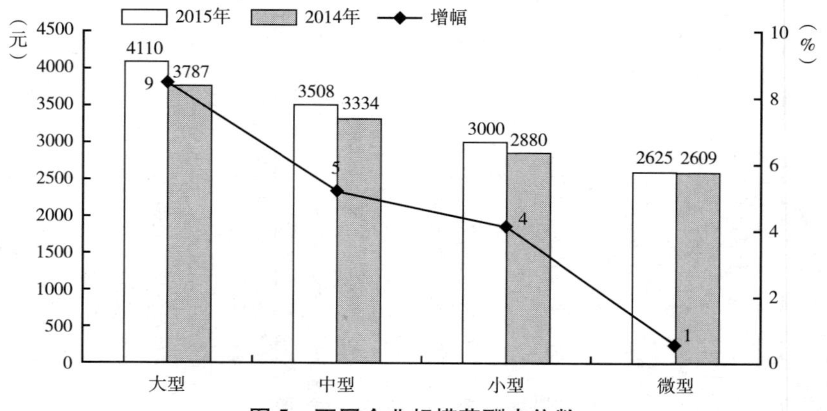

图5　不同企业规模薪酬中位数

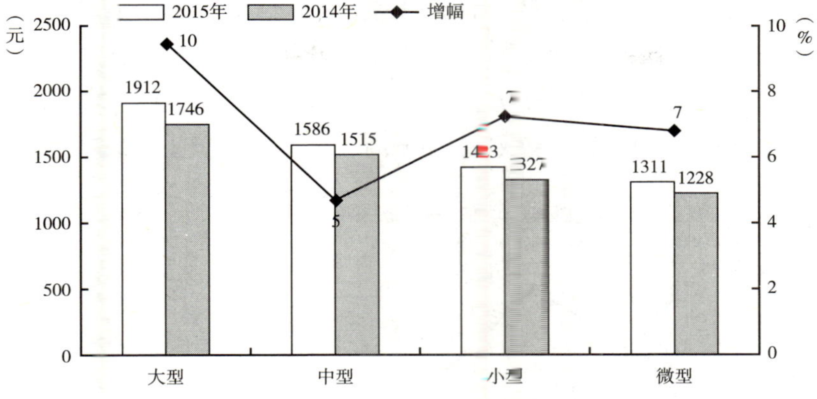

图6　不同企业规模薪酬低位数

（四）不同学历薪酬水平状况

员工的学历水平越高，薪酬平均水平越高。研究生（含博士、硕士）学历的员工平均薪酬达到14461元，同比增长21%；初中及以下学历的员工平均薪酬为3377元，同比增长6%。从薪酬平均水平的增幅来看，基本呈现学历越高，增幅越大的趋势。

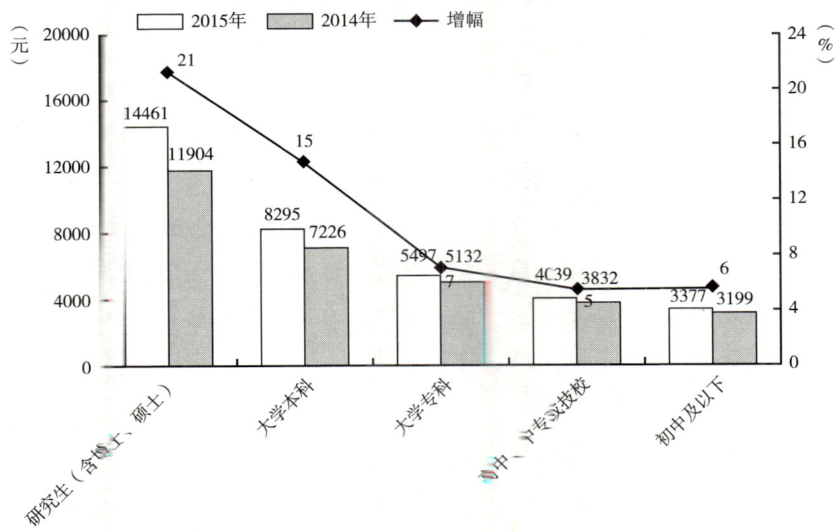

图7　不同学历平均薪酬

在高位数中，不同学历员工的薪酬同比增幅均在8%以上，增幅相对较大，尤其是大学本科学历的员工，同比增幅达到27%。学历水平越高，薪酬水平的高位数也越高，而且研究生（含博士、硕士）学历的薪酬水平高位数显著高于其他学历的薪酬高位数，达到65604元，同比增长18%。

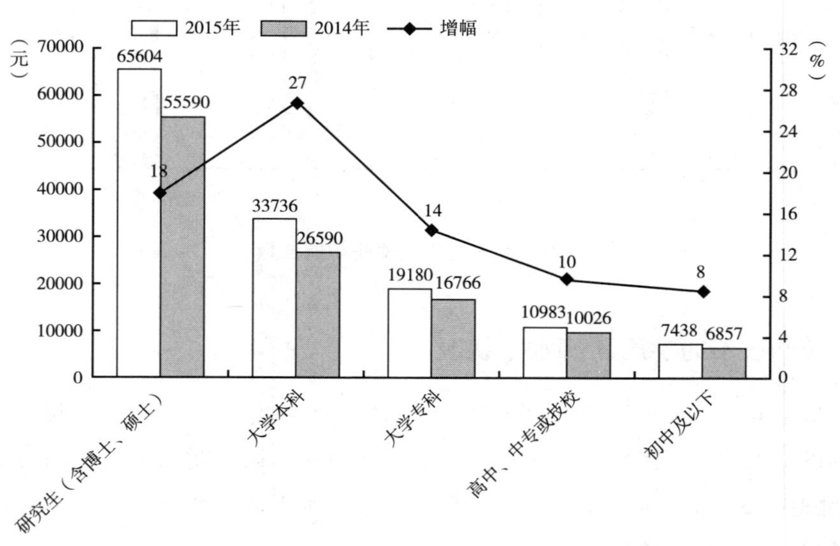

图8　不同学历薪酬高位数

中位数的变化趋势基本与平均数一致，同样随着学历水平的提升，薪酬中位数也在不断提升。大学本科及以上学历的员工薪酬水平增幅较大，均超过10%，而大学专科及以下学历的员工薪酬水平增幅相对较小，在4%～5%之间。

研究生（含博士、硕士）学历员工的薪酬低位数高于其他学历员工的薪酬低位数，但是差距相对平均数、高位数和中位数较小。从低位数的增幅来看，研究生（含博士、硕士）学历的员工最高，大学专科学历的员工最低。

（五）不同工龄薪酬水平状况

随着工龄的增长，员工的平均薪酬水平也在不断提升，11年及以上工龄的员工平均薪酬水平达到4940元，工龄1年及以下的员工平均薪酬水平为3535元。然而，不同工龄员工薪酬平均水平的增幅变化与薪酬平均水平的变化呈现不

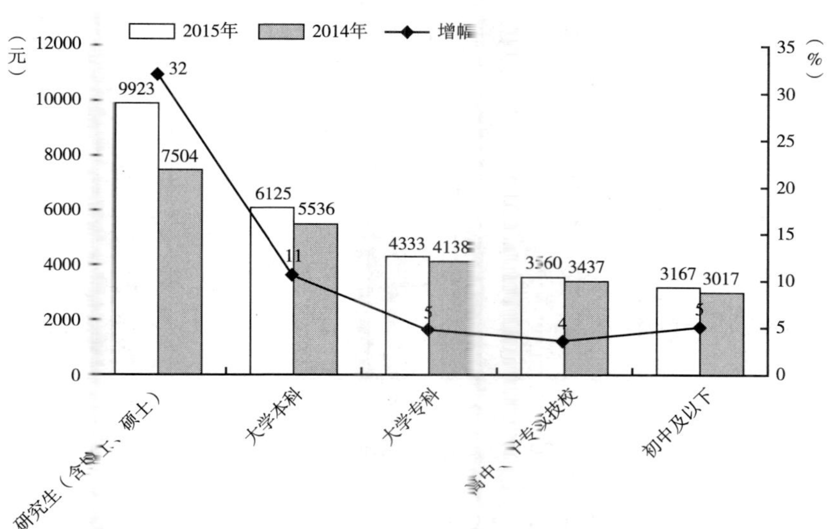

图 9　不同学历薪酬中位数

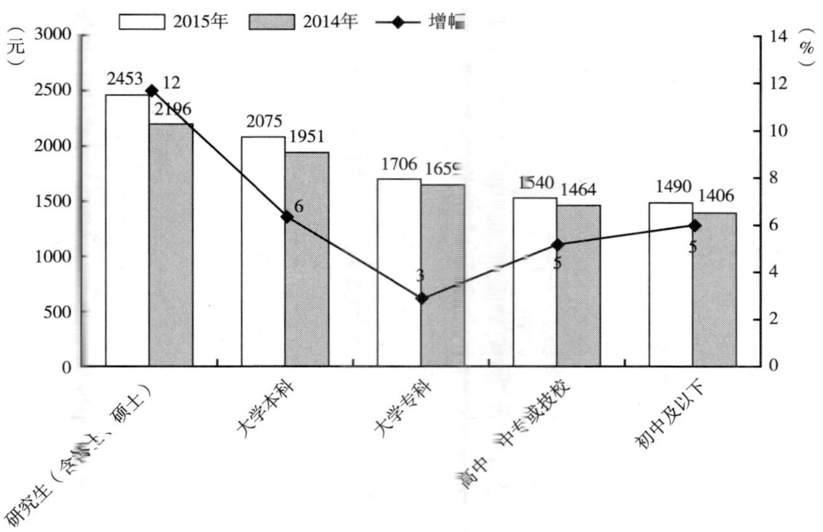

图 10　不同学历薪酬低位数

一致的趋势。1 年及以下工龄的员工薪酬平均水平同比增长 33%，增幅最高，2 年及以上工龄的员工薪酬平均水平同比增幅为 9%～11%，相对较为稳定。

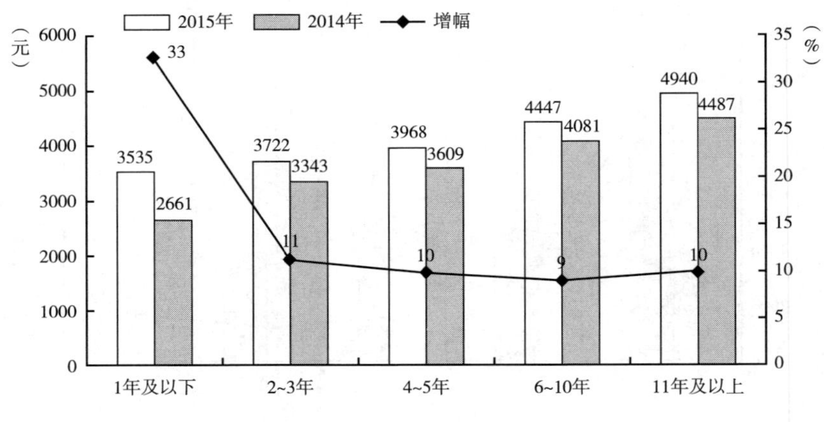

图 11　不同工龄平均薪酬

在高位数中，薪酬水平与工龄呈正比，工龄 11 年及以上的员工薪酬水平显著高于其他工龄的员工，但其同比增幅却显著低于其他工龄的员工；工龄 1 年及以下、4 ~ 5 年、6 ~ 10 年的员工的薪酬水平高位数的同比增幅为 19% 左右，相对较大。

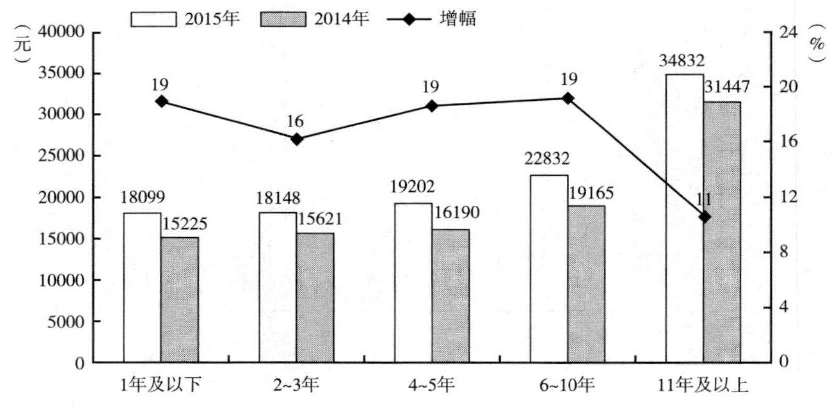

图 12　不同工龄薪酬高位数

随着工龄的增加，薪酬水平中位数也在不断增加，而且同比增幅也呈现不断增大的趋势，这与薪酬水平平均数的增幅变化趋势有所不同。即在不同工龄的薪酬水平中位数中，11 年及以上工龄的员工不仅薪酬水平最高，且同比增幅也最大。

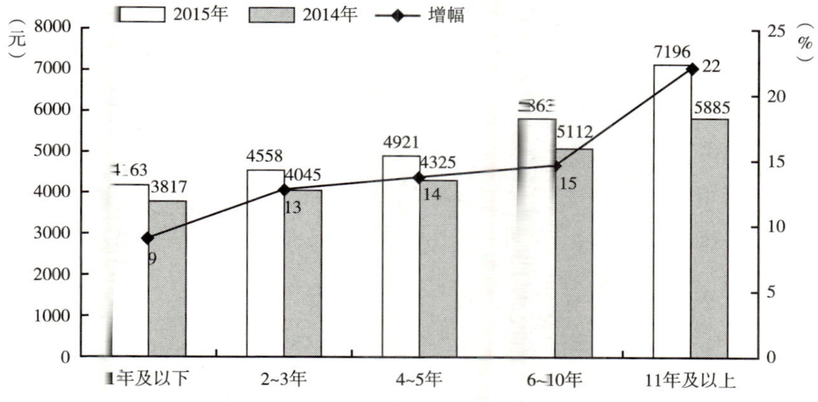

图 13　不同工龄薪酬中位数

不同工龄员工的薪酬水平低位数相差相对较小，但是同比增幅存在显著差异，其中3年及以下工龄员工的薪酬水平低位数同比增幅最大，为9%左右，4～5年工龄员工的薪酬水平低位数同比增幅相对较小，为3%。

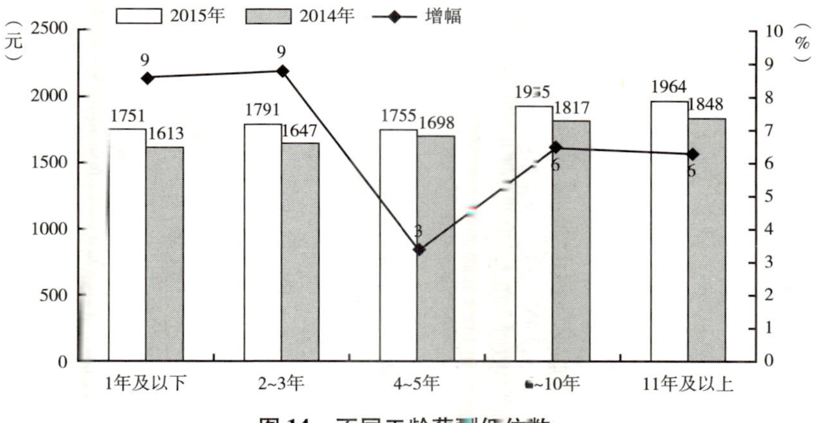

图 14　不同工龄薪酬低位数

（六）不同用工形式薪酬水平状况

合同制度用工的薪酬平均水平略高于劳务派遣用工，达到4339元，但是从同比增幅来看，劳务派遣用工的薪酬平均水平同比增长14%，比合同制度用工的同比增幅高6个百分点，两者薪酬平均水平的差距出现减小趋势。

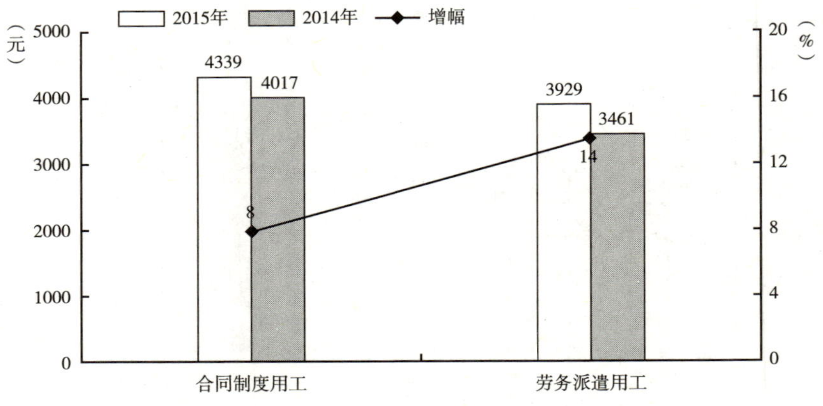

图 15　不同用工形式平均薪酬

从高位数来看，合同制度用工的薪酬水平高位数显著高于劳务派遣用工，达到 15846 元。从高位数的增长幅度来看，劳务派遣用工的同比增幅显著高于合同制度用工，两者相差 7 个百分点。

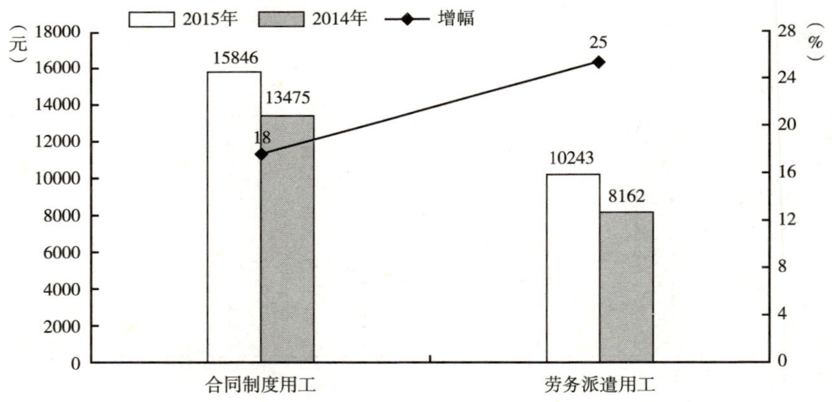

图 16　不同用工形式薪酬高位数

从中位数来看，合同制度用工的薪酬水平中位数低于劳务派遣用工，且同比增长幅度也显著低于劳务派遣用工。

从低位数来看，合同制度用工的薪酬水平低位数与劳务派遣用工相差无几。从低位数的同比增幅来看，合同制度用工出现 5% 的增长，而劳务派遣用工出现 1% 的下降。

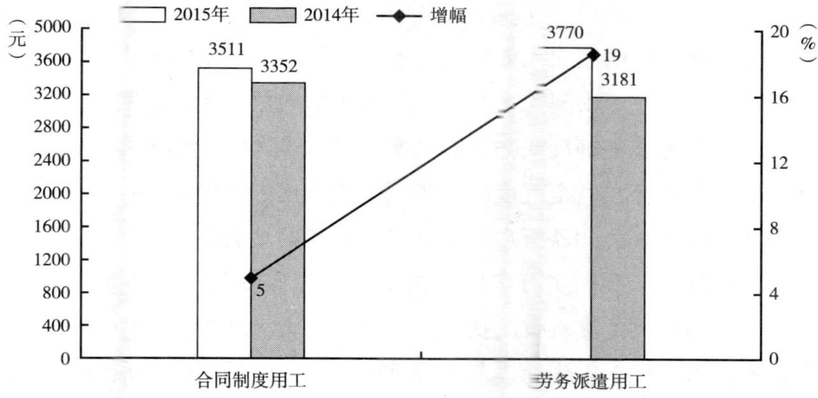

图 17　不同用工形式薪酬中位数

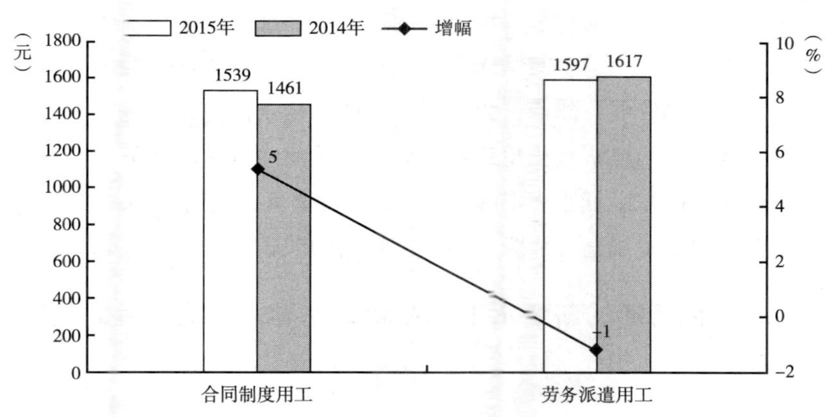

图 18　不同用工形式薪酬低位数

五　结论与讨论

（一）广东省高收入群体的薪酬增长较快，中低收入群体的薪酬增长相对缓慢，收入差距扩大

从本次的数据结果来看，广东省 2015 年的平均薪酬同比增长 8%，与同期广东省 GDP 的增幅基本一致，薪酬的增长与经济的增长在变化趋势上呈现

同步性。细分来看，薪酬水平高位数的增幅达到18%，显著大于中位数以及低位数，这一结果说明高收入群体的薪酬增长较快，而中低收入群体的薪酬增长相对缓慢，收入差距出现扩大的趋势。由于平均数易受极端数据的影响，与中位数结合使用更能准确反映数据的真实情况。本次统计结果发现，薪酬水平平均数与中位数间存在一定程度的差距，平均数比中位数高814元，这一结果进一步说明高收入人群的薪酬水平拉高了广东省的薪酬平均水平。

改革开放之后，我国实行了向东部沿海一带倾斜的“非均衡发展战略”，东部沿海地带在中央优惠政策的扶持下经济实力大大增强，与中西部地区的经济差距也在拉大。广东省作为改革开放试验区，在区域生产力布局、对外开放格局、产业结构调整、投资重点等方面，同样实施向沿海地带倾斜的优惠政策，使珠三角等沿海一带获得了前所未有的发展契机，经济容量排在全国的前列，广东省的经济建设取得了举世瞩目的成就。经济发展出现了所有制结构多样化、利益主体多样化、空间结构多样化和产业结构多样化的局面，各地区的经济都有了长足的发展。然而，由于区域间的自然条件、经济基础、优惠政策等的差异，区域间的经济差异也日益增大，区域间经济发展的不平衡也越来越严重，高收入群体与中低收入群体间的薪酬水平差距也越来越大。如何缩小收入差距、促进和谐发展已经成为当前亟须解决的问题。

（二）不同行业的薪酬水平存在较大差异，传统行业的薪酬水平相对较低

金融业，科学研究和技术服务业，信息传输、软件和信息技术服务业是广东省薪酬平均水平排名前三的行业，尤其是金融业的薪酬水平遥遥领先于其他行业；住宿和餐饮业，居民服务、修理和其他服务业，农、林、牧、渔业是广东省薪酬平均水平排名后三的行业。最高的金融业薪酬平均水平是住宿和餐饮业的3.85倍。出现不同行业的薪酬水平分布不均衡的主要原因在于虽然各行业的薪酬水平在逐年增长，但是不同行业的薪酬增长速度有显著差异，例如，金融业薪酬平均水平2015年同比增长52%，而住宿和餐饮业的薪酬平均水平同比增长2%。

薪酬水平相对较低的行业一般出现在住宿和餐饮业，居民服务、修理和其他服务业，农、林、牧、渔业等传统行业，这主要是由于传统行业基本属于劳

动密集型行业，从业人员的入门门槛较低。金融业，科学研究和技术服务业，信息传输、软件和信息技术服务业等薪酬水平相对较高的行业基本属于资金、技术、知识密集型行业，且属于发展前景较好的行业，人才需求不断增加，招聘的难度较大，相应从业人员的薪酬水平自然“水涨船高”。

（三）薪酬水平与企业规模、学历、工龄呈正比

平均薪酬水平与企业规模呈正比，大型企业的职工平均薪酬为4912元，薪酬水平分别是中型企业（4205元）、小型企业（3517元）、微型企业（3082元）的1.16倍、1.40倍和1.59倍。此外，大型企业的薪酬水平增长最快，增幅达9.08%，分别比中型企业、小型企业和微型企业的增幅高出4个、6个和10个百分点。这一结果说明大型企业的薪酬水平相比其他规模企业始终保持着一定竞争优势。

平均薪酬水平与学历呈正比，研究生（含博士、硕士）学历的职工平均薪酬最高（14461元），初中及以下学历的职工平均薪酬最低（3377元）。而且不同学历员工的薪酬增幅基本与学历呈正相关，研究生（含博士、硕士）学历的职工工资水平增长最快，同比增长21%，高中、中专或技校学历的职工工资水平增长最慢，同比增长5%。由此可看出，高低学历间的工资差距有扩大的趋势。本次数据结果显示，初中及以下学历员工的工资增幅比高中、中专或技校学历的员工高出1个百分点，这可能是由于近年来广东省企业对技工人才的需求扩大，为了缓解人力资源市场遇冷所带来的招工困难，企业可能通过采取加薪措施来保留和吸引初中及以下学历的技工人才。

随着工龄的增加，员工的平均薪酬呈上升趋势，工龄11年及以上的员工平均薪酬水平最高，1年及以下工龄的员工平均薪酬水平最低。从增长幅度来看，工龄1年及以下的员工显著大于其他工龄的员工，工龄2年及以上的员工的薪酬增幅相对稳定，保持在9%～11%，工龄1年及以下的员工的薪酬增幅达到33%。这一结果说明，虽然工龄1年及以下员工的薪酬水平相对较低，但是后续增长的空间最大。

（四）劳务派遣用工的薪酬水平与合同制度用工的差距不断缩小

合同制度用工的薪酬平均水平高于劳务派遣用工，但是薪酬水平的增幅却

显著小于劳务派遣用工，这一趋势还体现于高位数上；而在中位数上，劳务派遣用工已经超过合同制度用工，同比增幅也是如此。这一数据结果说明，劳务派遣用工的薪酬水平与合同制度用工的薪酬水平差距在不断缩小。

虽然当前的雇佣关系依旧以合同制度用工为主要形式，但是面对用工成本的不断上升，企业更多采用多种用工方式以降低用工成本。除了全职员工以外，企业更多地采用项目制用工、临时性用工、劳务派遣用工、实习生、自由职业者，在企业内部组成更加灵活的团队。随着越来越多的公司雇用是按需、按项目，同时又要降低社会保险成本及其他员工福利，未来更多的自由职业者会和全职员工一起工作。许多自由职业者在远程工作，未来一个经理不仅要能管理现场的人员，更需要管理散布在全国甚至全球的自由职业者团队。随着国内共享经济不断蔓延，滴滴打车、人人物流等新兴互联网产品出现，越来越多的员工会加入多元化选择工作、随意支配碎片时间的队伍。相信未来劳务派遣用工的薪酬水平与合同制度用工的薪酬水平的差距将会继续缩小。

参考文献

王伟：《广东省劳动力成本上升对产业结构升级的倒逼效应研究》，广东财经大学硕士学位论文，2015。

马赫、易云卿、倪小明、罗瑞娇、陈琳、高胜：《南方人才 2014 ~ 2015 年度广东地区薪酬调查报告》，广东省人民出版社，2014。

马赫、董淑娟、易云卿、倪小明、陈琳、田文娜：《南方人才 2015 ~ 2016 年度广东地区薪酬调查报告》，广东省人民出版社，2015。

广东省人力资源和社会保障厅：《2016 年广东省人力资源市场工资指导价位及行业人工成本信息》，2017。

中华人民共和国国家统计局：《国民经济行业分类》（GB/T 4754 - 2011），2011。

中华人民共和国国家统计局：《关于印发统计上大中小微型企业划分办法的通知》，2011。

张瑾、王磊、吴婧：《人力资源薪酬福利的管理思路与实践方式》，《企业改革与管理》2016 年第 20 期。

王飞：《浅议人力资源中绩效与薪酬福利管理研究》，《商场现代化》2016 年第 13 期。

区域人力资源市场

Regional Human Resources Market

B.15 京津冀人力资源跨区域流动配置绩效评估报告

刘青田　杨　亮　杨惠贤*

摘　要： 2014年，京津冀协同发展上升为国家重大发展战略，2015年4月，《京津冀协同发展规划纲要》确立了战略实施的总体方针。为客观评价区域人力资源配置状况，课题组对京津冀三地组织、人社、发改、科技和教育部门进行了系统调研，编制针对性问卷，面向三地重点企业、人才和专家学者开展调查，并构建专门模型对人力资源跨区域流动配置的绩效进行评估，在此基础上提出了推进人力资源跨区域流动配置的基本思路和DSO实现路径。DSO路径从需求（Demand）、保障（Security）、机会（Opportunity）三方面给出了策略指导，共

* 刘青田，学士，中国北方人才市场副总裁，高级政工师；杨亮，博士，工商管理在站博士后，研究方向为人力资源管理、区域协同创新、政府管理；杨惠贤，MBA，中国北方人才市场人力资源部，经济师。

包含9大类25项具体措施，涵盖60个政策点。

关键词： 跨区域　流动配置　京津冀

2014年，京津冀协同发展上升为国家重大发展战略，2015年4月，《京津冀协同发展规划纲要》确立了战略实施的总体方针。为客观评价区域人力资源配置状况，课题组对京津冀三地组织、人社、发改、科技和教育部门进行了系统调研，编制针对性问卷面向三地重点企业、人才和专家学者开展调查，并构建专门模型对人力资源跨区域流动配置的绩效进行评估，在此基础上提出了推进人力资源跨区域流动配置的基本思路和DSO实现路径。DSO路径从需求（Demand）、保障（Security）、机会（Opportunity）三方面给出了策略指导，共包含9大类25项具体措施，涵盖60个政策点。实际操作中，DSO路径遵循资源配置相对均衡原则，强调人力资源流动配置的先行先试、重点突破与有序推进，以此形成与京津冀协同发展相适应的人力资源一体化生态环境。

因此，为客观评估京津冀人力资源跨区域流动配置绩效水平，课题组在充分调研论证的基础上，构建了契合京津冀区域发展特点的评价模型，确定了主要指标参数。我们依据模型评估三地现有人力资源尤其是人才的流动配置状况，同时对人力资源的流向及影响因素进行系统分析，在此基础上推断了影响人力资源跨区域流动配置的深层次原因。

一　评价模型构建与指标选取

现有研究成果多采用常规统计指标或简要人才工作数据对京津冀人力资源流动状况进行评价，从不同角度真实反映了区域人力资源流动的积极成效，具有积极的参考价值。但人力资源跨区域流动配置的基础、动因、流向以及协同效应等动态变化情况却未予更充分的表现。基于此，课题组在借鉴现有研究成果的基础上，根据京津冀发展特点，设计了针对性调查问卷，2016年8～11月在三地进行了深入调研，构建了反映区域人力资源配置动态变化与绩效水平的评价模型与指标体系。评价模型包括5类一级指标14个二级指标（见表1），从人力资源流动的现实基础、利益导向、顺畅程度、流动载体和协同效应等方面对人力资源跨区域流动配置进行系统评估。

（一）基础类指标

基础类指标衡量人力资源流动的现实基础，包括3项二级指标，其中，人力资源结构衡量人力资源流动的历史存量，反映三地人力资源流动的资源配置基础；产业人员比和产业结构比衡量产业梯度差，反映三地人力资源流动的产业合作基础。

（二）利益类指标

利益类指标衡量人力资源流动的动因与方向，包括3项二级指标，其中，在岗职工平均工资表征人力资源个体流动倾向；市场主体参与度表征人力资源的市场化流动；科技成果区域内转化反映人力资源尤其是高层次人才的市场化流动。

（三）顺畅性指标

顺畅性指标衡量人力资源流动的潜在成本，包括3项二级指标，即协议落实程度、政策衔接程度和统筹协调力度，均为定性指标。

（四）平台类指标

平台类指标衡量人力资源流动的机会与渠道，包括4项二级指标，其中，科技创新平台反映体制内创新人才流动；人才聚集平台反映体制外创新创业人才流动；合作项目平台衡量规模较大的人力资源流动；人力资源服务平台反映人力资源市场化服务水平。

（五）协同类指标

协同类指标衡量人力资源流动的效应与变动趋势，包括2项二级指标，其中，区域创新协同度测度区域整体创新能力的协同程度；人力资源协同度测度人力资源流动配置对区域经济增长的贡献。

表 1　京津冀人力资源跨区域流动配置绩效评价指标体系

指标属性	二级指标	北京		天津		河北		京津冀	
		2014 年	2015 年	2014 年	2015 年	2014 年	2015 年	2014 年	2015 年
基础类	人力资源结构	—	615∶1186	241∶877	255∶897	—	780∶4212	—	—
	产业人员比	4.5∶18.2∶77.3	4.2∶17.0∶78.8	7.7∶38.9∶53.4	7.4∶35.7∶56.9	33.3∶34.2∶32.5	33.0∶34.1∶32.9	—	—
	产业结构比	0.8∶21.3∶77.9	0.6∶19.7∶79.7	1.3∶49.1∶49.6	1.3∶46.5∶52.2	11.7∶51∶37.3	11.5∶48.3∶40.2	—	—
利益类	在岗职工平均工资	103400	113073	73839	80090	46239	52409	—	—
	科技成果区域内转化	2500/55.7	2565/89.4	6986/151.15	5921/296.63	—	—	—	—
	市场主体参与度	1532	2256					—	—
顺畅性	协议落实程度	—		—		—		深度、广度及效果有待加强	
	政策衔接程度	—		—		—		人才评价、社保等有待完善	
	统筹协调力度	—		—		—		有待进一步加强	
平台类	科技创新平台	—	2190	—	1324	—	955	—	—
	人才聚集平台	10502	11656	1688	2309	1293	1680	—	—
	人力资源服务平台	—	1197	409	425	—	973	—	—
	合作项目	—	—	1307/1493.36	857/1739.29	—	—	—	—
协同类	区域创新协同度	—	—	—	0.0485	0.0426			
	人力资源协同度	—	—	—	33.33	33.71			

注：①人力资源结构——人才总量与从业人员比例，数据来源于三省（市）委组织部。②科技成果区域内转化——北京数据为中关村流向津冀技术合同及金额，数据来源于中关村管委会。③市场主体参与度——北京数据为中关村在津冀两地累计设立分支机构数，数据来源于中关村管委会。④科技创新平台——包括重点实验室、企业重点实验室、工程研究中心、工程技术中心、企业技术中心、博士后科研流动站和博士后科研工作站 6 类省部级（及以上）研发平台，数据来源于三省市科技厅（委）、工信委、人社厅（局）。⑤人才聚集平台——高新技术企业数，数据来源于三省市科技厅（委）。⑥人才服务平台——人力资源服务机构数，数据来源于三省市人社厅（局）。⑦合作项目——天津数据为本市引进承担的北京、河北项目数，数据来源于《2015 年天津市国民经济和社会发展统计公报》。⑧区域创新协同度——区域整体创新能力协同程度，采用复合系统协同度模型测算，数据来源于《京津冀区域协同创新能力测度与评价》。⑨人力资源协同度——区域现有人力资源配置对经济增长的贡献，采用回归分析法测算，数据来源于三省市统计年鉴。

二　三地人力资源流动配置绩效评估

根据评价模型系统分析京津冀人力资源跨区域流动配置绩效，得到6方面结论。

（一）人力资源跨区实际流动性不足

京津冀三地存在明显的产业和技术梯度差，产业竞争合作紧密度不强，客观上造成人力资源流动的市场需求不显著，导致人力资源尤其是人才的现实流动性不足。从产业结构来看，三地产业发展阶段和主导产业存在较大差异，北京进入后工业化阶段，以服务经济为主导，天津处于工业化阶段后期，在技术资金密集型研发制造业方面具有优势，河北处于工业化阶段中期，以资金资源密集型产业为主，产业的现实差异制约了三地产业形成竞争合作优势，进而冲淡了人力资源的市场化流动需求。从技术梯度来看，以对人才有高吸附力的高技术制造业为例，2014年，京津高技术产业相似度为0.67[①]，京冀为0.55，津冀为0.43，梯度差致使三地高技术产业竞争合作不足，从而导致人力资源流动需求不旺。

（二）现有及潜在人才单向流动明显

京津尤其是北京由于拥有更多各类优势资源，发展环境更加优越，长期吸引各地高层次及紧缺人才尤其是津冀人才聚集，大学生等潜在人才为获得更多机会或更好教育资源也更倾向于向北京流动，形成了明显的人才单向流动，也即北京的“虹吸效应”。2015年，北京人才总量达615万人，人才密度为5185人[②]；天津人才总量为255万人，人才密度为2843人；河北人才总量为780万人，人才密度为1851人，在区域中最低。这种人略低发展环境向更高发展环境的单向流动，多表现为人才个人追求更好发展待遇实现自身价值的主动流动。以职工平均工资为例，2015年，北京是天津的1.4倍、河北的2.2倍，数

① 依据联合国工业发展组织（UNIDO）产业结构相似系数测算，数据来源于《中国高技术产业统计年鉴2015》。

② 人才密度为每万名从业人力资源中的人才数量。

额分别相差 3. 3 万元和 6. 1 万元，这种收入差别无形中对现有和潜在人才的流动心理预期产生重要影响。

（三）人力资源市场化流动配置不足

市场化流动比个人流动具有更大的配置效果。作为市场的主体，三地企业的参与度仍显不足。科技成果跨地区转化和产业化可带动大量人力资源尤其是高层次人才的市场化流动，但三地科技成果在本区域内跨地区转化的数量偏少。2015 年，中关村输出技术合同 46874 项，成交额 2905. 5 亿元[①]，其中超过 80% 辐射到京外地区，但流向津冀仅 2565 项，成交额 89. 4 亿元，所占份额偏低，更多的技术合同则流向了福建、广东等地。2015 年，天津技术合同流向外省市 5921 项，合同金额 296. 63 亿元，但流向河北的比例很小。由于地区发展差异，科技成果跨地区转化所产生的市场化人才流动方向性明显，多表现为较发达地区向欠发达地区的流动。

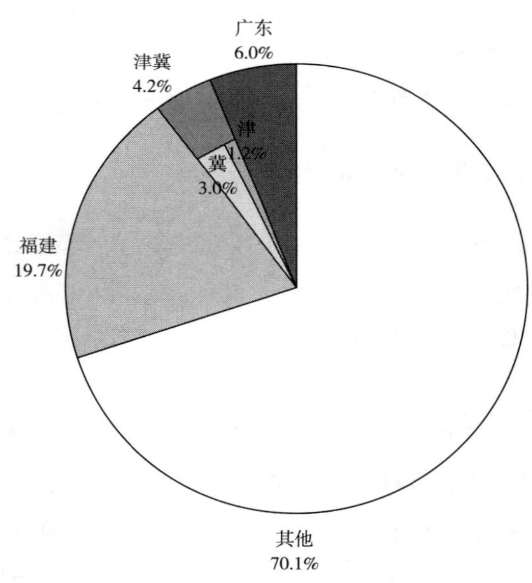

图 1　中关村技术合同流向分布

① 占北京市技术合同成交总额的 84. 2%。

（四）人力资源跨区流动顺畅性不够

区域内政策互通、服务共享是人力资源流动的基础与保障，在中央和三地有关部门的共同努力下，京津冀区域内人才相关政策、公共服务与市场化服务逐渐对接并趋于统一，但在一些方面仍不尽完善，增加了人才跨地区流动的成本。调研显示，部分企业、专家和人才认为三地间人才协议落实的深度和广度仍须加强，需要更加注重效果和基层执行力度；区域内地区间关乎人才流动成本的某些配套政策衔接性较差且推进速度缓慢；此外，三地间对人才重大问题的统筹协调力度不够强大，导致三地间对人才重大问题的交流不充分，解决不及时，缺乏更大范围的人才合作。

（五）人力资源跨区流动的平台不足

各类平台是人力资源流动的通道，也是人力资源最终依附的载体，平台丰富则蕴含着大量的流动机会。调研显示，相较于体制内人才，体制外人才数量更多，这些人才的流动往往发生于市场企业间。以高新技术企业为例①，2015年，北京高新技术企业有11656家，全年北京新增从业人员29.4万人，仅中关村企业②即新增28.9万人，其中本科以上17.8万人，可见北京凭借其高新技术企业聚集了大批人才；而津冀分别拥有高新技术企业2309家和1680家，仅占全国总量的2.92%和2.13%，远低于北京14.75%的占比，天津高新技术企业中小型民营企业为828家，占35.86%，高新技术企业数量和规模的不足一定程度上制约了人才向津冀的跨区域流动。人力资源服务机构在人才跨区流动配置中发挥着重要作用，但目前三地人力资源服务机构数量偏少、分布不均，实力亦不十分雄厚。

（六）人力资源配置协同效应不显著

京津冀人力资源流动配置的最终目的在于促进三地经济社会的协同发展，

---

① 由于特定的认定标准，高新技术企业吸附人才的作用更加明显。以天津为例，2015年，高新技术企业从业人员中大专以上占比达62.21%，其中，本科占34.60%，硕士占5.94%，博士占[illegible].42%。

② 其中国家级高新技术企业6000余家。

而协同会产生规模经济效应、范围经济效应、纵向一体化效应、资源互补效应等多种叠加效应，最终实现 1 + 1 + 1 > 3 的效果。从人力资源协同度来看，协同增长系数逐年增加，表明三地人力资源流动配置状况在逐渐向好，但三地协同增速却存在波动，未呈现持续上涨势头，这与京津冀协同发展上升为国家战略后三地的密集工作举措相比不尽合拍，反映出三地人力资源跨区域流动配置仍存在一些深层次问题。

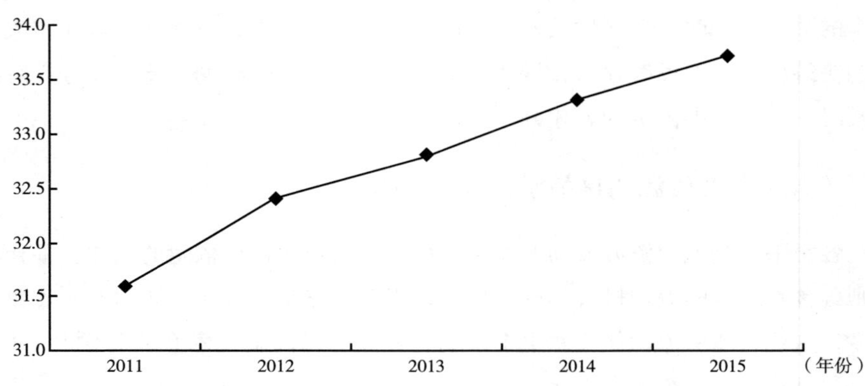

图 2　京津冀三地人力资源协同增长系数

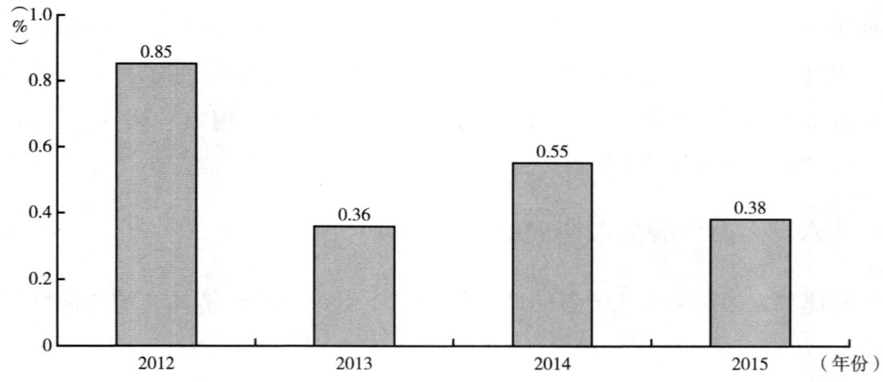

图 3　京津冀三地人力资源协同增速

三 影响人力资源流动配置的深层次原因

京津冀人力资源流动配置的绩效表现，反映出三地人力资源尤其是人才在跨区域流动配置时存在深层次的影响因素，主要包括三个方面。

（一）利益分享机制不健全，导致人才不愿流动

现有资源配置布局和人才流动倾向，凸显了京津冀区域人才流动配置的“马太效应”，更从本质上体现了市场经济中生产要素配置的博弈原则——利益。这个原则影响着人才个人的流动，而对市场主体的影响则更为深刻。2015年，中关村上市企业对外辐射收入近1.7万亿元，而来自津冀的份额却很小，这为中关村企业远赴长三角珠三角布局和技术输出提供了可信的解释。但现实中，京津冀尚未建立科学可行的利益分享机制，三地对非利益性事件共同愿景清晰，而对税收、财务、政绩考核等利益事件却各守“一亩三分地”，缺乏合作信心与长远规划。

（二）体制机制仍存在障碍，导致人才不能流动

三地人力资源流动配置合作的部分内容如人才双向流动、兼职兼薪、教师医生多点执业等仍处于概念阶段或文件层面，实际操作上难以实现，导致部分在宏观上有利于三地发展却与地方利益相冲突的政策措施落实不力。同时，京津冀三地人才流动配置的许多问题受到国家行政力量制约，目前三地组织部门牵头合作的协调推进机制在突破重大体制机制问题方面缺乏足够力量，优化人力资源配置的部分症结问题难以破解。凡此种种，于无形中增加了人才的顾虑、束缚了人才的流动，使得人才实际上不能流动。

（三）多中心治理模式缺失，导致人才无机会流动

人才个体的主动流动具有随机性而难以管控，因此，三地推进人才流动配置的重点在于市场化人才流动。京津冀主要文化形态表现为行政文化，政府对资源控制能力强，除了国家层面的强力推动外，三地政府的有效工作抓手却显不足。同时，随着京津冀区域内民营经济蓬勃发展，其推动人力资源流动配置

的作用越发重要，但因比重较低，短时间内尚难以成为领导力量。由政府、企业、第三方组织（中介组织、行业协会、社会团体）等利益相关者共同参与的多中心治理模式的缺失，造成区域内承载人力资源流动的资源不足且分布不均，人力资源缺乏流动的机会。

四 推进京津冀人力资源跨区域流动配置的思路对策

新常态下，更有效地推进京津冀人力资源跨区域流动配置，坚持市场供需导向，以产业、园区、项目、技术为依托，综合运用市场驱动、产业带动、行业促动和政府推动多种手段，构建市场主导、政府协调、第三方促进的人力资源流动配置机制。在具体操作上，可依据人力资源流动配置的 DSO 模式，推进三地人力资源跨区域流动配置。

（一）健全利益分享机制，激发流动需求

1. 探索区域利税分配改革试点

建议财政部、国税总局指导京津冀研究制定跨区域税收核算与转移支付办法，以利税分配改革为突破口，在京津冀区域内试行存量不变、增量分成的财税体制，破解企业研发营销总部与生产基地分离、总部经济与异地纳税产生的税收与税源背离难题，激发三地产业对接合作积极性，为区域协同发展提供动力。

一是探索利益分享机制。每年从京津冀产业园区产生的增值税、营业税、企业所得税中提取 10% 作为园区发展基金，增值税、营业税、企业所得税地方留成部分按三地投资比例分成，房产税、土地使用税等归园区所在地政府。

二是扩展税务新政范围。延长中关村先行先试税收政策期限，并将适用范围扩展至首都国际机场临空经济区等符合条件的区域。对中关村示范区、天津自贸区、京津冀产业园区互联网金融企业和中小型科技创新企业取得的贷款利息收入，免征企业所得税、营业税和增值税等。

三是推进税务规范统一。探索建立区域一体化的税收行政审批目录，纳税人在区域内迁移或者开展跨省市业务，税务办理程序由注销改为变更，推进审批事项、环节和流程规范统一。完善税收征管法中对地域管辖、级别管辖及管

辖权争议的厘定，清理地方“即征即退”“财政返还”等招商引资政策，允许地方性税收在京津冀区域内自由划拨，避免恶性竞争。

2. 完善区域资源协同共享布局

根据京津冀三地发展定位，优化区域资源分布，营造优势互补、分工协作、协调发展的要素流动格局，推动人力资源跨区域流动配置。

一是推进产业资源协同。结合三地发展定位和疏解北京非首都功能需求，理顺产业发展链条，推动产业转移承接，促进产业链与人才链的深度融合。建立疏解北京非首都功能产业承载地人才吸附机制，人才待遇看齐疏解地，并适当给予特殊支持政策。

二是深化技术资源协作。制定鼓励科技成果转移转化收入分配和股权激励方案，建立京津冀知识产权风险补偿和保护协同联动机制，扩大区域内科技成果使用、处置和收益管理改革试点范围。建立统一开放的区域技术交易市场，鼓励中关村在天津、河北建立技术成果转化基地，形成京津冀技术人才协同创新示范效应。

三是加快公共资源协调。建立京津冀高校招生计划方案互通和动态调节机制，实施区域内大学生定向培养和联合培养，调节潜在人才资源流动倾向。鼓励北京地区医院与津冀医院开展合作，为人力资源流动配置提供更好的公共服务。

3. 提高跨区流动人才收益水平

人才流动的“势能效应”和“环境效应”表明，高层次人才因属于稀缺资源而具备高“势能”，通过流动能够获得较高个人效益，为实现自我价值获得人格尊重，他们总是朝着综合环境更好的地区流动。因此，提高个人收益水平对于促进人才跨区域流动至关重要。

一是改善刚性人才预期收益。通过提高人才工资性收入水平或给予社会地位、提供发展平台等途径，改善人才综合收益，引导人才向欠发达地区刚性流动。

二是落实柔性人才兼职兼薪。制定推行鼓励京津冀区域内人才兼职兼薪政策，促进院士专家等高层次人才柔性流动并按规定获取报酬。建立区域内人才柔性使用管理办法，对向区域内欠发达地区柔性流动的人员给予适当补贴和职级职称晋升方面的政策倾斜。

（二）优化人才政策体系，完善流动保障

1. 扩大区域创新性政策覆盖范围

推进中关村人才创新政策、天津自贸区政策向津冀更大范围复制、推广，加快三地人才政策共享，实现三地创新政策均等化。

一是扩大中关村创新创业政策辐射区域。将中关村创新创业政策辐射到京津冀区域内高新技术产业园区及重点承接平台，实现优惠政策、产业需求、人才信息等方面的互通共享。

二是扩大京津冀先行先试政策辐射区域。切实推动京津冀先行先试政策覆盖石保廊，将天津自贸区政策延伸至新机场临空经济区和曹妃甸经济区，将中关村自主创新政策延伸至石保廊国家经济开发区。

三是推广通武廊先行先试改革成功经验。积极推进通武廊区域人才一体化发展改革试验，在区域人才发展战略规划、政策体系、管理体制和收益共享的统筹协调与融合互动等方面先行先试，三地根据实际需要进行拓展。

2. 优化人才一体化社会保障体系

结合京津冀医疗社保的差异化定位和个性化特征，搭建互联互通、高效便捷的人力资源社会保障对接机制，以市场化为导向进行相关基础设施建设和运营，建立总体统一、细节有别的区域人才一体化社会保障体系。

3. 优化人才一体化公共服务体系

开展区域内人才公共服务标准化，通过推进人才社会化评价、完善人才法制保障、创新人才管理方式，提升服务水平，降低跨区域流动成本，解除人才后顾之忧。

一是健全人才流动立法。提升人才流动法律规范层次，将人才流动法律条款纳入国家基本法律体系，加快充实完善国家行政法规、京津冀地方法规或部门政策中的相关内容，增强人才流动法规的全面性、系统性和针对性，扩大覆盖面，增强可执行度。

二是打造区域人才绿卡。统筹三地政策资源，研究制发京津冀人才“绿卡”。针对区域内流动的国家级和省市级人才，发放人才“绿卡”，持卡人可在三地重点城市享受“绿卡”规定待遇，包括落户、子女入学、出入境、社会保障等相关优惠政策。

三是优化外籍人才服务。探索建立京津冀外籍人才管理改革试点，研究制定居留、就业、出入境等相关办法，推动信息互联互通，实现区域内外籍人才科学化管理。

（三）培育多元治理模式，创造流动机会

1. 加强政府统筹协调

厘清政府与市场作用边界，找准政府服务定位，强化政府统筹推动和宏观调控能力与手段，引导人力资源科学有序流动。

一是建立央地结合指导协调工作机制。由中组部、人社部牵头，成立相关部委和三地省（市）委、省（市）政府参加京津冀人才一体化发展工作小组，明确各方职责，协调解决跨区域部门重大事项。建立四级协调机制，第一层为京津冀主要领导磋商会，第二层为京津冀分管副省（市）长座谈会，第三层为43城区市区长协调会，第四层为部门间专题会议，形成会商—协调—决策—执行四级递进，推动重大事项落实。

二是建立京津冀人才一体化专项基金。由三地政府联合主导，并积极引入市场风投机构，激活民间资本，鼓励科技创新。面向区域人才一体化发展涉及的基础设施建设、公共服务能力提升、产学研项目合作、一体化对外引才等人才智力合作项目提供资金支持。

三是丰富政府调控人力资源流动手段。创新发展“天津市‘千企万人’支持计划”，并在京津冀区域推广，鼓励企业依托研发平台，集聚高层次人才，引导高层次人才尤其是体制内人才向津冀刚性柔性流动。有序推进北京非首都功能疏解，深化三地产业转移承接，促成更多合作达成、项目落地。

2. 壮大市场配置力量

企业是市场活动的主体，坚持“产业第一，企业至上”的理念，发展壮大市场资源配置力量，充分发挥市场配置资源的决定性作用。

一是优化中关村企业京外域内布局。鼓励中关村企业在区域内跨地区设立分支机构，符合条件的企业在跨省市迁移时，由承接地税务机关认可，不再进行资质审批。津冀进一步优化环境，吸引承接更多北京企业落户，促进人才、资金、技术跨区流动。

二是壮大京津冀高新技术企业力量。进一步完善高新技术企业备选企业分

析培育数据库，针对备选企业实际制定“一企一策”，精准帮扶企业补足短板，扩大高新技术企业备选企业基数。及时兑现财税优惠政策，减轻企业负担，省市（区）县制定针对性服务政策，对发展较好的高新技术企业进行重点培养，扩大高新技术企业规模。

三是扩大京津冀三地企业项目合作。鼓励三地行业领军企业开展项目合作，向津冀延伸产业链条，共同开展投资，设立实体机构，进行技术创新，以具体合作项目为抓手，带动区域人力资源充分流动。

3. 建设人力资源大市场

出台《京津冀人力资源市场条例》，破除区域市场分割和地区封锁壁垒，创新市场服务方式，形成统一规范灵活的人力资源大市场，促进人力资源跨区域流动配置。

一是打造区域人力资源市场示范区。加快区域人力资源市场标准化建设，统一服务产品、服务标准、业务规范和监督管理。建设区域统一的人力资源服务数据平台，促进人力资源市场互联互通、信息共建共享。

二是促进区域人力资源服务业发展。制定区域人力资源服务产业扶持政策，给予各方面支持，推动人力资源服务产业发展。扩大京津冀人力资源市场对外开放与交流合作，引导机构与国际知名人力资源机构开展合作。鼓励以政府购买服务形式，支持机构开展高级人才寻访活动，建立京津冀人力资源服务业协会，有序推动行业协会承接政府人才管理职能转移及权力下放。

三是建设区域人力资源服务产业园。依据京津冀协同发展功能定位，形成“一区多园”的差异化人力资源服务业聚集模式。完善产业园管理建设，增强产业园培育、孵化、展示、交易功能，指导三地服务业创新发展。制定产业园扶持政策，围绕各产业园人力资源服务业聚集形态及业务特征，给予产业化、多层次扶持。

四是开展区域人力资源大数据应用。运用大数据、云计算对区域人力资源需求、流动、培养、配置等进行监测、评估和数据发布。围绕区域重点产业和战略性新兴产业需求，基于大数据形成京津冀紧缺人才需求目录，并在全球发布纳贤。

B.16
北京市人力资源市场供求形势分析

北京市职业介绍服务中心*

摘　要： 为促进北京市人力资源的有序流动，有针对性地开展公共就业服务，在综合人力资源市场相关调查数据的基础上，对2016年上半年全市人力资源市场供求形势进行了分析。分析结果显示，从总量看，用人需求减少。2016年上半年全市企业预计净增用人需求岗位47.9万个，同比减少8.3万个；从结构看，用人需求结构优化。高关行业用人需求占比提高，为55.5%。对“专业技术人员”的需求最大，占需求总量的40.5%。

关键词： 人力资源市场　用人需求　北京

为促进北京市人力资源的有序流动，有针对性地开展公共就业服务，我们在综合“2016年上半年单位用人需求调查①”（以下简称“单位用人需求调查”）和“2015年12月北京市劳动者就业状况抽样调查②”的相关数据基础上，对2016年上半年人力资源市场供求形势进行了初步分析和研判。

---

* 执笔人：宋晔、张涛、王凯。

① “2016年上半年单位用人需求调查”，调查范围为北京市辖区内各类用人单位，涉及全市16个区及经济技术开发区7000余家单位。其中，用人规模在200人以上的单位全部调查，约4000家；用人规模在200人以下的单位进行抽样调查。调查内容主要是了解各类单位用人现状，预测2016年上半年用人需求情况。

② “2015年12月北京市劳动者就业状况抽样调查”是面向本市实有人口开展的，调查对象包括本市户籍人员和外省市户籍人员，调查范围覆盖全市16个区及经济技术开发区，调查样本量为5000个。

一 基本情况

2016 年上半年北京市人力资源市场供求情况显示，本市企业单位上半年预计净增就业岗位 47.9 万个，比 2015 年同期减少 8.3 万个，企业用人需求增速放缓。

二 需求特点

（一）企业用人需求增速逐年放缓

单位用人需求调查数据显示，企业预期岗位净增率①为 5.3%，呈现逐年下降态势。

从企业用人需求数量看，2016 年上半年企业单位增加岗位 47.9 万个，同比减少 14.8%②。从各行业用人需求增速看，近 4 年首次有行业同比出现负增长，为“采矿业”（-1.1%）和“电力、热力、燃气及水的生产和供应业”（-0.8%）（见附表 1）。从企业对未来经营预期看，2016 年上半年企业预期经营状况良好率为 31.2%，总体呈下降态势，并处于近 4 年同期最低水平，具体如图 1 所示。人力资源市场相关数据表明，北京市经济下行压力正持续加大。

（二）单位用人需求结构持续优化

从产业分布看，第三产业用人需求占比逐年提高。单位用人需求调查数据显示，三次产业用人需求占比为 1.5∶16∶82.5。第二产业呈逐年下降态势，2016 年上半年较 2013 年上半年降低 17.6 个百分点；第三产业呈逐年上升态势，2016 年上半年较 2013 年上半年上升 17.9 个百分点，如图 2 所示。

---

① 净增率是指下期预计岗位净增量与本期末从业人数的比值。

② 2015 年上半年企业单位增加岗位 56.2 万个，2016 年上半年企业单位增加岗位 47.9 万个，比 2015 年上半年减少 8.3 万个。

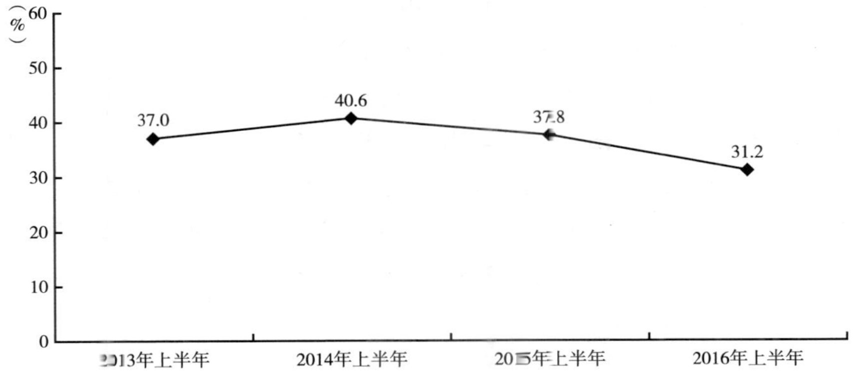

图1　2013 年上半年至 2016 年上半年企业预期经营状况良好率

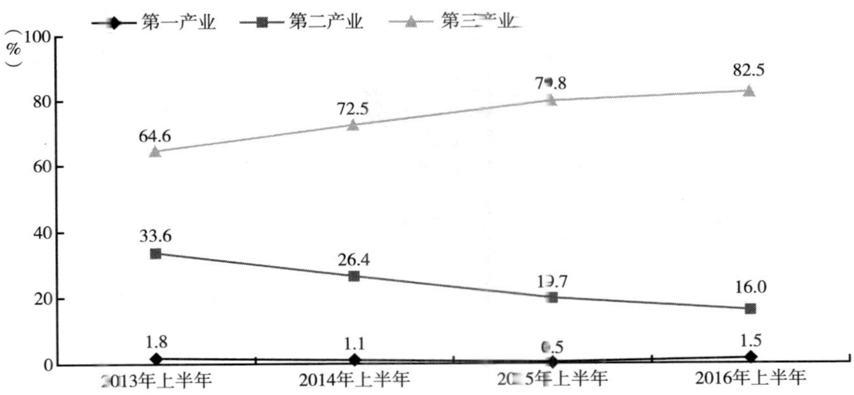

图2　2013 年上半年至 2016 年上半年三次产业用人需求占比变化

从产业结构变化速度看，2014 年上半年至 2016 年上半年，第二产业下降态势趋缓，同比分别减少 7.2 个、6.7 个、3.7 个百分点；第三产业上升态势趋缓，同比分别增加 7.9 个、7.3 个、2.7 个百分点。2016 年上半年二产中用人需求增量最高的“制造业”（13.5%）用人需求占比与 2015 年同期（13.3%）相比基本持平。三产涉及的 15 个行业中，只有 5 个行业与 2015 年相比变化明显，分别为“信息传输、软件和信息技术服务业”（20.4%），同比提高 2.7 个百分点，“科学研究和技术服务业”（9.4%），提高了 2.2 个百分点，“住宿和餐饮业”（5.3%）降低了 1.8 个百分点，“房地产业”（4.9%），降低了 1.6 个百分点，“租赁和商务服务业”（12.6%），降低了1.2个百分点。

从行业分布看，新兴行业[①]用人需求占比提高，禁限行业用人需求占比下降。单位用人需求调查数据显示，新兴行业用人需求占比为55.5%，同比（55%）上升0.5个百分点，用人需求增速为6.3%，高于全市平均水平（5.3%）1个百分点；《北京市新增产业的禁止和限制目录（2015年版）》所划定的“禁止新增和限制新增”行业（以下简称“禁限行业”）用人需求占比为27.3%，同比（30.6%）下降3.3个百分点，用人需求增速为4.1%，低于全市平均水平（5.3%）1.2个百分点。

2016年上半年，从职业结构看，“专业技术人员”需求占比稳步提高。单位用人需求调查数据显示，企业对“专业技术人员”的用人需求占比最高，为40.5%（见图3）。

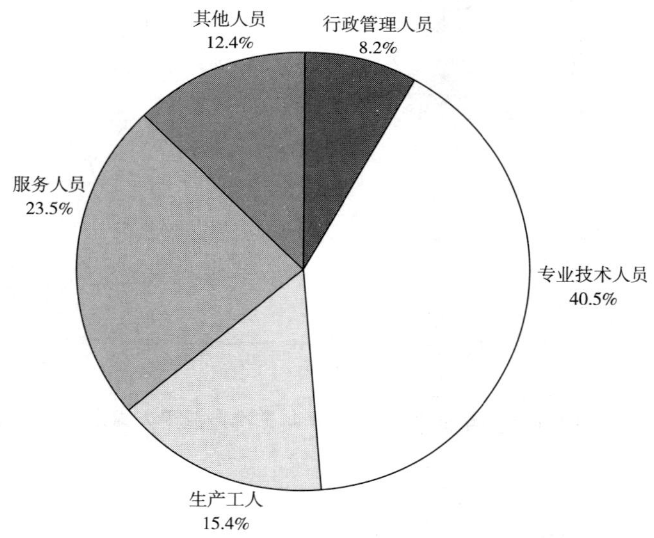

图3　2016年上半年企业单位需求职业类型情况

① 本报告中新兴行业为《北京统计年鉴》中“部分新兴产业增加值”中新兴产业（部分新兴产业包括文化创意产业、信息产业、高技术产业、现代制造业、现代服务业、生产性服务业、信息服务业和物流业）所划定的行业扣除《北京市新增产业的禁止和限制目录（2015年版）》涉及的行业后，得到的与禁限目录不冲突的行业。

从历史数据看，企业对“专业技术人员”的需求呈上升态势。对“专业技术人员”的需求主要分布在“信息传输、软件和信息技术服务业”、“科学研究和技术服务业”、“租赁和商务服务业”和“制造业”。其中，“租赁和商务服务业”对“专业技术人员”的需求量增幅明显，同比提高了 3.2 个百分点。

对“生产工人”① 的需求呈下降态势。对“行政管理人员”② 和“服务人员”③ 的需求虽然与 2015 年相比变化不大，但是从历史数据看，需求趋弱。

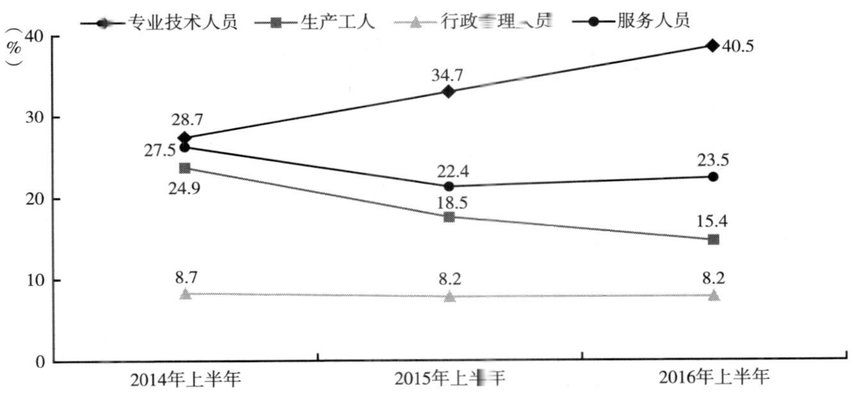

图 4　2014 年上半年至 2016 年上半年企业单位需求职业类型情况

附表 1　2016 年上半年企业单位分行业用人需求增量、增速情况

单位：%

序号	行业	预期需求增量	预期需求增速
1	农、林、牧、渔业	1.5	11.7
2	采矿业	-0.1	-1.1
3	制造业	13.5	5.6

① 对“生产工人”的需求主要分布在“制造业”“科学研究和技术服务业”、“建筑业”和“交通运输、仓储和邮政业”。

② 对“行政管理人员”的需求主要分布在“信息传输、软件和信息技术服务业”、“租赁和商务服务业”、“科学研究和技术服务业”和“制造业”。

③ 对“服务人员”的需求主要分布在“批发和零售业”、“住宿和餐饮业”、“租赁和商务服务业”和“房地产业”。

续表

序号	行业	预期需求增量	预期需求增速
4	电力、热力、燃气及水的生产和供应业	-0.2	-0.8
5	建筑业	2.9	2.1
6	批发和零售业	10.4	5.6
7	交通运输、仓储和邮政业	4.5	3
8	住宿和餐饮业	5.3	5.6
9	信息传输、软件和信息技术服务业	20.4	7.5
10	金融业	4.8	5.9
11	房地产业	4.9	4.7
12	租赁和商务服务业	12.6	6.3
13	科学研究和技术服务业	9.4	5.3
14	水利、环境和公共设施管理业	0.6	3.3
15	居民服务、修理和其他服务业	3	4.9
16	教育	2.4	6.3
17	卫生和社会工作	0.9	5.1
18	文化、体育和娱乐业	3.3	4.9
19	社会管理、社会保障和社会组织	—	—
20	国际组织	—	—
	总　计	100	5.3

注："社会管理、社会保障和社会组织""国际组织"调查样本数量过少，无统计学意义。

B.17

武汉地区高校毕业生就业暨创业研究

王 星*

摘 要： 本报告以高校毕业生就业信息数据库为基础，全面分析武汉地区2016届高校毕业生就业情况；此外，采取抽样调查的方法分析武汉高校毕业生创业情况。在此基础上，形成就业去向的就业现状与趋势、升学与留学、武汉生源就业、研究生就业、吸纳能力比较、创业与创业指数、就业能力7个分报告。报告旨在向武汉市企事业单位提供全面、客观、真实的毕业生就业和创业信息，正确引导武汉市劳动力市场的用人单位适时调整吸纳和引进毕业生人才策略，并制定和调整大学生创业支持政策，为促进城市的经济建设和持续发展提供科学依据。

关键词： 高校毕业生 就业 创业 武汉

一 调研背景

高校毕业生是武汉地区高层次人才的主要来源，统计分析武汉地区高校毕业生就业情况，对于掌握武汉市人力资源市场动态、做好人力资源开发与应用、优化人力资源结构有着重要的指导意义。

武汉市人民政府大中专毕业生就业管理办公室（简称“武汉市毕办”）自2011年起开始编制武汉地区高校毕业生就业暨创业年度报告，报告旨在向武汉市企事业单位提供全面、客观、真实的毕业生就业和创业信息，正确引导武

---

* 王星，武汉市人事局，主要研究领域为毕业生就业管理。

汉市劳动力市场的用人单位适时调整吸纳和引进毕业生人才策略，并制定和调整大学生创业支持政策，为促进城市的经济建设和持续发展提供科学依据。

2017 年度报告在保持数据口径和统计分析思路与前六年报告一致性的基础上，增加了大学生吸纳能力比较分析报告，将武汉与其他类似城市做比较，使报告内容更加充实。

二 调研方法

2016 年 8 ~12 月，武汉市毕办组织相关单位对武汉地区 2016 届高校毕业生进行了就业调查，该调查以武汉地区 2016 届高校毕业生就业信息数据库为基础，以武汉地区高校 2016 届毕业生为样本（样本总量 292323 个，包括专科、本科、硕士、博士），全面取得了武汉地区 2016 届高校毕业生就业去向的相关数据。采用随机抽样调查，结合 2011 ~2016 年武汉市毕办组织相关单位对武汉地区高校毕业生进行的调研数据，取得了分学历、学校和性别的创业抽样数据，并根据统计学相关方法编制了创业指数。

三 调研框架

研究框架如图 1 所示。

四 分报告调研结果

（一）就业现状与趋势

报告区分了就业率和非失业率指标。武汉地区高校 2016 届毕业生为 292323 人，其中，本科毕业生 150968 人，专科毕业生 109809 人，硕士毕业生 28653 人，博士毕业生 2891 人；毕业生总体非失业率为 92.07%（2015 届为 92.51%），其中，本科毕业生非失业率为 92.10%（2015 届为 92.60%），专科毕业生非失业率为 92.61%（2015 届为 91.64%），硕士毕业生非失业率为 90.37%（2015 届为 91.67%），博士毕业生非失业率为 86.52%（2015 届为 90.85%）。

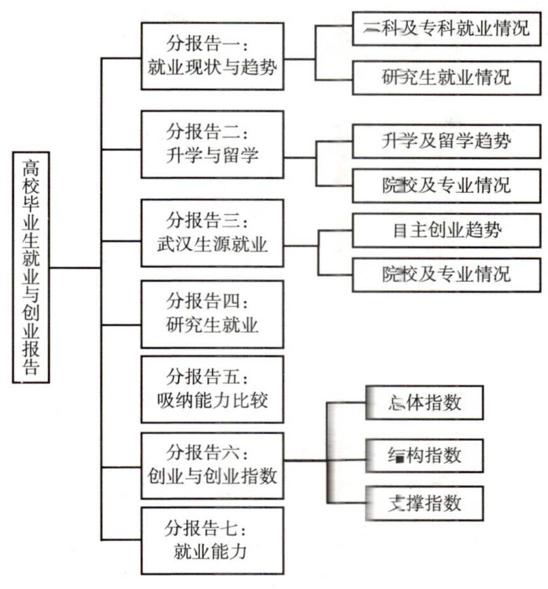

图1　研究框架

分院校来看，985院校非失业率为88.4[illegible]%（2015届为89.81%），211院校非失业率为90.22%（2015届为91.25%），非211院校非失业率为91.01%（2015届为91.84%），独立学院/民办院校非失业率为92.38%（2015届为91.84%），专科类院校非失业率为94.35%（2015届为94.71%）。

分专业来看，本科就业率最高的10个专业依次为护理类、公安技术类、职业技术教育类、艺术学类、工商管理类、体育类、视觉传达设计、管理科学与工程类、新闻传播学类、外国语言文学类（2015届为视觉传达设计、护理类、职业技术教育类、体育类、艺术学类、工商管理类、管理科学与工程类、教育学类、土建类、新闻传播学类）；专科就业率最高的10个专业依次为农林牧渔大类、生化与药品大类、材料与能源大类、制造大类、交通运输大类、水利大类、土建大类、电子信息大类、轻纺食品大类、资源开发与测绘大类（2015届为交通运输大类、材料与能源大类、农林牧渔大类、资源开发与测绘大类、轻纺食品大类、公安技术类、水利大类、电子信息大类、公共事业大类、制造大类）。

分区域来看，专科和本科毕业生选择在武汉就业总人数为 102309 人（2015 届为 99690 人），选择在武汉就业的比重为 49.50%（2015 届为 47.72%）。

分单位性质来看，武汉地区高校 2016 届本专科毕业生在非公企业就业的占比最大，为 80.75%（民营企业为 76.99%，三资企业为 3.76%），其他单位依次为国有企业 8.99%，事业单位 5.59%，政府机关 1.34%，部队 0.75%，其他 2.58%。

（二）升学与留学

武汉地区高校 2016 届本专科毕业生升学和留学人员占总毕业生的比重为 13.06%（升学 10.64%，留学 2.42%），其中本科为 20.21%（升学 16.24%，留学 3.97%），专科为 3.23%（升学 2.94%，留学 0.29%）。

不同院校毕业生升学和留学人员占总毕业生的比重不同，985 院校毕业生升学和留学人员占总毕业生的比重最高，为 51.63%（升学 36.60%，留学 15.03%），211 院校为 40.90%（升学 30.83%，留学 10.07%），非 211 院校为 17.01%（升学 14.74%，留学 2.27%），民办院校为 6.81%（升学 6.22%，留学 0.59%），专科类院校为 1.19%（升学 0.98%，留学 0.21%）。

（三）武汉生源就业

在武汉地区高校 2016 届专科和本科毕业生中，武汉生源人数为 35003 人（2015 届为 35066 人），占毕业生总人数的 13.42%（2015 届为 13.41%），总体非失业率为 91.66%（2015 届为 91.93%），其中，常规就业率为 62.71%，灵活就业率为 12.34%，自由职业占 1.96%，升学率为 9.85%，出国率为 4.35%，待就业率为 8.34%。自主创业占本专科就业人数的 0.45%。

（四）研究生就业

武汉地区高校 2016 届硕士和博士毕业生共计 31546 人，其中，硕士毕业生 28653 人，博士毕业生 2893 人；武汉地区 2016 届研究生毕业生非失业率达 90.01%（2015 届为 91.59%），其中，硕士毕业生非失业率为 90.37%（2015 届为 91.67%），博士毕业生非失业率为 86.52%（2015 届为 90.85%）。

武汉地区高校2016届硕士和博士毕业生就业区域流向排名前4的地区依次为武汉（34.57%）、华东地区（19.15%）、华南地区（18.46%）、华中地区（不含武汉，14.67%）。武汉地区高校2016届硕士就业率最高的10个专业依次为艺术学类、大气科学类、冶金工程类、兵器科学与技术、核科学与技术、中西医结合类、管理学其他硕士、电气工程类、机械工程类、计算机科学与技术类；博士就业率最高的10个专业依次为教育学其他类、艺术学类、海洋科学类、系统科学、冶金工程类、矿业工程类、农业工程、风景园林学、安全科学与工程、林学类。

（五）吸纳能力比较

武汉地区高校2016届毕业生选择在武汉就业的总人数为111544人，占总就业人数的47.79%（2015届为46.28%）。武汉就业人数按学历分：专科55932人，占专科就业人数的56.99%；本科46377人，占本科就业人数的42.73%；硕士8220人，占硕士就业人数的33.56%；博士1015人，占博士就业人数的45.74%。武汉就业人数按院校性质分：985院校1501人，占就业人数的26.69%；211院校（不含985院校）7739人，占就业人数的22.66%；非211院校21516人，占就业人数的45.44%；独立学院/民办院校32667人，占就业人数的53.19%；专科院校43396人，占就业人数的56.33%。

对比南京、西安这类高校资源丰富、高校毕业生总量相当的城市，武汉吸纳本地高校本专科毕业生的能力较强，毕业生本地就业比例较其他两个城市更高。对比杭州、深圳等创新型城市，武汉吸纳外地大学生就业比例偏低，吸纳大学毕业生能力还存在差距。城市生活质量、薪酬水平和产业结构是决定吸纳毕业生就业能力的三个关键因素，武汉还应在产业结构调整、降低大学生初始就业成本、提升城市生活质量方面做出更大努力。

（六）创业与创业指数

报告从创业指数、孵化器发展和创业投资基金发展三个方面调研了武汉地区大学毕业生创业状况。

从创业比例与指数来看，武汉地区高校2016届本专科毕业生自主创业人数1168人（2015届为1113人），自主创业人数占武汉地区就业总人数的

0.45%（2015 届为 0.43%）；其中本科自主创业 786 人，占比为 0.52%，专科自主创业 382 人，占比为 0.35%；985 院校创业占比为 0.13%，211 院校创业占比为 0.25%，非 211 院校创业占比为 0.63%，民办院校创业占比为 0.53%，专科类院校毕业生创业占比为 0.34%。

报告利用指数系统研究创业占比的历年发展趋势，武汉地区创业指数调研获取调查样本 817 个，以 2011 年为基期，假设基期的总体指数为 1000 点，2016 年自主创业总体指数为 1303.03。按学历划分，以 2013 年为基期，博士创业指数为 557.77；硕士创业指数为 1295.03；本科毕业生创业指数为 976.55；专科毕业生创业指数为 998.49。按院校划分，以 2013 年为基期，来自武汉的两所 985 院校的有 113 个，其中，华中科技大学有 59 个，占比为 52.21%，创业指数为 979.00；武汉大学 54 个，占比为 47.79%，创业指数为 1024.22。来自武汉的 7 所 211 高校共有 160 个，其中，华中科技大学的有 40 个，占比为 25.00%，创业指数为 959.20；武汉大学有 35 个，占比为 21.88%，创业指数为 1003.20；武汉理工大学有 34 个，占比为 21.25%，创业指数为 707.76；中南财经政法大学有 11 个，占比为 6.88%，创业指数为 1476.74；中国地质大学有 11 个，占比为 6.88%，创业指数为 1536.34；华中农业大学有 16 个，占比为 10.00%，创业指数为 894.00；华中师范大学有 13 个，占比为 8.13%，创业指数为 1150.06。总体来看，武汉地区高校毕业生的总体创业指数不断上升，这表明：武汉地区近几年的整体自主创业率不断升高，创业的氛围不断提升，有助于推动经济发展。

武汉以“创谷”为引领构建全链条孵化体系，大力发展众创空间。加强市区联动，以区为主，鼓励在汉高校、科研院所整合科研仪器、场地等资源建设众创空间；坚持“引进来”和“走出去”结合，成功引进 3W、创客邦、IT 桔子等国内顶级众创空间，同时鼓励光谷创业咖啡、OUV 创客星走出武汉。目前，全市共有国家级众创空间 14 家、省级众创空间 50 家、市级众创空间 30 家，服务场地总面积 13.9 万平方米，鲁巷、街道口等高校密集、商业发达区域已初步形成连片创业街区。无论科技企业孵化器的质量还是数量，武汉一直走在国内前列。

然而虽然在孵化器总体数量上武汉仍居全国首位，但国家级孵化器数量在全国的排名却持续下滑，已从最初的前三跌出前五。土地资源日益匮乏、在孵企业流动性差、专业管理人才缺乏、孵化器自身造血能力不足等诸多问题，都制约着武汉孵化器的发展。此外，孵化器的发展还将面对政策窗口期、提升孵化服务品牌、体制机制创新等一系列挑战。

在过去的几年中，武汉市创业投资基金蓬勃发展，通过出台"孵化器十条新政""青桐计划"等政策支持创新载体建设，降低企业融资门槛，发放科技创新券，全面推进"青桐计划"等方式，为大学生提供系统扶持，支持大学生创新创业，为企业降低科技企业创业成本，提供项目推介机会。武汉市与北京、上海和广东等地区相比，在创业投资基金方面，存在总量偏少、品种单一和总体放大比例偏低等问题。具体到单个创业投资基金或公司，则存在资金来源单一、实力不足、投资渠道不够丰富、投资额偏低、发展不均衡等问题。综上所述，武汉市创业投资发展还不成熟，同北上广地区相比在融资额、投资渠道对象的丰富性和投资额等方面还有很大的提升空间。

（七）就业能力

调研数据显示，"所在院校"与"所学专业"是企业招聘应届毕业生时较为关注的两大因素。对于工作经验几乎为零的应届毕业生来说，企业往往把更多的信任留给名校。但是，名校出身只能"锦上添花"，企业更在乎的是求职者知识和能力的储备，应届毕业生的实习经历和专业技能往往也是大多数企业较为重视的。

数据显示，企业对财务/金融/销售市场/管理贸易类专业的需求最高，其比例高达45.6%；其次是计算机科学/电子科学/计算机网络等工程类以及机械工程/电气工程/自动化等工程类，其分布比例分别为38.2%和33.7%。企业对文史法哲教育类以及生物/医学/制药类专业需求较少，其比例分别为9.9%和7.6%。

总体而言，大学生和企业对就业能力的看法存在很大差异。大学生更关注从知识层面提升自己，从而拥有更大竞争力，在就业竞争中胜出，而企业则更关注"学生调整就业心态"上，认为应该更多地从认知上解决。从调查结果来看，大学生和企业在困扰毕业生求职因素选择上，有很大的一致性，"对企业专业岗位知识缺乏了解"成为困扰毕业生求职的首要因素。可见学生和企业都认识到彼此缺乏有效的相互接触、了解的途径。

五　结果分析

（一）2016年武汉高校毕业生就业形势总体平稳

报告区分了就业率和非失业率指标。武汉地区高校2016届毕业生为292323人，其中，本科毕业生150968人，专科毕业生109809人，硕士毕业生28653人，博士毕业生2891人；毕业生总体非失业率为92.07%（2015届为92.51%），其中，本科毕业生非失业率为92.10%（2015届为92.60%），专科毕业生非失业率为92.61%（2015届为91.64%），硕士毕业生非失业率为90.37%（2015届为91.67%），博士毕业生非失业率为86.52%（2015届为90.85%）。

（二）考研人数和比率与前两年持平

2016年考研率与2015年基本持平，显示近年来考研热有所减退，考研人数增速减缓。

表1　武汉地区高校本科毕业生考研率逐年比较

单位：人，%

年份	2006	2007	2008	2010	2011	2012	2013	2014	2015	2016
毕业生人数（本科）	87119	93393	93449	109723	114961	123910	101719	142094	147962	150968
考研人数	13342	14354	20130	19750	20098	21296	22790	22731	24895	24519
考研率	15.31	15.37	21.54	17.99	17.48	17.19	22.40	16.00	16.83	16.24

资料来源：2006～2016年武汉地区高校毕业生就业指数系统统计结果。

（三）高校毕业生留汉比例持续攀升，城市吸纳大学生能力增强

从统计结果来看，纵向看，2016届本专科毕业生留汉比例比2015届有所提高，专科和本科毕业生选择在武汉就业总人数为102309人（2015届为99690人），选择在武汉就业比例为49.50%（2015届为47.72%），显示武汉近年来产业结构调整增强了对大学毕业生的吸纳能力。

表 2 武汉地区高校本专科毕业生历年留汉就业比例

单位：%

年份	2006	2007	2008	2010	2011	2012	2013	2014	2015	2016
留武汉就业比例	61. 11	55. 30	52. 19	50. 70	36. 50	31. 17	31. 26	30. 23	47. 72	49. 50

资料来源：2006～2016 年武汉地区高校毕业生就业监测系统统计结果。

从 2017 年新增城市比较分析报告来看，武汉与高校资源丰富的类似城市如南京和西安对比，其吸纳大学毕业生能力较强，毕业生留当地就业比例较高。但对比杭州、深圳等城市，其吸纳外地大学生就业比例偏低，吸纳大学毕业生能力还存在差距。城市生活质量、薪酬水平和产业结构是决定吸纳毕业生就业能力的三个关键因素，大学毕业生是建设着民营经济的重要创新主体，武汉应充分发挥科教优势，高度重视大学毕业生资源的利用，出台更为有力的人才政策，激励大学生留汉就业创业，在产业结构调整、降低大学生初始就业成本、提升城市生活质量方面做出更大努力，实现五年百万大学生留汉工程。

（四）自主创业水平稳步提高，创业项目技术含量有待提高

自主创业人数稳步上升，武汉地区高校 2016 届毕业生自主创业人数 1258 人，较 2015 届毕业生增加了 66 人，增长 5.52%。

创业项目质量提高，从调研来看，随着众创空间、天使基金和各类政府引导基金支持政策的推出，武汉地区大学生创业层次和水平不断提高，创业指数节节攀升，特别是 211 院校创业氛围浓厚，孵化器和创业投资对创业的支撑力度不断加大，发展型创业项目不断增多，涌现一批高质量创业项目获得风险投资，呈现良好势头。如华中科技大学等高校 2017 年来校园创业气氛浓厚，涌现出一大批优秀创业项目，有些项目甚至得到国内外知名风险投资机构的投资，值得关注和支持。

但同时，调研显示，多数创业项目与学生所学专业并不相关，具有技术含量和技术门槛的项目偏少，创业项目的层次和水平还有待提高。

（五）多数被调查企业认为大学生就业能力有提高，但与社会需求还有差距

调查显示，69.2% 以上的企业表示大学生就业能力较往年有所提高，这与

高校2017年来重视大学毕业生的就业培训相关，但67%以上的受访企业认为大学生就业能力还没有完全满足社会需求，主要体现在部分专业毕业生知识结构和能力培养与社会需求脱节、抗压能力差、缺乏责任意识等。

六　政策建议

总体来看，武汉地区高校2016届毕业生就业形势较为平稳，武汉吸纳大学生能力增强，创业项目质量不断提高。但与一线城市比较，武汉在吸纳外地优秀大学生能力方面还存在较大差距，本地毕业生创业项目技术含量不高且与所学专业脱节，对政府、高校、企业和毕业生等相关主体的建议如下。

（一）实施更为积极的人才引进策略，降低初始就业成本，提高人才吸纳能力

一是降低学生求职成本和单位招聘成本，完善就业信息服务体系。加强与高校合作，建立高校毕业生求职信息库，探索建立人才储备周转制度。同时与用人单位沟通，收集适合高校毕业生的岗位信息，促进供求匹配。此外，整合就业信息资源，形成统一的就业发布渠道。

二是规范就业市场，加强中介机构的监管。加强各类就业市场管理，建立毕业生和用人单位信用制度，严厉打击非法职业中介和应聘、招聘过程中的各类欺诈行为；倡导社会各界尤其是用人单位积极关注和支持大学生就业工作，鼓励行业协会和中介机构参与就业服务工作，发挥政府所属人才交流机构的作用，设立针对毕业生的专门服务窗口，积极为高校毕业生提供就业指导、培训、推荐等服务，提供全方位的人事代理服务。

三是制定和贯彻落实促进大学生就业的各类优惠政策。通过财税政策，如税收减免、财政贴息、财政担保等方式大力支持促进大学生就业的专业化公司的发展，支持一批高校毕业生实习基地、创业基地的建设，为大学生就业提供指导性、技能性、专业化的服务。

四是探索创新就业政策，设立公租房建设基金，分期建设100万平方米以上公租房，专门针对毕业不满五年大学生，解决大学毕业生买房难租房难问题，切实降低大学毕业生初始就业成本。

（二）加强高校和企业的产学研协作，加大创业政策支持力度

一是要破除高校科技成果转化的壁垒和障碍，鼓励高校教师带领学生共同创业，将所学用于创业实践，提高创业项目技术含量。

二是要促进产业与高校合作，产学研联合提高企业的基础研发能力，同时有助于提高企业其他创新活动的效率。进行其他创新活动的企业，更有动力进行产学研联合，而且其他创新活动的能力越强，企业从产学研联合中获益也越高。要鼓励企业与高校共建实习实践基地、研发基地和实验室，促进科技成果转化，鼓励大学毕业生将专业成果转化为创业项目。

（三）建立合理的科技金融结合机制，促进孵化器和创业投资发展

对高投入与高风险的创新活动，多数企业都面临资金壁垒，因此，引入风险投资第三方已成为一种有效解决途径。有效的金融市场对企业创新活动是不可或缺的，对产学研联合也是非常重要的。建立健全投融资平台，设立政府种子资金，带动民间资本共同参与风险投资，为加快产学研结合提供强有力的资金保障。

武汉地区孵化器在软件和管理机制方面与发达地区还有较大差距，虽然创业投资总量迅速增加但也存在支持早期投资不足的问题。建议政府高度关注毕业生创业发展趋势，加大对孵化器和创业投资支持力度。毕业生应抓住有利形势，通过创业项目，对接资本市场，积极创业。

B.18
武汉高校毕业生就业情况分析

毛　林*

摘　要： 本文从五个方面分析了武汉市高校毕业生的就业情况：一是武汉高校应届毕业生供求状况，二是武汉高校应届毕业生流动状况分析，三是武汉高校应届毕业生就业薪酬状况，四是对下一年就业市场变化的预测，五是对下一步武汉地区高校毕业生就业工作的建议。

关键词： 高校毕业生　流动　薪酬　武汉

在全国高校毕业生逐年递增的前提下，大学生就业难的问题已经成为社会新态势。湖北是全国高校毕业生最多的省份，加上往年尚未就业的毕业生，大学生的就业问题不容乐观，而毕业生的求职意向“扎堆”，普遍追求发达地区工作机会的现象比较严重，为此，湖北方阵人力资源集团针对武汉地区高校毕业生的就业情况进行分析，主要包括武汉高校毕业生的市场供求状况、流动状况、薪酬状况、下一年就业市场预判、就业工作建议等五个方面。

此次调研从2017年2月开始至2017年5月结束，主要调查方式是向2016年求职的武汉地区大学生发放问卷调查表。其间通过现场、网络等方式回收调查问卷1262份，有效问卷1109份，有效问卷回收率为87.87%。①

---

* 毛林，任职于湖北方阵人力资源集团，主要研究方向为人力资源管理。

① 本报告相关数据以方阵集团当年服务对象为统计来源，并不代表2016年武汉地区高校应届毕业生就业情况全貌，下同。

一　武汉高校应届毕业生供求状况

2016 年，湖北方阵人力资源集团通过举办固定场所现场招聘会、走进校园巡回招聘会和网络招聘等形式，先后共向武汉高校应届毕业生提供就业岗位 419371 个，求职的高校应届毕业生有 290014 人（累计 484220 人次），人才供求趋于平衡。

表 1　2016 年方阵集团提供的高校应届毕业生供需情况

分类	招聘会数量（场）	参会企业数量（家）	提供岗位数（个）	求职人数（人次）
固定场所现场招聘会	33	10900	109061	124930
走进校园巡回招聘会	63	4185	29106	113470
网络招聘	0	720	281204	245820
总计	96	15085	419371	484220

（一）求职者性别占比

2016 年，通过方阵集团求职的武汉高校应届毕业生有 290014 人，其中男生 149138 人，女生 140876 人，男女生比例为 1∶0.94。

表 2　2016 年武汉求职的高校应届毕业生性别比例

单位：人

	总体	男生	女生	男女生比例
专科	114746	60644	54102	1∶0.89
本科	143005	72460	70545	1∶0.97
硕士	29430	14242	15188	1∶1.07
博士	2833	1792	1041	1∶0.58
合计	290014	149138	140876	1∶0.94

（二）求职者生源地分布

2016 年，通过方阵集团在武汉求职的高校应届毕业生中，70% 以上的来自湖北省，其后依次是河南省、安徽省、江西省、湖南省、浙江省、山东省、江苏省等。

表3　2016年在武汉求职的高校应届毕业生生源地分布

单位：人，%

省　份	人数	占总求职人数的比重	省　份	人数	占总求职人数的比重
湖北省	226983	78.51	山东省	4249	1.47
河南省	12172	4.21	江苏省	3556	1.23
安徽省	5695	1.97	河北省	2833	0.98
江西省	5232	1.81	陕西省	2515	0.87
湖南省	5088	1.76	甘肃省	2115	0.73
浙江省	4510	1.56	其　他	14166	4.9

（三）求职者主要学历层次分布

2016年，通过方阵集团在武汉求职的高校应届毕业生中，高职高专毕业生占39.7%，本科毕业生占49.5%，硕士毕业生占10.2%，博士毕业生占0.6%。

表4　2016年在武汉求职的高校应届毕业生学历层次分布

单位：人，%

层次	高职高专	本科	硕士	博士
人数	114746	143005	29430	2833
占比	39.57	49.31	10.15	0.97

（四）求职者十大热门应聘职位

表5是2016年在武汉求职的高校应届毕业生十大热门应聘岗位。其中，人力资源/行政类是应聘较多的职位，其次分别是“机械/机电/电子”“计算机/互联网/电子商务”“金融/财会/管理”“建筑/房地产/工程”。可以看出文职类、机械类、建筑类是毕业生应聘较多的职位类别。

表 5　2016 年武汉高校应届毕业生应聘的十大热门职位类别

排名	职位类别	排名	职位类别
1	人力资源/行政类	6	通信/电气/自动化
2	机械/机电/电子	7	教育/培训/科研
3	计算机/互联网/电子商务	8	采购/贸易/物流
4	金融/财会/管理	9	市场营销/公关/销售
5	建筑/房地产/工程	10	普工/技工

（五）用人单位急需的十大热门职位

从表 6 中可以看出，“普工/技工”“市场营销/公关/销售”是用人单位招聘需求较大的职位，其次是“教育/培训/科研”“金融/财会/管理”“机械/机电/电子”等。分析得出，虽然单位较缺乏营销岗位毕业生，但是市场营销专业对口、愿意从事营销工作的求职人员远远满足不了市场需求。反而人力资源/行政等岗位呈现多年供大于求的趋势，结构性就业矛盾依然存在。

表 6　2016 年用人单位急需的十大热门职位

排名	职位类别	排名	职位类别
1	普工/技工	6	计算机/互联网/电子商务
2	市场营销/公关/销售	7	通信/电气/自动化
3	教育/培训/科研	8	人力资源/行政
4	金融/财会/管理	9	建筑/工程
5	机械/机电/电子	10	采购/贸易/物流

二　武汉高校应届毕业生流动状况分析

（一）流向地域分布

图 1 是 2016 年武汉高校应届毕业生就业地域分布。图 1 显示，2016 年求职的高校毕业生就业地域集中分布在湖北（占比为 60.56%），其后依次是广东（12.14%）、浙江（6.42%）、上海（5.21%）、江苏（4.02%）、北京

（3.21%）等，超过六成毕业生选择毕业后留湖北就业，近几年，湖北发展迅速，加上一系列人才吸引计划的实施，对人才的吸引力正持续攀升，预计在湖北就业比重会逐年提高。

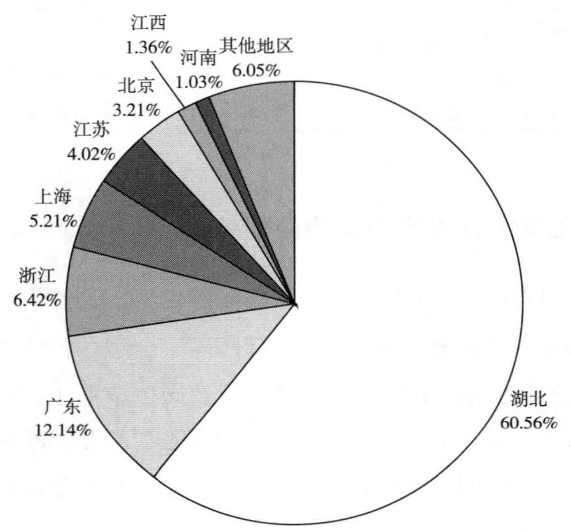

图1　2016年武汉高校应届毕业生就业主要流向地域分布

（二）流向单位性质分布

表7是2016年武汉高校应届毕业生就业主要流向单位性质分布。从表7可见，企业是高校毕业生就业的主渠道，到企业单位就业的人数占已就业人数的88.06%。在求职的应届毕业生中，到事业单位就业的比重是11.94%。

表7　2016年在武汉地区求职的高校应届毕业生主要流向单位性质占比

单位：%

单位性质		占已就业人数的比重	
企业	民营企业	58.82	88.06
	国有企业	12.16	
	外资企业	9.66	
	个体经营	1.43	
	其他企业	5.99	
事业单位		11.94	

其中，在企业就业的毕业生中，到民营企业就业的比重最高（58.82%），其后依次是国有企业（12.16%）、外资企业（9.66%）等。

（三）流向行业分布

表8是2016年武汉高校应届毕业生就业主要流向行业分布。从总体来看，毕业生主要流向制造业、信息传输/计算机/软件技术服务业、批发/零售业、建筑业、教育行业。

（四）流向职位分布

表9是2016年武汉高校应届毕业生就业流向较多的职位分布。其中，就业量最大的职位是“其他人员”，占总就业人数的28.13%，其余的职位流向依次是工程技术人员（16.28%）、办事人员和有关人员（10.50%）、其他专业技术人员（9.33%）、医卫专业技术人员（7.21%）、教学人员（6.45%）等。

表8　2016年武汉高校应届毕业生就业主要流向行业

单位：%

排名	行业	占就业毕业生比重
1	制造业	19.86
2	信息传输/计算机/软件技术服务业	17.32
3	批发/零售	13.50
4	建筑业	10.76
5	教育	10.16
6	卫生和社会工作	8.49
7	金融服务	5.43
8	文化/体育/娱乐业	4.96
9	租赁/商务服务	4.82
10	公共管理/社会保障/社会组织	4.70

表9　2016年武汉高校应届毕业生就业主要流向职位分布

单位：%

排名	行业	所占比重
1	其他人员	28.13
2	工程技术人员	16.28
3	办事人员和有关人员	10.50

续表

排名	行业	所占比重
4	其他专业技术人员	9.33
5	医卫专业技术人员	7.21
6	教学人员	6.45
7	经济业务人员	5.76
8	商业和服务业人员	4.03
9	金融业务人员	3.60
10	生产和运输设备操作人员	2.37

三　2016年武汉高校应届毕业生就业薪酬状况

（一）武汉地区不同性质单位应届毕业生就业起薪点分析

表10是2016年武汉地区不同学历的高校应届毕业生在不同性质企业工作的起薪点分布。从表10可以看出，外商独资企业的薪资相对较高，博士在外商独资企业的起薪点达10000元/月。通常情况下学历的高低决定了起薪点的高低，即学历越高的毕业生起薪点越高。

表10　2016年武汉地区不同性质单位应届毕业生就业起薪点

单位：元/月

学历/性质	民营	国企	合资	外商独资
博士	5500	6500	8500	10000
硕士	4000	4500	5500	7000
本科	2600	3000	3500	4000
专科	2400	2600	3000	3300

（二）武汉地区不同职位类别高校应届毕业生就业起薪点

表11是2016年武汉地区不同职位类别高校应届毕业生起薪点分布：各个学历层次研发类岗位最高，其次是技术类岗位，最低的是支持类岗位。从表

11 可以得出：一般情况下，在同等学力层次从事的职位技术含量越高，起薪点就越高。

表 11　2016 年武汉地区不同职位类别应届毕业生起薪点

单位：元/月

学历职位	研发类	技术类	运营类	智能类	销售类	支持类
博士	20000	18000	15000	12000	10000	7500
硕士	8000	6500	6000	5500	5500	5000
本科	5000	4500	4000	3500	3500	3000
专科	4500	4000	3500	3000	3000	3000

（三）高校应届毕业生就业主要流向城市起薪平均值区间

一线城市中应届毕业生起薪平均区间主要集中在 4000～5000 元/月，北京、上海、广州、深圳四个一线城市中应届毕业生的薪酬水平相对较高。从表 12 可以看出，上海是一线城市中应届毕业生起薪最高的城市，其他非一线城市的应届毕业生起薪平均区间基本在 2300～4000 元/月。分析认为，一线城市中知名企业以及企业总部较多，使得企业对人才整体素质要求较高，企业的薪资支付水平也较高，因此使一线城市应届毕业生起薪点较高。

表 12　2016 年高校应届毕业生就业主要流向城市起薪平均值区间分析

单位：元/月

城市	起薪平均值区间	城市	起薪平均值区间
上海	4500～4800	苏州	3300～3600
北京	4200～4600	南京	3200～3500
深圳	4250～4600	武汉	3000～3300
广州	4000～4500	南昌	2400～2800
杭州	3500～4000	合肥	2300～2700

（四）影响薪酬的因素构成情况

图 2 是影响薪酬的几个主要因素，对薪酬的影响力大小依次是企业经济效

益、员工综合能力、劳动力市场供求关系、国家政策和法律、宏观经济环境等。

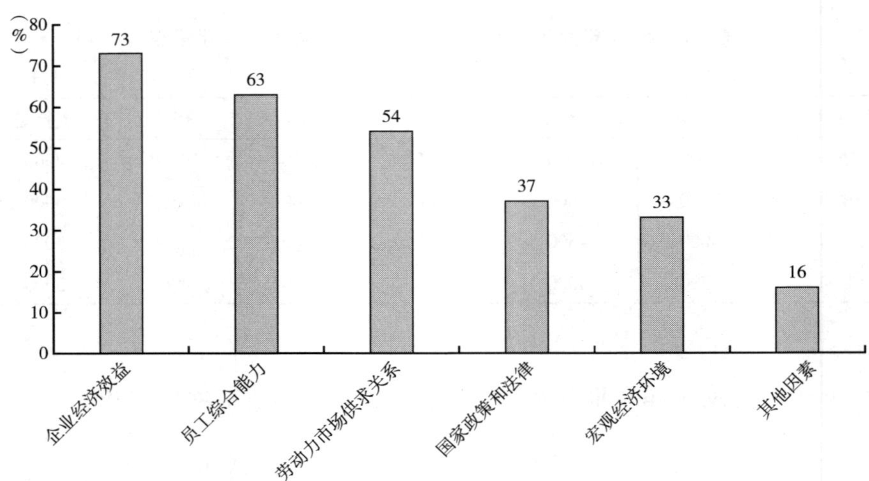

图 2 影响高校应届毕业生薪酬的因素构成情况

四 对下一年就业市场变化的预判

（一）“互联网+”将继续引领各行各业扩大就业

“互联网+”通过利用互联网平台和信息通信技术，将互联网和包括传统行业在内的各行各业结合起来，能够在新的领域创造一种新的生态。“+”的就是传统行业的各行各业。随着国家“互联网+行动计划”的实施，国家将培育更多的新兴产业和新兴业态，形成新的经济增长点，促进经济社会各领域的融合创新。这一利好政策将促进电子商务及 B2B、工业互联网的发展。电子商务是受“互联网+”影响最为广泛的行业，同样对整个行业的发展和岗位的增加有着不可小觑的影响。

（二）民营企业不断发展，将吸纳更多毕业生就业

随着经济社会的发展，特别是党的十八届三中全会以来，国家对民营企业新

增了一些扶持和鼓励政策，相信未来民营企业会有一个更好的发展势头。此外，民营企业的学历门槛较低，工作压力较小，加之不断完善的管理和薪酬制度，上升空间较大，这些优势又能与大部分毕业生的择业相契合。因此，民营企业在未来吸纳毕业生就业的能力将会大大提高，未来势必将成为毕业生就业的主渠道。

（三）各地大力出台优惠政策，将吸引更多大学生就业创业

在“大众创业、万众创新”的大趋势下，更多毕业生投身自主创业的热潮中，这将有利于解决不少毕业生的就业问题。另外，各地政府和人社部门大力施行各类人才吸引计划，如湖北省 2017 年实行的“我选湖北”“百万大学生留汉就业创业计划”等人才吸引计划，为毕业生就业提供了更多的选择，这就使武汉地区毕业生留汉就业人数比例将不断上升。

（四）市场在大学生就业中的决定性作用会越来越明显

在过去三年中，湖北全省的人力资源服务业保持着高速增长，并且可以预见，未来 5～10 年，仍将保持较高的增速。同时，人力资源服务业各细分行业，如中高端人才寻访、灵活用工、人力资源外包、人力资源综合咨询、人力资源软件系统、在线招聘、教育培训等都有较大发展，市场规模也在不断扩大，且有望在未来 3 年达到 20% 的年均复合增长率。这就为高校毕业生的市场化配置展现了美好前景。

首先，湖北省 85% 以上的毕业生是通过市场配置实现就业的，只有不足 15% 的毕业生是通过公开招考进入机关事业单位就业的，充分反映了市场配置在高校毕业生就业中的主渠道作用将会越来越明显。其次，市场配置的关键角色，是拥有大量供求信息的人力资源服务机构，因此它们在开展就业工作中便成了当之无愧的主角。这就表明了市场中介在高校毕业生就业中的主力军作用。最后，一个地方或一个企业需要什么样的毕业生，只能以市场需求为导向，并用市场运作手段才能加以满足，可见市场需求在高校毕业生就业中的主导性作用，是政府职能无法替代的。

五　对下一步武汉地区高校毕业生就业工作的建议

当前就业形势较为严峻，结构性就业矛盾依然持续，根据对当前就业形势

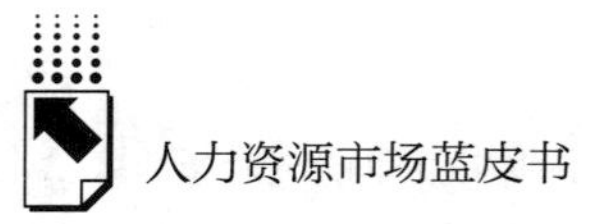

走势和特点的判断，建议 2017 年高校毕业生就业要以缓解就业结构性矛盾、注重技能型就业为主。

（一）进一步增强民营经济和中小企业吸纳就业的能力

各级政府应更加重视民营经济和中小企业的发展，认真落实相关法律法规中的扶持性细则，对鼓励发展的行业和企业提供税收优惠政策，包括对吸纳就业的税收减免和经费补偿政策，清理不合理收费，切实减轻企业负担。加快金融体制改革步伐，尽快形成有利于服务业和中小企业发展的金融制度环境；为民营企业和中小企业提供更好的技术服务、市场服务和信息服务等公共服务，支持企业提高技术和管理水平，增强企业发展后劲和市场竞争能力，从而进一步提升其吸纳就业的能力。

（二）进一步完善高校毕业生就业指导和相关制度建设，充分尊重和发挥市场对高校毕业生就业工作的调节作用

从就业服务工作的角度出发，政府相关部门应着力做好指导、引导和帮扶工作。明确政府对高校毕业生鼓励就业的方向和领域，鼓励引导高校毕业生到基层、中西部地区、艰苦边远地区就业，并完善相关配套激励政策，让毕业生在为国家利益做出奉献的同时获得个人建功立业的机会。进一步提升毕业生就业指导的服务水平，提供从高校课程设置的就业方向指导到毕业生个人个性化就业咨询服务的完善的就业指导和咨询服务，完善“全国大学生就业信息服务一体化系统”建设，进一步提升就业信息服务质量。另外，充分尊重和发挥市场对高校毕业生就业工作的调节作用，利用市场的开放性属性，打破就业工作的封闭与分割，通过超时空运作和跨区域整合，实现高效毕业生的有效供求对接。由市场决定毕业生的薪酬福利待遇，有效调控毕业生在地域及产业、行业、企业的合理流向与流量。

（三）完善网络服务平台，实现就业服务增值增效

进一步完善湖北省大学生就业创业信息化综合服务平台。通过“互联网 + 就业”的新模式推进大学生就业创业工作，实现毕业生和用人单位信息的双向精准对接。依靠高校就业服务门户网站，以及微信公众号、微博

等移动服务平台，向高校毕业生送政策、送信息、送服务，实现就业服务增值增效。

（四）全面搭建毕业生实习实训平台，提升毕业生就业能力

近年来，湖北甚至全国的人力资源就业市场出现了一种奇怪的现象：一方面高校毕业生不断增多，人人吐槽就业难；另一方面用人单位却招不到合适的员工而大喊招工难。什么导致了用人单位和高校毕业生的“双难”？很大一部分原因是企业需要的人才和人才需要的岗位存在信息不对称、不标准供求关系。

目前，企业对毕业生的要求不仅要满足优异的学习成绩和熟练的基础知识，而且要求毕业生要有一定的职业知识、职业技能和职业素质，对岗位职务和工作流程有一定的了解，而这些恰恰是很多刚走出校门的毕业生的软肋，这说明大力倡导毕业生参加实习实训对于提高大学生自身各项综合素质有着重要的作用，因此，搭建一个快捷、方便、资源共享的实习实训服务平台，并进行深度的、实质性的校企合作，有助于高校毕业生走向适应社会变化、适应现代科技发展的道路，才能在实质上缓解“就业难”与“招工难”双难问题。

B.19

成都人才供需状况报告

江 淳 殷邦泽 薛 驰*

摘 要： 本文以2016年为报告期，在中国成都人才市场现场招聘会及成都人才网招聘求职数据的基础上，结合招聘、求职行为抽样调查结果，经分类比较、特点分析而形成，旨在以数据配以简要说明的形式反映该报告期中国成都人才市场招聘、求职双方的主要情况，分析人才需求与供给、产业发展与人才需求带动、中高学历人才配置动态、招聘求职感受等主要特点。报告作为人才公共服务产品，对反映报告期成都地区人才供需状况有一定参考作用。

关键词： 人才供需 市场配置 成都

2016年，中国成都人才市场通过现场和网络服务用人单位20227家次，发布需求岗位64.8万个，服务求职人员57.1万人次。相比上年，用人单位数减少3.7%，需求岗位数减少8.1%，求职人数减少5.5%。

一 人才需求

（一）需求总数：单位数和岗位数减幅趋缓

从单位数和岗位数看（见图1），2016年通过中国成都人才市场招聘的用

* 江淳，中国成都人才市场管委办策划发展部部长；殷邦泽，中国成都人才市场管委办策划发展部，企业人力资源管理师；薛驰，中国成都人才市场管委办副主任，高级经济师，主要研究领域为人力资源市场、工商管理。

人单位累计20227家次，同比减少3.7%，较之上年减幅收窄11.7个百分点；提供需求岗位64.8万个，同比减少8.1%，较之上年收窄3.2个百分点。

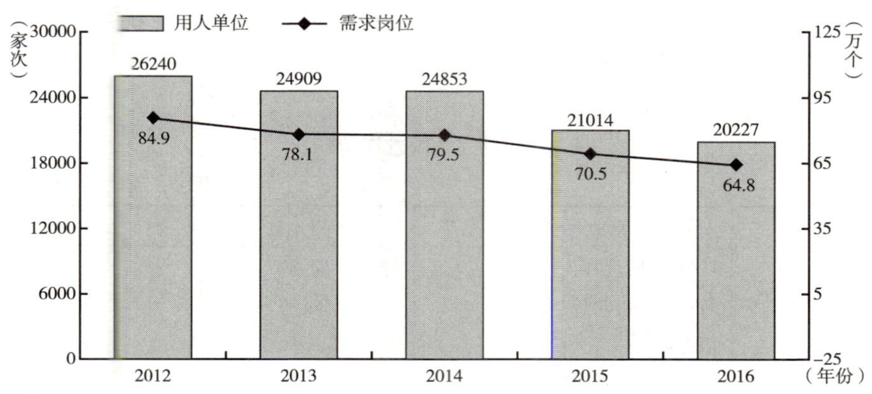

图1 用人单位数和需求岗位数

资料来源：中国成都人才市场人才招聘业务管理系统。

（二）产业需求：第三产业人才需求占比持续增长

从各产业人才需求岗位看（见图2），2016年第一、二、三产业占比分别为2.2%、36.5%、61.3%，其中第三产业同比上升2.4个百分点，较2014年上升5个百分点。成都市现代服务业加速升级，高端服务功能集聚，人才需求持续增长。

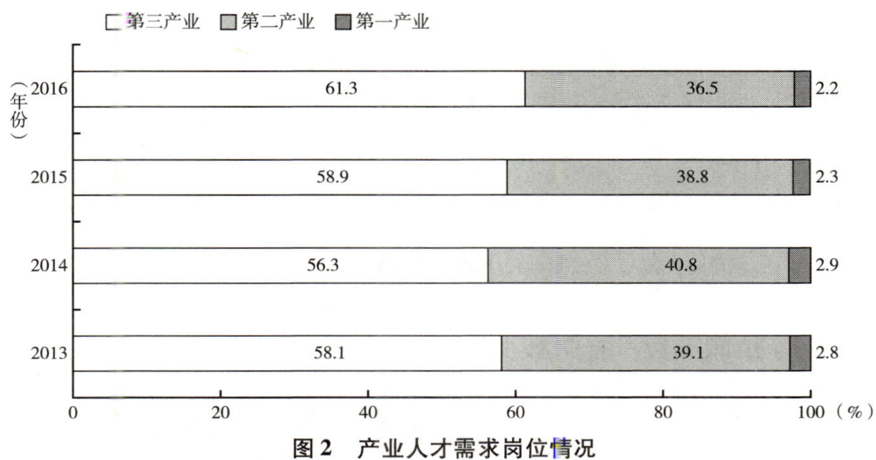

图2 产业人才需求岗位情况

资料来源：中国成都人才市场抽样调查。

（三）行业需求：IT/互联网行业人才需求继续排名首位

从各行业人才需求岗位数看（见表1），2016年IT/互联网/通信行业占23.3%，连续两年排名首位。

表1　行业人才需求岗位情况

单位：%，百分点

排序	行业(大类)	所占比重	同比百分点变化
1	IT/互联网/通信	23.30	↑0.9
2	咨询/教育/培训/中介	20.40	↑8.6
3	服务业	13.80	↑11.0
4	房地产/建筑/装饰/物业	10.90	↓3.0
5	金融/银行/保险	7.60	↓0.4
6	消费品/零售/贸易/交通/物流	7.00	↓4.4
7	生产/加工/制造	6.80	↓3.5
8	多元化业务集团公司	3.70	↑0.4
9	卫生/医药/医疗	2.60	↓8.6
10	能源/矿产/石油/化工	1.50	↓0.5
11	农/林/牧/渔	0.90	↑0.4
12	广告/传媒/印刷出版	0.70	↓0.9
13	政府/非营利机构	0.40	—
14	文化/传媒/娱乐	0.40	↓0.2
合计		100.00	

资料来源：中国成都人才市场人才招聘业务管理系统。

二　人才供给

（一）求职人数：有所减少

从求职人数看（见图3），2016年通过现场招聘会和成都人才网求职的各类人才累计57.1万人次，较上年减少3.3万人次，减幅5.5%。

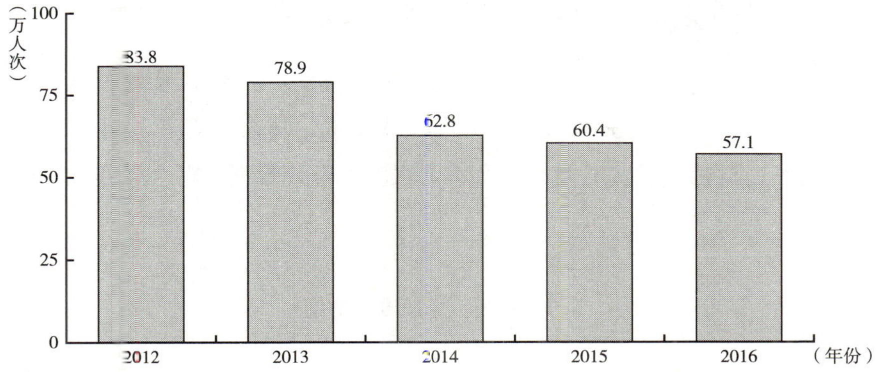

图 3　通过现场招聘会和成都人才网求职的求职人数

资料来源：中国成都人才市场人才招聘业务管理系统。

（二）学历层次：高学历人才比例持续上升

从求职人员学历层次情况看（见图 4），2016 年硕士研究生及以上人才占 11.2%。自 2012 年以来，硕士研究生及以上高学历人才占比持续小幅上升，有利于为成都市加快建设国家中心城市储备人才。

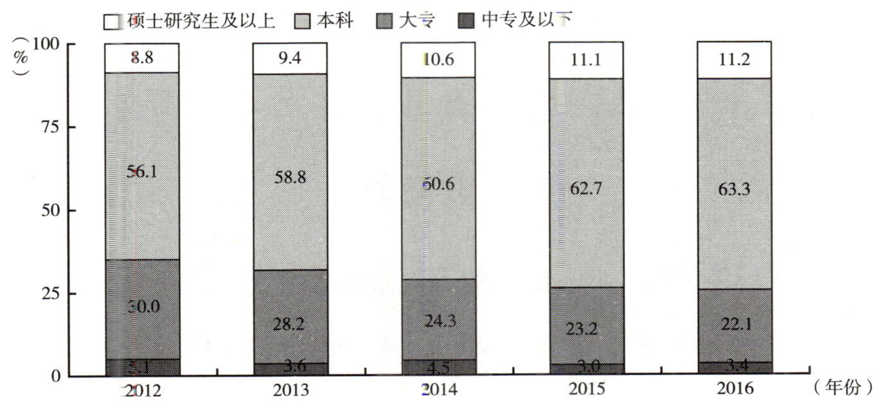

图 4　求职人员学历层次情况

资料来源：中国成都人才市场抽样调查。

（三）专业类别：机械、建筑装饰、电子信息类专业人才居多

从前十大求职专业类别看（见表2），2016年机械、建筑装饰、电子信息类专业排名前三，分别占12.5%、9.3%、8.8%。其余专业中，计算机、电气、房地产、材料、经贸类同比均有不同程度上升，管理、财会类同比有所下降。

表2　前十大求职专业类别

单位：%，百分点

排序	专业类别	所占比重	同比百分点变化
1	机械类	12.50	↓1.2
2	建筑装饰类	9.30	↓3.3
3	电子信息类	8.80	↑3.0
4	计算机类	8.40	↑1.9
5	管理类	7.20	↓4.0
6	电气类	6.80	↑2.2
7	房地产类	6.00	↑3.0
8	财会类	4.50	↓3.3
9	材料类	3.80	↑2.2
10	经贸类	3.10	↑0.8

资料来源：中国成都人才市场人才招聘业务管理系统。

三　供需分析

（一）总体情况：求人倍率处于景气区间

从供需总体情况看（见图5），2016年求人倍率为1.13。从近三年需求岗位数、求职人数演进情况看，求人倍率总体平稳。

（二）招聘感受：用人单位招聘乐观感受有所好转

用人单位调查结果显示（见图6），70.3%的用人单位认为“很乐观，应

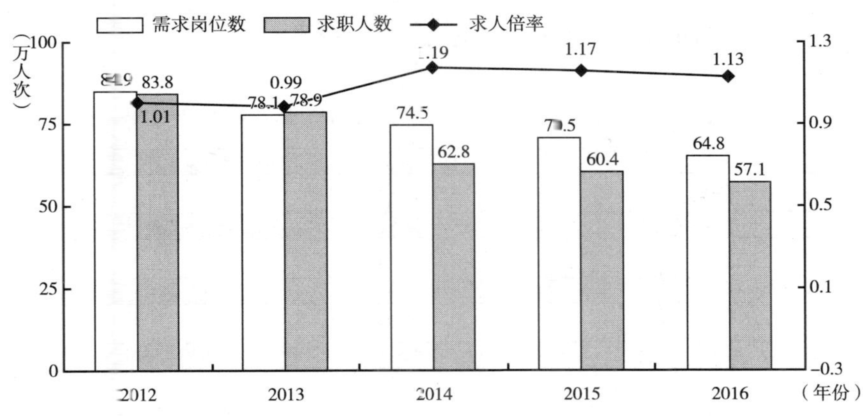

图5　人才供需总体情况

资料来源：中国成都人才市场人才招聘业务管理系统

该可以招到人”和“乐观，较容易招到人”，同比上升2.5个百分点，招聘乐观感受同比有所好转。

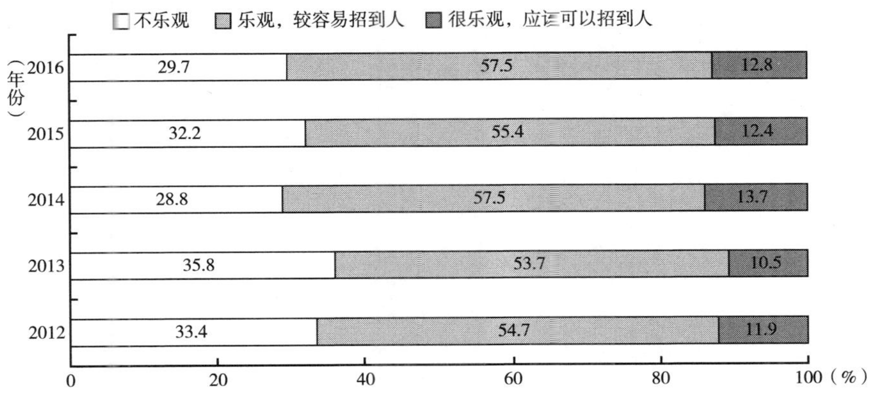

图6　用人单位招聘感受

资料来源：中国成都人才市场抽样调查。

（三）求职感受：求职人员乐观程度微幅上升

求职人员调查结果显示（见图7），88.4%的求职人员认为求职形势“很乐观，自己能较容易找到工作”和“乐观，自己通过努力应该可以找到工作”，求职乐观感受同比上升0.3个百分点。

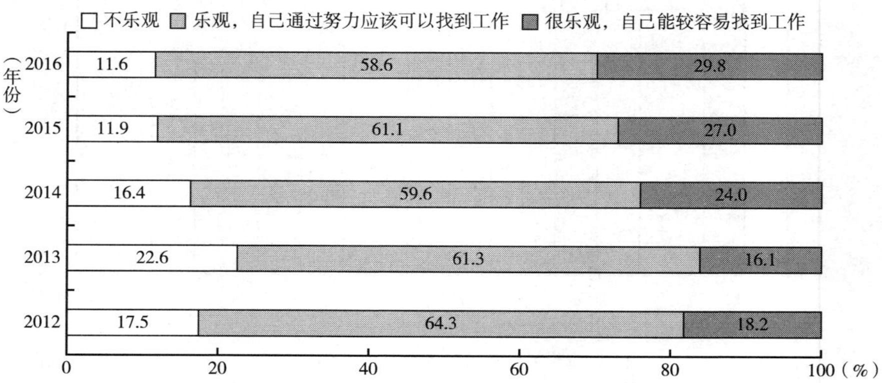

图7　求职人员求职感受

资料来源：中国成都人才市场抽样调查。

B.20 基于众包模式的西安失业人员就业创业资源整合研究

李元彬　彭晓辉　杨玉生*

摘　要： 本文以西安市失业人员创新服务模式为研究对象，以众包模式为研究视角，从整合社会相关资源、增强资源协同作用、优化公共管理模式和途径的思路出发，聚焦政府部门失业人员再就业财政扶持管理机制的完善、提升和创新，探寻问题解决之道，提出“政府+人力资源服务行业平台+行业优质企业”的人力资源公共服务模式，积极探索具有独创性、创新性、科学性和具有实践推广意义的失业人员再就业管理新范式。

关键词： 众包　失业人员　创业　西安

失业人员的就业问题是影响社会稳定和经济发展的重要因素，也是困扰各国政府公共管理领域的难点问题，这一问题和矛盾在我国表现得尤为突出。就西安市而言，对于失业人员的再就业管理，在一定程度上是从政府调控的角度，配套相关资源和政策，特别是通过财政资金的补贴来激励和撬动社会资源进行解决。但是，具体实践中仍然存在很多亟待解决的问题。

新山海源人力资源集团联合西安市人社局失业保险处，在对西安市失业人

* 李元彬，新山海源人力资源集团有限公司董事长，西咸新区时代技能培训学校董事长，西安人事科学研究院董事长；彭晓辉，硕士，新山海源人力资源集团有限公司总裁，西安市人力资源行业协会常务副会长，西安人事科学研究院执行院长；杨玉生，硕士，西安市人社局失业保险处处长，主要研究领域为基层人力资源开发管理应用。

员调研的基础上，分析存在的问题和问题产生的原因。本文从众包的视角进行研究，从整合社会资源、优化配置、增强资源协同作用、优化公共管理模式和途径的思路出发，聚焦政府部门失业人员再就业财政扶持管理机制的完善、提升和创新，探寻问题解决方案，力争建立具有创新性、科学性和实践性的失业人员再就业管理新范式。

此次调研周期从2016年5月至2016年8月。通过问卷调查和访谈对西安市人社局有关领导、西安市部分培训机构、人力资源专业服务公司、失业人员四类对象进行了专项调研。

一　西安市下岗失业群体特征

此次调研共涉及17家培训机构、8家人力资源专业服务公司、126名失业人员，126名失业人员中国有企业、民营企业、外资企业、事业单位占比分别为58.2%、21.9%、18.3%、1.6%，调研数据100%有效。

（一）失业人员的人口统计学特征

1. 失业人员构成

目前失业人员分为两类：一类是结构性失业，即自身拥有一定的职业能力，但是由于所处行业、企业本身的经营性、发展性等因素而失业；另一类是供给型失业，即相关人员由于自身技能不足，失业后难以找到合适的机会实现再就业。此次调查显示，52.5%的失业人员来源于国有企业，32.5%的失业人员来源于外资企业，来自民营企业的失业人员占比为12.5%，而来自机关事业单位的失业人员仅有2.5%，如图1所示。

2. 失业人员职业技能及从业经历情况

调研结果显示，失业人员有技术职称的占41%；大专及以上学历的占55%；92.5%的失业人员都有3年以上工作经历，平均工作年限为14年，52.5%的失业人员在2家以上企业工作过；95%的失业人员能够熟练使用网络。

（二）失业人员求职心理状态

本文从失业人员个人职业规划、再就业薪资期望、再就业求职意向、再就

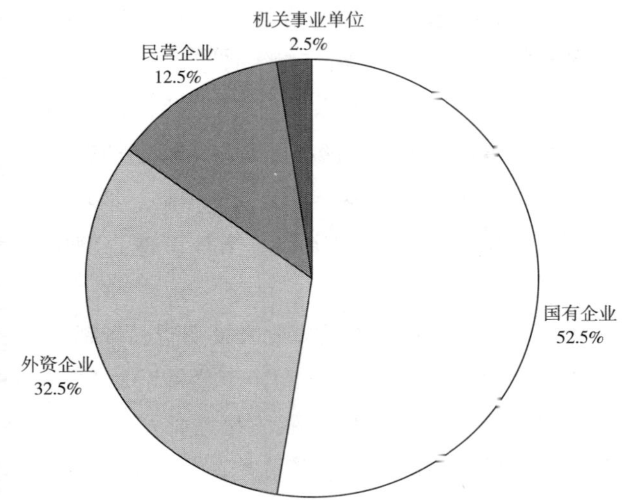

图 1　西安市失业人员结构

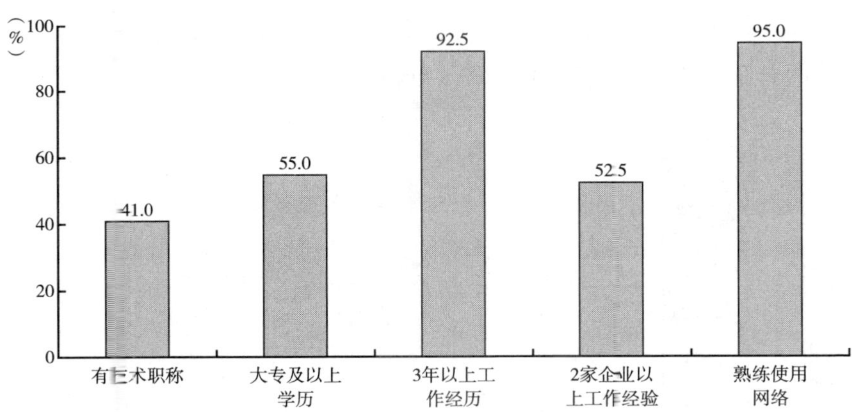

图 2　失业人员职业技能及从业经历情况

业面临的困难、再就业渠道五个维度进行了调研。

1. 失业人员个人职业规划情况

35% 的失业人员对未来工作和自身发展没有明确的职业规划，15% 的失业人员不清楚自己适合什么工作。

2. 失业人员再就业薪资期望情况

失业人员由于自身家庭压力和对就业市场缺乏必要了解，往往具有更高的求职预期，对工资待遇期望值较高，调研显示，失业人员期望平均月工资为4576元。SPSS统计分析数据发现，在年龄、性别、婚姻、工作年限、工作单位数量、失业时间、文化程度、技术职称、家庭人数和失业单位众多因素中，只有学历、工作次数、工作年限、年龄等因素显著影响期望收入。

首先，学历越高，工作次数越多，期望工资越高。平均来看，学历提高1个等级期望工资增加940.3元，工作次数每增加1次，期望工资增加762.4元。

其次，工作年限越长、年龄越大的失业人员期望工资越低。平均来看，工作年限每增加1年，期望工资降低63.6元，年龄每增加1岁，期望工资降低78.6元。总体上来看，年龄大、工作年限长的失业人员对自己的期望工资比较保守，而年龄小、学历高和跳槽次数多的失业人员往往期望工资比较高。

3. 再就业求职意向情况

82.1%的失业人员期望找到相对稳定的工作，17.9%的失业人员期望自己创业。78.9%的失业人员期望找到工资不一定高但是稳定的工作，只有21.1%的失业人员期望找到工作条件不好但是工资高的工作，如图3所示。

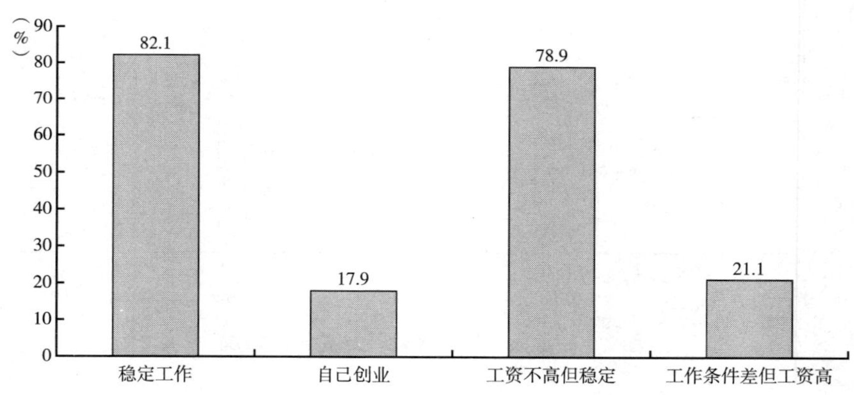

图3　失业人员再就业工作意向

4. 失业人员再就业困难感知情况

54.5%的失业人员认为最困难的是缺乏就业信息和机会，45.5%的失业人员认为能力有待提高，62%的失业人员在建议中写到需要更多的就业信息，得到就业指导方面的帮助，如图4所示。

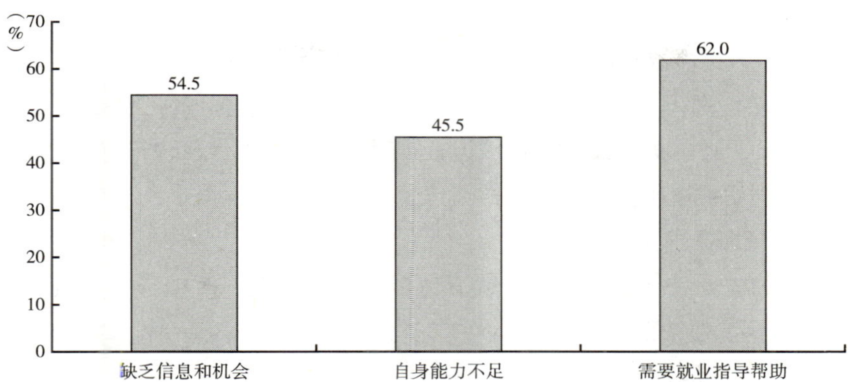

图 4　再就业人员就业困难感知情况

5. 失业人员再就业渠道选择情况

47.5%的失业人员靠亲戚朋友介绍，50%的失业人员从网络招聘获取就业信息。只有7.5%的使用职业介绍机构，10%的使用报纸，12.5%的通过参加招聘会获取就业信息（见图5）。失业人员也认为最有用（40%）的渠道是亲戚朋友介绍、网络招聘，其次是参加招聘会（15%），只有2.5%的人认为职业介绍机构和报纸有用，传统的人力资源服务模式面临巨大挑战。

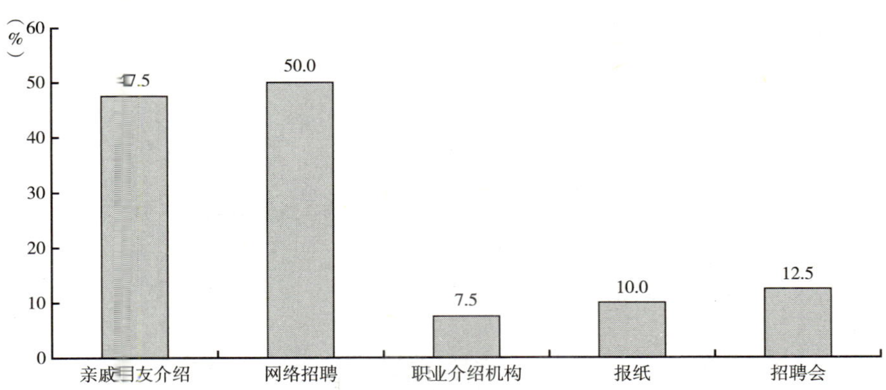

图 5　失业人员再就业渠道

（三）失业人员再就业培训需求特征

本文从失业人员再就业培训需求、再就业培训课程评价、再就业培训效果三个维度进行了调研。

1. 失业人员再就业培训需求情况

（1）培训意识

20% 的失业人员不愿意参加培训，希望直接找个工作；80% 的失业人员选择参加培训后找个工资更高的工作。

（2）培训需求

59% 的失业人员在培训之前就清楚自己想学什么，而 41% 的失业人员在培训之前不清楚自己想学什么。

（3）培训动机方面

37.5% 的失业人员参加培训是为了提高身价，60% 的失业人员参加培训是利用空余时间学习更多知识，少数人员是为了扩展社会关系和直接获得工作。

2. 课程评价情况

87.5% 的失业人员认为培训能够提供更多的可供选择的课程。收集到的 24 条建议中，18 条建议要求提高培训的可选择性并与自身的需求相匹配。

3. 培训效果评价

57.5% 的失业人员认为培训对再就业基本没用或有间接作用，42.5% 的失业人员认为帮助很大。94.7% 的失业人员认为通过网络对培训效果进行匿名评价有利于增强培训效果。

二　西安市失业人员再就业政府管控体系调研分析

（一）现行管控体系概况

西安市现行的失业人员再就业管控体系如图 6 所示，分为再就业专项资金使用申报管理、失业人员再就业培训管理、系统的考核管理三个模块。受自身人力资源配置以及时间精力等因素影响，政府部门在体系实际运行中很难实现点对点，兼顾资金申请和培训实施方以及受训群体考核管控，主要采用文档资料审核进行全局管控，并对文档资料的格式、内容、提交流程等进行了近乎严苛的规定。这种管控模式虽然有其存在的必然性和合理性，但仍然存在一些深

层次问题亟须研究解决，比如，监管考核只停留在培训最终实施的评价层面，对于培训后失业人群能否实现就业未能实施有效监管的问题。

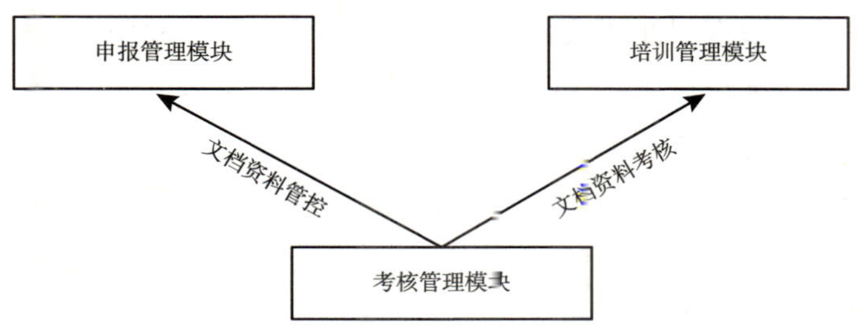

图 6　现行失业人员再就业管控体系

（二）现行体系监管风险分析

根据《西安市就业培训工作联席会议办公室关于印发西安市就业（创业）培训管理暂行办法的通知》的内容，目前再就业培训项目采用以计划为基础的项目招标式管理模式，主要活动流程如图 7 所示。这种模式本身存在一定的设计缺陷，并带来相应的系统风险。

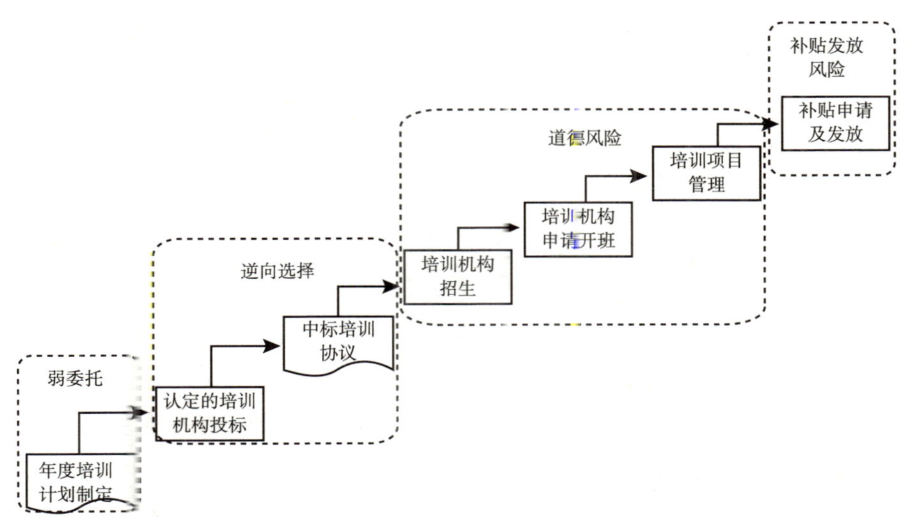

图 7　现行模式及风险示意

1. 申报管理模块风险分析

（1）再就业培训服务方结构单一，未形成再就业保障闭环

调研发现，为西安市提供再就业培训的共有75家培训机构，均是孤立地履行培训职责，没有潜在用人单位、其他类型的人力资源服务机构等参与培训。这就形成了流程与信息“孤岛”，割裂了培训与有效就业。

（2）招标过程存在机会主义风险

培训机构由于招标过程中的竞争压力，为了提高中标率，容易出现过度承诺的现象。

2. 培训管理模块风险分析

（1）培训计划制定难以实现与失业需求的精准对接

尽管政府成立专门组织制定培训计划、认定培训机构、管理培训项目，但精准度不高，失业人员无法广泛表达自己的需求，失业人员对政府的委托责任和要求难以明确。

（2）培训课程缺乏针对性

培训课程往往局限于办公自动化、平面设计、网站制作等通用课程，无法实现培训内容与不同失业人员需求之间的精准匹配。

（3）项目招生功利性导向趋势明显

由于项目协议签订在前，招生工作在后，为了完成项目协议，培训机构容易通过各种虚假性、诱导性手段完成项目招生。

3. 考核管理模块风险分析

（1）考核手段单一，影响精准判断

目前政府部门主要采用文档资料审核，参与时间较久的培训机构对于相应要求和规则非常了解，对于有关材料的制作基本达到流程化、标准化的要求，所制作的材料均能符合政府部门的考核要求。但事实上，文档材料所反馈的内容与实际情况通常都存在一定程度的偏差。

（2）考核重点关注过程，对实际结果关注不够

对于培训后受训个体意识、能力的变化，受训者受训后实际再就业的落实情况等未能深层次涉及。

（3）考核管控路径存在结构性缺陷

目前的考核路径是政府部门直接考核个体，链条虽然简单直接，但是存在

考核对象个体数量较多、考核难度较大、考核相关方（课程设计、就业岗位提供方等）零参与、评价片面和主观性疑虑高等问题。

4. 补贴政策风险分析

补贴发放审批材料的可信度、培训组织过程的严密性、培训的有效性等管控失效增加了补贴发放的政策风险。

三 西安市失业人员再就业资源体系调研分析

（一）再就业资源构成情况

通过研究调研，项目组认为失业人员再就业资源体系结构如图 8 所示，再就业体系由再就业服务、再就业资源、再就业激励和约束机制三部分构成，是一个高度开放的，囊括政府、企业、教育机构等各类社会资源，实现功能科学划分，宏观、中观、微观有机协同的科学系统。

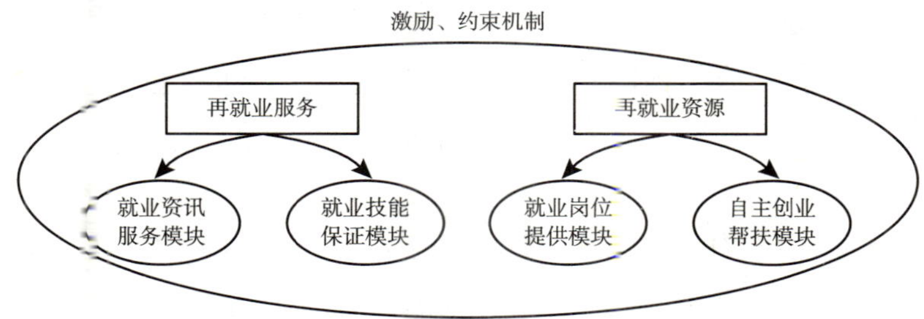

图 8　再就业资源体系结构逻辑关系

（二）再就业资源开发利用情况分析

目前，西安市失业人员再就业资源开发利用情况并不尽如人意，这直接反映到失业人员的再就业率上，主要存在五个方面的问题。

1. 社会资源统筹整合度低

尚未形成系统的社会资源整合局面。

2. 有效就业资源开发度低

造成失业人员再就业率偏低的关键问题在于对政府就业资源的掌控与配置

力偏弱，因此无法从宏观层面更加精准地设计政策。

3. 人力资源服务机构作用发挥程度偏低

西安市目前存在近500家人力资源服务公司，这些就业服务资源具有较大潜力，但是也存在服务机构行业规范度和成熟度不够、人力资源服务机构与政府部门的沟通和合作渠道还不够畅通、人力资源服务机构资源整合度不高等问题。

4. 就业资源配置失衡

调研显示，失业人员往往将就业目标定位于第二产业，事实上第二产业是受经济周期影响最敏感的领域，失业群体也多发于此，这就导致再就业变得比较困难。目前西安市的服务业发展速度很快，而且存在巨大的就业缺口。

5. 跨地域就业工作需要加强

目前失业人员就业更着眼于市区就业，西安市应该着力构建立体的再就业服务网络，可以考虑将失业人员在周边县市甚至其他省份进行有效分流。

四　基于众包模式的失业人员再就业资源整合对策建议

随着平台经济时代的到来，我们需要更为开放的思维来更好地处理和解决公共治理问题。通过研究，我们认为，通过众包模式来整合社会资源，来更加有效地解决西安市失业人员再就业问题具有高度的可行性。

（一）政策设计模型

构建“政府+行业组织平台+行业优秀企业”的再就业人力资源公共服务模式：以政府为发包方和管理驱动因素；以失业人员的有效就业为拉动因素；以行业组织为管控平台（建议以行业协会为平台主体），来整合行业资源，落实政府决策，实施资源配置，接受政府监管，分担管控风险；以行业组织平台为实施方，甄选与整合行业资源、就业资源，集合优势企业资源、社会资源来实现失业人员的高效能就业，如图9所示。

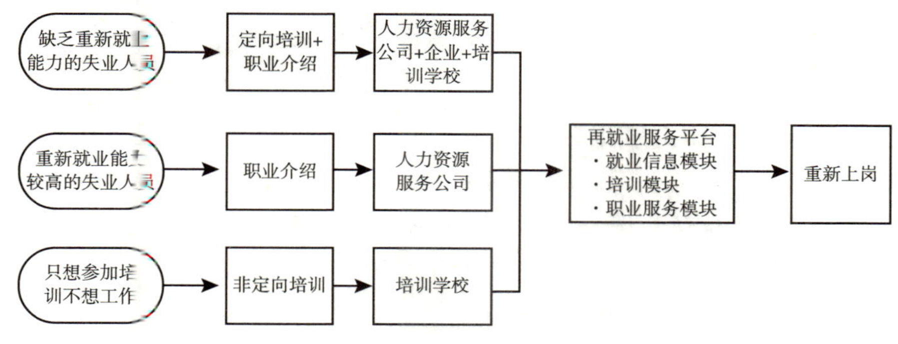

图9 政策设计逻辑关系

（二）政策建议

1. 从社会管理向平台治理转变，探索政府与行业协会合作，提升众包能力和社会资源协同效能的新模式

建议政府与第三方优势平台，特别是行业协会进行合作，探索建立公共组织与经济组织综合体（联合体）的合作运营模式。政府将失业人员再就业培训及安置的业务整体外包给行业协会来实施，采用政策管控、资源总额管控、效能监管管控的方式对行业协会进行监管。在这种模式下，政府的监管难度将会明显降低，监管效能会明显提升，与之对应，将社会资源的统筹与配置交给专业性且内部利益趋同的行业协会去实施，将会大大提升整体的效果和效能。

行业协会等行业平台的专业性以及对行业深度的了解和掌握，可以有效保障资源甄选和整合质量；政府将以过程监管为主的考核体系，转向以结果导向为主的考核体系，而将考核目标主体定位为行业平台，这样一方面降低了考核难度，提升了考核精准度；另一方面还能够给予行业平台更大的履责压力和约束力。

2. 通过政策调整允许更多的社会力量参与

（1）充分利用人力资源服务公司，加强对失业人员服务的力量

仅靠人才市场建设和招聘会难以满足失业人员的要求。尽管培训学校也试图为失业人员提供岗位信息，但这些信息往往都是滞后和间接的，来源于人力资源服务公司而不是企业本身。另外，尽管招聘会能够为失业人员提供岗位信

息，但是，由于招聘会和人才市场属于暂时性组织，这种方式仅仅能提供信息交换。相比而言，人力资源服务公司在岗位信息的搜集和利用方面更加专业。根据走访调查，很多人力资源公司往往能够获得200人以上的岗位培训和招聘服务，有能力提供岗位介绍服务和组织培训服务。这些公司提供这些服务能够按照规定获得职业介绍补贴和培训补贴，有动力为失业人员提供这些服务。另外，失业人员库也是人力资源服务公司重要的储备资源。

因此，在新模式下，需要整合人力资源公司为有充分就业能力的失业人员提供职业介绍服务，为需要一定培训的失业人员提供针对岗位的定向培训服务。培训学校提供无定向的培训服务。为了更好地充分利用人力资源服务公司的资源，需要进一步开展以下工作。

①许可有能力的人力资源服务公司申报定向培训项目。根据人力资源公司的服务状况、服务内容、经营业绩、硬件资源等要素，对人力资源的服务能力、服务信誉进行评估。根据失业人员数量进行测算，选择一定数量的人力资源服务公司提供订单式定向培训项目。人力资源服务公司负责失业人员的聘任和选拔，确定参加培训名单，并负责培训项目的申报、实施和管理，根据项目实施效果、再就业人员工作协议等申请培训补贴和职业介绍补贴。人力资源服务公司的合作单位、接纳失业人员的企业可以自己或委托人力资源公司申请安置失业人员补贴。

②允许人力资源服务公司查询失业人员信息，为失业人员提供职业介绍服务。允许不同等级的人力资源公司查询失业人员的工作经历、职称、职业测评结果等信息。为人力资源服务公司提供发布定向培训项目与求职信息的渠道。人力资源公司根据为失业人员职业介绍工作情况，申请职业介绍补贴。

③建立人力资源服务公司的考核制度。根据项目培训、职业介绍等工作开展情况，对人力资源服务公司进行等级管理。该工作可以由人力资源行业协会完成。

（2）搭建失业人员再就业资源信息共享平台

首先，让散落在各个主体中的资源和信息得到共享。其次，让所有主体的交易和合作关系产生数据，使交易更加透明，为政策审批有据可查奠定基础。最后，可解决政府审批过程中数据相互印证的问题。

为了让市场需求与失业人员更好地链接，为用工企业提供更好的人力资源服务，追踪下岗人员就业信息和职业介绍信息，建立人力资源服务模块。政府负责培训平台搭建，用人单位和人力资源服务机构负责岗位需求信息发布、提交签约信息。人力资源服务机构为用人单位和再就业人员提供人力资源服务。对失业人员政策、人力资源公司发布的定向培训项目、职业介绍信息、培训学校的培训课程等进行手机或微信推送。人力资源服务公司再就业人员对各项具体信息是否允许经过政府认定的人力资源外包服务企业、中介机构和劳务派遣机构查询进行选择。经过政府认定的人力资源外包服务企业、中介机构和劳务派遣机构可以根据权限查询再就业人员允许查询的信息。经过政府认定的人力资源外包服务企业、中介机构和劳务派遣机构为下岗再就业人员提供人力资源服务，并按照规定享受介绍补贴。逻辑关系如图 10 所示。

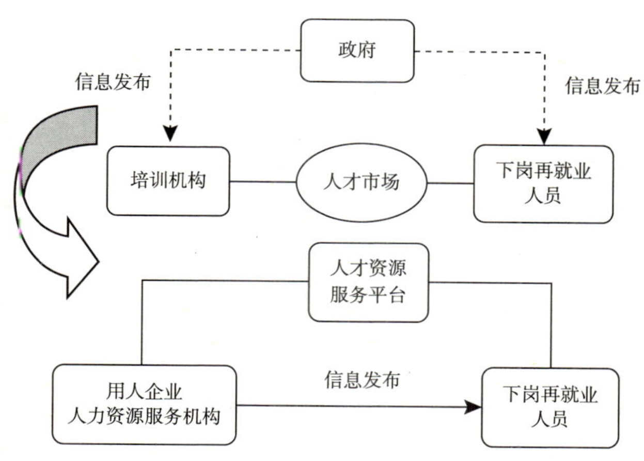

图 10　失业人员再就业资源信息共享平台概念

3. 建立失业人员综合服务跟踪体系

（1）建立以身份证或社保证为索引的失业人员信息库

对失业人员的性别、年龄、联系方式、职业能力测评结果、失业前单位、失业前岗位、技能、学历、接受培训课程、再就业单位、社保等信息进行整合，建立可追溯、可更新的信息库，作为失业认定、就业认定、培训等方面政策执行的依据。

（2）为失业人员提供职业测评服务

可将此项业务按照行业、地域等分类，进行分包和众包给专业的评测机构。

（3）为失业人员的职业规划提供就业指导

此项业务也可以进行众包，比如，可分别外包给人力资源服务机构、专业性企业、咨询机构等。

（4）按月发布就业信息的统计数据

对各个岗位的平均、最高和最低工资，需要的技能情况进行汇总，并通过短信、微信等方式发送给失业人员。

（5）对失业人员就业创业情况进行跟踪，按时间统计各类人员的就业创业情况

此项工作可由人力资源行业协会来组织众包，并将各业务承揽方的信息进行收集、整理。

4. 建立相关社会评价体系

①将失业人员看作考核评价业务众包对象，通过平台建设，在培训、人力资源服务、就业等多个环节，由失业人员进行评价。

②将众包业务接包方的评价业务外包给优质行业平台，定期发布培训机构、人力资源服务公司排名信息，形成培训机构、培训课程、培训人员的统计月报、季报、年报；对优秀课程、培训机构、课程名师进行排名。

5. 建立以需求为导向的培训模式

①区分定向培训项目和非定向培训项目。定向培训项目是指为明确的用人单位定向培训、培训合格可以直接就业的培训项目。非定向的培训项目是指没有明确用人单位的培训项目。

②定向培训项目采用申报审批制，由众包接包意向方提出申请，由政府部门、众包平台方审批。

③非定向培训项目采用选课制。由经过认定的培训学校发布课程，失业人员通过网络选课报名，满足设定的开班标准后开班。

④策划建立失业人员在线教育平台。课程方面，参考慕课的方式进行课程设计众包。在线教育平台可以实现课程资源提供、受训人员课程自选、在线教育监管、在线考试等功能，并根据后台数据的统计情况来制定政府扶持资金的

分配方案。

⑤将计划驱动的项目招标模式转变成面向下岗失业人员需求驱动模式。

6. 完善创业就业政策，简化审批流程，调动社会资源参与动力

项目组的调研显示，审批流程过长、审批材料过于烦琐、补贴兑现方面的缺陷，直接影响了很多培训学校、服务机构等社会主体参与就业创业服务活动的积极性。尽管通过平台搭建能够为广泛的社会力量提供资源共享和合作的通道，没有恰当的设计，这些资源的作用将无法充分地发挥出来。尤其是政府培训补贴制度、稳岗补贴制度，失业金的使用、审批和兑现制度需要进一步完善。把审批考核的一些环节众包给专业机构，其实也是一种流程的简化。另外，结果导向的考核机制设计原则也会倒逼流程的简化。

B.21
昆明市人力资源市场在高校毕业生就业中的作用分析及发展建议

贾诏勋*

摘　要： 为适应高校毕业生就业形势的新变化，昆明市人才服务中心充分整合人力资源和社会保障部门的所有就业创业服务职能和资源，与在昆明的各个院校分别联合成立了多个高校毕业生校园服务工作站，为毕业生提供“一站式、送上门、面对面”的服务，彻底解决毕业生就业创业服务的“最后一公里”，实现离校前与离校后的无缝衔接。

关键词： 人力资源市场　高校毕业生　就业工作　昆明

一　昆明市人力资源市场概况

我国的人力资源市场建设工作始于20世纪80年代，至今已有30多年的发展历程。我国的人力资源市场体系已经基本形成；人力资源市场在人才资源配置中发挥了基础性作用；人力资源市场的发展为人才成长提供了良好的机遇和环境，促进了尊重知识、尊重人才的社会风尚的形成；推动了人力资源向人力资本的转变；人力资源市场在社会主义市场体系中的作用日益突出。但从整个经济社会生活的角度来看，目前我国的人力资源市场体系尚处于初级发展阶段，人力资源市场体制本身亟待调整和完善。

---

* 贾诏勋，昆明市人才服务中心主任，主要研究领域为人才服务工作、人力资源市场的管理、人才评价、高校毕业生就业、档案管理、人才信息化系统等。

昆明市人力资源市场的前身是昆明市人才市场，2010 年根据国家提出的“建立统一、规范的人力资源市场”的要求，正式更名为昆明市人力资源市场。昆明市人才服务中心结合昆明市人力资源市场的具体情况提出了“昆明人才、助你成才；人人成才、人尽其才”的服务宗旨和理念，坚持不断创新与突破，使人力资源市场的工作快速发展，构建了人才服务的框架和体系，发挥了市场在人才配置中的基础性作用。纵观昆明市人力资源市场发展历程，结合昆明市发展战略目标，目前与建设国际化人才信息中心的目标差距较大，人力资源市场建设还需要从宏观发展、微观调节上进一步突破，才能充分发挥其功能和作用。

（一）昆明市人力资源市场的组成

2010 年，在市政府的推动下，同时更名的还有昆明市外来劳动力市场，更名为昆明市南坝路人力资源市场；昆明市劳动力就业市场，更名为昆明市民航路人力资源市场。同年。昆明市人力资源市场从气象路搬迁至民航路，与原劳动力就业市场共用场地，分属两个部门进行管理，分别举办供需洽谈会，三个市场共同构成了昆明的人力资源市场体系。随着时间的推移，南坝路人力资源市场依然以农村劳动力为主要服务对象，而在昆明市民航路举办洽谈会的两个市场主体与服务对象逐渐融合，更加突出了以高校毕业生为主要服务对象的市场特质。本文依然以昆明市人力资源市场（原昆明市人才市场）为主要研究对象。

（二）昆明市人力资源市场在高校毕业生就业中的作用

经过多年的艰苦创业和努力奋斗，昆明市人力资源市场已经在昆明及西南地区形成了自己的品牌。品牌代表着知名度，代表着客户忠诚度，代表了客户关系，特别是电子商务走向低迷、企业竞争力与赢利受到极大挑战的今天，“客户关系”成为一个组织生存面临的最基本的管理问题。如何保持既有的市场份额，同时又使客户服务工作能真正朝个性化、专业化、人性化、精细化方向发展，实现差异化服务模式，为高校毕业生提供更多、更优质的就业岗位，昆明市人力资源市场做了尝试。

人力资源市场提供的信息服务的两大买家即用人单位和个人，在中国传统的就业格局下，用人单位和个人相互之间对彼此都没有太多的选择权，所以对市场化的服务要求不高。但随着改革的深入，大批的国有企业改制，大量的民营企业和三资企业出现，用人单位和个人更多地采用市场化的选择方式来挑选彼此。近几年，用人单位和个人在招聘和求职上有了以下较为显著的变化。一是用人单位由过去单一需求、单一招聘方式开始向多层次、多元需求、多种招聘方式转变。过去单一需求时缺什么招什么，现在则要求毕业生双学士、多面型，经历最好也不是单一的，同时招聘向储备人才的方向发展。二是用人单位对人才资源的配置也由过去的属地化向区域化、国际化方向转变。三是用人单位对人才的选择由过去的强调以资源配置为主向以人才资本为主转变。过去用人时不计成本，强调有什么资源就用什么资源。现在随着资源的丰富，用人单位讲究用最低成本招最优人才。四是用人单位对人才中介服务由过去的寻求某个单项服务向综合配套服务转变，包括保障机制等在内。五是用人单位对服务的要求从浅层次、粗放型向高效率、高质量服务转变。如要求提供能力测试、职业生涯设计等技术含量高的内容。

从高校毕业生求职上看也有变化：一是相当多的毕业生由过去的求职找职位开始向择业求发展的方向转变，他们不再满足于找一个职位。二是求职由原来的盲目寻求信息向求助于人力资源市场的人才机构帮助设计生涯内容转变，他们更多地考虑一生发展的轨迹。三是毕业生流动由过去的单一动编流动开始向智力流动、人才派遣等多样化、个性化方向发展，大量寻求兼职、关系放在中介、人才租赁等形式出现，单位所有、部门所有的界限被打破。四是求职由过去单纯看信息、搜集信息开始向问服务机构索要综合性、指导性、全方位信息转变。五是毕业生流动由过去只关注本地区人才信息开始向关注发达地区、发达国家人才需求信息转变。六是在求职择业中由对企业的忠诚度转向对自身职业忠诚度。

基于以上变化，为了提高高校毕业生就业服务能力，昆明市人力资源市场着力构筑客户资源管理系统（CRM）。这样一来可实现办公自动化，拉动管理的电子化；同时通过数据挖掘，建立反应灵敏的人才中心决策分析系统，更重要的是以 CRM 为基础进行资源整合。以前各部门各自为政的接待咨询，无法使人力资源市场整体业务统一，资源在员工的脑子里和部门的记录上，CRM 的信息化建设就可以解决这个问题，建立了“前店后厂”的概念，对业务环节进行了重塑，全中心在数据库平台上设统一前台，市场整体面对服务对象，再由前台向各部门分派业务。前台的运行将各部门资源接待工作整合到一块，实现了挂号、诊断的任务功能，使业务流分成了售前、售中、售后三个部分，加大客服工作的力度和深度，人工成本也大大降低。市场的客户资源库和毕业生信息资源库彻底整合，每一个客户进入市场都将自动获得市场编号、服务编号和服务序号，以此长期得到市场的服务关注。客户资源库开始成熟，进而推动“抓大户、带小户、开新户、稳老户”的客户开发策略的实施，腾出了大量人力、物力应用于服务的研发工作中去，更好地为毕业生提供服务。

在强化内部流程的同时，一是加大服务力度，开设绿色服务通道，开展未就业登记、开具就业报到证、改派等实名登记工作。尤其是对经济贫困、身体残疾等有求职困难的毕业生开展一对一帮扶工作，确保困难毕业生100%就业。二是强化网络服务功能，方便毕业生就业。三是着力开展就业见习工作，不断提升毕业生就业能力。在全市范围内选择管理规范、信誉好的用人单位作为见习基地向上级部门推荐。四是积极拓宽就业渠道。省内外毕业生的输入与输出，都有利于昆明市人才结构的改善。因此，中心与省外的人才服务机构建立了毕业生就业工作协作关系，先后与南方人才、上海人才、西南人才联盟的成都、重庆、南宁、贵阳、拉萨等成员单位，签订了跨地区高校毕业生就业合作协议。通过网络互联、巡回招聘等形式，扩大了毕业生的就业空间。五是免费提供公共人才服务，提供人事关系转接、职称评定、出国政审、党团组织关系接转等一系列免费的人事代理服务。

通过以上努力，昆明市人力资源市场在2016年共组织洽谈会51场，参会单位5363家，提供就业岗位5万余个，进场求职人才46538人次；共接待用人单位人才查询5000余次；为1万余人办理了就业或再就业手续；中介成功率达到10%。提供网上招聘职位3607个，个人会员简历达到10212份，单位会员达1938家，网站访问人数达到243万，受到了高校毕业生的欢迎。

二　近五年昆明市人力资源市场的供求变化及分析

从供给情况看，2012～2016年五年来，昆明市人力资源市场进场求职人数大体上逐年减少，到 2016 年基本维持在 4 万多人。随着网络的发展，网上求职的人数在 2016 年出现较大增加，增幅达到 20% 以上。

表 1　昆明市人力资源市场的供给情况

单位：人

年份	2012	2013	2014	2015	2016
进场求职人数	62821	58079	46203	42141	46538
网上登记人数	8023	8511	8332	7866	10212

近五年昆明市人力资源市场的需求情况如表 2 所示。随着进场人数的减少，现场进场单位的数量也逐渐减少，提供岗位的数量与达成意向的人数双双下降，现场招聘会的吸引力已经大不如从前。

表 2　昆明市人力资源市场的需求情况

单位：人

年份	2012	2013	2014	2015	2016
提供岗位数	85131	69214	47908	47321	50126
达成意向人数	8162	6621	4312	4422	4106

近五年昆明市人力资源市场高校毕业生就业的供给情况如表 3 所示。到昆明市人力资源市场求职的主体依然是高校毕业生，占进场人数的 80% 以上，但是进场人数逐年减少，毕业生逐渐选择网上求职。

表 3　近五年昆明市人力资源市场高校毕业生就业的供给情况

单位：人

年份	2012	2013	2014	2015	2016
进场求职人数	57089	54121	43066	39080	40692
网上登记人数	7412	7912	5145	6802	8144

近五年昆明市人力资源市场高校毕业生就业的需求情况如表 4 所示。五年来，随着进场单位数量的减少，提供给高校毕业生的就业岗位数量也在减少，减幅达到 25% 以上。2016 年随着校园工作站建设工作的启动，宣传力度的加大，进场单位数量有所增加。

表4　近五年昆明市人力资源市场高校毕业生就业的需求情况

单位：人

年份	2012	2013	2014	2015	2016
提供岗位数	55101	49752	38060	28126	39742
达成意向人数	5421	4612	3601	2633	3578

三　昆明市人力资源市场高校毕业生就业变化及成因分析

1. 信息技术的发展促使线上交流更加活跃，岗位信息发布渠道多元化

（1）新媒体技术使求职更加便捷

新媒体技术更多地被广大求职学生所接受。各类机构构建的网站、微博、微信等新媒体信息化宣传平台，以贴近学生、接地气的方式，为毕业生提供适用、有效的就业创业信息宣传服务，有力地助推毕业生就业创业。微博作为新媒体平台建设的“主力军”，通过在线交流，解疑释惑，了解学生需求，发布招聘信息，实现与服务对象的“零距离”互动，并以其权威性、便捷性、实效性、互动性，成为招聘信息发布的主要渠道之一。网站通过多栏目的内容设置，切实为学生做好就业创业指导，促进毕业生转变就业观念，提升创业就业能力，是一个集权威性、安全性、专业性于一体的综合信息化服务平台。微信推送利用学生获取资讯与传播信息的习惯，实现各新媒体渠道紧密联动、优势互补，打通毕业生就业服务的“最后一公里”。在认证升级完成后，微信平台增加了菜单和互动功能，通过定期主动推送信息、菜单分类查阅信息、回复关键字互动获取信息等方式，将就业政策措施、权威解读、招聘岗位信息和就业创业服务资讯呈现在学生的手机上，使毕业生足不出户就能够及时获取就业信息、就业政策和就业指导。

（2）网络招聘功能更加完善

企业进行网络招聘的优势包括：一是成本低，网络招聘相对于招聘会展台而言成本较低；二是招聘时间跨度大，网络招聘职位发布的时间比较长；三是收到简历和搜索简历数量多，网络招聘职位可以直接搜索某一地区的简历，合

适了再利用下载机会，成功招聘的机会比较大。求职者利用网络找工作的优势包括：一是网络招聘信息量大，在网络上招聘的企业比较多，职位信息量大，成功率会比较高；二是方便快捷、成本低，在网上建立简历后就能直接搜索职位信息，符合条件就能直接投递，不用去招聘会现场投递了。

2. 有形市场的局限性难以满足高校毕业生的需求

（1）场地限制了参会单位的数量

传统的就业有形市场虽然为毕业生提供了准确、有效的就业信息，然而场地规模始终制约着参会单位的数量。随着信息技术的不断发展，招聘形式的不断创新，通过网络这一先进信息工具进行就业洽谈和招聘，已经被越来越多的单位和学校所接受，而政府也在大力提倡，部分省市已经取消了现场招聘会，全部实行网上求职和就业，这种无形的就业市场为毕业生提供了一条节约、高效的求职渠道。

（2）综合性人力资源市场针对性不强

高校毕业生找个工作并不难，难的是找一个理想的工作。一般综合性人力资源市场服务对象受众面广，而高校毕业生的求职有一定的针对性和局限性，综合类招聘会难以满足毕业生求职的需要。同时高校毕业生就业初期的不稳定性也成为用人单位的心病，高校毕业生就业初期离职不仅浪费了昂贵的企业人力培养资源，更有可能将企业的业务关系或管理方法外泄，致使虽然有大量的用人单位进入人力资源市场进行洽谈，但是成交率并不是太高。

3. “送岗位进校园”逐渐成为人力资源市场的常态工作

（1）人力资源市场“送岗位进校园”效果明显

为了做好高校毕业生就业创业服务工作，在毕业生离校前就能实现充分就业，最大限度地减少离校未就业毕业生人数。各级人力资源市场都在做一些积极的努力，广泛搜集各类需求信息，在校园内举办供需洽谈会，送岗位上门。定期组织用人单位开展校园宣传活动，举办招聘会，进行网络招聘等，鼓励企业通过赞助校园文艺活动、体育活动、学术会议等来扩大企业知名度，帮助企业与高校合作建立实习基地，通过实习计划选拔应届毕业生等。高校毕业生作为一个高素质群体，是未来企业发展的核心动力。人力资源市场举办的各类校园招聘活动，犹如“透过白纸，看到白纸的背面”，看到企业的文化和发展，更能吸引毕业生的关注，提高了校园招聘的效率与质量，毕业生不出校园就可以享受到人力资源市场的服务。2017 年，云南高校毕业生中有 25.3% 的人通过校园招聘会落实了工作。

（2）人力资源市场促进了校企合作的发展

“双向互动”校企合作机制的实施，为双方带来“双赢”。人力资源市场作为学校和用人单位之间的桥梁，积极引导供需双方深度合作。帮助学校联系用人单位建立起“教学做一体”的实景实训场地，扎扎实实落实生产性实训任务，顺利推动教育“工学结合、学工一体”的人才培养模式改革。同时为有需求的企业联系学校，充分利用学校场地、设备、技术、培训以及廉价人力资源，为单位节约了大量资金投入、研发成本、培训成本和管理成本，提高了经济效益，企业热心教育事业本身也会为企业带来一定的社会影响和品牌效应。同时学校提供稳固的、具有明显优势的人才和技术支撑，使企业发展具有充足的后劲。这样的模式，越来越受到欢迎。

综上所述，人力资源市场要在高校毕业生就业工作中发挥更大的作用，就要顺应这种变化，积极探索新的服务模式，开辟新的服务领域。

四　昆明市人力资源市场服务高校毕业生的就业策略及建议

经过多年的努力探索和积极拓展，昆明市人才服务中心在上级主管部门的支持下，结合昆明市的具体情况，与教育部门密切协作，对不断提升高校毕业生就业创业服务能力做了有益的尝试。

1. 整合所有资源提供线上服务

针对高校毕业生登记人数较多、数据采集信息量大的情况，为了提高服务效率、克服有形市场的弊端、提升服务水平，昆明市人才服务中心从 2011 年开始试点，依托昆明人才招聘考试网（www. kmrcjob. cn），开设高校毕业生网络预登记窗口，提供就业报到登记、档案查询、流动党团组织关系结转、政策咨询、就业服务需求调查等多项服务。登记后，针对离校未就业高校毕业生情况，采取电话逐一访问的形式，了解掌握就业情况。根据每一个毕业生的情况，提供便捷、高效的就业信息服务和职业指导，并建立了高效的毕业生就业服务动态管理系统，适时掌握高校毕业生就业动态，确保实现 90% 以上就业

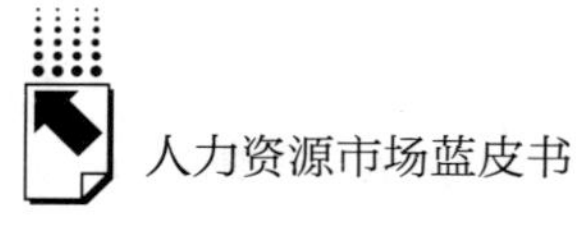

率的目标。

2. 逐步开发移动客户端提供智能服务

人力资源市场在很大程度上是“人才信息”的市场，“信息”是人力资源市场的基础。人才信息的储量、信息处理技术、信息效益决定着人力资源市场的规模、层次和发展水平。昆明市人力资源市场在完善服务、加强管理的同时，适应移动传媒技术的发展，着力开发昆明市人力资源市场服务的移动客户端，设立网上办事大厅、政策咨询、在线帮助等栏目，不断提高信息服务的质量，增强信息服务的有效性、准确性和时效性，强化人才信息资源共享，以信息化带动人力资源市场的全面发展。

3. 完善现场特有服务项目

根据高校毕业生就业创业工作的实际需要，进一步加强与公共就业服务部门的联系，把小额贷款、创业培训、职业培训、证件办理等服务项目全部引入洽谈会现场，实现即时受理，提高服务效率。结合毕业生在实际求职过程中遇到的困难，提供简历门诊、职业测评、政策咨询等现场服务，帮助毕业生提高就业能力。

4. 加大专场招聘会进校园力度，服务毕业生求职“最后一公里”

为方便高校毕业生，在驻昆院校设立昆明市人力资源市场服务窗口，及时提供就业信息。继续实行“走出去，请进来”的办法，将高校毕业生就业供需洽谈会更多地搬到高校内部举办，高校条件不具备的，则免费在昆明市人力资源市场内举办。通过实施“千企万岗进校园”“公共就业人才服务进校园”“全国大中城市联合招聘”等活动，为高校毕业生和用人单位搭建平台，为毕业生提供更多的就业岗位，实现毕业生离校前的充分就业目标。

5. 整合人社资源，设立校园服务工作站

昆明市人力资源和社会保障局根据高校毕业生就业工作需要，顺应形势，深化改革，与高校合作，在校园内设立服务工作站，充分整合了人力资源和社会保障部门有关高校毕业生的所有政策措施，提供“一站式”贴身服务，让广大高校毕业生不出校门就可以了解到所有促进就业创业的政策措施，知晓这些优惠政策措施的申请程序和受理办法，把办理结果直接送到毕业生的手中，让毕业生不再奔波于各职能部门之间就可以享受到各项就业创业服务，彻底实现了从“找上门”到“送上门”的服务转变。目前设立的校园工作站主要职责包括：及时发布高校毕业生就业创业政策，为高校毕业生提供政策咨询；发布各类就业创业信息，提供就业服务，为毕业生办理就业报到、人才引进和人事代理服务；负责本校毕业生实名登记工作，协助办理“就业创业证”；做好高校毕业生创业服务工作，接收高校毕业生创业贷款申请，协助创业项目享受优惠政策；提供就业信息，开展就业援助；协助开展各类公共就业服务专项活动；协助做好职业技能培训、创业培训和技能鉴定考试工作；协助做好昆明市人力资源和社会保障局服务高校毕业生的各项工作。截至2016年12月31日，已建成19个校园服务工作站，先后共投入设备、人员和工作经费191.5多万元，发放各类宣传材料28000多份，举办各类校园专场招聘会20场，进场小微企业2300多家，提供岗位信息34380多条，办理离校未就业高校毕业生登记手续8680人，档案转接8000份，举办就业指导讲座25场，参加学生7600多人。2017年将继续加大建设力度和资金投入，进一步完善服务项目和规章制度，争取在2017年完成驻昆高校的基本覆盖。

6. 政校合作全力打造校园毕业生人力资源市场

为进一步做好高校毕业生就业创业服务工作，昆明市人才服务中心根据昆明市人力资源和社会保障局统一安排。一是组织召开了高校毕业生就业工作座谈会，确立政校合作机制，加强地方政府与各高校的无缝对接，使高校及时了解掌握政策信息；二是将“校园招聘活动”纳入公共就业人才服务专项活动项目给予支持；三是提高校园招聘活动的针对性，分类别、分行业组织开展校园招聘活动；四是结合云南少数民族多的实际，研究制定少数民族大学生就业的优惠政策；五是将在校困难大学生纳入就业援助范围，提前提供就业指导、就业实习帮助等。在此基础上，将昆明市人力资源市场分市场办在各个院校，为高校毕业生面对面提供服务。

7. 深化与教育部门的合作，服务创新创业人才

高校毕业生就业创业服务工作的开展离不开教育部门的支持与配合，创新创业人才培养的主阵地在高校。昆明市人才服务中心将与省教育厅合作，结合昆明市小微企业创业创新基地城市示范项目，连续三年，计划每年拿出430万元用于校园平台的建设工作，依托高校，着力在昆明地区打造四个校园服务平台，即小微企业人才招聘平台、小微企业校园创业示范平台、高原农业创业示范平台、小微企业校园创新创业人才培养平台，为昆明市创新创业服务体系的

构建提供人才和智力保障服务，帮助高校毕业生更好地实现就业创业目标。

高校毕业生就业创业服务工作是一项服务民生的重要工程，是一个系统性工程。作为人力资源市场的从业者，只有顺应时代变化，不断创新服务手段和方法，提升服务效能，才能更好地为稳定大局服务。昆明市人才服务中心将一如既往，勇于探索，全力以赴做好高校毕业生就业创业服务工作。

B.22
青岛市人才供需情况分析

青岛市人才服务中心

摘　要： 2016年，青岛市人才服务中心加快全市人力资源优化配置，全年共举办招聘会170场，累计为10550家企业提供招聘服务，提供岗位11.6万个，入场求职人数达23.32万人次。人才需求最多的专业是计算机/电子信息类，招聘市场呈现以下特点：创业带动就业，中小微企业成为主阵地；专业技术及高学历科研人才需求呈现两极增长；大学生“慢就业”及就业短期化现象凸显。

关键词： 人才　招聘　就业　青岛

2016年度，青岛市人才服务中心加快全市人力资源优化配置，全年共举办招聘会170场，其中公益性招聘会47场，累计为10550家企业提供招聘服务，提供岗位需求11.6万个，入场求职人数达23.32万人次，岗位空缺与求职人数的比率①约为0.497，相比2015年同期（0.69）有所下降，市场供求人数同比有所增加，基本与2014年（0.491）持平。

一　企业人才需求概况

（一）用人单位专业需求分析

从专业需求情况看（见表1），2016年度专业需求数量排名前十的专业所

① 岗位空缺与求职人数的比率=需求人数/求职人数，表明市场中每个求职者所对应的岗位空缺数。如0.5表示10个求职者竞争5个岗位。

占比重与上年同期相比上升6.21个百分点，占总需求的62.13%。其中，计算机/电子信息类、经济/商业类等与“互联网+”相关的专业需求依旧势头迅猛，涨幅已连续两年保持在1%以上。同时，受产业转型升级及经济下行环境的影响，与新兴产业相关的专业需求占比越来越高，传统制造业、能源产业、食品产业等专业以及可替代性较大、专业性较弱的专业占比越来越小，甚至出现逐年递减的趋势。同时，2016年下半年房地产行业再次出现井喷的发展态势，与房地产相关的专业，如土建类、商业类、艺术类等，招聘需求同比增长了17%。受到国家推进PPP（政府和社会资本合作示范项目）模式力度不断加大，以及青岛市建设、开通及运营轨道交通的影响，同时，交通运输行业也新增了大量与电商、物流相关的招聘职位，交通运输行业用工需求同比增长57%，虽然职位总量远低于IT互联网、金融、房地产等行业，但行业发展前景值得期待。

表1　用人单位专业需求前十位排名情况

单位：%，百分点

排名	招聘职位要求专业	2016年所占比重	2015年所占比重	2014年所占比重	2016年比2015年增加
1	计算机/电子信息类	14.56	11.83	8.93	2.73
2	工商/公共管理类	8.68	7.72	9.77	0.96
3	经济/商业类	10.11	8.29	7.56	1.82
4	交通运输类	5.79	4.21	5.42	1.58
5	语言类	5.17	5.93	6.38	-0.76
6	土建类	4.69	3.64	3.83	1.05
7	机械类	4.15	5.27	6.02	-1.12
8	化工与制药类	3.96	4.33	6.21	-0.37
9	艺术类	3.34	2.78	2.43	0.56
10	轻工纺织食品类	1.68	1.92	3.26	-0.24
占职位总数的比重		62.13	55.92	59.81	6.21

（二）用人单位学历需求情况

从用人单位所需学历情况看（见表2），青岛2016年度用人单位学历需求情况呈两极发展，一方面，“崇尚一技之长，不唯学历凭能力”的观念越来越受到用人单位的认可，对技能型大中专生的需求有较大幅度的提升。另一方面，青岛市近年来引进高层次人才的措施显现成效。2015 年，青岛市新出台了《顶尖人才奖励资助暂行办法》、《青岛市“三中心一基地”建设人才支撑计划（2016～2020）》、研究生住房补贴翻倍等一系列优惠政策，显示出青岛市建设“三中心一基地”对高层次人才的迫切需求。从市场反应来看，用人单位对博士人才的需求逐年递增，2016 年涨幅已达 3. 23 个百分点，虽然吸纳博士等高层次人才的主阵地依然是大型国企、科研院所、高校，但有越来越多的从事新兴产业的民营企业产生了对博士等高层次人才的需求。

表 2　用人单位学历需求情况

单位：%，百分点

学历层次	2016 年所占比重	2015 年所占比重	2014 年所占比重	2016 年比 2015 年增加
中专及以下	14. 27	11. 05	12. 56	3. 22
大　专	43. 57	39. 11	40. 93	4. 46
本　科	34. 74	44. 57	42. 35	－9. 83
硕　士	2. 63	4. 12	3. 30	－1. 49
博　士	4. 38	1. 15	0. 86	3. 23
无要求	0. 41	0. 00	0. 00	0. 41

（三）用人单位所需工作经验情况

从用人单位对求职人员工作经验的要求来看（见表 3），2016 年用人单位的偏好产生了较大的变化，原先应届毕业生一直是市场主力军，2016 年有 1～2 年工作经验的求职者更受企业青睐，2014～2016 年连续三年同比均增长 4 个百分点以上，成为市场需求提升最快的群体。从整体上看，对有 1 年以上工作经验求职者的需求均有所提升，其中，对有 5 年以上工作经验的资深业务人员、专业技术人员及中高级管理人员，从人群比例上来看需求有较大幅度的提升。

表 3　用人单位工作经验需求情况

单位：%，百分点

工作经验	2016 年所占比重	2015 年所占比重	2014 年所占比重	2016 年比 2015 年增加
应届毕业生	32.39	37.23	40.80	-4.84
1 年以下	21.17	25.09	24.61	-3.92
1~2 年	37.81	33.71	29.08	4.10
3~5 年	7.27	3.68	5.01	3.59
6~10 年	1.36	0.29	0.50	1.07
10 年以上	0.00	0.00	0.00	0.00
无要求	0.00	0.00	0.00	0.00

二　新常态下人才供需新特点

2015 年以来，新常态下经济增速的放缓对人才供需造成一定的影响，2016 年入场企业数比 2015 年减少 3%，供岗数比 2015 年略有下降（0.08%）。但由于 2016 年招聘市场多样化业务的开展以及和高校的有机对接，2016 年的求职者人数比 2015 年增加了近 28%，岗位需求的增幅高于供给，但整体上仍呈现供大于求的局面。2016 年第一季度，迎来招聘旺季，需求人数增幅明显高于求职人数增幅；进入 2016 年下半年，随着供给侧结构性改革的政策落地，以及新经济行业的发展助力，宏观经济指标有所回升，也带动了市场中企业招聘人数有小幅的上升，与此同时，受周期性因素的影响，同期的求职人数增幅有一定程度的回落。国家公开数据显示，第三季度中国经济运行总体比较稳定，在稳增长政策累积效应、房地产市场升温、能源原材料行业改善等因素的影响下，投资、消费、工业生产和发电量等主要经济指标出现企稳迹象，民间投资也改变了逐月下滑趋势，GDP 增速基本保持平稳。这一变化趋势与供需指数走势基本相符，就业形势总体趋稳向好。

（一）创业带动就业，中小微企业成为主阵地

科技拉动经济，经济带动就业，就业反哺科技。随着青岛市大力实施“三创”行动，创业带动就业效应慢慢显现出来，创业正在创造更多新岗位。

国家统计局最新数据显示，全国目前由创业促进的就业人数已占全部就业者的20%左右。从青岛市人才服务中心招聘市场以及全国其他地市历年来对招聘单位的调查和分析来看，中小微企业一直是职场中吸纳人才的主力军。“船大难掉头”导致在经济调整中，大型企业的扩张面临瓶颈。青岛市人才服务中心招聘市场调查数据显示，2016 年中型企业的用工需求同比增长 8%，小型企业用工需求同比增长 31%，微型企业用工需求同比增长 26%，中小微企业在吸纳就业方面占据 76% 的份额。小微企业对用工需求的井喷式增长主要是大众创业的结果，说明作为创业的主阵地，众多互联网公司从成本与收益的角度都选择了小而精的团队模式。同时，调查显示，30% 以上的求职者更愿意到小微企业就职，这种意愿在互联网、科技、金融、保险、中介等领域更为常见，显示出人才对小微企业的认可度在不断上升，也反映出伴随经济转型的深入，我国的产业类型正在从劳动密集型转变为知识密集型，人才质量正在取代人才数量，成为企业最看中的因素。过去依托扩大规模实现盈利的规律，正在被依托知识与技术实现盈利的模式所取代。

（二）专业技术及高学历科研人才需求呈两极增长

近年来，随着青岛市“调结构、转方式”不断深化，政府对高新技术企业采取简化审批、税收减免、研发奖补、项目用地、金融保险等多项政策措施，鼓励和支持其发展，青岛市高新技术企业总数由 2015 年的 966 家增加到 2016 年的 1348 家。2015 年高新技术企业供岗数量市场占有额为 7.5%，随着高新技术企业的快速发展，2016 年占有额为 13%，比 2015 年有了大幅度增加。在高新技术企业的带动下，青岛市人才需求呈现两极增长趋势。一方面，企业对专业技术人才及技能人才的需求日益增长，据调查，54.2% 的市场用人需求对劳动者的技术等级或专业技术职称有明确要求。其中，对技术等级有要求的占 34.5%，对专业技术职称有要求的占 19.7%。而从供求状况对比看，各技术等级和专业技术职称的岗位空缺与求职人数的比率均大于 1。其中，高级工程师、高级技工、高级技师岗位空缺与求职人数的比率较大。另一方面，青岛市对博士及以上学历水平的科研人才需求居高不下，从学历需求情况来看，对博士人才的需求呈逐年递增趋势，2016 年同比增幅已超过 3%。从供给状况对比看，高学历人才较少出现在招聘市场中，企业大多需要通过猎头、赴外招聘等方式引进人才。青岛市人才服务中心招聘市场专家分析，随着青岛市产业结构调整的不断深化，中高端产业发展不断加快，经济增长开始从追求数量的增长转向追求质量的提升，产业升级带来专业化分工协作关系的深化，对于从业人员的知识、技能和素质也提出了更高的要求。从未来发展趋势看，青岛市企业对于知识型、技能型劳动者的需求将不断增加；知识水平相对较低且缺乏一技之长的简单劳动力，则将面临更多的就业压力。

（三）大学生“慢就业”及就业短期化现象凸显

2016 年，人才供需的结构性矛盾依然凸显。一方面，很多新毕业大学生并不急于寻找工作，而是选择自主创业或者较长时间的外出旅游甚至待业，慢慢考虑和规划自己的职业生涯，这种“慢就业”现象在 90 后等新生代就业群体中越来越普遍。新生代员工大都思想开放，他们对于就业的观念不是局限于坐在办公室里的朝九晚五，而是更加多元化的就业方式，比如，开网店，做自媒体，甚至当网红都可能成为一种正常的职业。据腾讯统计，52% 的 95 后选择找一份稳定工作，但剩下 48% 的人则选择回避就业，这对招聘市场的供给量产生了一定影响。另一方面，青岛市人才服务中心招聘市场工作人员通过企业回访，很多 HR 表示 2016 年入职的新员工的工作黏性越来越弱，工作几天不辞而别的、抱怨工作累的、眼高手低的现象较为严重，就业短期化现象越来越凸显。虽然很多企业表示已经提高了薪资待遇，增强了岗位的吸引力，甚至提出了许多“软福利”，如“定期旅游”“年终红包”等吸引求职者眼球，但效果仍不明显。这导致了不少企业缩减了 2016 年的招聘需求，转而把重点放在如何留住单位的老员工上。

B.23
昆山人力资源市场供求分析

朱心杰*

摘　要： 本文对2016年昆山市人力资源市场现场招聘系统和实时监测系统数据进行整理研究，从招聘单位、岗位需求、求职人员等方面对2016年人力资源市场的供求趋势做了深入分析及前景预测，为将来更好地把握趋势、提供优质高效的服务奠定了可靠基础。

关键词： 供求分析　现场招聘　昆山

昆山人力资源市场于2007年正式投入使用，多年来，该市场实现了人才、劳动力、毕业生就业三大市场的贯通，形成“政府主导、市场运作”的统一规范的人力资源市场。市场以人才交流会为传统招聘主渠道，以“天天市场”为运营品牌，以搭建高效优质的供需平台为出发点，以服务优质化、管理信息化、研判科学化为三大抓手，通过优服务、搭平台、促对接来提升供需双方匹配的精度和效率。

此次供求分析从2016年1月1日开始至2016年12月31日结束，通过昆山人力资源市场现场招聘系统和实时监测系统为数据收集平台，针对参与现场招聘的企业和求职者进行每日动态系统收集，以确保数据收集的科学性、真实性、实时性。

---

* 朱心杰，昆山人力资源市场人力资源考试培训中心主任，昆山人力资源开发研究中心主任助理，中级经济师，人力资源管理师，主要研究领域为人力资源供需、人力资源服务业发展、人力资源调研数据分析等。

一　总体情况

2016 年昆山人力资源市场共举办各类现场招聘会 334 场，组织并服务各企事业用人单位 27978 家次，同比增长 2.82%，为企业发布各类岗位需求 1014582 人次，同比增长 25.15%，全年吸引各地求职者 787334 人次，同比减少 17.15%，全年求人倍率 1.29，较上年增加 0.44。

表 1　招聘会总体数据对比

	招聘单位数（家次）	需求岗位数（人次）	入场人数（人次）	求人倍率
2015 年	27211	810700	950337	0.85
2016 年	27978	1014582	787334	1.29
变动	767	203882	-163003	0.44
变动幅度（%）	2.82	25.15	-17.15	51.06

二　招聘单位分析

（一）单位数分析

前弱后强，企业参会数量呈现 U 形走势。2016 年上半年在整体经济形势触底企稳的起始阶段，各类企业参会热情较 2015 年略有下降，3 月春季招聘月的参会量为 3575 家次，同比减少 4.21%，随后的 4～6 月每月降幅均超过 10%，上半年参会量同比减少 2719 家次，降幅高达 18.77%。

进入 2016 年下半年以来，以电子、模具等为代表的传统制造业企业订单情况好转，企业运营逐步企稳向好，订单式生产带来大量的人员需求，下半年各月均较 2015 年同期出现增长，7 月（11.61%）为增幅最小的月份，而 8～12 月，每月的增幅均高于 22%，其中年末两个月更是超过 35%。

（二）参会排名前十行业分析

制造业复苏趋势明显，服务业招才出现分化。以机械机电、光电电子、五

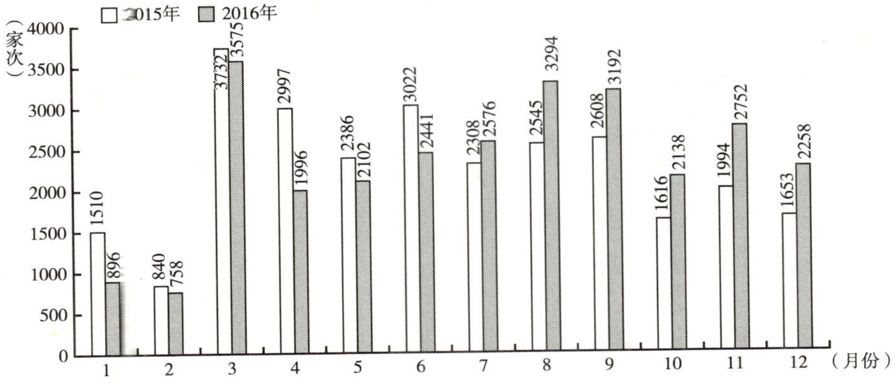

图 1　2015 ~ 2016 年招聘单位参会数

金模具为代表的传统制造业复苏趋势明显，三大行业均保持 10% 以上的同比增幅，塑料制品、仪器仪表、包装印刷行业也进入前十，且保持 7.5% 以上的增长。与传统制造业走势不同，服务业参会出现分化，其中金融保险依旧延续 2015 年走势，全年增长 24.8%，成为服务业中高需求高增长的代表，而房地产由于受国家政策影响较大，全年降幅达 28%，电子商务和进出口贸易在 2015 年高速增长的情况下，2016 年更多地将精力转向产业内部调整，以优招优培替代批量招录，参会量同比分别减少 35.55% 和 24.67%。

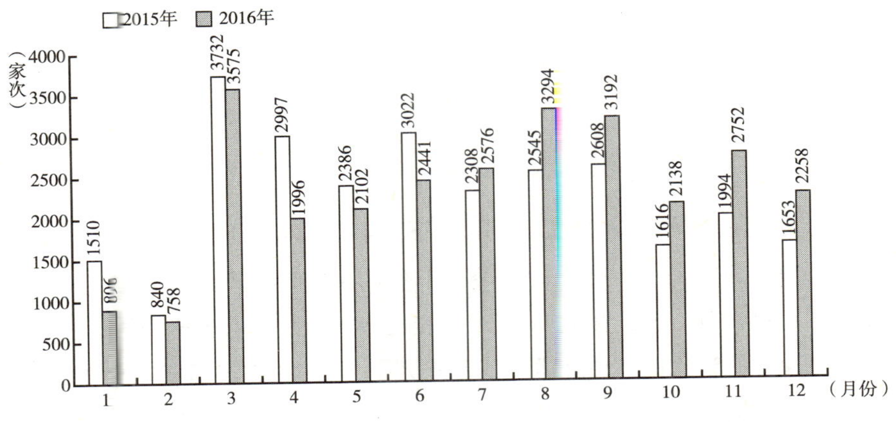

图 2　2015 ~ 2016 年参会量排名前十行业企业数

（三）单位规模分析

大中型制造业带动需求增长，小微型服务业调整步伐加快。2016 年，以制造业为代表的 500 人以上的大中型企业参会量为 10723 家次，较 2015 年增长近 1200 家次，增长 12.51%，50 人以下以房地产、小微金融为主的小微型企业，在国家政策和规范条例出台后，一定程度上提高了入行门槛和服务要求，使得此类企业参会量减少了 17.23%。

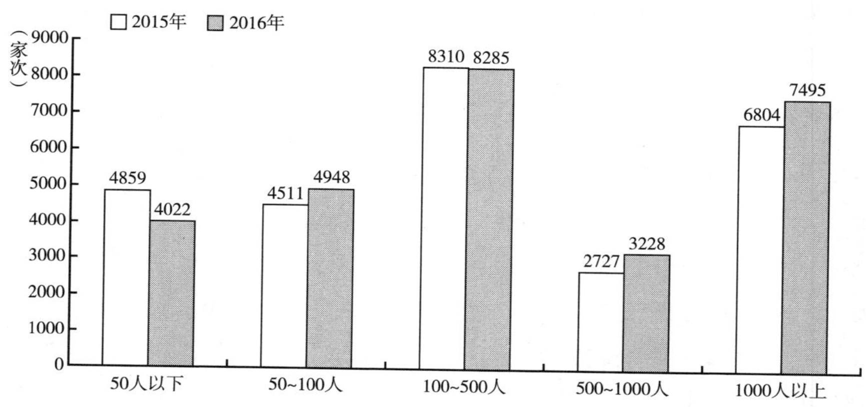

图 3　2015 ~ 2016 年参会行业规模

三　需求岗位分析

（一）岗位数分析

春节后岗位需求消化加快，2016 年下半年招才步伐明显提速。春节对于传统招聘市场而言是一个分水岭，节前节后的供需市场对比鲜明。2016 年企业岗位需求量在节后 3 月突破 11 万个，相比节前 2 月需求环比增长近 3 倍。4 月市场迅速进入消化期，单月需求不足 6 万个，较 2015 年同期减少 28.05%，虽然 5 月单位数依然走低，但是企业需求已呈现初步的回升迹象。进入下半年以来，企业需求释放力度明显加大，8 ~ 9 月，每月需求量均接近 13 万个，较节后高峰增长1万多个。8月以来，每月岗位的同比增幅也均超过50%，下半年企业需求为集中式爆发为供需市场提供了职位保障。

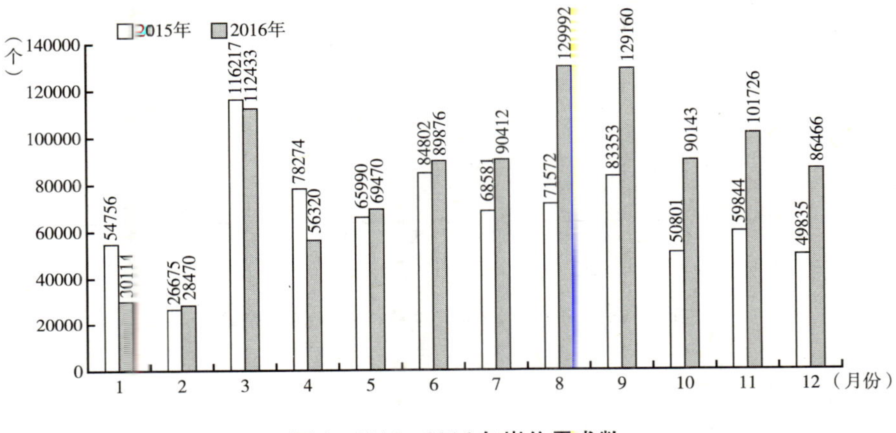

图4　2015～2016年岗位需求数

（二）需求排名前十岗位分析

技能人才高速增长，营销服务缩量保质。技能类岗位在经历了2015年的低迷后，在2016年下半年制造业整体复苏的带动下呈现高量高增长态势。2016年普工、技工需求岗位数分别比2015年增长79.79%和40.19%，以316144个和156942个的需求排名前两位。机械机电、电子电器、质量安全、生产营运类岗位也在企业转型升级进程中被不断重视，分别出现不同程度的增长，特别是质量安全类岗位需求增长28.43%。

服务类岗位中，市场营销及房产类岗位以83086个和46455个的需求量排名第三和第五，但同比却分别减少18.13%和16.28%，而客服支持类岗位则有18.78%的增长，可见部分企业在建立起营销队伍后更加关注客户服务及满意度。

（三）需求量排名前十专业分析

管理专业类受青睐。从2016年企业对各专业的需求情况来看，工商管理、服务管理、工业工程、管理科学等一系列管理技术类岗位受到企业青睐，其中

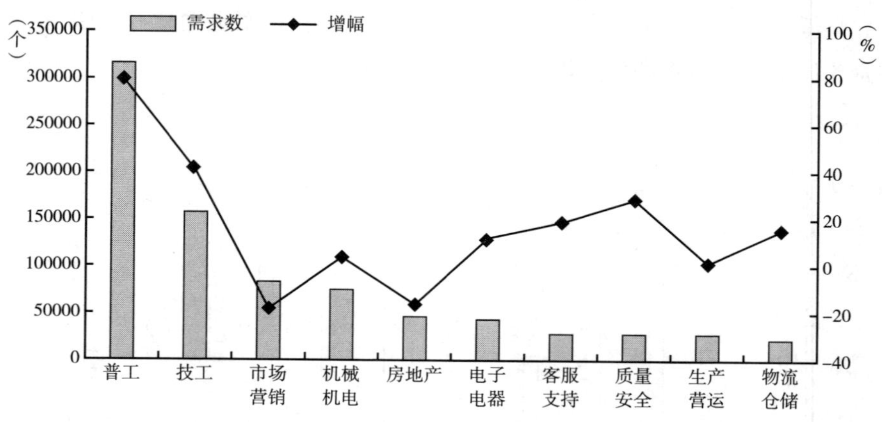

图5　2016年排名前十岗位需求数及同比增幅

工业工程类增长52.66%，管理科学类更是增长276.05%，专业管理类人才在市场上需求占比的提升，从侧面反映了昆山企业通过管理优化、工艺提升来推动产业转型升级。

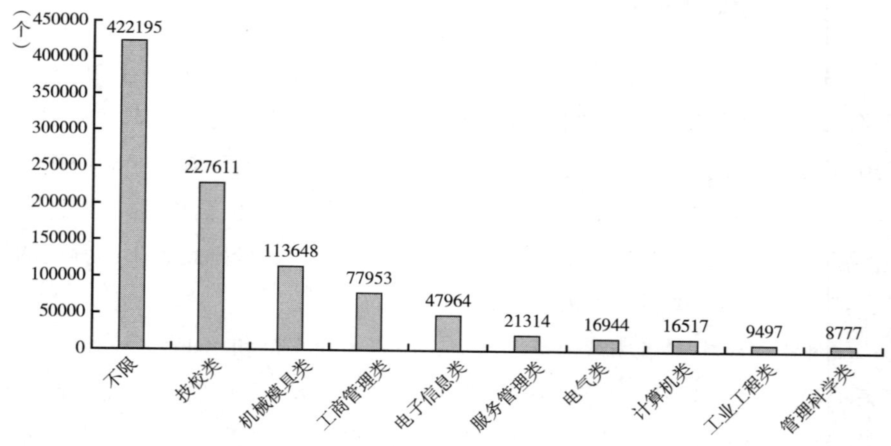

图6　2016年排名前十专业需求数

（四）岗位需求经验分析

应届毕业生储备加速推进。从岗位经验来看，企业对应届毕业生的储备热情高涨，全年岗位需求量超 7 万个，同比增长 56.78%，说明应届毕业生可塑性强、创新性强的特点更符合企业对未来人才规划、人才塑造、人才支撑的需求。

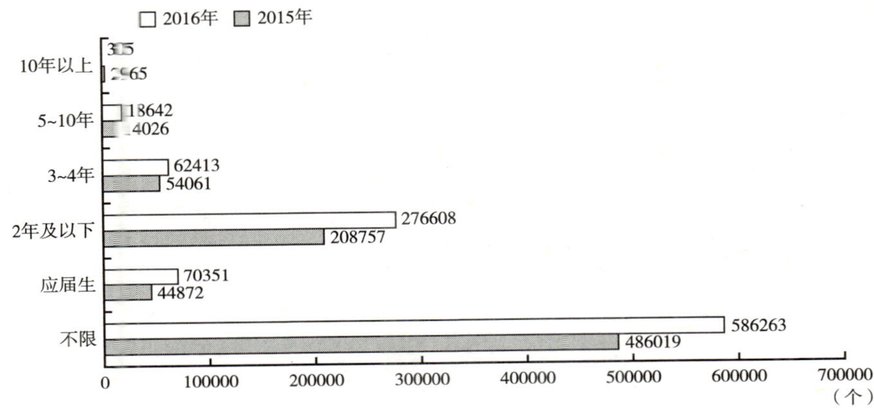

图 7　2015～2016 年按经验分岗位需求数

四　求职人员分析

（一）求职人数分析

2016 年春节后求职赶超同期，达峰值，二季度起供给走弱，逐月减少。在春节效应作用下，第一季度求职人数“先低后高”，年后 3 月直线上升到 17.7 万人，一举达到 2016 年最高点，超 2015 年同期 4 万多人，同比增长 36.91%。二季度开始，求职人气持续走弱，相对于 2015 年同期均减少 15% 以上，其中年末两月更是减少 37.69% 和 41.76%。

（二）年龄结构分析

30 岁以上求职者稳定性更强。从求职者年龄分布来看，30 岁以下求职者大幅减少，其中 19 周岁及以下求职者减少 32.09%，24～29 周岁的求职者减

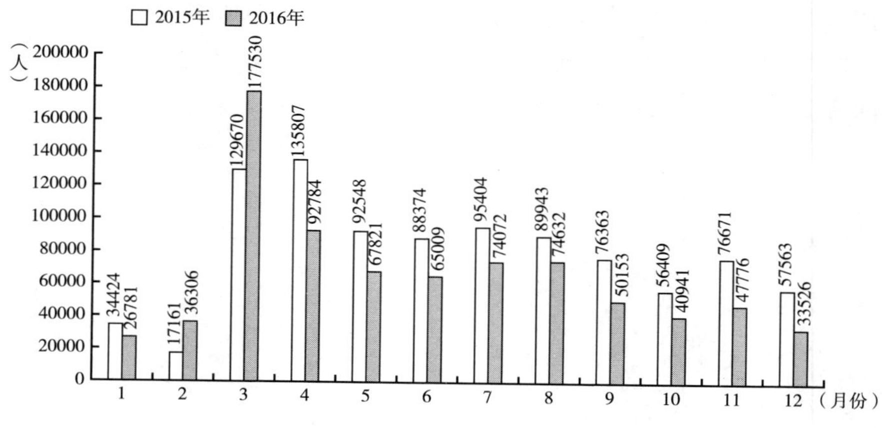

图8　2015～2016年现场求职人数

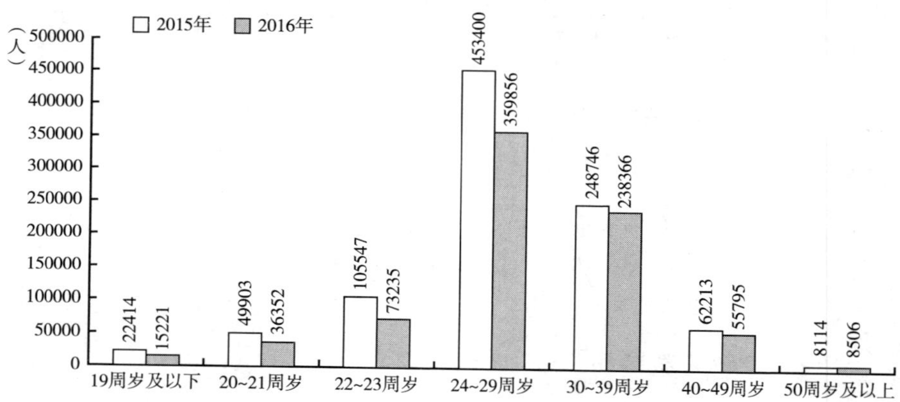

图9　2015～2016年各年龄段现场求职人数

少20.63%，而30周岁以上的求职者则显得更加稳定。30～39周岁同比减少仅4.17%，而50周岁及以上反而增长了4.83%。

（三）籍贯构成分析

来昆求职人数排名前十省份合计超9成，苏豫皖三省入昆求职超过10万人。2016年来昆求职人员来自全国十多个省份，排名前十的省份共占91.89%，其中，江苏省（169165人，占21.49%）、河南省（152647人，占

19.39%）、安徽省（103739 人，占 13.18%）2016 年来昆求职人数均超 10 万人，为最多的三个省。其余排名依次为陕西省（8.78%）、湖北省（8.08%）、甘肃省（6.74%）、山东省（5.76%）、江西省（3.13%）、四川省（2.88%）、湖南省（2.46%）。

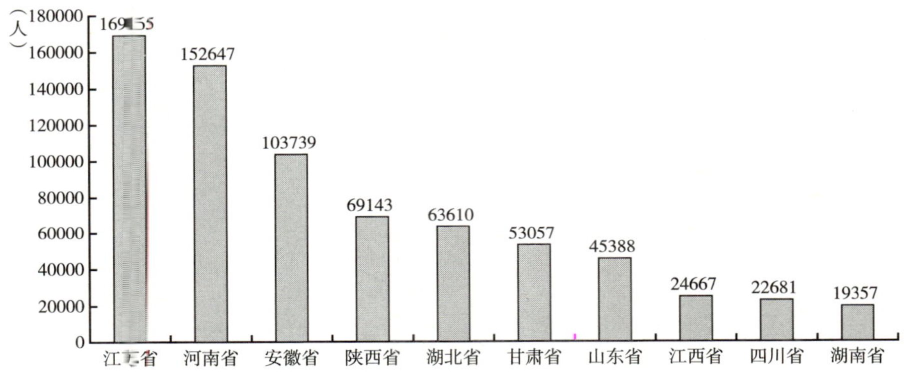

图 10　2016 年来昆求职人数排名前十省份求职人数

五　求人倍率分析

2016 年初期高开低走，逐月下降，求职压力由小增大；中期波段增高，以增长为主，供需矛盾呈阶段差异；后期高位波动，缓降回升，年末求职易于往年。

受春节效应的影响，2016 年 1 月求人倍率为 1.12，随着年后市场热情恢复，求职人员激增，求人倍率逐期下滑，2 月开始就跌破供需平衡线，求职压力由小转大。4 月，求职人员与市场需求差距拉大，供需比跌至 0.61，为全年的最低，也是全年求职压力最大的月份。从 5 月开始，求人倍率随市场调整期的影响迅速回升至 1.02，并在 6～8 月呈波段式增长，求职阶段性特点显现。9 月起，企业需求与求职人数差距迅速拉大，求人倍率连续四个月保持高位，虽然 10～11 月有所回落，但仍然在 2 以上，从数据上看，年末时段求职压力是全年最小的。

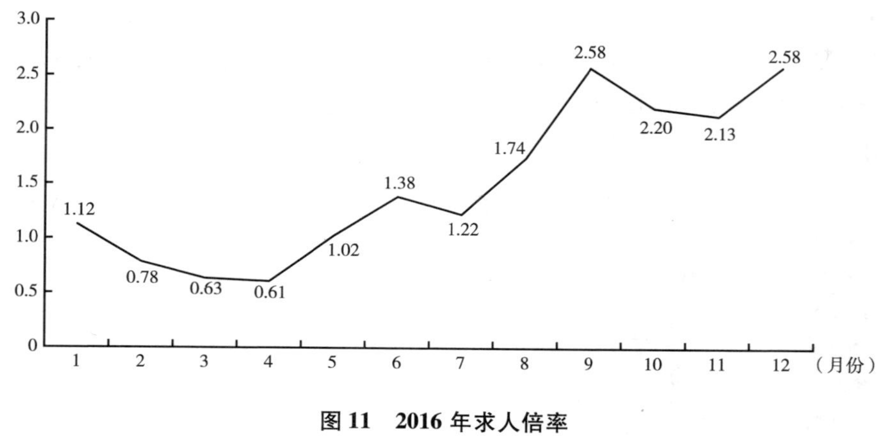

图 11　2016 年求人倍率

六　综合分析

（一）经济指数显行业好转，增速企稳现改革成效

作为衡量国家制造业重要指标的采购经理人指数（PMI），自 2015 年 8 月开始就持续维持在 50 以下，直到 2016 年 3 月 PMI 指数重回 50 上方，到 11 月更是超过 51，说明自 2016 年 3 月以来，制造业情况正在逐步好转，到 8 月之后，制造业复苏迹象更加明显。制造业的复苏也带动国家经济增长态势的企稳，国民生产总值增速保持在 6.7%，供给侧结构性改革推动产业重组，发展新体制的构建带动创新创业，“一带一路”倡议的深入优化投资经商环境，国家一系列改革举措的推行正在逐步显出成效，制造型企业下半年逆势高涨的招聘趋势也从侧面说明了这一情况。

（二）宏观政策助经济提升，工匠精神引转型升级

在制造业产业结构调整过程中，总需求管理配合供给侧结构性改革联手为经济回暖提供助力，加之一系列金融货币政策，制造业在宏观政策助力下成功“触底反弹”，企业对人才的需求量迅速走高。作为昆山地区制造业巨头的仁宝集团、纬创集团、世硕电子等，本年度依然与市场保持长期合作关系，甚至

在年末加大招聘力度，并且深入洽谈来年的人才合作计划。

创新作为提升综合国力的支撑，作为企业发展壮大的关键，始终被摆在核心位置，“工匠精神”的提出也更好地诠释了创新驱动在企业发展过程中的重要地位。工匠精神的发扬需要具备创新意识、创新能力、创新动力的人才支撑，随着转型升级的不断深入，企业对具备充足经验的技工人才、具备先进理论的高学历人才需求持续走高，区域企业通过对创新型人才的聚拢来打造人才高地，为技术创新、管理创新、科研创新打好人才基础。

（三）行业整顿保金融安全，新政频出防行业泡沫

2015 年，互联网金融、房地产行业在旺盛的供需模式下形势一片大好，在出现了高增长高需求态势的同时，行业不规范、泡沫风险增高等问题也随之出现。政府随即出台 P2P 行业四大监管政策来规范金融风险，各地政府出台房产新政为房市降温，金融及房产业在政策措施下逐步调控，从高速发展转向高质发展，从行业内部防风险，从市场外部防泡沫。一系列的防控措施促使 2016 年房地产企业需求减少，电子商务企业增速放缓，人才需求质量提升，招聘特点从批量招聘正逐步向质量招聘转变。

（四）业务联动迎企业需求，服务提质创高效对接

面对企业多样化的招聘需求、专业化的服务要求，昆山人力资源市场率先行动，打破业务壁垒，创新业务联动模式，以多样化产品迎合企业需求，以高质量服务满足企业要求。市场通过“线上线下”搭建全方位招聘体系，配以派遣、外包、宣传、培训等一系列延伸拓展服务，以标准化规范服务流程，以品牌化促进产品运营，以多样化满足企业需求，解决区域企业在人才引、用、育、留方面的难题，促进区域产业转型升级，保障社会经济的人才支撑。

七　前景预测

在国家经济持续回暖的趋势下，在转型升级和供给侧结构性改革的加速推动下，2017 年企业对人才的需求将继续追求质和量的平衡。年初的大批量招工依旧会是供需市场的主旋律，在人员快速补充完成的同时，企业也会将中高

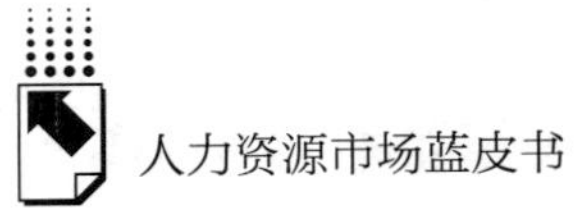

级人才、高技能人才的需求提上一个层次。

昆山人力资源市场将继续发挥平台配置作用，扩大服务辐射范围，加强品牌化运作理念，提升标准化服务水平，实现各个领域的产品全覆盖。

（一）以客户为导向，实现场馆扩容

为更好地满足招聘单位批量化招工需求，更好地发挥现场招聘作用，市场对现场招聘场馆进行扩容，展位数由原先的260个增长至350个，同时还将根据实际情况，适时增开更多的展位以满足企业实际招聘需求。

（二）以引才为宗旨，筑造人才高地

面对企业对专业人才学历层次和中高级人才需求的提升，市场将继续依托“金厦”“飞鹰”两大赴外品牌，强化精英预洽会，优选高校和专业，甄选人才与岗位，拓展更符合产业特色和企业发展的招聘渠道，提高人岗匹配度，将优质的企业推出去，将优秀的人才引进来，着力构筑优秀人才的集聚高地。

（三）以提升为目标，开拓精英培育

企业的转型升级以人才为支撑，人才的培养将继续成为市场人才服务产业中的重要一环。2017年，市场培训业务将从学历提升、技能升级、专业拓展、职业资格、人事培养五方面推进，覆盖从学历到技能再到管理的全方面培训需求，为企业人才培养和人事管理提供培训支撑，将精英化人才培育深入企业，打造各个行业领域的人才基石。

人力资源服务

Human Resources Service

B.24

较大型人力资源服务机构发展状况

——基于中国对外服务工作行业协会会员单位调查的分析

林 彤*

摘 要： 本文从多个角度对外服协会会员单位的基本情况进行了调查和分析，得出的结论是，外服协会的会员单位主要分布在直辖市和沿海经济发达地区，开展的业务以人力资源外包和劳务派遣为主。在资本层面上，当前，人力资源服务行业国有资本参与率较高，随着人力资源服务业的发展，人力资源服务机构将出现资本多元化的局面。未来，人力资源服务机构的传统业务形态也将向信息化、平台化方向转型。

关键词： 外服协会 会员单位 人力资源外包

* 林彤，学士，中国对外服务工作行业协会研究室主任，国际商务师职称，主要研究领域为人力资源服务产业现状及发展趋势。

一 协会概况

中国对外服务工作行业协会（中文简称“外服协会”，英文全称“China Association of Foreign Service Trades”，英文简称“CAFST”）成立于1989年，是中国国际贸易促进委员会主管的三个社团法人之一。

与其他一些由政府部门改制而成的行业协会不同，外服协会是由人力资源服务机构为顺应行业发展的需要，自发地自下而上组建的代表行业利益的社会组织。1979年11月，中国第一家涉外人事服务机构——北京市外国企业服务总公司正式成立。随后，上海市对外服务有限公司、中国国际技术智力合作公司等涉外人事服务机构在全国各地陆续成立。由于涉外人事服务是改革开放后才出现的一个新兴业务门类，各公司在操作模式、业务流程等方面的做法不尽相同。为了给全国各地的涉外人事服务机构提供一个相互交流与合作的平台，使涉外人力资源服务尽早实现规范化、标准化，1989年11月，北京市外国企业服务总公司、上海市对外服务有限公司、广东省友谊国际企业服务有限公司以及深圳市对外劳动服务有限公司等企业作为发起单位，成立了承担联系、协调及引领职能的行业组织——中国对外服务工作行业协会，引导各地涉外人事服务工作的开展。外服协会的应时而生代表了会员单位的愿望，顺应了产业本身发展的需求，符合市场经济条件下产业发展的规律。

经历了29年的发展历程，今天，外服协会已经成为中国人力资源服务产业中最具影响力的行业协会。2014年，外服协会被民政部评为3A等级全国性行业协会。目前，外服协会在全国各地拥有近150家会员单位，其中既包括人力资源服务领域的大型骨干国有企业，也不乏涉足人力资源服务领域不同业态的优秀民营企业及知名外资企业。

外服协会还于1999年经外交部批准，加入全球人才职业中介行业的国际组织——CIETT（该组织已于2015年更名为“世界就业联盟”），是海峡两岸在该组织中唯一的合法代表，在促进中国人力资源服务行业与国际人才服务行业的国际交流与合作上发挥着非常重要的作用。

2015年10月21日，外服协会在北京召开了第七届全体会员大会，选举产生了新一届理事会。其中，副会长单位为11家，常务理事单位为33家。

作为此次换届选举工作的一个亮点，外服协会在管理体制上首次实行了执行会长轮值制度，即由协会的三家副会长单位——北京外企服务集团有限责任公司、上海外服（集团）有限公司和中国国际技术智力合作有限公司依次轮流出任协会的执行会长单位，轮值期为两年。此举有助于更好地体现集体领导，提升决策效果，充分发挥核心会员单位的带头作用，增强核心会员单位参与协会管理的积极性和主人翁意识，是在优化协会管理决策结构、加强协会民主管理制度建设上的一次有益的探索，对协会未来的工作十分有利。

二　会员单位的基本情况

外服协会是国内唯一全国范围的、由经营性人力资源服务机构组成的行业协会。当前，协会在全国各地拥有近150家会员单位，多数会员单位都是所在地区的领军人力资源服务机构。总的来说，外服协会的会员单位呈现“四集中”的特点。

（一）会员单位所处地区相对集中

从地区分布来讲，外服协会的会员单位广泛分布在全国28个省级（含自治区、直辖市）地区，还没有会员单位的省级地区包括宁夏、青海、西藏、云南。但是，会员单位又主要集中在北京、上海、广东、江苏、山东以及东部沿海地区和国内一线城市。其中北京有20家会员单位，江苏有20家会员单位，上海有12家会员单位，广东有13家会员单位。从全国范围来看，我国人力资源服务产业的发展并不平衡，相对而言，上述地区经济发达，人力资源市场相对活跃，会员单位的分布特点也反映了这一市场形势。

（二）主营业态相对集中

目前，外服协会会员单位的主体为各类经营性人力资源服务机构。而这些会员单位的主营业态又相对集中在人事代理服务、劳务派遣、招聘等三大业务门类。这也与我国当前人力资源服务行业的业务格局相吻合。

近年来，人力资源服务机构以客户需求为导向开展了咨询、测评、培训等业务门类。但是，在市场需求方面，当前客户企业最希望人力资源服务机

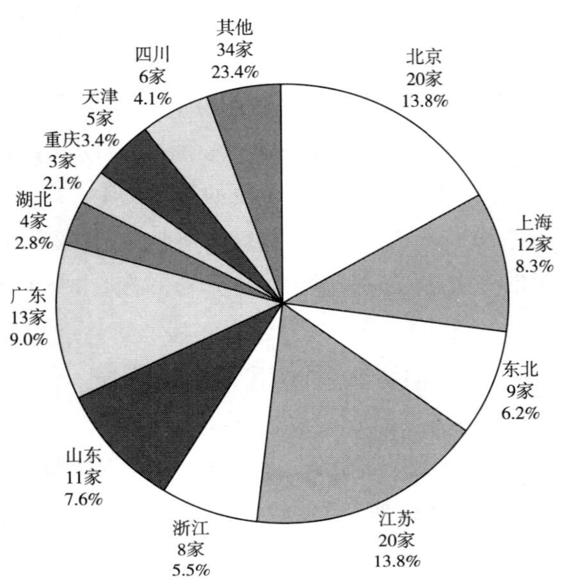

图1　外服协会会员单位地区分布

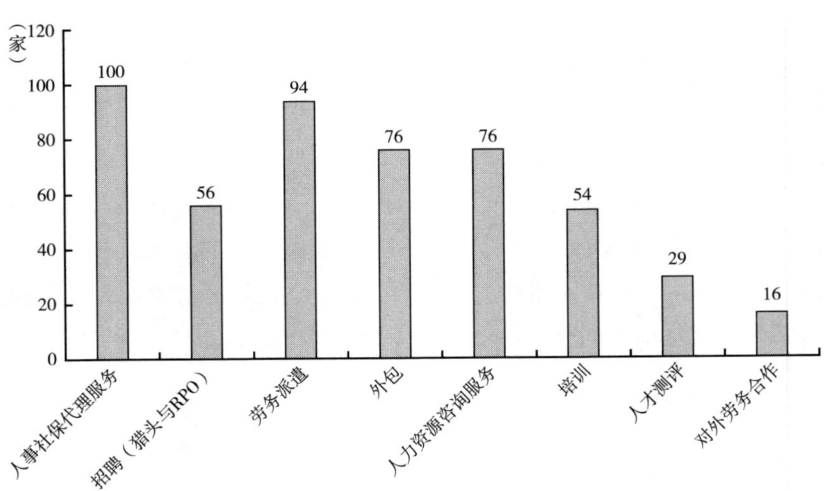

图2　2017年开展各类业务的会员单位数

构解决的还是合规用工以及降低用工成本两大核心问题。至于其他服务，市场的需求量相对有限，而且大部分客户企业还是倾向于由企业内部的人力资源管理部门（In-house HR）来完成。因此，人力资源服务的业务格局短期内难以改变，绝大多数会员单位的业务增长依然主要通过人事代理服务、劳务派遣等传统业务模式，靠“走量”（规模效应）来实现。根据外服协会近年来对会员单位年度经营状况的调查统计，人事代理和劳务派遣已连续多年占据会员单位营业总收入的80%以上，其中，以人事管理、社保代理等为主要内容的人事代理服务近年来一直保持稳定的增长。2015年，参加调查统计的会员单位共计为5381694名员工提供了人事代理服务，服务人数同比增长16.84%。2016年，参加调查统计的会员单位为4747523名员工提供了人事代理服务，服务人数同比增长17.79%。2017年，参加调查统计的会员单位为8044315名员工提供了人事劳动合同法修订及代理服务，服务人数同比增长12.84%。

受到《劳务派遣暂行规定》的影响，自2014年起，会员单位在劳务派遣员工人数和营业规模方面均呈现下降的趋势。2015年，参加调查统计的会员单位向用工单位提供派遣员工总数为712402人，同比下降5.74%。2016年，参加调查统计的会员单位向用工单位提供的派遣员工总数为646691人，同比下降5.18%。2017年，参加调查统计的会员单位向用工单位提供的派遣员工总数为621842人，同比下降2.23%。

与劳务派遣业务规模受政策影响持续走低形成鲜明对比的是外包业务的强势上升。近年来，会员单位在外包业务上取得长足进步，体现在外包项目在岗员工和外包业务营业收入的双双同比大幅度增长。当前，人力资源服务机构开展的外包业务主要集中在业务流程外包（BPO）、生产外包及灵活用工岗位外包等方面，其核心价值体现在人力资源服务机构通过在业务流程过程中优化生产环节、提高劳动生产率，为客户降低了运营成本，是对劳动力资源的一种深度加工。可以说，外包业务正在完成从政策影响下的过渡手段向市场驱动型的、以满足灵活用工需求为目标、以提高劳动生产效率为核心价值的解决方案的转变。可以预见，外包将取代劳务派遣成为未来人力资源服务的另一个重要业务板块。

（三）投资主体相对集中

外服协会成立之初，会员单位以全国各地的外国企业服务公司、外航服务公司以及外事服务部门为主，这些会员单位绝大部分是公有制经济形态。因此，国有独资企业、国有资本参股企业以及事业单位构成了会员单位的主体。在我国人力资源服务行业中，国有资本参与度较高，很多大型优质企业都是国有投资企业。伴随着人力资源服务市场的改革开放，人力资源服务领域涌现出数量众多的民营企业，它们涉足与人力资源服务相关的不同业态，为人力资源服务行业带来了新的理念和活力。一些优秀的民营人力资源服务企业也加入外服协会，丰富了外服协会会员单位的结构。未来，人力资源服务行业必将出现资本多元化的局面，这样的转变有利于人力资源服务行业进一步扩大营业规模，提升服务效率，向更加市场化方向发展。

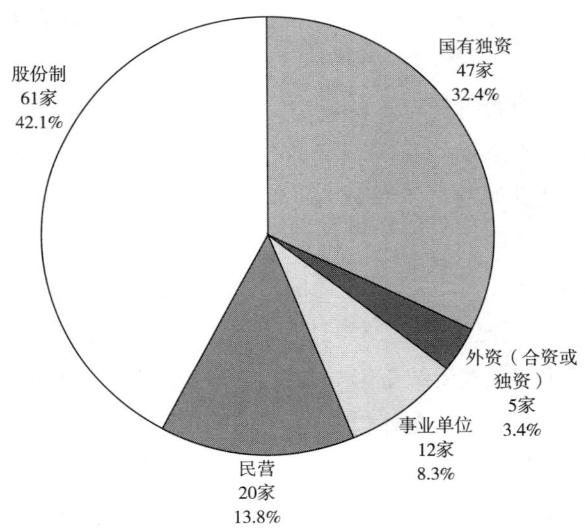

图 3　外服协会会员单位投资主体对比

（四）优质企业相对集中

外服协会聚集了国内多家知名的经营性人力资源服务机构，如位列中国企业 500 强的上海外服、中智、北京外企等国有骨干企业，以及科锐国际、易才、英格玛、苏州汇思、博尔捷、东方慧博等民营人力资源服务企业中的新锐。此外，还有北京、上海等地的外航服务公司以及北京外交人员服务公司等有专业特色的涉外服务机构。

近年来，一批进入中国市场的国际知名人才服务机构，如任仕达（Randstad）中国公司、上海艾杰飞人力资源有限公司（属于日本综合人才服务公司“RECRUIT”集团）、FESCO Adecco 外企德科人力资源服务有限公司等也加入协会。

多年来，外服协会充分发挥了联系政府部门和会员单位的桥梁纽带作用，反映会员单位的合理诉求，维护行业的整体利益，推进人力资源服务业的标准化建设，营造有利于人力资源服务业发展的外部环境，近年来，外服协会积极参加与人力资源服务产业相关的法规建设和各项服务标准化的制定。外服协会还通过组织各种类型的专业活动，为会员单位搭建交流经验、获取最新产业信息和开展国内外业务合作的平台，助力会员单位提升服务能力、完善产品结构、开展诚信经营。

有为方能有位。作为全国经营性人力资源服务的行业组织，中国对外服务工作行业协会积极作为，勇于担当，在人力资源服务领域形成了很强的品牌知名度、很大的行业影响力，越来越多的人力资源服务机构也因此希望加入协会。在“互联网＋”的时代背景下，“大云平移”等新技术、新概念、新模式给人力资源服务行业带来了深刻的影响，随之而来的是人力资源服务企业的构成类型与以往相比也发生了较大的变化。近年来，一批以互联网平台为载体、以线上经营为特点的新型企业也进入人力资源服务行业，从事猎头、招聘、培训、测评、薪酬福利相关服务等不同业态，同时，一批这样的企业表示希望加入外服协会。未来，外服协会的会员结构将呈现更加多样化的特点。

B.25
我国人力资源大数据调研分析

王军宏*

摘　要： 本文从人力资源管理者对大数据的认识、人力资源大数据应用领域、人力资源大数据应用现状以及未来规划四个方面对人力资源大数据的情况进行了调研，样本覆盖多个行业、多种所有制。分析结果显示，虽然我国人力资源大数据应用目前尚处于起步阶段，但企业人力资源管理从业人员对大数据的热情非常高，也非常看好大数据人力资源的应用前景，他们迫切希望能借助大数据技术提升人力资源管理效能。调研还揭示了人力资源大数据应用的瓶颈、未来方向，并为未来的研究和实践提出了方向。

关键词： 人力资源　大数据　实践　调研

随着信息技术的发展，特别是物联网、移动互联网以及云计算等新技术的发展，人们越来越多地通过诸如社交媒体、智能手机以及其他各种新的方式进行沟通，产生了越来越多的数据，人们开始用大数据来形容未来的数据。大数据也逐渐成为社会上最为流行的关键词之一，在日常生活中也扮演了越来越重要的角色，逐渐显现出在社会宏观管理、经济发展方面的巨大的价值和潜力。

大数据不仅在宏观层面会带来巨大的价值，在微观层面也是如此。从企业人力资源管理方面来看，大数据的出现为人力资源管理的转型升级、价值

* 王军宏，博士，北京双高国际人力资本集团首席知识官兼人力资本与大数据研究中心主任，高级经济师，主要研究领域为HR数据化转型、人才大数据、并购人力资源等。

提升提供了一个契机。正如《哈佛商业评论》所指出的，“人力资源大数据将使我们不再简单地依赖于员工人数，人力资源将变得更加具有预测性而不仅仅是对已经发生的事情做出反应”。英国雷丁大学亨利商学院的教授 Nick Holley 等人在 2014 年发表的关于大数据与人力资源管理的研究论文指出，大数据给人力资源带来了巨大的机会，人力资源可以通过大数据来强化决策分析。全球著名的人力资本专家 Josh Bersin 则认为，大数据将改变整个人力资源管理领域。

我国在人力资源大数据与分析应用方面虽然起步较晚，但无论是研究人员还是人力资源实践界都逐步认识到人力资源大数据的重要作用。我国著名人才学家王通讯教授敏锐地捕捉到大数据对人力资源管理方面的价值，提出了“大数据带给我们的将是一场深刻的革命：人力资源管理之发展，总体上将从经验加感觉型走向数据加事实型”。王通讯教授认为，大数据不仅对宏观人力资源管理有着重要的应用价值，而且在微观人力资源管理方面有很高的应用价值，可以应用于微观人力资源管理的各个环节，如人力资源规划、人力资源招聘、人才选拔、人力资源配置、人才测评、人才使用、人力资源考核、人力资源薪酬、人力资源培训等方面以及人力资源管理优化、人才评价等方面。

除了学术界日益关注大数据人力资源外，实践界也显示出极高的热情和兴趣。如果采用“人力资源大数据”或“大数据”作为关键词进行百度检索，我们可以发现 200 多万条信息。自 2013 年开始，实践界对人力资源大数据的关注热度一直在上升，HROOT、HREC 智享会等人力资源行业组织纷纷将人力资源大数据列为人力资源论坛或者沙龙的主讲话题，也有一些机构专门召开了人力资源大数据论坛，一些学术会议如湖北省人力资源学会 2015 年、2016 年年会也将人力资源大数据列为研讨主题之一。一部分领先的人力资源服务机构和企业，也逐步开展大数据与人力资源方面的实践。比如，双高集团对大数据在人力资源领域的应用进行跟踪研究，并率先成立专门机构对此进行研究。中智集团、上海外服等也试图利用其已有的数据资源优势，开拓其人力资源大数据服务；北森等人力资源信息化服务厂商也立足各自开发的 e-HR 系统，在对系统进行优化的基础上开拓大数据服务；百度公司尝试用人工智能改进其招聘效果，实现了简历筛选、精准评价等招聘领域关键环节中的大数据应用。可以说，我国人力资源大数据方面的研究和实践起步虽然比较晚，但是越来越多的企业逐步认识到大数据对人力资源的重要作用。

为了更好地了解企业人力资源管理中的人力资源大数据实践，我们从人力资源管理者对大数据的认识、人力资源大数据应用领域、人力资源大数据应用现状以及人力资源大数据未来计划四个方面展开调研。作为国内首次人力资源大数据调研，此次调研吸引了大量人力资源专业人士的参与，短短一周时间的访问次数达到1800次，其中独立IP访问达到1367次，可能是由于问卷要求填答者必须填写实际的工作单位以及个人的详细联系方式等，实际完成问卷的比重不高，共计回收689份问卷。为了保证调研的科学、严谨，我们对回答不完整的，或者答卷时间少于10分钟的，或者理解不完整的，以及没有留下联系方式的问卷进行了剔除，并对同一家企业HR的填答进行了分析、去重，之后经过调研人员逐一电话或邮件沟通，确认填答者的真实身份，最后获得90份有效问卷。

一　样本概况

这90份问卷代表90家企业，其中以国有企业和民营企业为主，外资和港台企业比较少。参与调研的企业大多位于一线城市，以北京居多，其中既有年营业额超过百亿元的世界500强企业，也有规模比较小的民营企业。样本企业经营收入规模在1亿元以上的占到25%左右，在500万～5000万元的企业占到样本企业总数的48.86%。从样本企业员工总数来看，员工总数在2000人以上的占到22.73%，员工数量在100～2000人的占到47.72%，100人以下的小企业占到总数的29.55%。

样本企业的所有制性质、经营规模和员工人数分别如图1、图2和图3所示。

从行业分布来看，样本企业大部分属于计算机/互联网/电子行业，占样本企业总数的27.27%，排在第二位的专业服务/教育/培训和服务业均占11.36%。从图4可以看出，样本企业行业随机性比较强，这可能和我们的样本数据量有很大的关系，也可能反映了某些特定行业（如计算机/互联网/电子行业和服务业）对新的人力资源管理工具更感兴趣。

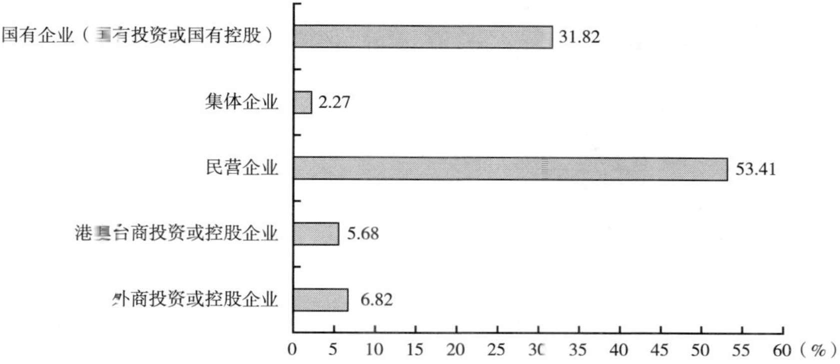

图 1　样本企业所有制性质

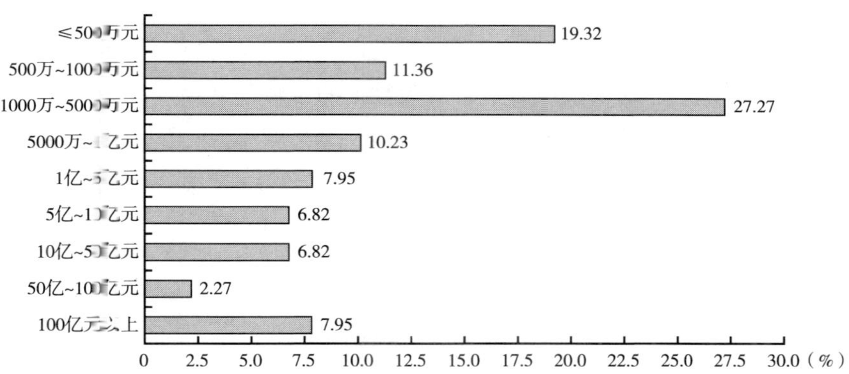

图 2　样本企业经营规模

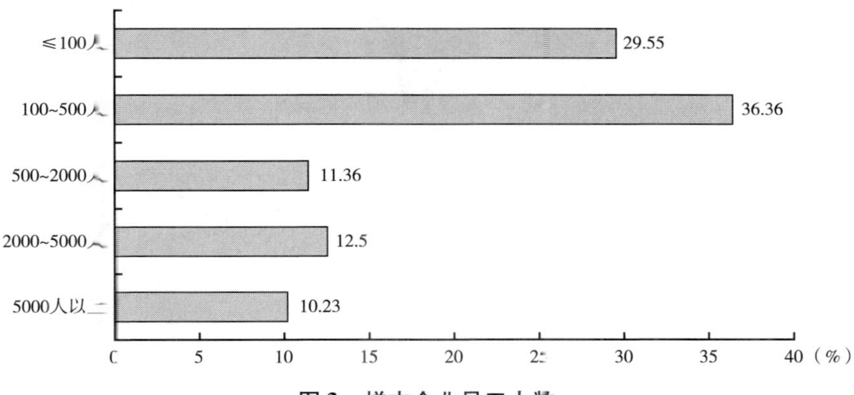

图 3　样本企业员工人数

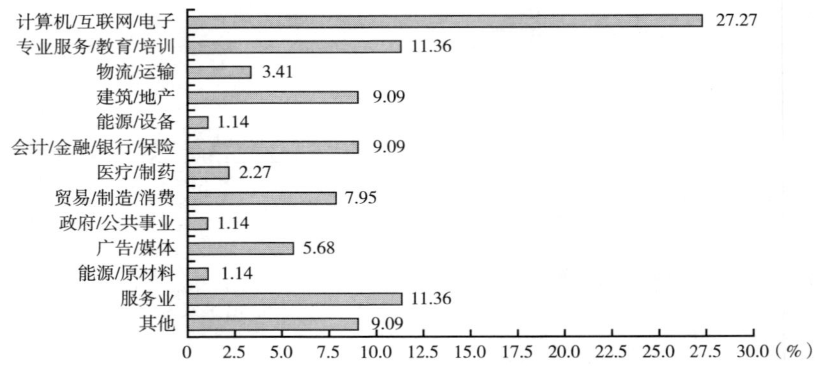

图 4　样本企业行业分布

针对填答问卷的人力资源管理者，我们设计了相关题目来了解人力资源管理者的岗位级别、学历、所学专业、对大数据的了解程度等。

调研显示，参与此次调研的人力资源管理者年龄在 35 岁以下的占到总数的65.91%，36～45 岁的占到28.41%。工作经验在3～5 年（含5 年）的占到总数的31.82%，经验在 5～10 年（含 10 年）的为30.68%。人力资源管理者的年龄以及工作经验分布如图 5 和图 6 所示。

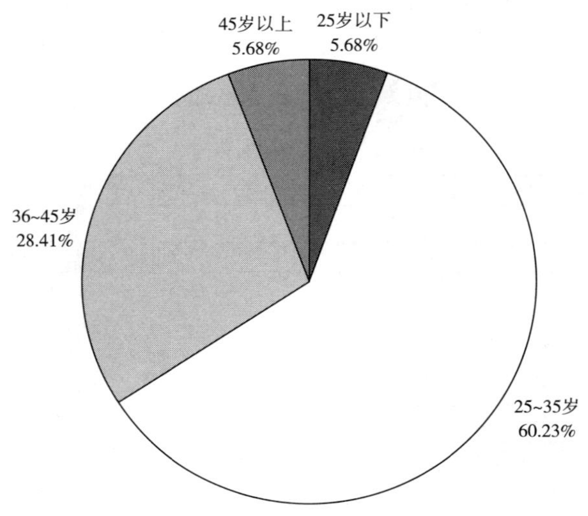

图 5　人力资源管理者年龄分布

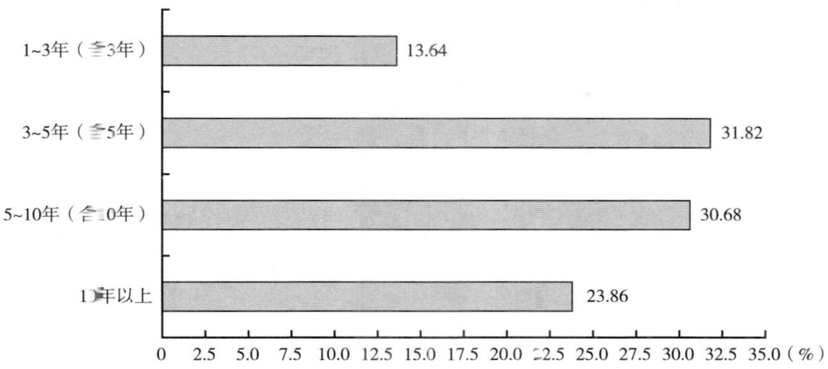

图6　人力资源管理者工作经验分布

参与调查的人力资源管理者所学的专业，有64.77%的属于经济管理类，属于理工农医类专业毕业的只占到总数的18.18%。从学历来看，本科学历占到59.09%，研究生学历为31.82%，分别如图7和图8所示。

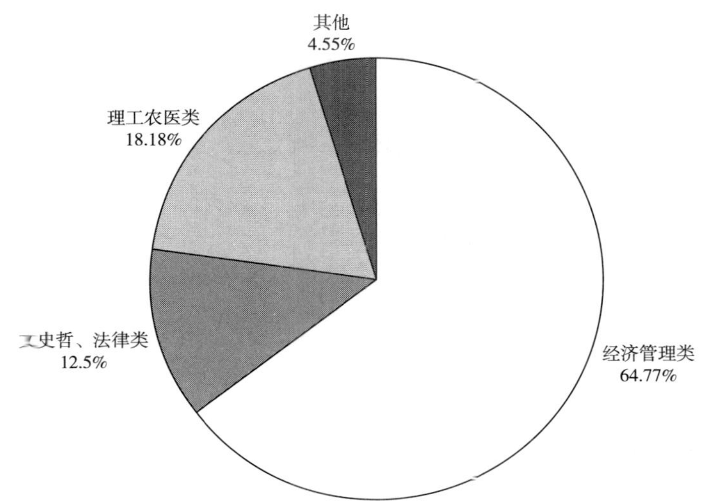

图7　人力资源管理者所学专业分布

我们还调查了人力资源管理者的岗位级别，其中经理级别占28.41%，总监或以上级别占19.32%，其余为主管或者专员级别（见图9）。

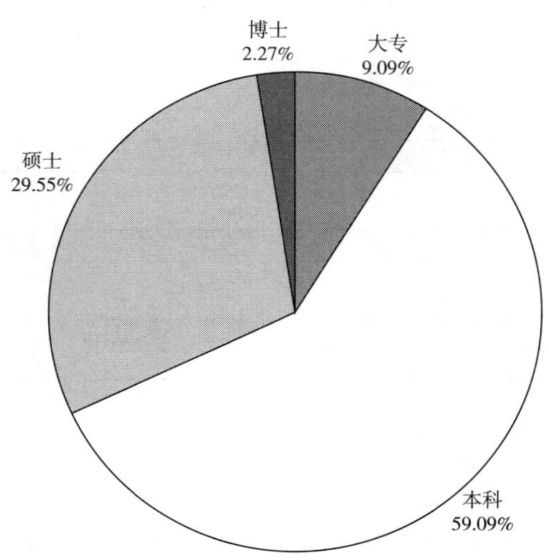

图 8　人力资源管理者的学历分布

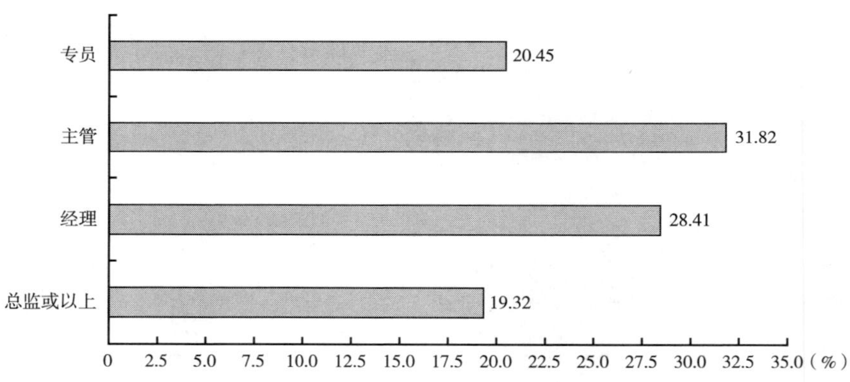

图 9　人力资源管理者的岗位级别

二　人力资源管理者对大数据的认识

我们分别从人力资源管理者对大数据了解程度、应用前景以及大数据技术等方面进行了调研，试图了解人力资源管理者对大数据的认识程度。从回收的问卷中我们看到仅有 27.78% 的人力资源管理者认为自己了解或者非常了解人力资源大数据，其他的大多不了解或者认为一般（见图 10）。这一结果超出我们的预料，但是在随后的电话访谈中我们发现，填答者所谓的“了解”仅限于听说过人力资源大数据或者参加过人力资源大数据相关的论坛或会议，并非深度了解。

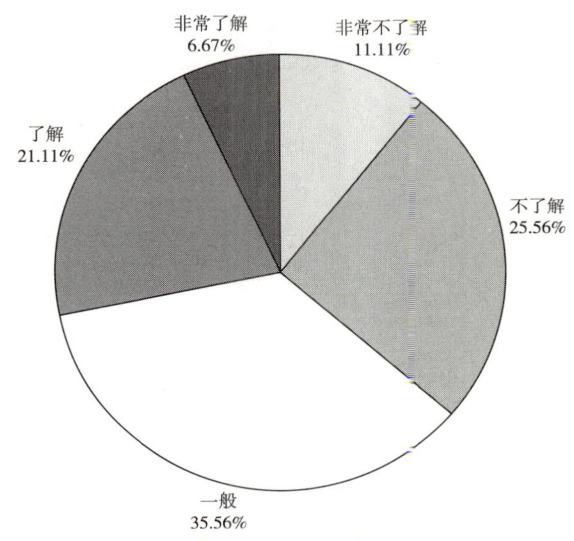

图 10　人力资源管理者对人力资源大数据与分析的了解程度

当我们询问人力资源管理者如何看待大数据在人力资源管理领域的应用前景时，有 6[illegible].11% 的人力资源管理者认为人力资源大数据应用前景广阔，只有 4.44% 的人认为应用价值不大（见图 11）。

由于大数据人力资源分析主要采用统计学工具和计算机数据处理工具，我们从人力资源管理者对统计学、计算机（除 Office 办公工具之外）知识的了解程度，来判断企业人力资源管理者对大数据相关知识或实践的掌握程度。结果发现，仅有 12.1% 的人力资源管理者认为自己了解统计学工具，非常了解的仅仅占到 2.2%；有 85.8% 的受访者并不了解或者对统计学知识了解一般。在计算机方面，有 71.5% 的受访者认为自己并不很了解计算机数据分析方面的知识（见图 12 和图 13）。

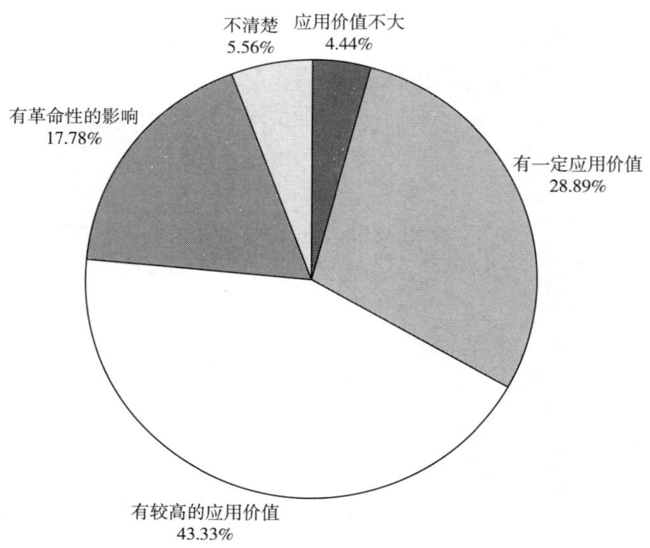

图 11　大数据在人力资源管理领域的应用前景

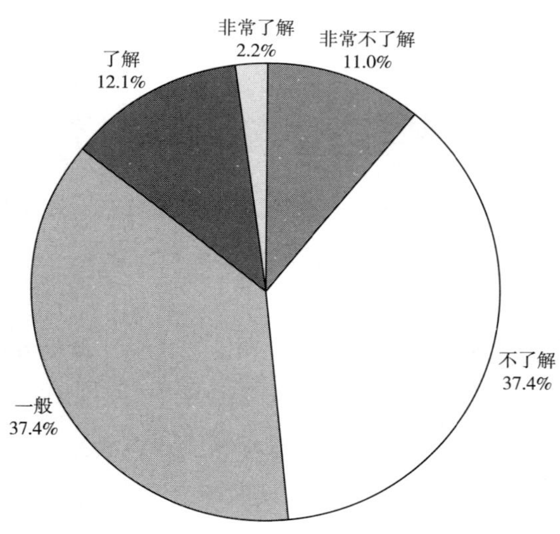

图 12　对统计学相关知识的了解程度

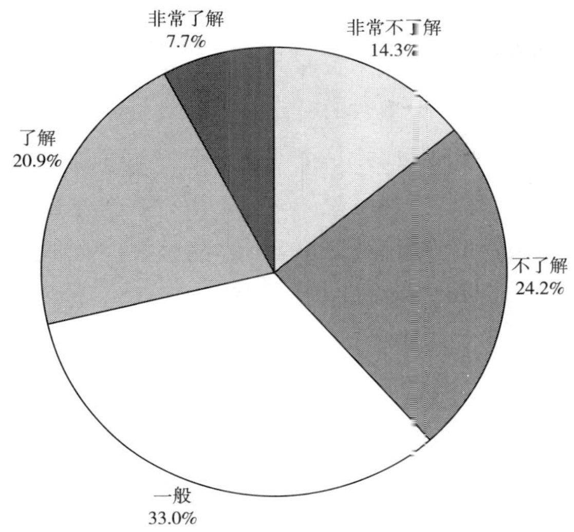

图 13　对计算机软件的了解程度

三　人力资源大数据与分析应用领域

从问卷可以看出，受访的人力资源管理者对人力资源大数据与分析的应用领域，更多集中在招聘环节以及测评环节，这在一定程度上反映出招聘是当前企业人力资源管理的痛点或难点。人力资源管理者对人力资源大数据与分析具体应用领域的回答如图 14 所示。

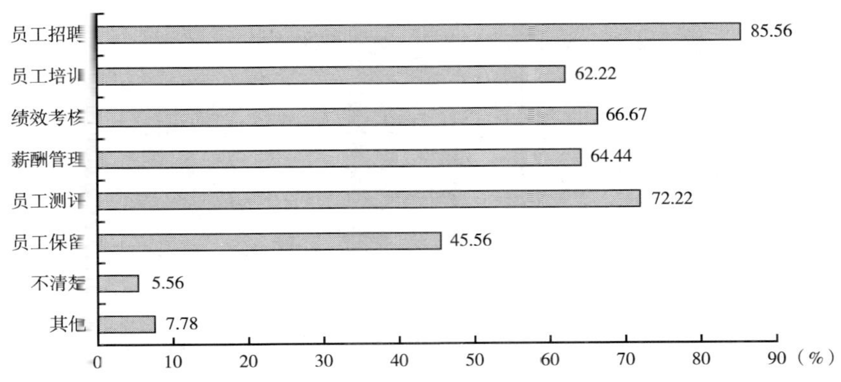

图 14　人力资源管理者对大数据与分析具体应用领域的看法

为了解受访者对人力资源大数据与分析实用价值的看法，我们根据已有研究和企业实践，列举了常见的人力资源大数据应用领域，供参与调研的人力资源管理者选择。从结果看，大多数 HR 管理者最感兴趣的还是如何实现精准招聘，如何识别高绩效员工，其次才是个性化培训方案以及薪资的动态管理、员工的流动管理等方面。这与上面所说的人力资源大数据与分析应用领域是一致的，也从一个侧面印证了招聘以及如何识别员工绩效一直是人力资源管理面临的头等重要的问题。具体的回答如图 15 和图 16 所示。

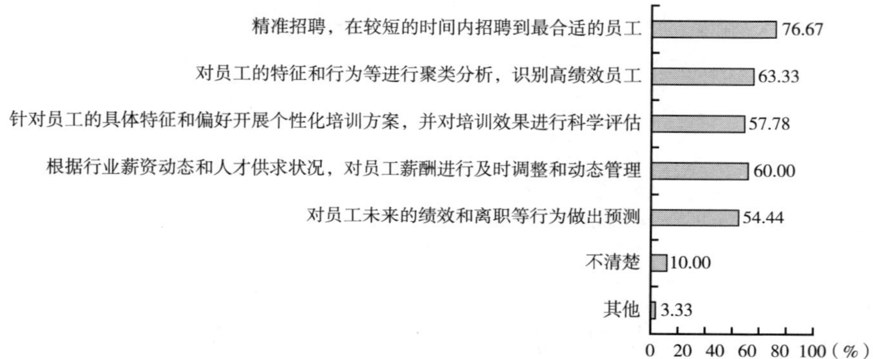

图 15　人力资源大数据与分析的应用价值（1）

与以上分析相对应，当我们问到“及时获取哪些信息对人力资源管理者更有使用价值”时，人力资源管理者认为他们最需要员工素质和岗位需求的匹配的信息，这实际上也是招聘问题的反映。

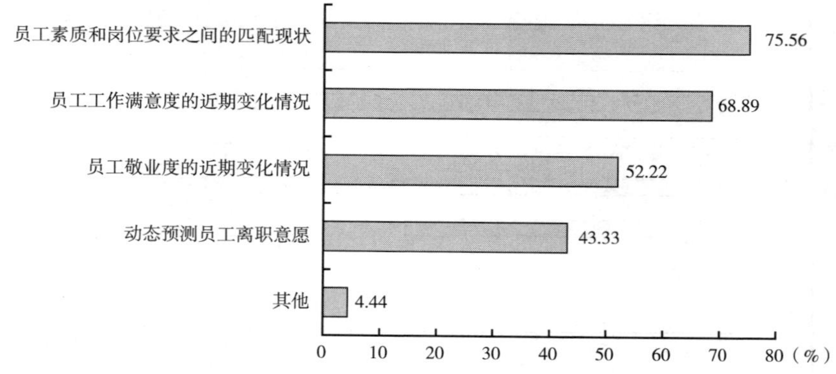

图 16　人力资源大数据与分析的应用价值（2）

四　人力资源大数据与分析应用现状

（一）人力资源决策的数据化程度

我们询问了受访者是如何进行人力资源相关决策的：更多地依赖经验和主观判断还是更多地依赖数据与分析。我们得到的结果不容乐观：大部分公司要么基本依赖经验和直觉，要么只是进行简单的描述性分析，很少有公司进行复杂的大数据分析。根据人力资源管理传统模块的划分以及大数据与分析研究和实践的常见情境，我们分别从招聘、培训、测评、员工保留等方面详细了解了目前的做法（见图 17、图 18、图 19、图 20）。

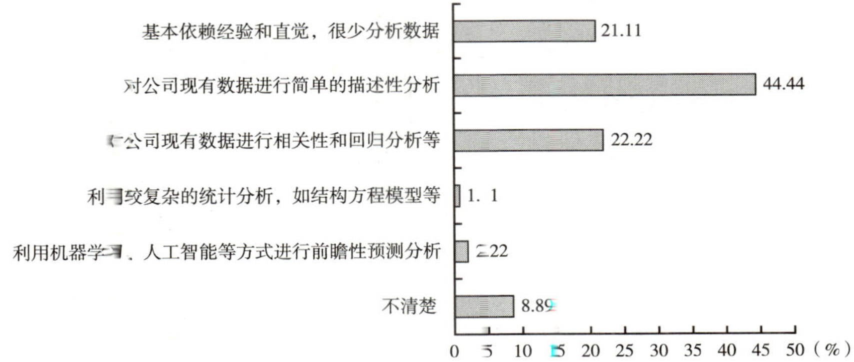

图 17　招聘环节对数据的分析和利用程度

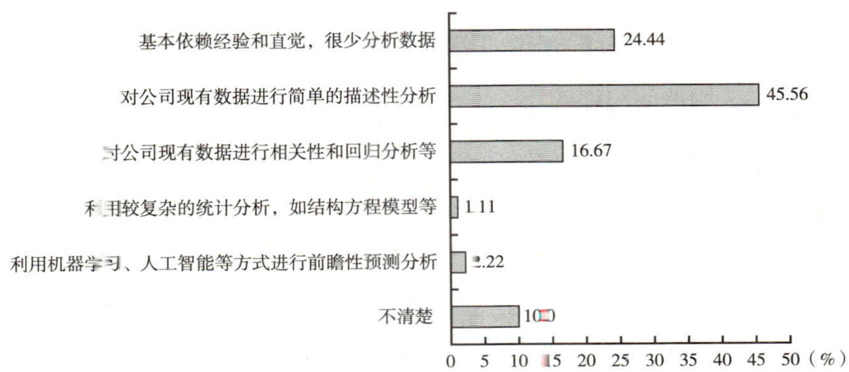

图 18　培训环节对数据的开发和利用程度

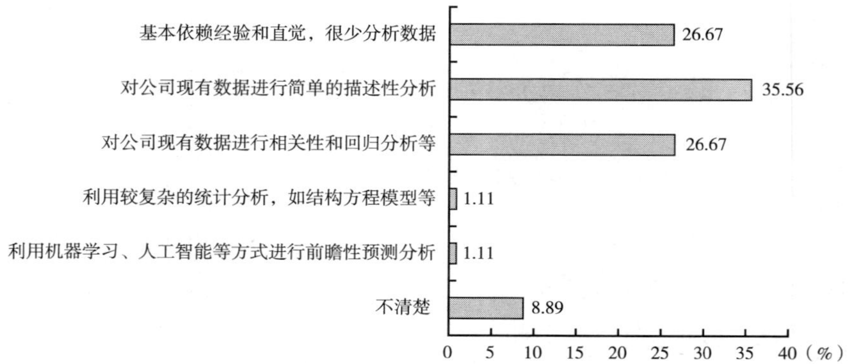

图 19　员工测评环节对数据的分析和利用程度

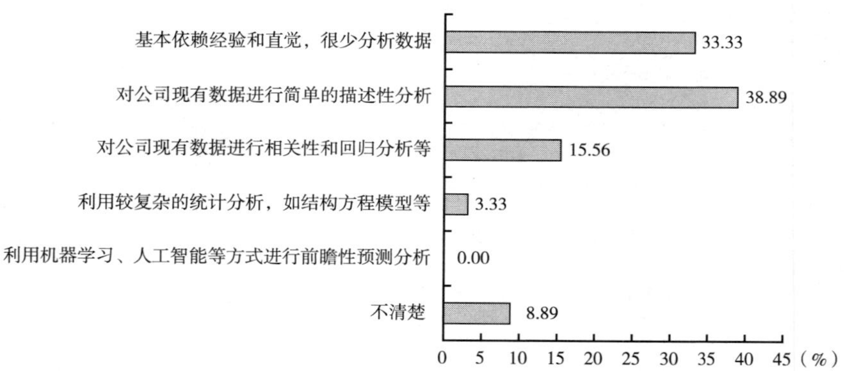

图 20　员工保留环节对数据的分析和利用程度

（二）人力资源数据管理现状

众所周知，数据分析的基础是数据。那么实践中我们是如何管理并储存人力资源管理相关数据的呢？我们分别从人力资源数据存储方式、数据存储格式两个角度来了解人力资源数据管理现状。

调查发现，现实中人力资源数据大多是分散存储在人力资源各个模块（45.56%），也有一些公司因为已经建立了人力资源管理信息系统，或者其ERP系统中已经包含了人力资源管理模块，这些公司的人力资源信息管理相对比较集中，统一存储在人力资源信息系统中，此类公司占到接受调查公司的

28.89%；我们又试图了解公司是否有专人保管这类HR数据，大约有30%的应答者所在的公司都设立了专人来负责人力资源数据的管理，这点出乎我们的意料。但在后来我们和参加调研的HR进行沟通时，大部分人表示数据管理实际上属于兼职工作，其中很大程度上是由HRIS或者HRBP兼职管理数据的。人力资源数据管理现状的调研结果如图21所示。

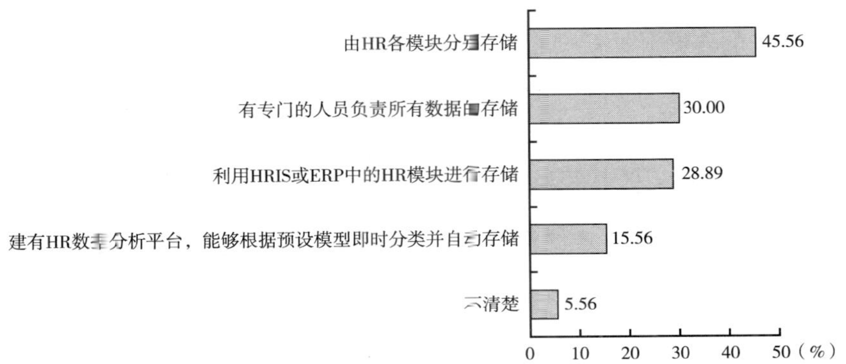

图21　人力资源数据管理现状

接受调查的公司中绝大部分以数据的原始形态存储数据，占到被调研企业的45.56%。采用结构化Excel表格存储的占到40%，最典型的数据格式是Word、Excel，或者是用原始视频、音频形态来存储的，设立专门的人员进行数据处理后再进行数据保存的公司仅仅占到受访公司的10%（见图22）。

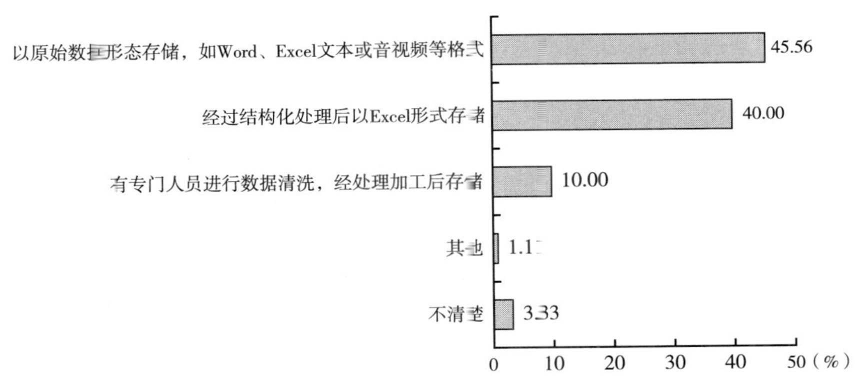

图22　人力资源数据存储格式

（三）人力资源大数据与分析报告

在拥有了人力资源数据后，实践中人力资源管理者是如何分析数据的，他们制作人力资源数据分析报告的频次如何？我们发现，一半以上的受访公司采用传统的 Excel 工具来进行人力资源数据分析（55.56%），也有一部分公司由于建立了 ERP 或者人力资源管理信息系统，他们采用了 ERP 或人力资源管理软件中嵌入的分析报表工具，对人力资源相关数据进行分析，但大多数仍限于描述性的分析报告，而且其分析工具并不支持自定义报告。另外，采用专业统计分析工具如 SPSS 和大数据分析工具的公司所占比重非常小，仅仅占到被调研公司的 12.22%（见图 23）。

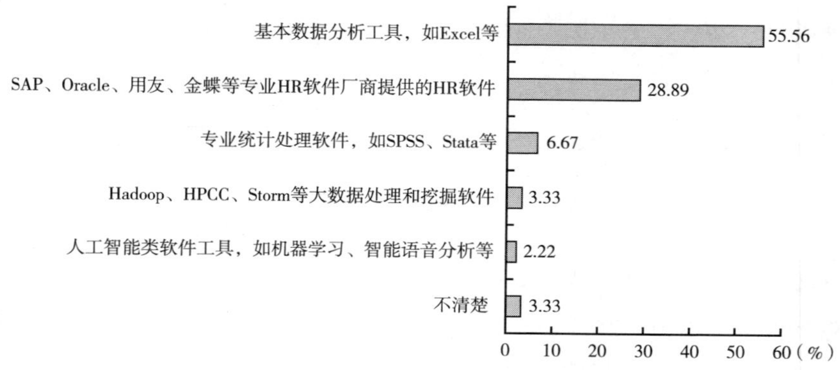

图 23　人力资源数据分析报告所使用的工具

我们又询问了受访公司制作人力资源分析报告的频次，其中每年和每半年制作一次人力资源分析报告的公司占到总数的 50%，每季度制作一次人力资源分析报告的公司占到 13.33%，而能够根据业务部门的需求或者人力资源部门的需求即时生成人力资源分析报告的公司则只有 5.56%（见图 24）。

实践中人力资源数据分析报告制作频次很低，可能有两个因素，其一是人力资源在这些企业中可能不被重视；其二是人力资源本身没有意识到人力资源数据分析对于决策的重要性，人力资源管理的价值还有待提高。

根据调研我们发现，实践中有 23.33% 的公司有专人负责人力资源数据分析，有 45.56% 的公司是由 HR 各模块自行负责分析，另外，由 HRIS 团队和 HRBP 负责的比重为 13.34%（见图 25）。

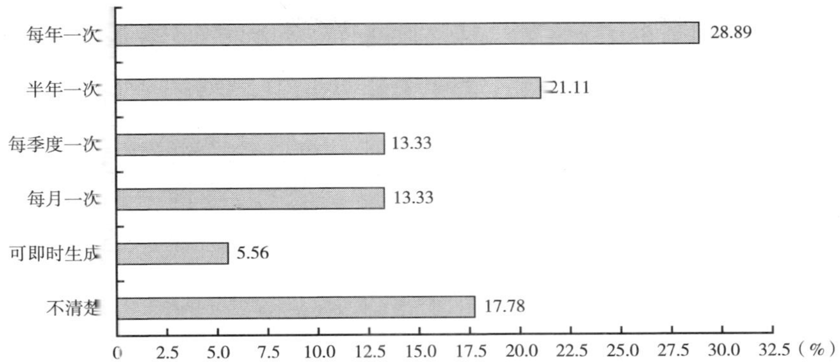

图 24 人力资源数据分析报告的制作频率

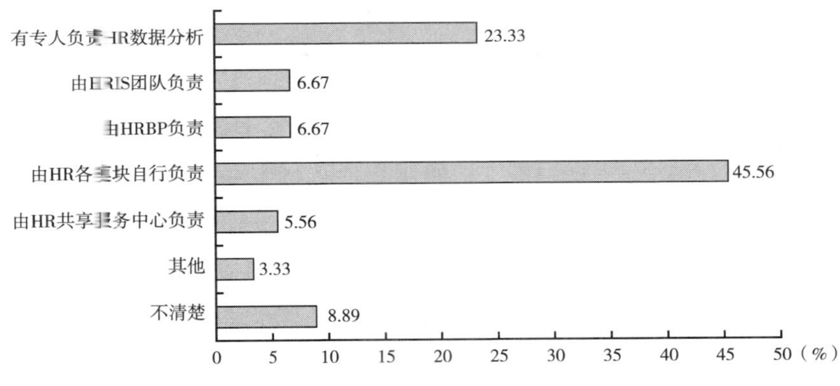

图 25 是否有专门的 HR 分析人员或职能

五 人力资源大数据与分析未来计划

实践中企业人力资源部门对结果性服务比如招聘、培训、薪酬等方面的人力资源服务比较感兴趣，有 45.56% 的被调查企业曾经购买过结果性服务，购买过大数据相关人力资源服务或者购买 HR 数据分析软件或硬件的，仅分别占被调查企业数量的不到 20%。而购买大数据公司提供的数据处理服务的企业则更少，占被调查企业总数的 3.33%。这一方面可能是由于人力资源管理者限于各种条件因素的影响，无法实现购买大数据服务；另一方面可能是因为目前市场上能够提供“真正的”人力资源大数据服务并不多见（见图 26）。

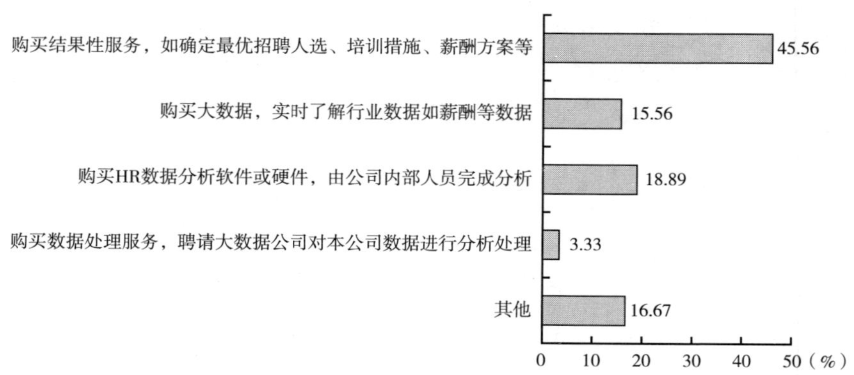

图 26　受访企业是否购买人力资源大数据与分析服务

我们调查了受访企业针对人力资源大数据方面的未来投入情况，其中分为四类——购买分析工具、购买数据、购买数据分析服务以及雇用专业分析人员，有 32. 2% 的企业有计划购买分析工具，有 35. 6% 的企业有计划购买数据，有 25. 6% 的企业有计划购买数据分析服务，还有 27. 8% 的企业有计划雇用专业分析人员，受访企业的反馈如图 27 所示。

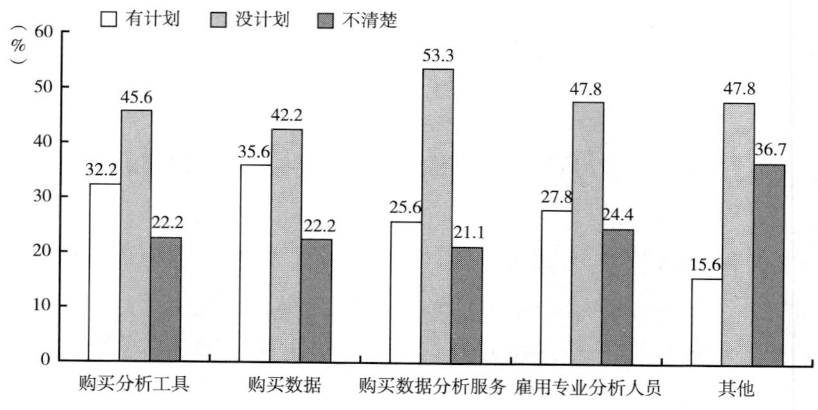

图 27　企业在人力资源大数据方面的未来计划

当人力资源管理者被问到为何要购买人力资源大数据与分析服务时，排在第一位的是市场竞争压力比较大，对公司的人力资源管理提出了更高的要求（42.22%），其次是高层管理者希望进一步提高人力资源管理水平，占到被调查企业的40%，另有34.44%的人力资源管理者希望运用新的工具、技术提高人力资源工作效率和价值（见图28）。

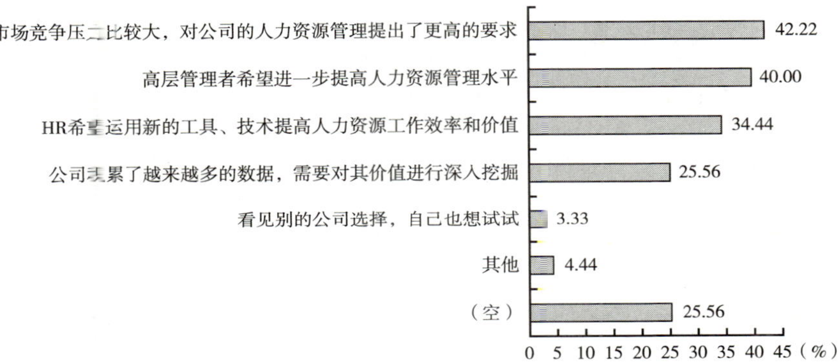

图28　企业购买人力资源大数据与分析服务的原因

在前面的分析中，我们调研了企业未来一年是否有计划购买人力资源大数据与分析服务，我们还进一步了解了企业应用人力资源大数据的主要瓶颈，其中缺乏大数据分析专业知识或专业人才被排在第一位（63.33%），这与许多国内外的研究结果是一致的。数据分析人才的缺乏是大数据落地难的一个重要因素；排在第二位和第三位的分别是预算不足和数据质量不高（见图29）。

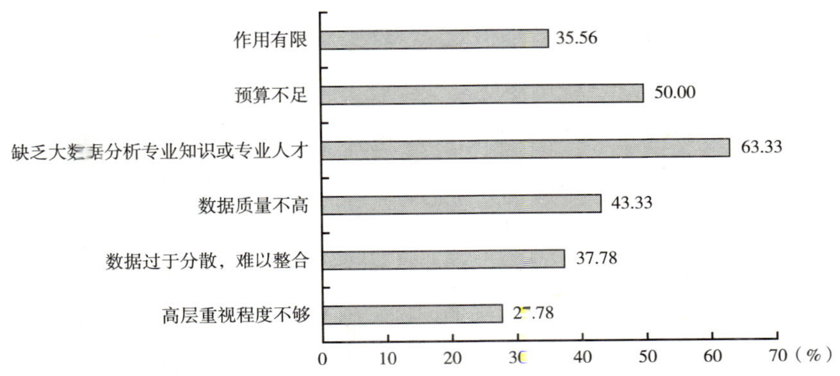

图29　大数据应用于人力资源管理的主要瓶颈

六　调研对未来实践的启示

此次调研历经两个月左右，通过对 90 个样本的调研分析，我们初步了解到国内大数据人力资源应用现状。从调研结果来看，国内企业人力资源大数据现状呈现以下四个特征。

第一，国内企业人力资源管理者对大数据在人力资源领域的应用前景普遍比较认可，有相当一部分受访者甚至表示未来会购买人力资源大数据与分析服务。表现在调研数据上，有超过 90% 的受访者认为大数据能够帮助人力资源产生价值，更有部分受访者认为大数据会给人力资源管理带来革命性的影响。有相当一部分企业在未来打算购买人力资源和大数据相关的服务，主要是购买分析工具和分析服务两种类型，这反映出企业人力资源部门已经实实在在意识到大数据给人力资源管理带来的机遇，并且试图通过大数据与分析来提升人力资源管理效能。这与我们在实践中的体会也是一致的。

第二，当前国内企业在人力资源大数据与分析应用方面刚刚起步，要真正实现大数据人力资源管理，还有很长的路要走。虽然大家对大数据人力资源应用前景非常看好，但是大数据人力资源应用实践还处于初级阶段，很多样本企业的人力资源管理决策还停留在“质化决策”或者说“定性决策”方面，主要是凭借管理者的经验来进行判断，对数据分析以及基于分析的定量化决策还不多见。这从侧面反映出大数据与分析在人力资源领域的应用还处于初级阶段，也反映出人力资源管理决策还谈不上科学思维、科学决策。人力资源部门还无法挖掘出大量数据的潜在价值，仅仅通过简单的描述性方法来展现数据，无法通过数据来了解深层次的信息。

第三，人力资源大数据应用重在解决人力资源管理中的问题。从调研来看，人力资源管理者最看重的还是招聘问题。如何通过大数据的新方法，帮助企业解决招聘中的人岗匹配问题、实现精准招聘，是样本企业人力资源管理人员最为关注的问题。另外，与此相应，如何对人才进行评价、识别高绩效员工也是广大人力资源管理者亟须解决的问题。未来人力资源大数据服务企业可以从此方面入手解决人力资源管理的痛点，帮助企业提升人力资源管理效能。

第四，大数据要在人力资源领域落地，需要正视大数据人力资源人才培养问题。调研显示，目前人力资源管理者对数据分析工具并不了解，比如，对统计分析工具以及计算机分析工具的了解程度普遍偏低。另外，很多受调查者认为，人力资源大数据落地的障碍是缺少人才，在 90 位受访者中 60% 以上的人认为大数据分析知识和专业人才的缺乏是大数据人力资源管理落地的主要障碍。可以预见，未来必须在人才培养方面加大力度，或者对现有人力资源管理者进行大数据分析培训，或者从大数据分析专业人员中挑选一部分人进行培养，使他们了解人力资源管理的场景。

需要指出的是，此次人力资源大数据调研在国内尚属首次，调研无论是从样本数量、样本企业所有制，还是从样本企业规模等方面还不够多样，未来如果能在以上几个方面增加样本来源的多样性、扩大样本规模，则会大大增强我们对国内人力资源大数据实践的深入了解。另外，在调研内容方面，随着国内企业在人力资源大数据方面应用的逐步丰富和多样化，调研成果将更可能被其他企业人力资源管理实践所借鉴，也更能实现我们进行此类调研的目的，促进人力资源大数据应用的实施落地。

参考文献

The Big Data Opportunity for HR and Finance，http：//resources. idgenterprise. com/original/AST－0113126_ report－the－big－data－opportunity. pdf.

王通讯《大数据人力资源管理》，中国人事出版社，2016。

Bersin J.，Big Data in HR：Why it's Here and What it Means，https：//blog. bersin. com/bigdata－in－hr－why－its－here－and－what－it－means/？id＝574b5527－ce55－4ec6－3c45－c8f05f85162e.

Holley N.，Big Data and HR，Research Paper，http：//www. henley. ac. uk/html/hwss/files/Henley－Centre－for－HR－Excellence－Big－Data－Research－paper. pdf.

B.26
上海人力资源服务行业发展情况

朱庆阳*

摘　要： 人力资源是当今经济社会发展的第一生产要素。上海人力资源服务业在政府部门主导培育、行业协会规范自律、业内企业共同努力的“上海模式”下，发展迅速，产业规模不断扩大，产业布局更加合理，产业政策不断完善，服务产品持续创新，国际化进程速度加快，建立了国际化的人才服务平台以及日趋完善的行业诚信体系、品牌体系、标准化体系和从业人员素质提升体系。

关键词： 国际化　诚信　从业人员

人力资源是当今经济社会发展的第一生产要素。随着知识经济进程不断加快，政府、市场及社会已将人力资源的配置、开发与发展放在重要位置。2016年3月21日，中共中央印发《关于深化人才发展体制机制改革的意见》。意见的颁布实施，最大限度地激发人才创新创造创业活力，为人才的培养和长远发展营造了良好的环境。

2016年，上海在基本完成“国际化大都市”“世界级城市”“全球化城市”的战略发展目标的同时，将“建设具有全球影响力的科技创新中心”作为深化改革开放时期上海新的战略发展目标。根据上海“四个中心”战略发展要求，上海作为国际人才高地，人力资源作为人才培育和发展的重要平台之一，更要抓住机遇，打造人力资源服务新产品、新技术、新模式、新业态，不

* 朱庆阳，上海人才服务行业协会秘书长，主要研究领域为人力资源管理。

断转型升级，优化人才创新创业综合环境，使上海成为国际一流创新人才汇聚之地、培养之地、事业发展之地、价值实现之地，引领全市人力资源服务业更快更强发展。

一 上海人力资源行业发展概况及特点

（一）产业发展的规模及结构

1. 产业发展规模

上海人力资源服务行业在政府部门主导培育、行业协会规范自律、业内企业共同努力的“上海模式”下，发展迅速。国内外顶尖的人力资源服务机构相继入驻上海，服务范围覆盖国际、亚太、中国、区域、本土的五个商圈，服务产品囊括人力资源咨询、高级人才寻访、人才派遣、人力资源外包、人才培训、人才测评、人才招聘等，已形成具有横向覆盖性、垂直衍生性特色的人力资源服务产业链，在全国率先实现产业规范化、国际化、综合化。据上海人才服务行业协会统计，上海人力资源服务业营业总收入从2003年的40亿元迅速增长到2016年的3381.47亿元，其中劳务派遣占50.9%，人力资源外包占43.1%，网络招聘及招聘会占2%，高级人才寻访占1.6%，人力资源管理咨询占约1%，人才培训、人才测评、人力资源软件分别占0.4%、0.2%、0.4%，其他相关业务占0.4%。上海人力资源服务业已形成了统一规范的人力资源市场管理制度体系，并且不断推进国内国外市场的双向开放，为市场健康有序发展提供了有力保证。如图1所示。

目前，上海人力资源服务行业引进了德科、任仕达、万宝盛华三家500强人力资源服务机构，海德思哲、史宾沙、光辉国际、亿康先达、罗盛五大战略咨询兼猎头公司以及各业态世界排名前20企业，服务范围覆盖上海本土商圈、长三角区域商圈、全国商圈、亚太商圈、国际商圈，实现了产业与全球市场接轨，为上海各产业发展提供坚实的人力资源服务保障，也为上海产业的国际化发展提供了人力资源服务支撑。

2. 产业结构布局

上海结合人力资源服务业作为附生性行业特点，深入开展业态研究，针对

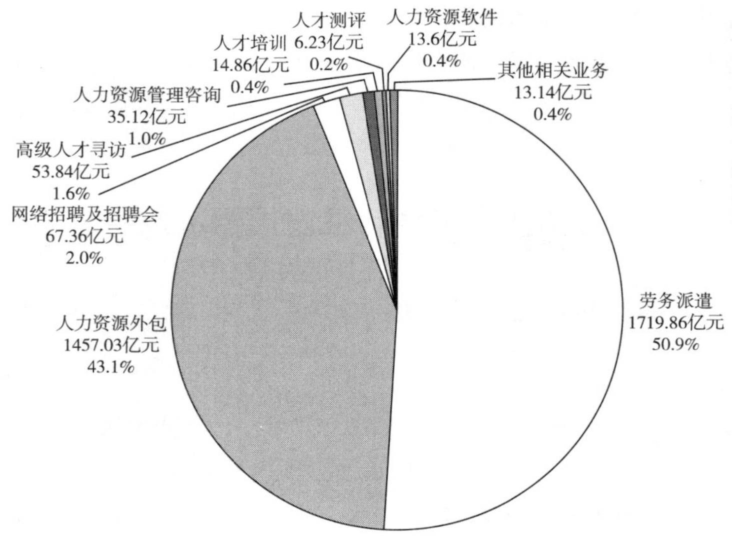

图1　2016 上海人力资源服务行业营业额

每个区域的特点，制定专业的战略定位和发展方向。上海于2006年在浦东新区先行先试，批准中外合资机构外资可拥有不超过70%的股权；2008年允许港澳服务提供者设立独资人才中介机构，吸引了一大批优秀国际性人力资源机构进入上海；2015年，依据国务院发布的自贸区“负面清单”，上海自贸区更进一步取消了外资独资设立人力资源机构的限制。徐汇区根据区域经济发展商圈的规划，为人力资源服务机构的发展提供了许多便利条件，积极吸引和集聚中高端人才。黄浦区则凭借其优越的地理位置及高档的办公环境，打造淮海路“人才机构一条街”，吸引大批知名国内外人力资源服务机构进驻，形成了行业集聚规模效应。静安区以“中国（上海）人力资源服务产业园区”及南京西路为核心，形成“一园一路多点”的产业聚集，其中以“南京西路”为核心的高端CBD，更是吸引全球顶尖的国际人力资源服务机构入驻，高端猎头机构纷纷落户于此，等等，因地制宜，制订规划，不断优化人力资源服务业的空间布局，推动了人力资源服务业在上海连续十余年跨越式发展。

3. 产业服务业态

上海人力资源服务业在进一步完善人才培训、人才测评、网络招聘与网络信息服务、高级人才寻访、人力资源外包、人才派遣、人力资源咨询等业态的服务体系的同时，不断丰富人力资源服务业的内涵和外延；在横向发展方面，各业态发展逐步细化，人力资源外包逐渐形成人力资源管理外包和人力资源服务外包两大模块，移动招聘、视频招聘成为人才招聘的新模式；在垂直发展方面，人力资源市场调查、人力资源健康、人力资源保险等多种衍生业态逐渐确立，人力资源服务业正逐渐根据人力资源服务需求 呈现多层次、各角度的发展趋势，引领全国人力资源服务业业态发展的新动向。

4. 产业国际化进程

在政府主导、协会配合的模式下，一大批在国际、国内具有影响力的人力资源服务机构把总部设在上海，其中包括德科（Adecco）、万宝盛华（Manpower）、任仕达（Randstad）、海德思哲（Heidrick & Struggles）、光辉国际（Korn/Ferry）、亿康先达（Egon Zehnder）、史宾沙（Spencer）、罗盛（Russell Reynolds）、安德普翰（ADP）、必胜人力（Kelly Services）、怡安（Aon）、翰德（Hudson）、瀚纳仕（Hays）等三家世界500强人力资源服务机构、国际五大战略咨询兼猎头机构、国际排名前20的人力资源服务机构。

在此基础上，国内大型人力资源服务机构也均在上海落户，如国有企业——上海外服、中智、北京外企、四达等；中国三大网站——前程无忧、智联招聘、中华英才网；民营企业——博尔捷、蓝海、天坤国际；人力资源第三方媒体机构——HRoot、第一资源、招聘兄弟会等；新型人力资源服务机构——人力窝、猎上网、社宝通等。在政府和市场的长期支持下，一大批如上海外服、薪得付（CDP）、开弈（CHINA - KEY）、仲望（ZWCONSULTING）等人力资源服务机构正实现“走出去”的夙愿，在亚太地区乃至全球发挥自身影响力。

国内外知名企业的集聚，提高了上海人力资源服务业的发展水平，推动上海在全国率先完成了产业国际化发展。

5. 建立人才服务平台

为了更好地推动张江人才服务平台的创新和发展，上海人才服务行业协会、上海外服（集团）有限公司、上海临港漕河泾人才有限公司、上海蓝海人力资源股份有限公司、上海晨达人力资源股份有限公司、上海长宁人才发展有限公司等各区县人才服务平台不断创新工作体制机制，为区域内人才发展提供更加完善的服务。

为推进海外人才、海外智力的引进，在上海市科协、静安区人民政府、静安区人社局以及静安区科协的支持下，上海人才服务行业协会承接“海智计划”静安工作基地项目，为海外科技团体、专家学者为国服务搭建平台，配合政府落实海外人才服务政策，加大区域辐射带动作用，为促进上海市经济社会深化改革做好服务。

（二）人力资源服务产业园区发展概况

中国上海人力资源服务产业园是我国第一个人力资源服务产业园，以上海人才大厦为核心，地处中心商业带“不夜城”区域，毗邻苏河湾核心商务区，5 条地铁线路在此交会，紧邻南北高架，占地 2.18 平方公里，拥有恒汇国际大厦、隆宇国际商务广场、宝矿洲际商务中心、机电大厦、上海新梅华东大酒店和华森钻石商务广场等现代化写字楼。园区内除履行中国上海人才市场的 60 余项公共人力资源服务外，还集中了上海外服、任仕达、前程无忧、北京外企等百余家国内国际领先的人力资源外包、劳务派遣、人事代理、招聘服务机构。自 2010 年成立以来，园区产值和税收节节攀升，截至 2015 年底，园区营业收入总额突破 413 亿元，税收达到 9.5 亿元，2016 年，园区税收达到 12 亿元。园区将在下一阶段中，继续扩大范围，改造物理平台，提升企业质量，不断扩大园区影响力，继续成为中国人力资源服务产业园的标杆。

（三）行业诚信体系建设

1. 行业标准体系

上海人力资源服务业在全国率先推出行业行规行约的基础上，自 2011 年起，在上海市人力资源和社会保障局、上海市质量技术监督局的指导和上海人才服务行业协会的组织下，行业陆续发布了人力资源派遣、高级人才寻访以及人才测评三项地方标准，并着手编制行业其他业态的地方标准和国家标准。其中，由上海人才服务行业协会牵头起草的国家标准《人力资源服务术语》《人力资源外包服务规范》已通过人社部审批，地方标准《人力资源外包服务标准》《人力资源管理咨询服务规范》已获批上报国标委。随着多项国家地方标准编制及发布的进程不断加快，上海人力资源服务业正朝着不断规范发展的方向前行。

在全国人力资源服务标准化技术委员会、上海市人力资源和社会保障局、上海市质量技术监督局以及闸北国家级人力资源标准化试点园区的指导和支持下，上海人才服务行业协会坚持开展人力资源国家标准、上海市地方标准推广和贯标工作。目前已有173家人力资源服务机构申请贯标。

2. 行业品牌体系

在自律、规范的行业发展环境下，截至2016年底，共有20家人力资源服务机构获评上海市“中小企业品牌”称号，25家机构获评“上海名牌”称号，4家人力资源服务机构获得“上海名牌辉煌之星”称号，2家机构（上海外服、中智上海）获评“上海市政府质量奖”，已初步建立起人力资源品牌体系、标准体系和诚信体系。

同时，一系列行业评选也有序展开，上海人才服务行业协会每年开展“上海市信得过人力资源服务机构”“上海人力资源服务机构百强”“国际、亚太、‘一带一路’优秀人力资源供应商”评比活动，在为行业树立标杆和品牌的同时，使越来越多其他产业的企业开始使用市场化人力资源服务解决自身人力资源服务问题。

（四）行业政策体系建设

1. 行业政策体系

随着“营改增”政策法规的公布，上海人力资源服务业根据行业发展特点，在上海人才服务行业协会的牵头下，第一时间开展广泛调研，详细了解“营改增”中人力资源服务机构所遇到的瓶颈和问题，将调研结果向人社部、中国人才交流协会、上海市人社局、上海市税务局等相关部门反馈，有效推动国家税务总局在“营改增”全面试点前夕出台《财政部、国家税务总局关于进一步明确全面推开营改增试点有关劳务派遣服务、收费公路通行费抵扣等政策的通知》（财税〔2016〕47号）的文件，实现人力资源服务业在“营改增”中，税负只减不增，降低企业负担。

2. 行业理论研究体系

为推进人力资源服务行业的创新发展，在人社部、张江管委会、上海市委组织部、上海公共行政与人力资源研究所等部门的支持和委托下，上海人才服务行业协会持续开展了“互联网+”对人力资源服务业的影响、人力资源服务机构政策适用、高级人才寻访业务发展、行业诚信服务建设、行业党建工作等情况调研，全方位了解行业以及人才发展的现状。

同时，上海人才服务行业协会牵头组建专家团队，持续研究人力资源服务产品创新及人力资源服务机构发展模式。一方面，继续加强人力资源外包产品研究并开展人力资源外包的标准化研究，规范人力资源外包市场；另一方面，紧跟市场“众筹”理念及“互联网＋”所带来的平台经济发展趋势，首创行业不同区域的“十兄弟”模式及人力资源服务业内的“七兄弟”模式，并成功在行业机构得到实践，推动上海人力资源服务机构快速发展。

在此基础上，上海重点开展人力资源服务业态研究、产业园研究和产业人才研究工作。在业态研究中，上海定期发布行业统计指数，加强市场信息的对称性；上海人才服务行业协会于全国率先提出人力资源外包产品概念及具体产品框架，形成人力资源外包的理论体系；在产业园研究中，上海在为自身量身定制产业园模型，树立人力资源服务产业园标杆，同时，也依托行业协会力量，积极为天津滨海、江苏常熟、山东济宁、苏州高新区、湖北武汉、福建泉州等地人力资源及产业园规划提供理论支持，推动全国人力资源服务产业园的建设；在产业人才研究方面，上海人才服务行业协会从产业发展关键环节出发，率先总结出一套产业人才模型框架，并配合上海人才“30条”中市场化人才评价的政策要求，开展胜任力模型的研究工作。

（五）从业人员队伍建设

在上海市人力资源和社会保障局的支持和委托下，协会每年开展行业从业人员素质培训课程，从人力资源派遣、外包、高级人才寻访、测评、咨询等业态，以及行业销售、行业高级管理人员、行业政策、税务等角度，全方面提高从业人员的专业水平和整体素质。

二　上海人力资源行业发展展望

1. 围绕政府规划战略，打造产业人才队伍

随着“大众创业、万众创新”、“一带一路”倡议、打造上海“科技创新中心”等理念的提出，我国产业科技化、工业化、国际化趋势不断加快，在

“提高劳动密集型产品科技含量和附加值，营造资本和技术密集型产业新优势，提高我国产业在全球价值链中的地位”的战略引领下，产业发展科学化、产业分工合理化、产业机制市场化已成为今后一段时间我国产业发展的主要特点。所以，加大产业策划、招商、管理、技术人才的引进和培育，结合产业特点，建设对应的产业人才队伍，是我国在社会主义市场经济下各个产业立于不败之地的有效保障。人力资源服务业作为人力资源开发和配置的主要渠道，将在“市场在资源配置中起决定性作用”的引导下，承担更多时代所赋予的使命。在新的发展时期，建议政府充分考虑经济发展特点，利用购买服务方式，嫁接市场化人力资源服务产品，利用市场化人力资源服务机构所拥有的商圈资源、技术资源、人才资源以及其本身机制的灵活性、专业性、针对性，促进产业人才队伍持续健康发展。

2. 优化产业布局，融入“一带一路”倡议

进一步发挥浦东新区先行先试的政策优势，以服务国际金融产业和人才发展为基础，推进外资机构引进、行业财税扶持等政策的创新试点，打造浦东新区国际金融人才高地。

充分发挥中国（上海）人力资源服务产业园区培育、孵化、展示、交易的功能，健全园区管理机制体制，制定优惠政策，引导人力资源服务机构入驻，建立集公共人力资源服务与市场化人力资源服务于一体的人力资源集聚区，立足园区，服务上海、长三角乃至全国。

利用中国（上海）自由贸易试验区发展契机，根据区内产业发展特点和需求，建立完善的公共与市场化人力资源服务体系，创建适合国内外人才发展需要的环境，集聚国内外一流的人力资源服务机构，形成自贸试验区育才、引才、聚才、用才、留才的可持续循环，为自贸试验区打造具有区域特色和竞争优势的产业集群提供人力资源保证。

此外，在引入国际优秀企业入驻上海、实现产业国际化的同时，加快本土机构“走出去”的进程。通过开展行业国际考察活动，组织行业国际沙龙论坛，嫁接行业国际优质项目，提供行业国际布点资源，推动行业外向型扩张，为实现区域、国家共同发展提供坚实的人力资源保障。

3. 创新服务产品理念，实现业态延伸发展

“十三五”时期，上海人力资源服务业将在进一步完善人才培训、人才测

评、网络招聘与网络信息服务、高级人才寻访、人力资源外包、人才派遣、人力资源咨询等内容的服务体系的同时，不断丰富人力资源服务业的服务内涵和外延。在横向发展方面，各业态发展逐步细化，人力资源外包逐渐形成人力资源管理外包和人力资源服务外包两大模块，移动招聘、视频招聘成为人才招聘的新模式；在垂直发展方面，人力资源市场调查、人力资源健康、人力资源保险、人力资源金融等多种衍生业态逐渐确立，人力资源服务业正逐渐根据人力资源服务需求，与各类先进技术理念实现交互，呈现多层次、各角度、个性化的发展趋势。

4. 完善行业品牌，建立行业标杆

建立人力资源服务品牌评价标准，对人力资源服务机构的服务产品、服务流程、顾问水平、项目操作、IT 技术等方面，从知名度和满意度、质量管理体系、行业认同度、服务水平、创新能力、市场占有率、经济效益、社会责任等角度，对品牌进行综合评价，建立完善的人力资源服务行业品牌模型架构。

建立人力资源服务业交流合作平台，通过博览会、论坛等形式，宣传行业品牌机构、品牌服务、知名顾问、先进技术，通过跨地域的交流，促进人力资源服务业的跨地域、国际级合作，提升行业服务水平与能级。

开展行业评选活动，与行业统计结果相结合，综合业内机构的知名度与美誉度、第三方评价结果、顾问水平、信息技术水平、员工关怀等方面，发布人力资源服务业综合排行榜、各业态排行榜等，梳理人力资源服务标杆模型，打造国际化、全国化、区域化、专业化人力资源服务品牌。

5. 整合行业资源，探索基金投入模式

为推进人力资源服务行业的进一步发展，下一阶段，上海人才服务行业协会拟连同相关专业企业机构，共同设立人力资源服务业基金，并结合协会资源、行业需求以及基金运作等要素，以创新的模式，研发战略咨询投入、品牌形象投入、信息技术投入、优秀顾问投入、合作渠道投入、市场资金投入、政策资源投入等人力资源服务业基金产品，搭载在行业协会平台上，根据一定的规则，为对人力资源服务业基金有需求的企业提供支持，为中小微人力资源服务机构发展、本土人力资源服务机构跨地区扩张、国际人力资源服务机构国内入驻提供资源。

6. 完善行业统计体系，加强从业人员队伍建设

一方面，加强人力资源服务业态研究，充分发挥行业专家作用，逐步建立科学、统一、全面的人力资源服务业统计调查制度。对人力资源服务行业各个领域的发展情况进行定期统计分析，发布行业发展指数，及时反映人力资源市场供求情况和就业形势的发展变化。另一方面，建立人力资源行业运行监测制度，及时掌握行业发展最新动态，密切跟踪国际市场发展变化，加强行业发展趋势分析。不断完善统计调查方法和指标体系，充分利用社会调查机构，提高统计数据的准确性和及时性。

此外，完善从业人员培训体系，加强产、学、研合作，打造人力资源专家顾问团队，使行业职业资格培训与市场化服务产品培训一体化，涵盖高、中、基层从业人员水平的综合人力资源服务体系。建立从业人员数据库，与职业资格证书对接，实时了解人力资源服务业从业人员的引进、流动情况，分析行业人才发展现状和趋势，使从业人员数据库成为上海人力资源服务业发展的重要抓手。

7. 发挥行业协会职能，树立市场架构典范

在下一步的发展中，上海人才服务行业协会将继续发挥自律、规范作用，配合政府转移职能，承担市场服务、监管职能，围绕自身“四位一体”的发展战略，协助政府推动行业自律，服务会员单位持续发展，研发行业新型技术产品，完善行业诚信、标准体系，提升从业人员素质水平，为上海人力资源服务业继续做大做强付出努力。

B.27 山东省人力资源服务业发展状况

张 龙*

摘 要： 人力资源服务业是发挥市场在人力资源配置中决定性作用的主体力量，在当前经济社会发展阶段，人力资源服务业迎来了重大发展机遇，也呈现了新兴市场快速多变的典型特征和趋势性的发展方向。本文根据多年工作实践，结合山东省人力资源服务业发展情况，对产业发展特征、趋势以及工作策略做了探讨。

关键词： 人力资源 服务业 山东

随着社会主义市场经济的发展，我国经济实力快速提升，整体国民生活水平、生活质量以及个人发展需求大幅提高，开放初期所具有的人口红利逐渐消失，人力资本革命正在悄然进行。当前无论是社会发展层面、市场竞争层面还是个体需求层面，都迫切需要有效的渠道和科学的配置体系来达成人力资源的高效配置、管理革新，达成个体价值的充分实现，为经济社会创新发展注入强大持久的活力。为此，国家高度重视人力资源服务领域顶层设计，明确提出要建立统一规范的人力资源市场，建立健全人力资源市场体系，并将人力资源服务业列为重点发展的生产性服务业之一，同时，面对新形势下的人才发展战略，又进一步提出积极培育各类专业社会组织和人才中介服务机构，有序承接政府转移的人才培养、评价、流动、激励等职能。在这样的战略布局和政策的大力推动下，人力资源服务业作为特有产业和业态，得到了各地各级的高度关

* 张龙，学士，山东省人力资源和社会保障厅人力资源市场处处长，主要研究领域为人力资源市场和干部人事管理。

注，也得到了市场的高度认可。作为有效发挥市场在资源配置中起决定性作用的市场主体，作为实现更加充分和更高质量就业的市场接力者，以及作为人才科学化、合理化配置的重要市场化实现者，人力资源服务业迎来了历史上最为重大的发展机遇。经过近几年的大力推动，山东省人力资源服务业也同其他兄弟省份的一样，开始进入高速发展时期，产业规模不断扩大，业态形式不断创新，产品层次快速提高，整个市场氛围也日渐活跃，潜在市场需求逐渐释放，人力资源服务业明显呈现新兴业态快速扩张的特征。2016 年，山东全省人力资源服务业年营业收入达到 380 亿元，全年共为 2351 万人次的劳动者和 64.2 万家次用人单位提供了人力资源相关业务服务。同时，人力资源服务市场在由初期走向成熟的过程中，也表现出快速变化的特征，紧跟市场步伐，不断研究分析，积极应对，推动市场的进一步发展完善。

一　当前人力资源服务业发展特征分析

新兴产业、新兴业态的发展往往伴随机构、技术、资本的活跃，人力资源服务业也不例外，近几年，在战略性宏观政策确立后，加之市场需求空间的膨胀，行业发展明显出现了蓄势待发的活跃状态。

1. 机构数量、从业人员数量持续增长

从山东的发展情况看，在公共服务机构改革、合并缩减的情况下，人力资源服务机构总数仍然稳步增长，2016 年山东人力资源服务机构总数为 1892 家，较 2015 年增长 93 家，全省从业人员 40283 人，较 2015 年增长 12.8%，机构平均从业人员达到 21.3 人，市场反应积极。这一方面有商事制度改革以及《山东省人力资源市场条例》对准入门槛的降低带来的效应；另一方面也是市场仍处于早期发展的机构扩增期的客观表现。

2. 产品不断创新，业务不断拓展

目前，从发达地区和大型龙头企业人力资源服务业表现来看，无论是业态、产品还是服务领域都已能与国际人力资源服务需求相适应。但与此同时，国内的创新氛围又赋予了我国人力资源服务业更大的想象空间。由于我国经济社会的高速发展，各行各业改革创新意识空前高涨，许多领域在管理和技术上处于世界前列，互联网应用已处于世界领先地位，这也使处于人力资源服务供

应商地位的人力资源服务机构面对多样化的国内市场潜在需求时，不断推出针对性、创新性服务产品，在外包服务、资源整合方面跨界融合，某种程度上可以说正在重新定义人力资源服务业产业新疆界。

3. 线上线下融合，布局意识强烈

从近几年市场业务结构看，在山东仍占主流地位的传统线下机构迫于业务灵活性需求和技术进步的压力，正积极采取研发、合作以及利用 SaaS 服务等方式加强数据利用和线上服务业务。2016 年，全省各类人力资源服务基础数据库的现有以及新增求职信息数量、网络招聘业务数量，相较 2015 年都有较大幅度增加，而现场招聘会的参会人数则出现了小幅回落，线上业务拓展趋势明显。同时，传统线上机构，尤其是全国性大型线上服务机构，正表现出以自主或合作等方式实现布点落地的倾向。这些融合表现除去业务发展客观需求原因外，更重要的应该是市场发展初期的战略布局需要，是市场准备迎接逐渐到来的竞争时代的反映。

4. 社会资本关注，合作意识增强

近年来，全国人力资源服务机构在新三板市场的活跃度不断提高。目前，山东也有多家人力资源服务机构正在积极规范整合、操作上市，同时已上市机构的层次升级也进展顺利，机构融资前景和资本投资意愿均被看好。另外，从山东近一段时期的发展看，一方面，本土机构与国内外大型机构产品合作、服务业务合作等商业行为被看好；另一方面，社会资本也在积极尝试通过优质机构、产业园区进入人力资源服务行业，像东营、威海的人力资源服务产业园就是由企业和跨界资本主导运作的尝试。

二　人力资源服务业的区域性发展差异

从统计数据和市场环境分析，当前全国人力资源服务业的发展，无论是发展速度、规模体量，还是服务质量、技术水平都存在明显的地域差距和结构性差异，其中既有起步时间早晚带来的差距，也充分反映了人力资源服务业经济依附性的产业特征。

1. 发展起步时间差异带来当前市场成熟度的不同

人力资源服务业在确立其产业地位以后，在全国都引起高度重视，各地也进入加速发展时期。但对于像北、上、广、深等发达地区，人力资源服务业早在此之前许多年就得到了较大发展，在规模、质量、服务等方面已经领先很多，市场供需体系也相对平衡。而对于像山东等其他相对较晚发展的地区来讲，虽然发展势头强劲，但仍然处于市场形成阶段，普遍存在客户潜在需求尚未转实、人力资源服务机构总体服务能力偏弱、供需双方连接不畅等问题，还不具备平衡市场的特点。

2. 经济发展程度带来明显的地域差距

人力资源服务业在管理创新、效率进步方面具有引领性特征，是进步变革的先行者，但同时其明显的产业附生特征也决定了它和经济发展的共进现象。目前，不仅全国范围内具有明显的南北差异、东西差异，而且同一省份区域内也存在这样的差异，以山东为例，虽然真正发展起步时间差距不大，但是当前发展状况同样和经济发展程度相关，鲁东、鲁中、鲁西梯次差异明显，发展明显领先的青岛、烟台、济南也正是山东经济体量排名前三的城市，这种差异预计在将来仍然会在一定程度上存在，但就今后一段时期看，以山东为例，无论是发达地区还是欠发达地区，人力资源服务业均远远未达到市场需求上限，今后各地仍然是以快速发展为主基调。

3. 传统观念的差异带来的发展难度的不同

由于历史文化传统以及由此形成的商业传统、管理习惯，特别是经济开放程度形成的开放意识等方面的差异，在同样的推动力度下，不同地域的市场反应程度和活跃程度不同，现代管理体制和理念下的企业会对人力资源服务市场的新产品、新理念产生较高的购买热情，而保守管理理念下的企业组织还需要有理念上的革新才能主动响应人力资源服务市场的活跃。对山东省而言，随着经济社会的快速发展和开放程度的不断提高，人力资源服务虽然开始从劳务派遣等低端业态向人力资源测评、人力资源管理咨询和猎头服务等高端业态转变，但相对保守的管理理念仍然使人力资源服务供应商和客户总体上存在对高端产品认同度的不足，低端业态所占比重依然较大。2016 年全省 380 亿元的营业收入中，代收代付部分占比超过 85%，产业转型升级任重道远。同时这种观念差异在一些地区还体现在政府对人力资源服务业作用的认识程度上，表现在政府推动层面上的不够重视。

4. 人力资源服务业发展程度的不同，带来行业组织建设和影响力的差距

行业组织建设在一定程度上代表着行业的成熟度，目前，山东省的人力资源服务业还处于初期发展阶段，相对发达地区规模偏小，大多数人力资源服务机构在业务上、理念上尚未突破区域分割状态，领军性、代表性企业较少，全省性行业代表组织处于缺位状态，仅有的 7 家地方性行业协会，其行业影响力相对较小，自我运转能力也相对较低，起不到充分的行业代表、行业自律管理和促进发展的作用，也不足以承担政府与市场间的桥梁纽带角色，这在一定程度上也会造成行业的弱势，影响行业快速健康发展。

三　人力资源服务业发展趋势

1. 随着各行业企业国际化程度的提高，人力资源服务业发展也必将呈现国际化趋势

目前，我国经济开放度越来越高，“一带一路”建设超预期，世界经济迎来新的发展机遇。伴随着经济全球化进程的加深、人力资源全球化流动的需求和我国企业“走出去”的浪潮，本土人力资源服务机构只有加快国际化转型、提供国际化服务，才能有效参与竞争。

2. 行业预期的看好和行业规模的扩大，将使人力资源服务业呈现资本化趋势

2016 年，在公共服务机构进一步整合并大幅减少的情况下，全省人力资源服务机构总数仍然增加 93 家，而民营机构增加 117 家，且近两年民营机构在资金投入上也明显高于以往。随着国家重视程度的不断提高和行业前景的普遍看好，民间资本、国内外企业对进入我国人力资源服务市场的热情正快速高涨，资本将在下一步市场竞争中扮演越来越重要的角色。

3. 信息技术与人力资源服务业的深度融合，将推动行业进入数据时代

当前人力资源服务产品的创新以及服务质量的提高，越来越依赖庞大的数据支撑，精准化服务依赖于宏观数据分析，流动性人员的服务依赖于线上平台，客户群的拓展依赖于远程业务服务。近两年，山东省一些传统较大服务机构或依托原有服务数据向客户提供深层次的分析预测，或调整构建自己的综合数据体系，技术投入和技术人才延揽力度不断加大，带有明显的技术进步自觉

和技术危机意识。今后技术能力和研发储备将是人力资源服务机构长期保持竞争力的重要来源。

4. 随着政府行政体制改革的深化，将出现相关公共业务的人力资源服务业替代趋势

按照充分发挥市场在资源配置中的决定性作用和更好发挥政府作用的要求，随着管理体制、人事制度改革的深化，就业服务、人才服务等大量涉及人力资源配置的政府具体事务会通过政府购买等方式有序向市场转移，人力资源服务业将成为主要承接力量。

四　推动人力资源服务业发展策略思考

人力资源服务业的产生发展过程和业态范围，决定了它与政府就业、人才、社保、劳动关系、管理改革等工作密切相关，公共人力资源服务与人力资源服务业的市场化服务共同组成了当今人力资源服务体系。在深化改革的背景下，公共服务正不断通过向社会购买服务来实现，市场也不断在增强其人力资源市场化配置的作用，两种服务提供方式处在互补调整阶段。人力资源服务业的发展必然与人力资源社会保障事业的发展和政府相关政策业务密切相连，人社部门在推动发展的过程中，应当正确认识这种关系，既要密切合作推动发展，又必须有明确的政府、市场界限，必须尊重市场，不破坏市场自有发展规律，真正把人力资源服务业作为产业对待。

1. 以推动产业发展为中心，处理好政府与市场的关系

发展人力资源服务业不同于传统人社工作，推动一个产业发展，任务艰巨，责任重大。目前，山东省整体人力资源服务业与先进地区相比，在规模和层次上都还有明显差距，市场成熟度也不够。在激烈竞争的环境下，要想快速弥补差距，必须更好发挥政府作用，大力支持推动人力资源服务业发展。在具体实施中处理好行政与市场的关系尤为重要，一方面，政策措施制定上需要有足够的高度，站在经济社会发展需求上，站在国家和区域发展战略重点上，不能局限于部门工作角度；另一方面，需要进一步深化前期分离改革成果，对所属经营机构的脱钩做到实质性分离，强化政府部门管理责任，剔除影响管理公平的因素，让出市场空间。

2. 以构建完善人力资源服务体系为目标，处理好人力资源服务业与公共人力资源服务之间的关系

公共人力资源服务与市场化的人力资源服务业共同组成完整的人力资源服务体系，公共人力资源服务是关系经济社会稳定发展的基石，是重大民生工作，就业、人才工作保证了国家公平社会环境和重大发展战略的实施，维护着社会价值体系。而市场化的人力资源服务业则是公共管理的市场接力者，在效率为先的市场环境下，人力资源服务业必将是实现更加充分和更高质量就业，实现人才配置合理化、科学化的主要渠道，处理好两个部分的进退、互补关系非常重要。

3. 以规范市场秩序和促进市场繁荣为目的，处理好监管与被监管的关系

市场监管是对市场的行为约束，但监管的真正目的仍然是促进市场健康发展，以形成公平竞争市场秩序为目标，为市场主体创造良好的发展环境，同时保护好群众利益。人力资源服务业是近年才确立产业属性的新兴业态，与公共服务有着深层次关系，同时又是承接政府职能转移的主要市场主体，在监管过程中比较容易产生超出范围的行政干预和监管缺失两种倾向，因此，对人力资源服务业的监管需要特别注意在充足法律保障下有效进行，更要注意避免以行政为主的管理惯性过度干预市场正常运转。在完善法制基础建设，使监管有法可依、市场行为有法可循的前提下，更要注重营造监管方与被监管方的共同目标取向和价值取向。近几年，山东省在进行从业人员培训时探索监督管理机构工作人员与从业人员同堂培训的方式取得了不错的效果。截至目前，共举办了32 期全省人力资源服务从业人员培训班，对 7000 余名监督管理机构工作人员和从业人员进行了法律法规和业务知识培训。

4. 以尊重市场规律为前提，发挥优质人力资源服务机构带动作用

推动产业发展，重点在于壮大市场主体、促进市场活跃。注重发挥导向作用，对优质机构的支持褒扬，会为市场发展方向树立风向标，增强发展信心，激发市场主体热情，从而达到促进市场整体素质提升和行业发展的目的。2014 年以来，山东省共有 30 家次人力资源服务机构获评“全省人力资源服务业十强（十大品牌）机构”，66 家次人力资源服务机构获评“全省人力资源诚信服务示范机构”，并由省级人力资源服务业发展扶持资金对获评机构分别给予资金奖补，有效调动了企业发展的积极性。同时，出于对市场规律的充分尊

重，近两年来对机构数量、业务结构等指标的增减只做数据统计分析不做衡量指标，发挥好市场优胜劣汰机制和市场调节作用。

5. 以发展人力资源服务业为目标，因地制宜大力推动人力资源服务产业园建设

人力资源服务产业园发展模式自上海先行做出成功探索后，已成为各地推动人力资源服务业发展的重要措施，实践证明这一措施非常有效。山东省紧跟发达地区步伐，已先后建成潍坊、烟台、济南、东营、济宁、高密、淄博、威海等8家各具特色的省级以上人力资源服务产业园。2016年烟台人力资源服务产业园获批国家级产业园，园区不仅为入园企业提供了优质的设施和服务，通过集聚发展相互促进，快速提高了入园机构综合素质，拓宽了发展视野，激发了创新活力。更重要的是通过园区在建设过程中不断扩大的影响力，以及以园区为平台举办的全国性论坛活动，有效提高了人力资源服务业的社会认知度，推介了人力资源服务产品，为全省的人力资源服务业发展做出了突出贡献，各省级园区的作用也同样突出。今后园区建设仍将是发挥体制优势、推动人力资源服务业发展的重要措施，但同时在产业园的建设上也应充分考虑实际需求和现实条件，坚持因地制宜的原则，不能迷失发展人力资源服务业这一园区建设的目的，更不能为园而园，需要有更多的需求意识和规划意识，结合当地经济社会发展，超前而不盲目，否则也会给人力资源服务业本身带来负面影响。

6. 抓住行政体制改革契机，提升人力资源服务业承接政府职能转移的能力

行政体制改革、政府职能转移，为人力资源服务业的发展开拓了一个充满想象力和社会责任意识的市场空间。但就目前，从我们的实践分析看，政府层面上对转移什么、怎样转移仍处于探索阶段，一方面，对市场化服务存在财政资金效率和社会效果预期的担心；另一方面，面对目前人力资源服务业市场供应状况也不易分辨或寻找到合适的承接方。同时，在市场主体层面上，一方面，大批人力资源服务机构有强烈的愿望与政府机构合作，承接政府服务业务；但另一方面又缺乏针对政府公共服务项目的精准化产品。有序转移通道的打通将关系到资源配置和政府效率的提升，也关系到人力资源服务业的发展和溢出效益的发挥。

五　人力资源服务业发展前景

人力资源服务业由小到大、由模糊概念到产业确立，并成为人力资源市场

化配置主体，是我国经济社会发展进步的必然，无论是世界经济发展进程还是国内发达地区的实践，都能深刻反映出其重大的基础性、引领性作用。目前从山东的情况看，人力资源服务业的发展现状还远远不能满足经济社会发展水平和其他行业组织对人力资源服务的潜在和现实需求，市场发展空间巨大。

1. 经济转型升级，产业结构调整带来重大发展机遇

人力资源服务业的引领性主要体现在其对管理创新、效率研究和配置手段的超前上，当前山东正在进行“新旧动能转换”，对人力资源服务业来讲，一方面，会有大量的人力资源流动再配置、各类人才再定位再平衡等招聘、测评、培训范畴的业务；另一方面，也会出现管理创新重构、效率流程再造背景下的外包、咨询、代理范畴业务的增长，发展机遇难得。

2. “一带一路”建设迅速拓展，国际空间广阔

目前“一带一路”建设得到了越来越多国家的积极响应，成为国际合作主流共识。山东也同各地一样，有大批的企业走向或即将走向国际市场，参与“一带一路”建设，同时也将更加深入地参与国际竞争，作为与客户具有深度嵌入服务关系的人力资源服务机构，也势必会追随服务对象一起走向国际市场，如同开放初期国际化人力资源服务机构随外资进入中国并快速本土化发展一样，“走出去”的人力资源服务机构也迎来了国际化拓展的良机。

3. 经济发展向好，潜在需求释放，国内市场空间巨大

我国经济一直处于良好的增长态势，结构不断优化，服务业已经成为国民经济第一大产业，占据半壁江山，国民经济运行总体平稳、稳中有进、稳中向好的发展态势不可逆转，在这样的背景下，作为具有产业依附特性的人力资源服务业的良好发展前景不容置疑。同时，由于是朝阳产业，仅就目前现状看，现实发展空间就非常大。以山东为例，2015 年人力资源服务业营收为 359 亿元，而上海达到 2282 亿元，同期的国内生产总值，山东为 6.3 万亿元，上海则为 2.5 万亿元，两相比较即便去除总产值结构上的差异因素，山东的人力资源服务市场容量也远不止 359 亿元，仅这部分潜在市场需求的释放就非常可期。

4. 资源配置的需求，社会角色定位将不断明确

经济发展就是要提高资源的配置效率，使市场在资源配置中起决定性作用和更好发挥政府作用。人力资源这一主要生产要素的配置效率决定着经济社会

发展质量，在公共就业保障、人才战略实施的前提下，市场化服务的接续，关系到资源配置的科学化程度，关系到个人价值的充分实现，进而关系到社会的稳定、和谐和发展，人力资源服务业担负着重要的社会分工责任，人力资源服务业的发展也是社会主义市场经济发展的客观需要，不仅市场前景广阔，也具有举足轻重的市场和社会地位。

对于人力资源服务业的发展，一切都在不断创新、不断变化中前进，我们的认识也是初步的、粗浅的，许多方面都是在学习、研究、实践中。国家为人力资源服务业的发展创造了优良的环境，市场也展现了广阔的空间，人社部门发挥职能优势，推动发展，任务光荣，责任重大。

B.28

挂牌“新三板”人力资源公司股权融资及盈利概况

陈 巍*

摘 要： 本文以“新三板”人力资源公司为研究对象，分析了其股权融资、盈利等状况。研究显示：截至2017年4月底，在“新三板”挂牌的57家人力资源公司，大部分盈利能力不强，2014年、2015年、2016年三年的平均年利润超过500万元的有14家。外包派遣类公司总体规模偏小，盈利能力不强；招聘猎头类公司大多持续亏损；咨询培训类公司二八分化，个别公司业绩靓丽；HR软件服务及其他业务类公司总体盈利状况最好。股权融资能力总体尚可，挂牌后发行股票的公司26家共发行股票37次，募资总额9.28亿元，机构投资者募资4.74亿元，占募资总额的51.09%。最吸引机构投资的是HR软件服务及其他业务类公司，外包派遣类公司吸收的机构投资最少。

关键词： “新三板” 人力资源公司 盈利能力 股权融资

按照人力资源和社会保障部公布的统计数据，我国人力资源服务业2016年的营业收入达到11850亿元，“十二五”期间的年均复合增长率超过20%。快速增长的人力资源服务业，吸引了包括各类投资在内的各方关注，某某公司获得投融资等消息频频传出。但由于相关企业经营和财务等信息不

* 陈巍，学士，助理研究员，上海晨达人力资源股份有限公司董事长，主要研究领域为人力资源服务产业发展。

透明，这些投融资信息难以被确认；对相关企业的经营发展情况，也很难做有效分析。

目前，在“新三版”挂牌的人力资源公司已超过 60 家。这些“新三板”公司的信息披露相对规范，或可窥斑见豹，从一个侧面反映人力资源服务企业的经营和融资等状况。

本文分析“新三板”人力资源公司的股权融资和盈利等状况，数据全部摘自“全国中小企业股份转让系统”① 上各公司发布的年报、公开转让说明书及相关公告，或根据年报、公开转让说明书等披露的数据计算得出。

根据公司主营业务，结合各类业务营业收入占比，本文把人力资源公司分为外包派遣类、招聘猎头类、咨询培训类、HR 软件服务等其他业务类等四类②，四类共有 57 家 2016 年底前挂牌“新三板”的公司，包括外包派遣类 24 家公司③，招聘猎头类 12 家公司④，咨询培训类 14 家公司⑤，分析了这 50 家企业的股权融资和盈利指标，盈利指标汇总详见文末附表 2、附表 3、附表 4⑥；

---

① http：//www. neeq. com. cn.

② 对具体公司的归类可能与公司自述的主营业务有差异。

③ 包括[illegible]通人才（830969）、点米科技（831235）、快乐沃克（831662）、蓝海股份（8318[illegible]5）、企源科技（833132）、起点人力（83341[illegible]）、前程人力（833486）、华勤互联（8340[illegible]7）、三人咨询（834143）、杰艾人力（83431[illegible]）、中融股份（835047）、联通人力（8352[illegible]5）、南深股份（836122）、浙商企业（83641[illegible]）、泛亚人力（836995）、慧博人力（8374[illegible]8）、晨达股份（837633）、圣邦人力（83795[illegible]）、海峡人力（837983）、越吴股份（8393[illegible]9）、远茂股份（839551）、欧孚科技（83976[illegible]）、聚英人力（839917）、华中人力（870[illegible]7）等 24 家公司。

④ 包括三泉河（430434）、一览网络（833680）、倍智测聘（833907）、纽哈斯（834464）、东方网[illegible]（835191）、百姓网（836012）、金色未来（83[illegible]062）、九博科技（836761）、举贤网（836[illegible]1）、仁立地途（837135）、云公社（838044）、联洋人才（838247）等共 12 家公司。

⑤ 包括景格科技（430638）、行动教育（831891）、汉哲咨询（832830）、希尔股份（833[illegible]4）、起航股份（833380）、博商管理（836[illegible]00）、北森云（836393）、鑫日科（836[illegible]2）、上海功途（836974）、时代华商（838[illegible]84）、罗科仕（838416）、中人网（838[illegible]6）、华商智联（838863）、仁达咨询（870311）等共 14 家公司。主营业务原为咨询培训，因并购发生变化的和君商学（831930）未纳入本文的分析。

⑥ 附表 2、附表 3、附表 4 的数据计算方式如下：①“合计值”为各公司数据加总；②“平均值”为合计值除以公司家数；③“人均值”为各公司人均值加总后除以公司家数。“公司人均值”为公司相应项目的值除以员工人数；“员工人数”为期初人数加期末人数除以 2，未公布期初人数的取期末人数，不包括派遣、代理、外包项目员工。

HR 软件服务等其他业务类共 7 家公司①，因公司家数较少等，未按分类汇总盈利指标。

一 盈利能力

（一）外包派遣类

1. 综述

（1）企业规模小，营业收入持续提高

2016 年平均每家公司的年营业收入为 73078.31 万元，比 2013 年增长 93.43%。2015 年，上海外服的营业收入为 927.56 亿元，中智为 537.30 亿元，北京外企为 413.24 亿元②；"新三版" 挂牌公司中营业收入最高的海峡人力为 24.84 亿元，仅为上海外服的 2.68%、中智的 4.62%、北京外企的 6.01%。

因外包派遣类企业的营业收入包含外包派遣等业务的代收代付部分，因此另外汇总了毛利数据。2016 年平均每家公司的毛利为 2698.08 万元，比 2013 年增长 39.36%，毛利持续增长，但增幅低于营业收入。

（2）盈利能力不强，呈下滑趋势

"新三板" 挂牌的外包派遣类公司，除企源科技、海峡人力、智通人才等少数几家外，绝大部分盈利能力不强，且呈下滑趋势。2016 年平均毛利率为 5.92%，比 2013 年下降了 3.48 个百分点，呈下降趋势。

归属于挂牌公司股东的净利润，2016 年平均每家公司为 435.17 万元；出现亏损的公司，2016 年有 6 家，占全部公司的 21.74%，2015 年有 6 家，占 25%，2014 年 3 家，占 12.5%。归属于挂牌公司股东的扣非后净利润，2016 年平均每家公司为 125.43 万元；出现亏损的公司，2016 年 9 家，占 39.13%，2015 年 8 家，占 12.5%，2014 年 8 家，占 12.5%。

---

① 包括主营 HR 软件服务的宏景软件（831225）、山大地纬（831688）、万古科技（832085）、紫极科技（836678）、大易云（837911）、北科天翼（870072）和主营考务服务的全美在线（835079）等共 7 家公司。

② 上海外服、中智、北京外企的营业收入，摘自中国企业家联合会、上海企业家联合会公布的 "中国企业 500 强" "上海企业 500 强" 相关数据。

依据归属于挂牌公司股东的净利润计算的加权平均净资产收益率，2016年平均每家公司为7.79%，比2013年下降10.13个百分点；依据归属于挂牌公司股东的扣非后净利润计算的加权平均净资产收益率，2016年平均每家公司为-5.22%，比2013年下降12.97个百分点。基本每股收益，2016年平均每家公司为0.16元，比2013年下降15.79%。

（3）对政府补贴依赖度较高

平均每家公司历年归属于挂牌公司股东的净利润均高于归属于挂牌公司股东的扣非后净利润，2016年差额为310.74万元，2015年为170.61万元，2014年为140.28万元，2013年为152.58万元。各公司的非经常性收入（营业外收入），主要是各类政府补贴。

2. 分类汇总的指标数据

（1）营业收入

平均每家公司的年营业收入，2016年为73078.31万元，同比增长24.60%；2015年为58652.26万元，同比增长12.83%；2014年为51984.75万元，同比增长37.60%；2013年为37780.06万元。

年营业收入最高的公司，2016年、2015年、2014年均为海峡人力，分别为259880.40万元、248390.96万元、238309.74万元；2013年是慧博人力，为130845.44万元。

人均年营业收入，2016年为602.51万元，同比下降10.65%；2015年为674.34万元，同比增长41.78%；2014年为475.63万元。

人均年营业收入最高的公司，2016年、2015年均为海峡人力，分别为3021.87万元、3066.56万元；2014年为浙商企业，为1165.32万元。具体数据详见附表2。

说明1：“合计值”、“平均值”及增幅

纳入统计的公司，2016年为19家，浙商企业因2016年主营业务变动，不再计入，蓝海股份、三人咨询、聚英人力、华中人才等4家公司因财务指标口径不同（营业收入不包含外包派遣等业务的代收代付部分）未计入。

2015年为20家，蓝海股份、三人咨询、聚英人力、华中人才等4家公司因财务指标口径不同（营业收入不包含外包派遣等业务的代收代付部分）未计入。

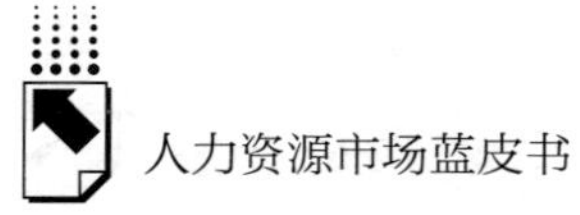

2014 年为 19 家，点米科技、蓝海股份、三人咨询、聚英人力、华中人才等 5 家公司因财务指标口径不同（营业收入不包含外包派遣等业务的代收代付部分）未计入。

2013 年为 14 家，点米科技、蓝海股份、三人咨询等 3 家公司因财务指标口径不同（营业收入不包含外包派遣等业务的代收代付部分）未计入，圣邦人力、海峡人力、越吴股份、远茂股份、欧孚科技、聚英人力、华中人力等 7 家公司因挂牌较晚、未公布 2013 年相应数据未计入。

说明 2："最高值"

纳入统计的公司同说明 1。

说明 3："人均值" 及增幅

纳入统计的公司，2016 年为 19 家，浙商企业因 2016 年主营业务变动，不再计入，蓝海股份、三人咨询、聚英人力、华中人才等 4 家公司因财务指标口径不同（营业收入不包含外包派遣等业务的代收代付部分）未计入。

2015 年为 20 家，蓝海股份、三人咨询、聚英人力、华中人才等 4 家公司因财务指标口径不同（营业收入不包含外包派遣等业务的代收代付部分）未计入。

2014 年为 14 家公司，点米科技、蓝海人力、三人咨询等 3 家公司因营收财务指标口径不同（营业收入不包含外包派遣等业务的代收代付部分）未计入，圣邦人力、海峡人力、越吴股份、远茂股份、欧孚科技等 5 家公司因挂牌较晚、未公布员工人数未计入，聚英人力、华中人才等 2 家公司因财务指标口径不同（营业收入不包含外包派遣等业务的代收代付部分）且挂牌较晚、未公布员工人数未计入。

说明 4：人均 "最高值"

纳入统计的公司同说明 3。

（2）毛利

平均每家公司的经营毛利，2016 年为 2698.08 万元，同比增长 14.69%；2015 年为 2352.54 万元，同比增长 21.30%；2014 年为 1939.44 万元，同比增长 0.18%；2013 年为 1936.01 万元。

毛利最高的公司，2016 年为企源科技，为 9681.23 万元；2015 年、2014 年、2013 年均为智通人才，分别为 8110.93 万元、7692.13 万元、7120.57 万元。人均毛利，2016 年为 20.35 万元，同比下降 6.33%；2015 年为 21.73 万元，同比增长 25.43%；2014 年为 17.32 万元。

人均毛利最高的公司，2016 年为企源科技，为 60.13 万元；2015 年为浙商企业，为 62.72 万元；2014 年为晨达股份，为 65.49 万元。

说明 5：“合计值”、“平均值”及增幅

纳入统计的公司，2016 年为 23 家，浙商企业因 2016 年主营业务变动，不再计入。

2015 年、2014 年为全部 24 家。

2013 年为 17 家公司，圣邦人力、海峡人力、越吴股份、远茂股份、欧孚科技、聚英人力、华中人力等 7 家公司因挂牌较晚、未公布 2013 年度相应数据未计入。

说明 6：“最高值”

纳入统计的公司同说明 5。

说明 7：“人均值”及增幅

纳入统计的公司，2016 年为 23 家，浙商企业因 2016 年主营业务变动，不再计入。

2015 年为全部 24 家。

2014 年为 17 家公司，圣邦人力、海峡人力、越吴股份、远茂股份、欧孚科技、聚英人力、华中人才等 7 家公司因挂牌较晚、未公布员工人数未计入。

说明 8：人均“最高值”

纳入统计的公司同说明 7。

（3）毛利率

全部公司的平均毛利率，2016 年为 5.92%，同比降低 1.38 个百分点；2015 年为 7.30%，同比没有变化；2014 年为 7.30%，同比降低 2.10 个百分点；2013 年为 9.40%。

毛利率最高的公司，2016 年、2015 年、2014 年均为企源科技，分别为 15.16%、22.94%、25.38%；2013 年为起点人力，为 41.12%，但存在其当年的业务构成中招聘占比较大、外包派遣占比较小的因素。

说明 9 “平均值”及增幅

纳入统计的公司同说明 1，增幅的单位为百分点。

（4）归属于挂牌公司股东的净利润

平均每家公司的净利润，2016 年为 435. 17 万元，同比下降 8. 35%；2015 年为 474. 82 万元，同比增长 43. 37%；2014 年为 331. 20 万元，同比增长 16. 61%；2013 年为 284. 02 万元。

净利润最高的公司，2016 年、2015 年均是企源科技，分别为 3558. 47 万元、2548. 74 万元；2014 年为海峡人力，为 2541. 17 万元；2013 年为智通人才，为 1509. 07 万元。人均净利润，2016 年为 4. 76 万元，同比增长 2. 07%；2015 年为 4. 66 万元，同比增长 109. 46%；2014 年为 2. 23 万元。人均净利润最高的公司，2016 为海峡人力，为 24. 23 万元；2015 年、2014 年均为浙商企业，分别为 27. 29 万元、12. 33 万元。

说明 10：“合计值”、“平均值”及增幅

纳入统计的公司同说明 5。

说明 11：“最高值”

纳入统计的公司同说明 5。

说明 12：“人均值”及增幅

纳入统计的公司同说明 7。

说明 13：人均“最高值”

纳入统计的公司同说明 7。

（5）归属于挂牌公司股东的扣非后净利润

平均每家公司的扣非后净利润，2016 年为 125. 43 万元，同比下降 58. 77%；2015 年为 304. 21 万元，同比增长 59. 33%；2014 年为 190. 92 万元，同比增长 45. 26%；2013 年为 131. 44 万元。

扣非后净利润最高的公司，2016 年、2015 年均为企源科技，分别是 2940. 44 万元、2092. 45 万元；2014 年为海峡人力，为 2479. 09 万元；2013 年为智通人才，为 1310. 25 万元。

人均扣非后净利润，2016 年为 2. 05 万元，同比下降 42. 89%；2015 年为 3. 59 万元，同比增长 494. 22%；2014 年为 0. 60 万元。

人均扣非后净利润最高的公司，2016 年为海峡人力，为 24. 05 万元；2015 年为浙商企业，为 26. 54 万元；2014 年为晨达股份，为 5. 83 万元。

说明14：“合计值”、“平均值”及增幅

纳入统计的公司同说明5。

说明15：“最高值”

纳入统计的公司同说明5。

说明16：“人均值”及增幅

纳入统计的公司同说明7。

说明17：人均“最高值”

纳入统计的公司同说明7。

（6）加权平均净资产收益率（依据归属于挂牌公司股东的净利润计算）

平均每家公司依据归属于挂牌公司股东的净利润计算的加权平均净资产收益率，2016年为7.79%，同比下降0.42个百分点；2015年为8.21%，同比下降7.17个百分点；2014年为15.38%，同比下降2.54个百分点；2013年为17.92%。

依据归属于挂牌公司股东的净利润计算的加权平均净资产收益率最高的公司，2016年是欧孚科技，为44.64%；2015年为南深股份，为40.24%；2014年为晨达股份，为54.28%；2013年为浙商企业，为72.56%。

说明18：“平均值”及增幅

纳入统计的公司，2016年为23家，浙商企业因2016年主营业务变动，不再计入。

2015年、2014年为全部24家。

2013年为16家公司，蓝海股份因未公布数据未计入，圣邦人力、海峡人力、越吴股份、远茂股份、欧孚科技、聚英人力、华中人力等7家公司因挂牌较晚、未公布2013年度相应数据未计入。

增幅的单位为百分点。

说明19：“最高值”

纳入统计的公司同说明18。

（7）加权平均净资产收益率（依据归属于挂牌公司股东的扣非后净利润计算）

平均每家公司依据归属于挂牌公司股东的扣非后净利润计算的加权平均净资产收益率，2016年为-5.22%，同比下降9.70个百分点；2015年为4.48%，同比下降4.16个百分点；2014年为8.64%，同比提高0.89个百分点；2013 年为 7.75%。

依据归属于挂牌公司股东的扣非后净利润计算的加权平均净资产收益率最高的公司，2016 年为欧孚科技，为 37.90%；2015 年为南深股份，为 44.52%；2014 年为三人咨询，为 43.29%；2013 年为前程人力，为 44.45%。

说明 20："平均值"及增幅

纳入统计的公司同说明 18，增幅的单位为百分点。

说明 21："最高值"

纳入统计的公司同说明 18。

（8）基本每股收益

平均每家公司的基本每股收益，2016 年为 0.16 元，同比下降 32.86%；2015 年为 0.24 元，同比下降 32.76%；2014 年为 0.35 元，同比提高 80.86%；2013 年是 0.19 元。

基本每股收益最高的公司，2016 年、2015 年均为远茂股份，分别为 0.78 元、1.77 元；2014 年为海峡人力，为 3.18 元；2013 年为慧博人力，为 0.80 元。

说明 22："平均值"及增幅

纳入统计的公司，2016 年为 23 家，浙商企业因 2016 年主营业务变动，不再计入。

2015 年、2014 年为全部 24 家。

2013 年为 17 家公司，圣邦人力、海峡人力、越吴股份、远茂股份、欧孚科技、聚英人力、华中人才等 7 家公司因挂牌较晚、未公布每股收益未计入。

说明 23："最高值"

纳入统计的公司同说明 22。

（二）招聘猎头类

1. 综述

（1）营业收入持续增长，企业达到一定规模

平均每家公司的营业收入，2016 年为 5042.79 万元，比 2013 年增长 90.68%。智联招聘（NYSE：ZPIN）2015 年度营业收入为 127128 万元①，科

① 数据摘自智联招聘公告的年报。

锐国际（300662）2015 年度招聘业务的营业收入为 36922.84 万元（中高端人才寻访 24590.62 万元，招聘流程外包 12332.22 万元）①，肯耐珂萨（100401）2015 年营业收入为 11189.00 万元②。挂牌“新三板”招聘猎头类公司中营业收入最高的百姓网、一览网络等，营业收入基本上与肯耐珂萨相当，是科锐国际的 20% 左右、智联招聘的 5% 左右。

（2）盈利能力普遍不强，甚至持续亏损

平均每家公司归属于挂牌公司股东的利润，2016 年为亏损 281.96 万元，2015 年为亏损 782.32 万元，2014 年为亏损 174.28 万元。2016 年出现亏损的公司有 6 家，占全部公司的 50%。2013～2016 年四年持续亏损的有 2 家，占 1/6；四年中有三年亏损的为 2 家，占 1/6；另有 2 家 2015 年、2016 年持续亏损，占 1/6。

2. 分类汇总的指标数据

（1）营业收入

平均每家公司的营业收入，2016 年为 5042.79 万元，同比增长 55.95%；2015 年为 3233.60 万元，同比增长 16.09%；2014 年为 2785.39 万元，同比增长 5.32%；2013 年为 2644.64 万元。营业收入最高的公司，2016 年、2015 年、2014 年均为百姓网，分别为 34037.53 万元、14626.47 万元、8981.48 万元；2013 年是一览网络，为 7349.06 万元。

人均年营业收入，2016 年为 24.90 万元，同比提高 5.84%；2015 年为 23.52 万元，同比提高 3.15%；2014 年为 22.81 万元。人均年营业收入最高的公司，2016 年、2015 年、2014 年均为百姓网，分别为 107.37 万元、86.55 万元、56.84 万元。

说明 24：“合计值”、“平均值”及增幅

纳入统计的公司，2016 年、2015 年、2014 年为全部 12 家；2013 年为 10 家公司，云公社、联洋人才等 2 家公司因挂牌较晚、未公布 2013 年度相应数据未计入。

说明 25：“最高值”

纳入统计的公司同说明 24。

---

① 数据来自科锐国际公告的招股说明书。

② 数据来自肯耐珂萨公告的年报。

说明 26："人均值"及增幅

纳入统计的公司，2016 年、2015 年为全部 12 家；2014 年为 10 家公司，云公社、联洋人才等 2 家公司因挂牌较晚、未公布员工人数未计入。

说明 27：人均"最高值"

纳入统计的公司同说明 26。

（2）毛利率

全部公司的平均毛利率，2016 年为 50.85%，同比下降 12.69 个百分点；2015 年为 63.54%，同比下降 2.64 个百分点；2014 年为 66.18%，同比下降 0.69 个百分点；2013 年为 66.87%。毛利率最高的公司，2016 年为百姓网，为 94.08%，但其 2016 年对 2015 年的财务数据做了重大追溯调整；2015 年、2014 年、2013 年均为东方网升，分别为 95.40%、96.67%、96.51%。

说明 28："平均值"及增幅

纳入统计的公司同说明 24，增幅的单位为百分点。

说明 29："最高值"

纳入统计的公司同说明 24。

（3）归属于挂牌公司股东的净利润

平均每家公司的净利润，2016 年为亏损 281.96 万元，同比减亏 63.96%；2015 年为亏损 782.32 万元，同比增亏 348.89%；2014 年为亏损 174.28 万元，同比下降 205.78%；2013 年为盈利 164.76 万元。净利润最高的公司，2016 年为百姓网，为 1286.91 万元，但其 2016 年对 2015 年的财务数据做了重大追溯调整；2015 年、2014 年、2013 年均为一览网络，分别为 964.77 万元、1901.22 万元、2349.89 万元。平均每家公司的人均利润，2016 年为亏损 4.65 万元，同比减亏 18.22%；2015 年为亏损 5.68 万元，同比增亏 209.84%；2014 年为亏损 1.83 万元。人均利润最高的公司，2016 年为云公社，为 7.81 万元；2015 年为一览网络，为 2.59 万元；2014 年为仁立地途，为 7.18 万元。

说明 30："合计值"、"平均值"及增幅

纳入统计的公司同说明 24。

说明 31："最高值"

纳入统计的公司同说明 24。

说明32：“人均值”及增幅

纳入统计的公司同说明26。

说明33：人均“最高值”

纳入统计的公司同说明26。

（4）归属于挂牌公司股东的扣非后净利润

平均每家公司扣非后的净利润，2016年为亏损367.96万元，同比减亏12.75%；2015年为亏损421.76万元，同比增亏71.46%；2014年为亏损245.98万元，同比增亏357.06%；2013年为95.69万元。扣非后净利润最高的公司，2016年为百姓网，为1733.84万元，但其2016年对2015年的财务数据做了重大追溯调整；2015年、2014年、2013年均为一览网络，分别为518.51万元、1260.90万元、2065.68万元。平均每家公司的人均扣非后净利润，2016年为亏损5.51万元，同比增亏64.43%；2015年为亏损3.35万元，同比增亏56.54%；2014年为亏损2.14万元。人均扣非后净利润最高的公司，2016年为云会社，为7.69万元；2015年为一览网络，为1.39万元；2014年为仁立地途，为7.18万元。

说明34：“合计值”、“平均值”及增幅

纳入统计的公司同说明24。

说明35：“最高值”

纳入统计的公司同说明24。

说明36：“人均值”及增幅

纳入统计的公司同说明26。

说明37：人均“最高值”

纳入统计的公司同说明26。

（5）加权平均净资产收益率（依据归属于挂牌公司股东的净利润计算）

平均每家公司的加权平均净资产收益率（依据归属于挂牌公司股东的净利润计算），2016年为－298.92%，同比下降249.83个百分点；2015年为－49.09%，同比下降90.09个百分点；2014年为41.00%，同比上升59.07个百分点；2013年为－18.07%。

加权平均净资产收益率（依据归属于挂牌公司股东的净利润计算）最高的公司，2016年为金色未来，为30.05%；2015年为联洋人才，为29.92%；

2014 年为仁立地途，为 205.22%；2013 年为纽哈斯，为 59.05%。

说明 38："平均值"及增幅

纳入统计的公司，2016 年为全部 12 家。

2015 年为 11 家，举贤网因未公布相应数据未计入。

2014 年为 10 家，百姓网、举贤网等 2 家公司因未公布相应数据未计入。

2013 年为 8 家公司，百姓网、举贤网等 2 家公司因未公布相应数据未计入，云公社、联洋人才等 2 家公司因挂牌较晚、未公布 2013 年度相应数据未计入。

增幅的单位为百分点。

说明 39："最高值"

纳入统计的公司同说明 38。

（6）加权平均净资产收益率（依据归属于挂牌公司股东的扣非后净利润计算）

平均每家公司的加权平均净资产收益率（依据归属于挂牌公司股东的扣非后净利润计算），2016 年为 -325.56%，同比下降 273.39 个百分点；2015 年为 -52.17%，同比下降 90.78 个百分点；2014 年为 38.61%，同比提高 63.66 个百分点；2013 年为 -25.05%。

加权平均净资产收益率（依据归属于挂牌公司股东的扣非后净利润计算）最高的公司，2016 年为云公社，为 23.63%；2015 年为东方网升，为 21.52%；2014 年为仁立地途，为 205.16%；2013 年为纽哈斯，为 59.05%。

说明 40："平均值"及增幅

纳入统计的公司，2016 年为全部 12 家。

2015 年为 11 家，举贤网因未公布相应数据未计入。

2014 年为 10 家，百姓网、举贤网等 2 家公司因未公布相应数据未计入。

2013 年为 7 家公司，万泉河、百姓网、举贤网等 3 家公司因未公布相应数据未计入，云公社、联洋人才等 2 家公司因挂牌较晚、未公布 2013 年度相应数据未计入。

增幅的单位为百分点。

说明 41："最高值"

纳入统计的公司同说明 40。

（7）基本每股收益

平均每家公司的基本每股收益，2016 年为亏损 0.86 元，同比增亏

203.53%；2015 年为亏损 0.28 元，同比下降 121.36%；2014 年为盈利 1.30 元，同比提高 62.31%；2013 年为盈利 0.80 元。基本每股收益最高的公司，2016 年为云公社，为 0.51 元；2015 年为联洋人才，为 0.72 元；2014 年、2013 年均为仁立地途，分别为 8.62 元、10.98 元。

说明 42：“平均值”及增幅

纳入统计的公司，2016 年、2015 年、2014 年为全部 12 家；2013 年为 10 家公司，云公社、联洋人才等 2 家公司因挂牌较晚、未公布每股收益未计入。

说明 43：“最高值”

纳入统计的公司同说明 42。

（三）咨询培训类

1. 综述

（1）企业规模较大，但增长缓慢

平均每家公司的营业收入，2016 年为 7602.06 万元，比 2013 年增长 17.16%。有 5 家公司 2016 年的营业收入超过 1 亿元，最高的行动教育达到 2.61 亿元。

（2）大多数公司盈利能力不强

平均每家公司归属于挂牌公司股东的净利润，2016 年为亏损 108.36 万元。平均每家公司的基本每股收益，2016 年为 0.03 元。出现亏损的公司，2016 年 6 家，占全部公司的 42.86%；2015 年 3 家，占 21.43%；2014 年 4 家，占 28.57%。北森云连续四年亏损，亏损额连年成倍扩大。

2. 分类汇总的指标数据

（1）营业收入

平均每家公司的年营业收入，2016 年为 7602.06 万元，同比增长 26.53%；2015 年为 6008.10 万元，同比增长 14.52%；2014 年为 5246.50 万元，同比下降 19.14%；2013 年为 6488.56 万元。营业收入最高的公司，2016 年、2015 年、2014 年、2013 年均为行动教育，分别为 26129.52 万元、23212.05 万元、21541.39 万元、24040.56 万元。

平均每家公司的人均营业收入，2016 年为 37.46 万元，同比提高 16.48%；2015 年为 32.16 万元，同比提高 6.31%；2014 年为 30.25 万元。人均营业收入最高的公司，2016 年为罗科仕，为 99.83 万元；2015 年为时代华商，为45.33万元；2014年为起航股份，为50.21万元。

说明44："合计值"、"平均值"及增幅

纳入统计的公司，2016年、2015年、2014年为全部14家；2013年为9家公司，时代华商、罗科仕、中人网、华商智联、仁达咨询等5家公司因挂牌较晚、未公布2013年度相应数据未计入。

说明45："最高值"

纳入统计的公司同说明44。

说明46："人均值"及增幅

纳入统计的公司，2015年为全部14家；2014年为9家公司，时代华商、罗科仕、中人网、华商智联、仁达咨询等5家公司因挂牌较晚、未公布员工人数未计入。

说明47：人均"最高值"

纳入统计的公司同说明46。

（2）毛利率

全部公司的平均毛利率，2016年为55.51%，同比降低2.51个百分点；2015年为58.02%，同比提高5.08个百分点；2014年为52.94%，同比降低2.16个百分点；2013年为55.10%。

毛利率最高的公司，2016年为鑫日科，为79.90%；2015年为行动教育，为74.24%；2014年为北森云，为76.22%；2013年为上海功途，为75.11%。

说明48："平均值"及增幅

纳入统计的公司同说明44，增幅的单位为百分点。

说明49："最高值"

纳入统计的公司同说明44。

（3）归属于挂牌公司股东的净利润

平均每家公司的净利润，2016年为亏损108.36万元，同比下降205.91%；2015年盈利为102.31万元，同比下降73.22%；2014年为381.97万元，同比提高3.25%；2013年为369.94万元。净利润最高的公司，2016年为行动教育，为6559.73万元；2015年为景格科技，为2397.29万元；2014年为行动教育，为2353.01万元；2013年为景格科技，为1725.56万元。平均每家公司的人均净利润，2016年为1.43万元，同比下降42.19%；2015年为2.47万元，同比提高

50.69%；2014年为1.64万元。人均净利润最高的公司，2016年、2015年均为鑫日科，分别为12.33万元、11.62万元；2014年为景格科技，7.10万元。

说明50：“合计值”、“平均值”及增幅

纳入统计的公司同说明44。

说明51“最高值”

纳入统计的公司同说明44。

说明52：“人均值”及增幅

纳入统计的公司同说明46。

说明53：人均“最高值”

纳入统计的公司同说明46。

（4）归属于挂牌公司股东的扣非后净利润

平均每家公司的扣非后净利润，2016年为亏损435.16万元，同比下降1120.09%；2015年为盈利42.66万元，同比下降85.32%；2014年为盈利290.66万元，同比提高84.73%；2013年为盈利157.35万元。

扣非后净利润最高的公司，2016年为行动教育，为3842.01万元；2015年、2014年、2013年均为景格科技，分别为2099.27万元、1796.48万元、1677.16万元。平均每家公司的人均扣非后净利润，2016年为0.30万元，同比下降85.53%；2015年为2.10万元，同比提高65.95%；2014年为1.27万元。人均扣非后净利润最高的公司，2016年、2015年均为鑫日科，分别为9.02万元、11.49万元；2014年为景格科技，为6.01万元。

说明54：“合计值”、“平均值”及增幅

纳入统计的公司同说明44。

说明55：“最高值”

纳入统计的公司同说明44。

说明56：“人均值”及增幅

纳入统计的公司同说明46。

说明57：人均“最高值”

纳入统计的公司同说明46。

（5）加权平均净资产收益率（依据归属于挂牌公司股东的净利润计算）

平均每家公司的加权平均净资产收益率（依据归属于挂牌公司股东的净

利润计算），2016 年为 -3.51%，同比提高 8.53 个百分点；2015 年为 -12.04%，同比提高215.26 个百分点；2014 年为 -227.30%，同比下降255.29 个百分点；2013 年为 27.99%。

加权平均净资产收益率（依据归属于挂牌公司股东的净利润计算）最高的公司，2016 年为罗科仕，为 65.93%；2015 年为鑫日科，为 40.55%；2014 年、2013 年均为博商管理，分别为 118.06%、191.95%。

说明 58："平均值"及增幅

纳入统计的公司同说明 44，增幅的单位为百分点。

说明 59："最高值"

纳入统计的公司同说明 44。

（6）加权平均净资产收益率（依据归属于挂牌公司股东的扣非后净利润计算）

平均每家公司的加权平均净资产收益率（依据归属于挂牌公司股东的扣非后净利润计算），2016 年为 -10.02%，同比下降 6.46 个百分点；2015 年为 -3.56%，同比提高 10.55 个百分点；2014 年为 -14.11%，同比下降 31.91 个百分点；2013 年为 17.80%。

加权平均净资产收益率（依据归属于挂牌公司股东的扣非后净利润计算）最高的公司，2016 年为罗科仕，为 67.07%；2015 年为鑫日科，为 40.12%；2014 年、2013 年均为博商管理，分别为 116.39%、192.82%。

说明 60："平均值"及增幅

纳入统计的公司，2015 年、2014 年为全部 14 家；2013 年为 8 家公司，景格科技因未公布 2013 年相应数据未计入，时代华商、罗科仕、中人网、华商智联、仁达咨询等 5 家公司因挂牌较晚、未公布 2013 年度相应数据未计入。

增幅的单位为百分点。

说明 61："最高值"

纳入统计的公司同说明 60。

（7）基本每股收益

平均每家公司的基本每股收益，2016 年为 0.03 元，同比下降 87.64%；2015 年为 0.23 元，同比下降 51.51%；2014 年为 0.48 元，同比提高 158.48%；2013 年为 0.18 元。基本每股收益最高的公司，2016 年为罗科仕，为1.08元；2[illegible]15年为景格科技，为2.00元；2014年为时代华商，为3.32元；2013年为景格科技，为1.44元。

说明62：“平均值”及增幅

纳入统计的公司同说明44。

说明63：“最高值”

纳入统计的公司同说明44。

二　近三年年均利润超过500万元的公司

近三年年均利润（归属于挂牌公司股东的净利润）超过500万元的挂牌“新三板”人力资源公司共14家。其中，外包派遣类5家，招聘猎头类2家，咨询培训类[illegible]家，HR软件服务等其他业务类3家（见表1）。

表1　近三年年均净利润超过500万元的公司一览

单位：万元

公司	证券代码	2014年		2015年		2016年		年平均	
		总额	人均	总额	人均	总额	人均	总额	人均
智通人才	830[illegible]69	1637.24	1.33	2162.07	1.81	1[illegible]92.59	1.89	1930.63	1.67
企源科技	833[illegible]2	93.50	0.56	2548.74	16.29	3[illegible]58.47	22.10	2066.90	12.98
慧博人力	837[illegible]	446.21	2.77	252.65	1.68	[illegible]22.43	6.54	540.43	3.67
海峡人力	837[illegible]	2541.17	—	2014.29	24.87	2[illegible]83.58	24.23	2213.01	24.55
远茂股份	839[illegible]1	448.78	—	915.68	11.45	1[illegible]47.91	22.70	1037.46	17.07
一览网络	833[illegible]30	1901.22	5.42	964.77	2.59	191.65	0.43	1019.21	2.81
东方网升	835[illegible]	429.81	1.18	624.49	1.80	783.83	2.35	612.71	1.78
景格科技	430[illegible]38	2121.99	7.10	2397.29	7.25	783.05	2.25	1767.44	5.53
行动教育	831[illegible]91	2353.01	3.55	2261.29	3.34	[illegible]559.73	8.69	3724.68	5.19
鑫日科	836[illegible]72	-228.10	-5.85	778.22	11.62	[illegible]196.49	12.33	582.20	6.03
时代华商	838[illegible]84	332.49	—	818.74	7.72	719.15	6.42	623.46	7.07
宏景软件	831[illegible]25	917.47	6.24	643.51	3.88	369.15	2.07	643.38	4.06
山大地纬	831[illegible]88	4019.45	8.51	5282.75	10.55	[illegible]423.44	9.68	4908.55	9.58
全美在线	835[illegible]79	2677.34	14.96	8064.15	30.72	1[illegible]405.87	30.54	7382.45	25.41

1. 外包派遣类

外包派遣类公司归属于挂牌公司股东的净利润，2016年平均每家公司是435.17万元，2015年是474.82万元，2014年是331.20万元（详见文末附表

2）。最近三年平均每年为413.73万元。最近三年平均每年归属于挂牌公司股东的净利润，为2000万～3000万元的公司有2家，分别是企源科技和海峡人力；为1500万～2000万元的有1家，是智通人才；1000万～1500万元的有1家，是远茂股份；500万～1000万元的有1家，是慧博人力。

2. 招聘猎头类

招聘猎头类公司归属于挂牌公司股东的净利润，2016年平均每家公司亏损281.96万元，2015年亏损782.32万元，2014年亏损174.28万元（详见文末附表3）。最近三年平均每年亏损412.85万元。最近三年平均每年归属于挂牌公司股东的净利润，为1000万～1500万元的公司有1家，是一览网络；500万～1000万元的有1家，是东方网升。

3. 咨询培训类

咨询培训类公司归属于挂牌公司股东的净利润，2016年平均每家公司亏损108.36万元，2015年亏损102.31万元，2014年亏损381.97万元（详见文末附表4）。最近三年平均每年为125.31万元。最近三年平均每年归属于挂牌公司股东的净利润，超过3000万元的公司有1家，是行动教育；为1500万～2000万元的有1家，是景格科技；为500万～1000万元的有2家，是鑫日科和时代华商。

4. HR软件服务等其他业务类

最近三年平均每年归属于挂牌公司股东的净利润，超过3000万元的公司有2家，是山大地纬和全美在线；500万～1000万元的有1家，是宏景软件。

三 股权融资情况

截至2016年年报公告截止日（2017年4月30日），57家在“新三板”挂牌的人力资源公司挂牌以后发行股票的共有26家①。其中，3家公司均发行了3次，5家公司均发行了2次，18家公司各发行1次，共发行股票37次。新增股票挂牌转让时间，1次在2014年，其余全部在2015年及以后，2015年12次，2016年16次，2017年4月30日前7次、5月1日后1次。37次发行总募

① 浙商企业（836418）在挂牌过程中有过一次股票发行，因在股票挂牌日前已完成发行，未计入。

集金额为92757.1345万元。其中，募集现金81544.315万元，占总募集金额的87.91%；以发行股份的方式收购资产的金额为11212.8195万元，占总募集金额的12.09%，涉及三家公司的三次发行。

向公司董监高、核心员工、现有自然人股东和持股平台、现有法人股东等两类内部对象发行股票募集的金额为20637.27万元，占总募集金额的22.25%。其中，向董监高、核心员工、现有自然人股东募集15274.94万元，占总募集金额的16.47%，向持股平台、现有法人股东募集5362.33万元，占总募集金额的5.78%。

向外部自然人、做市商、私募投资基金、信托及资管产品、其他外部法人等五类外部对象发行股票募集的金额为72119.8645万元，占总募集金额的77.75%。其中，从外部自然人募集21536.5285万元，占总募集金额的23.22%，从做市商募集9646.366万元，占总募集金额的10.40%，从私募投资基金募集36683.36万元，占总募集金额的39.55%，从信托及资管产品募集1061.8万元，占总募集金额的1.14%，从其他外部法人募集3191.81万元，占总募集金额的3.44%。

从机构投资者募集的金额是47391.526万元，占总募集金额的51.09%。募资占比最高的发行对象，依次为私募投资基金，外部自然人，董监高、核心员工、现有自然人股东。挂牌“新三板”的人力资源公司，分类汇总的股权融资概况如表2所示。

1. 外包派遣类

挂牌“新三板”后发行股票的外包派遣类公司有11家，累计发行14次。其中，点米科技发行3次，智通人才发行2次，其他公司各发行1次；涉及外部发行对象的有4家公司的5次发行，其他发行都是内部对象①，详见附表1。

新增股票挂牌转让时间，2015年3次，2016年7次，2017年4月30日前4次。14次发行合计募集金额29900.52万元，占全部公司总募集金额的32.24%。其中，募集现金22045.52万元，占募集金额的73.73%；有2家公司各1次以发行股票的方式收购资产，金额为7855万元，占募集金额的26.27%，

① 本文所称“内部对象”是指董监高、核心员工、原股东（自然人）和持股平台、原法人股东等两类；“外部对象”是指外部自然人、做市商（券商）、私募投资基金、信托及资管产品、其他外部法人等五类。内部对象、外部对象是相对概念，外部自然人、其他外部法人在认购股票后，即成为内部对象。

表 2　各类“新三板”人力资源公司股权融资概况

公司类别	公司家数（家）	发行家数（家）	发行次数（次）	募集金额		募集现金		从外部募集金额	
				金额（元）	占总计募集金额比重（%）	金额（元）	占募集金额比重（%）	金额（元）	占募集金额比重（%）
外包派遣	24	11	14	299005200	32.24	220455200	73.73	137027500	45.83
招聘猎头	12	6	9	115595000	12.46	115595000	100.00	91890000	79.49
咨询培训	14	6	9	174221145	18.78	140642950	80.73	157756145	90.55
HR 软件服务等其他业务	7	3	5	338750000	36.52	338750000	100.00	334525000	98.75
总　计	57	26	37	927571345	100.00	815443150	87.91	721198645	77.75

分别是点米科技，1000 万元收购公司股权（焦学宁等的易博天下）；快乐沃克，6855 万元收购公司股权（张卫华等的布道教育，3000 万元）和房产。

从外部对象募集 13702.75 万元，占募集金额的 45.83%。发行的外部对象，除智通人才的一次发行对象中有 3 家做市券商、募资 175 万元，华勤互联的一次发行对象中有 3 家其他外部法人、募资 900 万元外，其他都是外部自然人。点米科技、快乐沃克等公司的部分外部自然人发行对象在认购其股份、成为其股东后，进入其董监高名单，点米科技还变更了董事长。此外，点米科技的部分外部自然人发行对象，是被其以现金收购的公司的原股东。从机构投资者①募集的资金是 175 万元，占募集金额的 0.59%。募集金额最高的公司是点米科技，3 次发行累计募集 9860 万元；第二是快乐沃克，1 次发行即募集 6855 万元；第三是智通人才，两次发行累计募集 3801.7 万元。

2. 招聘猎头类

挂牌“新三板”后发行股票的招聘猎头类公司有 6 家，累计发行股票 9 次。其中，万泉河发行 3 次，倍智测聘发行 2 次，其他公司各发行 1 次；涉及外部发行对象的有 4 家公司的 6 次发行，其他 3 次发行没有外部对象，详见附表 1。

新增股票挂牌转让时间，2014 年 1 次，2015 年 3 次，2016 年 3 次，2017 年 4 月 30 日前 2 次。9 次发行合计募集金额 11559.5 万元，占全部公司总募集金额的 12.46%，募集的全部是现金。从外部对象募集 9189 万元，占募集金额的

① 本文所称“机构投资者”，包括做市商（券商）、私募投资基金、信托及资管产品等三类。

79.49%。万泉河的2次发行、倍智测聘的1次发行对象中有外部自然人；一览网络、百姓网的各1次发行对象中有私募；倍智测聘的1次发行对象中有信托及资管产品；倍智测聘的1次发行对象中有其他外部法人；发行对象中没有做市券商。从机构投资者募集的金额是5920万元，占募集金额的51.21%。其中，一览网络募资3520万元，倍智测聘募资1000万元，百姓网募资1400万元。募集金额最高的公司是一览网络，一次发行募集3520万元；第二是万泉河，三次发行累计募集3339.5万元；第三是倍智测聘，两次发行累计募集2500万元。

3. 咨询培训类

挂牌“新三板”后发行股票的咨询培训类公司有6家，累计发行股票9次。其中，景格科技、行动教育、起航股份各发行2次，其他公司各发行1次；涉及外部发行对象的有4家公司的6次发行，其他3次发行没有外部对象，详见文末附表1。

新增股票挂牌转让时间，2015年3次，2016年5次，2017年4月30日前1次。9次发行合计募集金额17422.1145万元，占全部公司总募集金额的18.78%。其中，募集现金14064.295万元，占募集金额的80.73%；以发行股份的方式收购资产的金额为3357.8195万元，占募集金额的19.27%，具体为起航股份的一次发行，收购公司股权（杨铂军等的思达优悦）。

从外部对象募集15775.6145万元，占募集金额的90.55%。行动教育、起航股份的各两次发行对象中有外部自然人；行动教育的两次发行，景格科技、起航股份的各一次发行对象中有做市券商；景格科技、起航股份的各一次发行对象中有私募；倍智测聘的一次发行对象中有信托及资管产品，景格科技、行动教育、起航股份、鑫日科的各一次发行对象中有其他外部法人，起航股份以发行股票方式向外部自然人收购公司股权后，部分外部自然人进入其董监高名单。

从机构投资者募集的金额是9535.526万元，占募集金额的54.73%。其中，景格科技募资6125万元，行动教育募资2656.566万元，起航股份募资753.96万元。募集金额最高的公司是景格科技，两次发行累计募集7575万元；第二是起航股份，两次发行累计募集4927.5395万元；第三是行动教育，两次发行累计募集3633.525万元。

4. HR软件服务等其他业务类

挂牌“新三板”后发行股票的HR软件服务等其他业务类公司有3家，累

计发行股票5次。其中，山大地纬发行3次，其他公司各发行1次；3家公司的5次发行均涉及外部发行对象，详见附表1。

新增股票挂牌转让时间，2015年3次，2016年1次，2017年4月30日后1次。5次发行合计募集金额33875万元，占全部公司总募集金额的36.52%，募集的全部是现金。

从外部对象募集33452.5万元，占募集金额的98.75%。山大地纬、万古科技的各一次发行对象中有外部自然人；宏景软件、山大地纬的各一次发行对象中有做市券商；山大地纬的两次发行、万古科技的一次发行对象中有私募投资基金；万古科技的一次发行对象中有其他外部法人；发行对象中没有信托资及管产品。

从机构投资者募集的金额是31761万元，占募集金额的93.76%。其中，宏景软件募资1380万元，山大地纬募资29991万元，万古科技募资390万元。

募集金额最高的公司山大地纬，三次发行累计募集30805万元，一家公司的募资金额就占到全部公司总募集金额的33.21%。

四　关于后续融资（投资价值）的初步判断

挂牌“新三板”的四类不同业务类型的人力资源公司，已完成的发行股票、募集资金等情况有明显差异。如果仅根据利润情况、盈利状况，在已完成的股权融资的基础上去推断后续融资的趋势，四类人力资源公司可能也会有差异。

外包派遣类公司总体规模偏小，市场份额很小，盈利能力（业务）不强；其中规模相对较大的公司增长乏力，原地踏步；部分公司在IT系统研发等方面投入不小，但业务运营能力不强，能否实现技术突破进而带动业务突破，不确定性很高；还有个别公司存在操作财务报表的嫌疑迹象；等等。此类公司可能仍然难以吸引外部投资者，特别是机构投资的关注。

招聘猎头类公司盈利能力不强、持续亏损的问题如无法改观，继续发展难有大的空间；加之科锐国际率先在主板上市，或将显现马太效应，机构投资选择进入部分企业，推动合并重组整合。

咨询培训类公司总体盈利能力不强，但二八分化，个别公司业绩突出且已公告启动IPO，或许真能出奇制胜，受到机构投资的青睐。“新三板”盈利能力

最强的公司均在HR软件服务等其他业务类，看其主要产品和客户，不禁感慨其背景资源的深厚。私募蜂拥而上，转板IPO应该不难，或许就在不久的将来。

附表1　“新三板”人力资源公司发行股票情况一览

公司	证券代码	发行方案公告时间	新增股票挂牌转让时间	发行价格（元）	发行数量（股）	募集金额（元）	
						总金额	募集现金
智通人才	830959	2015/8/17	2015/11/16	3.50	497[illegible]000	17419500.00	17419500.00
		2015/11/16	2016/1/26	3.50	588[illegible]000	20597500.00	20597500.00
点米科技	831235	2015/3/4	2015/6/9	2.50	200[illegible]000	5000000.00	5000000.00
		2015/5/8	2015/8/6	2.60	2000[illegible]000	52000000.00	52000000.00
		2015/6/26	2016/2/4	2.60	1600[illegible]000	41600000.00	31600000.00
快乐沃克	831662	2015/9/25	2016/3/18	15.00	4570000	68550000.00	0.00
企源科技	833132	2015/9/10	2016/2/26	3.00	6600000	19800000.00	19800000.00
起点人力	833417	2015/12/9	2016/3/22	1.36	5000000	6800000.00	6800000.00
前程人力	833486	2015/11/10	2016/1/28	1.20	12000000	14400000.00	14400000.00
华勤互联	834067	2016/9/7	2017/2/23	12.50	1200000	15000000.00	15000000.00
联通人力	835295	2016/5/18	2016/8/25	1.30	1000000	1300000.00	1300000.00
圣邦人力	837[illegible]53	2016/11/17	2017/2/6	1.27	10660000	13538200.00	13538200.00
海峡人力	837[illegible]83	2017/1/26	2017/4/13	5.50	2000000	11000000.00	11000000.00
远茂股份	839[illegible]51	2016/12/9	2017/2/20	2.00	6000000	12000000.00	12000000.00
万泉河	430434	2013/11/7	2014/1/24	9.00	14[illegible]0000	12690000.00	12690000.00
		2014/12/10	2015/3/24	10.00	20[illegible]0000	20000000.00	20000000.00
		2015/12/2	2016/4/20	3.00	2[illegible]5000	705000.00	705000.00
一览网络	833580		2015/10/16	7.04	50[illegible]0000	35200000.00	35200000.00
倍智测聘	833907	2015/11/4	2015/11/18	10.00	10[illegible]0000	10000000.00	10000000.00
		2016/8/30	2016/12/1	15.00	10[illegible]0000	15000000.00	15000000.00
ST 纽哈斯	834464	2016/12/21	2017/3/27	2.50	2000000	5000000.00	5000000.00
百姓网	836012	2017/1/26	2017/4/11	14.00	1000000	14000000.00	14000000.00
联洋人才	838247	2016/10/17	2016/12/23	2.00	1500000	3000000.00	3000000.00
景格科技	430638	2015/7/24	2015/12/22	6.00	1600000	9600000.00	9600000.00
		2016/1/12	2016/5/12	24.50	2700000	66150000.00	66150000.00
行动教育	83[illegible]891	2015/4/3	2015/6/30	12.06	17[illegible]1000	20634660.00	20634660.00
		2015/12/1	2016/4/18	12.90	12[illegible]7100	15700590.00	15700590.00
汉哲咨询	832830	2016/6/2	2016/11/23	1.15	5[illegible]00000	5865000.00	5865000.00
起航股份	833380	2015/8/31	2015/11/12	6.18	2[illegible]40000	15697200.00	15697200.00
		2015/12/17	2016/4/22	5.00	6[illegible]15639	33578195.00	0.00
博商管理	835000	2016/10/11	2017/1/19	1.00	1[illegible]00000	1000000.00	1000000.00
鑫日科	835672	2016/7/18	2016/11/30	5.71	1[illegible]50000	5995500.00	5995500.00
宏景软件	831225	2015/6/19	2015/11/27	12.00	1[illegible]50000	13800000.00	13800000.00
山大地纬	831688	2015/8/13	2015/10/27	15.00	1[illegible]00000	25500000.00	25500000.00
		2015/12/3	2016/3/3	18.50	2[illegible]00000	42550000.00	42550000.00
		2016/12/13	2017/6/6	16.00	15000000	240000000.00	240000000.00
万古科技	8[illegible]2085	2015/5/6	2015/12/31	6.50	2500000	16900000.00	16900000.00

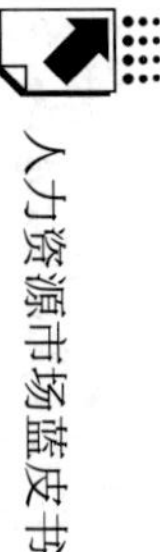

续表

公司	证券代码	发行对象													
		董监高、核心员工、原股东		持股平台、原法人股东		外部自然人		做市商		私募投资基金		信托及资管产品		其他外部法人	
		人数（人）	数量（股）	家数（家）	数量（股）	人数（人）	数量（股）	家数（家）	数量（股）	家数（家）	数量（股）	家数（家）	数量（股）	家数（家）	数量（股）
智通人才	830969	35	4977000	0	0	0	0	0	0	0	0	0	0	0	0
		36	5385000	0	0	0	0	3	500000	0	0	0	0	0	0
点米科技	831235	1	1000	1	1999000	0	0	0	0	0	0	0	0	0	0
		6	364500	1	40000	3	19595500	0	0	0	0	0	0	0	0
		0	0	2	8000	27	15992000	0	0	0	0	0	0	0	0
快乐沃克	831662	1	2570000	0	0	6	2000000	0	0	0	0	0	0	0	0
企源科技	833132	27	6600000	0	0	0	0	0	0	0	0	0	0	0	0
起点人力	833417	1	5000000	0	0	0	0	0	0	0	0	0	0	0	0
前程人力	833486	0	0	1	12000000	0	0	0	0	0	0	0	0	0	0
华勤互联	834067	0	0	1	180000	2	300000	0	0	0	0	0	0	3	720000
联通人力	835295	10	1000000	0	0	0	0	0	0	0	0	0	0	0	0
圣邦人力	837953	17	9360000	1	1300000	0	0	0	0	0	0	0	0	0	0
海峡人力	837983	0	0	2	2000000	0	0	0	0	0	0	0	0	0	0
远茂股份	839551	0	0	1	6000000	0	0	0	0	0	0	0	0	0	0
万泉河	430434	0	0	0	0	10	1410000	0	0	0	0	0	0	0	0
		8	1380000	0	0	3	620000	0	0	0	0	0	0	0	0
		35	235000	0	0	0	0	0	0	0	0	0	0	0	0
一览网络	833680	0	0	0	0	0	0	0	0	1	5000000	0	0	0	0
倍智测聘	833907	0	0	0	0	0	0	0	0	0	0	2	1000000	0	0
		3	80000	0	0	3	580000	0	0	0	0	0	0	1	340000
ST 纽哈斯	834464	1	2000000	0	0	1	0	0	0	0	0	0	0	0	0
百姓网	836012	0	0	0	0	0	0	0	0	1	1000000	0	0	0	0
联洋人才	838247	2	1500000	0	0	0	0	0	0	0	0	0	0	0	0

续表

公司	证券代码	发行对象													
		董监高、核心员工、原股东		持股平台、原法人股东		外部自然人		做市商		私募投资基金		信托及资管产品		其他外部法人	
		人数（人）	数量（股）	家数（家）	数量（股）	人数（人）	数量（股）	家数（家）	数量（股）	家数（家）	数量（股）	家数（家）	数量（股）	家数（家）	数量（股）
景格科技	430638	1	400000	1	1200000	0	0	0	0	0	0	0	0	0	0
		0	0	0	0	0	0	2	900000	1	1600000	0	0	1	200000
行动教育	831891	0	0	0	0	1	150000	3	1561000	0	0	0	0	0	0
		0	0	0	0	1	517100	4	600000	0	0	0	0	1	100000
汉哲咨询	832830	8	5100000	0	0	0	0	0	0	0	0	0	0	0	0
起航股份	833380	0	0	0	0	28	1250000	3	1100000	1	20000	1	100000	2	70000
		0	0	0	0	3	6715639	0	0	0	0	0	0	0	0
博商管理	836000	1	1000000	0	0	0	0	0	0	0	0	0	0	0	0
鑫日科	836672	0	0	0	0	0	0	0	0	0	0	0	0	1	1050000
宏景软件	831225	0	0	0	0	0	0	4	1150000	0	0	0	0	0	0
山大地纬	831688	0	0	0	0	0	0	6	1700000	0	0	0	0	0	0
		0	0	0	0	3	440000	0	0	3	1860000	0	0	0	0
		0	0	0	0	0	0	0	0	7	15000000	0	0	0	0
万古科技	832085	4	650000	0	0	5	550000	0	0	1	600000	0	0	1	800000

附表2 外包派遣类公司盈利指标汇总

项目	年度	合计	平均		最高值	人均		
			均值	增幅(%)		均值	增幅(%)	最高值
营业收入(万元)	2016	1388487.96	73078.31	24.60	259880.40	602.51	-10.65	3021.87
	2015	1173045.26	58652.26	12.83	248390.96	674.34	41.78	3066.56
	2014	987710.19	51984.75	37.60	238309.74	475.63	—	1165.32
	2013	528920.83	37780.06	—	130845.44	—	—	—
毛利(万元)	2016	62055.75	2698.08	14.69	9681.23	20.35	-6.33	60.13
	2015	56461.01	2352.54	21.30	8110.93	21.73	25.43	62.72
	2014	46546.58	1939.44	0.18	7692.13	17.32	—	65.49
	2013	32912.13	1936.01	—	7120.57	—	—	—
毛利率(%)	2016	—	5.92	-1.38个百分点	15.16	—	—	—
	2015	—	7.30	0个百分点	20.94	—	—	—
	2014	—	7.30	-2.10个百分点	25.38	—	—	—
	2013	—	9.40	—	41.12	—	—	—
归属于挂牌公司股东的净利润(万元)	2016	10008.95	435.17	-8.35	3558.47	4.76	2.07	24.23
	2015	11395.69	474.82	43.37	2548.74	4.66	109.46	27.29
	2014	7948.69	331.20	16.61	2541.17	2.23	—	12.33
	2013	4828.33	284.02	—	1509.07	—	—	—

续表

项目	年度	合计	平均		最高值	人均		
			均值	增幅(%)		均值	增幅(%)	最高值
归属于挂牌公司股东的扣非后的净利润(万元)	2016	2884.79	125.43	-58.77	2940.44	2.05	-42.89	24.05
	2015	7300.96	304.21	59.33	2092.45	3.59	494.22	26.54
	2014	4582.18	190.92	45.26	2479.09	0.60	—	5.83
	2013	2234.42	131.44	—	1310.25	—	—	—
加权平均净资产收益率(%,依据归属于挂牌公司股东的净利润计算)	2016	—	7.79	-0.42个百分点	44.64	—	—	—
	2015	—	8.21	-7.17个百分点	40.24	—	—	—
	2014	—	15.38	-2.54个百分点	54.28	—	—	—
	2013	—	17.92	—	72.56	—	—	—
加权平均净资产收益率(%,依据归属于挂牌公司股东的扣非后净利润计算)	2016	—	-5.22	-9.70个百分点	37.90	—	—	—
	2015	—	4.48	-4.16个百分点	44.52	—	—	—
	2014	—	8.64	0.89个百分点	43.29	—	—	—
	2013	—	7.75	—	44.45	—	—	—
基本每股收益(元)	2016	—	0.16	-32.86	0.78	—	—	—
	2015	—	0.24	-32.76	1.77	—	—	—
	2014	—	0.35	80.86	3.18	—	—	—
	2013	—	0.19	—	0.80	—	—	—

附表 3　招聘猎头类公司盈利指标汇总

项目	年度	合计	平均		最高值	人均		
			均值	增幅(%)		均值	增幅(%)	最高值
营业收入(万元)	2016	60513.53	5042.79	55.95	34037.53	24.90	5.84	107.37
	2015	38803.15	3233.60	16.09	14626.47	23.52	3.15	86.55
	2014	33424.64	2785.39	5.32	8981.48	22.81	—	56.84
	2013	26446.37	2644.64	—	7349.06	—	—	—
毛利率(%)	2016	—	50.85	-12.69 个百分点	94.08	—	—	—
	2015	—	63.54	-2.64 个百分点	95.40	—	—	—
	2014	—	66.18	-0.69 个百分点	96.67	—	—	—
	2013	—	66.87	—	96.51	—	—	—
归属于挂牌公司股东的净利润(万元)	2016	-3383.55	-281.96	63.96	1286.91	-4.65	18.22	7.81
	2015	-9387.84	-782.32	-348.89	964.77	-5.68	-209.84	2.59
	2014	-2091.34	-174.28	-205.78	1901.22	-1.83	—	7.18
	2013	1647.57	164.76	—	2349.89	—	—	—
归属于挂牌公司股东的扣非后的净利润(万元)	2016	-4415.56	-367.96	12.75	1733.84	-5.51	-64.43	7.69
	2015	-5061.09	-421.76	-71.46	518.51	-3.35	-56.54	1.39
	2014	-2951.74	-245.98	-357.06	1260.90	-2.14	—	7.18
	2013	956.91	95.69	—	2065.68	—	—	—
加权平均净资产收益率(%,依据归属于挂牌公司股东的净利润计算)	2016	—	-298.92	-249.83 个百分点	30.05	—	—	—
	2015	—	-49.09	-90.09 个百分点	29.92	—	—	—
	2014	—	41.00	59.07 个百分点	205.22	—	—	—
	2013	—	-18.07	—	59.05	—	—	—

续表

项目	年度	合计	平均		最高值	人均		
			均值	增幅(%)		均值	增幅(%)	最高值
加权平均净资产收益率(%,依据归属于挂牌公司股东的扣非后净利润计算)	2016	—	325.56	-273.39个百分点	23.63		—	
	2015	—	-52.17	-90.78个百分点	21.52	—	—	—
	2014	—	38.61	63.66个百分点	205.16	—	—	—
	2013	—	-25.05	—	59.05	—	—	—
基本每股收益(元)	2016	—	-0.86	-203.53	0.51	—	—	—
	2015	—	-0.28	-121.86	0.72	—	—	—
	2014	—	1.30	62.31	8.62	—	—	—
	2013	—	0.80	—	10.98	—	—	—

附表4 咨询培训类公司盈利指标汇总

项目	年度	合计	平均		最高值	人均		
			均值	增幅(%)		均值	增幅(%)	最高值
营业收入(万元)	2016	106428.89	7602.06	26.53	26129.52	37.46	16.48	99.83
	2015	84113.33	6008.10	14.52	23212.05	32.16	6.31	45.33
	2014	73450.97	5246.50	-19.14	21541.39	30.25	—	50.21
	2013	58397.06	6488.56	—	24040.56	—	—	—
毛利率(%)	2016	—	55.51	-2.51个百分点	79.90	—	—	—
	2015	—	58.02	5.08个百分点	74.24	—	—	—
	2014	—	52.94	-2.16个百分点	76.22	—	—	—
	2013	—	55.10	—	75.11	—	—	—

续表

项目	年度	合计	平均		最高值	人均		
			均值	增幅(%)		均值	增幅(%)	最高值
归属于挂牌公司股东的净利润(万元)	2016	-1517.01	-108.36	-205.91	6559.73	1.43	-42.19	12.33
	2015	1432.31	102.31	-73.22	2397.29	2.47	50.69	11.62
	2014	5347.62	381.97	3.25	2353.01	1.64	—	7.10
	2013	3329.42	369.94	—	1725.56	—	—	—
归属于挂牌公司股东的扣非后的净利润(万元)	2016	-6092.27	-435.16	-1120.09	3842.01	0.30	-85.55	9.02
	2015	597.23	42.66	-85.32	2099.27	2.10	65.95	11.49
	2014	4069.30	290.66	84.73	1796.48	1.27	—	6.01
	2013	1416.12	157.35	—	1677.16	—	—	—
加权平均净资产收益率(%,依据归属于挂牌公司股东的净利润计算)	2016	—	-3.51	8.53个百分点	65.93	—	—	—
	2015	—	-12.04	215.26个百分点	40.55	—	—	—
	2014	—	-227.30	-255.29个百分点	118.06	—	—	—
	2013	—	27.99	—	191.95	—	—	—
加权平均净资产收益率(%,依据归属于挂牌公司股东的扣非后净利润计算)	2016	—	-10.02	-6.46个百分点	67.07	—	—	—
	2015	—	-3.56	10.55个百分点	40.12	—	—	—
	2014	—	-14.11	-31.91个百分点	116.39	—	—	—
	2013	—	17.80	—	192.82	—	—	—
基本每股收益(元)	2016	—	0.03	-87.64	1.08	—	—	—
	2015	—	0.23	-51.51	2.00	—	—	—
	2014	—	0.48	158.48	3.32	—	—	—
	2013	—	0.18	—	1.44	—	—	—

B.29

世界500强人力资源服务公司的经营状况分析

聂有诚*

摘 要： 本文收集和分析了自1999年以来进入《财富》世界500强的Adecco（德科）、Randstad（任仕达）和Manpower（万宝盛华）的经营数据，从这些数据和分析结果，我们可以得出以下启示和结论：一是从他们入选《财富》世界500强，说明欧美人力资源服务业处于明显的领先地位；二是作为人力资源大国的中国，我们在看到自己差距的同时，也看到了巨大的潜力和前景；三是从他们巨大的营业收入，说明人力资源服务市场占有率很高，其社会价值一定高；四是他们是中国同行学习的榜样和标杆，值得深入研究、长期关注他们的发展，学习和借鉴他们的成功经验。

关键词： 人力资源服务 世界500强 经营情况 数据分析

2017年7月，"2017《财富》世界500强"出炉，我们欣慰地看到Adecco（德科）、Randstad（任仕达）两个人力资源服务公司继续保留在500强中。

根据笔者近几年收集的数据和查收《财富》中文网站的资料，我们知道先后进入《财富》世界500强的人力资源服务公司有三家，除了上面两家外，

---

* 聂有诚，学士，亚太人才服务研究院执行院长，高级讲师，主要研究领域为人力资源服务业法规政策、行业动态、经营管理、人才发展、服务产品、市场营销等。

还有一家就是Manpower（万宝盛华）。针对这三家500强人力资源服务公司的经营数据，我们可以进行一些分析，希望能够对我国人力资源市场的发展有所启发。

一　三家人力资源服务公司排名和经营数据

从《财富》世界500强、美国企业500强和《福布斯》全球2000强企业的资料中，找出了这三家公司的历年数据，如表1所示。

表1　2009～2017年入选《财富》世界500强情况一览

单位：亿美元

年份		2017	2016	2015	2014	2013	2012	2011	2010	2009
万宝盛华	排名						500	(514)		432
	营业收入	197	193	208	203	209	220	189	160	216
	利润	4.44	4.19	4.28	2.88	1.98	2.51	-2.64	-0.1	2.19
德科	排名	434	442	446	461	443	387	391	427	299
	营业收入	251	244	265	259	264	286	247	206	292
	利润	8.0	8.9	8.46	7.4	4.85	7.23	5.6	0.11	7.25
任仕达	排名	477	494				489	517	494	450
	营业收入	229	213	229	220	225	226	190	172	205
	利润	6.5	5.76	4.51	3	0	2.49	4	0.94	0.26

资料来源：《财富》杂志世界500强和美国企业500强排行榜、《福布斯》全球2000强企业排行榜。

表2　1999～2008年入选《财富》世界500强情况一览

单位：亿美元

年份		2008	2007	2006	2005	2004	2003	2002	2001	2000	1999
万宝盛华	排名	413	408	419	412	445	475	482	481	495	
	营业收入	205	178	161	149	122	106	105	108	98	
	利润	4.85	3.98	2.6	2.46	1.38	1.13	1.25	1.71	1.5	
德科	排名	274	261	278	265	278	294	313	315	404	421
	营业收入	289	256	227	214	184	161	162	158	123	106
	利润	10.06	7.67	5.63	4.13	3.45	2.27	2.53	2.54	1.16	-1.35

续表

年份		2008	2007	2006	2005	2004	2003	2002	2001	2000	1999
任仕达	排名										
	营业收入	134	108	78.5		57					
	利润	5.7	4.8	3		0.6					

资料来源：《财富》杂志世界 500 强和美国企业 500 强排行榜、《福布斯》全球 2000 强企业排行榜。

这里有三点说明：一是《财富》世界 500 强的排名，是根据企业上一年度的数据得出的结果，即 2017 年公布的排名，是根据 2016 财年的数据得到的，所以，后面按“财年”的分析数据，比排行榜的年份要晚一年；二是《财富》杂志与《福布斯》数据不一致的，优先使用《财富》杂志的数据，没有的使用《福布斯》数据；三是“财年”的概念是指“财政年度”，又称“预算年度”，一般也被称为“会计财务年度”。

从表 1 和表 2 两个统计表，可以发现以下几点。

一是，1999 年，Adecco 以排名 421 位率先进入《财富》世界 500 强；紧接着，2000 年 Manpower 以当年排名 495 位进入《财富》世界 500 强；2009 年 Randstad 首次入选世界 500 强。

Adecco 从 1999 年至今每年入选；Manpower 2000 ~ 2009 年、2012 年入选；Randstad 2009 年、2010 年、2012 年、2016 年、2017 年入选。

二是，人力资源服务公司最好的排名是 261 位，也就是 2007 年 Adecco 的排名。Manpower 最好的排名是 2007 年的 408 位；Randstad 最好排名是 2009 年的 450 位。

三是，只有 2009 年、2012 年两年，三家公司同年入选世界 500 强企业。

四是，2016 财年，德科的营业收入比万宝盛华多 54 亿美元，任仕达比万宝盛华多 32 亿美元。

二 Adecco 经营状况

Adecco Group（德科集团）总部位于瑞士苏黎世，是全球人力资源服务行业的领航者，在全球60多个国家和地区拥有5100多家分公司、33000名全职员工，每天为超过70万名员工和10万余家客户公司提供专业的人力资源服务。Adecco提供的服务涵盖短期招聘、合约招聘、长期招聘、人才开发、人力资源外包、人事咨询、职业过渡服务和领导力咨询等领域，是《财富》500强中的人力资源服务供应商，在法国巴黎和瑞士苏黎世证券交易所公开上市。① 2010年，Adecco与FESCO（北京外企人力资源服务有限公司）成立合资公司——北京外企德科人力资源服务上海有限公司（以下简称"FESCO Adecco"）。之后，Adecco与FESCO在浙江、重庆、深圳、苏州成立合资公司。

根据《财富》中文网站公布的数据，本文汇总了德科的经营数据，如表3所示。②

表3　德科历年经营数据汇总

单位：亿美元，%

财年	2008	2009	2010	2011	2012	2013	2014	2015	2016
营收	292	206	247	286	264	259	265	244	251
利润	7.25	0.11	5.6	7.23	4.85	7.4	8.46	8.9	8.0
利润率	2.5	0.1	2.3	2.5	1.8	2.9	3.2	3.6	3.2
总资产	105	112	119	121	127	129	114	106	107

资料来源：《财富》杂志中文网。

Adecco营业收入最高的一年是2008财年，达到292亿美元，2016财年的营业收入是251亿美元，比2008财年少了41亿美元。

根据德科的利润率，我们看到人力资源服务行业尤其是以劳务派遣、人力资源流程外包为主业的公司，其利润率很低，主要原因应该是我们的统计数据中包括了工资、社会保险及福利等费用，营业收入数据自然好看，利润率数据不好看。利润率好看的是ADP，它以工资发放为主业，但它的统计不包含工

① 摘自FESCO Adecco微信公众号。

② 这里要统一说明一下，表3 2016财年的数据，对应表1中是"2017年"的数据，后面同理，不再一一说明。

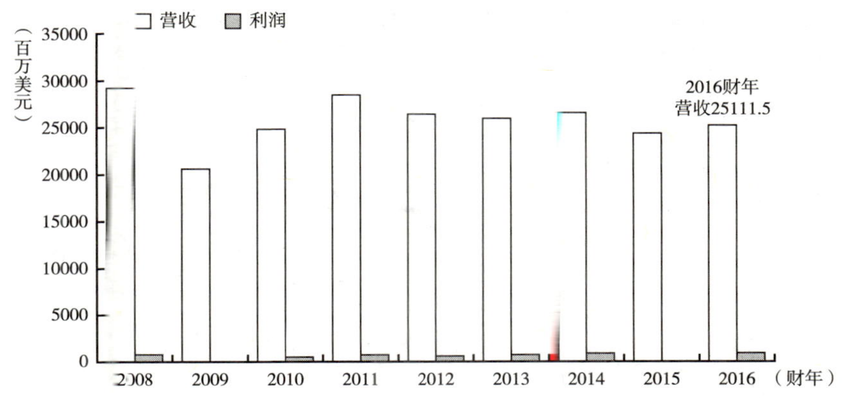

图 1　德科集团 2008～2016 财年营收和利润

资料来源：《财富》杂志中文网站。

资，所以它没有进入《财富》世界 500 强，2016 财年 ADP 的利润率达到 12.8%，远高于这三家世界 500 强企业。

2009 财年德科利润只有 0.11 亿美元，利润率自然也是很小的。

2015 财年的利润率在图 2 中没有显示，可能是《财富》网站的统计问题。根据资料，2015 财年德科的利润是 8.9 亿美元，利润率为 3.6%，是历年最高的。

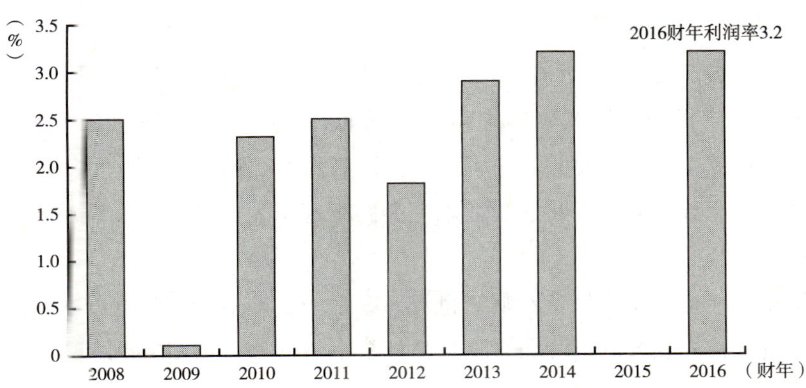

图 2　德科集团 2008～2016 财年利润率

资料来源：《财富》杂志中文网站。

从表 3 可以知道，德科从 2008 财年到 2016 财年，各年度总资产分别是：105 亿美元、112 亿美元、119 亿美元、121 亿美元、127 亿美元、129 亿美元、114 亿美元、106 亿美元、107 亿美元。

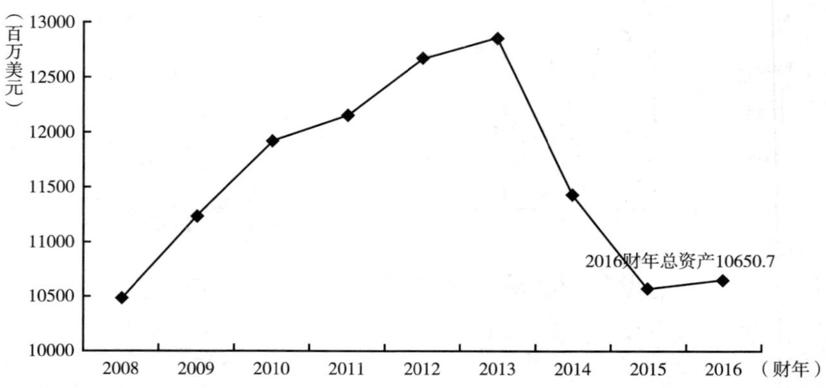

图 3　德科集团 2008～2016 财年总资产

资料来源：《财富》杂志中文网站。

三　Randstad 经营状况

Randstad（任仕达）是全球最大的综合性人力资源服务机构之一，长期位居财富 500 强。总部位于荷兰阿姆斯特丹市，在全球 39 个国家和地区设有 4400 多家分支机构，每天为超过 58 万名求职者提供工作岗位。2014 年，任仕达全球营业额达到 172 亿欧元。任仕达以“打造工作的世界”为使命，通过持续关注企业和求职者，将两者需求完美匹配起来，达到企业发展和个人职业成长的统一①。

任仕达不是每年都保留在财富世界 500 强中，查找它的数据就必须扩大范围。依据《福布斯》全球 2000 强企业排名，我们对任仕达的数据进行整理，如表 4 所示。

① 摘自 www. zandstand. cn。

表 4　任仕达 2008 ~ 2016 财年经营数据

单位：亿美元，%

财年	2008	2009	2010	2011	2012	2013	2014	2015	2016
营收	205	172	190	226	225	220	229	213	229
利润	0. 26	0. 94	4	2. 49	0	3	4. 51	5. 76	6. 5
利润率	0. 1	0. 6	2. 1	1. 1	0	1. 4	2	2. 7	2. 8
总资产	107	93	87	101	83	91	82	79	96

资料来源：《财富》杂志中文网、福布斯网站。

1. 任仕达历年经营数据汇总

从任仕达 2008 ~ 2016 财年经营数据看，其 2009 财年受金融危机的影响比较大，营收下降 16. 1%，是 9 年中的最低谷。

任仕达营业收入从 2011 财年到 2016 财年维持在 210 亿 ~ 230 亿美元之间，2014 财年和 2016 财年都是 229 亿美元，没有明显的进步。

2. 任仕达历年经营数据：营收和利润

2009 财年金融危机对任仕达营收的影响较大，任仕达营收从 2008 财年的 205 亿美元下降到 172 亿美元。2011 财年后营收基本平稳，但利润波动较大。

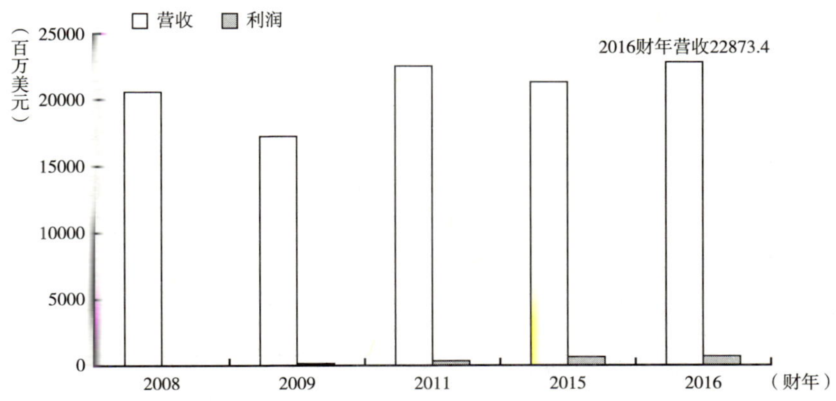

图 4　任仕达 2008 ~ 2016 财年营收和利润

资料来源：《财富》杂志中文网站。

3. 任仕达历年经营数据：利润率

任仕达的利润率从2015财年后明显上升，2016财年达到最高值2.8%。

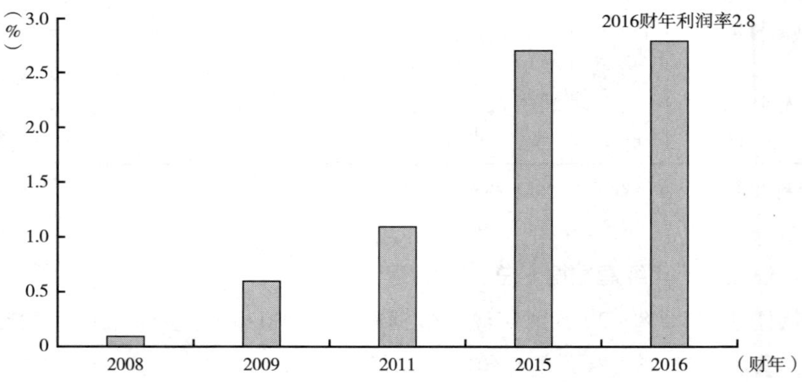

图5 任仕达2008～2016财年利润率

资料来源：《财富》杂志中文网站。

4. 任仕达历年经营数据：总资产

从图6可以看到，从2008财年到2016财年，任仕达的总资产处于下降又上升的有规律的变化中，总趋势是下降。

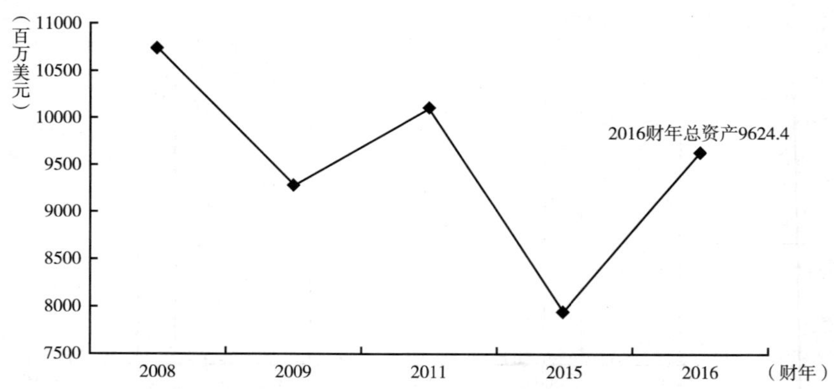

图6 任仕达2008～2016财年总资产

资料来源：《财富》杂志中文网站。

四　Manpower Group（万宝盛华集团）经营状况

万宝盛华集团（Manpower Group ©，纽约证券交易所股票代码：MAN）成立于1948年，是全球人力资源行业的开创者，也是人力资源解决方案的领导者。作为职场专家，每天帮助超过60万名求职者在不同的行业和技能领域找到有意义的工作。通过万宝盛华集团旗下品牌——Manpower Group © Solutions ©、Experis ©、Manpower ©和Right Management ©，服务80个国家和地区超过40万家客户，持续为客户提供全球化的综合解决方案，助力客户寻访、管理和发展人才。总部位于威斯康星州的密尔沃基。万宝盛华2016财年营业收入为197亿美元，净利润为4.44亿美元，每股净收益6.27美元，总资产约76亿美元，员工数2.8万人。2017年位列美国500强第146。①

1. 万宝盛华历年经营数据汇总

从表5可以知道，万宝盛华在营收、利润、利润率和总资产等方面的经营业绩基本平稳，没有大增，也没有大幅度下降。

表5　万宝盛华2011~2016财年经营数据

单位：亿美元，%

财年	2011	2012	2013	2014	2015	2016
营收	220	209	203	208	193	197
利润	2.51	1.98	2.88	4.28	4.19	4.44
净利率	1.1	1	1.4	2.1	2.2	2.3
总资产	69	70.13	72.88	71.82	75.18	75.74

资料来源：《财富》杂志中文网站。

2. 万宝盛华历年经营数据：营收和利润

从2011财年营收下降之后，至2016财年没有走出下滑的势头。2014财年比2013财年利润有较大增长，2014~2016财年三年的利润水平相当。

① 摘自www.manpower.com.cn。

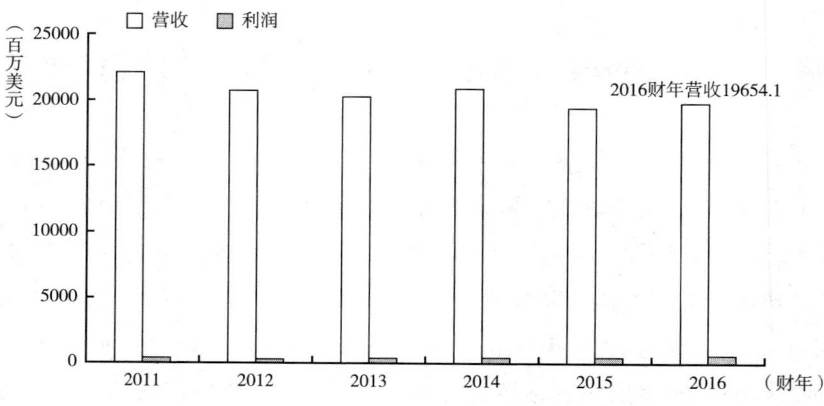

图 7　万宝盛华 2011～2016 财年营收和利润

资料来源：《财富》杂志中文网站。

3. 万宝盛华历年经营数据：利润率

从 2012 财年到 2016 财年，万宝盛华的净利率持续提高，2014 财年有一个大幅度的提高。

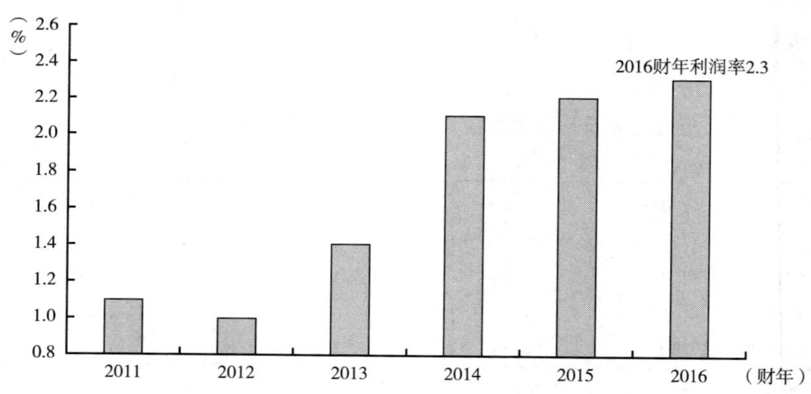

图 8　万宝盛华 2011～2016 财年利润率

资料来源：《财富》杂志中文网站。

三家公司中，万宝盛华利润率最高为 2.3%，低于德科的 3.6% 和任仕达的 2.8%。

4. 万宝盛华历年经营数据：总资产

从图 9 可知，万宝盛华的总资产保持上升趋势，2016 财年是历史最高位。

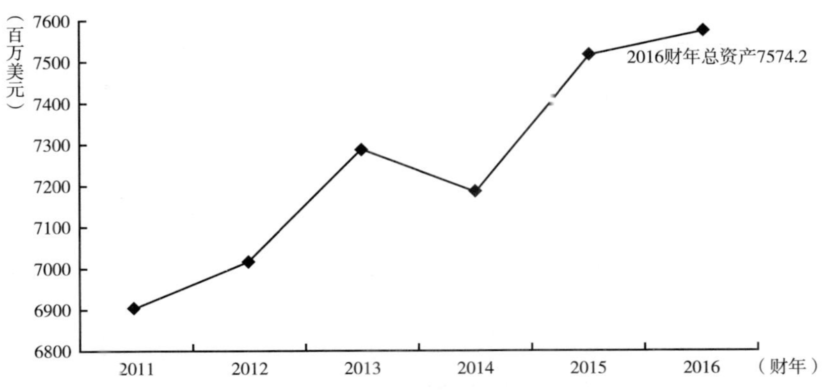

图 9　万宝盛华 2011～2016 财年总资产

资料来源：《财富》杂志中文网站。

五　三家公司经营数据比较

1. 2012年三家公司营业收入比较

2012 年三家公司同时进入世界 500 强，德科以 286 亿美元，高出任仕达（226 亿美元）60 亿美元，高出万宝盛华（220 亿美元）60 多亿美元。万宝盛华幸运地排在第 500 位。

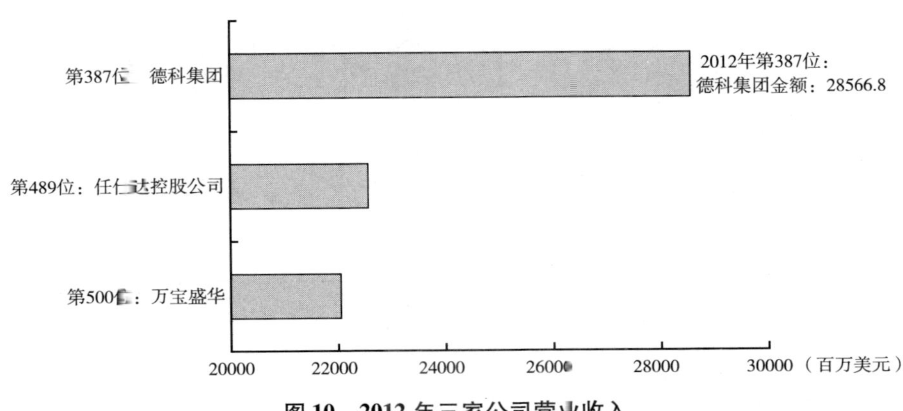

图 10　2012 年三家公司营业收入

资料来源：《财富》杂志中文网站。

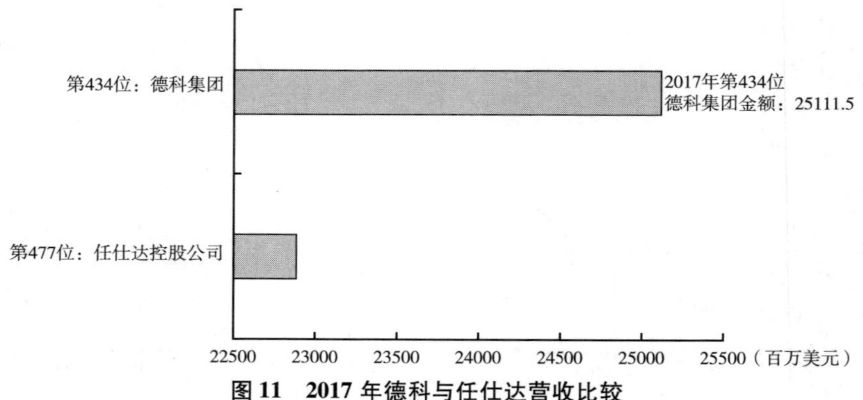

图 11　2017 年德科与任仕达营收比较

资料来源：《财富》杂志中文网站。

2. 2017年德科与任仕达营收比较

2017 年德科的排名比 2012 年的 387 位后退了 47 位，而任仕达前进了 12 位，两家公司更加接近。

3. 2017年德科与任仕达利润比较

德科利润近 8 亿美元，任仕达的利润为 6.5 亿美元，德科的利润比任仕达高出近 1.5 亿美元。

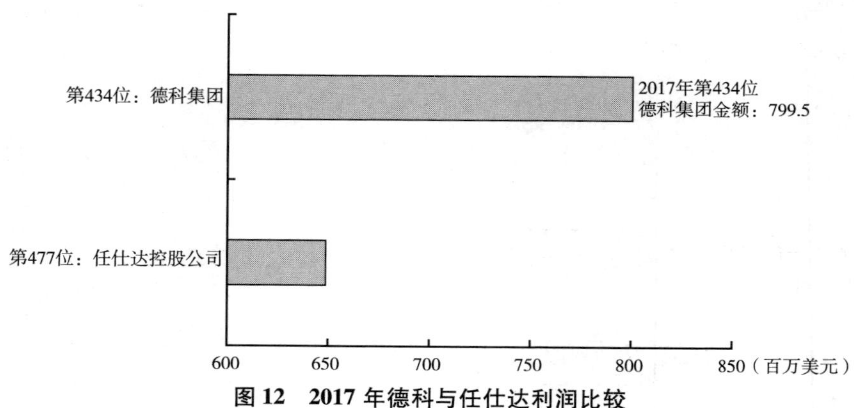

图 12　2017 年德科与任仕达利润比较

资料来源：《财富》杂志中文网站。

4. 2017年德科与任仕达总资产比较

2017 年任仕达的总资产是 96 亿美元，德科多出 10 亿美元。

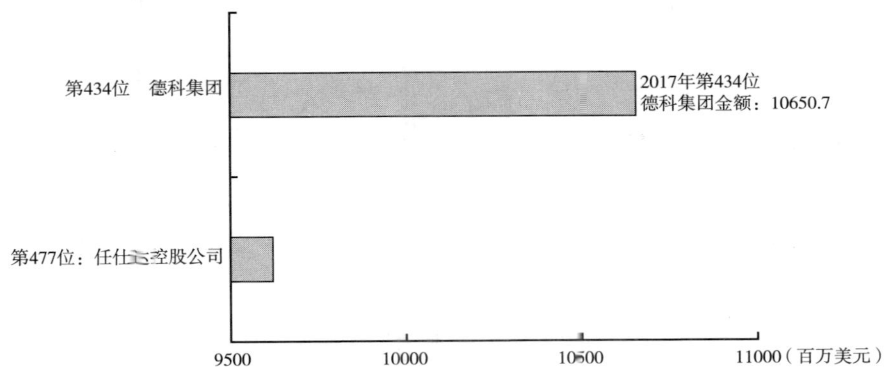

图 13 2017 年德科与任仕达总资产比较

资料来源：《财富》杂志中文网站。

通过以上对比，可以发现如下几点。

1. 2017年排名，对比2016年排名情况，德科与任仕达两家公司都有所进步

德科进步了 8 名；任仕达进步了 17 名。

2. 三家公司入选《财富》世界500强的情况

德科集团自 1999 年起，连续 19 年入选《财富》世界 500 强；2000 年万宝盛华首次入选，至 2009 年连续十年入选，之后只有 2012 年再次入选。任仕达 2009 年第一次入选，陆续有 5 年入选。

3. 入选500强的门槛

1999 年和 2000 年德科和万宝盛华分别入选《财富》世界 500 强，其营业收入在 100 亿元左右，到 2012 年，入选的门槛超出 220 亿元。

4. 三家公司最好的排位

万宝盛华最好的排位是 2007 年 408 位；德科最好的排位是 2007 年的 261 位；任仕达最好的排位是 2009 年 450 位。

5. 三家人力资源公司的利润率都较低

人力资源服务公司利润率与其他行业比较，明显较低。

选择这三家人力服务公司 2016 财年的利润率，与 2016 财年随机选出的其他行业企业利润率做比较，得到了图 14，从中我们可以看到，人力资源服务行业的利润率较低，与传统百货业利润率差不多，三家公司的平均数还低于沃尔玛这个传统百货公司。银行业和互联网公司，如 Facebook 的利润率远远高于人力资源服务业。

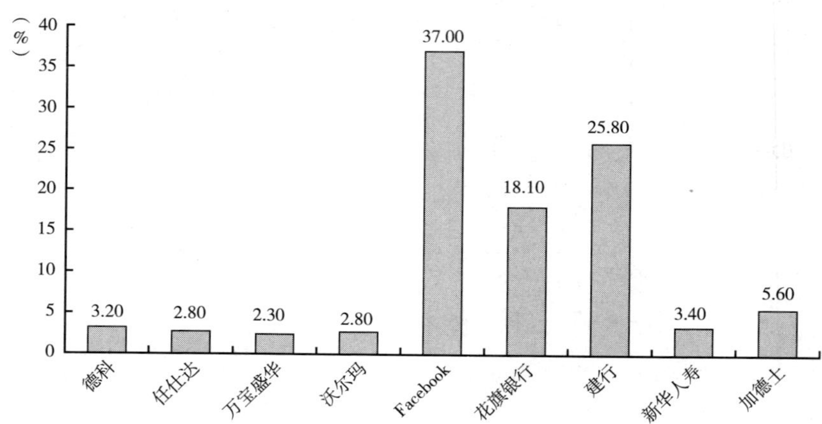

图 14　人力资源服务公司与其他行业利润率比较

6. 三家公司利润最高和最低情况

万宝盛华最高利润是 2008 年 4. 85 亿美元，最低是 2011 年 –2. 64 亿美元；德科最高利润是 2008 年 10. 06 亿美元，最低是 1999 年 –1. 35 亿美元；任仕达最高利润是 2017 年 6. 5 亿美元，最低是 2013 年 0 亿美元。

通过收集和整理德科、任仕达、万宝盛华 19 年来入选《财富》世界 500 强人力资源服务公司的经营数据，结合公司简介，进行数据分析的主要目的如下。

一是可以通过这三家公司公开的经营数据，对他们有一个基本的了解。

二是坚定国内人力资源服务业同仁的信心，因为有三大公司进入世界 500 强，中国作为人力资源大国，还没有一家进入 500 强，前景无限。

三是通过关注这三家公司，可以帮助我们了解国际大势，找到学习的榜样和标杆，以推动国内人力资源服务事业的发展。

皮书起源

“皮书”起源于十七、十八世纪的英国，主要指官方或社会组织正式发表的重要文件或报告,多以“白皮书”命名。在中国,“皮书”这一概念被社会广泛接受，并被成功运作、发展成为一种全新的出版形态，则源于中国社会科学院社会科学文献出版社。

皮书定义

皮书是对中国与世界发展状况和热点问题进行年度监测，以专业的角度、专家的视野和实证研究方法，针对某一领域或区域现状与发展态势展开分析和预测，具备原创性、实证性、专业性、连续性、前沿性、时效性等特点的公开出版物，由一系列权威研究报告组成。

皮书作者

皮书系列的作者以中国社会科学院、著名高校、地方社会科学院的研究人员为主，多为国内一流研究机构的权威专家学者，他们的看法和观点代表了学界对中国与世界的现实和未来最高水平的解读与分析。

皮书荣誉

皮书系列已成为社会科学文献出版社的著名图书品牌和中国社会科学院的知名学术品牌。2016 年，皮书系列正式列入“十三五”国家重点出版规划项目；2013~2018 年，重点皮书列入中国社会科学院承担的国家哲学社会科学创新工程项目;2018 年,59 种院外皮书使用“中国社会科学院创新工程学术出版项目”标识。

中国皮书网

（网址：www.pishu.cn）

发布皮书研创资讯，传播皮书精彩内容
引领皮书出版潮流，打造皮书服务平台

栏目设置

关于皮书：何谓皮书、皮书分类、皮书大事记、皮书荣誉、皮书出版第一人、皮书编辑部

最新资讯：通知公告、新闻动态、媒体聚焦、网站专题、视频直播、下载专区

皮书研创：皮书规范、皮书选题、皮书出版、皮书研究、研创团队

皮书评奖评价：指标体系、皮书评价、皮书评奖

互动专区：皮书说、社科数托邦、皮书微博、留言板

所获荣誉

2008 年、2011 年，中国皮书网均在全国新闻出版业网站荣誉评选中获得“最具商业价值网站”称号；

2012 年，获得“出版业网站百强”称号。

网库合一

2014 年，中国皮书网与皮书数据库端口合一，实现资源共享。

S 基本子库
SUB DATABASE

中国社会发展数据库（下设 12 个子库）

全面整合国内外中国社会发展研究成果，汇聚独家统计数据、深度分析报告，涉及社会、人口、政治、教育、法律等 12 个领域，为了解中国社会发展动态、跟踪社会核心热点、分析社会发展趋势提供一站式资源搜索和数据分析与挖掘服务。

中国经济发展数据库（下设 12 个子库）

基于“皮书系列”中涉及中国经济发展的研究资料构建，内容涵盖宏观经济、农业经济、工业经济、产业经济等 12 个重点经济领域，为实时掌控经济运行态势、把握经济发展规律、洞察经济形势、进行经济决策提供参考和依据。

中国行业发展数据库（下设 17 个子库）

以中国国民经济行业分类为依据，覆盖金融业、旅游、医疗卫生、交通运输、能源矿产等 100 多个行业，跟踪分析国民经济相关行业市场运行状况和政策导向，汇集行业发展前沿资讯，为投资、从业及各种经济决策提供理论基础和实践指导。

中国区域发展数据库（下设 6 个子库）

对中国特定区域内的经济、社会、文化等领域现状与发展情况进行深度分析和预测，研究层级至县及县以下行政区，涉及地区、区域经济体、城市、农村等不同维度。为地方经济社会宏观态势研究、发展经验研究、案例分析提供数据服务。

中国文化传媒数据库（下设 18 个子库）

汇聚文化传媒领域专家观点、热点资讯，梳理国内外中国文化发展相关学术研究成果、一手统计数据，涵盖文化产业、新闻传播、电影娱乐、文学艺术、群众文化等 18 个重点研究领域。为文化传媒研究提供相关数据、研究报告和综合分析服务。

世界经济与国际关系数据库（下设 6 个子库）

立足“皮书系列”世界经济、国际关系相关学术资源，整合世界经济、国际政治、世界文化与科技、全球性问题、国际组织与国际法、区域研究 6 大领域研究成果，为世界经济与国际关系研究提供全方位数据分析，为决策和形势研判提供参考。

法律声明

“皮书系列”（含蓝皮书、绿皮书、黄皮书）之品牌由社会科学文献出版社最早使用并持续至今，现已被中国图书市场所熟知。“皮书系列”的相关商标已在中华人民共和国国家工商行政管理总局商标局注册，如LOGO（）、皮书、Pishu、经济蓝皮书、社会蓝皮书等。“皮书系列”图书的注册商标专用权及封面设计、版式设计的著作权均为社会科学文献出版社所有。未经社会科学文献出版社书面授权许可，任何使用与“皮书系列”图书注册商标、封面设计、版式设计相同或者近似的文字、图形或其组合的行为均系侵权行为。

经作者授权，本书的专有出版权及信息网络传播权等为社会科学文献出版社享有。未经社会科学文献出版社书面授权许可，任何就本书内容的复制、发行或以数字形式进行网络传播的行为均系侵权行为。

社会科学文献出版社将通过法律途径追究上述侵权行为的法律责任，维护自身合法权益。

欢迎社会各界人士对侵犯社会科学文献出版社上述权利的侵权行为进行举报。电话：010-59367121，电子邮箱：fawubu@ssap.cn。

社会科学文献出版社